W. Jan
Batu-Khan

Historischer Roman

1989
Gustav Kiepenheuer Verlag
Leipzig und Weimar

Aus dem Russischen übersetzt von Horst Wolf

ISBN 3-378-00041-4

Gustav Kiepenheuer Verlag Leipzig und Weimar
Elfte Auflage (Vierte Taschenbuchauflage)
Lizenz Nr. 396/265/52/89 LSV 7211
Gesamtherstellung: Druckerei Neues Deutschland, Berlin
Umschlaggestaltung: Ulrike Weißgerber
Schrift: Times-Antiqua
Printed in the German Democratic Republic
Bestell-Nr. 788 145 8
00640

Erster Teil

Dschingis-Khans Vermächtnis

> Wenn Kummer so starken Rauch entwickelte wie Feuer, so wäre die ganze Welt in Rauch gehüllt.
> (Schahid aus Balch, XIII. Jh.)

In der Behausung eines morgenländischen Chronikschreibers

Eine braune hagere Hand führte flink die Rohrfeder über ein schmales Blatt Papier. Halblaut überlas der Fakih noch einmal die Zeilen, die sich in schöner arabischer Zierschrift untereinanderreihten. Stille herrschte in der Hütte, und wie ein Widerhall des eintönigen Gemurmels, das aus dem Munde des Lesenden kam, rauschte draußen unaufhörlicher Regen ebenso eintönig auf das Schilfdach der Hütte nieder.

»Durch Befragung aller darum Wissenden wollte ich Dschingis-Khans Vermächtnis in Erfahrung bringen, doch das Unglück brach über mich herein. In Buchara wurde ich von den heiligen Imams ergriffen...

Sie erklärten, ich sei ein großer Sünder, der Allah nicht die ihm gebührende Ehre gäbe, und sperrten mich in einen abscheulichen Eisenkäfig ein, so niedrig, daß ich mich nicht darin aufrichten konnte. Die Kleider verfaulten mir am Leibe, und ich knotete mühsam die Enden der Fetzen aneinander. Einmal am Tage goß der Gefängniswärter mir trübes Wasser in eine Holzschale, doch meistens vergaß er es. Dann und wann brachte er einen gefesselten Sklaven mit, der schimpfend den verunreinigten Boden meines Käfigs mit einem Schaber säuberte. Die Verwandten anderer Gefangenen blieben voll Entsetzen vor meinem Käfig stehen und starrten mich schaudernd an: war ich doch ein von den heiligen Imams Verfluchter, ein zu ewiger Verdammnis Verurteilter, den seine Strafe schon hier auf Erden ereilt hatte und auch noch nach dem Tode treffen würde, wo das ewige Feuer seiner harrte...«

Der Fakih brachte den niedergebrannten Docht seines tönernen Öllämpchens wieder in Ordnung und fuhr im Lesen fort:

»Einst bemerkte ich neben meinem Käfig ein junges Mädchen aus dem von den Kiptschaken verachteten Nomadenstamm der feueranbetenden Lulen. Ohne den Spott und die Verwünschungen der Umstehenden zu fürchten, legte sie mir eine Handvoll Rosinen und Nüsse hin und lief davon. Am nächsten Tag erschien sie wieder, diesmal aber in einen langen, bis auf die Erde reichenden schwarzen Schal gehüllt. Lautlos glitt sie an den Mauern des Gefängnishofes entlang bis zu meinem Käfig und schob mir einen Fladen und ein Stück Melone durch die Gitterstäbe, die sie dann mit ihren silberberingten braunen Fingern umfaßte. Lange

sah sie mich unverwandt aus ihren undurchdringlichen schwarzen Augen an und flüsterte schließlich leise:
›Bete für mich!‹
Ich meinte, sie verlache mich und spotte meiner, und wandte mich ab. Doch tags darauf stand sie von neuem neben meinem Käfig und wiederholte beharrlich ihr:
›Bete für mich, daß mein Krieger, mein Glück, zurückkehrt!‹
›Ich verstehe mich nicht aufs Beten ... Und wozu auch ... Ich bin ja ein von den heiligen Imams Verfluchter.‹
›Die Imams sind schlimmer als der tückische Eblis. Sie blasen sich wichtigtuerisch auf, die Boshaften. Wenn sie dich verflucht haben, so bedeutet das, daß du ein Gerechter bist. Bitte Allah um Gnade für mich wie auch für jenen, der fern von mir weilt!‹
Ich versprach ihr, ihre Bitte zu erfüllen. Als sie wiederkam – und sie kam noch einige Male –, sagte ich ihr zum Troste, daß ich jede Nacht neunmal neun Male[1] die glückbringenden Gebete für sie aufsage.
Eines Tages kam das Mädchen – sie hieß Bent-Sankidscha – mit einem Jüngling, der das Lächeln nicht zu kennen schien. Seine schwarzen Locken fielen ihm bis auf die Schultern, und seine Waffen waren mit Silber beschlagen. Schweigend blickte er mich an und wandte sich dann an das Mädchen:
›Ja, er ist es ..., er, der keine Arglist kennt ... Ich werde ihm helfen!‹
Wir sahen einander lange in die Augen. Um uns vor den uns scharf beobachtenden Luchsaugen der Kerkermeister nicht zu verraten und uns keiner Gefahr auszusetzen, hüteten wir uns wohlweislich, unser Geheimnis preiszugeben und zu bekennen, daß wir Brüder waren ... Ja, der schlanke Jüngling war kein anderer als mein Bruder Tugan, den ich vor langer Zeit verloren hatte und den jemals wiederzusehen ich mir schon längst keine Hoffnung mehr machte.
Während Tugan das junge Mädchen ansah, um den Anschein zu erwecken, er spräche mit ihr, sagte er zu mir:
›Höre mich an, du Gerechter, der du von den Imams verflucht worden bist. Ich habe dir drei schwarze Kügelchen mitgebracht, die du verschlucken sollst. Dann wird dein Geist von hinnen fliegen, über die Berge in ein Tal der kühlen Ströme und duftenden Blüten. Rosse, so weiß wie Schnee, weiden dort, und goldene Vögel singen mit menschlichen Stimmen. Dort wirst du dem Mädchen begegnen, das du geliebt hast, als du sechzehn Jahre alt warst.‹
Ich unterbrach den Jüngling:
›Und wenn ich wieder erwache, werde ich dann wieder an den Eisenstangen meines Käfigs nagen? ... Wenn dem so wäre, dann frommt mir kein solcher Traum.‹
›Warte doch mit dem Streiten, du Unband, und höre mich erst zu Ende.

---

1 Bei vielen Völkern des Orients gilt die Zahl Neun als eine geheiligte und glückbringende Zahl.

Während dein Geist im Gebirgstal bei den schneeweißen Rossen weilt und sich dem Genuß ungetrübten Vergessens hingibt, werde ich deinem Kerkermeister sagen, du wärest gestorben. Nach den Gesetzen, die unser Glauben vorschreibt, wird man deinen Leib ungesäumt der Erde übergeben. Man wird deinen Käfig aufbrechen, deinen Körper mit eisernen Haken packen und zur Grube der Hingerichteten schleifen. Wie schmerzhaft dies auch sein mag, hüte dich zu schreien und zu weinen. Sonst wird man dir den Schädel mit einer Eisenkeule zerschmettern... Um Mitternacht, wenn du zwischen den Leichen liegen wirst und Hunde und Schakale sich heranschleichen, um die Gebeine zu benagen, werde ich mit drei Kriegern zur Grube kommen. Wir werden dich in Decken wickeln und zu unserem Lagerplatz schaffen. Dort wird man zum Klang der Schellentrommeln und Messingbecken Lieder singen, die deinen Geist aus dem Tal des Vergessens zurückrufen. Ich schwöre dir, daß das Leben wieder in deinen Körper und das Bewußtsein wieder in deinen Kopf zurückkehren wird. Dann wirst du dich auf ein Pferd schwingen und weit fortreiten in andere Länder, um ein neues Leben zu beginnen...‹«

Der Fakih hielt inne und lauschte; ihm war, als hätte er ein Geräusch hinter der dünnen Wand seiner Hütte vernommen. Einige Augenblicke verharrte er reglos, dann fuhr er im Schreiben fort:

»Es geschah, wie der Jüngling, der das Lächeln nicht zu kennen schien, gesagt hatte. Dank seiner kühnen Hilfe befand ich mich unerwartet in Freiheit, erschöpft zwar, doch lebendig. Einige Tage blieb ich in der Sandsteppe bei den Feueranbetern, dann begab ich mich in die Stadt Sygnak, wo ich ein zweites Leben anfing...«

Der Gast aus der Finsternis

Der Fakih Hadschi Rachim hielt abermals inne. Er legte sein Kalam behutsam auf ein Messingtablett und strich sich mit der Hand den ergrauenden Bart. Deutlich war jetzt durch das Rauschen des Regens und die dünne Wand ein Tappen und Rascheln zu vernehmen. Auch der große weiße Hund, der zusammengekuschelt an der Tür gelegen hatte, setzte sich auf, spitzte die Ohren und ließ ein dumpfes Knurren hören. ›Wessen Schritte können es in der Finsternis dieser feuchten, kalten Herbstnacht sein? Nur ein böser Mensch wird, getrieben von einer feindseligen Absicht, bei Nacht und Nebel umherstreifen...‹

Das Öllämpchen, das auf einem Packen alter Bücher stand, warf einen trüben Lichtschein auf das abgezehrte Gesicht des Hadschis und auf die unebenen, verrußten Wände des Raumes, dessen Fußboden mit einem alten Teppich belegt war. Der Fetzen bunten Stoffes, der das schmale Fensterchen verdeckte, bewegte sich. Eine braune Hand, die sich zum Fenster hereingestreckt hatte, hob jetzt den Rand empor. In der Finsternis blitzten schräge Schlitzaugen auf.

»Wer ist draußen?« fragte Hadschi Rachim und legte eine Hand auf den Kopf des Hundes, der aufgesprungen war. »Kusch, Akbai!« befahl er ihm.

»Erwärme einen Erfrorenen, der sich verirrt hat! Erlaube ihm, seine durchnäßten Kleider zu trocknen!« sprach der Unbekannte vor dem Fenster in kaum hörbarem Flüsterton.

›Er spricht so leise, als fürchtete er einen ungebetenen Lauscher‹, dachte der Fakih. ›Ob man ihm wohl trauen darf?‹

»Ich sehe Bücher bei dir«, sprach der Fremde. »Bist du etwa der Lehrer Hadschi Rachim?«

»Du hast dich nicht geirrt – der bin ich!«

»Dann laß mich rasch ein! Der Großwesir von Mawerannahr sendet dir einen Salam...«

»Dieser Name öffnet jedem die Tür meiner Hütte, die ansonsten allen verschlossen ist.«

Der Fakih schob den Holzriegel zurück, und der Unbekannte trat, sich bückend, ein. Dann richtete er sich wieder auf und blickte sich im Raume um. Hadschi Rachim musterte, während er den Hund zurückhielt, seinen nächtlichen Besucher, der, braungebrannt und stämmig, in mongolischer Tracht vor ihm stand. In seiner Haltung und in seinen Bewegungen lag trotz seiner Jugend etwas Gebieterisches. Der Ankömmling löste seinen Gurt, legte die Oberkleidung ab und hängte sie an einem in der Wand steckenden Holzpflöckchen auf. Nachdem er sich mit Mühe die gelben, völlig durchnäßten Stiefel von den Füßen gezogen hatte, warf er sie beiseite und hockte sich in der Nähe des Herdes, dessen Feuer im Erlöschen war, auf dem alten abgeschabten Teppich nieder. Seelenruhig, als wäre er bei sich zu Hause, trocknete er seine nassen Hände an einem auf dem Teppich liegenden Schafpelz ab.

»Man muß das Licht löschen!«

Der Mongole drückte mit zwei Fingern den schwelenden Docht des Öllämpchens zusammen, und es wurde ganz dunkel im Zimmer. Nur das Rechteck des Fensters schimmerte heller hinter dem Vorhang.

»Warum tust du das?«

»Ich werde von Bewaffneten verfolgt, von den Mördern meines Vaters«, entgegnete der Mongole flüsternd. »Sie wollen mir den Garaus machen. Den Lichtschimmer aus deinem Fenster sieht man von weitem. Darum fand ich mich ja auch zu dir her in der stockdunklen Nacht... Jag den Hund hinaus!«

»Er ist mein einziger Beschützer...«

»Hinaus mit ihm. Er könnte knurren, und es entstände Lärm in ganz Sygnak.«

»Vor einem Beschützer braucht man sich doch nicht zu fürchten.«

»Draußen wird er ums Haus herumlaufen und uns vor der Annäherung böser Menschen warnen.«

Sich seinem gebieterischen Gast fügend, öffnete der Fakih die Tür und jagte den zottigen Köter in die Dunkelheit hinaus. Unschlüssig zögerte

er in Erwägung, ob es nicht doch besser wäre, zu fliehen; aber eine starke Hand zog ihn zurück. Der nächtliche Gast schob selbst den Riegel vor, ohne dabei den Fakih loszulassen, zog ihn dann mit sich zum Teppich, wo er ihn zwang, sich neben ihm niederzuhocken. Im Flüsterton redete der Fremde hastig auf seinen Gastgeber ein, dann und wann sich in seiner Rede unterbrechend, um auf den Hund draußen zu lauschen.
»Schieb den Riegel nicht zurück. Sie könnten sich heranschleichen und mir hinter der Tür auflauern. Sie haben meinen Vater meuchlerisch umgebracht. Doch ich werde sie dafür, daß sie ihm das Rückgrat brachen, lebendigen Leibes in einem Kessel mit siedendem Wasser kochen. Das schwör' ich beim ewigen Himmel! Und du..., wenn du versuchen solltest, von hier zu entfliehen, werde ich dich erwürgen!«
Indem er noch etwas Unverständliches vor sich hin murmelte, drehte sich der Unbekannte auf die Seite und legte sich lang, ohne dabei die Hände seines Gastgebers loszulassen, die er mit heißen Fingern fest umklammerte. Er wurde vom Fieber geschüttelt. Plötzlich sprang er auf die Füße, lauschte und wich gegen die Wand zurück.
»Da sind sie!« flüsterte er. »Der Tod hat mich eingeholt! Schau nach! Aber verrat mich nicht!«
Von draußen drang das rasende Gebell des Hundes herein. Jemand schien nahe an die Außenwand der Hütte getreten zu sein. Man hörte streitende Stimmen. Ein starker Schlag ließ die Wand erzittern.
»Heda, Wirt! Öffne die Tür!«
Hadschi Rachim antwortete:
»Wer wagt es, mitten in der Nacht den Schreiber des Distriktvorstehers zu stören?«
»Öffne, flugs! Oder wir werden dir deine Bude in Stücke schlagen! Wir suchen einen entsprungenen Verbrecher.«
»Zwei Tage liege ich schon krank, und niemand ist gekommen, um mir das Herdfeuer anzuzünden und Wasser zu wärmen. Sucht euren Verbrecher im Schilf oder sonstwo, aber nicht im Hause eines friedlichen Mannes.«
Die Stimmen fuhren zu streiten fort. Dann dröhnten Schläge gegen die Tür, und plötzlich wurde der Lärm durch einen Schrei, ähnlich dem eines verwundeten Tieres, übertönt. Man hörte Jammern und Stöhnen. Dann entfernten sich die Schritte, und die Stimmen verstummten allmählich.
Der Hadschi wollte sprechen, aber die Hand seines Gastes hielt ihm den Mund zu.
»Du weißt ja nicht, wie hinterlistig sie sind«, flüsterte der Mongole ihm ins Ohr. »Sie tun alles mit Vorbedacht. Die einen sind fortgegangen, um sich in einen Hinterhalt zu legen; die andern aber liegen vor der Tür auf der Lauer. Man muß abwarten und sich auf einen Kampf gefaßt machen.«
Beide traten zum schmalen Fenster, wobei sie den Atem anhielten, und spähten angestrengt in die Nacht hinaus, konnten aber in der Stock-

finsternis nichts unterscheiden. Undeutliche Geräusche vermischten sich mit dem Rauschen des Regens, dessen Tropfen jetzt stärker und dichter auf das Laub und das Dach der Hütte trommelten.

Ein Mann ohne Pferd ist hilflos wie ein Falke mit gebrochenen Schwingen

Als sich der Fenstervorhang von den ersten Sonnenstrahlen rosig färbte, zog der Unbekannte seine Stiefel an, befühlte seinen noch immer nassen blauen Tschapan und schleuderte ihn unmutig in eine Ecke. Ohne seinen Wirt um Erlaubnis zu bitten, nahm er dessen alten verblichenen Mantel vom Holzpflock und zog ihn mit Anstrengung über seine breiten Schultern.

»Das schlimmste ist, daß ich kein Pferd habe... Es wird schwer sein, ihnen zu entwischen... Vielleicht ist mir dein zerschlissener Mantel dabei behilflich... Ich werde mich für einen Bettler ausgeben...«

Er trat zur Tür und lugte durch den Spalt hinaus, prallte aber erschrocken zurück und drückte sich gegen die Wand. Nach einem kurzen Zögern machte er dem Fakih ein Zeichen, die Tür zu öffnen, an der sich ein schüchternes Klopfen hören ließ. Hadschi Rachim schob den Riegel zurück. Auf der Schwelle stand im Scheine des Morgenrots ein junges Mädchen, ein halbes Kind noch, in einem langen, bis an die Fersen reichenden orangefarbenen Hemd. Um den bräunlichen Hals trug sie eine Kette aus hellblauen Glasperlen. In den Händen hielt sie einen Tonkrug, den sie lächelnd dem Hadschi darreichte. Auf einem breiten grünen Blatt, das die Öffnung des Kruges bedeckte, lagen drei frisch gebackene knusprige Fladen.

»As-Salam-aleikum, Hadschi Rachim!« grüßte das Mädchen, und zwei lustige Grübchen bildeten sich auf ihren Wangen. »Mein ehrenwerter Wohltäter Nasar-Kjarisek schickt dir frisch gemolkene Milch und diese heißen Fladen und läßt fragen, ob du sonst noch irgend etwas brauchst.«

Nachdem er den Krug mit Dankesworten entgegengenommen hatte, trat der Hadschi hinter dem Mädchen aus der Hütte.

An den Brombeerbüschen hingen die Regentropfen und glänzten und funkelten, daß es aussah, als wären die Blätter mit Diamanten überschüttet. Der Hund saß mitten auf dem Pfade und schielte mit blutunterlaufenen Augen hinüber zu einem Fleck, wo im feuchten Grase ein Mensch lag, zugedeckt mit einem grauen Umhang, wie die Araber ihn zu tragen pflegen. Unweit davon zupfte ein gesattelter Schimmel, der mit einer Fangschlinge angebunden war, Gras. Geduldig schien er auf seinen Herrn zu warten, hob den kleinen Kopf mit den lebhaften schwarzen Augen und schüttelte die seidige Mähne, um die ihn umschwirrenden Bremsen zu verscheuchen.

Der Fakih kehrte in seine Hütte zurück, wo sein ungebetener nächtlicher Gast hinter der Tür auf ihn wartete.

»Leb wohl, mein Lehrer Hadschi Rachim!« verabschiedete der Fremde sich.
Der Hadschi hielt ihn am Ärmel zurück.
»Nimm was zu essen auf den Weg mit!«
»Hast du mich wirklich bis zu diesem Moment nicht erkannt?« fragte der Fremde, indem er die heißen Fladen sich in den Busen steckte. »Vor zehn Jahren lehrtest du mich das Kalam führen und schwere arabische Wörter schreiben. Die meisten habe ich wieder vergessen, nur zwei nicht: ›Dschichan-gir‹ – Beherrscher des Erdkreises... Bald wirst du von mir hören! Ich werde nach dir senden...«
Der Fremde blieb auf der Schwelle stehen und betrachtete erstaunt das junge Mädchen.
»Wer bist du? Woher kommst du? Wie heißt du?«
»Ich heiße Juldus, bin Waise und lebe bei Nasar-Kjarisek.«
»Deine Stimme klingt wie eine Schalmei. Du wirst der Glücksstern auf meinem Wege sein...«
Er trat rasch über die Schwelle und erblickte den Schimmel.
»Da hat der Himmel mir ja auch ein Pferd gesandt!« rief er erfreut. »Es wird mich auf meinen Siegeszügen begleiten, wie der weiße Hengst Seter Dschingis-Khan auf seinen Feldzügen begleitet hat. Jetzt fühle ich mich wieder stark!«
Mit dem geschmeidigen Gang eines wilden Tieres glitt der junge Mongole über das Gras zu dem weißen Roß hin, zog geräuschlos den Pflock aus der Erde und schwang sich, nachdem er die Fangschlinge zusammengelegt hatte, in den Sattel. Das feurige Roß galoppierte davon und verschwand hinter dem Pappelhain.
Das Mädchen sah mit erstauntem Blick dem Davonreitenden nach, dann richtete sie ihre glänzenden Augen auf den Hadschi Rachim, der reglos dastand, eine Hand in seinem grauen Bart vergraben.
»War das ein Räuber?« fragte das Mädchen.
»Nein, aber ein ungewöhnlicher Mensch!«
»Wieso kein Räuber? Er hat doch ein fremdes Pferd gestohlen!«
»Er wird auf ihm Kaiserreiche bezwingen... Geh heim, Sternchen... Juldus... und richte dem ehrenwerten Nasar-Kjarisek aus, der kranke Fakih danke ihm für seine Fürsorge und Gewogenheit und gedenke freundlich seiner...«
Das Mädchen wandte sich schnell ab und rannte ein paar Schritte, dann auf einmal ging es gesetzter, sichtlich bemüht, sich wie eine Erwachsene zu betragen.
Der graue Umhang auf dem Grase geriet in Bewegung. Der alte Hund Akbai sprang zurück und bellte heiser. Unter dem Umhang hervor kam der schwarze Lockenkopf eines Jünglings, der gleich darauf ungestüm aufsprang, seinen zu Boden gefallenen blauen Turban aufhob und ihn sich so schief aufsetzte, daß er über die rechte Augenbraue zu sitzen kam. Nach dem Krummsäbel und den zwei Dolchen zu urteilen, die ihm im Gürtel steckten, war der Jüngling ein Krieger.

»Wo ist mein Pferd?« rief er, indem er zu der Stelle hinlief, wo eben noch der weiße Hengst gegrast hatte. Dort beugte er sich zur Erde nieder, um die Spur zu untersuchen. »Ah, ich sehe, ein Mann mit Mongolenstiefeln hat sich dem Tier genähert, hat es gestohlen! Was nützt mir mein blanker Säbel, wenn der Dieb fern ist? Ohne Roß bin ich hilflos wie ein Falke mit gebrochenen Schwingen!«
Verzweifelt griff sich der Jüngling mit beiden Händen an die Schläfen und warf sich mit einem Seufzer auf die Erde.
»Sei nicht betrübt«, sagte, zu ihm hintretend, der Fakih. »Auf deinem Hengst ist ein Mann davongeritten, der dir dafür tausend Stuten geben wird...«
Der Jüngling rührte sich nicht, doch Hadschi Rachim fuhr in seinem tröstlichen Zuspruch fort:
»Glaube meinen Worten, du hast nichts verloren, vielleicht aber viel gewonnen!«
»Der Hengst war mein treuester, in der Schlacht erprobter Freund. Mehr als einmal hat er mich vom Tode errettet! Wehe dem Krieger ohne Roß!«
»Ich kenne den Mann, der auf deinem weißen Hengst davongeritten ist, und ich sage dir, daß du dein treues Tier wiederbekommen wirst. Das ist ebenso wahr, wie ich der Fakih Hadschi Rachim bin.«
Der Jüngling erhob sich rasch, raffte mit schnellen Bewegungen seinen Burnus von der Erde auf und verneigte sich ehrerbietig vor dem Gelehrten.
»Wenn der Mann, den ich vor mir sehe, der durch sein Wissen berühmte Fakih Hadschi Rachim, genannt al-Bagdadi, ist, so glaube ich ihm aufs Wort. Freiheit und Muße, Behaglichkeit und Segen mögen in deinem Hause walten! Ich bitte dich, deinen weisen Rat einem Wanderer angedeihen zu lassen, der von den fernen Bergen Kurdistans hierhergekommen ist, um dir einen Gruß zu entbieten von Dschelal-ed-Din, dem tapfersten der Helden!«
»Mein junger Bruder«, sagte der Fakih. »In diesen furchtbaren Tagen, die den ganzen Erdkreis erschüttern, hast du dich über Abgründe von Not und Gefahr zu mir durchgeschlagen, um mir Worte des Grußes von einem berühmten Helden zu überbringen – damit bereitest du mir eine zwiefache Freude. Tritt ein in mein bescheidenes Haus!«

Der Lebensweg eines Dschigiten

> Mein Leben und meines Lebens Zeit heftete ich an die Spitze meiner Lanze.
> (Aus dem Poem »Dschangar«)

Der junge Krieger trat, sich bückend, durch die schmale niedrige Tür der Hütte und hockte sich dicht am Eingang nieder. Hadschi Rachim setzte sich auf den alten Teppich in die Nähe des Herdes. Beide Männer strichen sich die Wangen und betrachteten, wie Anstand und Sitte das erforderten, ziemlich lange einander, ohne das Schweigen zu brechen. Endlich legte der Fakih die Spitzen seiner Finger gegeneinander und fragte mit der Würde und Schwermut eines Menschen, der vieles in seinem Leben gesehen hat:

»Wer bist du? Welchem Geschlecht entstammst du? Welchen Namen gab dir dein weißbärtiger Vater? In welchem Lande erblicktest du das Licht der Welt? Wenn du auch des Kiptschakischen mächtig bist, so zeigt doch dein Gebaren und deine Kleidung, daß du ein Fremdländer bist.«

Nachdem er einige Male aus Höflichkeit in die vorgehaltene Hand gehüstelt hatte, begann der junge Krieger mit leiser Stimme und ruhigem Tonfall also:

»Ich heiße Arapscha, doch meine Kriegsgefährten gaben mir den Beinamen ›An-Nasir‹, weil ich in der Schlacht die Besonnenheit zu verlieren pflege und, vom Zorn übermannt, mich ins gefährlichste Handgemenge stürze und nicht wanke und weiche, bis der Feind in die Flucht geschlagen ist... Obgleich ich dir sagte, daß ich Arapscha heiße, weiß ich dennoch nicht – ich schwöre dir's –, wie mein Vater mich genannt hat und wo ich die Tage meiner Kindheit verbracht habe. Dunkel entsinne ich mich eines Waldsees, auf dem ich mit meinem Vater im Boot fuhr und zusah, wie er silberschuppige Fische aus einem Netz in einen Korb schüttete. Ich entsinne mich, wie warm und geborgen ich in den Armen meiner Mutter lag und ihren Liedern lauschte. Auch eines Schwesterchens erinnere ich mich noch... Dann nahm das alles ein Ende. Räuber überfielen uns und brachten mich und meine kleine Schwester in eine große Stadt und an Bord eines Segelschiffes, wo schon sehr viele Knaben und Mädchen waren. Der ganze Schiffsraum war voll davon. Wir waren da zusammen mit einer Herde großer weißer Gänse eingesperrt, die mit ihren Schnäbeln nach uns hackten und uns bissen. Das Schiff fuhr erst auf einem breiten Strom abwärts und dann übers Meer. Die Schiffer verkauften uns Kinder allesamt auf dem Markt, und ich bin nie wieder einem meiner damaligen Leidensgefährten begegnet, auch meiner Schwester nicht.«

»Die verderbliche Habsucht der vom Glanz des Goldes verblendeten Kaufleute ist am Unglück so vieler unschuldiger Kinder schuld, die, in fremde Länder verschleppt, ihr Leben lang das drückende Joch der Sklaverei tragen müssen«, meinte der Fakih seufzend.

»Wahrscheinlich stamme ich aus einem nördlichen Lande: aus dem der Mordwinen, Saksinen, Urussen«, fuhr Arapscha fort, »weil die Männer dieser Völker ihrer großen Körperkräfte wegen bekannt und als Sklaven begehrt sind. Mir jedenfalls hat Allah große Kraft verliehen. Auf dem Sklavenmarkt von Derbent, welches am Eisernen Tor im Kaukasus liegt, wurde ich verkauft und wechselte oft den Herrn. Als ich herangewachsen war, zwang man mich, die schwersten körperlichen Arbeiten zu verrichten: Mit einem Esel zusammen mußte ich das Schöpfrad am Brunnen drehen, Balken schleppen, mit einem Block um den Hals den

Boden umgraben, der hart und trocken war wie Stein, und der Himmel erschien mir in diesen Jahren der Sklaverei ebenso schwarz und trocken wie die fremde Erde, die ich umgrub.«

»Ja, eher erbarmt ein Reicher sich seines Viehes als über einen mit Vernunft begabten Sklaven!« sagte der Hadschi Rachim bitter.

»Ich war siebzehn Jahre alt, als mein Lebensweg eine andere Wendung nahm. Einst hütete ich am Abhang eines hohen steilen Berges die Hammel meines Herrn, eines aserbaidshanischen Khans. Da erschien unvermutet auf einem Abhang ein Reitertrupp, dem auf einem herrlichen Rappen ein junger Krieger voranritt. Plötzlich gab die von Regengüssen unterspülte Erde unter den Hufen seines Rosses nach, und es rollte samt dem Reiter in den Abgrund. Dem Krieger gelang es, sich mit der Geschmeidigkeit einer Katze unter seinem Pferde hervorzuwinden und sich an einem Busch festzuhalten. Ich warf ihm das Ende meines Arkans zu und zog ihn herauf. ›Auch dein Pferd werde ich retten können‹, sagte ich zu dem Krieger, und er erwiderte: ›Wenn es dir gelingt, meinen Rappen zu retten, darfst du mich bitten, um was du willst, ich werde deine Bitte erfüllen.‹ Die Dschigiten entfalteten zwei Arkane; einen band ich mir um den Leib und kletterte trotz der Fesseln an meinen Füßen den Abhang hinab. Wie durch ein Wunder hatte das gestürzte Pferd auf einem schmalen Vorsprung Fuß fassen können, wo es ruhig Gras zupfte. Als ich mich dem Hengste näherte, begann er bösartig zu schnauben, aber es glückte mir, ihm mein Fangseil um den Leib zu schlingen, und die Dschigiten zogen das Tier nach oben. Das Hinaufklettern fiel mir nicht leicht, weil die Fesseln mich dabei sehr behinderten...«

»Tapferer Jüngling!« rief der Hadschi aus. »Du standest unterm Schirm des Höchsten!«

»Die Krieger erkundigten sich nun bei mir nach Weg und Steg durchs Gebirge, und ich gab ihnen Auskunft, warnte sie vor den Stellen, wo die Kurden gewöhnlich im Hinterhalt liegen, um Vorüberziehende zu überfallen, und empfahl ihnen Umgehungswege. Dann fragte mich der Recke: ›Und was erbittest du dir denn nun von mir?‹ – ›Die Freiheit!‹ antwortete ich ohne Besinnen. ›Folge mir‹, forderte der Recke mich auf, ›und du wirst dir die Freiheit mit dem Schwerte verdienen!‹... Der Krieger auf dem Rappen war kein anderer als der durch die Lande irrende Dschelal-ed-Din, der berühmte und furchtlose Kämpfer gegen die Mongolen, die er bei Perwan aufs Haupt geschlagen hat.

Seit jenem Tage bin ich einer seiner Krieger; er gab mir einen Krummsäbel und das Streitroß, das ich mir heute während des Schlafes so schmählich habe stehlen lassen!«

Und der Jüngling seufzte.

»Dein Pferd wirst du zurückerhalten«, beteuerte nochmals der Fakih. »Doch erzähle weiter!«

»Seit dem Tage, da ich mich frei und auf dem Rücken eines feurigen

Rosses fand, gewahrte ich, daß der Himmel über meinem Haupte nicht schwarz, sondern blau ist, daß er leuchtet wie ein Türkis, genau wie in meiner Kindheit, als ich mit meinem Vater in einem Boote über den Waldsee fuhr. Und da begriff ich, daß nichts in der Welt süßer ist als die Freiheit! Drei Jahre folgte ich dem kühnen Kämpfer gegen die Unterdrücker, schützte ihn mit meinem Leibe in der Schlacht und erwarb mir den rühmlichen Beinamen ›An-Nasir‹ – ›der Siegreiche‹. Wiederholt hat mir Dschelal-ed-Din von einem Gelehrten, einem Fakih, erzählt, den er in dem von den Mongolen unterjochten Chowaresmien gekannt habe; als einen Sucher der Wahrheit hat er ihn mir geschildert, diesen Hadschi Rachim al-Bagdadi, und gesagt: ›Wenn die schwarze Wolke des Unheils über deinem Haupte sich zusammenzieht, so nenne ihm meinen Namen, und er wird dir die Hand der Barmherzigkeit entgegenstrecken‹...«

Der Hadschi erhob sich, trat zu Arapscha und reichte ihm beide Hände.

»Der Name Dschelal-ed-Din leuchtet wie ein heller Stern in dunkler Nacht. Setze dich neben mich!«

Der Fakih und der junge Krieger faßten sich bei den Händen, preßten ihre Schultern aneinander und setzten sich nebeneinander auf dem alten Teppich nieder.

»Erzähle mir nun, mein junger Freund Arapscha An-Nasir, weshalb du dich von dem heldenmütigen Dschelal-ed-Din trenntest. Ist er noch am Leben? Er ist doch nicht etwa in die Hände der erbarmungslosen Mongolen gefallen? Ein unerwarteter Wind wendet ja häufig das Segel am Lebensschifflein eines Menschen. Manchmal vermeint man, ein tapferer Krieger stünde auf dem Gipfel seines Ruhms, und plötzlich stürzt er in den Abgrund des Unglücks und steht wieder an derselben Stelle, wo sein Aufstieg begonnen hatte...«

»So erging es auch mir«, sagte der Jüngling. »Bei einem Zusammenstoß mit einer mongolischen Truppe entging ich mit knapper Not der Gefangenschaft und habe seither meinen tapferen und hohen Gönner, der weit nach Westen gezogen ist, nicht mehr gesehn. Ich schlug mich ostwärts durch, auf Gebirgspfaden, die oftmals gefährdet waren durch Banden wilder Bergbewohner, und schloß mich endlich einer nach Chowaresmien ziehenden Karawane an, die zu schützen ich mich den Kaufleuten gegenüber verpflichtet hatte. Ich brannte vor Begier, neue Länder zu sehen. Unterwegs wurden wir auf unserm Zug durch die Wüste von Räubern angefallen, von denen ich mehrere in meinem Zorn erschlug und die übrigen in die Flucht jagte. Die Kaufleute aber wußten den großen Dienst, den ich ihnen erwiesen hatte, nicht zu schätzen. Am Ziel der Reise glücklich angelangt, lohnten sie mir so gering ihre Errettung aus Lebensgefahr – Allah strafe sie dafür! –, daß ich mich nur mit Mühe bis hierher nach Sygnak durchbrachte. Ich hatte nämlich den Entschluß gefaßt, dich aufzusuchen, dich, die Leuchte des Wissens. Als ich mich im Dunkeln deinem Hause näherte, kam ich gerade dazu, wie irgendwelche Leute deine Hütte erbrechen wollten. Ich stieß meinen Kampfruf aus, fiel über sie her, verwundete drei – einem hieb ich das Ohr ab –, und die anderen gaben Fersengeld, ohne sich noch einmal umzusehn.«

»So warst du es also, der den Schrei ausstieß, der wie der Schrei eines verwundeten Tieres klang?«

Mit verwunderten Augen maß der Gelehrte den bescheiden dasitzenden Jüngling.

»Doch wie konntest du es wagen, nach diesem Handgemenge noch hierzubleiben? Die entflohenen Mongolen werden dich bei ihrem Anführer verklagen und zugleich auch mich, und er wird eine größere Abteilung schicken, damit sie uns ergreifen, dich und mich. Für dich werden sie sich eine qualvolle Todesstrafe ausdenken dafür, daß du es gewagt hast, das Schwert gegen diese neuen Beherrscher des Erdkreises zu erheben. Wir täten klug daran, sofort zu fliehen... Dir wird es, jung und stark wie du bist, nicht schwerfallen, aber ich, der ich alt und schwach bin, wie soll ich ihnen entkommen?«

Arapscha stand auf und zeigte auf die Peitsche, die an seinem Gürtel hing:

»Das ist alles, was mir von meinem Pferd geblieben ist. Ohne Pferd werde auch ich nicht sehr weit fliehen können. Dennoch dürfte es wirklich klüger sein, sich von diesem Ort zu entfernen, statt hier tatenlos auf Häscher und Henker zu warten. Wenn du auch alt und schwach bist, ehrenwerter Hadschi Rachim, so wirst du als Derwisch doch gewohnt sein, weite Wege zu wandern. Laß uns in die Steppe gehn, wo wir uns bei den Nomaden verborgen halten können. Wer auf einem Flecke sitzt, den beschleicht der Unglücksskorpion.«

»Du sprichst wie ein rechter Krieger«, sagte der Fakih. »Ich werde mit dir gehn, um nicht von neuem in einen eisernen Käfig gesperrt zu werden.«

Er nahm eine Laterne und eine Kürbisflasche von der Wand und hängte sich beides an den Gürtel. Statt des weißen Taleisans setzte er eine spitze Derwischmütze mit der weißen Binde des Mekkapilgers auf. Er holte einen langen Stab hervor, zog alte derbe Schuhe an die Füße und blieb dann nachdenklich mitten in der Hütte stehen.

»Ich bin bereit, bis ans Ende der Welt zu wandern. In meinem ganzen Leben habe ich niemandem etwas Böses angetan, und doch habe ich viele Jahre umherirren müssen wie ein Verbrecher... Und nun beginnt abermals eine Zeit der Wanderschaft. Meinen alten Mantel hat mein nächtlicher Gast mitgenommen, ich werde also wohl oder übel die Kleider anziehen müssen, die er mir zurückgelassen hat...«

Er hob den blauen Mongolentschapan von der Erde auf.

»Noch niemals habe ich ein so prächtiges Gewand getragen mit Knöpfen aus sechs roten Steinen, die wie echte Rubine funkeln... Alles andere muß ich hier zurücklassen! Leid tut es mir nur um die von mir verfaßte Chronik, worin ich die erstaunlichsten Begebenheiten gewissenhaft verzeichnet habe, die sich während des Einfalls des rotbärtigen Dschingis-Khans in Chowaresmien zugetragen haben.«

»Trauere nicht zu früh!« sprach Arapscha, indem er ehrerbietig die Hand des Hadschis faßte und sie über seine Augen führte, zum Zeichen, daß er fortan freiwillig dessen Murid sein wolle.

»Gestatte mir, fortan dein Schüler zu sein, dir überallhin zu folgen und das Buch mitzunehmen, von dem du sprachst. Ich werde es in meine Reisetasche stecken.«

»Brav gesprochen!« lobte der Hadschi und übergab dem jungen Krieger ein in Leder gebundenes Manuskript, dazu ein Messingkästchen samt Schreibzeug. Mit einem letzten wehmütigen Blick umfaßte der Fakih noch einmal das Innere seiner Behausung, in der er mehrere Jahre verbracht hatte.

»Nun rasch fort!«

Beide verließen die Hütte, die der Hadschi von außen verschloß, indem er einen hölzernen Riegel vorschob.

»Akbai! Hierher!« rief er seinem Hund zu. »Du wirst unser Haus bewachen. Dein Herr wird kaum wiederkehren.«

Gehorsam legte sich der Hund auf die Türschwelle und schaute mit erhobenem Kopf aus seinen roten Augen recht verdutzt den beiden Wanderern nach, die sich in Richtung auf die öde Steppe raschen Schrittes entfernten.

Die Mongolen rüsten für einen Feldzug

> Stärke und Disziplin der in unser Land eingefallenen tatarischen Heere waren so ungewöhnlich, daß es den Anschein hatte, sie vermöchten die ganze Welt zu erobern.
> (Chinesischer Chronist des XIII. Jh.)

Seit langer Zeit – genau: seit dem Einfall der Mongolen – hatte die friedliche Stadt Sygnak in ihren engen Gassen nicht so viele Kamelkarawanen, so viele nach allen Richtungen galoppierende Reiter, so viele eilig dahinschreitende Fußgänger gesehen. Jeder wollte erfahren, inwieweit die aus der Steppe wie Vogelschwärme hereinschwirrenden Gerüchte, daß die Mongolen einen großen Feldzug gen Westen planten, sich bewahrheiteten.

Die erregte Menge verstummte auf einmal, als Trupps mongolischer Reiter angesprengt kamen. Man beeilte sich, ihnen auszuweichen, denn sie ließen ihre kleinen, bös schnaubenden Pferde ohne Rücksicht auf die Leute in den Gassen ausgreifen und hieben dabei nach links und rechts mit ihren Peitschen nach den Köpfen der nicht rechtzeitig Ausweichenden. Infolge ihrer Bartlosigkeit ähnelten die von der Sonne gebräunten, von Schmutz verkrusteten, finsteren und unbewegten Gesichter dieser Reiter denen mürrischer alter Weiber. Sie ritten zum

Hauptplatz der Stadt, wo sich hinter einem hohen Bogen aus farbigen Kacheln der Palast des Regenten dieses Gebietes erhob, der kein anderer war als Dschingis-Khans Enkel, Tangkut-Khan. Hier auf dem Platz bildeten sie Kreise, in deren Mitte Lagerfeuer angezündet wurden. Das nötige Brennmaterial verschafften sie sich, indem sie die Türen der nächsten Häuser herausbrachen und die Bäume der umliegenden Gärten fällten. Auch was sie zur Nahrung brauchten, nahmen sie den Bewohnern, in deren Häuser sie eindrangen, einfach weg und ließen auch sonst noch manches mitgehen, was ihnen in die Hände geriet und ihr Gefallen erregte. Über den Feuern hingen Kessel, in denen eine Suppe kochte, deren Hauptbestandteile Fleisch und geröstete Hirse bildeten und die mit Milch und Salz gewürzt war.

Diese biwakierenden Reiter waren die Leibwächter – Turgauden – der elf von Dschingis-Khan abstammenden mongolischen Prinzen, die aus ihren entlegenen Lagerplätzen in Sygnak eingetroffen waren. Die Hauptmacht ihres Heeres folgte ihnen in Eilmärschen nach. Man rechnete jeden Tag mit ihrem Eintreffen.

Sygnaks Einwohner zitterten vor diesen mongolischen und tatarischen Kriegern und gaben ihnen widerspruchslos alles, worauf die Schlitz- und Schieläugigen ihre begehrlichen Blicke hefteten. Man erinnerte sich noch allzugut des vor fünfzehn Jahren erfolgten ersten Einfalls der Mongolen und Tataren unter dem furchtbaren Dschingis-Khan. Das ganze Land hatte in Flammen gestanden, und alle Wege und Straßen waren voll gewesen von den aus brennenden Dörfern und Städten flüchtenden Einwohnern, denen die Furcht vor den wilden Reiterhorden aus der Steppe im Genick saß, denn wer in ihre Hände fiel, wurde entweder totgeschlagen oder als Sklave in die ferne Mongolei verschleppt. Die gefangenen Frauen und Kinder aber verteilten die fremden Krieger unter sich als rechtmäßige Beute wie zweibeiniges Vieh.

Schließlich hatten die blutigen Metzeleien aufgehört, und die mongolischen und tatarischen Truppen waren wieder nach Osten abgezogen.

Diejenigen der geflüchteten Einwohner, die dem Tod und der Gefangennahme entgangen waren, weil sie sich in Bergen und Sümpfen versteckt gehalten hatten, kehrten allmählich zu ihren zerstörten Wohnstätten zurück, die sie notdürftig wieder herrichteten, oder sie bauten sich primitive Lehmhütten. Die Bauern setzten die eingetrockneten Bewässerungsgräben wieder instand und bestellten ihre Felder. Die Kaufleute stellten sich den Mongolen zur Verfügung, als Steuereinnehmer zum Beispiel, und waren bald wieder reich genug, um sich neue schmucke Häuser bauen und schöne Gärten anlegen zu können. Die Imams ließen die von den Mongolen besudelten Moscheen reinigen und weihten sie neu. Wieder ließen die Asantschi fünfmal des Tages von den Minaretten ihre hellen Stimmen ertönen, um die Rechtgläubigen zum Gebet zu rufen. Wie früher wurden die Lauen, nicht genügend Frommen, im Gebete Säumigen, die dem Rufe nicht rasch genug Folge lei-

steten, von eigens dazu angestellten Aufsehern mit den Peitschen angetrieben, ihren religiösen Pflichten zu genügen.
Als nun plötzlich im Frühjahr des Jahres 1237 die Turgauden der mongolischen Prinzen in Sygnak einrückten, erschraken die Einwohner der Stadt. Der Regent schickte seine Dschigiten zu allen Khanen der Umgegend aus, damit sie Hammel, Füllen und was er sonst noch an Nahrungsmitteln zur Bewirtung seiner fürstlichen Gäste brauchte, requirierten, und die Bevölkerung mußte an den Ufern des Seihun mehrere tausend Jurten zur Aufnahme der wilden Krieger aus dem Osten bauen.

Der unbesiegbare Feldherr

Der Tumen Subudai-Bahadurs kam herangejagt, eingehüllt in eine Staubwolke, die den ganzen Himmel bedeckte – voran die Hundertschaft der Kundschafter auf rotbraunen Pferden, dahinter eine Hundertschaft auf milchweißen Pferden. Und dann kam er – der große mongolische Feldherr, der noch niemals eine Niederlage erlitten hatte, der einäugige Subudai-Bahadur. Groß war sein Ruhm: Er hatte die Kiptschaken und die Urussuten in der Schlacht am Flusse Kalka besiegt, er hatte drei chinesische Hauptstädte erobert und zerstört, zwanzig Völker unterworfen.
Gebückt saß er auf seinem rehbraunen Pferd, dessen schwarzer Schweif bis zur Erde reichte. Es ging in raschem Paßschritt, bei dem sein Reiter gleichmäßig hin und her geschaukelt wurde.
Bereits als Jüngling war Subudai-Bahadur durch einen Schwertstreich, der die Muskeln durchhauen hatte, am rechten Arm verwundet worden, welcher seitdem verkrümmt blieb. Ein zweiter Schwerthieb ins Gesicht hatte eine Narbe zurückgelassen, die sich von der rechten Augenbraue über die ganze Wange hinzog. Das rechte Auge war ausgeflossen, das weit offene linke aber schien mit bohrendem Blick in die geheimsten Gedanken der Menschen einzudringen.
Die Krieger seines Tumens nannten ihn den »Panther mit der zerhauenen Pranke« und behaupteten, mit ihm könne man nicht in Not geraten, da er wie ein Panther, der einmal der ihm gestellten Falle entgangen ist, jede Gefahr wittere und auch die listigsten Schliche des Feindes errate. Dschingis-Khan hatte ihn mit der Erziehung seines Enkels Batu-Khan beauftragt, jenes Enkels, der berufen war, die Eroberungen seines Großvaters fortzusetzen.
Vor der Stadt, auf der Heerstraße, im Schatten einer hohen Korkulme, wurde der mongolische Feldherr von einer Deputation, bestehend aus den angesehensten Bürgern der Stadt Sygnak, Imams, Kadis und Kaufleuten, erwartet. Auf silbernen Tabletts wollte man ihm Erfrischungen und Geschenke darbieten und ihn einladen, sich von den Anstrengungen des Rittes in dem neuen prächtigen Hause eines der reichsten Kaufleute

auszuruhen. Ein Pfirsichgarten mit einem Wasserbecken zwischen blühenden Rosenbüschen und marmornen Liegebänken ringsumher würde ihm Gelegenheit bieten, sich durch ein Bad zu erfrischen.

Als die ersten Hundertschaften vorübergesprengt waren und Subudai-Bahadur sich der Deputation gegenüber befand, trat einer der Imams vor, um eine Rede zu halten, die er also begann:

»O Größter der Großen, Tapferster der Tapferen!...«

Ohne ihn und die übrigen Deputierten in ihren Chalaten aus Brokat, Samt und Seide eines Blickes zu würdigen, wandte Subudai jäh sein Roß, das ihn, seinem Schenkeldruck gehorchend, nordwärts in die öde Steppe davontrug.

Mit Mühe nur holten der Wekil und einige Khane auf schaumbedeckten Rossen ihn ein.

»So warte doch!... Stürme doch nicht mit solcher Windeseile davon!... Gujuk-Khan und Tangkut-Khan gebieten dir, dich zu einer wichtigen Beratung im Palast des Regenten einzufinden!« riefen sie keuchend hinter Subudai her.

Der Feldherr nickte zwar zustimmend mit dem Kopfe, zügelte aber sein rehbraunes Roß, das seinen gleichmäßigen Lauf durch die Steppe fortsetzte, keineswegs.

»Der Bahadur reitet nicht hin... Der Bahadur muß seinen goldnen Hahn füttern!« stieß er heiser hervor und spornte seinen Rehbraunen zu noch größerer Eile an.

Und der ganze Tumen, der mit verhängten Zügeln hinter seinem Anführer herpreschte, hatte rasch eine große Strecke zwischen sich und die Stadt Sygnak gelegt.

In der offenen Steppe, in der Nähe des Flusses Seihun, wurde haltgemacht. Die zehntausend Mann zerstreuten sich längs des Ufers, wo Jurten aufgestellt wurden, die Lastkamele schon tags zuvor hierhergebracht hatten. Sklaven trugen trockenes Schilf herbei, um Lagerfeuer anzuzünden, über denen in chinesischen Kupferkesseln Reis und Füllenfleisch gekocht werden sollte.

Subudai-Bahadur stieg vor der für ihn bestimmten Jurte, neben deren Eingang eine mit Büffelhörnern und Roßschweifen gekrönte Lanze in der Erde steckte, vom Pferde. Der mit einem Teppich verhängte Eingang wurde von zwei finster blickenden Posten bewacht und von zwei angeketteten roten mongolischen Wolfshunden, die den Fleischgeruch witterten und vor Hunger und Ungeduld heulten.

In der Mitte der Jurte, die der Bahadur betrat, stand auf glimmenden Kohlen ein chinesischer Bronzekessel mit Fleischbrühe. Tropfen davon sickerten aufzischend in die Glut.

Ein alter Sklave, dessen finsteres Gesicht von grauem, bis auf die Schultern herabfallendem Zottelhaar umrahmt war, reichte dem eintretenden Feldherrn eine blaue Schale hin, welcher Subudai mit seiner gesunden Linken eine Handvoll Hirsekörner entnahm, um sie einem goldschimmernden Hahn mit einem prachtvollen bunten Schwanz hinzustreuen. Das Tier, das mit dem Kopf unterm Flügel aufgeplustert an der Gitterwand gesessen hatte, machte ein paar Stelzschritte, soweit es ein dünnes Silberkettchen erlaubte, dessen eines Ende an seinem Bein und dessen anderes an der Wand befestigt war. Mit zur Seite geneigtem Kopf, gleichsam lauschend, stand der Hahn ein Weilchen da, ehe er lässig die Körner aufzupicken begann, von denen die meisten bei seinen Schnabelhieben umherflogen. Subudai beobachtete seinen Lieblingsvogel mit vorgeneigtem Oberkörper, bis dieser alle Körnchen aufgepickt hatte und flügelschlagend mit gerecktem Hals seinen Schrei ausstieß, dem von verschiedenen Ecken und Enden des Lagers her andere Hähne antworteten.

›Ein kleines Tier, und weckt doch ein ganzes großes Heer‹, dachte der Bahadur.[1]

Gebückt, leicht hinkend, ging er zu einer Filzmatte mit darübergebreiteten weichen Hundefellen, um sich darauf niederzulassen.

Die Imams sind in Verlegenheit

Dem hohen Kacheltor des Hauses des Regenten Tangkut-Khan näherten sich gewichtigen Schrittes zwei Greise in rotgestreiften Seidenchalaten. Einer hielt eine prächtige weiße Rose in der Hand, der andere einen rotbäckigen Apfel. Diese Geschenke trugen sie mit solcher feierlichen Behutsamkeit, als ob es die zerbrechlichsten, randvoll mit köstlichem Getränk gefüllten Glasschalen wären.

Hinter den Greisen her trotteten zwanzig hagere und hungrige Koranschüler mit trübsinnigen Gesichtern.

Die schneeweißen Turbane der beiden Greise, ihre gepflegten langen Bärte, die würdevollen Gesichter – alles wies darauf hin, daß die beiden den Rang eines Imams oder Ischans innehatten, den Rang eines Mittlers zwischen gewöhnlichen sündigen Menschen und dem über den Wolken in kristallenen Himmeln thronenden Allah, dem allmächtigen Gott, neben dem es keinen anderen gibt.

Da die Wache am Tor strengste Anweisung hatte, niemandem in den Garten oder in den Palast des Regenten Zutritt zu gewähren, baten die Imams, den Wekil herauszurufen. Lange mußten sie warten, bis der Wekil kam, besorgt und aufgeregt, aller Augenblicke sich den Schweiß mit den Fingerspitzen von der Stirn wischend, von welcher sein Turban in den Nacken gerutscht war. Als er die Angekommenen erblickte, erging er sich in tausend Entschuldigungen, daß er die Diener Gottes so lange habe warten lassen müssen.

»Tangkut-Khan hat mir befohlen, alle Wünsche der Prinzen, von denen ein jeder mit einem Troß von Dienern, Pferden, Falken, Windhunden

---

1 Zu jener Zeit nahmen Führer von Karawanen oder Truppen Hähne mit auf weite Reisen und Märsche, damit sie ihnen als Weckeruhren dienten.

angekommen ist, auf den leisesten Wink zu erfüllen. Für alle muß Platz geschafft werden, jeder will nach seinem Geschmack beköstigt sein. Da weiß man manchmal wirklich nicht, wo einem der Kopf steht. Was führt euch zu mir, heilige Väter?«

Der älteste Imam oder Ischan sprach:

»Seit dem Tage der Ankunft der Prinzen in Sygnak müssen wir ihre Namen in unsere Gebete einschließen und vom Himmel Glück und Segen auf ihre Häupter herabflehen. Auch müssen wir Allah – sein Name sei gelobt! – um Sieg für ihre Waffen in dem bevorstehenden Feldzug gegen die Ungläubigen – die Allah strafen möge! – bitten, damit ihnen eine Rückkehr im Glanz ruhmreicher Taten beschieden sei.«

Der Wekil seufzte.

»Im ganzen sind elf Prinzen[1] angekommen«, berichtete er. »Der Höchste und zugleich der Unruhigste von ihnen ist Khan Gujuk, Sohn des Kagans und Erbe des mongolischen Reiches. Er pflegt die meisten seiner Befehle zu widerrufen, dann sendet er Eilboten herum, stampft zornig mit den Füßen und schlägt jeden, der es ihm nicht recht macht, mit einem beinernen Schaufelchen auf die Wangen. Dabei ist er es selbst, der alles in Verwirrung bringt, weil er nicht zu wissen scheint, was er eigentlich will. Wie es heißt, soll er den Oberbefehl über das Heer führen... Kann denn eine schnatternde Gans über Falken gebieten?«

»Davor möge Allah uns bewahren!« riefen die Greise. Dann fügten sie hinzu: »Wir hatten gehört, an die Spitze der Truppen solle der junge Khan Batu gestellt werden, der Sohn des umgekommenen Dschutschi-Khan – dessen Asche wohlriechend sein und in Frieden ruhen möge! Ist das wahr oder nicht?«

»Allah, der Allwissende, wird auch dieses wissen!« sagte der Wekil flüsternd. »Es heißt, Gujuk-Khan und Batu-Khan seien einander so spinnefeind, daß sie sich gegenseitig die Augen auszureißen imstande wären.«

»Oh, was für Zeiten!«

»Als Batu-Khan mit fünf Reitern hierher in den Palast seines Bruders Tangkut-Khan kam, war dieser ganz und gar nicht über jenes Ankunft erfreut. Beide Brüder gerieten sehr bald miteinander in Streit. Mit blut-

1 Zur Teilnahme an diesem Feldzug nach Westen waren elf Prinzen in Sygnak zusammengekommen – Söhne der fünf Söhne Dschingis-Khans: 1. die vier Söhne seines verstorbenen ältesten Sohnes Dschutschi: die Khane Batu, Ordu, Scheibani (in der Folge berühmt als Feldherr) und Tangkut; 2. Sohn und Enkel von Dschingis-Khans zweitem Sohn Dschagatai: Chaidar und Buri; 3. die zwei Söhne des zur Zeit herrschenden Kagans Ugedai: Gujuk (später für kurze Zeit ebenfalls Kagan) und Kadan; 4. die zwei Söhne von Dschingis-Khans drittem Sohn Tuli: Budschek und Mengu (Freund Batus, dem er in der Folgezeit half, Kagan zu werden), und schließlich 5. Dschingis-Khans letzter Sohn, Külkan (der späterhin bei Kolomna in der Schlacht gegen die Russen fiel). Alle diese Prinzen rechneten damit, als Regenten der im bevorstehenden Feldzug zu erobernden Länder eingesetzt zu werden.

unterlaufenen Augen schrie Batu: ›Alle Gebiete längs der Westgrenze sind von unserem Großvater Dschingis-Khan mir unterstellt worden. Nur meiner Jugend wegen und infolge meiner Abreise nach China in den Krieg hast du, Tangkut, hier die Regentschaft geführt. Jetzt aber will ich selbst mein Erbe verwalten und mein Teilfürstentum regieren!‹ Tangkut-Khan antwortete: ›Du bist seit zehn Jahren nicht mehr hier gewesen. Deine Spuren hat der Wind verweht. Jetzt bin ich hier der Herrscher. Geh nach China zurück!‹, und Tangkut-Khan rief seine Nuker zusammen. Batu-Khan entgegnete: ›Du schnatterst wie ein Gänserich, zitterst aber dabei wie ein Frosch im Sumpf. Willst du nicht freiwillig zurücktreten, so werde ich dich dazu zwingen und dich zu meinem Diener machen!‹ Schon kamen die Nuker von allen Seiten mit gezückten Schwertern herbeigelaufen. Batu-Khan stürzte zum Ausgang, schwang sich auf sein Pferd und jagte davon, unbekannt wohin...«
Die Imams fragten:
»Für wen sollen wir denn nun beten? Welcher von diesen beiden Khanen wird die Oberhand gewinnen?«
»Wie könnte ich euch das sagen, ich – eine kleine Mücke!« rief der Wekil und verschwand hinter dem Tor.
Die beiden Priester schüttelten ratlos die Köpfe, bargen ihre mitgebrachten Geschenke im Busen und blickten einander mit an die Lippen gelegtem Zeigefinger schweigend an.
»Klugheit gebietet, abzuwarten und vorerst für keinen von beiden zu beten«, sagte schließlich der eine.
»Das wäre unvorsichtig«, gab der andere zu bedenken.
Über Klugheit und Vorsicht streitend, traten sie den Rückweg an, gefolgt von den zwanzig trübsinnigen Schülern.

Gujuk-Khans Schaufelchen

Dschingis-Khans Enkel Gujuk-Khan, Sohn des Kagans Ugedai und Erbe des Mongolenreiches, verließ infolge seiner sprunghaften Wesensart plötzlich den Palast des Regenten von Sygnak und ließ sein himbeerfarbenes Zelt fern der Stadt auf einem Hügel in der Steppe aufschlagen. Von hier oben überblickte er das Tal, durch das ununterbrochen Truppen zogen, die voneinander gesondert ihre Zeltlager, die sogenannten Kurien, aufschlugen.
Rings um das Zelt Gujuk-Khans standen die zahlreichen Jurten seiner Turgauden, das heißt seiner Leibwächter; dieser Leibgarde gehörten junge Männer aus den angesehensten Familien an. Die Pferde des Khans, edle Tiere von besonderer Schnelligkeit und Gewandtheit, mit denen er bei Treibjagden gern prunkte, waren innerhalb des Ringes der Jurten untergebracht. Sie waren sorglich in Decken eingehüllt, daß nur ihre Schweife und Ohren zu sehen waren, und erfreuten sich der sorgfältigsten Pflege.

Bestrebt, es seinem Großvater Dschingis-Khan in Entfaltung von Prunk gleichzutun und die von ihm eingeführte Ordnung zu wahren, hatte Gujuk neben seinem Zelte eine hohe Stange aufpflanzen lassen mit einer schwarzen fünfeckigen Fahne oder Standarte, worauf mit Goldfäden ein Reiter mit einem Tiergesicht gestickt war – der grimme Kriegsgott der Mongolen: Sulde.

Nach den Versicherungen der Schamanen hatte dieser Gott Dschingis-Khan auf allen seinen Feldzügen unsichtbar begleitet und ihm die den ganzen Erdkreis erschütternden Siege beschert. Ein milchweißer, schwarzäugiger Hengst, der nie einen Sattel kennengelernt hatte, diente dem unsichtbaren Gott als Reittier und stand, von zwei Schamanen gewartet, stets vor des Kagans Zelt angepflockt.

Auch vor dem himbeerfarbenen Zelt seines Enkels stand ein solcher ungesattelter Schimmelhengst, dessen Wartung zwei Schamanen oblag, die tänzelnd die beiden vor dem Zelteingang brennenden ewigen Feuer umschritten und dazu große Schellentrommeln schlugen. Ihre Mäntel waren mit Schellen benäht, und am Gürtel hingen Filzpuppen.

Vier Mongolen kamen langsam den Hügel herauf, sie gingen vornübergebeugt und setzten ihre krummen Beine grätschig. In der hinter dem Rücken verborgenen Rechten hielt jeder von ihnen einen Pfeil. Als die vier sich den Feuern genähert hatten, ließen sie sich von den Schamanen, die dazu Gebete krächzten, beweihräuchern, damit der heilige Rauch alle bösen und verbrecherischen Gedanken mit sich fortnähme. Am Eingang kreuzten zwei Leibwächter ihre Speere und gaben, nachdem sie sich niedergehockt hatten, genau acht, daß die Eintretenden den Vorhang mit dem Pfeil beiseite schoben und über die Schwelle hinwegschritten, ohne sie zu berühren, denn eine Berührung hätte den Zorn des Himmels heraufbeschwören können, der sich dann mit Donner und Blitz über dem Haupte des Herrn des Zeltes entladen hätte.

Die vier stiegen nacheinander über die gekreuzten Speere hinweg, warfen sich mit den Gesichtern auf die weißen Filzmatten nieder und riefen:

»Sei ruhmreich, siegreich und langlebig, Erhabener!«

»Näher zu mir!« wurden sie aufgefordert.

Die vier richteten sich aus ihrer liegenden Stellung auf und krochen auf den Knien näher zu dem mit Gold und Elfenbeinmustern verzierten niedrigen Thron hin, auf dem mit untergeschlagenen Beinen ein Jüngling saß, dessen Gesichtszüge aufgedunsen waren und dessen Bauch sich stark vorwölbte. Auf seiner orangefarbenen Mütze zitterte ein Büschel weißer Reiherfedern – nur ein Sprößling aus Dschingis-Khans Geschlecht durfte die Federn dieses heiligen Vogels als Kopfschmuck tragen. In die ärmellose himbeerfarbene Seidenjacke des Jünglings waren goldene Drachen hineingewebt, seine Füße steckten in hochhackigen Schuhen aus rotem Saffianleder. Neben ihm auf dem Thron lagen rechts ein Metallstab mit goldenen Einkerbungen – als Insignum

der Macht – und links ein aus dem Stoßzahn eines Elefanten geschnitztes Schaufelchen mit langem Stiel.
Khan Gujuk betrachtete aus schmalen Augen aufmerksam die Gesichter der vier vor ihm Knienden.
»Mit leeren Händen, so kahl wie die Latschen einer Gans, kehrt ihr zurück... Wo ist sein Gürtel? Wo seine Mütze? Wo habt ihr seine Rubinknöpfe gelassen?«
Der Khan griff nach dem elfenbeinernen Schaufelchen und schlug damit die vier auf die Backen. Sie duldeten es reglos, mit steinernen Gesichtern, nur den Kopf schienen sie nach jedem Schlage tiefer zwischen ihre breiten Schultern einzuziehen.
»Verzeihe uns, Herrscher der Welt!« riefen sie wie aus einem Munde und warfen sich wieder mit den Stirnen auf die Filzmatte nieder.
»Sprich du zuerst, Munke-Sal! Du bist der Vernünftigste.«
»Ich werde sprechen, wie du es befiehlst. Wir erfuhren, daß Batu-Khan, der die Hand nach einem fernen Stern auszustrecken gewagt hat, mit fünf Kriegern nach Sygnak geritten sei, nachdem er Subudai-Bahadur verlassen...«
»Hat er mit Subudai-Bahadur Streit gehabt?«
»Davon ist nichts verlautet...«
»Das war der Moment, den man hätte abpassen müssen... Wo man nicht hätte schlafen dürfen... Warum habt ihr ihn nicht ergriffen?«
»Er stürmte direkt zu seinem Bruder, dem Regenten Tangkut-Khan, in dessen Palast es zwischen beiden Prinzen zu einer heftigen Auseinandersetzung kam. Beide schrien furchtbar laut. ›Schlagt ihn tot!‹ rief Tangkut-Khan seinen Kriegern zu. Aber Batu-Khan entkam ihnen, schwang sich unter fürchterlichen Verwünschungen, die seinem Bruder galten, aufs Pferd und sprengte davon...«
»Habt ihr ihn aufgespürt? Wo ist er?«
Die vier warfen sich wieder aufs Angesicht.
»Ihr seid keine Krieger!... Dummköpfe seid ihr, lahme Ziegenböcke, die das Fleisch ihres Vaters gefressen haben!« kreischte Gujuk-Khan. Nachdem er sich mißtrauisch umgesehen, fuhr er zornig, aber mit zum Flüstern gedämpfter Stimme fort: »Macht euch auf die Suche nach dem Verhaßten! Er trägt einen blauen Tschapan mit sechs Rubinknöpfen, daran könnt ihr ihn erkennen... Erwürgt ihn, und ihr sollt Anführer einer Hundertschaft, nein, einer Tausendschaft werden. Kehrt ihr aber wieder mit leeren Händen zurück, so wird dieser Prahler womöglich zum Dschichangir gewählt, und ihr entgeht alsdann dem Tode nicht... Der Henker wird euch erst die Ohren abschneiden, ehe er euch das Rückgrat bricht! Seid dessen eingedenk! Eilt!«
Die vier wichen, auf allen vieren kriechend, vor ihm zurück bis zu dem schwarzen, mit silbernen Störchen bestickten Türvorhang, unter dem sie hinterwärts durchkrochen.

Der tapfere Nasar-Kjarisek

Voll innerer Unruhe kehrte der alte Nasar-Kjarisek vom Markt in Sygnak in seine Jurte zurück.

»Diese Neuigkeiten machen einen zittern und beben!« brummte er in seinen Bart. »Am besten, ich begebe mich zu meinem Khan Bajander, um zu erfahren, ob auch alles wahr ist, was ich gehört habe.«

Eilends begann er sich umzukleiden.

»Ich muß fertig sein, ehe Kys-Tugmas was merkt, sonst liegt sie mir wieder in den Ohren, ich arbeitete nicht genug, ginge nur müßig... Daß alle Ehefrauen keifen müssen! Doch sie soll mir nur kommen. Ich werde ihr beweisen, wer Herr im Hause ist, und sei's mit einer Tracht Prügel...«

Er zog einen schwarzen Tschapan an, der aber vor Alter schon aus den Nähten platzte, darum zog er noch einen Ziegenpelz darüber, gürtete ihn mit einem Riemen, holte aus einem Sack ein Paar vertretene Stiefel mit spitzen Absätzen hervor, die schon sein Vater getragen hatte, als er gegen die einfallenden Mongolen ins Feld gezogen war. Auf den Kopf stülpte er sich eine Lammfellmütze mit Ohrenklappen und steckte noch eine Peitsche in den Gürtel. Dann betrachtete er sich und brummte:

»So werde ich wohl vor den Augen des gestrengen Khans Gnade finden... Also gehn wir, eine wichtige Sache soll man nicht auf die lange Bank schieben...«

Da kam Turgan, Nasars jüngster Sohn, angelaufen, der mit anderen Knaben zusammen in der Steppe die Fohlen des Auls gehütet hatte, und sperrte vor Staunen Mund und Nase auf: ›Der Vater im Ziegenpelz... Bei einer solchen Hitze... Was für ein närrischer Einfall!‹

Schon wollte er den Vater bitten: ›Befiehl mir, dich zu begleiten!‹, doch hielt er die ihm schon auf den Lippen schwebenden Worte zurück, aus Angst, die Sache dadurch zu verderben. Er duckte sich am Eingang nieder und beobachtete alle Hantierungen des Vaters mit lebhaften glänzenden Mausaugen. Neben ihm hockte das Waisenmädchen Juldus, welches Nasar zur Zeit des Mongoleneinfalls in seine Familie aufgenommen und wie seine leibliche Tochter erzogen hatte. Die Kinder stießen sich ab und zu gegenseitig mit dem Ellbogen an und wiesen eins das andere durch ein Blinkern der Augen auf Nasar und sein Tun.

»Führe die Stute herbei!« befahl der Vater seinem Sohn streng.

›Da hab' ich doch richtig vermutet!‹ dachte Turgan triumphierend und sauste Hals über Kopf los, hin zur Schlucht, wo ihre alte Stute weidete. Er kletterte ihr auf den knochigen Rücken und lenkte sie heim zur Jurte. Nasar rieb die Stute mit einem Stück Filz ab, legte ihr eine alte Satteldecke auf das magere Rückgrat, paßte sorgfältig den auseinanderplatzenden, nur mit Schnüren notdürftig zusammengehaltenen Sattel an und legte schließlich darauf noch ein Stück Filz. Die Stute stampfte mit den Hinterbeinen und versuchte ihren Herrn zu beißen, als er den Sattelgurt unter dem aufgeblähten Bauch straff anzog.

Nasars Frau, ein längst verblühtes mageres Weib mit eingefallenen Wangen, war dabei, aus einigen Handvoll Mehl Teig für Fladen einzurühren. Sie warf bei ihren Hantierungen fortgesetzt Seitenblicke auf ihren Mann, ohne sich entschließen zu können, ihn zu fragen, was er eigentlich vorhabe.
›Sicher führt der Alte wieder irgendwas im Schilde!‹ dachte sie.
»Wohin will unser Herr aufbrechen?« fragte Juldus schüchtern flüsternd, als Nasar aus der Hütte trat.
»Wohin? – Na klar, in den Krieg!« sagte Turgan überzeugt.
»Was redest du da? Was für ein Krieg?« rief seine Mutter erschrocken.
»Die Jungen behaupten, es gäbe bald Krieg«, antwortete Turgan. »Sieh nur, was der Vater macht!«
Nasar, der noch einmal in die Hütte zurückgekehrt war, trat nahe an die Gitterwand und nahm einen alten Krummsäbel herunter, den er sich umgürtete, indem er die Enden des schmalen Riemens fest über seinem Pelz zusammenknotete. Seine Frau und die beiden Kinder verfolgten mit erstaunten Blicken jede seiner Bewegungen.
Also ausgerüstet trat Nasar-Kjarisek schweren Schrittes vor seine Hütte, sichtlich bemüht, sich ein stolzes, kühnes Ansehen zu geben. Nachdem er der Stute die Zügel über den Hals geworfen hatte, stieg er in den Sattel, dabei schielte er nach der Tür der Jurte. Kys-Tugmas wickelte die frisch gebackenen heißen Fladen in einen sauberen Leinenlappen und gab sie Juldus, die damit vor die Tür lief, um sie Nasar hinaufzureichen. Mit der einen Hand ihre Augen gegen das Sonnenlicht abschirmend, blickte sie ihm in das faltige Gesicht, gespannt, was er sagen würde.
Nasar wußte wohl, welche Gedanken seine Familie bewegten, aber durfte man denn bei einer so wichtigen Angelegenheit Weib und Kinder ins Vertrauen ziehen?
Er steckte das Bündelchen in den Busen und sagte mit einer gewissen feierlichen Wichtigkeit:
»Ich begebe mich zum Khan Bajander!«
Er stieß seiner knochigen Mähre die Absätze in die Weichen, und sie trottete gemächlich den in die Steppe hineinführenden Pfad entlang.
Turgan lief zur Mutter und flüsterte ihr ins Ohr, als hätte er Angst, daß der Vater ihn noch hören könnte:
»Ich lauf' dem Tatu nach. Bis zum Khan ist's ja nicht weit. Vielleicht bin ich schneller dort als er und komme bald wieder zurück!«
»Paß nur ordentlich auf ihn auf!« ermahnte ihn die Mutter und ging zum Herd zurück. Sie steckte ein Bündel vertrocknete Stachelzweige hinein und fachte durch kräftiges Blasen das Feuer, das nahe am Verlöschen gewesen war, wieder an.
›Was für ein närrischer Einfall! Wie kann er in seinem Alter noch in den Krieg ziehn? Er wird in den ersten Abgrund stürzen und nicht wiederkommen... Und was soll dann aus mir, seiner Witwe, werden?‹...
»Nun, was trödelst du, Turgan? Lauf zu, damit du den Vater noch

einholst! Halte dich aber in einiger Entfernung, damit er dich nicht bemerkt. Sonst wird er womöglich böse und verhaut dich...«
Turgan zog seine Pluderhosen hoch und rannte los, in der Richtung, in der sein Vater davongeritten war.

Die Freigebigkeit des Khans

Das Gerücht von dem von den Mongolen beabsichtigten Kriegszug nach Westen durchraste die Kiptschakensteppe wie ein Orkan, der an einem stillen Sommertag plötzlich über die Ebene hinfegt, Sandsäulen aufwirbelt, Sträucher entwurzelt und mangelhaft befestigte Jurten umwirft. Nach allen Himmelsrichtungen jagten Eilboten, die Nachrichten aus einem Nomadenlager dem andern übermittelten: Nachrichten über das große Ereignis, das das friedliche Leben der Nomadenvölker stören sollte. Alle zwölf Stämme des großen Kiptschakenvolkes wurden zum Heeresdienst einberufen.
Nasar-Kjarisek ritt an dem mit Pappeln bestandenen Ufer des von den Regengüssen geschwollenen und getrübten Flusses Seihun entlang. Vor ihm breitete sich die weite Ebene aus. Reiter galoppierten nach allen Richtungen, Reihen zweihöckeriger Kamele, mit Gittern und Stangen für Jurtengerüste, mit Filzmatten und Teppichen, Säcken, Kesseln und anderen mehr oder minder verrußten Gegenständen eines Nomadenhaushalts beladen, zogen in rhythmischem Schritt dahin. Nebenher gingen Frauen und Kinder. Halbnackte Sklaven trieben Herden von Schafen und Kühen vor sich her. Unruhe hatte sich der Steppenbewohner bemächtigt und trieb sie durch die Steppe, die sonst in schweigender Erhabenheit schlummerte.
Endlich erreichte Nasar-Kjarisek den Lagerplatz der elften Frau des Khans Bajander und geriet in ein fassungsloses Erstaunen – hier war alles wie immer! Ungeachtet der allgemeinen Unrast und Verwirrung ringsum, hatte der Khan seine unerschütterliche Ruhe bewahrt. Im Lager wurden Vorbereitungen für eine Jagd getroffen. Schmuck gesattelte Rassepferde wühlten mit ihren Hufen den Sand auf. Zehn gewandte Jünglinge, die auf dem Handschuh ihrer Linken jeder einen Falken trugen, standen in einer Reihe vor dem Zelt des Khans und warteten auf dessen Erscheinen. Die mageren schmalschnäuzigen Hunde hatten bereits mehrmals eine wütende Beißerei angefangen.
Nasar kletterte von seiner knochigen Stute herunter, fesselte ihr die Vorderbeine und schritt mit soviel Würde, als er nur immer aufbringen konnte, den Hügel hinan, auf dessen Spitze die Jurte des Khans stand, der eben zum Zelteingang heraustrat. Sein Gesicht glänzte vom üppigen Schmaus. Er trug schmucke Jägertracht – einen gelbseidenen Chalat, dessen Unterteil in weite wildlederne Pluderhosen hineingesteckt war, und Reitstiefel mit nach oben gebogenen Spitzen. Die Krempe seiner weißen Filzmütze war hinten abwärts und vorn aufwärts

gebogen. In dem gestreiften Schal, mit dem er sich den recht ansehnlichen Bauch umwunden hatte, steckte ein indischer Dolch, von dem nur der aus Elfenbein geschnitzte Griff zu sehen war.
Als der Gebieter der Steppe mit seinem scharfen Adlerblick den alten Nasar erkannte, der, unter seinem Ziegenpelz schwitzend und sich an seinem alten Krummsäbel halbtot schleppend, gebückt den Hügel heraufkraxelte, dachte er:
›Gewiß kommt der Alte, um etwas zu erbitten... Mitunter ist es recht nützlich, sich einem schlichten Manne freundlich zu erweisen, damit der Ruf meiner Freigebigkeit von einem Lagerfeuer zum andern durch die ganze Steppe eile... Das ist gerade jetzt besonders wichtig, wo die Khane Kampftruppen für den Kriegszug sammeln...‹
»Frieden und Ruhm dem Khan Bajander!« rief Nasar-Kjarisek und verbeugte sich dabei so tief, daß seine mageren Schultern aus seinem abgeschabten Pelz hervorstachen. »Pferdeherden ohne Zahl nennt der Khan Bajander sein eigen. Allah möge seine schützende Hand über ihn und seine Herden halten!«
Der Khan war stehengeblieben und hatte seine Hand in den gestreiften Schal gesteckt.
»Sei gegrüßt, Großvater Nasar-Kjarisek! Wohin willst du mit deinem rostigen Säbel?«
»Ein Gerücht schwirrt durch die Kiptschakensteppe...«
»Ein Gerücht? Was für eins denn? Was ist dir denn zu Ohren gekommen?«
»Sofort, mein Khan, sofort werde ich dir alles erzählen... Ich war auf dem Basar in Sygnak. Still und unbemerkt saß ich in einer Aschchane in meinem Eckchen und lauschte den Reden der Standespersonen. Ein Kaufmann in einem kostbaren Seidenchalat schien sehr viel zu wissen. Dinge, von denen wir einfachen Leute nicht einmal eine Ahnung haben. Er ist der Mehllieferant der mongolischen Khane und hat daher häufig Gelegenheit, sich mit ihnen zu unterhalten. Er will von ihnen gehört haben, daß in Sygnak die höchsten mongolischen Prinzen und Fürsten, die Enkel des großen Erschütterers des Erdkreises, eingetroffen seien...«
Der Wunsch, zu erfahren, welchen Eindruck seine Neuigkeit auf den Khan mache, ließ Nasar innehalten. Der Khan stand da mit dem undurchdringlichen Blick eines alles vermögenden und alles wissenden Menschen. Die Dschigiten seines Gefolges aber spitzten die Ohren und traten neugierig einen Schritt näher.
»Was du sagst, klingt wie Wahrheit«, bemerkte der Khan. »Was wurde sonst noch auf dem Basar gesprochen?«
»Der erwähnte Kaufmann behauptete, den Prinzen folge ein Heer von Mongolen und Tataren, ein Heer, so groß, daß allein der Durchmarsch durch unsere Steppe zehn Tage dauern werde...«
»Auch ich hörte von der Ankunft der mongolischen Prinzen. Weshalb aber kommen sie hierher? Unsere Länder sind längst von ihnen erobert,

die unterworfenen, botmäßigen Völker wagen sich nicht einmal zu rühren... Was also wollen sie noch? Hast du nicht hierüber etwas gehört, Nasar-Kjarisek?«
»Es heißt, nachdem der schreckliche Kagan Dschingis-Khan die eine Hälfte des Erdkreises erobert habe, wollen seine Enkel auch noch die andere erobern.«
Khan Bajander schüttelte den Kopf.
»Als wenn das eine so leichte Sache wäre. Zahllose Völker bevölkern die Erde, und Dschingis-Khan lebt nicht mehr... Wer soll ihn ersetzen? Wer das Heer anführen? Wer hat seine Erfahrung in der Kriegskunst, seinen anschlägigen Kopf? He, Dschigiten, führt mein Roß vor!«
»Halt, warte noch, mein ruhmreicher Khan!« rief Nasar erschrocken. »Sieh deinen alten Pferdehirt gnädig an! Du bist mächtiger als alle anderen Sultane der Steppe. Ich bitte dich, vergiß über dem Feldzug nicht mich! Vierzig Jahre lang habe ich dir Tag und Nacht treu gedient, in Schnee und Unwetter bin ich alt geworden. Jetzt stehen an meiner Stelle fünf Söhne, beherzte Burschen alle fünf. Sie hüten deine Pferde und haben sie bis zu diesem schrecklichen Tag bewahrt, an dem überall die Schlachtrufe[1] der Kiptschakenstämme zu hören sind: ›Ujbas, Toktabajer! Djuit, Durutajer! Daukara, Dschersaizer! Greift zu den scharfen Klingen, ihr Batyre! Schwingt euch aufs Roß! Auf, auf, ins Feld!‹«
Noch majestätischer als zuvor stand jetzt der Khan da, nur in seinem linken, leicht zusammengekniffenen Auge blitzte ein lustiges Fünkchen auf, als der alte Nasar seinen alten Säbel über seinem Kopfe schwang und mit überschnappender Stimme die Schlachtrufe der Kiptschakenstämme ausstieß.
»Bist ja ein ganz verwegener Krieger, Nasar... Ich erinnere mich sehr wohl deiner Verdienste. Sag, was begehrst du denn?«
»Meine fünf Söhne brennen darauf, unter deinem ruhmreichen Buntschuk zu Felde zu ziehn. Jedoch... viele Rosse haben sie aufgezogen, aber selber besitzen sie keines... Nicht ohne Grund führst du den Namen Bajander. Gib jedem meiner Söhne ein Roß samt Sattel, und sie werden mit dir in die Schlacht ziehen, werden deine zuverlässigen Pfeile sein: Wohin du sie schickst, dorthin fliegen sie. Alle deine Befehle werden sie treu ausführen.«
Der Khan berührte mit den Fingerspitzen seiner Rechten das Ende seines Bartes und sprach:
»Gut, es sei, wie du wünschest, mein treuer Nasar-Kjarisek. Jeder deiner Söhne soll von mir ein Roß erhalten, für Sattel und Zaumzeug aber mögen sie selber sorgen. Doch umsonst ist der Tod... Wollte ich an meine Dschigiten alle meine Pferde verteilen, würde ich bald als Bettler

1 Jeder der Kiptschakenstämme, ja jede Sippe hatte einen eigenen Schlachtruf – »Uran«, an dem sich die Mitglieder eines Stammes im Handgemenge mit dem Feind erkannten und der ihre Reihen wieder zusammenschloß.

durch die Steppe wandern müssen. Darum soll jeder deiner fünf Söhne nach Beendigung des Feldzugs mir anstelle des von mir erhaltenen Pferdes ein anderes junges, und zwar mit einem Teppich bedeckt, zuführen. Und noch eins: Während deine Söhne sich Ruhm erwerben, sollen ihre Frauen mir jede einen Teppich knüpfen...«

»Ich bitte dich, vielgerühmter Khan, woher soll ich Wolle für Teppiche nehmen?«

»Du wirst bei meinem Verwalter welche erhalten. Wenn ihr, du und deine Söhne, mit meinem Vorschlag einverstanden seid, so magst du für jeden ein Pferd aus meinen Herden aussuchen. Ich werde sie alle fünf in meine Tausendschaft aufnehmen.«

»Allah möge dich um deiner Freigebigkeit willen segnen, durchlauchtigster Khan!« rief Nasar, indem er sich mit über der Brust gekreuzten Armen vor dem sein Pferd besteigenden Khan tief verneigte.

Dann richtete er sich seufzend wieder auf, steckte seinen alten Säbel in die Scheide und blickte kopfschüttelnd dem mit seinem Gefolge davongaloppierenden Khan nach. Als er seinen düsteren Blick von der Kavalkade abwandte, bemerkte er Turgan, seinen Jüngsten, der sich, die Fersen unterm Hintern, niedergehockt und seine Knie mit den Armen umfaßt hatte. Seine schwarzen Augen beobachteten scharf den Gesichtsausdruck des Vaters. Als er Trauer darin wahrnahm, sprang er auf und lief zu Nasar hin.

»Was hat dich betrübt, Tatu? Ich habe alles mit angehört... Jetzt werden wir außer der alten Stute noch fünf gute Pferde haben. Sollte es denn so schwer sein, dem habgierigen Khan fünf junge später dafür wiederzugeben? Kleinigkeit! Die Brüder ziehn doch in den Krieg und werden mit Beute beladen heimkehren... Eine ganze Pferdeherde werden sie vor sich hertreiben.«

»Wer außer Allah, dem Allwissenden, weiß das mit Bestimmtheit? Wer vermag zu sagen, ob deine Brüder als ruhmreiche Bahadure wiederkehren werden oder ob man uns nur ihre blutbefleckten Schwerter zurückbringen wird...«

»Reite schnell, die Pferde holen! Beeil dich, Tatu, ehe der Khan sich eines andern besinnt. Befiehl mir, hinter dir herzulaufen!«

Turgan half seinem Vater auf die Stute hinauf, und beide schlugen die Richtung zu den Weidegründen des Khans ein, wo sich tausendköpfige Herden halbwilder Pferde tummelten.

Auf der Spur des gestohlenen Pferdes

Arapscha führte den Hadschi Rachim so sicher durch die öde hügelige Steppe, als wäre er schon wer weiß wie viele Male auf diesen verschlungenen, kaum bemerkbaren Pfaden gewandert. Mitunter blieb Arapscha stehen, um genau die Spuren zu untersuchen, stieg dann auf einen Hügel, um die weite Steppe zu überblicken. Solche Pausen be-

nutzte der Hadschi dazu, sich seufzend in den Sand zu legen und ein wenig auszuruhen. Schließlich sagte er flehend:
»Wohin führst du mich? Ist der Weg, den wir zu gehen haben, noch sehr weit?«
»Wir gehen immer den Spuren meines gestohlenen Schimmels nach ... Ich weiß, wo wir uns notfalls verbergen können. Schneller vorwärts!«
Sie folgten einem schmalen Pfad, der sie auf eine mit Kies übersäte Anhöhe hinaufführte. Oben bog Arapscha seitwärts ab und stieg in eine Schlucht hinab, wo sie längere Zeit in einem ausgetrockneten Bachbett weiterwanderten.
Indem er mit ausgestrecktem Arm auf einen Hügel wies, sagte Arapscha zum Hadschi:
»Wir wollen da hinaufsteigen und uns hinter den Steinen verbergen. Von dort oben können wir die ganze Steppe übersehen.«
Als sie den steilen Hang des Hügels erklommen und den steinigen Gipfel erreicht hatten, was den Hadschi ziemliche Anstrengung kostete, warfen sie sich hinter den Stauden einer Klette zu Boden. Von hier oben genossen sie einen weiten Ausblick nach allen Himmelsrichtungen.
»Schau, dort auf dem Weg ...«, flüsterte Arapscha. »Da sind sie! ... Sie suchen etwas ...«
Auf kleinen, aber kräftigen, langmähnigen Pferden kamen vier mongolische Reiter angeritten. Der vorderste saß mit weit vornübergebeugtem Oberkörper im Sattel, und seine Augen suchten den Boden nach Spuren ab. Jetzt beugte er sich ganz tief herab und versetzte dann seinem Tier einen Peitschenhieb, daß es wie ein Pfeil davonschoß. Seine drei Gefährten trieben ebenfalls ihre Pferde an, und bald waren sie hinter den Hügeln verschwunden.
»Sie folgen der Spur meines Schimmels. Sie hoffen ihn einzuholen. Genau das habe ich erwartet. Aber sie könnten vielleicht zurückkehren ... Wir müssen weitergehen, über diese scharfen Kiesel, wo man unsere Spuren nicht sieht.«
Die Wanderer bahnten sich einen Weg durch Schluchten hinan zu einer Art Hochebene, wo der schmale Pfad sich mit einem breiteren Weg kreuzte, auf dem Hirten pfeifend ihre Hammel- und Ziegenherden trieben.
»Hier verliert sich unsere Spur für jeden Verfolger«, sagte Arapscha. »Wir wollen zusehn, daß wir ein Nomadenlager erreichen, wo wir uns ein wenig ausruhen und erholen können.«
Ein schmaler Pfad brachte sie auf den Gipfel eines Hügels, von wo aus man weite Sicht auf die grüne Ebene hatte, die von zahlreichen Herden friedlich grasender Pferde belebt war. Berittene Hirten, die bemüht waren, die Herden der Stuten und Füllen gesondert zu halten, schwangen ihre langen Stangen, an deren oberem Ende eine Schlinge befestigt war, die zum Einfangen der weidenden Tiere diente.
Nach der langen Wanderung über steinige und dornige Pfade und öde Sandhügel, auf denen höchstens spärliche Stengelchen des grauen

Wermuts gediehen, war der Blick auf die von den schrägen Strahlen der untergehenden Sonne beschienene Ebene mit den satten Pferden und munteren Hirten besonders anziehend. Über einen kleinen See, dessen Spiegel unweit erglänzte, strichen Wildenten hin. Aus dem Schilfgestrüpp brach ein schlanker, gesattelter Schimmelhengst hervor und galoppierte mit hellem Gewieher zu den rotbraunen Stuten hin.

»Ei, schau, mein ehrenwerter Murschid! Da ist er ja, mein Aktschian!« rief Arapscha voll Freude und rannte, nachdem er Mantel und Reisetasche in den Sand geworfen hatte, hügelab. »Warte hier auf mich!... Ich will ihn bloß einfangen!«

Der Fakih setzte sich nieder und beobachtete, was vorging.

Hinter dem Hengst jagten zwei Pferdehirten her. Arapscha war über die grüne Ebene gerannt und im Schilf verschwunden, in dessen Schutz er den Bach durchwatete, zu einer Stelle, auf die der Schimmelhengst losgaloppierte.

Da vernahm der Hadschi hinter sich leise Stimmen. Er sah sich um. Drei Mongolen kamen auf ihren krummen Reiterbeinen auf ihn zugewatschelt. Einer von ihnen entfaltete ein Bündel Stricke, und ehe der Hadschi sich dessen versah, hatten sich alle drei auf ihn gestürzt und ihn gebunden.

»Siehst du, er hat einen blauen Tschapan mit roten Knöpfen an«, sagte der erste, während sie ihren Gefangenen auf seine Füße stellten. »Ganz gewiß ist er's!«

»Nein, das ist er nicht, kann's gar nicht sein! Der, den wir suchen, ist jung, diesem hier aber wächst graue Wolle am Kinn.«

»Was kümmert das mich, ob er alt oder jung ist? Der Khan hat gesagt: ›Wenn ihr einen im blauen Tschapan mit sechs roten Knöpfen seht – der ist's, dem macht den Garaus!‹«

»Bringen wir ihn zum Khan. Mag er selbst entscheiden.«

»Was wollt ihr eigentlich von mir?« rief der Hadschi Rachim. »Ich bin ein armer Derwisch und Bücherschreiber!«

»Sing andern deine Liedchen vor! Ein armer Derwisch – und woher hast du Rubinknöpfe? Für einen einzigen dieser Knöpfe kann man eine Herde der besten Stuten kaufen...«

»So nehmt den Tschapan samt den Knöpfen! Er gehört mir nicht.«

»Was zaudert ihr?« rief im Heranreiten ein vierter Mongole. »Beeilt euch! Die Pferdehirten kommen gerade hierher geritten... Werft ihm das Tuch über den Kopf und biegt ihm die Füße in den Nacken!«

Das waren die letzten Worte, die der Hadschi hörte. Starke Hände packten ihn, ein buntes Tuch verhüllte sein Gesicht. Die Sonne flammte grell vor ihm auf und zerstob in tausend Funken.

Geschrei, Hundegebell, ein qualvoller Schmerz im ganzen Körper – und der Fakih verlor das Bewußtsein.

Das weiße Roß

...Leicht jagt sein Roß dahin,
um einen halben Klafter geschwinder ist es als der Gedanke,
um einen ganzen geschwinder als der Wind...
(Aus dem Poem »Dschangar«)

In der grünen Steppe weideten in Freiheit mehrere tausend Pferde, und es hatte den Anschein, als zerstreuten sie sich ohne alle Ordnung und Aufsicht. Aber das schien nur so: In Wirklichkeit waren die sich langsam über die Ebene hinbewegenden Tausende von Pferden in Herden eingeteilt und diese Herden wieder in Unterabteilungen, sogenannte Kosjaks, und die Hirten achteten streng darauf, daß diese Trennung auch scharf durchgeführt wurde und die Tiere nicht durcheinandergerieten.

Jeder Kosjak bestand aus einem alten Muttertier und fünfzehn bis zwanzig jungen Tieren von gleicher Farbe – dunkel- oder hellbraun, rötlich, falb und so weiter. Ein alter böser Hengst wich seinem Kosjak nicht von der Seite und wehrte jedem anderen Hengst eine Annäherung. Die Hirten ritten laut schreiend und ihre Lanzen mit den Fangschlingen schwenkend zwischen den Herden umher und trieben geschickt diejenigen Hengste auseinander, die sich ineinander verbissen hatten.

Unter diesen Pferdehirten waren auch die fünf Söhne Nasars: der älteste – Demir – war etwa dreißig Jahre alt, der jüngste – Mussuk – siebzehn. Alle fünf Brüder waren als tollkühne Rossebändiger und furchtlose Wolfsjäger berühmt. Nur mit der Schlinge allein traten sie den wilden Bestien entgegen. Winter und Sommer, Tag und Nacht schützten sie Khan Bajanders Herden vor Dieben und Raubtieren. Der Khan aber sorgte recht schlecht für seine treuen Wächter; zwar hatte er ihnen oft genug versprochen, er würde sie »wie ein Khan« belohnen, doch bislang trugen sie statt ordentlicher Kleider verschlissene und verschossene Lumpen auf dem Leibe und an den Füßen selbstgefertigte Stiefel aus den ungegerbten Fellen von Zieselmäusen; die Mütze aber ersetzte ihnen ihr zerzaustes, wie eine Mähne so langes Kopfhaar. Von der Sonne nicht nur braun, sondern schwarz gebrannt, waren sie wie ihre Pferde und ihre großen zottigen Hunde die reinsten Naturwesen, ein Teil der Steppe, der Reihergrasebene, des Windes, der vorübersegelnden Wolken.

In diese Herde nun war Arapschas Schimmelhengst eingebrochen, galoppierte, sich seiner Ungebundenheit freuend, mitten zwischen den einzelnen Kosjaks hindurch und nahm kühn den Kampf mit den anderen Hengsten auf. Mit wildem Aufstöhnen schlug er sein Gebiß in den Hals eines roten Hengstes, warf ihn nieder und sprengte mit hellem triumphierendem Wiehern weiter über die Steppe, und der Wind ließ seine Silbermähne flattern.

Beim ersten Pfiff Arapschas stutzte der Hengst und blieb lauschend

stehen. Auf den zweiten Pfiff antwortete er mit einem freudigen Wiehern und jagte mit stolz gebogenem Hals in federnden Sprüngen seinem Herrn entgegen.
Doch die zwei Hirten, die dem Schimmel gefolgt waren, schnitten ihm jetzt den Weg ab, und ehe noch Arapscha zu seinem Aktschian hingelangte, hatten sich um dessen Hals zwei Fangschlingen gelegt. Vergebens bäumte und warf das edle Tier sich nach allen Seiten, es kam nicht los.
»Laßt ihn! Es ist mein Schimmel! Er trägt meinen Sattel!« schrie Arapscha wütend.
»Sieh zu, daß du von hier fortkommst, solange deine Glieder noch heil sind, du Steppenstrolch, du Pferdedieb!« riefen ihm die beiden Hirten drohend zu. Einer von ihnen sprang vom Pferde und klammerte sich an Aktschians Zügel. »Das Land und die Herden darauf gehören dem Khan Bajander. Ein herumstreunendes Pferd ist die Beute des Khans!«
Arapscha riß sein Schwert aus der Scheide und rief mit solcher Wut, daß die Hirten unwillkürlich zurückwichen:
»Ihr elenden Sklaven und Pferdehüter des Khans! Ihr scheut euch nicht, fremde Pferde zu stehlen. Am Ende wollt ihr gar sein schimpfliches Brandmal auf das Silberfell meines Hengstes drücken?!«
»Der Khan wird dir eigenhändig sein Brandmal auf die Stirn drücken«, erwiderte ihm einer der Pferdehirten. »Und du wirst als Aas auf einem Kurgan liegen.«
Er hatte nach dieser frechen Antwort kaum noch Zeit, beiseite zu springen und dem Säbelhieb des sich wutentbrannt auf ihn stürzenden Arapscha auszuweichen. Doch unerwartet stellte sich dem Wütenden ein aus einer Laubhütte heraustretender stämmiger junger Mongole in einem zerrissenen Mantel in den Weg.
»Halt ein, Beg-Dschigit!« sagte er ruhig. »Du hast immer noch Zeit, den Flegel mit blankem Säbel zusammenzuhauen. Doch erst höre an, was ich dir sagen werde. Deines Schimmels wirst du nicht verlustig gehn.«
Auf ein Zeichen seiner Hand lösten die Pferdehirten die Schlingen um Aktschians Hals.
Der Sprecher trat mit einer Sicherheit auf, die zu seiner Jugend – ein dunkler Flaum beschattete kaum seine Oberlippe – und zu seiner zerschlissenen ärmlichen Kleidung in seltsamem Widerspruch stand. Die schrägen Augen unter den zusammengezogenen Brauen hatten einen kalten Blick von fast gläserner Starrheit, und man verspürte dahinter eine unablässige Gedankenarbeit.
Überrascht von dem gebieterischen Gesichtsausdruck des Unbekannten, hielt Arapscha unwillkürlich inne, und ihm fielen plötzlich die Worte des Hadschis ein: ›Du wirst dein Roß wiedererhalten. Ein ungewöhnlicher Mann ist darauf fortgeritten, der dir dafür tausend Stuten geben kann ...‹
»Deinen Hengst wird niemand anzurühren wagen«, fuhr der Mongole fort. »Ich bin auf ihm hierhergeritten, als ich, von Feinden verfolgt, keine

andere Möglichkeit der Rettung hatte ... Ich kaufe dir ihn ab ... Wieviel Golddinare willst du dafür haben?«
»Ich – meinen Aktschian verkaufen?!« rief Arapscha. »Das Roß ist des Reiters bester Freund! Verschachert man denn seine Freunde um Geld?«
»Das heiß' ich wacker gesprochen!« lobte der Unbekannte. »Dieses edle Tier ist es wert, einen Sultan, einen Khan oder gar den Kagan auf seinem Rücken zu tragen. Wozu brauchst du, der du zwar ein kühner und tapferer, aber doch nur ein einfacher Krieger bist, ein so edles Roß? Ich will dir so viel dafür zahlen, daß du dir zehn gute Pferde und seidene Kleider für das Geld kaufen kannst. Also sprich, was verlangst du für den Hengst?«
»Nichts. Er ist mir nicht um Geld feil!« entgegnete Arapscha. »Eben erst habe ich ihn mit Mühe wiedergefunden und soll mich gleich wieder von ihm trennen? ... Ich habe keine Heimat, keine Jurte, keinen weißbärtigen Vater, auch keinen kühnen Bruder ... Dieses Schwert und dieses Roß sind mein ganzer Reichtum. Warum willst du mich darum bringen? Wer wird mich im Getümmel der Schlacht oder am Rande des Abgrunds retten, wenn du mir mein Pferd nimmst? Nein, ich gebe es nicht her!«
»Ich brauche es aber. An seiner Stelle will ich dir das beste Tier aus diesen Herden geben. Bist du damit einverstanden?«
Arapschas Augen weiteten sich, und er wollte schon in ungestümem Zorn auffahren, da kamen ihm wieder des Hadschis Worte in den Sinn; er bedachte sich, schüttelte seine schwarzen Locken und sagte:
»Wenn du meinen Schimmel nicht dazu brauchst, um ihm eine brokatene Satteldecke überzulegen und darauf zum Erstaunen der Menge über den Marktplatz zu reiten, sondern um auf ihm in die Schlacht zu reiten – so schenke ich ihn dir! Auf seinem Rücken wirst du zu einem fernen glitzernden Stern emporfliegen – mein Aktschian wird das Roß eines Siegers sein ...«
Der Unbekannte im zerschlissenen Mantel stutzte. Für einen Augenblick hefteten sich seine starr und gläsern blickenden Augen prüfend auf Arapschas Gesicht. Dann, zu den Pferdehirten gewandt, fragte er in lässigem Tonfall, als handele es sich um eine nichtige Sache:
»Sagt, könnt ihr mir ein Pferd aus eurer Herde verkaufen, welches ich selber aussuchen werde?«
Die Pferdehirten tauschten Blicke und geflüsterte Worte untereinander, dann antwortete der jüngste unter ihnen, der von der Sonne so dunkel gebrannt war, daß er wie ein schwarzer Käfer aussah:
»Es sind nicht unsere Pferde, sondern die des Khans Bajander. Doch unser Khan liebt das Gold, und wir wollen dir gern ein Pferd verkaufen, welches du dir aussuchen magst, wenn du nicht weniger dafür bezahlst als die Händler auf dem Markt von Sygnak. Willst du uns fünfundzwanzig Golddinare geben? Dann fangen wir dir das Tier ein, das du uns bezeichnest, und wenn du noch eine Kleinigkeit für unseren Eifer dazulegst, so wollen wir es vor deinen Augen bändigen.«

»Ich bin kein Händler, ich schachere und feilsche nicht, sondern nehme, was ich will«, erwiderte der seltsame Unbekannte. »Ihr sollt bekommen, was ihr verlangt habt, und außerdem soll ein jeder von euch noch einen Golddinar als Draufgeld haben.«
»Tausend Jahre sollst du leben!« riefen die Pferdehirten. »Bezeichne uns rasch das Pferd, das du brauchst!«

Die Hirtenbrüder

Nasar-Kjarisek hatte es eilig, seine Söhne aufzusuchen, um sie mit der Nachricht von dem gnädigen Geschenk des Khans zu erfreuen. Er ließ seine magere Stute ausgreifen, so rasch sie nur konnte, bald im Trab, bald wieder im Trott, und langte schließlich in dem Tal an, wo die Pferdeherden des Khans Bajander weideten. Hinter ihm her lief, mit Sprüngen, wie sie ein Hase macht, der kleine Turgan. Er kletterte auf einen Hügel und rief seinem Vater aufgeregt zu:
»Schneller, Tatu, schneller! Hierher! Hier werden Wölfe gefangen!«
Nasar ließ seine Peitsche knallen und zwang seine Stute den Hügel hinauf.
In einem kleinen Talgrund zwischen den Hügeln galoppierten schreiend und pfeifend Dschigiten des Khans Bajander hinter mehreren Wölfen her, die von hageren Windhunden ihnen zugetrieben worden waren und die, wie um sich zu retten, den Pferden geradezu unter die Hufe stürzten. Einen besonders hitzigen Kampf lieferte ein großer alter Wolf seinen von allen Seiten auf ihn eindringenden Verfolgern, nach denen er, indem er sich fortwährend um seine eigene Achse drehte, geifernd schnappte. Ein Dschigit sprengte stracks auf die Bestie zu und ließ sich auf sie fallen, wobei er versuchte, sie an den Ohren zu packen. Der Wolf, der über die ihn bedrängenden Hunde hinwegsetzte, jagte mit seinem Reiter auf dem Rücken in großen Sprüngen davon, die Berittenen hinter ihm her.
»Laß ihn nicht los, Nuri! Halt ihn fest bei den Ohren, Nuri!«
In eine Staubwolke gehüllt, verschwanden Wolf, Hunde und Jäger hinter einer Anhöhe.
Da sah Nasar-Kjarisek an der Stelle, wo eben noch der Wolf sich so erbittert seiner Verfolger erwehrt hatte, einen mit Stricken gebundenen Mann liegen. Er hatte einen blauen Tschapan an, und neben ihm lag eine Derwischmütze, die dem alten Nasar recht bekannt vorkam. Er lenkte seine Stute zu dem Gefesselten hin, stieg ab und beugte sich über ihn.
»Ei, das ist ja unser Nachbar, der Fakih Hadschi Rachim!« wunderte er sich. »Der Wolf wird ihn doch nicht erdrückt und erstickt haben? He, Hadschi Rachim, lebst du noch? Großer Allah, komm zu Hilfe!«
Der am Boden Liegende kam langsam zu sich, schlug die Augen auf und heftete sie erstaunt auf das ihm so wohlbekannte Gesicht des sich über ihn neigenden Greises.

»Ich weiß nicht, ob ich noch lebe oder ob der erbarmungslose Asrail mich bereits in das Reich der Nacht getragen hat... Auf mir haben die Hunde ihren Kampf mit dem Wolf ausgetragen, die Jäger sind auf ihren Rossen über mich hinweggaloppiert... So viele Male hast du mich vor dem Hungertod gerettet, Nasar-Kjarisek... Laß mich jetzt nicht hier umkommen, sondern rette mich noch einmal!« bat der Hadschi.
Nasar-Kjarisek löste dem Hadschi die Fesseln und legte sie sorgfältig zusammen.
»An diesen Stricken sollen meine Söhne die schändlichen Schurken aufhängen, die meinem ehrenwerten Nachbar so übel mitgespielt haben«, sagte er.
Der Greis half dem mit Wunden bedeckten Derwisch auf den Rücken der Stute hinauf und führte sie mit behutsamer Langsamkeit am Zaum. Dennoch ächzte der Hadschi bei jedem Schritt, den das Tier machte, und klagte:
»Die Goldamsel verfolgt die Bremse und ahnt nicht, daß der Jäger bereits die Sehne seines Bogens gespannt hat, worauf der Pfeil ruht, der ihr gilt. Im selben Moment setzt der Tiger zum Sprung auf den Jäger an, um ihn zu zerreißen... Wer vermag in die Zukunft zu sehn und zu sagen, wen der Tod schneller ereilt – den Tiger oder den Jäger, die Goldamsel oder die Bremse? – Ich war unter den Würgegriffen der Mongolen dem Tode nah, und wer rettete mich aus der Not? – Ein alter böser Wolf und wütende Hunde!«
Am Fuße eines Hügels neben einer klaren Quelle standen zwei Schilfhütten, in denen Nasars Söhne hausten. Der Alte führte seine Stute dorthin und half dem ächzenden Hadschi Rachim herunter, um ihn unter Dach und Fach zu schaffen. Da blieb der Derwisch vor Überraschung wie angewurzelt stehen – vor ihm stand sein nächtlicher Besucher.
»Wer hat es gewagt, dich zu kränken?« fragte der junge Mongole, wobei er die Augenbrauen unwillig zusammenzog. »Mein blauer Tschapan beschmutzt, besudelt und zerrissen... Was ist geschehn?«
Der Hadschi berichtete, was ihm zugestoßen war. Der Jüngling bedeckte für einen Augenblick seine Augen mit einer Hand, mit der andern klammerte er sich an den Ärmel des Tschapans, den der Hadschi trug, und flüsterte:
»Das waren sie! Sie lassen nicht ab, mich zu verfolgen... Weil du meine Kleider anhattest, haben sie dich für mich gehalten... Meinetwegen warst du dem Tode nah!«
Jetzt kam auch Arapscha angelaufen:
»Vergib mir, mein Lehrer! Ich bin schuld... Wie konnte ich, dein Schüler, dich auch allein lassen!«
»Du kennst ihn?« fragte der Mongole den Hadschi, indem er auf Arapscha deutete. »Sprich, darf man ihm vertrauen? Kann man sich auf ihn verlassen?«
»Er ist tapfer wie ein Bergpanther und hart wie ein Diamant! Seine

Zunge kennt die Lüge nicht, seine Hand wird er niemals verräterisch gegen einen Freund erheben!«
»Das zu hören ist mir lieb... Ich werde ihn erheben.«
In ehrerbietiger Haltung näherte sich ihnen der älteste der Pferdehirten. »Höre, Khan, bist du gleich ohne Roß und ohne Jurte, so wollen wir doch, sofern in deinem Beutel Gold klingt, ein treffliches Pferd einfangen...«
»Geh, Arapscha«, sagte der Mongole, »und such dir das beste Tier aus!«
Arapscha ließ seinen Blick über die Herde schweifen und bezeichnete sodann einen jungen braunen Hengst, der höher von Wuchs und auch unruhiger als die anderen Tiere war. Während sie friedlich grasten, lief er mit erhobenem Kopfe hin und her und ließ sich in Beißereien mit anderen Hengsten ein.
»O je!« riefen die Pferdehirten. »Der wird nicht leicht zu fangen sein. Das ist kein Hengst, sondern Feuer... Scheu und wachsam ist er. Mit der Peitsche darf man ihm nicht zu nahe kommen, er würde sich wie wild auf den stürzen, der ihn zu schlagen wagte...«
Der alte Nasar-Kjarisek mischte sich ins Gespräch:
»Mussuk wird ihn einfangen, und Turgan, mein Jüngster, wird ihn bändigen. Es wäre nicht das erstemal...«
Turgan, der sich inzwischen auf die magere rote Stute geschwungen und gierig dem Gespräch der Männer gelauscht hatte, frohlockte. Seine Augen blitzten vor Stolz, weil man ihm den Mut, die Kraft und die Geschicklichkeit zutraute, die dazu gehörten, einen so wilden Hengst zu bändigen.

Die Bändigung des wilden Hengstes

Mussuk, dem seine Kameraden wegen der Geschmeidigkeit seiner Glieder den Spitznamen »Katze« gegeben hatten, zog den Gurt um seine schmalen Hüften straffer, sprang auf ein mageres Pferd und galoppierte, die dünne lange Stange mit der Fangschlinge in der Hand, auf den braunen Hengst los. Zunächst ließ er sein Pferd einen weiten Kreis um den braunen Hengst beschreiben, der von der Gefahr, die ihm drohte, nichts ahnte. Plötzlich schien ihn aber irgend etwas zu beunruhigen. Einige Muttertiere, die den Hirten ebenfalls kommen sahen, wichen, ihre Füllen schützend, beiseite und ließen Mussuk den Weg frei.
Der Braune spitzte argwöhnisch die Ohren. Er spürte das Nahen eines Feindes und suchte, so rasch ihn seine Beine trugen, das Weite, immer darauf bedacht, sich unter den anderen Pferden der großen Herde zu verlieren. Aber Mussuk ließ ihn nicht einen Augenblick aus den Augen. Er jagte dem Braunen mitten durch die auseinanderstiebenden Kosjaks nach und kam ihm mehrmals so nahe, daß er sich schon anschicken wollte, dem Hengst die Schlinge um den Hals zu werfen; doch der Braune schlug jedesmal geschickt einen Haken und stürmte, die ge-

sträubte Mähne schüttelnd und wütend die Luft mit dem Schweif peitschend, davon, um sich erneut unter der immer unruhiger werdenden Herde zu verbergen.

Mussuk, der bei der Verfolgung immer mehr in Eifer geriet, sah nichts mehr als das seiner Schlinge stets wieder entwischende Tier, dessen er habhaft werden wollte und mußte, koste es, was es koste. Das hagere Steppenpferd, auf dem Mussuk, tief über den Hals gebeugt, saß, schien den geheimen Wunsch und den brennenden Ehrgeiz seines Reiters zu verstehen. Mussuk brauchte es gar nicht zu lenken, sondern es jagte von ganz allein hinter dem flüchtigen Braunhengst her, den es immer wieder unter den Hunderten und aber Hunderten von Pferden herausfand.

Endlich gelang es dem jungen Pferdehirt, sein Opfer einzuholen, ihm die Schlinge über den Kopf zu werfen und den in seiner Raserei prächtig anzusehenden Hengst mitten im vollen Laufe so kräftig zurückzureißen, daß sich das Seil wie eine straffe Saite spannte, der Hengst mit den Vorderbeinen in die Höhe ging und nur auf den Hinterbeinen stand.

Bei diesem Anblick stießen die anderen Pferdehirten, die jeder Phase der aufregenden Jagd gespannt gefolgt waren, ein wildes Geheul aus. Die übrigen Pferde standen, wie betroffen vom Sieg des Menschen, erstarrt, wie festgebannt da.

Auch der eingefangene Hengst, dem dergleichen noch niemals widerfahren war, stand, über das Gefühl schmerzhafter Beengung um den Hals erstaunt, ebenfalls einen Moment lang reglos da. Dann senkte er den Kopf und versuchte unter Aufbietung aller seiner Kräfte bei weitgespreizter Beinstellung, das Seil zu zerreißen. Hierauf machte er, sich wieder aufbäumend, einen verzweifelten Sprung zur Seite, um mit einem Ruck das Seil der mit eisernem Griff zupackenden Hand des Hirten zu entreißen, doch die Schlinge zog sich dadurch nur noch fester zusammen und würgte ihn noch stärker. Der Hengst schnaubte und winselte, toll vor Wut, ließ sich auf die Knie fallen, machte neue Sprünge und warf die Vorderbeine in die Höhe.

Aber Mussuks Reittier war in solchen Kämpfen erfahren und gab keinen Schritt nach, und Mussuk selber beobachtete jede Bewegung des rasenden Hengstes. Jetzt kamen ihm seine Kameraden zu Hilfe: Zwei Hirten packten den Braunen fest bei den Ohren, zwei andere beeilten sich, ihm die Beine mit Riemen zu fesseln, und ein fünfter legte ihm als Trense einen härenen Strick ins Maul, dann schlang er den Strick geschickt dem Hengst um den Bauch und verknotete das Ende auf dem Rücken.

Da saß auch schon ein barfüßiger Knabe mit aufgekrempelten Hosenbeinen dem Hengst auf der Kruppe, klammerte sich mit der Linken in die dichte Mähne und ergriff mit der Rechten den Strick, den man an Stelle eines Zügels dem Tier zwischen die Lefzen gezogen hatte.

Die Pferdehirten lösten dem Hengst wieder die Fußfesseln und sprangen behend beiseite. Turgan schwang die Peitsche, und das Pferd jagte, wie vom Teufel geritten, in die Steppe hinein.

Der alte Nasar, dem vor Staunen der Mund weit offenstand, rief, indem er mit den Armen fuchtelte, voller Begeisterung:
»Berikellja! Das Söhnchen wird einmal ein verwegener Dschigit werden!«
Bald war der Hengst schon so weit fort, daß seines Reiters rotes Hemd nur noch als rotes Pünktchen zu sehen war. Die Zurückgebliebenen beobachteten gespannt den Kampf des Pferdes mit dem Knaben, der fest saß und sich durch keinen noch so unvermuteten Sprung abwerfen ließ, mochte der Hengst sich auch noch so sehr bäumen und abwechselnd vorn und hinten ausschlagen.
Turgan, der sich mit aller Kraft am Strick festhielt, verlor nicht den Mut; bald schlug er das Tier mit der Peitsche, bald versuchte er es durch freundliche Schmeichelworte zu kirren, und schließlich begann der Hengst dem Zügel und dem Schenkeldruck zu gehorchen.
Als die älteren Brüder, die alle auf dem Sprunge standen, dem Knaben zu Hilfe zu eilen, falls es not täte, dies bemerkten, rief Demir, der Älteste:
»Der Junge hat es gebändigt, aber seine schwachen Kräfte werden aufgebraucht sein. Höchste Zeit, ihm beizustehn!«
Und er warf sich auf sein Roß und galoppierte in die Steppe hinein, hin zum Bruder, der den erschöpften Braunen schon so weit gebändigt hatte, daß es keine schwere Sache mehr zu sein schien, ihn vollends zahm zu machen. Aber kaum merkte der Hengst die Annäherung eines neuen Reiters, so geriet er abermals in Wut und vollführte die tollsten Sprünge. Doch war er sichtlich ermüdet und fiel schließlich bei immer mehr abnehmenden Kräften in einen kurzen Trab; seine Bewegungen wurden gleichmäßiger und williger. Deutlich war zu spüren, daß er dem Zügel gehorchte, als er sich, einen Kreisbogen beschreibend, der Stelle näherte, wo Nasar-Kjarisek mit seinen Söhnen und den andren Hirten zusammen stand. Der wilde Hengst war gebändigt. Demir, der dem Knaben hatte zu Hilfe eilen wollen, war neben ihm hergeritten; jetzt hob er ihn, indem er sein Pferd dicht an den Hengst herandrängte, zu sich herüber, faßte den seines Reiters ledigen Hengst am Zügel – und siehe da: Dieser ließ sich führen und trabte willig nebenher. So gelangten sie zur Hütte, wo die hinzulaufenden Brüder den müden Turgan, der sich kaum auf den Füßen halten konnte, herunterhoben und ihn abwechselnd umarmten und küßten.
Der ebenfalls herbeieilende Arapscha faßte den braunen Hengst am Zügel, tätschelte ihm den Hals und gab ihm Kosenamen. Mit gespreizten Beinen stand das Tier da und ließ mit hängendem Kopf und hängenden Ohren die Liebkosungen gleichgültig über sich ergehen.
Der alte Nasar riet dem jungen Krieger:
»Führ ihn bis Sonnenuntergang im Schritt herum. Gib ihm bis Mitternacht kein Wasser. Er wird ein erstklassiges Schlachtroß werden ..., ein ruhmreiches!«
Der junge Mongole, der dem Schauspiel der Bändigung des wilden

Hengstes gleichfalls mit größter Aufmerksamkeit beigewohnt hatte, zog jetzt einen Lederbeutel und schüttete die abgezählten Golddinare lässig in die hingehaltenen hohlen Hände Demirs, des ältesten der Brüder, dann schwang er sich auf Arapschas Schimmelhengst und rief:
»Habt Dank, ihr Hirten! Und auch du, Dschigit, sei bedankt! Bald werdet ihr von mir hören.«
Er wollte sein Roß antreiben, zügelte es jedoch sogleich wieder und spähte aufmerksam in die Ferne. Auf den das Tal umgebenden Hügeln war eine weit sich auseinanderziehende Reiterkolonne erschienen, die an den kleinen, aber kräftigen Pferden mit dicken Hälsen unschwer als eine mongolische zu erkennen war. Bald war die Hütte von den Mongolen umringt. Ihr Anführer, ein junger Khan mit strengem, steinernem Gesicht, kam, gefolgt von drei Kriegern, deren mittlerer einen Lanzenschaft trug, an dessen Spitze als Fähnchen ein gelber Fetzen flatterte, stracks auf die Pferdehirten zugeritten. Als er des jungen Mongolen auf Arapschas Schimmelhengst ansichtig wurde, beugte er den Oberkörper bis zum Sattelbogen nieder und sprach:
»Mendu, Batu-Khan! Es war nicht leicht, dich zu finden ... Doch warum trägst du diese einem Dschingis-Sproß so wenig ziemende Kleidung?«
»Gujuk-Khans gelbohrige Hunde waren mir hart auf den Fersen ... Ich verbarg mich vor ihnen in der Hütte dieser Armen ...«, antwortete der Dschingisid.
»Mein ehrwürdiger Vater, Subudai-Bahadur, war deinetwegen recht unruhig. Er läßt dich bitten, ungesäumt in seinem Zelte zu erscheinen.«
»Ich bin bereit, Bahadur Urjanch-Kadan!«
Die Mongolen ließen ihre Pferde Galopp laufen und waren bald hinter den Hügeln verschwunden.
Arapscha hatte sich abgewandt, um seinem Aktschian, von dem ihm der Abschied schwerfiel, nicht nachzuschauen. Mit einem Grasbüschel wischte er seinem neuen Reittier den Schweiß ab und flüsterte ihm zärtlich zu:
»Sei nicht traurig! Beklage die verlorne Freiheit nicht! Jetzt bist du mein Freund geworden. Bisher hat mich Mißgeschick verfolgt, du aber machst mir neue Hoffnung! ›It-Almas‹ sollst du künftig heißen ... So treu und ergeben wie ein Hund wirst du mir sein und hart und stark und ausdauernd wie ein Diamant ...«

Bestechliche Richter

Kys-Tugmas war in Erwartung der Rückkehr ihres Mannes mehr als einmal vor die Hütte getreten und hatte nach dem Weg geschaut in der Richtung, aus der er kommen mußte. Schließlich setzte sie sich müde auf ein Teppichstück auf die Schwelle und starrte schweigend den öden Hügel an, über dem wie ein rosa Wölkchen eine kleine Heuschrecke kreiste.

›Nichts Gutes würde dabei herauskommen, ich wußte es ja... Gleich, als er fortritt, schwante mir, daß ihm was Schlimmes zustoßen würde‹, dachte Kys-Tugmas. ›In seinem Alter zieht man doch nicht mehr in den Krieg! Er kann ja nicht einmal mehr einen Sack Dschugara vom Felde nach Hause tragen, ohne unterwegs die Hälfte zu verlieren. Aber er ist eigensinnig wie ein alter Ziegenbock und schlägt aus wie ein junges Böckchen...‹

Gegen Abend kam Kys-Tugmas' Lieblingssohn Mussuk angeritten. Er koppelte sein Pferd und ließ es grasen. In der Hütte zog er seinen Tschekmen und sein Hemd aus, die beide recht zerrissen und der Ausbesserung bedürftig waren, und warf sie der Mutter in den Schoß.

»Solange ich keine Hausfrau habe, wer soll mir da die Sachen flicken, wenn nicht du?« meinte er.

Dann streckte er sich der Länge nach auf der Erde aus und beobachtete die flinken Hände der Mutter, die mit raschen Stichen Flicken auf die durchlöcherten Stellen nähte.

»Wo ist Juldus?«

»Wo soll sie sein? – In der Steppe, die Lämmer hüten.«

Trotz ihres Namens – »sie möge keine Töchter haben« – hatte Kys-Tugmas sich stets nach einer Tochter gesehnt und darum eine Liebe zu ihrer Pflegetochter gefaßt. Eine Tochter umschmeichelt doch stets die Mutter und bleibt ihr, auch wenn sie in eine fremde Jurte heiratet, näher als die Söhne, die der mütterlichen Zucht völlig entwachsen.

Oft in der letzten Zeit hatte Kys-Tugmas gedacht:

›Sie ist bald in dem Alter, wo man sie verheiraten kann mit einem Manne, der den Pflegeeltern als Kalym eine Kuh, ein Pferd und ein Kamel für sie bieten kann. Juldus ist ein hübsches, wohlgebautes Mädchen mit glänzenden braunen Augen und einem ewig lächelnden Gesicht. Ihr glänzend schwarzes Haar ist stets sorgfältig in sechzehn Zöpfchen geflochten und mit Schnüren von Glasperlen durchzogen. Ihre ärmliche Kleidung tut ihrer Hübschheit durchaus keinen Abtrag. Mehr als ein Dschigit hat seine Augen voll Wohlgefallen auf ihr ruhen lassen...‹

Wohl wußte Kys-Tugmas, daß ihr Sohn Mussuk ebenfalls Gefallen an Juldus gefunden hatte, doch welchen Gewinn hätte man davon gehabt, die bettelarme Waise dem eignen armen Sohn zum Weibe zu geben? War es nicht klüger, er wartete noch mit dem Heiraten, Juldus aber gab man besser einem reichen Viehbesitzer oder einem Mullah zur Frau?

Solche Gedanken äußerte Kys-Tugmas niemals laut, aber sie hatte schon mehr als einmal geseufzt, wenn sie bei sich erwog:

›Mussuk ist starrsinnig wie sein Vater und wird nach seinem Kopfe handeln. Und dann kommen wir niemals aus der Armut heraus...‹

Der an der Schwelle liegende Hund hob knurrend den Kopf und rannte dann mit lautem Gebell in die Steppe. Ein Nomade kam vorbeigeritten und rief, indem er mit der Hand nach der Seite hin winkte, irgend etwas.

»Da ist ja auch Juldus«, sagte die Mutter.

Den über den Hügel führenden Weg herab kamen, von einer Staubwolke eingehüllt, in langer Reihe die Lämmer. In ihrer Mitte ging, ein Hirtenlied trällernd, welches die Herde zusammenhielt, ein zartes junges Mädchen; auf den Händen trug es ein Lämmchen, das sich den Fuß verletzt zu haben schien. Beim Klang der Mädchenstimme kamen Frauen aus allen Jurten heraus, um ihre Lämmer heimzuholen. Als die Herde sich aufgelöst und Juldus auch das lahmende Lämmchen abgeliefert hatte, rannte sie schnell nach Hause. Beim Eintritt in die Jurte gab sie Mussuk ein Zeichen mit den Augen.

Als er daraufhin zu ihr trat, flüsterte sie ihm zu:

»Ein Mann, der vorüberritt, sagte, er habe unsere Stute herrenlos in der Steppe unweit des Weges grasen sehen. Der Sattel sei ihr vom Rücken heruntergerutscht... Wenn nur dem Vater kein Unglück zugestoßen ist? Ich habe Angst, der Mutter etwas zu sagen...«

Mussuk schlich sich unbemerkt von der Mutter hinaus zu seinem Pferd. Plötzlich horchte er auf. Aus der Steppe war ein Schrei an sein Ohr gedrungen.

»Das ist doch Turgans Stimme?« sagte sich Mussuk.

Und richtig – der Knabe erschien oben auf dem Hügel, er rannte, strauchelnd und holpernd, als wollten ihm seine Beine nicht mehr gehorchen, er fiel hin, raffte sich wieder auf, humpelte weiter und schrie und weinte: »Wai-ulai!«

Mussuk fing in seinen Armen den Knaben auf, der an allen Gliedern zitterte und vor lauter Aufregung kein Wort hervorbringen konnte. Über Turgans vom Staub verschmutztes Gesicht rannen Tränenbächlein.

»Was ist denn geschehn?«

»Man will ihn henken!« stammelte der Knabe.

»Wen?«

»Unsern Tatu!«

Mussuk trug den Bruder in die Jurte und schöpfte eine Kelle voll Wasser, die er dem Jungen hinhielt. Turgans Zähne schlugen beim Trinken gegen den Rand der hölzernen Kelle.

»Draußen vor der Stadt... Tatu wollte zum Basar reiten... Da packten ihn Dschigiten, banden ihn mit einem Strick und schleppten ihn fort... Ich wollte mich bis zu unserm Tatu durchzwängen, wurde aber so heftig zurückgestoßen, daß ich taumelte und hinfiel...«

»Sprich weiter!«

»Sie schrien und schimpften und behaupteten, unser Tatu wäre ein Plünderer... Aber unser Tatu hat niemanden ausgeplündert, er ist immer bloß von andern ausgeplündert worden.«

»Wo hat sich denn das zugetragen?«

»Am Namasa-Tor, wo die hohen Pappeln stehn...«

Mussuk riß seinen an der Wand hängenden Krummsäbel aus der alten rotbraunen Scheide und lief, wie er war – ohne Rock und Hemd –, mit nacktem Oberkörper, zu seinem Pferd, dem er die Fußfessel löste.

»Juldus!... Turgan!...« rief er, indem er in den Sattel sprang. »Lauft in die Steppe und sucht unsre Stute! Ich reite zur Stadt, den Vater retten!«

Eine große Menschenmenge drängte sich um eine hohe Korkulme vor einem der Stadttore von Sygnak. An einem der dicksten Äste des weitverzweigten Baumes hingen mit krampfhaft gestreckten Beinen und grauenhaft verzerrten Gesichtern mehrere Männer, und zwei Henker waren gerade dabei, die Schlinge um die Hälse noch anderer ärmlich gekleideter Kiptschaken zu legen, die mit auf den Rücken gebundenen Händen zitternd dahockten.

Ein wohlbeleibter Mullah, der, auf einem alten Schimmel sitzend, die Menge weit überragte, las laut und vernehmlich einen Erlaß vor:

»Der Regent des Gebietes befiehlt – hört ja alle aufmerksam zu! – Weil sie sich weigerten, die anläßlich der Ankunft des unbesiegbaren mongolischen Heeres auferlegten Steuern zu zahlen, und weil sie für die Versorgung der tapferen Krieger benötigte Korn- und Mehlvorräte verheimlichten, wurden folgende hinterhältige Krämer der Stadt Sygnak zum Tod durch den Strang verurteilt...«

Lärm und Geschrei veranlaßten den Mullah innezuhalten. Streng blickte er in die Richtung, aus der der Tumult sich näherte, um die Übertreter der Ordnung festzustellen. Drei herangaloppierende Reiter bahnten sich einen Weg durch die Menge, indem sie mit Peitschen rücksichtslos nach links und rechts auf die Köpfe und Schultern der Menschen einschlugen. Voran ritt ein halbnackter junger Dschigit, der mit fürchterlichem Geschrei seinen Krummsäbel über seinem Kopfe schwenkte.

Bei seinem Anblick ließ sich der dicke Mullah von seinem Schimmel fallen.

»Unbesonnener, was tust du?« wurden warnende Stimmen unter der Menge laut. »Du mißachtest den Befehl des Gebietsregenten!«

»Zum Schaitan mit allen euren Befehlen!« brüllte der Dschigit. »An Stelle diebischer Krämer hängt man hier tapfere Krieger des Khans Bajander! Gleich wird er selbst mit seinen Dschigiten angaloppiert kommen und euch niedersäbeln wie Gras!«

Der Dschigit ritt zu der großen Ulme hin, wo die beiden Henker eben einen verzweifelt sich wehrenden Greis aufknüpfen wollten. Mit einem Säbelhieb schnitt der Dschigit den Strang entzwei, und die Henker purzelten vom Ast, auf dem sie saßen, herunter.

»Bindet dem Alten die Hände los, oder ich schlage euch die Köpfe ab!«

Die Zuschauer halfen beim Losbinden des Greises und stellten ihn auf seine Füße.

»Sei gegrüßt, Tatu Nasar-Kjarisek!« sagte der Dschigit, indem er vom Pferde sprang. »Setz dich schnell auf mein Roß! Zu früh hat man dich auf die Wanderschaft zu den paradiesischen Gärten Allahs schicken wollen...«

»Du kamst gerade noch zur rechten Zeit, Söhnchen«, erwiderte der Alte. »Diese Schafsköpfe waren beauftragt, ein paar reiche Krämer aufzuhängen, die ihre Vorräte verheimlicht hatten. Die von den Krämern

bestochenen Richter aber ließen die wirklichen Schuldigen ungeschoren und griffen sich unterwegs die ersten besten armen Leute, darunter auch mich, um sie an Stelle der Verurteilten zu hängen. Mich, mich haben sie hängen wollen, mich, den Vater von fünf tapferen Dschigiten! Na wartet nur, ihr schändlichen Schakale! Ich werde zu Khan Bajander reiten, und er wird kommen, um euch allen den Hals umzudrehn!«
Das Geschrei und die Aufregung der immer größer werdenden Menge verstärkte sich. Der Mullah machte sich eiligst aus dem Staube und büßte alle Würde ein, wie er so mit aufgehobenen Rockschößen davonhastete. Seinem Beispiel folgten auch die beiden Henker, denen Steine und Erdklumpen nachgeschmissen wurden.
Mussuk war unterdessen seinem Vater behilflich gewesen, aufs Pferd zu steigen.
»Zwei mir bekannte Hirten, denen ich auf dem Wege hierher begegnete«, so erzählte er, »bat ich, mir zu helfen. Gut, daß wir nicht zu spät gekommen sind!«
»Gut, daß ich einen kräftigen Hals habe! Der alte Nasar-Kjarisek läßt sich nicht wie ein ausgeweidetes Rind aufhängen, dem ganzen Basar zum Spaße... Ich will doch noch mit euch als Batyr in den Krieg ziehn und ruhmbedeckt und beutebeladen mit einer ganzen Pferdeherde heimkehren!«

Der Rat einer Frau

Umringt von einer Schar Kiptschaken, kehrte der alte Nasar-Kjarisek zu seiner Jurte zurück. Aus den benachbarten Jurten und Lagern lief man herbei, um den Glückspilz zu sehen, dem es gelungen war, seinen Kopf aus der Schlinge des allgewaltigen Kadis zu ziehen. Jeder wollte den Zaum des Rosses berühren, auf welchem, die Arme in die Seiten gestemmt, der alte Nasar angeritten kam, der noch immer seinen alten, aus den Nähten platzenden Ziegenpelz und den Krummsäbel am Gurt trug.
Das gab ein aufgeregtes Fragen und Antworten:
»Wer hat ihn denn gerettet? Wo steckt dieser Wagehals?« – »Sein junger Sohn Mussuk war es... Er hieb den Strang mit seinem Säbel durch... Und die Menge verjagte die Henker, diese verfluchten Hunde, mit Steinen...« – »Welcher seiner fünf Söhne denn?« – »Der Hübsche dort, der neben ihm geht... Er steht im Dienste des Khans Bajander...« – »Dann wird ihm wohl nichts geschehen... Vor dem Khan hat man mehr Respekt als vor dem Mullah...«
Mit umständlicher Würde und Feierlichkeit stieg Nasar vom Pferd. Jetzt konnte er sich vor seiner Frau im vollen Glanz des Ruhmes sonnen, vor ihr, die ihn so oft einen alten Ziegenbock genannt hatte, der zu nichts Rechtem mehr tauge, am allerwenigsten zur Arbeit... Und nun kehrte er zurück, nicht weniger berühmt als der Khan Bajander selbst.

Kys-Tugmas aber begann beim Anblick ihres quicklebendig heimkehrenden Mannes zu schluchzen, als hätte man ihn ihr auf der Totenbahre als Leiche wiedergebracht.
»Wärest du lieber gestorben, statt uns Tag für Tag durch deine närrischen Einfälle in neue Nöte zu bringen!« rief sie. »Habe ich dir nicht vorausgesagt, du seiest zu alt, um noch in den Krieg zu ziehn? Na, und wie weit bist du gekommen? Nicht mal bis vor die Stadt... Da gerietest du schon in die Schlinge! Keinen Schritt mehr laß ich dich aus dem Hause!«
»Das ist ja eine Hyäne, aber kein Weib!« entrüstete sich Nasar. »Nichts begreift sie. Wenn ich der Schlinge des Kadis entschlüpft bin, so bedeutet das, daß ich zu Hohem auserkoren bin, daß weder Pfeil noch Schwert mir etwas anhaben können! Ich werde ruhm- und siegreich heimkehren mit einer ganzen Herde erlesener Rosse... Und alle werden sprechen: ›Salam dir, ruhmreicher Nasar-Bei, siegreicher Batyr!‹ Gleich morgen will ich zum mongolischen Hauptanführer Subudai-Bahadur reiten. Er wird mir einen mir gebührenden Platz in seinem Heer anweisen...«
»Übel kann einem werden, wenn man dich reden hört, alter hohler Kürbis!« keifte Kys-Tugmas und verschwand mit einer Handbewegung, die andeuten sollte, daß jede Widerrede hoffnungslos sei, in der Jurte. Nasar aber ließ sich auf der Schwelle seiner Jurte auf einem alten Teppichfetzen nieder. Um ihn drängten sich die Nachbarn, und er erzählte ihnen mit allen Einzelheiten, wie der Khan Bajander, der Freigebige, seinen – Nasar-Kjariseks – Söhnen die besten Pferde aus seinen Herden geschenkt habe, wie er ihn, den alten Nasar, umarmt und ihn seinen älteren Bruder und Vater genannt und sich mit ihm beratschlagt habe, welchen Weg er seine fünftausend Mann starke Truppe am besten führen solle...
Alle hörten ihm mit offenem Munde zu, staunten über seine Findigkeit und Tapferkeit und meinten, es müsse eine besondere Truppe unter seinem – Nasars – Kommando formiert werden, und es bestünde kein Zweifel, daß diese Abteilung sich ganz besonders hervortun und überreich mit Beute beladen heimkehren würde.
Am späten Abend, als die Neugierigen sich wieder verlaufen hatten, setzte sich Kys-Tugmas zu ihrem Mann auf die Schwelle, streichelte seine Hand und flüsterte ihm zu:
»Mußt du wirklich in den Krieg ziehn? Und warum denn? Bleib doch lieber zu Hause!«
Nasar blies sich vor Wichtigkeit auf und wiederholte, daß er morgen ganz bestimmt zu Subudai-Bahadur gehen würde.
Nachdem Kys-Tugmas sich von ihm hatte erzählen lassen, was für ein Mann dieser Subudai-Bahadur sei und was für Launen er habe, sagte sie:
»Obgleich dieser Bahadur ein vornehmer und reicher Mann ist, geh dennoch nicht mit leeren Händen zu ihm. Die Reichen lieben es, Ge-

schenke anzunehmen. Darum bring ihm was, und wär's auch bloß ein Ei! Dann wird er dich gnädiger anhören. Und weißt du, was du ihm bringen wirst? – Unsern langbeinigen Hahn! Er ist zwar alt und hat schon fast keine Federn mehr, aber er ist doch immerhin von bucharischer Rasse. Und krähen tut er am Morgen so laut, daß die Asantschi ihren Ruf zum Gebet vom Minarett herab nicht lauter erschallen lassen könnten. Vielleicht bringt er dir Glück – unser Hahn...«

Juldus

Am frühen Morgen trieb Juldus wie immer die Lämmer zur Weide, wobei sie ein Liedchen vor sich hin trällerte. Mussuk ritt hinter ihr her, als sie aber durch ein grünes Tal zu einem Hügel gelangt waren, stieg er von seinem Pferd und setzte sich mit ihr ins grüne Gras.

Juldus fragte ihn über den bevorstehenden Krieg aus, wie lange es wohl dauern würde, bis die Dschigiten aus dem Felde zurückkehrten. Und ihr sonst so fröhliches Gesicht, in dessen Wangen sich beim Lachen schelmische Grübchen bildeten, wurde lang, und ihre schmalen Augenbrauen zogen sich finster zusammen. Kein Wunder! Wie oft hatten sie beide so zusammengesessen und über ein gemeinsames Leben gesprochen und Zukunftspläne geschmiedet, und jetzt zerstoben alle diese Träume wegen des schrecklichen Krieges wie eine aufgescheuchte Schar von Vögeln. Und was erst, falls Mussuk nicht wiederkehren sollte? Haben nicht schon genug kühne Dschigiten ihr junges Leben in fernem Lande lassen müssen? In menschenleeren Wüsten, wo Geier und Schakale die bleichen Gebeine der Gefallenen benagen...

Doch Mussuk pfiff lustig und lachte sogar. So ein Einfall in Feindesland ist ein Festtag für einen jungen Dschigiten. Er sieht ein neues Stück Welt, wird ob seiner Unerschrockenheit und Tapferkeit berühmt und am Ende gar Bahadur... Wenn er dann heimkehrt, bringt er allen Geschenke mit, die schönsten aber für Juldus: ein bis zu den Fersen herabwallendes rotes Seidenhemd, einen mit farbigen Perlen bestickten Gürtel, grüne Glasperlen, die wie Smaragde funkeln, und einen Stein, der blaue Funken sprüht.

Aber auch mit solchen Versprechungen konnte Mussuk die zärtliche, schüchterne Juldus nicht beruhigen. Eine Träne nach der andern rollte ihr über die Wange. Sie sagte:

»Wozu ist dieser verfluchte Krieg gut? Alle wissen noch genau, was hier in Sygnak geschah, als die furchtbaren Mongolen kamen. Die Häuser haben sie niedergebrannt, die Einwohner der Dörfer und Städte niedergemetzelt oder wer weiß wohin verschleppt, insbesondere die Frauen und Kinder... Damals habe ich Vater und Mutter verloren... Nein, ich mag deine Geschenke nicht, ich brauche sie nicht. Alles, was wir brauchen, ist eine Jurte, die wir am Ufer des Baches aufstellen, aus dem wir einen frischen Trunk zu einem heißen Fladen oder einem Stück Käse schöpfen können. Und wo wir unsere eigenen Lämmer hüten. Dich aber verlangt es danach, mit den erbarmungslosen Mongolen auszuziehen und unschuldige, friedliche Menschen totzuschlagen, ihre Jurten zu zerstören und ihnen den letzten Bissen vorm Munde wegzunehmen.«

Mussuk aber rief unbekümmert:

»Weine nicht, Juldus! Du bist mein Glücksstern! Ich werde ins Feld ziehn und Tag und Nacht an dich denken! Wer früh ausreitet – der findet das Glück! Wer aber immer und ewig nur auf ein und demselben Flecke hockt – der verliert auch sein Letztes...«

Er umarmte sie, sprang auf sein Pferd und galoppierte davon, ihr mit seiner Papacha Abschiedsgrüße zuwinkend.

Auf dem Weg zu den Herden des Khans Bajander traf er eine Jagdgesellschaft, die auf goldgezäumten Rossen zur Beize ritt, denn auf ihren Fausthandschuhen saßen verkappte Falken. Windspiele sprangen um die Pferde herum. In der Ferne trieb eine weit auseinandergezogene Kette von Dschigiten das Wild herbei. Als Mussuk ganz dicht an den Reitern in mongolischer Tracht vorbeiritt, brachen aus dem Dickicht vier Antilopen hervor und jagten mit zurückgeworfenem Gehörn über die Steppe. Die Reiter nahmen sofort die Verfolgung auf, und die Jagd zog sich nach jener Gegend hin, wo Juldus ihre Lämmer weidete.

In Mussuk blitzte unwillkürlich der Gedanke auf:

›Wenn nur die Mongolenkhane beim Anblick des hübschen Mädchens ihren Dschigiten nicht befehlen, es mitzunehmen. Ein Khan unterordnet sich nicht dem Gesetz, sondern verstößt nach Lust und Laune dagegen, ohne daß es einen Schutz gegen seine Willkür gäbe!‹

Als Mussuk am übernächsten Tage gegen Abend in die väterliche Jurte heimkehrte, fand er die Familie beim Abendessen um eine Schüssel mit Pilaf herumsitzen, aus der jeder reihum mit den Fingern sich eine Handvoll Reis herauslangte und zum Munde führte. Als Mussuk beim Eintritt den üblichen Gruß sprach, verstummte das Gespräch, das die vier Brüder mit dem Vater geführt hatten.

›Woher haben sie denn Pilaf?‹ wunderte sich Mussuk. ›Wenn sie sich das leisten können, muß doch Geld im Hause sein... Aber woher? Wo und auf welche Art hat der Vater soviel verdienen können, um alle seine Söhne mit teurem Pilaf zu bewirten?‹

Mussuk blickte sich um. ›Warum hat die Mutter so verweinte Augen? Warum klappert sie so ärgerlich mit dem Geschirr? Und der kleine Turgan sitzt nicht wie sonst neben dem Vater, sondern kauert mit einem schuldbewußten Ausdruck im Gesicht auf der Türschwelle und wagt kaum oder nur höchst schüchtern die Augen zu heben.‹

»Warum setzt du dich denn nicht zu uns, um mit uns zu essen?« fragte Demir, der Älteste.

Mussuk zauderte unschlüssig. Was ist geschehn? Eine furchtbare Ahnung befiel ihn und ließ seinen Atem stocken.

Der Vater aber langte mit den Fingern die Fleischstückchen aus der

Holzschüssel und steckte sie zum Zeichen seines Wohlwollens den Söhnen der Reihe nach in die geöffneten Münder. Heute ist er der Gastgeber und kann seinen Gast ehren, indem er ihm einen schmackhaften Brocken oder ein fettes Stück Fleisch in den Mund steckt.
Jetzt fischte er ein besonders großes und fettes Stück Hammelfleisch aus der Schüssel und hielt es Mussuk vor den Mund. Der aber wandte sich schroff ab:
»Essen werde ich nichts!«
Die hölzerne Schüssel war bald bis auf den Grund geleert und kein Reiskörnchen mehr übrig.
Nachdem er sich den Mund gewischt hatte, wandte sich Demir mit der Wichtigkeit und Würde des Erstgebornen an Mussuk:
»Unser jüngerer Bruder Mussuk wird begreifen, daß wir, die Söhne eines ehrenwerten Vaters, mit gutem Sattelzeug und scharfen Klingen dem Khan Bajander unter die Augen treten müssen. Wenn er in uns nur struppige, zausige Baibuschi sieht, wird er uns keines Wortes würdigen...«
Mussuk sprang auf und wich zur Tür zurück.
»So trog mich meine Ahnung nicht. Es ist wahr, ihr habt Juldus wie ein Huhn auf dem Basar verkauft an einen fetten Bei oder an einen Sklavenhändler?«
»Aber so überleg doch selber! Vornehme und reiche Männer aus Sygnak ritten auf der Jagd hier vorbei, und als sie Juldus erblickten, riefen sie: ›Das ist die Blume, die unser Khan sich wünscht!‹ Sie boten dem Vater einen sehr anständigen Preis – vierundzwanzig Golddinare. Wie sollten wir sonst zu soviel Gelde kommen? Hier ist dein Anteil. Wir haben ehrlich geteilt, wie du siehst, und auch dich nicht vergessen.«
Bei diesen Worten warf Demir vier Goldmünzen auf den Filzteppich. Mit der Hand am Griff des Messers, das in seinem Gürtel steckte, antwortete Mussuk böse, doch leise:
»Ich habe keine Brüder und auch keinen Vater mehr! Hütet euch, meinen Weg je wieder zu kreuzen!«
Damit stürzte er zur Jurte hinaus. Alle warteten schweigend mit niedergeschlagenen Augen, was er zur Mutter und zu Turgan sagen würde, die ihm beide weinend nachgelaufen waren. Sie hörten, wie er sich draußen aufs Pferd schwang.
»Wirst du wiederkommen?« fragte die Mutter.
»Niemals!«

»Man rufe alle Derwische zusammen!«

Subudai-Bahadur sandte nach allen Ecken und Enden der Stadt Sygnak Nuker aus, damit sie den Aufenthalt des Fakihs, Derwischs und Chronisten Hadschi Rachim al-Bagdadi ausfindig machten und ihn vor sein Angesicht brächten.

Die Nuker aber kehrten unverrichteterdinge mit der Antwort zurück: »Dieser von dir gesuchte Derwisch befindet sich nicht mehr in der Stadt. Die Tür seiner Hütte ist verschlossen, und niemand vermag zu sagen, wohin er sich gewandt hat.«
Erzürnt schickte Subudai-Bahadur daraufhin zwei Hundertschaften aus mit dem Gebot, für den Morgen des nächsten Tages sämtliche Derwische von Sygnak samt ihren Scheichen und Pirs vor ihn zu führen.
Am andern Morgen trieben mongolische Reiter eine Schar von Derwischen und zerlumpten Bettlern zu Subudais Lager. Die Derwische waren in weite, kittelartige, mit bunten Flicken besetzte, um die Hüften mit Baststricken gegürtete Gewänder gekleidet. Einige wiederholten im Chor immer wieder den Ruf: »Ja-guu! Ja-chak!«, andere heulten dumpf oder sangen trübselige Lieder, wieder andere murmelten heilige Beschwörungsformeln. Tanzende Derwische drehten sich zum Klange verschiedener Instrumente auf dem rechten Fuß wie Kreisel. Einem äußerst schmutzigen Bettelmönch mit langem Zottelhaar saß ein Äffchen auf der Schulter, das vor lauter Angst an Durchfall litt..
Die Nuker stellten die schreienden, rufenden, singenden, heulenden, bellenden, tanzenden Derwische, die beteuerten, sie wären Heilige und unterstünden nur Allahs Gebot, im weiten Halbkreis vor Subudais Jurte auf. Gerade als der letzte der sich wie besessen drehenden Tanzderwische wie besinnungslos zu Boden sank, trat lahmend und gebückt der berühmte Feldherr der Mongolen aus dem Zelt, und der finstere, furchtbare Blick seines einen weitgeöffneten starren Auges ließ alle verstummen. Der Derwisch, der wie besinnungslos zu Subudais Füßen niedergesunken war, öffnete jetzt ganz vorsichtig die Lider und beobachtete durch die Spalten jede Bewegung des Bahadurs.
Neben Subudai stellte sich nun ein junger Dragoman auf, in einem rotgestreiften Chalat mit einem weißen Turban auf dem Kopfe, um die Worte, die Subudai abgerissen und heiser hervorstieß, zu übersetzen: »Heilige seid ihr, sagt man... Ihr habt dem Reichtum entsagt und das Gelübde der Armut abgelegt... Euch erhört der Himmel, ihr wißt alles, heißt es...«
»Wir wissen durchaus nicht alles!« riefen die Derwische im Chor. »Wir wissen nicht einmal, wer uns heute ernähren wird!«
Der Bahadur umfaßte die Menge wiederum mit seinem finsteren starren Blick, und sie verstummte scheu.
»Ich suche einen Derwisch mit Namen... Wie heißt er doch?« wandte sich Subudai-Bahadur an den Dragoman.
»Hadschi Rachim aus Bagdad... Wer von euch kennt ihn?«
»Wir kennen ihn nicht. Er gehört nicht zu uns. Wähle an seiner Stelle einen aus unserer Mitte. Wir werden dir treu dienen.«
Subudai wartete, bis wieder Schweigen eingetreten war.
»Ihr alle zusammen seid nicht soviel wert wie er allein. Schweigt, die ihr ihn nicht kennt. Nur der spreche, der ihn kennt!«
»Ich kenne ihn, ich werde sprechen!« ließ sich die Stimme eines Greises

vernehmen, der sich jetzt durch die Menge drängte. Als er vor Subudai stand, holte er mit zitternden Händen aus einem roten Tuch einen großen, fast federlosen Hahn mit einem fleischigen, auf die Seite fallenden roten Kamm hervor.

»Du bist der größte unter den großen Feldherren!« rief der Greis. »Durch Steppen und Flüsse wirst du schreiten und die ganze Welt besiegen! Nimm darum von mir den besten der Hähne an! Wie die Asantschi von der Spitze des Minaretts läßt er seinen Ruf stets zur selben Stunde erschallen, und er kräht lauter als alle anderen Hähne. Zum Preis deiner Taten wird er seine Stimme vor Aufgang der Sonne ertönen lassen und dir neuen Ruhm bringen!«

Der Greis setzte seinen Hahn vor den Bahadur auf die Erde, und das fast federlose Tier machte auf seinen langen dünnen Stelzbeinen ein paar Schritte.

Wie ein Lächeln glitt es über das Gesicht des Mongolenfeldherrn und verzerrte seine Züge.

»Ich fragte: Wo ist der Hadschi Rachim?« sagte er.

»Ich werde dir schon sagen, wo er ist. Jedenfalls nicht weit. Er liegt krank in meiner Jurte, in der Jurte eines ehrlichen alten Mannes, der sein Leben lang unermüdlich hat arbeiten müssen, in der Jurte deines ergebenen Dieners Nasar-Kjarisek. Die Söhne Schaitans haben den Hadschi übel zugerichtet.«

»Nimm zwei Krieger«, befahl Subudai dem Dragoman, »und schaffe mir den Hadschi herbei. Laß den Alten nicht einen Schritt von deiner Seite, und wenn er gelogen hat, sollen ihm die Krieger das Fell windelweich gerben.«

»Es wird geschehen, wie du sagst, Erhabener!«

Ehe Subudai in seine Jurte zurückging, blieb er noch einmal stehen und fragte den alten Nasar:

»Ich nehme diesen kahlen Hahn von dir an. Was willst du dafür haben?«

»Ich bitte nur um eins: Laß mich mit dir ins Feld ziehn!«

»Schaffe mir erst den Hadschi Rachim herbei!«

Subudai ging schleppenden Schrittes in sein Zelt zurück, und die Derwische brachen in Wehklagen aus:

»Wer wird uns heute satt machen? Warum riefest du uns hierher?«

Subudai warf dem Dolmetscher ein paar Worte zu.

»Stille!« gebot hierauf der Dragoman. »Subudai-Bahadur befiehlt euch, für den Sieg der Mongolen zu beten. Wer von euch an dem Feldzug nach dem Westen teilnehmen will, dem sei es erlaubt, aber ernähren muß er sich selbst.«

»Du hast die Macht, Erhabener!« riefen die Derwische. »Befiehl, daß man uns heute zu essen gibt!«

Subudai-Bahadur entgegnete:

»Ich bin ein Krieger im Dienste meines Khans, ich kann niemandem zu essen geben. Aber geht nach Sygnak zu den reichen Kaufleuten und sagt

ihnen, der Führer des mongolischen Heeres befehle ihnen, euch allen heute zu essen zu geben.«
Singend und heulend, schreiend und rufend, murmelnd und bellend zogen die Derwische in ungeordnetem Haufen über die Steppe zurück zur Stadt Sygnak.

Der Traum des Eroberers

> In Schrecken und Flammen werden wir die Völker stürzen, wir, die todbringenden Söhne Dschingis-Khans.
> (Aus einem alten Mongolenlied)

Erstaunt ließen die Wachtposten die seltsamen Wanderer passieren, die sich zur Jurte des obersten Feldherrn Subudai-Bahadur begaben. Voran schritt ein hagerer Derwisch mit der hohen spitzen Mütze und der weißen Binde des Mekkapilgers. Hätte er nicht einen blauseidenen Tschapan mit in Gold gefaßten Rubinknöpfen getragen, würde man ihn für einen ganz gewöhnlichen Bettler gehalten haben. Über der Schulter hing ihm ein Reisesack, aus dem ein dickes, in Leder gebundenes Buch mit Messingspangen herausguckte. In der Hand hielt er einen langen Wanderstab und eine aus Schilf geflochtene Laterne mit einer dicken Wachskerze. Hinter dem Derwisch schleppte sich ein Greis in einem aus allen Nähten platzenden Ziegenpelz, dem ein Krummsäbel am Gurt hing. Den seltsamen Zug beschlossen drei Reiter auf kleinen, aber kräftigen grauen Pferden – der junge Dolmetscher und zwei mongolische Krieger, die ohne Aufhören ein und dasselbe traurige Lied wiederholten. Als sie sich den Wachtposten näherten, riefen sie die Parole: »Achtung und Gehorsam!«, dann stimmten sie ihre trübselige Weise in langgezogenen Tönen wieder an. Der Derwisch schob, als er sich den Posten näherte, seine Mütze in den Nacken, und auf seiner Stirn erglänzte eine goldene Paizsa mit der Abbildung eines fliegenden Falken.
Die Posten schauten ihm verblüfft nach.
»Geht er zu ihm?«
»Zu wem denn sonst?«
Vor der Jurte des Feldherrn blieb der Derwisch nachdenklich stehen. Zwei riesige rotbraune Wolfshunde waren bei seiner Annäherung kettenklirrend aufgesprungen und wollten an ihrem wütenden Gebell fast ersticken.
Aus der Jurte ertönte eine Stimme:
»Der Lehrer möge eintreten!«
Der Posten stieß den auf seinem Stab gestützten, reglos und selbstvergessen dastehenden Derwisch mit dem Schaft seiner Lanze an und deutete dann mit der Spitze auf den Zelteingang.
In der Jurte saßen auf einem Teppich, über ein Pergamentblatt gebeugt, mehrere mongolische Heerführer.
Subudai-Bahadur hob sein sonnengebräuntes Gesicht, heftete den

starren Blick seines weitgeöffneten Auges einen Moment auf den eingetretenen Derwisch und beugte sich dann wieder über das Pergament, worauf mit schwarzer Tusche Kreuze, Schlangenlinien und kleine Kreise gezeichnet waren, die Berge, Flüsse und Städte kennzeichnen sollten.
»Ihr seht«, sagte Subudai, indem er mit seinen kurzen, knorrigen Fingern auf dem Blatt herumfuhr, »von Sygnak bis zum Flusse Itil braucht eine Karawane vierzig Reisetage. Wir aber werden zwei-, dreimal länger zu gehen haben... So bald wir einen Dschichangir gewählt haben, wird das Heer aufbrechen.«
»Die Himmelsbewohner über den Wolken mögen uns beistehn!« riefen die Mongolen, erhoben sich und verließen, indem sie ihre Hände gegen die Brust drückten, einer nach dem andern die Jurte.
Subudai-Bahadur blieb allein zurück. Mit zusammengekniffenem Auge blickte er den Derwisch scharf an, als wollte er dessen geheimste Gedanken ergründen. Der Hadschi ertrug den stechenden Blick des durch seine Siege ebenso berühmten wie durch seine Grausamkeit berüchtigten Feldherrn.
»Ich habe gehört, du wüßtest vieles.«
»Mein ganzes Leben war nur ein einziges Lernen«, erwiderte der Hadschi. »Doch konnte ich mir nur ein winziges Körnchen vom Allwissen aneignen.«
Subudai-Bahadur fuhr fort:
»Du warst der erste Lehrer meines Zöglings, der nun schon zehn Jahre lang an meiner Seite durch vieler Völker Länder gezogen ist. Im Sattel hat er das Handwerk des Kriegers und die Kunst des Feldherrn gelernt. Hast du davon gehört?«
»Ich höre es jetzt.«
»Ich will, daß er die großen Taten vollende, die sein Großvater, der Erschütterer des Erdkreises, nicht mehr vollbringen konnte. Ich hörte dich einmal – es ist schon lange her – von dem tapferen Feldherrn Iskander Dsul-Karnain erzählen, der seine ersten Kriegszüge ebenfalls schon als Jüngling unternahm. Er hatte erfahrene Ratgeber...«
Subudai-Bahadur kniff bei diesen Worten sein eines Auge zusammen, wandte sich ab und schwieg eine Weile. Dann wandte er sich wieder dem Derwisch zu:
»Batu-Khan wird hin und her gerissen von seinen leidenschaftlichen Wünschen und Begierden wie ein Panther, der in eine Ziegenherde geraten ist und bald nach rechts, bald nach links springt. Er bedarf eines ergebenen, treuen und vorsichtigen Ratgebers, der sich nicht scheut, ihm die Wahrheit zu sagen, und ihn warnt.«
»Ich bin Araber. Die Lüge gilt bei uns als Laster.«
Der Wachtposten trat ein und blieb, den Vorhang hebend, am Eingang stehen.
»Achtung und Gehorsam!« sagte er halblaut.
Ächzend erhob sich Subudai-Bahadur und ging humpelnd dem unge-

stüm eintretenden Batu-Khan entgegen, der einen neuen Tschapan mit in Gold gefaßten Rubinknöpfen trug. Sein junges Gesicht mit den schräggestellten Augen brannte vor innerer Unruhe. Sein Mund war zu einem raubgierigen Lächeln verzogen, und gegen die dunkle Gesichtsfarbe schimmerten die großen Wolfszähne besonders weiß.
Subudai-Bahadur verneigte sich tief vor dem jungen Khan:
»Du äußertest das Verlangen, den Weisen zu sehen. Da ist er.«
Batu-Khan ging rasch auf den Hadschi zu.
»Ja, ich habe nach dir geschickt, mein alter Lehrer«, sagte er. »Fortan sollst du mich nicht mehr verlassen. Auf dem in Bälde beginnenden Feldzug sollst du mein Chronist sein. Du sollst meine Befehle, meine Aussprüche, meine Gedanken schriftlich niederlegen, damit meine Urenkel wissen, wie der Einfall des unüberwindlichen Mongolenheeres in die Länder des Westens vor sich gegangen ist. Sieh her!«
Er hockte sich auf den Teppich nieder, nahm das Pergamentblatt zur Hand und fuhr mit dem Zeigefinger darüber hin.
»Du, Subudai, setzt dich neben mich, und du, Hadschi, nimm auf meiner anderen Seite Platz! Das hier ist der große Weg« – wieder zeigte er auf das Kartenblatt –, »der wie ein blutroter Faden nach Westen führt. Ich werde weiter vorrücken als mein Großvater und meine Heere bis ans Ende der Welt führen...«
Und Batu-Khan erging sich in langen Ausführungen über den bevorstehenden Heereszug, zählte, auf das Pergament deutend, die Namen der zu erobernden Gebiete und Städte auf. Offenbar war dieser Kriegszug ein lang gehegter, sorgsam durchdachter Plan.
»Du wirst jede meiner Unternehmungen genau beschreiben, damit nichts vergessen wird, und so meinen Namen berühmt und unsterblich machen.«
Subudai blickte mit einem Gesicht, das wie eine steinerne Maske der Gleichgültigkeit aussah, zur Seite.
»Ich will und muß die Pläne meines Großvaters verwirklichen. ›Die Mongolen sind das tapferste, stärkste und klügste Volk auf Erden‹, hat er gesagt. Sie sind das vom Himmel zur Weltherrschaft auserwählte Volk. Alle anderen Völker müssen, soweit sie überhaupt am Leben gelassen werden, ihnen untertan sein und als Sklaven für sie arbeiten. Alle, die sich des Ungehorsams vermessen, sollen vom Erdboden verschwinden, hinweggefegt werden und wie getrockneter Mist im Feuer verbrennen!«
Batu-Khan wandte sich an Subudai-Bahadur mit der Frage:
»Rücken wir bald ins Feld?«
Der Bahadur fuhr zusammen, als erwachte er aus tiefem Sinnen.
»Sobald wir dem Heer das Vermächtnis des heiligen Regenten verlesen und den Dschichangir eingesetzt haben werden. Bis dahin – darum bitte ich dich, Batu-Khan – sei besonders vorsichtig. Halte dich zurück und abseits. Hüte dich vor Trinkgelagen. Man darf sich keiner unnützen Gefahr aussetzen, wenn man am Beginn einer großen Sache steht. Wenn

dir etwas zustößt, wird ein anderer – entweder Prinz Gujuk oder Prinz Külkan – sich an die Spitze des Heeres stellen, aber keiner von ihnen wird imstande sein, die hochfliegenden Pläne deines Großvaters zu verwirklichen, und das Heer wird zerfallen...«

»Dse, dse! Ich müßte ständig jemanden um mich haben, der mich stets an das Wichtigste und Dringlichste erinnert und sich auch nicht scheut, mir die reine Wahrheit zu sagen. Sonst bekomme ich ja nichts als Schmeicheleien und Lobhudeleien zu hören. Du wirst mir deinen Beistand nicht versagen, mein alter Lehrer, und auch an jenen kühnen Jüngling denke ich, der mir seinen Schimmelhengst überlassen hat – an Arapscha. Subudai-Bahadur möge den Auftrag erteilen, ihn zu suchen. Er scheint mir treu und keines Verrats und keiner Tücke fähig zu sein. Du aber, Hadschi Rachim, der du von heute an der Chronist meines Heereszuges sein sollst, beginne mit der Aufzeichnung meines Grundsatzes: ›Ein großer Feldherr soll rätselhaft und schweigsam sein. Um stark zu sein, muß man sich mit einem Geheimnis umgeben..., muß fest und unbeirrt, kühn und mutig seinen Weg gehen..., darf keinen Fehler machen... und muß seine Feinde schonungslos vernichten!‹«

Der Eroberer des Erdkreises

Vierzig Tage waren seit den letzten Vorgängen verstrichen. Von Osten her trafen ununterbrochen mongolische Truppen ein, denen Abteilungen von Kirgisen, Altaiern, Uiguren und anderen Nomadenstämmen folgten. In der Kiptschakensteppe brannten überall die Feuer der Kriegslager. Die verschiedenen Stämme schlugen getrennt voneinander ihre Lager auf und vermieden jede Vermischung, ja jede Annäherung.

Wie die Stuten und Füllen der einzelnen Kosjaks einer Pferdeherde dank der Wachsamkeit der Hengste zusammenbleiben, so scharten sich die Krieger eines jeden Stammes um ihre Anführer in Erwartung des Signals zum Aufbruch nach Westen: neun rauchende Feuer, entzündet auf der Spitze des »Hügels der dreißig Helden«.

Die vierzigtägige Wartezeit verbrachten die mongolischen Prinzen bei Festgelagen und mitternächtlichem Gebet. Im kultischen Tanz und durch Prophetie suchten die Schamanen den »Tag des glücklichen Mondes« zu ermitteln, an dem die Götter der Wahl eines Dschichangirs, eines Oberbefehlshabers des Heeres, günstig sein würden. Ein Gemunkel und Geraun aus tausend Mündern verbreitete sich: Nur dem Khan Gujuk gebühre die Würde eines Dschichangirs, sei er doch der Nachfolger des Kagans Ugedai, und die seiner Jugend noch mangelnde Erfahrung würde er samt dem Ruhm während des Kriegszuges erwerben... Die alten, mit Narben bedeckten, im Kampf erprobten Krieger aber schüttelten dazu den Kopf:

»Wollen doch erst mal abwarten, was der unbesiegte und unbesiegbare Subudai-Bahadur dazu sagt«, meinten sie: »Er, Dschebe-Nojon, Bogurtschi und Muchuri, der Verweser Chinas, bildeten die vier Hufe des Siegesrosses Dschingis-Khans, nur dank ihnen konnte er von Sieg zu Sieg stürmen. Doch es handelt sich ja nicht bloß um die Wahl eines Dschichangirs, sondern auch erprobte und erfahrene Kommandeure des rechten und des linken Flügels müssen gewählt werden und ebenso ein ungestümer Temnik als Anführer der Vorhut der Kundschafter, und zwar einer, der sich darauf versteht, die Feinde in eine Falle zu locken ... Der scharfsinnige Subudai-Bahadur mag entscheiden, ob Gujuk-Khan zum Dschichangir taugt ..., ob er sich auf die Führung eines Heeres versteht, das sich zur Eroberung des Erdkreises anschickt ...«

Während die Khane und Prinzen über die Wahl und den zu Wählenden unterhandelten, saß der alte Subudai-Bahadur, der eigentliche Leiter der bevorstehenden militärischen Operationen, scheinbar teilnahmslos in seiner Jurte, aus der er nicht herauskam und in die seine schweigsamen Turgauden niemanden hineinließen, und keiner wußte, welchen Überlegungen der weitblickende, verschlagene Greis nachhing.

In den Jurten rings um Subudais Jurte herum war ein ewiges Kommen und Gehen von Boten, mongolischen Unterbefehlshabern und Kiptschakenkhanen. Die letzteren übergaben den Jurtdschi, den Gehilfen des Feldherrn, buntbemalte Pfeile, deren jeder ein Symbol für tausend Reiter war. Der eine oder der andere der Khane wurde von den Jurtdschi zu Subudai hineingeführt, der den Mann mit seinem einzigen Auge förmlich verschlang, einige abgerissene Worte zu ihm sprach und sich dann entweder knurrend abwandte: »Können wir nicht brauchen!«, oder ihm eine goldene Paizsa übergab.

Ein jeder, der eine solche Paizsa erhielt, verpflichtete sich zu unbedingtem Gehorsam gegenüber dem Dschichangir, dessen Befehle er blindlings auszuführen gelobte. Mit der Ausführung eines Befehls zu zögern, eigenmächtige Operationen durchzuführen, zum Beispiel von einem Flügel auf den andern hinüberzuwechseln oder einen anderen als den vorgeschriebenen Weg einzuschlagen – das waren Verstöße gegen die Subordination, die ohne Ausnahme mit dem Tode geahndet wurden.

Die buntbemalten Pfeile, welche die Khane oder Begs dem Jurtdschi des Bahadurs übergaben, waren Unterpfänder der Treue. Dieses Treuegelöbnis band den Anführer und seine Gefolgschaft. Jeder fremdstämmigen Tausendschaft wurde ein kundiger mongolischer Nuker zugeteilt, der dafür zu sorgen hatte, daß die von Dschingis-Khan aufgestellten Kampfregeln streng eingehalten, daß ein Fünftel der gemachten Beute an den Dschichangir und ein zweites Fünftel an den Kagan abgeliefert wurde. Ferner hatte der mongolische Nuker darüber zu wachen, daß zwischen den einzelnen Truppen keine Zwistigkeiten entstanden. Auch hier stand auf die geringste Übertretung der in der Jassa aufgezeichneten Gesetze sofortige Todesstrafe.

Die Ausrüstung, das heißt Pferd samt Sattelzeug und Waffen, hatte jeder Krieger selbst zu stellen. Die Tausendschaften waren unterteilt in Hundertschaften und diese wieder in Zehnergruppen.

Endlich erklärten die Schamanen, daß die über den Wolken wandelnden guten Gottheiten am einundvierzigsten Tag der Wahl des Dschichangirs günstig sein würden. An dieser Wahl durften nur die vornehmsten Khane und die Tausendschaftsführer teilnehmen. Die Unterführer lagerten sich mit ihren Abteilungen rings um den »Hügel der dreißig Helden« und erwarteten voll Spannung die Entscheidung.
Khan Bajander war noch vor Sonnenaufgang von seinem Nomadenlager aufgebrochen, um am Fest der Wahl teilzunehmen. Eine Goldpaizsa mit der Abbildung eines fliegenden Falken hing ihm an einer gelben Schnur auf der Brust. Es war nicht leicht gewesen, diese Paizsa zu erhalten. Am Vortag hatte der Khan dem Bahadur fünf Pfeile überbracht zum Zeichen dafür, daß er mit fünf Tausendschaften zum Heer stoßen werde. Als der Bahadur ihm daraufhin das ovale Goldplättchen, das er einer Schatulle entnahm, übergab, hatte er gesagt:
»Mögen sich deine fünftausend Kiptschaken-Dschigiten auf den Feind stürzen wie Falken auf ihre Beute. Du selbst aber sei vorsichtig wie ein Wolf am lichten Tag und geduldig wie ein Rabe bei dunkler Nacht. Bei Rasten, Gelagen und Belustigungen sollen deine Kiptschaken mit den Mongolen so einträchtig zusammen leben wie drei Monate alte Kälber. Von der Tapferkeit und Treue deiner Kiptschaken werde ich mich in der Schlacht persönlich überzeugen.«
Khan Bajander wurde von hundert tollkühnen Dschigiten begleitet. Mit ihren schönen Pferden, ihren Seidenchalaten und Schaffellmützen bildeten sie ein prächtiges Gefolge.
Der Khan gehörte zu den Auserwählten, die den »Hügel der dreißig Helden« zu betreten berechtigt waren, und unter denen, die ihm folgen durften, war seine älteste Frau, die matronenhafte Burla-Hatun, trotz ihrer Wohlbeleibtheit eine recht majestätische Erscheinung. Die üppigen Falten ihres Seidenkleides bedeckten den ganzen Rücken ihres Rosses von der Mähne bis zum Schweif. Die jüngeren Frauen des Khans und einige Mägde halfen ihr aus dem Sattel. Oben auf dem Hügel, wo sie etwas atemlos ankam, wurde ihr ein Platz links von dem goldenen Thron unter anderen ebenso wohlbeleibten Frauen von Kiptschakenkhanen angewiesen, deren Gesichter unter den riesigen, mit weißen Federn bebuschten Turbanen versteckt waren. Die Männer vom Ordnungsdienst ermahnten Burla-Hatun, ja nicht auf den vor dem Thron ausgebreiteten heiligen bunten Teppich zu treten. Hinter der alten Khanum her trippelten zwei schlanke Töchter Bajanders. In dem goldenen Gürtel, den sie um ihre schmale Taille trugen, steckte ein zierlicher Dolch. Beide Mädchen machten argwöhnische Gesichter, als müßten sie vor irgend etwas Unangenehmem auf der Hut sein.
Durch die Menge ging ein Getuschel und Gewisper:
»Das sind die künftigen Frauen des Dschichangirs... Khan Bajander führt sie hierher zur Brautschau... Glücklich ist der Khan, daß er so schöne Töchter hat! Ein Mongolenkhan wird sein Schwiegersohn werden...«

Die Wahl des Oberbefehlshabers

Im Osten erglühte der Horizont. Der zuerst goldgelbe Streifen loderte feurig auf, und endlich rollte der Sonnenball über den Himmelsrand. Sogleich ertönte wildes heiseres Geschmetter langrohriger Trompeten, das den Beginn der Feierlichkeit verkündete.

Gemäß dem Brauch der Steppenvölker fielen alle, nachdem sie das Haupt entblößt, anbetend zu Boden und erwiesen der aufsteigenden Himmelsleuchte göttliche Verehrung. Die Schamanen schlugen wie toll ihre Schellentrommeln und leierten in einem unharmonischen Singsang Gebete und Beschwörungen her, mit denen sie die immer zorngrollenden Götter über den Wolken gnädig zu stimmen suchten, damit sie den Verstand der versammelten Khane erleuchteten und sie befähigten, die rechte Wahl zu treffen: denjenigen der Dschingisprinzen zum Dschichangir zu erheben, an dessen Buntschuk sich das Kriegsglück heften würde.

Rechts von dem leeren goldenen Thron saß der junge Gujuk-Khan, um dessen schwellende Lippen ein zufriedenes, glückliches Lächeln huschte. Wer anders als er, der Sohn des Kagans, der Erbe des goldenen Throns, sollte denn Dschichangir sein? Er ließ einen prüfenden Blick über die gelben Gesichter der Khane gleiten, die ihre Gedanken unter der steinernen Reglosigkeit eines ehrerbietigen Lächelns verbargen. Batu-Khans Abwesenheit beunruhigte ihn, und er drehte sich häufig um, konnte ihn aber nirgendwo erblicken. Nur Batus Brüder Ordu, Scheibani und Tangkut saßen mit finsteren, aber gespannten Gesichtern abseits in einer Gruppe beisammen.

Das Geschrei und Geheul der Schamanen brach jäh ab. Gujuk-Khan, der sich für den Vornehmsten in der Versammlung hielt, erhob sich zu einer Ansprache, aber im selben Augenblick fingen die Trompeten von neuem wild und heiser zu schmettern an, und er setzte sich notgedrungen wieder hin.

Da sprang der berühmte Feldherr Dschebe-Nojon auf, Subudais alter Waffengefährte, der ungestüme Anführer der Kundschaftertruppe, der eben wegen seines Ungestüms den Namen »Pfeil« trug. Mit mächtiger Stimme, die aus einer breiten Brust kam, rief er die Worte, die gewöhnlich vor der Bekanntgabe eines Befehls Dschingis-Khans gesprochen worden waren:

»Hört, ihr Unbesiegbaren, die ihr den auf ihre Beute sich stürzenden Falken gleicht! Hört, ihr Krieger, die ihr kostbar seid wie die Diamanten auf der Mütze des Kagans! Ihr Truppen, die ihr aus einem härteren Stoff geformt seid als der aus Fels getürmte Hügel! Ihr Bahadure, die ihr in engen Reihen nebeneinandersteht wie Rohr an Rohr im dichten Schilfdickicht! Vollzieht den Willen des heiligen Regenten. Nur in seinen Worten wohnt Weisheit, nur seine Befehle werden euch den Sieg bescheren und nie verblassenden Ruhm und Reichtum und Überfluß!«

An allen Enden riefen die Nuker:

»Hört die Worte des heiligen Regenten! Hört sie mit Ehrerbietung und mit Zittern!«
Alle fielen auf die Knie, berührten mit den Händen den Erdboden und lauschten mit erhobenem Kopf gespannt auf das, was noch gesagt werden würde.
Vier Schreiber Subudai-Bahadurs, mohammedanische Uiguren, die ihrer klangvollen Stimmen wegen zu Heerrufern bestimmt worden waren, nahmen so Aufstellung, daß das Gesicht eines jeden einer anderen Himmelsrichtung zugewandt war, dann entfalteten sie Pergamentrollen und begannen gleichzeitig zu lesen, wobei sie sich bemühten, einer den andern zu übertönen:
»Hört, ihr Unbesiegbaren, hört und vernehmt die Worte, die der heilige Regent vor zehn Jahren euch zum Vermächtnis hat aufzeichnen lassen. Sie lauten: ›Wir haben unseren ältesten Sohn Dschutschi auf den hohen Thron eines Khans erhoben und ihm die westlichen Ulusse unterstellt mit dem Auftrag, das Heer der unbesiegbaren Mongolen weiter nach Sonnenuntergang zu führen und den Erdkreis bis zum letzten Meer zu bezwingen, bis dahin, wohin der Huf eines mongolischen Rosses eben noch zu treten vermag. Doch ein heimtückischer Feind, der sich – wie ein schwarzer Hund an einem Regentag – an unseren Erstgeborenen, den unbesiegbaren Bahadur Dschutschi, heranschlich, fiel ihn meuchlerisch an und verwandelte seinen sterblichen Leib in Staub, den der Wind verwehte. Hört, meine getreuen Kampfgenossen! Wir ernennen zum Befehlshaber über die in die Abendländer ziehenden mongolischen Truppen unseren tapferen, heldenmütigen Enkel Batu-Khan, den erstgeborenen Sohn unseres erstgeborenen Sohnes Dschutschi-Khan. Er wird das durch mich geeinte große mongolische Volk zu neuen ruhmvollen Siegen führen, wozu ich ihm das weiße Banner mit dem roten Schweif meines Streitrosses übergebe. Unserem treuen Diener, dem kriegserfahrenen Subudai-Bahadur, befehlen wir, unserem Enkel Batu-Khan zu helfen, die goldenen Zügel fest zu fassen und zu halten. Unserem Enkel gebieten wir, in allem den weisen Ratschlägen des vorsichtigen Subudai-Bahadur zu folgen. Tut er das, so wird er den Morgenstern vom Firmament reißen, alle Feinde vernichten und den Erdkreis bis zum Gestade des letzten Meeres erobern, in dessen Fluten die Sonne hinabsinkt. Dann werden Seuchen, Hungersnot und Dürre aufhören und allgemeiner Friede herrschen.‹ Hört ihr Krieger, so ist es der Wunsch des heiligen Regenten, so soll es auch der Wunsch des ganzen mongolischen Volkes sein!«
»So sei es!« riefen die Mongolen und Tataren, die um den Hügel herum knieten. »Der Wille des heiligen Regenten soll uns wieder in den Krieg gegen andere Völker führen! Das weiße Banner mit dem roten Schweif seines Streitrosses soll uns den Weg weisen! Zeigt es uns!«
Aus einer Hundertschaft verwegener Reiter löste sich einer auf schneeweißem Hengst und flog mit Windeseile hinauf auf die Spitze des Hügels, wo er das ungestüme Roß hart am Rande des Abgrunds zügelte.

Ihm folgten drei andere Reiter, von denen der mittlere ein weißes fünfeckiges Banner[1] mit neun breiten, im Winde flatternden Bändern trug. An dem Goldknauf des Fahnenstocks wehte ein langer roter Pferdeschweif, der den alten Mitkämpfern Dschingis-Khans noch in guter Erinnerung war.

»Das ist Batu-Khan! Der Sohn Dschutschis und Enkel Dschingis-Khans!« rief und schrie man durcheinander. »Er reitet den Seter, das schneeweiße Roß des Kriegsgottes Sulde! Führ uns in die Schlacht, Batu-Khan!«

In der Morgensonne schimmerte Batus goldener Helm, sein Kettenpanzer und das goldene Saum- und Sattelzeug seines tänzelnden feurigen Hengstes mit den flammenden Augen. Seinen Krummsäbel über dem Kopf schwingend, rief jetzt der junge Mongolenprinz mit so starker Stimme, daß die Ebene verstummte:

»Mein erhabener Großvater, der Erschütterer des Erdkreises, hat mir befohlen, alle Länder des Westens bis zum Gestade des letzten Meeres zu erobern. Ich schwöre, daß ich sein Vermächtnis erfüllen und mit euch, meine treuen, an Tapferkeit unübertroffenen Bahadure, bis zum Ende der Welt ziehen werde!«

Ein freudiges Getose rollte durch die Reihen der Krieger und verstummte wieder.

»Ich verspreche, daß ich alle meine Krieger in Seide kleiden werde, daß jeder einen neuen Pelz haben soll. Ich werde Hunderttausende von Rindern und Hammeln erbeuten und mit ihrem Fleisch das ganze Heer bis zur Übersättigung speisen! Vor uns liegen reiche Länder, deren Völker durch das geruhige Leben träge geworden sind. Mit euch, meine unbesiegbaren Bahadure, werde ich diese feigen Völker, die das Kämpfen verlernt haben, unterwerfen. Eure Peitschen werden auf ihren feisten Nacken tanzen!«

Von neuem tönten Rufe, die sich über die ganze Ebene fortpflanzten.

---

1 Das Banner Batu-Khans. Mongolische und chinesische Geschichtsquellen melden von einem weißen und einem schwarzen Banner Dschingis-Khans. Weiß galt bei den Mongolen für eine heilige, den guten Gottheiten geweihte Farbe; Schwarz war den unterirdischen Rachegöttern gefällig. Das »neunschwänzige« Banner war nach der Meinung der einen Geschichtsforscher ein Buntschuk (= Feldzeichen) mit neun Pferdeschweifen oder Yakschwänzen; nach Meinung anderer war das Banner aus Stoff und zeigte einen silbernen Gierfalken (= Jagdfalken), der einen schwarzen Raben in den Fängen hält. Dieses Banner endete in neun langen breiten Zipfeln oder Bändern. Wie bei den chinesischen Bannern wies die Zahl der Bänder (oder am Buntschuk die Zahl der Roßschweife) auf die Würde und den Rang des Feldherrn hin. (So ähnlich wurden früher bei den Türken einem Pascha bei feierlichen Anlässen die Roßschweife vorausgetragen, deren Zahl seinen Rang anzeigte: ein Brigadegeneral war ein Pascha von einem Roßschweif, ein Divisionsgeneral ein Pascha von zwei Roßschweifen, und drei Roßschweife bezeichneten den General-en-chef.)

»Du bist der wahre Enkel des Erschütterers des Erdkreises! Mit dir an der Spitze werden wir alle Völker unterwerfen!«

»Und noch eins schwöre ich! Ich habe meine Feinde nicht vergessen. Ich werde jene nächtlichen gelbohrigen Hunde, die meinen Vater erwürgten, aufzuspüren wissen, und ich werde sie lebendigen Leibes in Kesseln mit siedendem Wasser kochen! Und wenn selbst einer meiner Brüder unter den Schuldigen wäre, würde ich mit ihm ebenso verfahren... Wir wollen nicht länger zögern. Morgen in aller Frühe brechen wir zum Feldzuge auf. Der erste Sammelpunkt der ganzen Heeresmacht wird an den Ufern des großen Flusses Itil sein. Von dort aus wird die fröhliche Jagd auf die Völker und Stämme beginnen. Dort werde ich meine kühnen Adler und Falken aufsteigen lassen!«

Als Batu-Khan geendet hatte, stieß jeder der Kiptschakenstämme seinen Uran aus:

»Manatàu! Karaburà! Amandschùl! Uibàß! Djuit! Ebugannàm-kaidschuljaim!«

Der neue Dschichangir aber ritt, nachdem er seinen Schimmelhengst gewendet hatte, langsam der Jurte Subudai-Bahadurs zu. Mehrere Khane liefen zu ihm hin, faßten die goldenen Zügel seines Rosses, berührten die Steigbügel und rieben ihre Wangen und Bärte an den Schäften seiner wildledernen Stiefel.

»Wir flehen dich an, großer Dschichangir! Steig herab von deinem Roß und nimm auf dem Thron Platz, der dir und nur dir allein gebührt. Erfreut über deine Wahl, wollen wir ein Festgelage veranstalten. Alle Khane und Kiptschakensultane brennen darauf, die Erde vor deinen Füßen zu küssen und dir so ihre Ergebenheit und ihren Eifer zu bezeugen.«

Mit einem herablassenden Lächeln sprang Batu-Khan aus dem Sattel, und die Khane traten auseinander, um ihm den Weg zu dem buntgemusterten Teppich freizugeben, der vor dem goldenen Thron ausgebreitet war.

Doch ein junger Krieger mit einem weißen Turban auf den schwarzen Locken sprang dazwischen, stieß die Khane unsanft beiseite und versperrte mit seinem Lanzenschaft dem jungen Dschichangir den Weg zum Thron.

»Zurück, Batu-Khan!« rief er. »Sieh, was dich erwartet!«

Kraftvoll schleuderte er seine Lanze in die Mitte des buntgemusterten Teppichs, die Klinge durchstieß das Gewebe, und die Waffe verschwand. Der schwarzlockige Krieger packte den Teppich am Rande und schlug ihn zurück – die schwarze Öffnung eines tiefen Brunnenschachtes gähnte darunter.

Batu-Khan rief: »Arapscha, mir nach!«, stürzte zur Jurte Subudai-Bahadurs und verschwand hinter dem Vorhang am Eingang.

»Welche hinterlistigen Bösewichter! Welche gelbohrigen Hunde konnten ihm eine solche Falle stellen?« flüsterten die Khane untereinander und drängten sich zum Brunnen vor, um schaudernd in den gähnenden Schacht hinabzublicken.

»Subudai-Bahadur will sprechen!« ging ein Raunen und Rufen durch die Menge.

In der Tat hatte sich der alte Feldherr erhoben und war schleppenden Schritts zum Thron hingegangen, vor dem er jetzt in gebückter Haltung stand. Mit seinem vorquellenden, nicht blinzelnden linken Auge umfaßte er die schweigende Menge der Khane und Gäste.

»Zwei Tage war ich abwesend und habe die schwarzen Mangusse, diese Nachtgespenster, übersehen, die dem neuen Dschichangir eine Grube gruben. Aber solange ich lebe, wird es diesen giftigen Ungeheuern nicht gelingen, den durch das Vermächtnis des heiligen Regenten eingesetzten Dschichangir umzubringen. Denen, die versucht haben, ihm diesen Untergang zu bereiten, werde ich die Zungen mit glühenden Zangen ausreißen lassen, und wir wollen sehn, ob sie dabei ebenso tapfer sein werden, wie sie listig waren, als sie diese Grube gruben. Aber jetzt gibt es kein Zögern mehr. Nicht erst morgen, sondern heute, sofort brechen wir zum Feldzug auf! Rollt die Zelte zusammen! Sattelt die Rosse! Nuker, entzündet die Signalfeuer!«

Ächzend und noch tiefer gebückt als sonst, humpelte der alte Bahadur zu seiner Jurte.

Der Wind war abgeflaut, und in der unbewegten Luft stiegen über dem Hügel neun dunkle Rauchsäulen zum Himmel auf und verkündeten allen Nomadenstämmen den Beginn des großen Feldzuges nach dem Westen.

Zweiter Teil

Batu Khans Zug nach Westen

... Es ist irrig, zu meinen, die Invasion der Mongolen sei ein sinnloser Einfall einer ungeordneten asiatischen Horde gewesen. Es war vielmehr der wohldurchdachte Angriff einer Armee, deren militärische Organisation auf weit höherer Stufe stand als die Truppen ihrer Gegner.
(Napoleon)

Der Ausmarsch des Heeres

Seit dem Tage, da der alte Nasar-Kjarisek seinen langbeinigen, fast federlosen bucharischen Hahn dem mongolischen Feldherrn zum Geschenk dargebracht hatte, war der Hadschi Rachim nicht viel anderes als ein Gefangener im Zelt des einäugigen grimmen Subudai-Bahadur, der, schnaufend und die Worte gleichsam ausspuckend, also zu ihm gesprochen hatte:
»Es ist der Wunsch des großen Dschichangirs Batu-Khan, daß du, sein vielwissender Lehrer, stets um ihn seiest und mit glühendem Eifer seine Feldzüge beschreibst... Ja!... Er wird dafür Sorge tragen, daß du stets genügend Papier und schwarze Tusche hast und zweimal am Tage deinen Pilaf mit Hammelfleisch erhältst... Du wirst alles bekommen..., dafür bürge dir mein Wort, das hart wie ein Feuerstein ist!... Dieser Greis hier« – damit deutete der Bahadur auf Nasar – »wird für dich sorgen... und aufpassen, daß du nicht entläufst... Ja!... Auch wirst du nicht wie ein Dschigit auf einem unbändigen Pferde galoppieren, denn dabei würdest du bloß deine Schreibfedern und deine Papierbogen verlieren... Du wirst vielmehr auf einem kräftigen tangutischen Kamel reiten... Das heißt: ihr beide werdet auf ihm reiten und immer hinter mir her... Ja!... Und du, du Hahnemann, merke dir, daß, falls dieser gelehrte Büchermann träge im Schreiben sein sollte oder gar Miene macht zu fliehen..., daß dann meine Nuker unmißverständlich mit dir reden und dir den Pelz ausklopfen werden, daß der Staub von sechzig Jahren herausstieben soll... Widersprich nicht! Schweige!... So hat es der Dschichangir befohlen, und so wird es sein! Dich, Alter, betraue ich überdies noch mit der Pflege des Weckhahns... Und nun dürft ihr gehn!... Ja!...«
Und damit hatte sich der Bahadur abgewandt, als hätte er den Fakih völlig vergessen. Zwei stämmige Mongolen griffen dem Hadschi unter die Arme und schleppten ihn zu einem riesigen dunkelgrauen Kamel. An jeder Seite des Tieres hing ein geflochtener Weidenkorb etwa in Form einer Wiege.
Das Kamel ließ sich mit einem langgezogenen Stöhnen auf die Knie nieder, und die Mongolen hoben den Hadschi in eine der Wiegen. Sie war ziemlich eng, und der Insasse mußte seine Knie bis zum Kinn anziehen.

Nasar-Kjarisek kletterte in den anderen Korb, wobei er unzufrieden murrte:
»Ich sollte lieber auf einem Streitroß sitzen! Ziemt es sich denn für einen alten Krieger, in einer Wiege zu hocken?...«
Sorgfältig band er mit einem weißgegerbten Riemchen seinen Hahn am Korbe fest.
Das Kamel wurde beiseite geführt zu einer Stelle, wo es neben anderen, mit Teilen auseinandergenommener Jurten beladenen Artgenossen niederknien mußte.
Nasar-Kjarisek flüsterte dem in Nachdenken versunkenen Fakih zu:
»Alles, was dieser hinkende krumme Schaitan gesagt hat, wird in Erfüllung gehn... Nur eins nicht: Für unser Essen werden wir selbst sorgen müssen. Die ewig hungrigen Mongolen werden uns auch nicht ein Körnchen Reis abgeben, sondern ihn selber auffressen... Aber ich will versuchen, mich mit dem Koch unseres grimmigen Bahadurs anzufreunden, dann wird für uns schon was abfallen.«
Der Greis kletterte aus seinem Korb und schlich sich behutsam davon.
Der Hadschi beobachtete das unruhige, geräuschvolle Treiben ringsum. Krieger liefen geschäftig hin und her und spornten sich gegenseitig zur Eile an. Subudai-Bahadur verlangte nach seinem Roß. Kiptschakenfrauen nahmen Jurten auseinander, rollten die Filzteppiche zusammen, schoben die Wandgitter ineinander und banden das Gestänge zusammen. Diese Arbeit begleiteten sie mit einem schrillen Gesang. Dann luden sie alles den Kamelen auf und dazu noch Kupferkessel, eiserne Dreifüße und große Leder- und Wollsäcke. Nuker schleppten Mehl- und Kornsäcke herbei, zogen Widder an den Hörnern fort, banden den Reservepferden Quersäcke auf, zogen die Riemen straff und stürmten im Galopp davon, um sich ihrer Truppe anzuschließen, die sich bereits in der Ebene sammelte.
Subudai-Bahadur humpelte, begleitet von einem uralten und mehreren jüngeren Schamanen, zu den herabbrennenden neun Feuern, in deren Glut er mit seinem einen Auge starrte und dabei ein Gebet murmelte, das ihn gegen Gift, Pfeile und bösen Blick feien sollte. Die Schamanen rasselten mit ihren Schellentrommeln und heulten Beschwörungsformeln. Der Wind trieb die Schwaden graublauen Rauches zusammen und hüllte den Bahadur, der dabei von Funken überschüttet wurde, darin ein.
»Ein gutes Zeichen!« sagten die Mongolen. »Der Rauch verscheucht das Unglück, und die heiligen Funken verheißen Erfolg!«
Lange starrte Subudai in die Glut, in innere Schau versunken, als stünden Bilder künftiger Schlachten vor seinem Auge: Er sah Zerstörung und Tod, die Unmenge der obdach- und heimatlos gewordenen Flüchtlinge, die langen Züge der Gefangenen, aber er sah auch die aufgehende Ruhmessonne seines Zöglings Batu-Khan, des Eroberers des Erdkreises, der eben auf seinem Schimmelhengst angeritten kam, gefolgt von seinen in drei Reihen geordneten Leibwächtern. Der vorderste von ihnen trug an einer langen Bambusstange das fünfeckige weiße

Banner, dessen neun lange Zipfel zuckend im Winde flatterten. Es zuckte auch der mit Silberfäden auf die Seide gestickte Gierfalke mit dem schwarzen Raben in den Fängen. Batu-Khan hatte einen leichten Federhelm auf, der mit einem Büschel Silberreiherfedern geschmückt war. Gekleidet in einen blauseidenen Tschapan mit in Gold gefaßten Rubinknöpfen, saß er sicher auf seinem feurigen Roß, dessen Zügel er lässig mit der Linken anzog, in der Rechten hielt er eine kurze Peitsche.
»Ich bin bereit«, sagte er zu Subudai. »Schau, das Heer hat schon die Zelte abgebrochen; die Krieger brennen darauf, schleunig zum Flusse Iltis zu gelangen, um wie ein Wirbelsturm über die angstzitternden Stämme und Völkerschaften des Abendlandes hinzubrausen.«
Batu-Khan wies mit der Peitsche nach Westen über die ins Endlose sich erstreckende Ebene hin. Überall sah man lange Kolonnen berittener Krieger auf dem Vormarsch nach Westen.
Der Bahadur, wie aus tiefen Sinnen geweckt, fuhr auf, dann bückte er sich ächzend und berührte mit seinen knorrigen Fingern die trockene Erde.
»Ich bin längst fertig«, sagte er. »Du hast wahr gesprochen: Mit einem solchen Heer wirst du den Völkern der ganzen Welt den Arkan um den Nacken werfen...« Und indem er dicht neben seinen Zögling trat, flüsterte er ihm warnend zu: »Entferne dich keinen Schritt von meiner Seite. Du weißt, daß Gefahr dir nicht aus Westen droht, sondern hier durch die von falschen Freunden gegrabenen Gruben und durch das süße Lächeln der Verräter!«
Batu-Khan legte die Stirn in Unmutsfalten, und sein Mund verzerrte sich zu einem bitteren Lächeln. Er ließ die Peitsche durch die Luft sausen und sagte:
»Überdrüssig bin ich dessen. Wären wir doch erst in den Kiptschakensteppen am Itil, wo der freie Wind weht, weit fort von diesen durch Verrat, Neid und Schmeichelei vergifteten Orten.« Und halblaut fuhr er fort: »Ich reite für immer von hier fort, ohne mich noch einmal umzublicken. Und nie werde ich hierher zurückkehren. Dort im Westen, dort werde ich mir die Völker unterwerfen und ein neues Reich gründen von noch nie dagewesener Größe, und Karakorums arglistig zuschlagende Tatze soll mir da nicht hinreichen!«
»Gut, gut!« knurrte Subudai-Bahadur mit einem scheelen Blick auf die umstehenden Mongolen.
Die Schamanen warfen jetzt Hände voll getrocknetem Wermut ins Feuer. Funkensprühend züngelten gelbliche Flammen auf.
Subudai-Bahadur bestieg seinen rehbraunen Hengst und ritt mit finsterem, strengem Gesicht hinter Batu-Khan her. Die Weiber luden die letzten Kessel auf die Kamele, die Mongolen schwangen sich in die Sättel, und bald zog eine lange Karawane nach Westen, wo der Himmel mit grauen Wolken verhängt war.

... Alle mongolischen Prinzen rückten im Frühling des Jahres des Affen, im Monat Dschumad, nach Westen vor. Nachdem sie den Sommer auf Märschen verbracht hatten, vereinigten sie sich im Herbst auf bulgarischem Gebiet mit den von Batu, Urdu, Scheibani und Tangkut geführten Horden, denen jene Gebiete zugesprochen worden waren.
(Raschid-ed-Dins Chronik)

»... Welchen Wolken soll ich die funkelnden Blitze treffender Worte entreißen? Aus welchem See der Weisheit mit dichtem Netz den silberschimmernden Schwarm wahrer, erregender Gedanken fischen? Woher den Kessel voll siedendem Pech nehmen, um mit brennendem Mitleid und glühender Empörung die Bilder der Not und des Elends, der Verzweiflung und des Jammers und der unstillbaren Tränen auszumalen, von denen jeder Schritt des vorrückenden Mongolenheeres begleitet ist?... Dieses Heer vertilgt und vernichtet alles, was ihm in den Weg kommt... Ob Mann, ob Weib, ob Kind – alle werden zu hilflosen Opfern der unerbittlich grausamen Krieger... Jeder Widerstand wird mit dem Tode bestraft, jede Unterwürfigkeit hat Sklaverei im Gefolge – und nirgendwo ist Rettung... Wo wären auch die Wagehälse, denen beim furchtbaren Geheul einer Tod und Verderben bringenden Horde von viermalhunderttausend Mongolen das Herz nicht in der Brust bebte? Wer sollte die Räuber aus der Steppe, die nur von dem einen Gedanken beseelt sind: zu rauben und zu morden, dorthin zurücktreiben, woher sie gekommen sind?...«
So schrieb Hadschi Rachim, während er in dem geflochtenen Korb hockte, ein Blatt graues samarkandisches Papier auf den Knien. Er machte sich fleißig »Reisenotizen«, während das große dunkelgraue Kamel mit weit ausgreifendem Schritt hinter der Schutzgarde des Bahadurs, des »Tollkühnen«, herlief, ohne je zurückzubleiben.
Subudai-Bahadur ritt auf seinem Rehbraunen der Kolonne voran, bei einem Anstieg den Schritt verlangsamend, auf dem Gipfel der Hügel anhaltend, dann wieder auf weiter Ebene den Schritt beschleunigend. Dann wurden die Insassen der Körbe – der Hadschi und der alte Nasar – bei dem ungestümen Gang ihres Lasttieres tüchtig hin und her geschaukelt.
»... Das Heer, das im Frühling von Sygnak aufgebrochen war, zog während des ganzen trockenen, heißen und regenlosen Sommers westwärts.[1] Der jahrhundertealte Karawanenweg führte von einem Steppen-

1 Ein Teil des mongolisch-tatarischen Heeres zog unter Scheibanis Führung nordwestwärts ins bulgarische Reich, am Fluß Kama, und eroberte es schnell. Der übrige, größere Teil des Heeres zog durch das »Völkertor« auf der uralten, zwischen der Nordküste des Kaspischen Meeres und den südlichen Ausläufern des Uralgebirges hinführenden Karawanenstraße nach Westen.

flüßchen zum andern, so daß diese Unzahl von Pferden nicht allzu empfindlich unter Durst und Hunger aus Mangel an Wasser und Futter zu leiden hatte. Die Steppe grünte, und je weiter man vorrückte, desto häufiger stieß man auf morastige Wiesen, die von den Frühjahrsüberschwemmungen her noch halb unter Wasser standen, auf Sümpfe und Flüßchen, wo die anspruchslosen Tatarenpferde genügend Futter fanden.

Dreiunddreißig Tumen, jeder zehntausend Mann stark, zogen auf dreiunddreißig Wegen in einem so breiten Strom dahin, daß es drei Tagereisen erfordert hätte, um zu Pferde vom äußersten linken bis zum äußersten rechten Flügel zu gelangen.

Jeder Tumen macht für sich in einem gesonderten Lager Rast; die geeigneten Lagerplätze auszuwählen ist Aufgabe der vordersten Späher.

Den äußersten rechten, das heißt nördlichen Flügel führt Khan Scheibani, dem die beiden anderen Brüder Batu-Khans beigeordnet sind. Jeder von ihnen ist Kommandeur eines Tumens, und sie stehen durch Meldereiter in ständiger Fühlung miteinander. Die Aufgabe, mit der sie der Dschichangir beauftragt hat, ist die Eroberung des an der Kama, einem Nebenfluß des Itil, gelegenen nördlichen bulgarischen Reiches. Das Zentrum des Heeres führt Gujuk-Khan, und die Tumen der übrigen Dschingisiden bilden den linken, südlichen Flügel. Gujuk-Khan hat sich nicht ohne Grund das Kommando über das Zentrum vorbehalten, hofft er doch immer noch, daß die Kommandogewalt über alle Truppen des Mongolenheeres auf ihn übergehen wird, falls Batu-Khan abgesetzt werden oder sterben sollte – wovor ihn der Himmel bewahren möge!

Wo Batu-Khan sich befindet – weiß niemand mit Gewißheit. Gewöhnlich reitet er mit Subudai-Bahadur, dessen Tumen wegen seiner Blitzzüge berühmt ist. Wie ein Orkan braust er dahin und erscheint bald auf dem rechten, bald auf dem linken Flügel, zuweilen auch in der Mitte, hält seine Nachtrast und verschwindet wieder.

Subudai-Bahadurs Troß ist sehr klein; vier rasche Kamele, die ein schnell auseinandernehmbares Zelt tragen und leichte chinesische Lederkoffer, in denen die Pergamentblätter mit den Karten jener Länder aufbewahrt werden, die man mit Krieg zu überziehen gedenkt. In diesen Koffern sind auch die Paizsas verwahrt, goldene, silberne und hölzerne, die Batu-Khan an solche Leute verteilt, denen er eine Gnade erweisen möchte. Außerdem gehört zu diesem persönlichen Troß des Bahadurs oder ›Ataliks‹ – wie er auch genannt wird – ein großer eiserner Kampfwagen.[1] Dies ist ein geschlossener, mit Eisenblech beschlagener Kasten auf zwei hohen Rädern. Alle vier Wände haben Schlitze, die zur Beobachtung, aber auch als Schießscharten für die Bogenschützen dienen.

1 Dieser eiserne Kampfwagen Subudais wird von chinesischen Chronisten ausdrücklich erwähnt.

Jeden, der sich diesem Kampfwagen ohne Befugnis und Erlaubnis nähert, trifft unfehlbar ein vergifteter Pfeil. Mitunter, wenn er vom Reiten ermüdet ist, schläft der alte Feldherr in diesem Wagen – zusammengerollt wie ein Raubtier.
Ein kleines, hellhöriges Pekineserhündchen bewacht den Schlummer seines Herrn. Wenn es die Schritte eines ihm unbekannten Menschen hört, erhebt es ein durchdringendes Gekläff. Der Wagen wird von vier paarweise vorgespannten Pferden gezogen. Auf dem linken Vorderpferd sitzt der Wagenlenker.
Weil er einen verräterischen meuchlerischen Überfall auf Batu-Khan befürchtet, hat Subudai ihm einmal angeraten, auch für sich so einen Wagen anzuschaffen. Aber Dschingis-Khans Enkel hat ihm unwillig erwidert:
›Dein wachsames Auge und die Ergebenheit meiner Turgauden sind mir ein genügender Schutz!‹
Es wäre irrig, zu glauben, daß die Dschingisprinzen die wirklichen Kommandeure ihrer Truppen seien. Sie sind es nur dem Namen nach. Jedem ist ein Temnik beigegeben, der die Kriegskunst auf den Kriegszügen des Erschütterers des Erdkreises erlernt hat. Der Temnik trifft die nötigen Dispositionen, kommandiert faktisch die Truppe, bestimmt die Rastplätze, sendet Späher und Meldereiter aus und unterhält eine stete Verbindung mit Subudai-Bahadur, der in Wahrheit der eigentliche Oberkommandierende ist. Aller neun Tage jagen Meldereiter von allen Tumen zu ihm hin und berichten ihm genauestens, wo und in welchem Zustand sich ihr Truppenteil befindet, wie die Stimmung unter den Kriegern ist, ob die Rosse noch Fleisch auf den Rippen haben, welche Fütterungsmöglichkeiten unterwegs bestehen, welchen Zeitvertreiben die Dschingisprinzen obliegen, was sie speisen, ob sie mit Falken und Windhunden auf die Jagd gegangen sind und dergleichen mehr.
Subudai hört alles aufmerksam an, stößt sein ›Ich höre, ich höre!‹ hervor, lobt niemals, sondern schnauft und knurrt nur bei- oder mißfällig und stellt die sonderbarsten Fragen: Wer von den Kiptschakenkhanen sich den Mongolenprinzen demütig nähere und worüber sie tuschelnd die Köpfe zusammenstecken? Bleibt der Meldereiter die Antwort auf solche Fragen schuldig, so jagt ihn der Bahadur fort und verbietet ihm, ein zweites Mal wiederzukommen.
Batu-Khan ist meistens in Subudais Gesellschaft zu sehen. Er nimmt von dem alten Feldherrn jeden Rat und jede Lehre an, aber Subudai erteilt sie ihm in einer Form, als wäre nicht er selber, sondern der junge Khan der Klügere und Erfahrenere. Als ehre er in dem Enkel den Großvater, mit soviel Achtung begegnet der grimme Alte seinem ehemaligen Zögling.
Jeder der beiden hat eine Tausendschaft von verwegenen Kriegern zu seinem persönlichen Schutz. Batu-Khans Nuker führen den Beinamen ›die Unbesiegbaren‹; fünfhundert reiten rote Pferde und fünfhundert braune. Führer einer Hundertschaft der ›Braunen‹ ist seit Beginn des

Feldzuges der schwarzlockige Arapscha. Seit Arapscha am Tage der Wahl Batus zum Dschichangir ihm das Leben gerettet und die Ränke seiner Feinde zuschanden gemacht hat, vertraut Dschingis-Khans Enkel diesem jungen Krieger rückhaltlos. Subudais Nuker führen den Beinamen ›die Tollkühnen‹. Es sind fast lauter Krieger, die schon früher des Bahadurs Feldzüge mitgemacht haben und blindlings jeden Befehl ausführen. Aus ihren Reihen gehen die Führer der einzelnen Truppenteile hervor. So hatte es Subudai-Bahadur schon zu Lebzeiten des mächtigen Erschütterers des Erdkreises gehalten...«

Wer zurückbleibt, sieht dem Tod ins Auge

›Ich habe kein Zuhause mehr, keine Eltern, keine Geschwister... Alle sind sie verweht wie Spreu im Winde. Nur ein einziger Freund ist mir geblieben – Khan Bajanders Pferd, das freilich besser gesattelt sein könnte... Als Einzelgänger streune ich herum wie ein einsamer Steppenwolf... Ich sollte mich irgendeinem Truppenteil anschließen. Doch wer wird bereit sein, mich aufzunehmen? Ich habe weder Schwert noch Lanze, nur ein Messer... Alle ziehen sie sippen- und geschlechterweise oder nach Stämmen geordnet zu Felde und nehmen keinen Fremden in ihre Gemeinschaft auf... Wer aber so hin und her geworfen wird wie ich, der ist nichts Besseres als ein Herumtreiber, ein Karapschik... Jeder Krieger hat das Recht, mir unter der Beschuldigung, ich sei ein Pferdedieb, meinen Braunen und meinen ledernen Schnappsack wegzunehmen...‹

Solchen trübseligen Gedanken hing Mussuk nach, während er auf einem Hügel in der endlosen Steppe saß. Unten im Hohlweg weidete neben einer ausgetrockneten Pfütze sein Brauner, der schon recht abgemagert war.

Mehrere Tage war Mussuk von einem Nomadenlager der Kiptschaken zum andern geritten und hatte überall um Aufnahme in eine Truppe gebeten. Aber davon hatte niemand etwas wissen wollen. »Wir sollen wohl mit dir dann auch unsere Kriegsbeute teilen? Das könnte dir so passen, wie? Wo ist denn deine Sippe? Hast wohl eine Schurkerei auf dem Gewissen, daß du dein Gesicht nicht wieder in eurem Lager zu zeigen wagst?«

In einem der Nomadenlager, wo er seine Bitte ebenfalls vorgetragen hatte, war ihm von einem würdigen, gutmütig lachenden Ältesten, der die Binde eines Mekkapilgers an seiner Lammfellmütze trug, folgende freundliche Belehrung zuteil geworden: »Du kennst doch den strengen Befehl des Dschichangirs, wonach die einzelnen Stämme geschlossen am Heereszuge teilzunehmen haben, und zwar in Tausendschaften, Hundertschaften und Zehnergruppen eingeteilt. Auch soll jeder Dschigit gut beritten und gut bewaffnet sein, denn sonst wäre es ja kein Heer, sondern eine wilde Horde, eine Herde ohne Hirt... Du weißt sicherlich ebensogut wie ich, daß jeder Dschigit berechtigt ist, umherstreifende verdächtige Einzelgänger vom Pferde herunterzuholen und kurzen Prozeß mit ihnen zu machen... Hast du von einem solchen Befehl gehört?... Doch du dauerst mich, und ich will mich deiner erbarmen. Ich werde dich als Knecht für die Reservepferde in unseren Stamm aufnehmen, falls der Rat keine Einwände dagegen erhebt. Ja mehr noch... Ich will dir auch Waffen geben, denn ich sehe, daß du waffenlos bist. Dafür wirst du mir aber dein Pferd geben. Nein, ich will dir's nicht wegnehmen – nur gegen ein anderes eintauschen. Für das Schwert, welches du von mir haben sollst, treibst du mir drei Kühe zu, für Schild und Lanze – ebenfalls drei, für den stählernen Helm – weitere drei und für den Kettenpanzer nochmals sechs. Im ganzen also fünfzehn Kühe.[1] Du bist ein findiger Dschigit, dir wird es nicht schwerfallen, fünfzehn Kühe aufzutreiben...«

Zu diesem menschenfreundlichen Vorschlag hatte Mussuk nur den Kopf geschüttelt:

»Daran ist überhaupt nicht zu denken!«

»Wenn du willst, kannst du auch mit dem Schwert allein ausziehen. Die übrigen Waffen erbeutest du vom Feinde. Gelegenheiten dazu wird es ohne Zahl geben.«

Mussuk war schleunigst davongeritten, um ja recht schnell aus der Nähe dieses gar zu liebenswürdigen Stammesältesten zu kommen. Und seine Irrwanderung durch die Steppe hatte wieder von vorn begonnen.

Das Unglück bringt die Pechvögel einander näher...

Mussuk erspähte in der Ferne zwischen Sandhügeln eine Reiterschar. Aber – Himmel! – was waren das für Gäule! Alte, kahle, abgetriebene Klepper! Kein Muselman hätte so eine erbärmliche Kreatur noch Roß genannt. Für solche Schindmähren hatte man die verächtliche Bezeichnung »Jaba« – Zugvieh für Düngerfuhren.

Aber diese Reiter waren nicht waffenlos. In den Händen eines jeden befand sich ein langer Spieß. Eine gefährliche Sache ist es, solchen Buschkleppern in der öden Steppe zu begegnen. Mussuk stieg hastig hügelab, schwang sich auf seinen Braunen und schlug sich seitwärts in die Büsche. Nachdem er sein Pferd einen weiten Halbkreis hatte beschreiben lassen und über Sandhügel geritten war, sah er die Strauchritter wieder vor sich, diesmal aber ganz nah. Jetzt waren es aber schon acht, und dieser achte lag als Wächter auf einem Hügel, während die sieben anderen sich mit Messern an einem toten Kamel zu schaffen machten. Einer von ihnen winkte mit seiner blutbesudelten Hand Mussuk herbei.

---

1 Im Mittelalter wurden Waffen sehr hoch bewertet. Für eine volle Ausrüstung mußte ein Krieger eine Summe anlegen, die dem Wert einer kleinen Herde von etwa 15 bis 18 Kühen gleichkam. (Siehe Delbrücks »Geschichte der Kriegskunst«.)

»Höre, du einsamer Steppenwolf, du verwegener Falke, du tollkühner Panther!« redete er ihn an. »Willst du mit uns zu Mittag essen?«
Mussuk, der schon zwei Tage lang keinen Bissen gegessen hatte, schwankte unschlüssig, aber nicht lange. Nachdem er sein Pferd gekoppelt hatte, trat er zu den sieben beim Kamel.
»Nimm den Kopf!« sagte einer. »Alles können wir sowieso nicht mitnehmen.«
›Sie sehen wirklich wie Strolche aus‹, dachte Mussuk bei sich. Aber der Hunger stachelte ihn.
»Wessen Kamel ist das?«
»Der Eigentümer ist weit... Man soll in solchen Fällen nicht viel fragen...«
Der größte und hagerste der sieben, ein Schieläugiger, trennte mit raschen Schnitten den Kopf des Kamels ab und reichte ihn Mussuk: »Nimm!«
Mussuk dankte und nahm den Kopf, den er in ein Tuch wickelte.
»Aus welchem Trupp seid ihr?«
»Aus dem Trupp des Tapfersten der Tapferen, aus dem Trupp des Batyrs Murat-Bei.«
»Ist eure Abteilung groß?«
»Nicht groß, dafür aber besteht sie aus lauter Wagehälsen. Und falls du Lust haben solltest, dich uns anzuschließen, so wären wir schon unser neun – eine heilige Zahl!«
»Und ihr wollt mit dem Heer des Dschichangirs ziehen?«
»Warum sollten wir nicht mitziehen? Unterwegs werden sich uns noch mehr solcher Herumtreiber anschließen, wie du einer bist, und bald wird sich ein ganzer Tumen unter dem grünen Banner Murat-Beis gesammelt haben...«
Der oben auf dem Hügel rief:
»In der Ferne sind Menschen zu sehn! Augenscheinlich noch mehr hungrige Gäste.«
Von Unruhe erfaßt, wischten sich alle ihre blutigen Hände im Sande ab, sprangen auf ihre Pferde und stoben auf einem schmalen Seitenpfade davon.
Der Schieläugige befand sich neben Mussuk.
»Falls der Eigentümer des Kamels dessen Kopf bei dir findet, wird er dir dafür den deinen abreißen... Rette dich, indem du dich uns anschließt. Ich, der Batyr Murat-Bei, der Anführer dieser Abteilung, bin bereit, dich zu meinem Gehilfen zu machen.«
›Geh mit dem, der dich ruft!‹ fiel Mussuk ein Kiptschakensprichwort ein, und er nahm das Angebot des Beis an.
Lange trabten sie kreuz und quer durch die Steppe. Auf einmal stieß Murat-Bei einen schrillen Pfiff aus, und alle seine Gefährten fielen gleichzeitig über Mussuk her. Sie warfen ihn so heftig aus dem Sattel in den Sand, daß er wie betäubt dalag. Zwei setzten ihm die Spitze ihrer Spieße auf die Brust.

»Lieg still und rühr dich nicht, du Bettler, du Strolch!«
Murat-Bei bestieg Mussuks Braunen. Einen Moment schien er zu überlegen, ob er dem Bestohlenen als Gegenwert nicht wenigstens seinen alten kahlen Klepper dafür zurücklassen sollte, dann aber besann er sich anders und band dessen Zügel an seinem Sattelknopf fest.
»Batyr Murat-Bei!« rief Mussuk. »Du versprachst mir doch, mich in deine Abteilung aufzunehmen... Willst du dein Wort brechen?«
»Ich habe mir's anders überlegt. Wer kann wissen, was für ein Kerl du bist... Vielleicht schneidest du des Nachts uns allen die Hälse ab...«
»Laß mir wenigstens ein Pferd!« stöhnte Mussuk, der die Spitzen der Spieße auf seiner Brust fühlte.
Irgend etwas schien den Bei in Unruhe zu versetzen.
»Vorwärts! Schneller!« rief er.
Mussuk hörte das Getrappel der sich entfernenden Kavalkade, blieb aber unbeweglich liegen. Sein Gesicht hatte er mit den Innenflächen der Hände verdeckt. Sein Untergang erschien ihm jetzt unvermeidlich – ringsum öde, nackte Steppe, umherstreifende Räuberbanden und hungrige wilde Tiere... Hilfe durfte er keine erwarten, und in seiner Verzweiflung rief er aus:
»Gerechter alter Chysr! Komm mir zu Hilfe! Rette mich! Ich will dir auch einen fetten Hammel schlachten!«

Allein in der Wüste

Die dunkle Nacht brach herein. Nur einige wenige Sterne flimmerten am Himmel. In der Ferne heulte ein hungriger Wolf. Ein anderer antwortete ihm, und mit durchdringendem Winseln fielen die Stimmen der Schakale in dieses Duett ein.
Unbeweglich und aufmerksam lauschend, saß Mussuk da und kämpfte angestrengt gegen die Müdigkeit an, die ihn aber schließlich doch übermannte. Die Augen fielen ihm zu, und allmählich versank er in tiefen Schlaf.
Mussuk träumte:
Er säße auf einem hohen Hügel. Vor ihm dehne sich weit die blühende Steppe. Überall grasten scheckige Pferde und rote Füllen. Aus der Erde wuchs rasch ein üppiger Brombeerstrauch empor, höher und immer höher, bis zum Himmel. Seine Zweige schlangen sich ineinander und spannten sich wie ein Bogen über die ganze Ebene. Über diesen Bogen lief wie über eine Brücke die rote Kuh, die seiner – Mussuks – Mutter gehörte, und wenn sie den Kopf schüttelte, klangen die Glöckchen, die ihr am Hals hingen. Ihr nach sprang, mit dem Melkeimer in der Hand, ein junges Mädchen, dessen roter Rock im Winde wehte. Mussuk erkannte sie sofort – es war Juldus. Ihr Gang war nicht ganz sicher auf dem schmalen Brückensteg, als hätte sie Angst abzustürzen. Am blauen Himmel zogen kleine weiße Wölkchen dahin. Jetzt war die Kuh ungefähr

bis zur Mitte der Brücke gekommen, die sich unter ihrem Gewicht einbog. Mit kläglichem Muhen blieb das Tier stehen. Juldus aber rief mit der ihm so wohlbekannten hellen Stimme: »Mussuk!«...

Mit Mühe öffnete Mussuk die schlafschweren Lider. Sengende Sonne blendete ihn. Große grüne Fliegen umschwirrten sein Gesicht. Da hörte er abermals ganz deutlich: »Mussuk!«...

Er kniff die Augen zusammen und schirmte sie mit der Hand. Da unterschied er fünfzehn hochgewachsene gelbe Kamele, deren prunkvolles Geschirr mit Troddeln und Fransen geschmückt war. Zwischen den Höckern der Kamele waren zweisitzige Palankine befestigt, in denen, hinter farbigen Vorhängen versteckt, Frauen saßen. Sie trugen helle seidene Kleider, und ihre Gesichter waren so dick mit weißer Schminke bedeckt, daß man ihre Züge kaum unterscheiden konnte und sie sich alle ähnlich sahen. Sie blickten neugierig zu Mussuk her, und eine von ihnen warf ihm lachend eine Handvoll Datteln und Nüsse zu, eine zweite, deren zierliche Glieder goldene Armbänder schmückten, warf ihm gar ein seidenes Beutelchen zu. Da kamen mit wildem Geschrei mongolische Reiter angaloppiert, und die Kamele beschleunigten, heiser brüllend, ihren rhythmischen Schritt. Immer leiser wurde das Schellengeläut, und die Karawane verlor sich zwischen den Hügeln – als wäre das Ganze bloß ein Traum gewesen...

Aber es war kein Traum gewesen, denn vor Mussuk auf dem Boden lagen verstreute Datteln, Feigen und Nüsse, auch einige Anisplätzchen waren darunter und ein gestreiftes seidenes Beutelchen. Mussuk hob es auf. Pistazien, Mandeln und ein Stückchen Zucker,[1] das wie Eis aussah, fand er darin und außerdem – neun Goldmünzen. Mussuk beeilte sich, dieses seltsame und kostbare Geschenk in seinem Busen zu verbergen.

›Der gute alte Chysr hat mein Flehn erhört und mir geholfen!‹ dachte Mussuk, stand auf und bestieg den nächsten der mit grauem, hartem Gras spärlich bewachsenen Hügel, um Umschau zu halten.

Vor ihm zog sich der von den Kiptschakensiedlungen westwärts zum Flusse Itil führende schmale Handelsweg dahin – eine in die lehmige Erde seit Jahrhunderten eingetretene Kamelspur. Hie und da schimmerten weiß von der Sonne gebleichte Gebeine von Mensch und Tier, verblichene Tuchfetzen lagen herum und Losung von Kamelen und Hammeln.

›Ich darf von hier nicht fortgehn. Ich muß hierbleiben!‹ sagte sich Mussuk. ›Vielleicht bringt der alte Chysr mir noch ein zweites Mal Glück!‹

Aber lange, lange blieb es still in der Steppe. Die Sonne sank schon wieder am glühenden Himmelsgewölbe hinab, als sich in der Ferne

1 Zucker stellte zu jener Zeit noch eine große Kostbarkeit dar. Er wurde in Indien und Ägypten aus dem Zuckerrohr gewonnen, hatte die Form eines Kristalls und war durchsichtig, von leicht gelblicher Farbe.

zwischen den Hügeln ein Reitertrupp zeigte. Zehn vorzüglich bewaffnete Dschigiten galoppierten mit gefällten Lanzen daher. Voran ritt ein junger Krieger, dessen Haupt ein weißer Turban krönte, während alle anderen schwarze Lammfellmützen trugen. Die stolze Haltung und das strenge Gesicht mit dem schwermütigen Ausdruck kamen Mussuk bekannt vor, noch bekannter aber das schlanke braune Roß.
Als der Turbanträger herangekommen war, brachte er sein Roß zum Stehen und fragte Mussuk:
»Wie heißt du? Wo ist deine Truppe? Was treibst du hier?«
Mussuk berichtete hastig sein Mißgeschick, wie er um sein Pferd gekommen sei, und gestand seinen Wunsch, am Feldzug teilzunehmen.
Mit unbewegter steinerner Miene hörte der Reiter diese Erzählung an, dann sagte er:
»Ich bin der Hundertschaftsführer Arapscha. Ich erkenne dich wieder: Du warst Pferdehirt beim Khan Bajander. Deshalb glaube ich dir und will dich mit mir nehmen..., vorerst zur Probe als Pferdeknecht... Später jedoch sollst du ein Roß, eine Lanze und ein Schwert erhalten. Sitz hinter einem meiner Männer auf!«
Mussuk stieg zu einem der Dschigiten aufs Pferd, hielt sich am Gürtel des vor ihm Sitzenden fest, und fort ging's – wie der Sturmwind, der über die Steppe hinwegfegt.
In Mussuk leuchtete ein Hoffnungsschimmer auf. – Vielleicht hatte ein neuer, glücklicherer Abschnitt seines Lebens eben begonnen!

Das Tor der Völker

Hadschi Rachim, der so eng zusammengehockt in seinem knarrenden Korbe saß, als er nur konnte, ließ sich weder durch das Schaukeln noch durch den Staub, der sich auf den Blättern seines Buches absetzte, in seiner Beschäftigung stören.
»... Ununterbrochen zieht das Heer des ›blendenden‹ Batu-Khan nach Westen – auf dem Wege, der seit jeher ›das Tor der Völker‹ genannt wird und zwischen dem Steinernen Gürtel und dem Abeskunischen Meer hinführt. Hier sind einstmals die kriegerischen Schan-Jui oder Hun-nu, Vorfahren der Mongolen, aus den östlichen Steppen nach Westen gezogen, um dort unter den Völkern Entsetzen und Schrecken zu verbreiten.
Dem Heere voraus reiten die Späher, doch auch ohne sie wäre der Weg durch die Steppe zum großen ›Tor der Völker‹ kaum zu verfehlen. Überall bemerkt man verlassene Rastplätze. Am Horizont sind die Stangen von Hünengräbern zu sehen, worin unbekannte Völker ihre Recken bestattet haben... Friede ihrer Asche!...
Solange es Frühling war und überall noch Wasserlachen standen und Regen fiel, war der Heereszug noch keine so qualvolle Strapaze wie jetzt. Als die heißen Tage kamen und die Erde unter den Strahlen der

unbarmherzig sengenden Sonne auszudorren begann, wirbelten die aber Tausende von Rossen Staubwolken auf, die den ganzen Himmel verdunkelten. Bisweilen verdeckte dieser feine dichte Staub die Sonne so vollständig, daß es am Tage so finster war wie in der Nacht. Auf eine Entfernung von wenigen Schritten konnte man ein Gesicht kaum noch erkennen. Jeder Reiter muß darauf achten, daß er den Anschluß an seine Zehnermannschaft (und diese zehn wieder an ihre Hundertschaft) nicht verliert und womöglich dann tagelang auf der Suche nach seiner Abteilung umherirrt. Es macht manchmal einen gespenstischen, schreckenerregenden Eindruck, wenn sich dieses vierhunderttausendköpfige Heer, eingehüllt in Wolken aufgewirbelten Staubes, im Halbdunkel beinahe lautlos fortbewegt und ringsum nur die Schatten von Pferden und Menschen zu sehen sind... Niemand spricht ein Wort. Wozu auch sprechen und wovon? Alles ist bereits gesagt und alles bekannt. Auch dringt beim Sprechen der Staub allzuleicht durch den geöffneten Mund und durch die Nase in die Kehle und in die Brust. Viele leiden an Störungen des Gesichts, des Gehörs. Sie beseelt nur ein Gedanke: Rast machen, um den Staub aus den Kleidern schütteln und eine Schale Wasser trinken zu können!
Gegen Abend wird, gewöhnlich an den Ufern eines Flüßchens, ein Lager aufgeschlagen. So viele Lagerfeuer lodern, daß man meint, die ganze Steppe brenne. Die Rosse und Kamele werden in die Steppe geführt, wo sie frei weiden. Ein schwacher Wind trägt die Staubwolken fort, und endlich, wenn spät in der Nacht der blaue Himmel wieder sichtbar wird, weht aus der Steppe ein leichter Duft von Wermut heran...«
Aufbrüllend läßt sich das graue Kamel auf die Knie nieder. Mit steifen Gliedern klettern der Hadschi Rachim und der alte Nasar-Kjarisek mühsam aus ihren Korbwiegen und vertreten sich die Füße. Gründlich klopfen sie ihre Mäntel aus, auf denen sich eine dicke Staubschicht festgesetzt hat. Sie sehen das Vergebliche ihrer Bemühungen ein und werfen die Mäntel auf die Erde, froh, daß in ihrer Nähe schon ein Lagerfeuer brennt, über dem bereits ein rußiger Kochkessel hängt, und daß sie sich neben den wärmenden Flammen der Länge lang ausstrecken können.
Nasar-Kjarisek, der in Dingen des Alltags findig ist, geht zu Subudai-Bahadurs Koch und schmeichelt ihm mit ehrerbietigen Worten der Begrüßung. Ein Topf Reisbrei oder Fleischbrühe ist der Lohn dieser Schmeichelei. Mitunter bäckt er selbst Fladen in der heißen Asche oder brät über den Kohlen schmale Fleischscheibchen; unerfindlich bleibt, wie er zu ihnen gekommen ist. Dabei erzählt er endlos Märchen oder singt mit brüchiger Stimme alte kiptschakische Helden- und Liebeslieder.
Der Fakih, dessen ›bleibende Statt‹ das Kamel geworden ist, darf sich nicht von der Karawane entfernen. Er gibt sich die größte Mühe, alles aufzuzeichnen, was er sieht und hört. Ihm ist nicht entgangen, daß Bahadur Subudai nicht immer mit seinem Tumen reitet, daß er vielmehr

in Begleitung seiner Schutzhundertschaft häufig abseits vom Hauptwege reitet. Mitunter bekommt ihn der Hadschi tagelang nicht zu Gesicht, und meist ist dann auch der junge Dschichangir verschwunden. Erscheinen sie dann aber am Abend an dem im voraus bestimmten Rastplatz, so sitzt der Hadschi in der Nähe der beiden und notiert alle ihre Worte.
Immer gegen Sonnenuntergang beschleunigt die Karawane ihren Schritt. Mensch und Tier wissen, daß es bald Wasser und Erholung geben wird, und eilen rascher vorwärts. Der Karawanen-Baschi hat schon am Morgen Kundschafter vorausgeschickt, die auf leichten Rossen davongejagt sind. Wenn sie einen geeigneten Platz, zum Beispiel den flachen Gipfel eines Hügels, gefunden haben, so geben sie Signale, indem sie ihr Roß bald nach rechts, bald nach links wenden oder indem sie zwei-, dreimal im Kreise herumreiten. Alle diese Zeichen haben eine den Kriegern verständliche ganz bestimmte Bedeutung.
Auf dem ausgewählten Platz läßt man die Kamele niederknien und bindet die schweren Traglasten los; dann werden die von ihrer Last befreiten Tiere in die Steppe geführt, wo sie die ganze Nacht der Nahrungssuche obliegen. Inzwischen haben Sklaven aus unterwegs gesammeltem Reisig Feuer entzündet, über die sie große dreifüßige chinesische Bronzekessel stellen, welche aus Lederschläuchen mit Wasser gefüllt werden. Später werden dann Reis und Fleischstücke in das kochende Wasser getan. Die Wachtposten achten streng darauf, daß niemand aus anderen Abteilungen des Heeres sich der Lagerstelle der Abteilung Subudais nähert. Nur seine Leibgarde der Tollkühnen darf in Subudais unmittelbarer Nähe sein und im weiteren Umkreis die Krieger seines Tumens. Die Tollkühnen lagern sich auf Filzpferdedekken um ihre besonderen Lagerfeuer, auf denen in Kesseln kocht und siedet, was ihnen unterwegs aufzutreiben gelungen ist. Die an den Vorderbeinen gekoppelten anspruchslosen Pferde suchen sich ihr aus unscheinbaren Pflänzchen und aus Wurzeln bestehendes Futter in der Steppe. Ihre Anspruchslosigkeit in bezug auf Nahrung ist so groß, daß man auf ihnen ohne Bedenken über den ganzen Erdkreis hinreiten könnte, sie würden stets das Nötigste zu finden wissen. Im Dunkeln hört man die Zurufe der Wachen auf den Hügeln und dazwischen den sich in regelmäßigen Abständen wiederholenden Ruf: »Achtung und Gehorsam!« Mitunter werden auch Zelte aufgeschlagen; dann weiß jeder, was das heißt – zwei oder drei Tage Marschpause! Und jeder freut sich auf die Erholung nach den Anstrengungen. In den Zelten werden Filzmatten und Teppiche ausgebreitet und seidene Kissen daraufgelegt. Vielleicht steht eine Beratung bevor oder eine Treibjagd.
In der tiefen Nachtstille vernimmt man das Geräusch sich nähernden Hufschlags. Batu-Khan kommt da angeritten und mit ihm Subudai-Bahadur und eine kleine Schar ihrer erlesensten Krieger. Vor dem einäugigen finsteren Alten zittern alle mehr als vor dem jungen strahlenden Batu. Dem einen sehenden Auge Bahadurs entgeht nichts, nicht

die kleinste Unordnung. Dann sagt er ein paar leise Worte, Reiter jagen Hals über Kopf davon, irgend jemand wird fortgeschleppt, und von irgendwoher hört man verzweifeltes Angst- und Wehgeschrei, manchmal auch Todesschreie. Batu-Khan übersieht solche Kleinigkeiten; seine Gedanken sind mit großen Plänen beschäftigt, und wenn er spricht, so von Dingen, die noch ungeboren im Schoße der Zukunft ruhen. Wenn die beiden Feldherren ihr Zelt betreten, muß das Essen schon fertig sein. Der »Ausbreiter des Tischtuches« und der »Servierer« stehen mit über dem Bauch zusammengelegten Händen bereit und harren der Befehle und Winke ihrer Herren, die ihre Mahlzeit im Beisein dreier Gebete und Beschwörungen murmelnder Oberschamanen einnehmen...

Batu-Khans Siebengestirn

Zusammen mit dem die Vorhut bildenden Tumen der Unbesiegbaren des jungen Dschingis-Enkels zieht eine Karawane von fünfzehn gelb- und graugefleckten tangutischen Kamelen. Noch halb wild sind sie und bösartig, aber außerordentlich groß, stark und schnellfüßig. Niemals bleiben sie auf den Eilmärschen zurück. Diese fünfzehn Kamele tragen Batu-Khans Siebengestirn, das heißt seine sieben schönsten Frauen, die schon in Sygnak Batus Mutter Ori-Fudschin aus den vierzig Frauen seines Harems ausgewählt hat.
»Du wirst neue Länder erobern«, so hatte die kluge und besorgte Mutter zu ihrem Sohne gesprochen. »Und in jedem Lande wird das unterworfene Volk dir die allerschönste und betörendste, zugleich aber auch tückischste unter den Töchtern des Landes senden, damit sie dich verderbe. Denke an das Schicksal deines Großvaters: Der Dolchstoß einer Tangutenprinzessin, die man ihm zuführte, beschleunigte sein Ende. Traue den Fremden und ihren Überredungskünsten nicht! Hüte dich vor Geschenken deiner Feinde! Wie nachts am Großen Wagen der Ewigkeit sieben Sterne leuchten, so sollen auch dir unterwegs sieben Sterne leuchten und dir Glück und Freude bringen, sieben der Schönsten, die ich selbst unter deinen vierzig Frauen ausgewählt habe.«
Batu-Khan, der seiner Mutter die höchste Ehrerbietung zollte, meinte, er müsse erst mit Subudai darüber sprechen. Am andern Tag erschien er mit dem Feldherrn zusammen in der Jurte seiner Mutter.
»Mein Lehrer und zugleich Chronist meiner Feldzüge, der Hadschi Rachim, hat in den Büchern nachgeforscht und mir erklärt, Iskander der Zwiegehörnte habe auf seinen Kriegszügen keine Frauen mit sich geführt, sondern sein ganzes Sinnen und Trachten auf die Vernichtung fremder Völker und die Eroberung ihrer Länder gerichtet...«
Ohne sich lange zu besinnen, erwiderte Ori-Fudschin:
»Auch ohne erst in Büchern nachforschen zu müssen, weiß ich, daß Iskander, nachdem er Persien unterworfen und die Tochter des besiegten Perserkaisers zur Frau genommen, durch Gift erkrankte und in

der Blüte seiner Jugend starb. Die Himmlischen mögen dich vor einem solchen Los bewahren!«
Der alte Subudai-Bahadur verneigte sich vor der Chanum bis zur Erde. »Deine Worte«, sagte er, »glänzen von Weisheit wie kostbare Diamanten. Und wenn du, von Sorge um das junge Leben deines Sohnes erfüllt, wünschen solltest, daß er alle seine Frauen mit ins Feld nehme, so soll es meinetwegen geschehen, und sie werden in meiner Abteilung ebenso unantastbar sein wie in diesem Uluß. Dein Befehl ist wie ein Feuerstein, und ich bin nur der Funke, den du damit herausschlägst. Wenn der Dschichangir eben jetzt sein strahlendes Siebengestirn nicht sehen mag, weil ernstere Gedanken und Sorgen ihn bewegen, so wird er es vielleicht unterwegs zu sehen wünschen. Vorsorglicher ist es, die Frauen mitzunehmen.«
Ori-Fudschin verneigte sich vor ihrem Sohn so tief, daß die Federn ihrer perlenbestickten Mütze seine staubigen Stiefel berührten.
»Du bist der Gebieter, du bist der Dschichangir, du befiehl auch!«
Widerstrebend sagte Batu-Khan:
»Es sei, wie du willst. Doch eine der sieben werde ich selbst auswählen. Es soll ein Mädchen sein, welches den Namen ›Stern-Juldus‹ trägt. Subudai-Bahadur, du wirst mir ein solches Mädchen ausfindig machen.«
In den nächsten Tagen machten die Krieger des Bahadurs in Sygnak mehrere junge Mädchen namens Juldus ausfindig, und die vor Angst Zitternden wurden vor Batu-Khan gebracht, der sie alle gelangweilt betrachtete und schließlich auf eine ganz junge Magere deutete, die fast noch ein Kind war und der Tränen in den Wimpern hingen. Man hüllte sie in einen seidenen Schleier und führte sie zur Chanum Ori Fudschin, die ihr gebot, sich zu entkleiden, und sie dann genau betrachtete. Doch ihre scharfen Augen konnten keine äußeren Fehler an dem untadelig gewachsenen Mädchen finden, das scheu war wie eine Wildgans.
»Was kannst du?« fragte die Chanum mit tiefer Stimme.
»Ich kann eine bösartige Kuh melken...«, stammelte Juldus.
»Keine leichte Sache!« lachte die Chanum belustigt. »Dazu braucht man Geduld. Was kannst du noch?«
»Lämmer weiden..., buntgemusterte Strümpfe stricken..., Rosinenfladen in der Asche backen...«
»Auf einer Reise ist das alles sehr nützlich«, meinte die Chanum und sah das junge Mädchen schon viel freundlicher an. »Was kannst du noch?«
Lautlos war Batu-Khan ins Zelt getreten und hatte des Mädchens Antwort gehört.
»Unsere Kiptschakenlieder kann ich singen und Märchen kann ich erzählen, Märchen von Dschinns und kühnen Dschigiten...«
In Batu-Khans Augen blitzten lustige Funken auf, und er tauschte einen Blick des Einverständnisses mit seiner Mutter.
Ori-Fudschin hatte mit dem Kopfe genickt und gesagt:
»Sie darf mit!«

Als das Heer der Tataren und Mongolen zum Feldzug aufbrach, hob man Juldus und eine chinesische Sklavin, die ihr von Ori-Fudschin-Chanum beigegeben worden war, in den Palankin auf dem siebenten der tangutischen Kamele, in eine Kedschawe, wo sie unter einem Baldachin hinter einem seidenen Vorhang saß. Am zweiten Tag der Reise war ihr eine große Unruhe anzumerken. Sie verbarg ihr Gesicht den ganzen Tag unter dem Schleier und sprach am Abend zu ihrer Sklavin:
»Nicht weit von uns sehe ich zwei auf einem Kamel..., einen Greis und einen Derwisch... Falls sie nach mir fragen sollten, untersteh dich nicht, ihnen zu antworten. Ich habe Furcht vor diesem Greis, er hat mir schon viel Unglück und Herzeleid gebracht... Schminke mich so, daß er mich nicht wiedererkennt!«
Die in weiblichen Künsten und Listen erfahrene Chinesin legte ihrer Herrin eine dicke Schicht weißer Schminke und dann Rot auf, zog die Brauen nach und verlängerte sie bis zu den Schläfen, so daß Juldus sich selber nicht mehr erkannte, als sie in ihren kleinen Silberspiegel blickte. Die Karawane mit Batus Siebengestirn hatte eine besondere Eskorte, die streng darauf achtete, daß zwischen ihr und dem übrigen Troß keine Berührung stattfand. Auf den ersten vier Kamelen saßen vier stattliche mongolische Fürstentöchter aus den vornehmsten Geschlechtern. Sie entsprachen dem orientalischen Geschmack, welcher in der Körperfülle ein Hauptmerkmal weiblicher Schönheit erblickt. Hinter ihnen ritten zwei kiptschakische Fürstentöchter, gewöhnlich zu zweit auf demselben Kamel, damit sie unaufhörlich miteinander plaudern konnten. Eine von ihnen war die Tochter des Khans Bajander. Ihren beiden Dienerinnen überließen sie das andere Kamel. An einem Rastplatz gesellten die beiden Kiptschakinnen sich zu Juldus und erzählten ihr, daß eine jede von ihnen ihr eigenes Reitpferd besitze, auf dem sie an Treibjagden und Pferdewettrennen teilzunehmen gedächten.
»Dich freilich hat mit allem, was du am Leibe trägst, mit deinen Kleidern und deinem Schmuck, erst die Chanum Ori-Fudschin ausstatten müssen. Sonst besäßest du wohl nicht einmal ein Hemd, ganz zu schweigen von einem eigenen Pferd! Batu-Khan wird dich keines Blickes würdigen, und du wirst die Schalen spülen müssen, aus denen wir trinken. Du gehörst zu den Arbeitenden...«[1]
Juldus krümmte sich unter dieser Beleidigung und schmiegte sich zurückweichend an ihre chinesische Sklavin. Mit unbewegtem, unter der Schminke wie versteinertem Gesicht betrachtete sie die Kiptschakenfürstinnen.

1 Bei den Völkern Mittelasiens, bei denen Vielweiberei bestand, wurden die Frauen eines wohlhabenden Mannes gewöhnlich in privilegierte (aus reichen Familien stammende) und in arbeitende geteilt. Den letzteren wurde die ganze Arbeit im Haushalt aufgebürdet.

»Warum antwortest du uns denn nicht, du Kuhmagd? Hast du das Sprechen verlernt?«
Juldus schlug ihre Augen nieder. Sie wollte wohl antworten, vermochte es aber nicht. Sie rollte und drehte vor lauter Verlegenheit aus dem Seidentuch, das sie in der Hand hielt, eine Puppe, wie es die kleinen Mädchen in den Nomadenlagern zu machen pflegen. Endlich brachte sie hervor:
»So geht doch fort von hier, wenn ich eine Kuhmagd bin. Wenn mein Herr es befiehlt, werde ich die Schalen spülen, und befiehlt er's – so treibe ich euch mit einer Rute aufs Feld wie Kühe...«
»Sie ist noch ein richtiges dummes Kind!« sagte die eine.
»Und wird ihr ganzes Leben lang dumm bleiben!« fügte die andere hinzu, und beide hüpften kichernd davon.
Am nächsten Tage, während der Rast, kamen drei der Mongolinnen zu Juldus – die erste, Buraktschin mit Namen, die hochmütigste der vier, war nicht mitgekommen. Sie befühlten den Stoff von Juldus' Kleid, und sie befühlten auch die zarten schlanken Glieder des jungen Mädchens, das es willig zuließ; sie betrachteten und befühlten endlich die Grübchen in Juldus' Wangen und brachen dann in Lachen aus. Die älteste der drei wollte zuerst ihre Lachlust bezähmen und die Würdevolle markieren, stimmte dann aber in das Gelächter ihrer Gefährtinnen ein. Sie nahmen das aus dem Seidentuch zusammengedrehte Püppchen aus Juldus' Hand, wiegten es auf dem Arm und machten ihr vor, wie sie ein Kind stillen würden. Dann gingen sie mit einem freundlichen Abschiedsgruß fort. Die jüngste von ihnen kam noch einmal zurück und flüsterte Juldus zu:
»Komm mal zu mir, zum Plaudern... Ich reite auf dem vierten Kamel...«
Allein geblieben, knotete Juldus das Püppchen wieder auseinander, schüttelte das Tuch glatt und hüllte sich hinein. Dann brach sie in bittere Tränen aus, nicht zum ersten Male, seit ihr Pflegevater und der älteste Bruder, Demir, sie zur Karawanserei geführt und als Sklavin an einen schwarzbärtigen Kaufmann verschachert hatten, als wäre sie ein Schaf oder sonstein Haustier. Das hatte sie aufs tiefste gekränkt und empört. Was hatte sie denn für Schuld? Sie hatte davon geträumt, in einem ganz bescheidenen Hüttchen am Quell zu leben, zusammen mit Mussuk, der jeden Abend von den Herden heimkommen und ihr erzählen würde, was tagsüber geschehen war: wie die Hengste miteinander gekämpft hatten, und wie er als guter Hirt den sich anschleichenden Wolf vertrieben hatte...
Eine sanfte Bewegung am Ellbogen scheuchte sie aus ihrem Sinnen und Weinen auf. Sie hörte eine feine Stimme flüstern:
»Worüber weinst du, Sternchen? Das ist doch noch kein Unglück! Ein großes Unglück ist etwas ganz anderes. Hoffentlich steht es dir nicht noch bevor!«
Es war I-La-He, die chinesische Sklavin; sie kauerte in kniender Stel-

lung vor Juldus auf dem Teppich und verneigte sich ehrerbietig, wobei sie ihre Handflächen auf den Teppich legte.
»Was wäre denn ein großes Unglück?« fragte Juldus.
»Wenn man zusehen muß, wie das eigene Kind stirbt!«
Die Chinesin strich sich mit der kleinen Hand über die Augen, als wollte sie eine Träne fortwischen.
Ringsum brannten Lagerfeuer und beleuchteten mit ihrem roten Schein die liegenden und sitzenden Krieger. Die beiden Frauen, die sich inmitten der gewaltigen Männerschar ganz verloren vorkamen, rückten auf dem kleinen Samtteppich, auf dem sie saßen, enger zusammen und schmiegten sich aneinander. Während das Schreien, das Lärmen, das Klirren der Waffen allmählich verstummte und die vom Tagesmarsch ermüdeten Männer in Schlaf und Vergessen sanken, fragte Juldus ihre Sklavin:
»Du hast wohl viel Unglück durchgemacht?«
Die Chinesin sagte:
»Ja, es fällt mir schwer, an all das Unglück zu denken, das ich erleben mußte. Doch höre! Großes wie kleines Leid haben meine Augen gesehen. Mein Leben begann glücklich und sorglos im Hause meines Vaters. Er kannte die Bedeutung eines jeden Sternes und sagte aus ihrer Bewegung den Menschen ihre Zukunft voraus. Jede Nacht verbrachte er auf dem Dache des kaiserlichen Palastes und schrieb alles, was er durch die Bewegung der Sterne und die Kreuzung ihrer Bahnen erfuhr, in ein großes Buch. Am Morgen zeigte er es dann dem Hauptaufseher des Palastes, der das Wichtigste dem Kaiser berichtete. Als ich herangewachsen war, gab mein Vater mich einem Anführer von zweihundertfünfzig Reitern, einem fröhlichen und angesehenen Manne, zum Weibe. Er war zwar zwanzig Jahre älter als ich, doch wir lebten in glücklicher Ehe, die mit zwei artigen Kindern gesegnet war. Wir wohnten in einem netten kleinen Hause mit einem hübschen Garten und einem Teiche, wo Lotos wuchs und Goldfische schwammen. Plötzlich kamen Dschingis-Khans Reiterhorden angebraust, zu einer Zeit, da niemand sie erwartet hatte. An ihrer Spitze stand derselbe einäugige Feldherr, der jetzt dem jungen Batu nicht von der Seite weicht. Mein Mann stürzte sich mit seiner Abteilung in die Schlacht und kehrte nicht wieder. Die Mongolen schlugen meine Mutter tot und führten meine Kinder fort. Einer ihrer Hundertschaftsführer, ein wilder, furchtbarer Mann, machte mich zu seiner Sklavin. Ich versuchte, es ihm in allen Dingen recht zu machen, so gut ich konnte. Ich wollte durchaus leben, um meine Kinder zu suchen. Ihm schmeckten aber meine Honigfladen und die Pilzpasteten so gut, daß er gar nicht daran dachte, mich gegen Lösegeld freizugeben, wie ich es ihm anbot. Schließlich schenkte er mich der Chanum Ori-Fudschin. So kam ich in ihre Jurte. Nun hat sie mich dir beigesellt, damit ich dich lehre, anmutig mit kleinen Schritten zu trippeln und dich zierlich zu verneigen, angenehm mit zwitschernder Stimme zu singen und zu sprechen, mit zierlichen Bewegungen den Tee

in die dünnen Porzellanschalen zu gießen, wie es die vornehmen Damen im kaiserlichen Palast tun. Willst du das lernen?«
»Wenn es nötig ist, werde ich alles lernen«, antwortete Juldus.
»Das ist noch nicht alles. Ich werde dich lehren, gruslige und lustige Märchen so interessant und spannend zu erzählen, daß dein Herr nicht müde wird, dir zuzuhören. Dann wird er dir alles gern zu Willen tun und dir jede deiner Bitten erfüllen. Ich werde dir das Märchen von dem auf der Himmelsbahn fahrenden großen Wagen erzählen, der mit Schwalben bespannt ist, und das Märchen von dem armen Hirten, der einen Drachen dazu zwang, eine Stadt zu erbauen, deren Bewohner keine Tränen kennen, und noch viele, viele andere Märchen.«
Von diesem Tage an fühlte Juldus sich nicht mehr so einsam. Sie sah in der Chinesin ihre Beschützerin, befolgte alle ihre Ratschläge und Unterweisungen, ließ sich von ihr alle Märchen erzählen, von denen man annehmen konnte, daß sie ihrem Herrn und Gebieter gefallen würden, und ließ sich zeigen, wie sie ihn anmutig und zierlich empfangen, bewirten und zerstreuen mußte, falls es ihm einfallen sollte, sie zu besuchen.

Ein Gespräch mit dem Dschichangir

Am Morgen des fünfzehnten Tages des Monats Rebi ließ der »Blendende« den Hadschi Rachim zu sich in das goldgelbe Zelt rufen. Batu-Khan saß auf einer einfachen dunklen Filzmatte, die auf einen persischen Samtteppich geworfen war. Neben ihm lag ein Köcher mit drei roten Pfeilen,[1] ein Bogen und ein Krummschwert. Über ihm hing ein Bronzeschild.
Mit einer Handbewegung lud der Dschichangir den Fakih ein, neben ihm Platz zu nehmen. Der Hadschi traf, nachdem er vor dem Khan den Boden geküßt hatte, Anstalten, die Worte, die der »Blendende« zu ihm sprechen würde, aufzuschreiben.
Dem Munde des Khans aber entstürzten die im Flüsterton gesprochenen Worte so geschwind, daß es schwer war, sie alle nachzuschreiben, und der Hadschi verwahrte sie in seinem Gedächtnis.
»Heute wird die große Beratung der Khane stattfinden... Der Tag könnte blutig enden, falls die Mongolen, die Überlegung verlierend, beginnen sollten, aufeinander einzuhauen... Dann werden frische Grabhügel den Weg zum Tore der Völker säumen... Ja, das könnte geschehen. Erinnerst du dich an den großen Kurultai meines Großvaters, des unbesiegbaren Dschingis-Khan? Ich erinnere mich noch sehr genau an alles, obgleich ich damals erst sieben Jahre alt war. Zuerst

---

1 Personen der hohen mongolischen Aristokratie hatten eine bestimmte Anzahl von Pfeilen im Köcher. Je weniger Pfeile, desto höher der Rang. Nur der einfache Krieger war verpflichtet, einen vollen Köcher zu haben.

stellte der heilige Regent Fragen, und die Khane antworteten ihm, lebhaft zwar, aber ohne sich gegenseitig zu unterbrechen. Und ein jeder wog seine Worte auf der Waage der Vorsicht. Und als dann der Erschütterer des Erdkreises sprach, fielen seine Worte ihnen ins Herz wie ein Blitz, wie ein Schwerthieb, wie der Sprung eines Rosses über einen Abgrund, über den es nur ein Hinüber, aber kein Herüber mehr gibt... Niemand wagte zu widersprechen oder Zweifel am glücklichen Verlauf des geplanten Kriegszuges zu äußern. Heute haben die Khane die großen und weisen Regeln des Einzigen vergessen. Sie zanken sich untereinander wie in den Tagen, ehe der heilige Regent sie alle in seiner mächtigen Faust zusammenpreßte... Auf der heutigen Beratung werden vermutlich alle Khane – mit Ausnahme meiner Brüder und Mengu-Khans – mich lächerlich und kläglich zu machen versuchen, damit ich wie ein von vielen Pfeilen durchbohrter, weidwunder Keiler mich im Röhricht verkrieche... Das aber wird nicht geschehn! Entweder erschlage ich alle, die vor mir den Boden nicht küssen wollen, oder ich falle, von ihren Schwertern in Stücke zerhauen! Längst schon hätte ich ihnen allen das Rückgrat gebrochen, doch ich bin eingedenk des Gebotes meines Großvaters: ›Keinen Zwist unter meinen Nachkommen!‹ Ist nicht in ihre Hände die Gewalt über den Erdkreis gegeben? Weshalb rütteln sie dann an dem Pfeiler, der das Zelt des Geschlechtes Dschingis-Khans stützt? Warum sägen sie diese tragende Säule unten an? Aber heute werde ich ihnen zeigen, ob ich das neunschwänzige Banner meines Großvaters zu Recht führe!...«

Der Türvorhang bewegte sich. Man hörte draußen böses Geschrei. Eine große breitflächige Hand langte herein und griff nach dem Pflock.

»Das ist ein Fremder, keiner von den Unseren«, flüsterte Batu-Khan, während er nach seinem Bogen griff, einen der roten Pfeile auflegte und die Sehne spannte. Die Sehne schwirrte, der Pfeil durchdrang die Hand und heftete sie an den Holzpflock. Die Hand wurde mit Gewalt zurückgerissen und verschwand, wobei sie den Pfeil mit fortnahm. Die Stimmen verhallten.

Batu-Khan schlug mit einem Schlegel gegen den Bronzeschild. Ein mongolischer Wachtposten, der einen Lederhelm mit Nackenschutz aufhatte, trat mit einem kurzen Speer in der Hand ein.

»Wer war das, der eben hat hier eindringen wollen?«

»Ein Eilbote von Gujuk-Khan. Er wies eine goldene Paizsa vor und wollte, nachdem er mich beiseite gestoßen hatte, ohne Erlaubnis ins Zelt. Ich zog mein Schwert und schlug ihn mit dem Griff ins Gesicht, auf den Mund, daß die Zähne ihm ausfielen, und drohte ihm, wenn er noch einen Schritt mache, ihm die Klinge zwischen die Brustrippen zu stoßen.«

»Du hast wie ein treuer Wächter gehandelt«, lobte Batu-Khan. »Du sollst belohnt werden! Wo ist der Hundertschaftsführer Arapscha?«

»Er hat den Boten mit in seine Jurte genommen.«

»Wozu?«

»Um ihm das linke Ohr abzuhauen.«

Batu-Khans Augen bekamen einen schielenden Ausdruck, wie immer, wenn er nachdenklich vor sich hinblickte. Dann lachte er und fragte: »Wie heißt du?«

»Mussuk.«

»Wo und wann habe ich dich schon gesehn?«

»Als ich für dich den braunen Hengst einfing, den der Hundertschaftsführer Arapscha jetzt reitet. Zu seiner Abteilung gehöre ich, er hat mich in sie aufgenommen.«

»Daran erkenne ich Arapscha! Wehe denen, die sich ihm in den Weg stellen! Schlimm wird es ihnen ergehn! Doch er vergißt auch jene nicht, die ihm einen Dienst erwiesen haben. Du kannst gehn.«

Der Wachtposten entfernte sich gehorsam, und Batu-Khan wandte sich wieder dem Hadschi Rachim zu:

»Ich führe die Horden nach Westen und weiß, was mich dort erwartet. Meine Kundschafter und die Kaufleute, die ich in die Gebiete der Urussuten entsandte, haben mir genau berichtet... Ich werde die Urussuten unterwerfen und alle jene Völker, die noch hinter ihnen im Abendlande wohnen. Die Urussuten, diese Waldbauern, zu unterwerfen, wird kein schweres Werk sein. Sie sind in viele kleine Stämme zersplittert, und ihre Khane-Konjasi hassen sich gegenseitig. Noch kein Dschingis-Khan hat sie und ihre Völker geeint. Ich werde meine Verwalter in ihren Städten einsetzen, damit sie die Steuern von ihnen eintreiben, und werde meinen Zug fortsetzen bis zum letzten Meer. Und alle Völker, auf die ich stoße, werde ich unter die Hufe meines Rosses zwingen... Dann wird die Hand des Mongolen sich auf den ganzen Erdkreis legen...«

Lautlos zwar, aber schwerfällig, trat der Bahadur Subudai ins Zelt. Er drehte sich noch einmal jäh zur Tür um und lauschte aufmerksam, wobei er die Hand an die Ohrmuschel legte. Nur sein krummer runder Rücken war zu sehen, über dem sich der fleckige blaue Tschapan straff spannte. Dann schlurfte er krummbeinig zu Batu Khan hin, der erst abwartete, bis der Alte ächzend seine tiefe Verbeugung bis zur Erde vor ihm gemacht hatte, ehe er ihn durch eine Handbewegung einlud, sich zu ihm zu setzen. Mit einem scheelen, mißvergnügten Seitenblick auf den Fakih ließ sich der alte Feldherr schnaufend und seufzend nieder.

»Sprich ohne Vorbehalt und ohne Bedenken. Mein Lehrer ist mir treu ergeben und wird schweigen wie ein Stein am Wege!«

»Was ich schon früher sagte, bestätigt sich. Gujuk-Khan hat seine Tausendschaft hierher zu unserem Lager geführt. Ich habe die Posten verstärkt und befohlen, niemanden nahe heran zu lassen. Auch die anderen Khane haben, entgegen dem ausdrücklichen Befehl, Gefolge von mehreren hundert Mann mitgebracht. Ihre größeren Verbände stehen nicht weit und können, falls die Khane Alarm schlagen, sofort zur Stelle sein.«

»Was also ist zu tun? Kämpfen?«

»Das wird man heute abend sehn. Die Tollkühnen und die Unbesiegbaren sind bereit...«

Die große Beratung der Dschingisiden

Haß, Zorn und Neid bestimmen das Naturell dieses Volkes.
(Raschid-ed-Din)

Der Abend war still, kein Lüftchen regte sich. Ein leichter Regen hatte den lästigen Staub niedergeschlagen. Ringsum loderten die Lagerfeuer, und der Geruch von gebratenem Hammelfett verbreitete sich überall in der Luft.

Mit trunkenem Gelächter und groben Schimpfworten kamen die Khane angeritten und hielten zehn Schritt vor dem goldgelben Zelt ihre Pferde an. Denn weiter ließen die Turgauden sie nicht, die ihnen den Weg mit ihren vorgehaltenen Speeren versperrten. Die Khane hatten beabsichtigt, in hellen Haufen sich zum Zelt zu begeben. Doch drei Oberschamanen forderten sie auf:

»Geht einzeln zwischen den Feuern hindurch. Der heilige Rauch reinigt die Herzen von bösen Vorsätzen und vertreibt die schwarzen Geister der Finsternis.«

Zu beiden Seiten des zum Zelte führenden schmalen Pfades standen Reihen von Wachtposten. Die Khane und ihre Unterführer mußten sich wohl oder übel dazu bequemen, langsam zwischen dieser Gasse hindurchzugehen, an acht aus Steinen und Lehm errichteten Opferaltären vorbei, deren Rauch sie umwirbelte, da die Schamanen mit Schilffächern ihn zu ihnen hinwedelten. Andere Schamanen rasselten mit Schellentrommeln und intonierten dazu in halblautem Singsang altertümliche und geheimnisvolle Beschwörungsformeln.

Zwei Posten hielten mit ihren Speeren den Zeltvorhang hoch und gaben genau acht, daß keiner der Eintretenden die Schwelle mit dem Fuß berührte.

Im Zeltinnern brannten auf hohen Bronzeständern Öllämpchen, die einen Duft von Ambra, Muskat und Aloe verbreiteten. Auf bunten Teppichen lagen Saffian- und Seidenkissen. Im Hintergrund des Zeltes hing, die Hinterwand verdeckend, ein breiter, himbeerroter, mit goldenen Blumen und Vögeln bestickter Seidenvorhang herab.

In goldglitzernder chinesischer Galakleidung stand Subudai-Bahadur am Zelteingang und forderte die Eintretenden auf, ihre Waffen ab- und neben der Tür niederzulegen. Dann, als sie das getan hatten, bat er sie, weiterzugehen und sich auf die rechte Seite zu setzen.

Mengu-Khan und Batu-Khans vier Brüder nahmen auf der linken Seite Platz. Hinter den Khanen nahmen die obersten Heerführer, die vornehmsten der Nojone und die tapfersten Bahadure ihre Sitze ein.

Als letzter trat Gujuk-Khan mit kleinen Schrittchen ins Zelt, denn er trug rote Saffianstiefelchen mit sehr hohen gebogenen Absätzen. Sein vorgewölbter Bauch war mit einer Schärpe aus Brokatstoff umwickelt, in der ein chinesischer Dolch mit einem Griff aus Nephrit steckte. Sein

blauseidener Tschapan war mit Rubinknöpfen besetzt. Darunter trug er eine mit goldenen Drachen bestickte karmesinrote Weste.
Nachdem er die bereits Versammelten mit einem argwöhnischen Blick gemustert hatte, setzte er sich mit einem verächtlichen Lächeln auf den Lippen in der Tiefe des Zeltes nieder.
Drei seiner Leibwächter machten den Versuch, hinter ihm ebenfalls ins Zelt zu schlüpfen, doch Bahadur-Khan zischte sie an:
»Was fällt euch ein? Zurück! Wer hat euch erlaubt, bei der Beratung der Fürsten anwesend zu sein?«
Gujuk-Khan legte sich ins Mittel:
»Laß sie herein, damit sie lernen, Rates zu pflegen!«
»Arapscha! Wirf sie hinaus!« gebot Subudai.
Die drei versuchten beharrlich, in Gujuks Nähe zu gelangen, da packte Arapscha einen von ihnen am Rockschoß und zog ihn aus dem Zelt. Batus Brüder drängten die beiden anderen hinaus.
Drei Sklaven in weiten chinesischen Gewändern gingen zwischen den Gästen umher und boten ihnen von goldenen Tabletts einfache hölzerne Ajaks, mit weißschäumendem Kumyß gefüllt, an. Diese grauen Holzschalen hütete Batu-Khan wie ein Heiligtum, denn aus ihnen hatte einstens der große Dschingis-Khan getrunken. Alle nahmen diese einfachen Gefäße mit Ehrfurcht entgegen. Elf Schalen waren es – genau die Zahl der Khane aus dem Geschlecht Dschingis-Khans. Die leeren Tabletts in den Händen, standen die Sklaven mit ausgestreckten Armen starr und steif da.
Jetzt ging Subudai-Bahadur zum Vorhang im Hintergrund des Zeltes und zog ihn behutsam zurück. Dahinter saß auf einem niedrigen und breiten, mit Goldverzierungen geschmückten Thron in strenger regloser Haltung der junge Batu. Er trug einen glänzenden Kettenpanzer aus Stahl, auf dem die Lichtfünkchen schillernd spielten. Auf dem Haupte hatte er einen chinesischen Goldhelm, der mit einem Diamanten von der Größe eines Taubeneis geschmückt war. An den Seiten hingen vier schwarzbraune Fuchsschwänze herab. Auf der Brust des Blendenden prangte an einer Goldkette eine Paizsa, ein ovales Goldplättchen mit der Abbildung des Kopfes eines wutschnaubenden Tigers. Diese Paizsa hatte einstmals Batus Vater Dschutschi aus der Hand seines Vaters Dschingis-Khan empfangen. Der Tigerkopf besagte: »Alle müssen dem Verwahrer dieser Paizsa gehorchen, als ob wir, der Kagan, selbst beföhlen!«
Auf seinen Knien hielt Batu-Khan ein chinesisches Schwert mit langem Griff, der von Diamanten glänzte.
Tiefe Stille legte sich über den Raum, während alle ihre Augen auf den Dschichangir hefteten, der finster mit steinernem Gesicht über die Versammelten hinwegsah, als wäre er wer weiß wie weit allen irdischen Dingen entrückt.
Auch Gujuk-Khan hatte eine Weile wie gelähmt dagesessen, dann wandte er sich dem neben ihm sitzenden Khan Külkan zu und sagte zu

ihm zwar flüsternd, aber immerhin so laut, daß alle es hören mußten:
»Eine Feldratte, die sich einbildet, ein Löwe zu sein.«
Subudai kniete vor dem Thron nieder und sprach:
»Für diesen Feldzug ist Batu-Khan zum Dschichangir erkoren worden. Er ist kühn und gerecht, ein Batyr ohne Furcht und Tadel, es steht ihm zu, sich ›Sain-Khan‹ – der Heldenmütige – zu nennen. Ihr seht die Paizsa auf seiner Brust und wißt, was der Kopf des grimmen Tigers bedeutet. Erweist ihm die ihm gebührende Ehrfurcht, als säße der heilige Regent vor euch. Wenn das ganze Heer dem Sain-Khan gehorcht, wie es dem Einzigen und Erhabensten gehorcht hat, so ist die Zeit nicht fern, da der ganze Erdkreis unter den Hufen unserer Rosse liegt. Beugt euch vor dem Dschichangir!«
Batu-Khans Brüder erhoben sich, verschränkten die Arme über der Brust und verbeugten sich vor ihrem Bruder bis zur Erde. Ihrem Beispiel folgten Mengu-Khan und mehrere ältere Feldherren und Nojone, sie verneigten sich und küßten den Teppich vor dem Thron. Sieben Prinzen aber blieben, nachdem sie zu Gujuk-Khan hinübergeschielt, reglos sitzen.
Um Batu-Khans Lippen zuckte es unmerklich.
»Verteilt die Schalen!«
Batu-Khan krümmte sich noch mehr zusammen und gab den Sklaven ein Zeichen. Behend und lautlos gingen sie um alle Dschingisiden herum und reichten ihnen die mit Kumyß gefüllten Holzschalen. Auch Batu-Khan nahm eine solche Trinkschale zur Hand und wollte eben den Mund zu dem alten gebetartigen Trinkspruch öffnen. Aber Gujuk-Khan kam ihm zuvor; um zu zeigen, daß er der rechtmäßige Erbe des Thrones der Kagane sei, sagte er hastig den Spruch:
»Die ersten Tropfen unseres heimatlichen Kumyß aus diesen heiligen Schalen wollen wir trinken auf die Gesundheit, die Größe und die Macht des großen Beherrschers aller Mongolen und der ihnen untergebenen hundertsiebzig Völker, auf unseren unterm Schutz des ewigen blauen Himmels stehenden Kagan Ugedai!«
Mehrere der Khane hoben ihre Schalen zu den Lippen, die meisten aber warteten ab, was Batu-Khan tun würde.
Er saß weiterhin reglos auf seinem Thron, und als Gujuks Worte verhallt und ein erwartungsvolles Schweigen eingetreten war, sagte er laut und feierlich gedehnt:
»Die erste Schale leeren wir zum Gedenken an den heiligen Regenten, der von uns gegangen ist, um in jener Welt über den Wolken zu gebieten, zum Gedenken an den größten aller Krieger, der uns den Befehl zum Beginn dieses Feldzuges als Vermächtnis hinterlassen und uns geboten hat, den Schrecken vor dem Wort ›Mongole‹ bis zu den äußersten Grenzen der Welt zu verbreiten...«
Langsam trank Batu-Khan seine Schale bis zur Neige aus; die nachgebliebenen Tropfen goß er sich auf die Hand und strich sich damit über

die Brust. Alle Prinzen setzten sofort ihre Schale an die Lippen. Konnte es denn einer von ihnen ablehnen, zum Gedenken an den großen einzigen und erhabenen Erschütterer des Erdkreises zu trinken?
Die Sklaven brachten nun auf silbernen Tabletts goldene Becher und Schalen verschiedenster Formen und füllten sie aus dem neben der Tür hängenden großen kalbsledernen Schlauch mit Kumyß. Alle tranken auf den Gründer des Mongolenreichs und auf die bevorstehenden Siege.
Von neuem begann Batu-Khan zu sprechen, mit leiser Stimme, doch waren seine Worte überall im Zelt deutlich zu verstehen. Alle saßen reglos da und lauschten im Vorgefühl, daß die heimlichen bösen Leidenschaften, die in den Dschingisiden kochten, jeden Moment explodieren könnten.
»Wir wollen jetzt darüber reden, was für diesen Feldzug nützlich ist und was als schädlich abgestellt werden sollte...«
Gujuk wurde sichtlich von einer inneren Unruhe ergriffen, er rutschte und drehte sich hin und her und flüsterte mit seinen beiden Nachbarn. Er hatte tagsüber schon zuviel von dem berauschenden Airan getrunken, und seine Augen waren blutunterlaufen. Mit heiserer wütender Stimme schrie er auf einmal los:
»Was kannst du schon abstellen? Wer wird dich anhören wollen? Kommt es dir zu, auf dem Thron zu sitzen? Steht es dir zu, Truppen zu führen?« Und indem er sich den Khanen zuwendete, rief er, wobei er tat, als wollte er vor Lachen fast ersticken: »Stimmt es nicht, daß Batu-Khan nichts anderes ist als ein Weib mit Bart? Ich werde dem letzten meiner Nuker befehlen, ihn mit einem Holzscheit zu verbleuen!«
Der Gujuk-Khan nahestehende Feldherr Buri brüllte, so laut er konnte: »Ha, ha, ha! Laß mich das besorgen! Ich will ihn mit einem Fußtritt vom Throne stoßen!«
Prinz Külkan lachte kreischend auf wie ein Betrunkener und machte Anstalten, über die um ihn Herumsitzenden hinweg zu steigen.
»Stoßt diesem Weibe mit dem Bart einen Holzschwanz in den Leib! Laßt mich mal durch, ich werde das machen!«
Auf ein Zeichen Gujuks zogen alle seine Anhänger Dolche aus dem Busen und stürzten zum Thron hin.
Batu-Khan zog den Kopf ein. Seine Augen wurden zu kleinen Spalten, er fletschte die Zähne. Plötzlich richtete er sich hoch auf, warf sein Schwert weg und zog eine Peitsche aus seinem Stiefelschaft. Wütend hieb er damit auf die Köpfe der auf ihn Eindringenden ein.
»Ich belege mit dem großen Fluch jeden, der während des Feldzugs dem Dschichangir nicht gehorcht! Und du, Gujuk, du wirst niemals Kagan werden, ebensowenig wie ein Huhn sich zu den Wolken emporschwingt. Zurück! Auf die Knie!«
Da dröhnte die heisere zornige Stimme Subudai-Bahadurs:
»Oije! Urjanch-Kadan! Rufe die Tollkühnen und die Unbesiegbaren herbei!«
»Tollkühne und Unbesiegbare — hierher!« rief eine starke Stimme.

Hinter dem Vorhang hervor, aus Lederkoffern und zusammengerollten Teppichen, wo sie sich versteckt hatten, sprangen Krieger hervor und hin zu Batu-Khan, den sie auf ihre Arme nahmen und mit ihm hinter der Zeltwand verschwanden. Andere warfen sich auf die aufsässigen Khane, legten sie mit Faustschlägen ins Gesicht um und schleppten sie an den Beinen aus dem Zelt. Bei diesem Tumult wurden die Bronzeständer mit den brennenden Öllämpchen umgerissen, und es wurde dunkel im Zelt. Kriechend versuchten die zurückgebliebenen Khane den Ausgang zu erreichen. Draußen vor dem Zelt sammelten sie sich wieder, wischten sich das Blut aus dem Gesicht, ordneten ihre zerrissene Kleidung notdürftig. Einige wollten durchaus wieder in das Zelt hinein, aus dem noch immer das dumpfe Geräusch von Schlägen, Geschrei und das Klirren zerbrechenden Geschirrs herausdrang, aber die unerschütterlichen Posten am Eingang wehrten ihnen den Zutritt und stießen sie mit ihren Speeren sehr unsanft zurück.
Aus einem Seitenvorhang kroch jetzt Subudai heraus, der in seinen Händen das von Batu-Khan weggeworfene ererbte Krummschwert mit dem Diamantgriff in den Händen trug. Sofort scharten sich die Tollkühnen und die Unbesiegbaren um ihn. Geduldig und ruhig wartete er, bis sein Sohn Urjanch-Kadan zusammen mit anderen Kriegern den strampelnden und zappelnden Gujuk-Khan herausgetragen und ihn auf seine Füße gestellt hatten. Da näherte sich Subudai dem Sohne Ugedais, machte ächzend eine tiefe Verbeugung, warf sich auf die Erde nieder und berührte sie mit der Stirn. Gujuk machte Miene, den vor ihm Liegenden mit einem seiner Saffianstiefel ins Gesicht zu treten, doch hinter ihm Stehende zogen ihn noch im letzten Moment zurück. Subudai, der sich wieder erhoben und aufgerichtet hatte, sagte:
»Dem Sohne des Größten Achtung und Gehorsam! Womit kann ich dir meine Ergebenheit beweisen?«
»Wo ist er?« schrie Gujuk wieder wütend. »Ich werde ihm das Gesicht zerfleischen! Eine Ratte ist er, aber kein Dschichangir!«
Subudai kniff sein rotes Auge zusammen.
»Der heilige Regent spricht jetzt, hoch oben, über den Gewitterwolken, mit den Himmlischen. Er sieht von dort oben aus, wie glücklich der Feldzug sich anläßt, sieht das unbesiegbare Heer der von ihm geeinten Mongolen auf dem unaufhaltsamen Vormarsch nach Westen ... Was aber soll er von dem Streit unter seinen Enkeln denken? Nein, unter seinen Bahaduren darf es keinen Zwist geben, darf keine Feindschaft herrschen. Vielmehr müssen alle eng zusammenstehen wie die Bäume eines dichten Waldes. Ja, ja, ja, einig müssen sie sein, einig!«
Das letzte Wort schrie er wild hinaus.
Alle Khane waren still geworden während Subudais Rede. Selbst Gujuk hatte aufgehört, zu zucken und zu zappeln, sondern stand reglos und nachdenklich da. Er begriff, wie gefährlich es wäre, sich dem Einäugigen zu widersetzen.
»Unbesiegbare, macht euch bereit!« rief der Bahadur.

Seine Krieger schlugen mit der Handfläche ihrer Rechten gegen die Griffe ihrer Krummsäbel und zogen sie aus den Scheiden.
Subudai fuhr fort, laut und eindringlich auf Gujuk-Khan einzureden: »Der als Dschichangir eingesetzte Batu-Khan befiehlt dir, Gujuk-Khan, sofort, ohne Atem zu holen, ans Ufer des großen Stromes Itil aufzubrechen und dort auf ihn und das Heer zu warten, wo das Flüßchen Jeruslan sich in den Itil ergießt.«
Wieder loderte die Zornesflamme in Gujuk auf.
»Die Sprache, die du anschlägst, geziemt sich nicht gegenüber dem Erben des goldenen Thrones! Mäßige dich, du schieläugiger Viehtreiber, den nur die Gnade meines Großvaters über seinen Knechtsstand erhoben hat! Schweig, Krüppel, und gehorche!«
Subudai fuhr hoch, wobei er zischend den Atem einzog; er beherrschte sich aber. Seine Krieger freilich versicherten später, daß in diesem Moment sein blutunterlaufenes Auge geglüht habe wie ein rotglühender Nagel.
»Ja, ich erfülle den Willen meines und des für alle hier einzigen Gebieters, den Willen des Dschichangirs, und wer sich ihm widersetzt und seine Befehle nicht ausführt, der wird in neun Teile zerrissen werden! Oije, Unbesiegbare! Hebt den berauschten Khan Gujuk auf sein Roß, bindet ihm die Arme zusammen und begleitet ihn dann in sein Lager. Er ist noch zu jung, um zu wissen, was er sagt und tut, zumal da ihm der Airan zu Kopfe gestiegen ist. Überliefert ihn den Händen des Nojons Burundai und kommt schleunigst zurück. Solltet ihr mich nicht mehr hier finden, so galoppiert mir nach und holt mich ein. Uragsch! Uragsch!«
Dem Khan Gujuk wurden die Arme auf den Rücken gebunden, dann hob man ihn auf sein Pferd.
Subudai blickte sich um. Die blitzenden Schwerter über der rechten Schulter, standen seine Nuker reglos wie aus Stein da. Als die Khane und Nojone sich entfernt hatten, rief Subudai den Hundertschaftsführer Arapscha zu sich heran.
»Wo ist der Dschichangir?«
»Wir haben ihn in dein Zelt getragen. Ich habe die Wachen verstärkt.«
»Gut so. Man muß auf einen neuen Schlag gefaßt sein. Befiehl den Trommlern und Trompetern, mit dem ersten Hahnenschrei das Heer zum Aufbruch zu wecken!«

Am Ufer des Itil

> Es kam die Zeit, da überschritt der böse Tatar die schützende Grenze – die Wolga.
> (Orest Miller)

Die Vorhut des Mongolenheeres, das im zeitigen Frühjahr aus Sygnak aufgebrochen war, langte im Spätherbst am Ufer des Itil an. Ein halbes Jahr hatte der Marsch durch die Steppen bis zu den äußersten Grenzen

der Urussuten, Bulgaren und der anderen noch nicht unterworfenen Völker gedauert. Die mit einer dicken Staubschicht bedeckten Reiter der beiden Tausendschaften der Tollkühnen und Unbesiegbaren zerstreuten sich auf den Sandhügeln längs des Ufers des mächtigen Stromes, dessen Anblick sie stark beeindruckte.
»Wenn man sein Wasser staute«, so sprachen die Mongolen untereinander, »würde es an einem einzigen Tage gewiß bis zum Himmel steigen.«
»Dieser Strom ist etwas anderes als unser blauer Kerulon und unser goldener Onon, die man beide durchwaten kann.«
»Da wird gewißlich das halbe Heer ersaufen, wenn der halsstarrige Subudai darauf besteht, daß wir hier übersetzen, und uns zwingt, ans andre Ufer zu schwimmen.«
Batu-Khan ritt auf seinem Schimmelhengst, dessen Fell vom Staub dunkelgrau geworden war, zum Ufer hinab.
Unruhige graue Wellen spülten große gestreifte Muscheln ans Ufer, und der Wind verwehte den Gischt.
»Hier haben unsere mongolischen Steppen ein Ende«, sagte Batu zu dem herbeieilenden »Atalik«. »Jenseits des Flusses wird alles anders sein. Dort wird mein Ruhm zu leuchten beginnen.«
Am gegenüberliegenden Flußufer dehnten sich auf abschüssigen Hügeln krause Wälder, die der goldene Herbst schon berührt hatte. Als himbeerfarbene Flecke zeichneten sich dichte Espenhaine ab. Auf zweien der Hügel ragten aus rohen Balken errichtete Wachttürme empor. Als lange gelbe Streifen hoben sich die Sandbänke von dem grünen Ufer ab. Schwärme von Schnepfen, Wildenten, Möwen und anderen Vögeln zogen vorüber.
Als einsamer Koloß ragte ein felsiger Berg auf, in dessen grauer Wand schwarze Löcher gähnten, die mit weißen seltsamen Säulen abwechselten. Zwei Frauen kamen den Abhang herunter gerannt und trieben zwei zu Füßen des Berges am Ufer weidende Kühe mit Gerten in den Wald hinein.
»Da läuft uns unser Mittagessen davon«, scherzte einer der mongolischen Krieger.
Auf dem Gipfel des Berges drängten sich viele Menschen zusammen, die sich augenscheinlich in großer Aufregung befanden, denn sie liefen hastig von einer Stelle zur andern.
Ein Möwenschwarm schoß zum Wasser hinab, in dem dunkle Balken schwammen. Mit Geschrei umflatterten die Vögel diese Balken und ließen sich darauf nieder.
»Das sind keine Balken! Seht doch nur! Leichen sind es! Die Leichen erschlagener Bulgaren! Das Werk der Krieger des Khans Scheibani ... Er ist dabei, mongolische Ordnung bei den Bulgaren einzuführen ...«
In der Tat, es waren Leichen mit aufgedunsenen blauen Gesichtern, die langsam gegen das Ufer getrieben wurden und an den Sandbänken liegenblieben.

Dem Heer wurde eine dreitägige Rast bewilligt. Überall längs des Ufers begannen die Lagerfeuer auf der Ebene zu rauchen.
Am ersten Rasttage sagte der Hundertschaftsführer Arapscha zu Mussuk:
»Auf Befehl des Tausendschaftsführers Kundschi wird dir eine wichtige Aufgabe übertragen: Versuche einen von den an diesen Ufern lebenden Menschen zu fangen und führe ihn her. Gewiß müssen eine ganze Menge Leute sich hier vom Fischfang und vom Anbau von Gerste nähren, denn überall sieht man frische Saaten, und im Wasser sind Netze ausgespannt. Auch kann man am Ufer drüben schmale schwarze Kähne bemerken. Sieh also zu, einen von diesen Fischern zu erwischen, wenn er ans Ufer herabkommt, um nach seinem Fang zu sehn. Ich gebe dir ein paar Nuker zur Unterstützung mit.«
Mit fünf Mongolen ritt Mussuk davon durch die Federgrassteppe. Aber sie wären fast alle im Morast versunken und retteten sich mit knapper Not, indem einer den anderen am Fangseil herauszog. Dann schlichen sie am Fluß durch Röhricht, wobei sie ihre Pferde am Zügel führten. Zweimal fuhren ganz dicht an ihnen Boote vorbei. Das eine wurde von Frauen in weißen, mit roter Borte besetzten Kleidern gerudert, im andern saßen ein Greis und ein Knabe, von denen jeder ein Ruder handhabte, das kurz war wie eine Schaufel. Die Boote waren so schmal, daß es wirklich eine gewisse Kunst erforderte, nicht umzukippen.
Mussuk vereinbarte mit seinen Leuten, daß er den Greis und den Jungen beschleichen wolle, denn gewiß führen sie zu einer Sandbank. Einer der fünf blieb hinter einer Anhöhe bei den Pferden, die vier anderen versteckten sich im Ried am Ufer, wo sie auf ein Zeichen von Mussuk warteten.
Langsam kampfte das Boot gegen die Strömung an, und ebenso langsam kroch Mussuk behutsam am Ufer hin, immer auf ungefähr gleicher Höhe mit dem Boot. Unterwegs mußte er durch zwei in den Strom mündende Flüßchen waten, deren Wasser ihm bis an den Hals ging. Dabei scheuchte er eine Wildsau mit ihren Frischlingen aus ihrem Versteck auf.
Mehrmals verlor Mussuk das Boot aus den Augen, das sich vom Ufer entfernte und auf eine mitten im Strom gelegene Insel zusteuerte, wo sich der Greis lange im Röhricht zu schaffen machte, seine Beutelnetze überprüfte und die gefangenen Fische ins Boot warf. Mussuk lag völlig durchnäßt auf dem Uferrande und wartete ab, was weiter geschehen würde. Das Boot näherte sich wieder mehr dem Ufer und schwamm mit der Strömung flußabwärts, und zwar so schnell, daß Mussuk es schließlich aus den Augen verlor. Er durchwatete wieder die beiden sumpfigen Flüßchen und hörte plötzlich, gerade als er ans Ufer hinaustreten wollte, ganz in der Nähe Stimmen. Er warf sich hin und kroch so leise wie nur irgend möglich auf eine kleine Bucht zu, wo der Greis und der Knabe ihr Boot aufs sandige Ufer gezogen und ein Feuer angezündet hatten, neben dem sie lagerten. Auf dem Feuer stand ein berußter Kochtopf,

aus dem noch ein Fischschwanz hervorguckte. Die Fischsuppe floß schaumig über den Topfrand ins zischende Feuer, in das der Knabe eben ein paar Hände voll Reisig warf. Der Greis hatte die Hände unter seinem kahlen Kopf gefaltet und starrte in den Himmel, zu dem sein grauer Bart emporragte. Es dauerte nicht lange, so war er, wie sein Schnarchen verriet, eingeschlafen. Mussuk konnte deutlich alle Einzelheiten seines Anzugs erkennen: das geflickte Hemd aus grauem Leinen, das bis über die Knie reichte, wo die breiten Hosen aus grobem Stoff durchgescheuert waren. An dem alten Ledergürtel mit Messingschnalle hing eine hölzerne Scheide für das Messer. Auf einmal richtete sich der Knabe auf und sah sich beunruhigt nach allen Seiten um. Mussuk brach durchs Schilf, dessen Halme er knickte, und warf sich auf den Liegenden, während der Knabe kopfüber zum Boot floh, hineinsprang und vom Ufer abstieß, wobei er gellend schrie: »Großvater! Großvater! Schnell zu mir ins Boot!«
Mussuk hatte es für eine leichte Sache gehalten, den hageren knochigen Greis in seiner liegenden Stellung zu überwältigen. Er lag auf ihm, hielt ihm die Hand fest, die nach dem Messer zuckte, und versuchte, ihn mit einem Riemen zu binden. Aber der Greis entwickelte ungeahnte Kräfte. Er wußte, er kämpfte um sein Leben. Als er seine Hand losgerissen hatte, ergriff er einen Stein und schlug damit den Mongolen ins Auge. Mussuk war zumute, als drehe sich die ganze Bucht samt Boot um ihn, aber er ließ nicht locker, denn er wußte, daß man eine »Zunge«, die noch Aussagen machen soll, lebendig fangen muß. Der Greis biß und schlug wie ein wildes Tier um sich und brüllte: »Ach, die Pest über dich! Du wirst mich nicht überwältigen, du gelbschnäuziger junger Hund!«
Und in der Tat: Es gelang ihm, sich frei zu machen und aufzukommen, wenigstens auf die Knie. Mussuk drückte ihn aber wieder zu Boden und hielt ihm beide Hände fest.
Der Alte schrie dem Knaben zu: »Fahr nicht fort, Kirpa! Gleich werde ich ihm den Rest geben!«
Er trat Mussuk so kräftig in die Magengrube, daß der junge Krieger auf die Seite kugelte; aber das Geschrei war von den vier Mongolen gehört worden, sie eilten herbei und warfen sich im selben Moment auf den Alten, als dieser seinen Gegner schon unter sich gebracht hatte und eben nach dem Messer griff. Wütend kreischte der Alte und setzte sich auch gegen die neuen Angreifer verzweifelt zur Wehr, diese aber hatten ihn bald überwältigt und ihm die Arme mit weißgegerbten Riemen auf dem Rücken zusammengeschnürt. Der Knabe war indessen mit seinem Boot bis in die Flußmitte gerudert, wo die Sonnenkringel im Wasser flirrten. Die Mongolen stopften dem Greis als Knebel Blätter und Gras in den Mund und banden ihm dann mit einem Lappen den Mund zu.
Weiter stromaufwärts zeigte sich nämlich ein großes Boot, das mit der schnellen Strömung rasch dahinglitt. Vier Ruderer legten sich mächtig ins Zeug. Im Heck saß ein Mann von recht vornehmem Aussehen am Steuer; er trug einen mit goldenen Blumen bestickten Kaftan aus him-

beerfarbenem Samt. Zu seinen Füßen hockten auf dem Boden des Bootes noch zwei sehr kräftige Burschen mit langen Messern im Gürtel. Der Mann im Kaftan lenkte das Boot geradeswegs auf die Sandbank zu, in deren Ufer es sich mit voller Wucht knirschend bohrte. Die Ruderer ließen ihre Ruder fahren, sprangen mit Speeren in der Hand auf den Sand und zogen das Boot aufs Trockene.
Der Mann im Kaftan sagte mit gebieterischer Stimme:
»Guten Tag, Jägerlein! Was für ein Tier habt ihr denn da gefangen? Wartet damit, ihm den Garaus zu machen. Er ist ein alter Mann, der viel gesehen und gehört hat und uns allerhand wird erzählen können... Er ist gewiß der geschickteste Fischer weit und breit und kennt alle Welt hier... Doch wer seid ihr?«
Mussuk, dem das Blut in die Augen geschossen war, raffte sich mühsam unter Ächzen und Stöhnen auf. Einer der Mongolen antwortete:
»Wir sind Nuker des Dschichangirs Batu-Khan. Was mischst du dich in unsere Angelegenheiten?«
»Ich bin Fürst Gleb Wladimirowitsch, Gesandter des großen Rjasaner Volkes an euren großen Khan, zu dem ich unterwegs bin, um ihn zu begrüßen und ihm noch viele, viele Jahre des Wohlergehns und der Herrschaft zu wünschen. Wie lange habe ich noch bis zu ihm zu fahren?«
»Wenn du langsam mit uns fährst, wirst du in drei Tagen bei Batu-Khan sein. Ziehst du es aber vor, schnell vorbeizurudern, so wirst du hundert Tage fahren und doch nicht bis zu ihm gelangen, sondern vorher irgendwo ein Grab finden.«
»So fahre ich mit euch. Zeigt mir den Weg, es soll euer Schade nicht sein.«
Mussuk war inzwischen wieder zu Atem gekommen, hatte seine Wunden im Fluß gewaschen und sich den Kopf mit einem Fetzen von seinem Hemd verbunden. Jetzt konnte er mit seinem unbeschädigten Auge den Rjasaner Fürsten betrachten: Er war nicht mehr jung. Ein ehedem schwarzer, jetzt bereits stark ergrauter Vollbart wallte ihm auf die breite Brust herab. Die mit Biberfell verbrämte Samtmütze war schon recht verschossen, auch der hübsch geblümte Kaftan war abgetragen. Das strenge Gesicht und die durchdringenden schwarzen Augen mit dem kalten Blick wirkten recht unfreundlich. Augenscheinlich hatte dieser Mann einstmals in Ehren und Wohlstand gelebt, dann aber mußte ihn das Leben wohl in eine harte Schule der Entbehrungen genommen haben.
Nach längerem Hin- und Widerreden einigte man sich, daß der Rjasaner mit seinem Boot dicht am Ufer hinfahren sollte, damit die Mongolen sich zu Pferde in seiner Nähe halten konnten.
Den hart mitgenommenen Mussuk hob man auf sein Roß, den Gefangenen aber band man mit einer Lederschlinge um den Hals am Steigbügel des voranreitenden Nukers fest, und er mußte zusehen, wie er mit seinem Knebel im Munde Schritt hielt.

Batu-Khan hatte den Hadschi Rachim in sein gelbes Zelt beschieden, damit er bei der Unterredung mit den Fremdländern zugegen sei. Der »Blendende« saß in einem Brokatkaftan mit blitzenden Diamantringen an allen Fingern seiner beiden Hände im Hintergrund des Zeltes auf dem goldenen Thron.
Zu seiner Linken saßen schweigend und würdevoll die obersten Heerführer der Mongolen, an ihrer Spitze Subudai, zu seiner Rechten in hohen, spitzen, mit Perlenschnüren umwundenen Mützen und in goldblumenbestickten Seidenkleidern die vier stattlichen Mongolinnen aus dem Siebengestirn.
Daraus, daß nur die vier Mongolinnen anwesend waren, konnte man erkennen, daß eine geheime Beratung bevorstand, denn zu solchen geheimen Beratungen wurden die drei anderen Frauen nie zugelassen, da der Dschichangir wiederholt die Feststellung getroffen hatte, die Kiptschaken, und insbesondere die plapperhaften Kiptschakinnen, seien falsch und hinterlistig.
Sklaven kredenzten schäumenden frischen Kumyß in kostbaren Schalen, und nach einem langen Ritt durch die verbrannte Steppe ist dieser kalte säuerliche Trunk ein wahres Labsal.
Als erster trat der Hundertschaftsführer Arapscha ins Zelt, der statt der bei den Mongolen üblichen Mütze einen safrangelben indischen Turban trug, das eine Ende der Tschalma fiel ihm auf die linke Schulter herab. Ein kurzer Tschekmen umspannte straff seine schlanke Gestalt und die geraden Schultern. Seine Augen hatten einen starren Blick, und noch keiner seiner mongolischen Waffengefährten hatte diesen stolzen Jüngling lachen sehen.
Ihm auf den Fersen folgte Mussuk mit verbundenem Gesicht. Am Vorabend hatte der Hadschi Rachim sein in Bagdad erworbenes heilkundliches Wissen an ihn gewandt und ihm die Wunden ausgewaschen und zugenäht. Als Batu-Khan von der Gefangennahme des Greises durch Mussuk hörte, äußerte er den Wunsch, beide zu sehen und zu sprechen.
Hinter Mussuk schob man den alten Flußfischer ins Zelt. Seine Hände waren noch immer auf dem Rücken festgebunden, um den Hals baumelte ihm noch immer die Lederschlinge, und sein sonnenverbranntes Gesicht war voller Kratzer und Wunden, auf denen inzwischen das Blut verkrustet war. Er blieb gerade und aufrecht stehen und blickte mit seinen hellen Augen frei und furchtlos um sich, während die anderen vor dem Throne niederknieten. Zwei Dolmetscher übersetzten dem Khan Batu die Antworten des Greises auf die Fragen, die sie ihm stellten.
»Der Eroberer des Erdkreises wünscht zu wissen, wie du heißt, woher du stammst, was du hier am Flusse treibst.«
»Ich bin der Sklave und Diener des großen Magiers und Sterndeuters

Gasuk, des Hüters des heiligen Urakberges... Ich trage das Brandmal meines Herrn...«
»Zeige es!«
»Vor vierzig Jahren brannte man mir es auf der Hüfte ein.«
Ein mongolischer Krieger streifte dem Greis die Leinenhosen über die Schenkel herab und drehte ihn so, daß der Dschichangir das rotschimmernde Brandmal sehen konnte: einen Kreis und darin die Hörner eines Ziegenbocks.
»Was bedeutet diese Tamga?«
Bevor er auf diese Frage antwortete, drehte sich der Alte zu dem mongolischen Krieger um und sagte streng:
»Hast du mir die Hose heruntergestreift, so zieh sie auch wieder hinauf. Du siehst doch, daß ich meine Hände nicht gebrauchen kann.«
Der Mongole tat, wie man ihm geheißen, und der Alte wandte sich Batu-Khan zu.
»Hast du drüben am Ufer den grauen Berg gesehn? Er heißt Berg des Khans Urak. Und dort wohnt der Zauberer, der über hundert Jahre alt ist, sogar ich könnte trotz meines grauen Bartes sein Enkel sein. Er erinnert sich aber genau an alles, was in früheren Zeiten war und geschah. Jedesmal wenn Vollmond ist, wird auf dem Berg eine Feier zu Ehren des Wasser- und des Donnergottes veranstaltet, dann kommen von überallher die Kumanen und andere Steppenbewohner angeritten. Den Göttern werden schwarze Ziegenböcke geopfert, und Airan wird getrunken. Darum eben zeigt Gasuks Tamga die Hörner eines Ziegenbocks...«
»Wie heißt du?«
»Man nennt mich Großvater Wawila. Ich stamme aus Rjasan und war früher Bortnik.«
»Und wie gerietest du in die Sklaverei?«
»Nowgoroder Flußpiraten, Uschkuiniki nennt man sie, bemächtigten sich meiner mit List und Tücke, als ich im Wald Bienenhonig sammelte, und verschleppten mich flußabwärts, wo sie mich an einen Händler verkauften, der mich an einen anderen weiterverkaufte und dieser wieder an einen dritten. So ging ich von einer Hand zur anderen, bis ich zum Zauberer Gasuk kam.«
Subudai-Bahadur unterbrach den Redefluß des Greises, der wie die meisten alten Leute leicht ins Schwatzen kam: »Halt ein! Antworte nur auf das, was man dich fragt!«
Batu-Khan fragte:
»Was für Truppen hast du drüben auf der andern Seite gesehn? Sind viele Krieger zu Fuß und zu Pferde dort?«
»Ich bin Fischer und liege den ganzen Tag auf dem Wasser und im Röhricht. Was kriegt man denn da schon zu sehn?«
»Was aber hörtest du von anderen?«
»Gehört habe ich, daß die Kumanenkhane, die noch kürzlich in der Gegend umhergestreift sind, schleunigst abgezogen sein sollen... in die

Steppen... Es heißt, sie hätten ihre Herden alle fortgetrieben und ihre Jurten abgebrochen. Noch nie hat man sie auf so überstürzter Flucht gesehn...«

»Nach welcher Richtung ziehen sie denn fort?«

»Nach Lukomore, zum Blauen Meer.«

Der Greis blickte mit zusammengezogenen Brauen finster vor sich hin. Subudai griff abermals ins Gespräch ein:

»Kannst du mir die Namen der Kumanenkhane nennen, die hier in der Gegend ihre Nomadenlager hatten?«

»Das hat noch gefehlt!« rief der Greis. »Was man nicht alles von mir wissen will. Wenn ich mit ihnen Handel oder Roßtausch getrieben hätte, dann wüßte ich's wahrscheinlich. Frag mich doch lieber, was für Fische im Strom vorkommen! Viele Störe gibt es hier, Zander und Hechte. Frag mich, wo die besten Fangstellen sind, und ich will es dir so genau sagen, als wäre ich beim Wassermann zu Besuch gewesen.«

»Wer ist denn das – der Wassermann?« fragte Batu-Khan.

»Wie? Den Wassermann kennst du nicht? Das ist der Meerkönig, der unterm Wasser auf dem Grunde sitzt in seinen reichen Schlössern mit seinen hundert Töchtern, den Nixen.«

»Hast du sie gesehn?«

»Vierzig Jahre treibe ich nun Fischfang auf diesem Strom und soll sie nicht gesehn haben? Nicht nur gesehn, auch gehört! Des Nachts singen sie ihre Lieder zu ihren Reigen und locken damit die Wanderer und ziehen denjenigen, der ihnen traut, in die Tiefe hinab. Dann kitzeln sie ihn zu Tode... Aber zurück an die Oberwelt lassen sie ihn nicht wieder.«

Bei dieser Erzählung des Alten wurden Ausrufe der Verwunderung laut. Die vier Mongolinnen tuschelten untereinander und schlugen die Hände vor Verwunderung über dem Kopf zusammen.

»Und den Wassermann – hast du den auch gesehn?« fragte Batu-Khan.

»Mehr als einmal! Er steckt sein bärtiges Gesicht aus dem Schilf heraus, das Haar hängt ihm in Strähnen auf die Schulter herab und der Bart ins Wasser. Dann glupscht und glotzt er mit seinen Krebsaugen und ruft laut, daß es schallt: ›Khan Urak! Khan Urak!‹«

Subudai-Bahadur wandte sich an den Dschichangir.

»Gestatte mir ein Wort, Blendender! Dieser Greis scheint viele Märchen zu kennen und versteht sie gut zu erzählen. Ich wette, daß ihm das Mundwerk einen ganzen Tag lang nicht stillstehen würde oder auch zwei, besonders wenn man ihm etwas Airan in die Schale gießt. Man sollte ihn nicht töten. Er kann uns beim Zug durch das Land der Urussuten von Nutzen sein. Vielleicht läßt du ihn auch manchmal zu dir rufen, damit er dir die Zeit mit Märchenerzählen vertreibt. Er hat uns etwas Wichtiges kundgetan, nämlich: daß die Kumanenkhane abgezogen sind mit ihren Viehherden. Darum müssen wir uns sputen und sie einholen, denn wir brauchen viel Fleisch, um unsere Krieger nach den Strapazen wieder etwas herauszufüttern. Wir müssen unverzüglich über den Strom setzen.«

»Mag es so sein, wie du sagst. – Arapscha!« rief Batu-Khan. »Geh und binde dem Alten die Arme los. Löst ihm auch die Schlinge um den Hals, damit er sich verschnaufen kann.«
Arapscha erhob sich aus seiner knienden Stellung, zerschnitt mit einem Dolch, den er aus seinem Gürtel zog, die Fesseln des Gefangenen, entfernte die Schlinge von dessen Hals und schüttelte den Alten kräftig. »Der Dschichangir schenkt dir dein Leben. Danke ihm dafür! Wenn du dir Mühe gibst, kannst du sein Fischer, sein Märchenerzähler und sein Dolmetscher werden. Verneige dich und küsse die Erde!«
Der alte Fischer wollte die Arme ausstrecken und biegen, aber durch die Riemen, mit denen er gefesselt gewesen war, waren sie so angeschwollen und in den Gelenken so steif geworden, daß er sie kaum bewegen konnte.
Er wurde gepackt und aus dem Zelte geschleppt.
Batu-Khan fragte Mussuk noch über Einzelheiten der Gefangennahme des Greises aus und befahl dann, man möge dem jungen Krieger zur Belohnung ein seidenes Gewand geben.

Der Übergang über den Itil

Alle tatarischen und mongolischen Truppen erhielten, sobald sie am Ostufer des Itil anlangten, den Befehl des Dschichangirs, drei Tage Rast zu machen und dann aufs westliche Ufer überzusetzen. Eilboten jagten durch die Steppe, an den Zeltlagern hin, denn einige Abteilungen waren noch nicht eingetroffen, sondern irgendwo in der verdorrten Ebene zurückgeblieben.
Als einer der ersten traf Khan Külkan ein, der jüngste Sohn Dschingis-Khans, ein Nachkomme von dessen letzter Frau, der schönen jungen Merkitin Kulan-Hatun, die in Karakorum am Gift starb, das ihr bei einem Festmahl von neidischen Verwandten in die Speisen oder in die Getränke gemischt worden war. Groß und hübsch wie seine Mutter, mit schmalen, leicht schielenden Augen, immer sorglos und halb im Rausch, antwortete Külkan dem Eilboten des Dschichangirs: Er vermute, daß hier eine reiche Jagd auf Wasservögel und Steppenantilopen sein müsse, und er werde erst über den Itil setzen, wenn er nach Herzenslust seiner Jagdleidenschaft gefrönt habe.
Er ließ die Jurte aufschlagen, die seine Mutter von dem heiligen Regenten zum Geschenk erhalten und die ihr Sohn geerbt hatte. Statt mit Filzmatten war die Jurte mit gefleckten Bergpantherfellen bedeckt und innen mit Zobel gefüttert. Jeden Tag veranstaltete Külkan-Khan Gastmähler darin und vergnügte sich in der Gesellschaft vornehmer Khane seines Alters.
Begleitet von einer Hundertschaft der Tollkühnen, stellte sich ein zweiter Bote ein, durch den der strenge »Atalik« dem unbekümmerten Dschingisiden ausrichten ließ: Wer einen Befehl nicht ausführe, müsse

gewärtigen, dem Tod ins Angesicht zu sehen, und wer mit dem Übergang über den Strom säume, werde seines Postens enthoben und auf den allerniedrigsten versetzt. An seine Stelle aber käme ein Gehorsamerer und Flinkerer...
Der Bote ergänzte von sich aus: Die Unbesiegbaren und zehntausend auserlesene Krieger hätten den Befehl erhalten, sich sofort auf ihre Rosse zu schwingen, falls Khan Külkan wieder mit einer Weigerung kommen sollte.
So unmißverständliche Worte zerstreuten augenblicklich die Nebel des Rauches in Külkans Kopf. Er berief seine Nojone und Bahadure, die sich zum größten Teil noch sehr gut entsinnen konnten, wie Dschingis-Khan bei solchen Gelegenheiten gehandelt hatte. Hammel und Ziegenböcke wurden in aller Eile geschlachtet und aus ihren Fellen Schläuche gefertigt, die, nachdem man sie mit Luft aufgeblasen, zu Flößen vereinigt wurden. Lange Stangen, die man aus den Stämmen junger Bäume herstellte, dienten als Staken beim Fortbewegen dieser Flöße, auf denen die Krieger und der Train oder Troß übergesetzt wurden, der bei Külkan wie bei allen Dschingisiden sehr groß und auf dem Vormarsch schon oft genug belastend und hemmend gewesen war.
Von Külkans Abteilung galoppierten die Eilboten weiter, um auch bei anderen Abteilungen nach dem Rechten zu schauen.
Subudai hatte rechtzeitig alle nur denkbare Vorsorge getroffen: Vom Oberlauf des Stromes trafen aus dem Lande der Bulgaren – eines Volkes, das am Unterlauf der Kama ansässig war – tausend geteerte Boote mit je zwanzig Ruderern ein, ein Geschenk, das Scheibani-Khan auf Subudais Ersuchen seinem Bruder Batu machte. Die Ruderer waren zerlumpte halbnackte Bulgaren, deren Körper von der sengenden Sonne dunkel waren wie Kiefernborke.
Subudai ordnete an, daß in jedes Boot zwanzig Reiter mit Sattelzeug, Schnappsack und Pferdefuttervorrat für drei Tage zu steigen hätten. Die Pferde sollten schwimmen. Allerdings hatte man schwere Bedenken, ob sie wohl sich gegen die starke Strömung würden behaupten können.
Arapschas Hundertschaft mußte als erste das Wagnis unternehmen. Arapscha maß vom sandigen Ufer aus die Breite des Stromes mit den Augen. An Mut würde es nicht fehlen, aber würden die Kräfte ausreichen? Ein stämmiger Mongole in blauem Tschapan mit sonnverbranntem jungem Gesicht trat zu ihm und blickte ihn mit herrischen kalten Augen an. Es war Subudais Sohn Urjanch-Kadan, der sich im Krieg gegen China durch Kühnheit und Entschlossenheit des Angriffs ausgezeichnet hatte.
»Wie ich höre, sollst du als erster hinüber ans andre Ufer. Aber es handelt sich nicht bloß ums Übersetzen. Du mußt dich auf einen Kampf gefaßt machen, denn drüben haben sich unbekannte Reiter gesammelt. Wie viele – das weiß man nicht, auch nicht, welchem Stamm sie angehören, ob es Saksinen, Burtassen, Kumanen oder Urussuten sind. Aber das tut ja auch nichts zur Sache. Man muß sie jedenfalls vom Ufer

drüben vertreiben und nach der Landung die Boote wieder hierherüber schicken. In jedem Boot müssen fünf unserer Krieger bleiben, um auf die Bulgaren aufzupassen, sonst könnte es denen einfallen, flußabwärts davonzurudern. Den Rossen muß man Obroti oder Trensen anlegen und sie aneinanderbinden, und die schwächeren Tiere müssen neben den Booten schwimmen und am Tschembur gehalten werden. Mein Vater will dir seinen Lieblingshengst, den Rehbraunen, anvertrauen, damit er den anderen Pferden das Beispiel gebe, denn er ist bereits über den silbernen Ulug-Kem wie auch über den wasserreichen Dscheihun geschwommen.«

»Ich werde den Rehbraunen des Bahadurs wie meinen Augapfel hüten«, sagte Arapscha. »Aber warum fünf Krieger in jedem Boote als Aufpasser lassen? Einer wird auch genügen! Keiner der Bulgaren wird wagen, ungehorsam zu sein.«

»Vorsicht bei einer großen Sache kann nie schaden!« antwortete Urjanch-Kadan.

Krummbeinig und mit krummem Rücken stand Subudai-Bahadur unweit des Ufers neben seinem rehbraunen Hengst mit der schwarzen Mähne und dem langen schwarzen Schwanz. Subudai tätschelte ihm den muskulösen Hals und die breite Brust, flüsterte ihm etwas ins Ohr und fütterte ihn mit kiptschakischen Hirsefladen. Der Rehbraune schüttelte den Kopf und wedelte mit dem Schweif, um die ihn umschwirrenden Bremsen zu verscheuchen, und schien im übrigen durchaus einverstanden zu sein, den Ruhm eines mongolischen Schlachtrosses auch bei dem bevorstehenden Unternehmen aufrechtzuerhalten.

Mussuk gehörte zu der Hundertschaft, die dazu bestimmt war, als erste den Übergang über den gewaltigen Strom zu riskieren. Er war zu allem bereit. Mußte etwas riskiert werden, so riskierte man es eben! Zu seinen Füßen lag der Sattel, neben ihm stand das rotbraune Kiptschakenpferd, das Arapscha ihm geschenkt hatte; aber es war nur ein mittelmäßiges Tier und schon recht von Kräften.

Arapscha, der hinzutrat, fragte seinen Schützling:

»Nun, wie steht's?«

»Ich fahre hinüber.«

Arapscha befühlte dem Pferd die Rippen, die Höhlen unter den Augen und meinte:

»In schlechtem Zustand ist das Tier. Es wird's wohl kaum aushalten. Setz dich ins Heck des Bootes und halt das Pferd fest am Zügel. Hilf ihm beim Schwimmen und gib acht, daß ihm kein Wasser in die Ohren kommt. Falls der Zügel reißen und das Roß ersaufen sollte – geschähe dir bloß recht. Du hättest dich eher um einen festeren Zügel kümmern sollen.«

Voll Wohlgefallen blickte Subudai Arapschas wohlgenährtes muskulöses Pferd an, dessen braunes Fell wie Seide glänzte, und gestattete, daß es mit seinem Lieblingspferd zusammengebunden wurde. Er selber führte seinen Rehbraunen zum Ufer hinunter und ins Wasser hinein und flüsterte ihm abermals etwas ins Ohr; dann gab er ihm einen Patsch mit der flachen Hand.

»Uragsch! Vorwärts!«

Der Hengst beschnüffelte mit geneigtem Kopf das Wasser, schnaubte und ging dann entschlossen voran. Neben ihm ging Arapschas schlanker Brauner, und die Rosse der ganzen Hundertschaft folgten den beiden. Von den Hügeln am Ufer aus beobachteten die Mongolen den Übergang. Erst war eine Sandbank zu überschreiten, dahinter begann sofort das tiefe Wasser. Der Rehbraune warf sich hinein und tauchte darin unter, nur Stirn und Ohren ragten noch hervor. Arapschas Brauner war ihm zur Seite geblieben, und zwei, drei der folgenden Rosse schwammen munter den beiden nach. Schließlich waren alle hundert im Wasser und kämpften wacker gegen die Strömung.

Jetzt stießen auch die ersten Boote vom Ufer ab. Sie kamen aus der Mündung des Jeruslan heraus. Die Waffen der Krieger blitzten in der Sonne. Mehrere der Reiter zogen ihre Rosse am Zügel hinterher. Mussuks rotes Pferd hielt sich anfangs wacker, aber das Boot fuhr zu schnell, es blieb zurück, und der Zügel straffte sich immer mehr.

›Wenn der Riemen reißt, ersäuft es!‹ dachte Mussuk. ›Dann bin ich wieder ein Pferdeknecht ohne Roß.‹

Er bat die Ruderer:

»Rudert langsamer, sonst ersäuft ihr mir mein Pferd!«

Aber die rasche Strömung führte die Boote mit sich fort, und in der Mitte des Flusses merkte Mussuk voll Entsetzen, daß sein geschwächtes Tier zu ermatten begann und sich ein-, zweimal auf die Seite legte.

»Wenn ihm das Wasser in die Ohren kommt, ist es hin«, murmelte Mussuk. Er ermunterte das Tier: »Nun, sei stark, mein Freundchen, streng dich noch ein bißchen an. Tu dein Bestes, mein Tierchen!« Und er zog das Pferd mit aller Kraft näher zu sich heran. Er war bemüht, den Kopf des Pferdes über Wasser zu halten, und es ruderte wieder lebhafter mit den Beinen, doch nicht für lange, dann legte es sich wieder auf die Seite, und sein hellroter Bauch erschien an der Oberfläche. Mussuk war darauf bedacht, wenigstens Nüstern und Ohren des Tieres über Wasser zu halten. Er blickte sich um: Das rechte Ufer näherte sich schnell; ganz deutlich sind schon die gelben abschüssigen Uferbänke zu sehen, auf denen silbrig schimmerndes Riedgras wächst. Weiter sieht man Männer, auf der Flucht, wie es scheint, aber im Davonlaufen schießen sie Pfeile ab, von denen einige die Boote erreichen, die meisten aber ins Wasser fallen. Die Mongolen spannten ihre Bogen, legten ihre langen Pfeile auf die Sehne und trafen besser.

Der Kiel des Bootes knirschte auf sandigem Grund. Die Krieger sprangen ans Land und liefen schnell zu ihren Pferden, die etwas weiter stromabwärts sich dem Ufer näherten. Als Mussuks Roß Grund fühlte, versuchte es, sich auf die Beine zu stellen, doch zwei Pfeile bohrten sich ihm in die Flanken. Auf dem Wasser bildete sich ein roter Fleck, und das Tier sackte von neuem ab.

Inzwischen waren die Pferde mit Subudais Hengst an der Spitze zu einer Sandbank gelangt, die sie erkletterten. Die Mongolen eilten herbei, warfen ihren Pferden den Sattel auf den nassen glänzenden Rücken, zogen den Gurt an, sprangen auf und ritten auch schon den sandigen Abhang hinan, bereit zum Kampf.
Arapscha, der ebenfalls ans Ufer gesprungen war, hatte die leeren Boote sofort wieder zurückgeschickt und blickte ihnen nach zum linken Ufer hinüber, wo sich auf der Ebene Fußvolk und Reiter in langen Zügen wie Ameisenzüge fortbewegten. Den rückkehrenden Booten kamen schon neue aus der Mündung des Jeruslan entgegen, und überall auf der ganzen Wasserfläche des breiten Itil sah man Ohren und Schnauzen schnaubender Rosse.
Laut ertönte Arapschas Stimme:
»Aufsitzen! Schnell! Vorwärts!«
Und mit wildem Geschrei setzten die Mongolen den fliehenden Kriegern des ihnen unbekannten Volkes nach.

Der blutige Komet

Die fünfzehn gelbgrauen zweihöckrigen Tangutenkamele standen noch am linken Ufer des Itil. Mit erhobenen Köpfen und vorgeschobener Unterlippe, was ihrer Physiognomie einen anmaßenden Ausdruck verlieh, blickten sie mit glänzenden Augen auf den wasserreichen Fluß und auf die ungewöhnliche Geschäftigkeit der Menschen.
In seiner Kedschawe hockte, sein Schreibpapier auf den Knien, der Hadschi und fixierte seine Eindrücke und Gedanken:
»... Wozu diese Hast und Unruhe der Menschen angesichts der feierlichen Ruhe des Himmels und der Steppe? Nichts in der Natur ändert sich ja durch diese ameisenhaft wimmelnde und kribbelnde Geschäftigkeit: Die Ebenen der Erde sind und bleiben grenzenlos. Wäre es nicht weiser, sie mit dem gemessenen Gang der Handelskarawanen zu durchschreiten? Wer mit Windeseile zu Pferde dahinjagt, wird der nicht auch nur zu dem Punkte gelangen, zu dem auch das gleichmäßig schreitende Kamel ihn hintrüge? ...«
Hinter dem im Winde flatternden Vorhang saß auch Juldus in ihrer Kedschawe, blickte mit weit aufgesperrten erstaunten Augen auf das bewegte und geräuschvolle Schauspiel des Flußübergangs und suchte unter der vieltausendköpfigen Schar der Krieger einen schlanken und ranken jungen Dschigiten. Einige Male glaubte sie ihn zu erkennen, mußte aber dann einsehen, daß sie sich durch Ähnlichkeiten der Gesichtszüge hatte täuschen lassen. Nein, er war's nicht. Es waren nicht seine katzenhaft geschmeidigen Bewegungen.
›Ob er noch lebt?‹ fragte sie sich bang. ›Oder ob er schon irgendwo in der Steppe liegt, als Fraß der Geier und Krähen?‹
Manchmal wich auch dieses Gefühl der Trauer einer böseren Regung:

›Wenn er nun am Verkauf der Pflegeschwester mitschuldig gewesen ist? Doch warum? Vielleicht, weil er dann am Feldzug teilnehmen konnte ... – Wenn dem so wäre, dann mögen ihn die Raben fressen, dann mag er in der verdorrten glühenden Wüste verschmachten, und niemand komme, um ihm die ausgetrockneten brennenden Lippen zu netzen! ...‹

Die chinesische Sklavin berührte sanft die Schulter ihrer Herrin. »Der Dschichangir schaut zu dir her!«

Batu-Khan, der auf seinem schneeweißen Roß an der Spitze seines Gefolges einen Hügel am Ufer hinangeritten war, wies jetzt mit der Hand auf die gegenüberliegende Seite des Stromes. Ein Reiter nach dem andern entfernte sich aus seinem Gefolge, um, im Galopp davonjagend, die erhaltenen Befehle auszuführen oder weiterzugeben.

Arapscha, der Juldus während des Marsches infolge seiner arabisch-muselmännischen Kleidung aufgefallen war und dessen Namen sie daraufhin in Erfahrung gebracht hatte, kam jetzt, eben erst vom rechten Ufer zurückgekehrt, auf die Kamele zu und erteilte den in der Sonne im Sande sitzenden Kameltreibern einige kurze Befehle. Sie sprangen auf und führten die Tiere am Zaum zum Ufer hin.

Die bulgarischen Ruderer waren dabei, immer aus je drei Booten, über die sie, nachdem sie sie zusammengebunden, Bretter legten, eine Art Fähre zu bilden. Arapschas knappe Befehle und Anweisungen wurden überall ohne Widerspruch ausgeführt. Sklaven schleppten Pfähle herbei, rammten sie am Ufer in den Boden des Flußbettes und verflochten sie mit Weidenzweigen, und da sehr emsig und geschwind gearbeitet wurde, führten bald vom Ufer mehrere Stege ins Wasser, an denen die Fähren anlegen konnten.

Die Arbeiten der Zimmerleute beaufsichtigte ein großer dicker Mann in seltsamen, weit seinen Körper umwallenden Gewändern. Von seinem blauen Mützchen hing ihm eine lange Feder bis auf den Rücken hinab. »Dieser Mann mit der langen Feder an der Mütze«, flüsterte die Chinesin ihrer Herrin zu, »ist ein Landsmann von mir und ein großer Baumeister und Gelehrter. Ich höre ihn in unserer Sprache schimpfen: ›Nein, hier mag ein Hund leben! Für mich ist dieses barbarische wilde Land nichts!‹ ...«

Einige der sieben Sterne Batus und ihre Dienerinnen wurden ängstlich und unruhig, als es soweit war, daß die Kamele auf die Flöße geführt werden sollten.

»Nein, wir wollen nicht mitfahren! Wenn die Boote nun umkippen? Mag es erst jemand anders probieren!« piepsten sie mit feinen Vogelstimmen.

»Mag die kleine Schwarze es zuerst versuchen!« sagte die erste der Mongolinnen, die hochmütige Buraktschin.

Ohne die Sprecherin anzusehen, befahl Arapscha den Treibern, zuerst das siebente Kamel, auf dem Juldus mit ihrer chinesischen Dienerin saß, auf die Fähre zu führen. Im Vorbeireiten sagte I-La-He zu ihm: »Befiehl dem Meister Li-Tun-Po, zusammen mit meiner kleinen Chanum hinüberzufahren!«

Arapscha aber sah sie nur mißtrauisch an und wandte sich wortlos ab. Am Steg ging das Kamel in die Knie, Juldus und I-La-He entstiegen ihrer Sänfte und trippelten vorsichtig auf die Fähre. Vor ihnen her ging der chinesische Meister, der darauf achtete, daß sie nicht stolperten, hinter ihnen führten die Treiber das zottige Kamel auf die schwankende Fähre. Es brüllte und geiferte und wollte durchaus nicht niederknien, sondern stand mit hochgerecktem Hals da und drehte den Kopf nach allen Seiten, als wolle es das Schauspiel so recht genießen.

Juldus, in ein safrangelbes Tuch gehüllt, kauerte sich auf einem hingebreiteten Teppich nieder. Hinter ihr stand ihre Sklavin. Die Taue, die die Fähre am Steg hielten, wurden gelöst, und die bulgarischen Sklaven tauchten ihre Ruder ins Wasser.

Man hörte eine Männerstimme rufen:

»Halt! Wartet noch!« Batu-Khan kam auf seinem weißen Hengst angesprengt, sprang leicht aus dem Sattel, faßte die Zügel seines mißtrauisch schnaubenden Rosses und führte es auf die Fähre neben das Kamel. Dem Dschichangir folgte Arapscha. Mehrere Mongolen kamen angelaufen und wollten offenbar auch noch mit, aber Arapscha stieß sie zurück. Einer von ihnen stolperte und purzelte ins Wasser.

Batu-Khan, der zwischen dem Hengst und dem Kamel stand, schaute mit raubgierigem Blick auf das Ufer, dem sie entgegenfuhren. Vor ihm breitete sich das Land aus, durch dessen Eroberung er sich nie verlöschenden Ruhm erwerben würde. Ungeduld und hochgespannte Erwartung malten sich auf seinem Gesicht.

»Wie heißt du, kleine Hatun?« fragte er das zierliche junge Mädchen im safrangelben Schleier.

»Juldus, mein Gebieter.«

»Ein glückverheißender Name!«

Der chinesische Baumeister trat zu Batu-Khan und sprach:

»Heute ist ein großer Tag. Du, Blendender, überschreitest den Strom, der den Orient vom Okzident scheidet. Du stehst zwischen einem kühnen Hengst, dem Gefährten des Kriegers, und einem ausdauernden Kamel, dem geduldigen Freunde des Wanderers, und vor dir leuchtet der Stern, der dir Glück bringt!«

Unbemerkt hatte I-La-He ihrer Herrin etwas zugeflüstert, und Juldus, eingedenk des von der alten Chanum Ori-Fudschin erhaltenen Rates, erhob sich und sagte, vor Erregung rotglühend, zu dem jungen Khan:

»Wie ein heller Komet wird dein Name über den dunklen Himmelsrand fliegen und durch glänzende Siege den Weg des mongolischen Heeres erhellen.«

Batu-Khan unterdrückte ein flüchtiges Lächeln und wurde gleich wieder unnahbar und undurchdringlich.

»Ich werde die mir aufgetragene Sendung erfüllen und die Macht der Mongolen bis ans äußerste Ende des Erdkreises ausdehnen«, sagte er kalt.

Das gegenüberliegende Ufer, wo auf einer weit ins Wasser hineinra-

genden Landzunge eine Hundertschaft in Reih und Glied Aufstellung genommen hatte, war schon ganz nahe.
Hörner schmetterten das Signal:
»Achtung und Gehorsam!«
Viele Tage dauerte es, bis das ganze große Heer der Mongolen und Tataren über den Fluß gesetzt war. Die Boote reichten nicht aus, und es wurden Flöße gebaut aus Balken und aus aufgeblasenen Fell- und Lederschläuchen, mit denen man vor allem das Vieh, den Proviant, die zusammengelegten Jurten und die Lasttiere hinüberschaffte.
Batu-Khan hatte den Abteilungen der Vorhut den Befehl zum Vormarsch in die große Polowezer Steppe und zur Verfolgung der hastig südwärts fliehenden Nomadenstämme erteilt, er selbst aber blieb einige Zeit in der Nähe des Urakberges.
»Wer sich euch widersetzt«, so hatte er zu seinen Kriegern gesprochen, »den sollt ihr vernichten. Die Khane, die sich samt ihrer ganzen Sippschaft euch unterwerfen, mögen sich dem Heere anschließen, ihre ganze Habe aber an Vieh und anderem soll euch als Beute gehören. Mögen sie durch Tapferkeit sich neue Reichtümer erwerben...«

Der Zauberer vom Urakberg

Im Herbste des Jahres der Muschel (das heißt des Jahres 1237 nach unserer Zeitrechnung) stand Batu-Khans goldgelbes Zelt mit dem darüber wehenden fünfeckigen, neunschwänzigen Banner bereits auf dem rechten Ufer des Itil, gegenüber der Mündung seines linken Nebenflusses Jeruslan, am Fuße des düsteren Urakberges dicht an einem klaren Bach. In Hufeisenform waren um das goldgelbe Zelt herum die Zelte des Siebengestirns aufgeschlagen. Die übrigen Dschingisprinzen hatten ihre Zelte längs des Stromes errichtet, und jedes bildete das Zentrum eines Ringes von Jurten, in denen die Leibwachen des betreffenden Prinzen untergebracht waren, ferner die Schamanen und Zauberer, die Hetzjäger und Falkoniere, die Wärter der Pferde und Hunde, die Flötenspieler und Trompeter und das übrige Gefolge.
Boote und Flöße besorgten den Verkehr zwischen den Lagern zu beiden Seiten des Stromes, beförderten Krieger und Diener, Vieh und Lasten, denn am linken Ufer, wo sich grüne Wiesen ausbreiteten, weideten Tausende von Pferden und standen die Zelte der noch nicht übergesetzten Abteilungen, die überwiegend von Völkern und Stämmen gestellt wurden, die sich dem Heer der Mongolen und Tataren auf seinem Vormarsch nach Westen angeschlossen hatten.
Zur Feier der Überschreitung des Ost und West, unterworfene und noch nicht unterworfene Länder trennenden Stromes wurde das Nadamfest begangen.
Die Führer der einzelnen Abteilungen nahmen mit ihren grellbunten Bannern an hohen Bambusstangen auf dem Gipfel des Urakberges

Aufstellung. Unter den vielen im Herbstwind lustig flatternden Fahnen hoben sich die mächtigen Seidenbanner der elf Dschingisiden durch ihre glänzende Farbigkeit hervor.
Der Wind trieb die großen grauen Wellen des gewaltigen Stromes vor sich her und mit ihnen die Boote, die die Krieger zur Teilnahme an der Feier vom Ost- aufs Westufer brachten. Batu-Khan hatte mehrmals Beratungen mit den ihm ergebenen Khanen abgehalten. Er hatte eine abergläubische Furcht vor den bösen Hexenkünsten der Zauberer vom Urakberg, befürchtete, sie könnten einen Sturm heraufbeschwören. Denn der Oberzauberer, der uralte Gasuk, war nicht gekommen, um den Anführer des Mongolenheeres zu begrüßen. Er hielt sich vielmehr in einer tiefen Höhle versteckt, und seine Gehilfen, die Unterzauberer, ließen niemanden zu ihm hinein. Batu-Khan hatte einen Befehl an seine Krieger erlassen, worin er ihnen ein ehrerbietiges Verhalten gegenüber den zauberkundigen Männern zur Pflicht machte.
»Wenn der himmlische Gebieter des Donners, Chochodoi-Morgon, ergrimmt, kann keine irdische Macht vor seinen Blitzen Schutz gewähren. Man muß die Schamanen und Zauberer aller Völker achtungsvoll und entgegenkommend behandeln, damit sie alle guten und bösen Gottheiten um Hilfe für den Sieg des mongolischen Heeres anflehen.«
Gasuk, dem Oberschamanen des Donnergottes Chochodoi-Morgon, wurde befohlen, bei der Nadamfeier zu erscheinen und für den Sieg des Dschichangirs zu beten. Die Unterzauberer aber antworteten, Gasuk wäre so uralt, über tausend Jahre alt, daß er schon in der Erde Wurzel geschlagen habe und sich nicht vom Flecke rühren könne.
»Man muß diesen Eigensinnigen unbedingt sehen und in Erfahrung bringen, was er eigentlich in seiner Höhle treibt«, sagte Batu-Khan zu seinem Berater Subudai-Bahadur. »Vielleicht übt er seine Zauberkünste uns zum Schaden? Sollte man ihn nicht günstig stimmen, indem man ihm Kühe und Rosse schenkt oder was sonst einem Greise gefallen mag? Oder sollte man ihn lieber umbringen lassen?«
Subudai-Bahadur erwiderte:
»Männer in so hohem Alter lieben nur noch die Ehre. Auch denke ich, daß er von den Anbetern seines Gottes mehr Gold hat zusammenbringen können, als du auf deinen Kriegszügen erbeuten wirst.«
Batu-Khan kniff die Augen zusammen.
»Man schaffe ihn herbei!«
Subudai ließ Arapscha rufen, welcher, nachdem er den Feldherrn angehört hatte, erklärte:
»Allein werde ich da wohl nicht viel ausrichten.«
»Unsere Schamanen sollen dir ihren Beistand leihen.«
»Nein, nicht der Schamanen bedarf es dazu, sondern einer Hundertschaft.«
»Nimm meinetwegen drei Hundertschaften! Dem alten Zauberpriester stehen womöglich seine bösen Geister bei. Sieh dich nur ja vor, daß du sie nicht beleidigst.«

Subudai ließ die Anführer zweier Hundertschaften herbeiholen, und Arapscha erklärte ihnen, worum es sich handelte.
»Dieser Zauberer, den wir unversehrt aus seiner Höhle herausholen sollen, hat, wie man sagt, die Fähigkeit, sich in einen Bären oder eine Schlange oder sonstein Tier zu verwandeln. Doch habt keine Furcht! Wir handeln im Auftrag des Ataliks, und mit ihm ist der große Kriegsgott Sulde, der stärker ist als alle anderen Himmelsbewohner.«
»So ist es«, sagte Subudai.
»Uns ist dennoch nicht geheuer dabei zumute«, sagten die beiden flüsternd. »In der Schlacht zu kämpfen, das schreckt uns nicht, aber einen Zauberer zu fangen, der die Gabe hat, sich in alle möglichen Tiere zu verwandeln, das macht uns bange.«
»Wenn es euch gelingt, ihn zu fangen, so winkt euch eine große Belohnung von Batu-Khan!« sagte Subudai.
»Ja, eine große Belohnung!« bekräftigte Batu das Versprechen seines Bahadurs.
»Geht zu Werke wie bei der Jagd auf einen listigen Fuchs oder schlauen Dachs, deren Höhlen ebenfalls viele Notausgänge haben, durch die sie das Weite suchen können, wenn Hunde in ihren Bau eindringen.«
»Wir verstehen!«
»Umgebt den Berg mit einem Ring von Kriegern. Macht die Notausgänge ausfindig. Ist der Zauberer noch in seiner Höhle, so werdet ihr euch seiner Person bemächtigen, ist er jedoch daraus entwischt, so kann er noch nicht weit sein, und ihr werdet ihn einholen.«
»Wir haben verstanden.«
»Haltet Nachforschungen, ob ihr nicht irgendwo Pferde oder Kamele für eine Flucht bereitgestellt findet. Neben jede Höhle, neben jedes Loch, worin ein Mensch sich verbergen oder wodurch er entschlüpfen könnte, postiert eine Wache.«
»Wir haben verstanden.«
»Nehmt euch Spürhunde mit, damit ihr sie notfalls auf die Fährte setzen könnt. Ich aber werde die Höhle durch den Haupteingang betreten.«
Dreihundert Reiter umstellten den Urakberg. Ein jeder träumte davon, sich die zugesicherte Belohnung zu verdienen und außerdem die in der Höhle versteckten Goldschätze zu heben. Gewissenhaft untersuchten sie jeden Busch, jeden Strauch.
Arapscha heischte Einlaß am Haupteingang, der durch eine große Steinplatte versperrt war. In einer schmalen Öffnung zeigte sich ein weißbärtiger, triefäugiger Greisenkopf, dessen zahnloser Mund etwas Unverständliches murmelte.
»Bist du der Oberzauberer?« fragte Arapscha.
»Nein, ich bin sein Ur-Ur-Urenkel.«
Die Gehilfen Gasuks schworen, daß es einen anderen Eingang als diese schmale Öffnung nicht gäbe und daß Gasuk zur Nachtzeit durch diese Ritze in Gestalt einer Fledermaus aus- und einzufliegen pflege.
Arapscha ließ Gefangene herbeiholen, die mit Hacke und Schaufel die

Erde neben dem Eingang aufgraben mußten. Er selber spähte durch das Luftloch in die Höhle. Plötzlich erschien eine Eule in dem Spalt und starrte ihn aus ihren weitgeöffneten runden Augen an.
»Scher dich fort!« sagte Arapscha zu ihr, ergriff sie und warf sie in die Luft. Die Eule strich mit lautlosem Flügelschlag dicht über den Boden hin, stieg dann in die Höhe und ließ sich im dichten Gezweig einer Silberpappel nieder.
Einer von den Unterzauberern sagte zu Arapscha:
»Da siehst du es. Gasuk hat sich erzürnt und in eine Eule verwandelt. Diese Nacht wird es einen Sturm auf dem Strom geben wie noch nie.«
»Desto besser«, entgegnete Arapscha. »Dann werden unsere Soldaten sehen, daß ihr Zauberer vom Urakberg uns übel gesonnen seid. Dafür wird man euch lebendigen Leibes auf einem Scheiterhaufen verbrennen.«
»Nein, tut das nicht!« riefen die Zauberer erschrocken. »Wir wollen auch für eure Gesundheit, für euer Waffenglück beten.«
Die Gefangenen hatten inzwischen die Platte gelockert und den Eingang freigelegt. In Begleitung zweier Mongolen betrat Arapscha die Höhle, die übrigen Krieger blieben am Eingang und banden die Zauberer, die drohten:
»Der Himmel wird auf die Erde stürzen, und die ganze Welt wird zugrunde gehen, wenn ihr euch an Gasuk vergreift!«
An den feuchten Wänden der Höhle waren Lagerstätten aus Stangen und Fellen angebracht. Ein uralter Bronzekessel stand auf einem Dreifuß in der Mitte der Höhle. Die Kohlen darunter glimmten noch. Durchgewühlte Ledertruhen standen offen, daneben lagen Kleidungsstücke, wie in höchster Eile zusammengerafft und wieder fallen gelassen, ferner Kupferschalen und -krüge. In einer dunklen Ecke stand reglos ein steinernes Götzenbild von doppelter Mannesgröße.
Arapscha fachte die Glut an und warf Birkenrinde hinein. Als die Flammen hell aufloderten, sah er den Götzen in seiner ganzen Scheußlichkeit: Mit vorstehenden Glotzaugen stierte er die Eindringlinge an, und seine überlangen Arme reichten wie bei einem Menschenaffen bis auf die Erde. Seine kurzen Beine waren in den Knien eingeknickt.
»Gasuk ist uns entwischt«, stellte Arapscha fest, »und zwar in solcher Hast, daß er sein Gold auf der Erde verstreut hat.« Und er wies auf die Münzen, die überall am Boden lagen; es waren sehr alte, abgegriffene Münzen mit der Abbildung eines Opfersteins, auf dem ein Feuer loderte. Die beiden Mongolenkrieger lasen sie gierig auf.
Arapscha betrachtete und tastete den auf einem Steinsockel stehenden Götzen. Auf einmal drehte sich die Statue ganz leicht um ihre eigene Achse, und eine ängstliche Stimme rief:
»Tötet mich nicht!«
Im Zugang zu einem unterirdischen Gewölbe kauerte zusammengeduckt ein altes Weib und streckte furchtsam flehend die Hände aus.
»Wo ist Gasuk?«

»Entflohen ist er, der Wortbrüchige. Mich mitzunehmen, hatte er versprochen... Statt dessen hat er mich hier eingesperrt... Sein Gold hat er mitgenommen und die junge Frau...«
Ächzend und stöhnend kroch die Greisin aus der Grube und rückte eine der Ledertruhen von der Wand ab. Dahinter zeigte sich ein niedriger Gang.
»Man muß auf den Knien hindurchkriechen. Nach ungefähr tausend Schritten gelangt man in einen dichten Wald. Dort sollten Pferde für ihn bereitstehn...«
Arapscha drehte das Standbild wieder in seine frühere Lage, gebot seinen Kriegern, bis zu seiner Rückkehr in der Höhle zu bleiben und ein wachsames Auge auf die Alte zu haben, und eilte davon zu Subudai-Bahadur, um ihm Meldung zu machen.
Es dauerte nicht lange, da kehrten die auf Kundschaft ausgesandten Krieger zurück. Sie führten mehrere mit ledernen Säcken beladene Pferde mit sich. Auf einem der Pferde saß ein Greis gebückt im Sattel. Er war in einen Bärenpelz eingemummt, und die grauen Zotteln seines Bartes, womit sein ganzes Gesicht dicht bewachsen war, standen wirr nach allen Seiten. Ohne auf das zu achten, was rings um ihn vorging, leierte er im heiseren Singsang ein eintöniges Lied in einer unverständlichen Sprache und schwenkte dabei einen Stab mit goldenem Knauf. Auf einem anderen Pferde saß eine bräunliche junge Frau, deren schwarze, argwöhnisch umherschielende Augen einen bösen, stechenden Blick hatten. Sie murmelte Verwünschungen zwischen den Zähnen, mit denen sie jeden, der ihr nahe kam, anbleckte.
Subudai trat aus seiner Jurte, um sich den tausend Jahre alten Hexenmeister anzusehen.
»Bringt ihn am Abend zu Batu-Khan«, gebot er den Kriegern. »Mein Jurtdschi soll ein Verzeichnis machen von allem, was dieser alte Schlaufuchs bei sich hat. Wenn Kostbarkeiten dabei sind, so gehören sie selbstverständlich dem Dschichangir, der von dem Alten hören will, was sich in den tausend Jahren seines Lebens hier ereignet hat. Es ist gut und nützlich, alles zu wissen. Legt den Zauberern Ketten an, damit ihre Anhänger einsehen, daß es unmöglich ist, sich den Augen des erhabenen Gebieters des Erdkreises zu entziehen.«

Das Nadamfest des Mongolenheeres

Zufrieden über die geglückte Überschreitung des Itil, hatte Batu-Khan seinen Kriegern ein Fest ausgerichtet. Auf einer großen Wiese am Fuße des Urakberges hockten im weiten Halbrund in vielen Reihen hintereinander die mongolischen und tatarischen Krieger, hinter denen sich noch Reiter auf ihren Rossen drängten. Batu und die anderen Khane hatten sich am Berghang auf hingebreiteten Teppichen gelagert.

Heiser und wild gellten die langen Hörner. Mit lauter, durchdringender Stimme riefen die Herolde:
»Kommt zum Kampf, ihr Tapferen und Unerschrockenen. Meßt eure Kräfte!«
Die tüchtigsten Athleten traten in den Ring und stellten sich in mehreren Gruppen auf. Jeden der Wettkämpfer begleiteten treue Freunde, die darauf achteten, daß der Wettkampf auch in den gehörigen Formen nach den festgesetzten Regeln vor sich ging, ohne unerlaubte Griffe und Kniffe, ohne Mord und Totschlag oder Körperverletzungen.
»Fangt an, oije, fangt an!« riefen die Herolde. »Das Auge des Dschichangirs ruht auf euch. Er wird dem Kühnsten und Gewandtesten den Preis verleihen! Jeder muß dreimal zum Kampfe antreten, und wer die Erde kein einziges Mal mit der Schulter berührt, den werden wir zum Bahadur ausrufen. So ist es Brauch bei uns und bei allen Menschen.«
Zuerst traten zwölf junge Krieger vor, hoch und breitschultrig, auserlesen von ihren eigenen Kameraden. Die übrigen Mitbewerber hockten sich rings um den Kampfplatz nieder, bis die Reihe an sie kam.
Die Kämpfer lockerten zunächst ihre Glieder und Muskeln, indem sie von einem Bein aufs andere traten, die Arme wie Flügel schwenkten, Kniebeugen machten und auf einem Fleck hüpften. Gras und Erdklumpen flogen in der Luft herum, und die Kämpfer näherten sich allmählich einander, indem sie die Sprünge des Adlers nachahmten.
Sechs Ringerpaare klammerten sich gleichzeitig in kraftvoller Umarmung aneinander. Sie packten sich an den Schultern, an den Armen, um den Leib, um den Hals und versuchten, einander aus dem Stand zu heben und umzuwerfen. Um jedes Ringerpaar standen, liefen und hockten die Freunde und feuerten die Kämpfer durch Zurufe an.
Kam einer zu Fall und berührte sein Oberkörper die Erde, so mußte er aus dem Wettkampf ausscheiden. Verbissen und finster verließ er mit seinen Freunden das Feld. Der Sieger aber begab sich in der gleichen, die Adlersprünge nachahmenden Gangart zum Platz, wo die Kampfrichter saßen. Dort standen Säcke voll süßem Backwerk. Mit beiden Händen griff der Sieger hinein und führte das Gebäck an die Lippen, wie um zu kosten, ließ es dann aber unversehens in die aufgehaltenen Rockschöße seiner Freunde fallen. Einen Teil aber warf er aufs Feld als Dankopfer für die Götter, die ihm den Sieg verliehen hatten. So betraten Gruppen von gegnerischen Paaren eine nach der andern den Kampfplatz, von dem die Besiegten sich beschämt wieder davonschlichen, während die Sieger gegeneinander zum Kampfe antraten.
Erster Sieger war ein hochgewachsener, bärenstarker junger Krieger von furchteinflößendem Aussehen, der alle seine Gegner besiegte; den letzten warf er hoch über seinen Kopf hinweg in den Sand, wobei er einen wilden Triumphschrei ausstieß. Der Gefallene, der zuvor schon viele Siege davongetragen hatte, lag unbeweglich da, und Tränen flossen über sein breites Gesicht. Tagrul, der Sieger, trat zu ihm hin und fragte:
»Warum trauerst du?«

»Wenn ich tot wäre, brauchte ich nicht zu trauern. Aber als Besiegter weiterzuleben, das raubt mir alle Freude!«
Tagrul beugte sich zu ihm nieder, half ihm behutsam auf und sprach: »Wir wollen beide noch ruhmreiche Taten für die Größe des Mongolenreiches vollbringen!«
Beide zogen ihre Messer, und jeder beleckte die Klinge des andern mit der Zunge, drückte ihm die Nase auf beide Wangen, und einträchtig umschlungen verließen sie den Kampfring als Verbrüderte.
»Der Blendende schickt mich zu euch«, rief ein Reiter, der hinter ihnen hergaloppiert war, ihnen zu, »um euch für eure Heldenmütigkeit zu loben und euch zu sagen, daß er euch beide unter seine Turgauden aufnimmt.«
Nach den Ringkämpfen gab es Wettkämpfe im Bogenschießen und Pferderennen. Doch dann setzte ein Wolkenbruch den Kampfspielen vorzeitig ein Ende. Tosend schlugen die Wogen des mächtigen Itilstromes gegen das Ufer. Die Boots- und Fährleute konnten sich nicht entschließen, noch einmal überzusetzen. Die Krieger sprangen auf ihre Rosse und sprengten davon zu ihren Einheiten.
»Sicherlich haben die Zauberer vom Urakberg den Sturm heraufbeschworen, und wer weiß, was in dieser Nacht noch geschieht!« sprachen die Mongolen untereinander. »Was für Abenteuer und Drangsale werden wir wohl noch im Lande der Urussuten zu bestehen haben?«

Die schlimme Nacht

»Woher kommst du, kühner, fremder Krieger?
Welchem Land entstammst du, welcher Sippe?
Sag, wie ruft man dich bei Namen
und wie beim Namen deines Vaters?«
(Aus einer alten Bylina)

Gegen Abend nahm das Unwetter an Heftigkeit noch zu. Der Strom rollte wild seine Wogen und schleuderte sie mit furchtbarer Kraft gegen die steilen Ufer. Der Wind rüttelte heulend und fauchend an den Zelten, als wollte er sie allesamt in den Fluß hinabwerfen. Wie Sturzbäche prasselten die Regenfluten vom schwarzen Himmel auf das tatarische Heerlager herab.
Zitternd saßen die Mongolen um die erloschenen Lagerfeuer und verwünschten die bösen Urussutenmagier, die sie mit Sturm und Kälte empfangen hatten. In den Zelten, deren Abzugsöffnungen mit Filz verdeckt worden waren, herrschte Kälte und Finsternis; die flackernden Flämmchen der blakenden Öllämpchen schwankten bei jedem Windstoß und warfen gespenstische Schatten auf die Wand.
Arapscha machte einen Kontrollgang durch das Lager, um sich zu vergewissern, ob die Wachen alle auf ihren Posten waren, die er immer wieder ermahnte:

»Seid auf eurer Hut! Es ist eine schlimme Nacht. Solche Nächte liebt der Feind!«
Es war so dunkel, daß man keine zwei Schritte weit sehen konnte. Arapscha trat ins Zelt des Dschichangirs, der sich, auf weichen Fellen sitzend, mit seinem treuen Ratgeber Subudai unterhielt, und blieb ehrfurchtsvoll am Eingang stehen.
»Die bösen Götter der Urussuten haben uns das Fest verdorben«, sagte Batu-Khan. »Wahrscheinlich wollen sie uns durch Sturm und Regen davon abschrecken, weiter in ihre Länder vorzudringen.«
Ein heftiger Windstoß ließ die Zeltwände erzittern. Batu-Khan hob lauschend den Kopf.
»Hörst du, wie der Itil brüllt? Und dennoch haben wir ihn bezwungen!«
Batu-Khan schwieg und lauschte von neuem. Durch das Brausen des Unwetters hörte man streitende Stimmen. Arapscha eilte aus dem Zelt, kam aber bald wieder zurück.
»Ein Unbekannter verlangt dich zu sprechen, Blendender. Er behauptet, er hätte dir Wichtiges zu melden.«
»Er möge eintreten.«
Ein fauchender Windstoß ließ, als Arapscha die Zelttür öffnete, den Vorhang wild flattern. Eisige Regenspritzer drangen herein. Die Flamme des Öllämpchens flackerte wie toll, und es wurde fast dunkel im Zelt. Erst allmählich beruhigte sich die Flamme wieder und verbreitete etwas mehr Helligkeit.
Der Unbekannte nahm beim Eintritt seine dunkle, mit Biberfell verbrämte Kappe ab, um das Wasser abzuschütteln. Dann trat er ein paar Schritte näher und ließ sich auf den Teppich nieder.
»Ich entbiete meinen Gruß dem großen Zaren der Mongolen«, sagte er mit heiserer tiefer Stimme. »Dein Ruhm eilt deinem mächtigen Heer voraus.«
»Sei mir als Gast willkommen«, erwiderte Batu-Khan gnädig die Schmeichelei. »Was hat dich bewogen, bei solchem Unwetter mein Zelt aufzusuchen?«
Neugierig musterten die Mongolen den nächtlichen Besucher, der zwar tatarisch sprach, aber den Kumanen mit ihren hervorspießenden breiten Backenknochen nicht ähnlich sah. Die große Hakennase gab seinem hageren Gesicht einen raubvogelhaft gierigen Ausdruck. Unter überhängenden buschigen Brauen brannten tief in ihren Höhlen liegende dunkle Augen. Beim Sprechen fuhr sich der Fremde mit der knotigen, sehnigen Rechten häufig durch den schwarzen, aber bereits angegrauten Bart.
»Großer Khan, keinen einfachen Wanderer siehst du vor dir, sondern einen reich- und hochgeborenen Mann, den Großfürsten Gleb Wladimirowitsch von Rjasan.«
Batu-Khan kniff die Augen zusammen.
»Warum kommst du denn als Gesandter Rjasans so allein, Konas Galib?«

Der Fürst legte seine Stirn in Unmutsfalten.
»Nein, großer Khan, ich komme nicht als Gesandter Rjasans zu dir. Ich komme, um mich dir als Bundesgenossen anzutragen.«
»Wie das?«
»Ich kenne alle Wege und Stege, alle Städte der russischen Lande. Ich werde mich dir nützlich erweisen können.«
»Subudai-Bahadur, zeige dem Konas den Plan vom Lande der Urussuten!«
Subudai-Bahadur breitete ein Pergamentblatt auf dem Teppich aus.
»Sieh her, Konas! Hier ist der Itil, da dein Rjasan, dort Uldemir. Du siehst, hier sind alle Urussutenstädte, Flüsse und Wege aufgezeichnet.«
»Eine Karte der russischen Länder?« verwunderte sich Fürst Gleb. »Wie konntest du sie dir verschaffen?«
»Ich kann alles!« sagte Batu-Khan und legte seine Hand flach auf die Karte. »So wird das Land der Urussuten unter meiner Hand zerdrückt werden. Ich werde alle Fürsten zwingen, sich mir zu unterwerfen! Bist du vielleicht deswegen hergekommen, Konas?«
Der Großfürst machte ein überraschtes Gesicht, und Batu fuhr spöttisch fort:
»Wo sind denn deine Mannen? Wo sind deine Geschenke, Konas Galib?«
Der Rjasaner schüttelte bekümmert seine ergrauten Locken.
»Ich habe keine Mannen mehr, kein Volk und auch keine Reichtümer! Meine Feinde haben mir alles genommen. Ich mußte außer Landes gehen und lebe nun schon viele Jahre als Verbannter bei den Polowezern.«
Batu-Khans Gesicht hatte sich verfinstert.
»Was willst du dann bei mir oder von mir?«
»Ich will dir behilflich sein, deine und meine Feinde in alle Winde zu zerstreuen.«
»Wer sind deine Feinde?«
»Die Fürsten, die jetzt über Rjasan herrschen.«
»Ich bestrafe meine Feinde schon selbst. Wenn wir kommen, werden sie sich allesamt in alle Winde zerstreuen, nicht nur die Kumanen.«
»Ich hasse das ganze Rjasaner Volk!« brach der Großfürst aus. »Die Wetsche[1] von Rjasan hat mich verbannt!«
Batu-Khan sah den finster schweigenden Subudai-Bahadur an.
»Was meinst du dazu, mein weiser Ratgeber?«
»Der unsterbliche Krieger, dein erhabener Großvater, hat zur Belehrung seiner Nachkommen die Jassa, eine Sammlung weiser Gesetze, hinter-

1 Der Großfürst Gleb Wladimirowitsch von Rjasan wollte mit seinen Brüdern nicht die Herrschaft teilen, er lud sie samt anderen Verwandten zu einem Gastmahl und ließ sie durch gedungene Polowezer Meuchelmörder umbringen. Diese Schandtat rief eine Empörung unter dem Volke hervor, und Gleb sah sich gezwungen, zu den Polowezern zu fliehen.

lassen, deren siebenundfünfzigstes lautet: ›Spione, falsche Zeugen, alle zu schändlichen Lastern neigenden Menschen sowie Zauberer sind zum Tode zu verurteilen.‹«

Fürst Gleb prallte unwillkürlich zurück. Mit einem durchdringenden Blick aus seinen zusammengekniffenen Augen sagte Batu-Khan: »Konas Galib! Nicht mein Verbündeter wirst du sein, sondern mein gehorsamer Vasall. Und wenn du dir einfallen lassen solltest, mich zu täuschen und zu hintergehen, so verlierst du dein Leben! Du darfst dich entfernen! Arapscha, kümmere dich um ihn!«

Der Rjasaner, der eine tiefe Verbeugung gemacht hatte, wartete noch auf ein freundliches Wort; aber Batu wandte sich ab. Subudai starrte, ohne mit einer Wimper zu zucken, vor sich in die Luft. Mit steinernem Gesicht öffnete Arapscha die Tür der Jurte.

In den schwarzen unguten Augen des Fürsten flammte Zorn auf. Dann schritt er in das Unwetter und in die Finsternis hinaus.

Das Märchen vom Khan Itil

»...Tschi-tschi, der Anführer des gen Westen ziehenden Stammes der Hun-nu, sagte:
›Wir sind ein kriegerisches Reitervolk, dessen Namen alle Barbaren mit Entsetzen erfüllt. Und wenn wir auch sterben, der Ruhm unserer Tapferkeit wird uns überleben, und unsere Kinder und Kindeskinder werden die Führer der Völker sein.‹«
(Aus einer morgenländischen Chronik)

Infolge des Unwetters, das die Festversammlung auseinandertrieb, fiel auch das abendliche Gastmahl aus. Batu-Khan äußerte die Absicht, den Abend mit einigen wenigen Gesellschaftern im Zelt seines siebenten Sternes Juldus-Hatun zu verbringen, und gebot dem Baurschi, die nötigen Vorbereitungen für ein Gastmahl zu treffen.

»Für wieviel Gäste?« flüsterte der Baurschi, vor Ehrfurcht fast ersterbend.

Batu-Khan stieß ein zischendes »Chi-chi!« hervor und wandte sich ab. Der Baurschi schärfte seinen Gehilfen ein, von dem goldenen Tafelgeschirr und von den aus Sygnak mitgenommenen Vorräten alles bereitzuhalten, was nur irgend gebraucht werden könnte, mochten auch noch soviel Gäste zum Mahle erscheinen.

Die Jurte des siebenten Sterns stand auf einer Anhöhe und war von einem Graben umgeben, in den das Regenwasser ablief. I-La-He erteilte ihrer Herrin die letzten Ratschläge, wie sie sich kleiden und benehmen und was sie sagen sollte.

»Ich werde immer um dich sein und dir notfalls soufflieren. Sei also ganz unbesorgt.«

Als erster kam auf Befehl des Dschichangirs der Hadschi Rachim. Juldus erschrak zuerst, beruhigte sich aber bald, als sie sah, daß er ihr

gepudertes und geschminktes Gesicht nicht erkannte. Der Fakih grüßte ehrerbietig, und die Chinesin bot ihm ein Sitzkissen aus Wildleder an. Wie es früher am Itil ausgesehen habe, vor tausend Jahren, wollte sie von dem gelehrten, vielgewanderten Hadschi wissen; sie hörte seine ausführliche Beschreibung aufmerksam an und wurde nicht müde, ihm immer neue und eingehende Fragen zu stellen.
Eine kleine Kavalkade machte vor der Jurte halt: Es war Batu-Khan in Gesellschaft des Ataliks und einiger Khane, die bei der Tafel meistens um ihn waren.
Juldus empfing ihre Gäste in einem chinesischen Seidengewand. Auf dem Kopfe trug sie eine hohe Sammetmütze, mit goldenen Spitzen besetzt. Vor Batu-Khan verneigte sie sich bis zur Erde.
»Kleine Juldus-Hatun«, redete er sie an, als er sich auf für ihn bereitgelegten Saffiankissen neben dem Feuer niedergelassen hatte, »mir ist eingefallen, daß du eine gute Märchenerzählerin bist. Darum wollte ich dir einen sonderbaren Menschen zeigen, der selber eine richtige Märchengestalt ist – einen Zauberer namens Gasuk, von dem man sagt, er sei tausend Jahre alt. Aber das ist ganz gewiß erlogen...«
I-La-He flüsterte ihrer Herrin etwas zu, und Juldus sagte:
»Wenn er wirklich tausend Jahre alt ist, müßte er sich an das Volk der Hun-nu erinnern können, das hier am Strom gelebt hat, und an dessen berühmten Zaren Itil.«
»Das hast du dir gut ausgedacht«, sagte Batu-Khan. »Wir wollen hören, was der Alte uns darüber zu sagen weiß.«
Krieger führten nun auf einen Wink Batus den Zauberer Gasuk herein, der mit der jungen schwarzäugigen Frau zusammengekettet war. Beiden wurde bedeutet, sich an der Wand der Jurte niederzulassen. Alle betrachteten den Zauberer neugierig, der die weißbewimperten Lider gesenkt hielt. Nur dann und wann schoß ein von Haß und Schrecken erfüllter Blick unter den buschigen Brauen hervor. Seine spitze Mütze war mit lauter alten Münzen benäht, sein mit grauem Lammfell gefütterter Kaftan mit unverständlichen Schriftzeichen bestickt. Seine Füße staken in Saffianlederstiefeln mit weiten weichen Schäften, deren lange Spitzen nach oben gebogen waren. Nachdem er sie mit vieler Umständlichkeit ausgezogen hatte, zeigte sich, daß seine Zehennägel von ganz ungewöhnlicher Länge und wie vertrocknete Schoten zusammengedreht waren. Zwischen den gespreizten Zehen steckten getrocknete Frösche, die bei jeder Bewegung der Zehen raschelten. Mit offenen Mündern starrten die Mongolen den Alten an. So einen Schamanen hatten sie in ihrem ganzen Leben noch nicht gesehen.
Batu-Khan fragte:
»Sag, Alter, wieviel Jahre zählst du?«
»Ich erinnere mich nicht genau. Nebel hat die verwichenen Jahre eingehüllt. Vielleicht zähle ich ihrer tausend, vielleicht auch noch mehr.«
»Dann kannst du dich wohl noch auf die Zeit besinnen, da hier am

Strome das Volk der Hun-nu lebte? Kannst du uns nicht etwas von ihrem Zaren Itil erzählen?«

Der Greis nickte bejahend mit dem Kopfe, bewegte seine Zehen, daß die Frösche laut raschelten.

»Das Märchen vom Khan Itil habe ich früher von unseren blinden Märchenerzählern gehört.«

»Erzähle uns dieses Märchen!«

Gasuk schloß die Augen, wiegte den Oberkörper langsam hin und her und begann in halb singendem Tonfall:

»Damals, am Ende vergangener Jahrtausende und am Anfang neuer Jahrtausende, zu einer Zeit, da es viele herrliche, weit und breit berühmte Recken gab, lebte hier, am Ufer des Stromes auf diesem Berge, der Khan Urak – ein starker, mächtiger und ruhmreicher Fürst. Sein Palast stand auf dem Gipfel des Berges und war von einer hohen Palisade aus Eichenstämmen umgeben, auf jedem der Pfähle aber steckte ein Menschenkopf, den der Khan in der Schlacht einem seiner Feinde abgeschlagen hatte. Im Pferdestall des Khans wurden hundert goldmähnige Hengste gefüttert, und in der Steppe weideten Stutenherden, so viele, daß der Khan selber nicht ihre genaue Zahl wußte. Alle Völker und Stämme ober- und unterhalb des Stromes waren ihm untertan. Fremde Kaufleute kamen auf Schiffen aus dem glühendheißen Arabistan und aus dem eiskalten Lande Warangistan, wo es ein halbes Jahr lang Nacht ist, und jedes Schiff hielt am Urakberge an, und die Kaufleute brachten dem Khan, der seinesgleichen nicht hatte, Geschenke dar, wodurch sein Reichtum immer größer wurde.

Einmal erhob sich ein furchtbarer Sturm und wühlte den Strom bis zum Grunde auf. Alle Zauberer flehten die Götter an, einzuhalten in ihrem Zorn. Doch der Sturm nahm an Stärke und Heftigkeit immer mehr zu, und die Wellen warfen die Schiffe ans Ufer wie Spielzeug, daß sie zerschellten. Der Oberzauberer saß Tag und Nacht betend auf einem Felsen, endlich aber sprach er zum Khan Urak:

›Heute nacht, als der Sturm etwas nachgelassen und der Mond sich für kurze Zeit am Himmel gezeigt hatte, ist mir der Wasserzar erschienen. Er hat langes wirres Haar und einen ebensolchen Bart, der ihm bis zu den Schenkeln reicht, wo sein Körper in einen schuppigen Fischschwanz endet. Statt der Hände hat er Pfoten mit Schwimmhäuten, auf dem Kopf aber trägt er eine goldene Krone mit Diamanten, die wie Sterne funkeln. Er peitschte mit seinem Fischschwanz wütend das Wasser, daß die Wellen haushoch gingen, und schalt: ‚Euer Khan Urak verdankt seinen ganzen Reichtum nur dem Strome, auf dem die Schiffe fahren, die ihm Geschenke bringen; mich aber vernachlässigt man völlig. Das mag ich nicht länger dulden. In jedem Jahr soll mir der Khan eine seiner Töchter zum Weibe geben. Weigert er sich, das zu tun, so werde ich alle Schiffe, die den Strom befahren, versenken, und keiner der fremden Kaufleute wird es mehr wagen, hierher zu kommen.‘‹

Wohl oder übel mußte sich der Khan dazu bequemen, den Wasserzaren zu versöhnen. Er händigte dem Oberzauberer kostbare Geschenke in reichverzierten Kästchen ein, die dieser dem Wassermann, den er nächtlich zu erscheinen beschwor, zuwarf. Im Herbst eines jeden Jahres nach der Ernte opferte der Khan dem Wassermann eine seiner Töchter, und als ihm ein Sohn und Erbe geboren wurde, nannte er ihn zu Ehren des Wasserzaren Itil.

Als der junge Khan mannbar geworden war, tauchte der Wasserzar dort, wo der Strom dem Palast am nächsten kommt, auf und rief:

›He, Khan Urak! Man sagt, dein Sohn sei ein tapferer Batyr geworden. Sende ihn zu mir, damit er um eine meiner Töchter freie, die ihm am meisten von allen gefällt. Er soll in meinem Unterwasserreiche bleiben und mein Erbe werden. Weigert er sich aber, meinen Wunsch zu erfüllen, so werde ich einen solchen Sturm entfesseln, daß die Wellen nicht nur deinen Palast, sondern dein ganzes Reich fortspülen sollen.‹

›Nun gut‹, sagte der Khan. ›In drei Tagen darfst du den Besuch erwarten.‹

Als der junge Khan, der auf der Falkenbeize gewesen war, in den Palast zurückkehrte, sprach der alte Khan zu ihm:

›Der Wassermann will, daß du ihn besuchst und um eine seiner Töchter freist. Mach dich also mit dem Gedanken, sein Schwiegersohn zu werden, vertraut und schicke ihm Geschenke und Brautwerber.‹

Da rief der junge Khan:

›Seit fünfzehn Jahren gibst du ihm alljährlich eine deiner Töchter zum Weibe, und noch keine einzige von ihnen ist einmal zu dir auf Besuch gekommen, um dir wenigstens deinen Enkel zu zeigen! Und das gleiche Schicksal soll auch mir beschieden sein. Befinde ich mich erst einmal auf dem Grunde des Stromes im Kristallpalast des Wassermanns, dann werde ich mein ganzes früheres Leben vergessen: Eltern und Vaterhaus, meine Gefährten... Nein, ich liebe die weiten Steppen und ihre Gewitterstürme, liebe die Rosse und das Weidwerk. Ich mag nicht hinab in die Tiefen des Wassers! Lieber sammle ich eine Schar tapferer Dschigiten um mich und ziehe mit ihnen aus, um fremde Länder zu erobern!‹«

Batu-Khan, der bis hierher unbewegt der Erzählung gelauscht hatte, beugte sich jetzt vor und rief dem Alten zu:

»Ja, so spricht ein wirklicher Bahadur! Wenn einer wie er auf Eroberungen auszieht, so wird er große Taten vollbringen!«

»Höre, was weiter geschah!« beschwichtigte der alte Zauberer Batus Eifer. »Itils Vater antwortete seinem Sohne also:

›Auf Eroberungen ausziehen ist ein recht gewagtes Unternehmen. Man kann dabei gewinnen, man kann dabei aber auch Kopf und Kragen verlieren. Bleib lieber daheim und gründe am Unterlauf des Stromes, wo er sich in viele hundert Arme teilt, eine Stadt und uneinnehmbare Burg. Und baue dir dort einen Palast mit einem Gemach, dessen Wände aus lauter bunten Kacheln bestehen. Das kannst du dann mit Wasser füllen lassen, so daß dein Nixenweib darin herumschwimmen und ihren

Vater empfangen kann, falls es ihm einfallen sollte, euch zu besuchen.‹
›Ich weiß, was zu tun ist‹, sagte der junge Khan. Er entbot zur Feier seiner Hochzeit tausend wackere Dschigiten und tausend Fischer und ließ viele lange Netze vorbereiten. Am Ufer, wo große Scheiterhaufen loderten, sangen die Zauberer und schlugen dazu die rasselnden Schellentrommeln. Dann riefen sie dem Wassermann zu, Prinz Itil käme mit seinem Gefolge angefahren, um ihn unter dem Wasser in seinem Kristallpalast zu besuchen.
Khan Itil setzte sich auf die Rückbank eines großen Bootes, das von zwanzig Ruderern in prächtigen Brokatgewändern fortbewegt wurde. Der Prinz trug einen rotsamtenen Tschapan und eine Zobelfellmütze mit purpurnem Deckel. Mit ihm war im selben Boot der Großwesir seines Vaters, der ein herrlich verziertes Kästchen mit kostbarem Geschmeide in den Händen hielt – ein Brautgeschenk für die Tochter des Wasserzaren.
In der Mitte des Stromes, wo die tiefsten Strudel waren, zogen die Ruderer ihre Ruder ein, und der junge Khan rief dreimal laut den Wasserzaren. Beim dritten Male geriet das Wasser in Bewegung, die Wellen wogten immer heftiger, mit Blitz und Donnerschlag brach ein Sturm los. Der Prinz, der das Schmuckkästchen in der Hand hielt, beugte sich weit über den Bootsrand und rief dem Wassermann zu, näher heranzuschwimmen.
Währenddessen hatten die tausend Fischer ihre großen langen Netze ins Wasser gelassen und näherten sich nun mit ihren Booten von allen Seiten dem prinzlichen Boot.
Bei einem besonders furchtbaren Donnerschlag, der auf einen blendendgrellen, schwefelgelben Blitz folgte, stieß der Großwesir dem jungen Khan ein Messer in den Rücken und warf ihn durch einen heftigen Stoß kopfüber ins Wasser. Die ob dieser Untat empörten Ruderer erschlugen den tückischen Wesir mit ihren Rudern und stürzten ihn ebenfalls in die aufgewühlten Fluten.
Doch die Fischer waren inzwischen herbeigekommen und fischten beide, den Prinzen und den Wesir, wieder heraus. Itil war unversehrt. Er hatte Verrat gewittert und darum einen stählernen Panzer unter seinem Tschapan angelegt. Der Wesir hingegen war tot. Mit gebrochenem Rückgrat zog man ihn aus dem Wasser, und in seinen Taschen fanden sich alle für die Nixe, die Wasserprinzessin, bestimmten Geschmeide, während das Kästchen, das die Fischer später fanden, nichts als gewöhnliche Kieselsteine enthielt.
Itil stieg wieder in sein Boot und befahl den Fischern:
›Werft eure Netze tiefer aus und fischt mir diesen Wassermann heraus!‹
Die Fischer taten, wie ihnen geheißen wurde, aber sie fingen nur einen riesengroßen Hausen, der auf dem Kopfe lauter Auswüchse hatte, die wie eine Krone aussahen, und einen langen weißen Bart. Dieses Ungetüm wälzte sich wie toll umher und zerriß die stärksten Netze.«

»Dse-dse!« riefen die Zuhörer.
»Da rief der junge Khan Itil:
›Am Ende ist das gar mein Schwiegervater! Es würde mir schlecht anstehen, Fischsuppe aus ihm zu kochen! Laßt ihn wieder frei!‹
Der Hausen tauchte unter, und das Unwetter wurde noch heftiger. Die Wellen türmten sich bergehoch, traten übers Ufer und spülten Boote, Hütten, Menschen, Ochsen und Pferde samt Wagen fort. Der Donner dröhnte ohne Unterlaß, und die Blitze leuchteten so grell, daß man hätte davon blind werden können. Vom Himmel schüttete es, als sollte alles Lebendige auf Erden ersäuft werden. Das war die Rache, die der Donnergott auf Bitten des Wasserzaren am Khan Urak nahm. Der Palast ging in Flammen auf und brannte bis auf den Grund nieder. Die Wasserfluten spülten die verkohlten Schuttmassen fort. Der Khan erstarrte vor Entsetzen zu Stein; von Wellen überflutet, sah er mit großen Augen dem Untergange seines Reiches zu. Das Ruderboot des jungen Khans landete nach stürmischer Irrfahrt im Wipfel einer alten Birke. Als der Sturm sich gelegt und die Flut sich verlaufen hatte, richtete der junge Khan zu Ehren seines verstorbenen Vaters einen feierlichen Leichenschmaus aus. Jeder Geladene brachte eine Mütze voll Erde mit und leerte sie über dem versteinerten Körper des alten Khans Urak aus. So entstand der hohe Kurgan auf dem Urakberge, an dem seither alljährlich Gottesdienste zu Ehren des Wasser- und Donnergottes abgehalten werden, um ihren Zorn zu besänftigen und sie den Bewohnern des Gebietes um den Urakberg herum günstig zu stimmen...«
Der alte Zauberer schwieg, und seine Zuhörer saßen still und stumm da, nur das Geraschel der vertrockneten Frösche war zu hören.
Da unterbrach Batu-Khan die Stille mit der Frage:
»Und was wurde aus dem jungen Khan Itil? Hat er eine neue Stadt gegründet und sich einen Palast gebaut? Oder ist er ausgezogen, um andere Länder zu erobern?«
»Nein, eine Stadt und einen Palast hat er nicht gebaut. ›Dazu ist später auch noch Zeit!‹ meinte er. Er sammelte vielmehr ein großes Heer und zog damit gegen die westlichen Völker. Dem Heere folgte ein großer Troß von Wagen, mit Ochsen bespannt, und Kamelen. Darauf saßen Weiber und Kinder und Greise. Weit fort zog das Heer, zehn Jahresreisen weit, und Khan Itil schlug damit die Heere aller Völker, auf die er stieß, und eroberte neunundneunzig Reiche. Doch er starb eines schimpflichen Todes. Obwohl er dreihundert Frauen hatte, nahm er als jüngste noch die Tochter des zuletzt von ihm besiegten Kaisers zum Weibe. In der Hochzeitsnacht erstach sie ihn. Itils Krieger beschlossen, den Leichnam des Tapfersten der Tapferen auf einem Scheiterhaufen am Ufer der Donau zu verbrennen. Aber im Mondlicht tauchte eine Nixe aus den Fluten der Donau auf und sprach zu den Kriegern, die die Totenwacht hielten:
›Ich bin die Tochter des Wasserzaren. Khan Itil war mir angelobt. Legt seinen Körper in einen Kristallsarg und versenkt ihn auf den Grund des

Flusses. Ich werde ihn behüten und mit meinen Schwestern, den Nixen, Lieder singen...‹
So taten die Krieger auch. Als der Kristallsarg auf den Grund der Donau versenkt worden war, zeigte sich die Tochter des Wasserzaren noch einmal über dem Wasser. Sie machte ihrer Trauer in bitteren Tränen Luft und verschwand dann für immer von der Oberwelt.«
»Was wurde denn aus dem Volke der Hun-nu, nachdem der Khan Itil gestorben war? Kehrte es wieder in seine Heimat zurück?«
»Es zerfiel in lauter kleinere Stämme, die sich in Kriegen mit anderen Völkern aufrieben. Nichts als die Lieder und Märchen ihrer Heldentaten ist erhalten geblieben.«
»Kleine Juldus-Hatun«, wandte sich Batu an seinen siebenten Stern, »hat dir das Märchen gefallen?«
»Nein, nein!« rief Juldus, die sich während des Zuhörens an ihre Sklavin I-La-He geschmiegt hatte. »Es klang viel zu traurig! Viel schöner ist ein anderes Märchen, von dem wir freilich vorerst nur den Anfang kennen, aber es ist ein fröhlicher Anfang, und es handelt von einem Bahadur, der noch kühner und mächtiger ist, als Itil-Khan es war. Und dieser siegreiche Bahadur heißt – Batu-Khan! Als blendender Stern wirst du den Ruhmesweg der Mongolen erhellen!«
Batu-Khan schlug sich mit der Faust aufs Knie.
»Ja, das werde ich ganz gewiß! Ich schwöre es beim ewigen blauen Himmel! Den ganzen Erdkreis werde ich erobern und das Volk der Mongolen berühmt machen über alle anderen Völker!«
Und die anwesenden Khane riefen wie aus einem Munde:
»Du bist der Blendende und das Herz des Mongolenvolkes!«
Batu-Khan verständigte Arapscha durch ein Zeichen, den alten Zauberer vom Urakberge samt seinem Weibe aus der Jurte zu führen. Dann warf er mit hochgezogener rechter Braue einen Blick auf den wartenden Baurschi, ihm damit bedeutend, daß das Mahl aufgetragen werden sollte.

Dritter Teil

Die Mongolen im Anmarsch auf Rußland

Vor jener Unglückszeit, vor jener bösen,
standen in Flammen jenseits des Stroms die Wälder,
die alten, dichten Nadelwälder.
Und schwarzer Rauch stand drüber, der die Sonne
selbst verhüllte am Himmel.
Vor Rauch und Flammen konnte kein Vogel
mehr über die Wälder fliegen...
Und Gerüchte gingen um im Land von Mund zu Mund
und kündeten Schrecken, kündeten Krieg...
(Iw. Rukawischnikow, »Jarilo«)

Der älteste Waldbewohner

Der menschenscheue, finstere Saweli Sewrjuk, mit Beinamen Dikoroß,[1] was ungefähr soviel wie »der Wildwachsende« bedeutet, lebte am Ufer jenes einsamen Sees, der ganz verloren in der Tiefe der ungeheuren und jahrtausendealten rjasanschen Wälder lag. Auf einer Lichtung standen die paar Hütten des Weilers und ein aus Brettern und Balken gezimmertes Kapellchen. Ringsum wucherten üppig Brombeer-, Himbeer- und Johannisbeerhecken. Sowohl die Lichtung wie auch der Weiler hießen Perunow Bor – zu deutsch: Peruns Wald.

Die ältesten der Waldbewohner behaupteten, hier hätten früher Zauberer gelebt und hölzerne Götzenbilder angebetet, und in der Tat lag ein solches Götzenbild, morsch und gleichsam in die Erde hineingewachsen, in einem Himbeergestrüpp mitten im dunklen Tannenwald.

Nach allen Richtungen hin zogen sich grundlose Sümpfe und Moore, über die auf kaum bemerkbaren Pfaden höchstens die Hasen laufen konnten. So mancher des Weges Unkundige oder Unvorsichtige, Wanderer oder Jäger, war in diesen Morästen versunken, getäuscht durch die grüne Decke, die smaragdgrüne Wiesen vorgegaukelt hatten. Außer Dikoroß wohnten noch einige Waldbauern im Weiler Perunow Bor. Sawelis nächster Nachbar zur Rechten war ein Mordwine namens Waula, der seine Heimat auf der Suche nach einem besseren Los verlassen hatte. Untersetzt, schwarzhaarig und pockennarbig wie er selber war auch seine Frau, mit der er nur mordwinisch sprach, weshalb er ja auch seinen Beinamen erhalten hatte, denn Waula bedeutet »der Lis-

---

1 Zu jener Zeit führten die Leute außer ihrem christlichen Taufnamen noch einen zweiten, gewöhnlich altslawischen Namen, die beide in die Kirchenregister eingetragen wurden. Aus den Zunamen sind später die Familiennamen gebildet worden. Da die Leute damals aber sehr abergläubisch waren und an Behexungen, Verwünschungen, an den bösen Blick und dergleichen fest glaubten, verschwiegen sie meistens ihren christlichen Taufnamen samt dem Zunamen und legten sich noch einen Beinamen zu, der im täglichen Umgang viel häufiger als ihre richtigen Namen gebraucht wurde. So wähnten sie sich gegen magische Einwirkungen besser geschützt, denn die Namensmagie war damals sehr im Schwange.

pelnde«. In ihrer Hütte wimmelte es von Kindern – alle klein, flink und schwarzäugig wie Mäuse.
Sawelis anderer Nachbar, der zur Linken, war ein gebürtiger Rjasaner namens Swjaga, hochgewachsen, hager, knochig und sehnig. Er wohnte in einer Art Holzgerüst, das mit Rasen und Schichten von Birkenrinde gedeckt und abgedichtet war. Den meisten Platz in seiner Hütte nahm ein Lehmofen ein. Da dieser Ofen keinen Schornstein hatte, sondern der Rauch durch ein Schiebefensterchen über der Tür abzog, waren Swjagas Kinder, lauter Flachsköpfe, stets mit Ruß beschmiert. Swjagas Frau, groß und hager wie ihr Mann, half ihm im Sommer bei seiner Holzfällerarbeit und ebenso im Winter beim Transport der Kiefern- und Fichtenstämme übers Eis zum nächsten Kloster. Sie war darum ewig mit ihrer Hausarbeit im Rückstand, mit der sie aus Zeitmangel nie fertig wurde.
Schließlich wohnte noch der Bauer Lichar Kudrasch im Weiler. Er stammte aus der Susdaler Gegend und hatte sich später als seine jetzigen Nachbarn hier ansässig gemacht. Er war mit seiner jungen Frau gekommen, und sie hatte ihm fleißig beim Bau der Hütte geholfen, die auch einen als Viehstall dienenden Anbau besaß. Aber bald nach der Geburt eines Töchterchens hatte die Frau das Fieber bekommen und war nach kurzem Krankenlager gestorben. Aus einem Lindenklotz hatte Kudrasch ihr einen Sarg zurechtgehauen und sie darin unter einer jungen Birke begraben. Sein Töchterchen hatte der Witwer mit der Flasche aufgepäppelt. Als Weschnjanka ein bißchen größer war, war ihr Vater oft für längere Zeit abwesend: bald als Bauarbeiter in Rjasan, bald trieb er Tauschhandel auf dem »Wilden Feld« mit den nomadisierenden Polowezern, dann wieder streifte er wochenlang durch die Wälder, um Eichhörnchen, Hermeline und Marder und andere Pelztiere in Fallen zu fangen. Weschnjanka aber lebte währenddessen beim Nachbar Dikoroß und dessen Frau wie deren eigenes Kind.
In der Siedlung galt Saweli als der Älteste; länger als die anderen hier ansässig, war er ihnen in allen Dingen beispielgebend: wann man mit dem Pflügen beginnen mußte, wann man, unbesorgt um Morgenfröste, mit dem Säen anfangen konnte, wann man die gefangenen Fische, die eingemachten Beeren, die eingesalzenen Pilze über die gefrorenen Sümpfe zum Kloster zu schaffen hatte und so fort. Sawelis Vater und Großvater hatten als erste das Urwalddickicht gelichtet, die gewaltigen Baumriesen gefällt, den Boden gerodet und Wurzeln und Baumstümpfe weggebrannt, sie hatten die erste Saat in die jungfräuliche Erde gesenkt – zuerst Hafer und in den nächsten Jahren Roggen und Hanf.
Wenn es nach Dikoroß gegangen wäre, so wäre er gern noch tiefer in den Urwald eingedrungen, um dem Zugriff des Steuereinnehmers des Klosters und den Tiunen des Fürsten zu entrinnen. Aber mit ihren scharfen, raubgierigen Augen wissen sie einen ja überall zu finden, kommen zu den frischgerodeten Stellen, beginnen zu rechnen, und das Ergebnis ihrer Rechnerei ist eine Erhöhung des Zinses. Dann spielt sich

stets die gleiche Szene ab: Dikoroß wirft unmutig seine Hundsfellkappe zu Boden, schüttelt zornig sein Zottelhaar und brummt: »Habt die Güte, mit der Eintreibung des Zinses zu warten. Selbst einem Pferd gönnt man ja eine Atempause, führt es auf die Weide, wo es frei springen und grasen darf. Weshalb denn einen Menschen zu Tode schinden? Ich muß doch alle Arbeit allein machen, habe keine Zeit, meine Hände in den Schoß zu legen. Lange noch wird's dauern, bis mir in meinem Söhnchen ein Helfer herangewachsen ist.« Und wieder stemmt er sich auf die Handgriffe seines Pfluges oder seiner Egge oder greift zur Axt, um sie an hundertjährige Stämme zu legen und eine Schneise zu schlagen, wobei er fast bis zum Leib im Morast steht.

Ja, seine ganze Hoffnung hatte Dikoroß auf seinen Sohn gesetzt, seinen Einzigen. Solange der noch ein Knirps gewesen war, hatte der Vater ihn Glusdyr, das heißt »junges Vögelchen«, genannt; als das fixe Bürschlein aber heranwuchs, gaben die Nachbarn ihm wegen seiner Findigkeit und Flinkheit den Beinamen Toropka, was ungefähr soviel wie der »Hurtige« oder »Flinke« heißt. Der Knabe hatte zwar bei der Taufe vom Popen noch einen anderen Namen erhalten, doch der war viel zu schwer auszusprechen: Anempodist – dabei konnte man sich ja die Zunge verrenken. Groß und kräftig, zottelköpfig und sommersprossig, war Toropka das Ebenbild seines Vaters; wie dieser konnte er Bäume fällen, Neuland umpflügen, ein Eichhörnchen im Sprung mit dem Pfeil seines Bogens treffen.

Auch eine Witwe lebte noch in Perunow Bor, aber sie wirtschaftete wie ein Mann, pflügte selbst ihren Acker, hackte Holz und fing mit dem Netz im See Karpfen und Bleie. Witwe war sie seit der Zeit, da Flußpiraten am Unterlauf der Wolga ihre beiden Kinder, einen Knaben und ein Mädchen, geraubt und später an bulgarische Kaufleute verkauft hatten. Ihr Mann, der versucht hatte, den Räubern die Kinder wieder zu entreißen, war von ihnen auf einen brennenden Scheiterhaufen geworfen worden, was seinen Tod zur Folge hatte. Davon rührte auch ihr Beiname Opalonicha, »die Versengte«, her. Um die schreckliche Erinnerung aus ihrem Gedächtnis zu verbannen, verließ sie den Ort, wo ihr das Unglück zugestoßen war, und siedelte sich in Perunow Bor an, wo sie durch harte ermüdende körperliche Arbeit ihren Gram zu übertäuben suchte. Sie warf sich auf die Schafzucht, und bei ihr gediehen die Tiere, die den anderen unter den Händen wegstarben. Aber so hart die Opalonicha auch arbeiten mochte, ihre Kinder konnte sie nicht vergessen. Große Zuneigung faßte sie zu Lichars Töchterchen Weschnjanka, die sie wie eine Mutter betreute. Im Hungerjahr aber fand sie auf einem Friedhof zwei Waisenkinder, die nahm sie zu sich und nährte und erzog sie wie leibliche Kinder.

Ankömmlinge aus der »Welt«

Nur höchst selten verirrte sich jemand aus der Außenwelt nach dem Peruns Wald; er lag zu weit abseits der großen Straße. Eher noch als Menschen ließen sich Tiere im Wald und im Weiler blicken – ein plumper Braunbär zum Beispiel oder ein mächtiger Elch; manchmal setzte auch ein schlanker gefleckter Hirsch mit leichten Sprüngen über die Lichtung auf der Flucht vor einem Luchs. Im Winter aber kamen die Wölfe rudelweise bis dicht an die Hütten heran, und ringsum auf den Krautäckern mästeten sich die Hasen.

Als sich auf den Sümpfen eine feste Eiskruste gebildet hatte, dick genug, um das Gewicht von Roß und Reiter zu tragen, kamen zum weltabgeschiedenen See seltsame Besucher aus der Welt[1] – ein Ritter und ein Mönch samt einem Knecht.

Sie saßen auf erlesenen Rossen, und ihre Waffen waren mit Silber beschlagen. Der stets zu Scherzen aufgelegte junge Ritter, der seinem Aussehen nach über große Körperkräfte verfügen mußte, freundete sich rasch mit den Leuten von Peruns Wald an, wohingegen der alte Mönch mit langem, halbergrautem Haar, der unter seinem Halbpelz einen schwarzen Leibrock trug, sie durch sein mürrisches, finsteres Wesen eher abstieß. Beider Leidenschaft schien die Jagd zu sein, denn sie erkundigten sich sofort bei Kudrasch und Dikoroß, was für Spuren wilder Tiere sie bemerkt hätten, ob es Bärenhöhlen in der Nähe gäbe, ob Elche sich in der Gegend hätten sehen lassen. Als sie sich für die Jagd umgekleidet, Schneeschuhe angeschnallt und zum Jagdspieß gegriffen hatten, machten sie sich in Gesellschaft von Dikoroß, Kudrasch und Toropka auf und streiften tagelang durch den verschneiten Wald, den Fährten von Bär und Elch folgend.

In Sawelis Hütte zurückgekehrt, aßen sie Kohlsuppe mit Elchfleisch und erzählten sich gegenseitig ihre Jagderlebnisse.

»Warum, Vater Epimach«, fragte Dikoroß einmal den finsteren Mönch, »hast du die Kutte genommen? Schwert und Speer hätten wahrlich besser zu dir gepaßt. Bei der Bärenjagd entwickelst du eine erstaunliche Geschicklichkeit. Du taugtest wirklich eher dazu, im Kampf deinen Mann zu stehn, denn als frommer Büßer Kniefälle zu tun.«

Der Finstere antwortete:

»Meinst du denn, es sei mir, dem Ritter Ratibor, dessen ganze Lust es war, in den wilden Polowezer Steppen Kämpfe zu bestehen, eine Freude gewesen, den Panzer abzulegen? Bin ich etwa aus freien Stücken ein

---

1 In so weltentlegenen Walddörfern pflegte man eine dicht besiedelte Gegend »Welt« zu nennen. Wenn so ein Hinterwäldler aus seiner Einsamkeit in ein größeres Kirchspiel oder gar in eine Stadt gefahren war, so pflegte er zu sagen: »Ich bin in der Welt gewesen«, »Ich kehre aus der Welt zurück«, und seine daheim gebliebenen Dorfgenossen erkundigten sich eifrig bei ihm: »Nun, was gibt's Neues in der Welt?«

Gefangener des Klosters geworden? Ich habe einem Hochgestellten im Wege gestanden – und da mußte ich mich wohl oder übel unterwerfen und mich dazu bequemen, in ein weltabgeschiedenes Kloster einzutreten... Es tummeln sich jetzt gar viele Fürsten und Fürstlein hier, und sie wetzen gierig ihre Zähne, ob sie an einer noch reicher besetzten Tafel noch günstiger zu Stuhle kommen... Nun, mögen sie sich meinetwegen weiterhin katzbalgen! Ich sitze geruhig in meiner Zelle und schreibe meine Chronik, zeichne gewissenhaft alles auf, was ich gesehn und erlebt habe... Kommt aber dieser junge Rittersmann mich holen, so vertausche ich die Gänsefeder mit der Saufeder...«

»Wenn nun aber die Feinde in unser Land einfallen«, fragte Dikoroß, »wirst du dann auch in deiner Zelle bleiben?«

»Dann werden mich weder die Steinmauern noch die Verbote des Abtes im Kloster halten. Dann trete ich als einfacher Krieger ins Gefolge des tapferen Ritters Jewpati ein und lasse mein Blut und mein Leben für unser heiliges russisches Land auf dem Felde der Ehre.«

Mitten im Winter kam ein Händler mit seinem Schlitten nach Peruns Wald. In dem Korbgestell aus Weidengeflecht fanden sich manche für Weiber und Kinder verlockende Waren: Nadeln und Spangen, bunte Bänder, mit Blumen bestickte Kopftücher, Glasperlen und Honigkuchen. Geld nahm der Mann für seine Waren nicht, er tauschte sie nur gegen Felle ein – Marder-, Fuchs-, Biberfelle und andere. Toropka erhandelte gegen ein Bund Eichhörnchenfelle grüne Glasperlen und schenkte sie Weschnjanka.

Der Händler war kein Russe, das erkannte man schon an seiner Tracht. Auf dem Kopf trug er eine mit einem weißen Handtuch umwundene topfartige Mütze, die Schäfte seiner Stiefel waren aus lauter kleinen bunten Saffianlederstücken zusammengenäht, und auch sein Kaftan hatte einen ungewöhnlichen Schnitt. Die Weiber hatten gleich gemerkt, daß er nicht rechts geknöpft wurde wie bei allen rechtgläubigen Christen, sondern links wie bei den Ungläubigen oder Linkshändern.

Von diesem Händler hörten die Waldbauern zum ersten Male, daß von Osten her ein entsetzliches Volk sich nähere, das alle Städte und Dörfer dem Erdboden gleichmache und alles, was Odem hat, töte – Männer, Weiber, Greise und Kinder – ohne Unterschied und ohne Erbarmen.

»Nun, so erzähle uns von diesen Unholden!«

»Diese Unholde – sie heißen Tataren und Mongolen – kamen eines Tages auf ihren Pferdchen angebraust, als führe ein Hagelwetter über unsere Köpfe hin. Es war die Vorhut des Khans Scheibani, des Enkels von Tschagonis, die in unser Bulgarenland einfiel, unsere Städte zerstörte, darunter auch meine am Flusse Kama gelegene Vaterstadt Bilar. Nur solche Männer, die sich auf irgendein Handwerk verstanden, ließen sie am Leben, schleppten sie aber in Ketten fort, weit fort, in ihr unbekanntes Land. Von den anderen konnten nur diejenigen ihr Leben retten, denen es glückte, rechtzeitig in unzugängliche Wälder und Berge zu fliehen. In fünf von unseren Städten haben sie Besatzungstruppen zurückgelassen, um uns Bulgaren unters Joch der Unfreiheit zu beugen; ihr Hauptheer aber ist weitergezogen in die Polowezer Steppen... Wartet nur, bald werdet auch ihr sie zu sehn bekommen, diese Unholde, mit denen zu kämpfen zwecklos ist, weil ihrer so viele sind wie Mücken in der Luft über einem Sumpf... Furchtbar anzusehn sind sie in ihren rußigen Schafspelzen... Ihrem Angriff kann niemand widerstehen.«

»Für euch Bulgaren mögen diese Tataren furchtbare, unwiderstehliche Feinde sein«, meinte Dikoroß, »denn ihr seid im Stiefelflicken und Schachern geübter als im Kämpfen. Nein, tüchtige Krieger seid ihr Bulgaren noch nie gewesen.«

»Warten wir's ab, was von euch tüchtigen Kriegern übrigbleibt, wenn die Tataren über euch herfallen.«

»Hüte deine lose Zunge«, verwarnte ihn die Witwe Opalonicha. »Wir werden diesem Tschagonis mit unseren Äxten einen Empfang bereiten, wenn es ihm einfallen sollte, sich mit seinen Heiden hier zu zeigen... Auch wir Frauen werden kämpfen, Schulter an Schulter mit den Männern!«

»Mögen diese Tataren nur brüllen, wenn sie wie eine Woge über uns hinbranden«, sagte Dikoroß. »Auch der Bär brüllt, wenn er sich in den Jagdspieß stürzt. Auch die Polowezer pflegen beim Angriff wie wilde Tiere zu heulen, um ihren Gegnern damit Schrecken einzujagen. Unsre Rjasaner Mannen sind daran gewöhnt und wissen genau, wie man sie in die Steppe zurückjagt. Warum sollten die Tataren schrecklicher sein als die Polowezer?«

Der erste Alarm

Der Händler war auf seinem Schlitten wieder davongefahren; das Gespräch der Waldbauern drehte sich noch eine längere oder kürzere Weile um die Tataren und Mongolen des Tschagonis, dann gerieten sie in Vergessenheit. »Bis zu uns ist's noch weit!« – »Bis hierher werden sie kaum kommen!« Ein halbes Jahr später, nämlich im Spätherbst, kam ganz abgehetzt und außer Atem aus dem nächsten, zwanzig Werst von Perunow Bor entfernten, am Rande eines Tannenwaldes gelegenen Kirchspiel Jarustowo ein Eilbote, der auf den schon leicht gefrorenen Pfaden mitten durch die Sümpfe gelaufen war. Er rief durchs Fenster einer jeden Hütte deren Bewohnern zu, sie möchten sich alle versammeln, um den Willen des Fürsten von Rjasan zu vernehmen, in dessen Auftrag er, der Bote, hier erscheine. Dann setzte er sich auf einen der herumliegenden Stapel von Balken, bis alle Bewohner des Weilers, auch Weiber und Kinder fehlten nicht, sich um ihn versammelt hatten.

»Der Fürst Juri Ingwarewitsch von Rjasan, unser Vater...«, begann der Bote, aber Kudrasch unterbrach ihn:

»Was heißt hier Vater? ... Wir haben ihn noch nie gesehn, diesen Vater!«

Der Bote wischte sich mit dem Ärmel über die Nase und fuhr unerschütterlich fort:
»... unser Landesvater, ruft sein Volk auf, sich zum Heereszug zu sammeln. Schreckliche Feinde sind im Anzug gegen das Rjasaner Land, und noch bevor sie unsere Grenzen erreicht haben, muß man ihnen ins Wilde Feld entgegenziehen und sie gar nicht erst auf unsere Äcker und Fluren lassen.«
»Von wem weißt du denn das alles?« unterbrach hier Swjaga den Eilboten. »Wer hat dich hierher zu uns geschickt? Der Amtmann oder der Pope oder wer sonst? Was versetzt du uns in Angst und Schrecken?«
»Ein fürstlicher Tiun kam zu uns nach Jarustowo und mit ihm, zu seinem Schutz, zwanzig Otriko, alle gut beritten. Der Schultheiß hat sie in unsere Hütten einquartiert, und wir müssen sie und ihre Pferde nun schon den zweiten Tag füttern, und fressen tun sie wie die Wildsäue, als hätten sie in Rjasan nichts zu essen bekommen. Der Tiun berief die Gemeindeversammlung ein und erzählte uns, ein unbekanntes wildes Barbarenvolk, Tataren genannt, zöge heran, und alle Männer und Burschen von sechzehn Jahren aufwärts müßten mit Äxten und Spießen oder sonstwie bewaffnet nach Rjasan kommen, wo der Fürst einen ›großen Polk‹ bilden und an alle Schwerter und Speere und Streitäxte verteilen werde. Diesen Aufruf zu den Waffen haben die Tiune des Fürsten in alle Städte und Kirchspiele des Landes gebracht: nach Saraisk, nach Murom und auch zu den Fürsten nach Susdal, nach Wladimir...«
Dikoroß, der den Boten finster angehört hatte, räusperte sich und fragte:
»Wer bist du denn?«
»Ich? Ich bin Jaschka Brech.«
»Von welchen Brechs? Vom Fischer Pachom?«
»Eben von dem... Pachom Terentitsch ist mein Vater.«
»Er ist mein Vetter... Aber sprich: Warum hat der Fürst sich so lange besonnen? Warum hat er die Männer nicht schon früher zu den Waffen gerufen? Die Tataren stehen schon an unserer Grenze, und er – denkt endlich daran, seine Tiune auszusenden! Warum habt ihr denn nicht besser achtgegeben? Und was ist mit den Susdalern? Ihr Polk ist doch viel stärker als der Rjasansche. Warum sind die Susdaler nicht auf Grenzwacht gezogen? Jetzt werden die Tataren uns Rjasaner hart bedrängen, und die Susdaler, die sicher im Schutze ihrer festen Mauer sitzen, lachen sich eins ins Fäustchen und sprechen: ›Schlagt sie nur ordentlich aufs Maul!‹ Warum rücken nicht alle zusammen aus... in einer geschlossenen Front?«
»Schau einer an! Wie du dir das denkst? Die Fürsten sind untereinander wie Hund und Katze, möchten sich am liebsten gegenseitig die Gurgel durchbeißen. Die werden sich gerade gegenseitigen Beistand leisten!«
Dikoroß beschied den Boten:
»Sage dem Amtmann und dem Tiun, wir Waldbauern aus Perunow Bor werden morgen alle nach Rjasan marschieren... In Jarustowo werde

ich bei deinem Vater vorsprechen... Dann wollen wir sehn, was und wie...«
Mit diesem Bescheid machte sich der Bote auf den Rückweg und war bald auf einem Waldsteig zwischen den mit Schnee bedeckten Tannen verschwunden.

Der Aufbruch ins Wilde Feld

Saweli Dikoroß traf seine Vorbereitungen. Er zog dem letzten der erlegten Eichhörnchen das Fell ab und hängte es zu den anderen umgestülpten Fellchen unter der Oberlage seiner Hütte auf.
»Falls irgendwas passieren sollte, dann tausche die Felle gegen Getreide ein«, sagte er zu seiner Frau.
Dann ging er in den Wald und brachte noch einen ordentlichen Vorrat Brennholz ein. Sein leichtes Zimmermannsbeil ließ er der Frau für die Wirtschaft zurück, an sein schweres Holzfällerbeil aber machte er einen neuen, festeren und längeren Stiel. Er schärfte die Stoßklinge an seinem Jagdspieß und umwickelte das Verbindungsstück straff mit neuen Sehnen. Auch für seinen Sohn Toropka verfertigte er eine Waffe aus einem Sensenblatt.
Mit Hilfe Weschnjankas knetete Sawelis Frau Mariza einen aus Roggenmehl und Gerstenkwas angerührten Teig und buk davon drei große Brote und einige kleinere Rundbrötchen. Eines der Brote zerschnitten die Frauen in dünne Scheiben und rösteten sie im Ofen. Diese Zwiebäcke legten sie als Wegzehrung den Männern in die Rucksäcke und packten auch Zwiebeln, gedämpfte Rüben und eine Handvoll Salz mit ein.
»Unser Salz geht zur Neige«, sagte Mariza. »Deshalb gebe ich euch nur eine Handvoll mit. Draußen in der Welt wird man leichter welches bekommen als hier.«
Am Morgen, als durch die dunklen Tannen die ersten Strahlen des purpurnen Morgenrots leuchteten, versammelten sich die Waldbauern von Peruns Wald vor Sawelis Hütte. Jeder trug auf dem Rücken einen Sack mit Mundvorrat, am Gurt ein Beil und ein Paar Ersatzbastschuhe. Die Bäuerinnen hatten sich in ihre Mäntel und Kopftücher warm eingemummt, um ihren Männern das Geleit bis zu dem niemals zufrierenden Bach zu geben, über den als Steg drei Bretter gelegt waren. Hier warfen sie sich, Abschied nehmend, ihren Ehegatten an den Hals und klagten und jammerten wie um Verstorbene:
»Ach, wir armen unglücklichen Seelen! Warum müßt ihr von uns gehn und uns allein zurücklassen?«
Dikoroß hob seine Frau Mariza, die sich verzweifelt zu Boden geworfen hatte, behutsam auf und tröstete sie:
»Warum sorgst und grämst du dich so sehr? Ist es denn gefährlicher, gegen die Heiden zu ziehn, als auf die Bärenjagd zu gehn? Ist nicht eins

so schlimm wie das andre? Paß nur gut auf den Braunen auf... Und vor wilden Tieren und bösen Menschen seid auf der Hut... Versteckt euch notfalls... Vielleicht komme ich bald aus dem Kriege zurück, auf einem guten Tatarenroß, und bringe dir einen Samtmantel mit und ein warmes Kamisol mit Pelzbesatz und neue Schuhe mit hohen Absätzen...«

»Ach, Sawuschka, mein Lieber, nichts von alledem brauche ich, kommst du nur mir heil und gesund wieder nach Hause! Ach, diese verfluchten Heiden, sie werden dir deinen Brausekopf abschlagen, und niemand wird an deinem Grabe weinen... Das Schicksal, das wir Frauen zu tragen haben, ist doch recht beklagenswert! Und achte mir ja auf unsern Sohn! Hüte ihn wie deinen Augapfel! Habe ich ihn denn dazu unter Schmerzen geboren und aufgezogen, daß er mir in der Schlacht erschlagen wird? Laß ihn daheim! Wir wollen ihn im tiefsten Waldesdickicht verbergen... Ach, werde ich dich jemals wiedersehn, mein liebes Herzenskind?«

Und sie umschlang ihren Sohn und wollte vor Weinen und Schluchzen schier ersticken.

Dikoroß legte ihr die Hand sanft auf die Schulter und sprach leise mit ganz ungewohnter Zärtlichkeit zu ihr:

»Sei still, mein Schwänchen, und hör, was ich dir zu sagen habe... Es ist etwas Wichtiges!«

Mariza stellte ihr Weinen ein.

»Falls dir das Leben hier in der Waldeinsamkeit zu schwer werden sollte oder wenn die wilden Tiere überhandnehmen, dann verrammle die Hütte und zieh hinüber nach Jarustowo, ins Kirchspiel, meinetwegen zu Pachom Terentitsch, dem Fischer. Dann werde ich dich manchmal dort besuchen...«

Die Männer rissen sich aus den Umarmungen der sich fest an sie klammernden Frauen los, überquerten im Gänsemarsch auf dem Steg den Waldbach und gingen weiter, ohne sich noch einmal umzublicken. Und als sie schon im Morgennebel zwischen den hochragenden Stämmen des dichten und dunklen hundertjährigen Waldes den Augen ihrer zurückbleibenden Weiber entschwunden waren, klang deren Gezeter und Gejammer ihnen noch immer ans Ohr oder im Ohr.

Auch Weschnjanka war bis zum Bach mitgegangen, aber sie klagte und jammerte nicht, sondern blickte stumm mit weitgeöffneten, angstvollen Augen in die Ferne, den Schwindenden nach oder auch ins Unbestimmte, und als die Weiber wieder heimgekehrt waren, schlich sie sich in Sawelis Scheune, die auch dem Braunen als Stall diente, schlang ihren Arm um den Hals des Pferdes und flüsterte ihm ins Ohr:

»Nun sind wir beide verwaist, Braunchen! Ob wir unsere Herren jemals wiedersehn werden? Oder werden sie vom Schwert des Feindes hingemäht werden wie die Grashalme von der Sense des Schnitters?«

Der Braune schüttelte schnaubend den Kopf und berührte mit seinen weichen Lippen das junge Mädchen an der Schulter.

Sturmzeichen

Vor Mittag noch erreichten die Waldbauern aus Perunow Bor das an der großen Straße von Murom nach Rjasan gelegene Kirchspiel Jarustowo. Das dunkle Holzkirchlein, das einst von der ganzen Gemeinde an einem einzigen Tag erbaut worden war und darum im Volksmund das »Eintägige« hieß, stand mitten im Kirchhof und war von Grabkreuzen allerseits umgeben, zwischen denen sich heute die Bauern drängten, bewaffnet mit Hellebarden, Spießen, Streitäxten und Heugabeln. Ihr Rufen und Schreien war schon von weitem zu hören, und oben vom Turm herab ließ die Kupferglocke ihr Sturmgeläut erklingen.
Um den Kirchhügel herum schlängelte sich ein Bach, der in seinem Bett zwischen den verschneiten Ufern dunkel schäumte. Hier am Wasser war ein buntes Zigeunerlager aufgeschlagen, um dessen Feuer sich an die hundert Menschen in ungewöhnlicher Tracht drängten. Die Männer trugen Filzmützen, die mit roten Bändern benäht waren; hell leuchteten die grellfarbigen Kittel aus hausgewebtem Wollstoff der Weiber und ihre vorwiegend gelben und grünen Kopftücher; die Kinder liefen recht zerlumpt, ja fast halbnackt herum und streckten allen, die vorübergingen oder stehenblieben, bettelnd ihre Hände hin. Die Weiber jammerten:
»Brot... Essen müssen... Hunger! Uns Bulgaren... Tataren gemetzelt...«
Von manchen bekamen sie eine kleine Gabe oder ein Stück Brot, aber die Geber beschleunigten ihren Schritt, um aus der Nähe des Lagers zu kommen.
»Wieder Bulgaren... Wie viele Flüchtlinge sind nun schon aus diesem Land zu uns gekommen! Was für ein Unglück muß über sie hereingebrochen sein!«
Auf den Stufen des Kirchleins erschien jetzt ein alter Priester in einem Meßgewand aus lilagefärbtem, grobem Leinen mit aufgenähten gelben Kreuzen. Mit beiden Händen hob er ein Messingkreuz hoch und segnete damit die Menge.
Mit dumpf dröhnender Stimme schrie er:
»Sammelt euch, Rechtgläubige! Ein heidnisches Kriegsvolk, Pferdehirten aus der Steppe, angeführt von dem gottlosen Khan Batyga, bedrängt unser Land vom Wilden Felde her. Am Fluß Woronesh hat man ihr Lager erspäht.«
Aufmerksam lauschten die Bauern dem Priester, der schreiend fortfuhr:
»Als unserm Fürsten gemeldet wurde, daß der erbarmungslos grimme Batyga an der Grenze unseres Landes stehe, entsandte er eilends Boten zu seinen Brüdern nach Murom, Kolomna und Krasny und zu seinen Söhnen Feodor und Wsewolod Jurewitsch nach Saraisk und Pronsk, um von ihnen Beistand zu erbitten, den sie alle auch bereitwillig zugesagt haben. Sie würden uns nicht im Stich lassen, haben sie geantwortet, sondern mit ihren Kriegern kommen, um Schulter an Schulter mit uns zu kämpfen.«

Er machte eine Pause, während welcher aus dem Lager der bulgarischen Flüchtlinge die bittenden Rufe »Brot! Gib Brot!« herüberdrangen. Dikoroß stand, auf seinen Spieß gestützt, unter der Menge und neben ihm sein Sohn Toropka, der von der Seite her dem Vater in das düstere Gesicht mit den streng und trüb blickenden Augen schaute.
»Vater?« fragte er leise, indem er den Vater am Ärmel zupfte. »Vater, ziehn wirklich die Heiden gegen uns, oder faselt er nur etwas zusammen?«
»Wir werden weiter hören«, entgegnete Dikoroß, und zu seinem Nachbar gewendet, fragte er: »Was meinst du dazu, Kudrasch?«
»Ich habe mir die Bulgaren dort drüben am Bach angeschaut«, sagte Kudrasch mit einem traurigen Kopfschütteln. »Früher kamen die bulgarischen Kaufleute in schmucken Kleidern auf großen Handelsbooten zu uns. Und nun sieh dir jene dort an! Werden wir auch barfuß durch die Welt irren müssen, von Haus und Feld vertrieben? Und wohin sollen wir dann unsere Schritte wenden?«
»Sammelt euch, Rechtgläubige!« schrie der Priester wieder hysterisch. »Laßt es nicht zu, daß sich der verfluchte Khan Batyga der Herrschaft über unser Land bemächtigt! Tretet alle ins Heer des Fürsten Juri Ingwarewitsch ein!«
»Ja, aber wo ist denn der Sammelplatz?« brummte Dikoroß. Und die Menge nahm seine Frage auf und rief: »Freilich, wohin sollen wir uns denn begeben? Wo ist denn der Sammelplatz? Und wer wird uns führen?«
»Gleich wird einer der Mannen des Fürsten, der ruhmreiche Ritter Jewpati Kolowrat, zu euch sprechen!« sagte der Priester und barg sein Kreuz im Busen und seine klammen Hände in den weiten Öffnungen seiner Ärmel.
Ein hochgewachsener Krieger, dessen Haupt ein Eisenhelm schützte und an dessen enggeschnalltem Ledergürtel ein Krummsäbel in grüner Scheide hing, trat vor. Er reckte sich hoch auf, indem er eine Streitaxt in der erhobenen Rechten schwenkte, und umfaßte die Menge mit einem frohgemuten Blick. Ehe er zu sprechen begann, verneigte er sich höflich nach allen Seiten:
»Erlaubt mir, ihr wackeren Krieger und Bärenjäger, ihr kühnen Männer und Burschen, die ihr die Zierde und die Hoffnung unseres Rjasaner Landes seid, ein paar Worte zu euch zu sprechen!«
»Sprich, sprich, Jewpati! Wir hören!«
»Ich kenne diese Heiden, die Tataren, diese Pferdehirten. Mit eigenen Augen habe ich sie gesehn, mit meinen Händen sie gepackt und manchem von ihnen das Rückgrat gebrochen. Aber auch sie haben mir nicht wenige Narben beigebracht. Diesen Eisenhelm hier auf meinem Kopfe und diesen Krummsäbel hier habe ich einem erschlagenen Tatarenfürsten abgenommen.«
»Schau an, unser Jewpati Kolowrat, das ist ein Tausendsassa.«
»Vor zwölf Jahren – viele von euch werden sich dessen gewiß noch

entsinnen – zog ich mit den Rostowern gegen diese tatarischen Übeltäter, bis ans Blaue Meer. An der Kalka stießen wir mit ihnen zusammen, da haben wir sie zum ersten Male kämpfen gesehen, haben ihre Finten und Listen kennengelernt, wie sie vor uns flohen, aber nur zum Scheine, um uns in einen Hinterhalt zu locken. Sie sind tüchtige Kämpfer, das muß man ihnen lassen, aber nicht standhaft. Wenn etwas nicht auf den ersten Anhieb gelingt, nehmen sie Reißaus und sammeln sich erst wieder, wenn sie weit genug sind, um sich in Sicherheit zu wähnen.«

»Hörst du«, sagte Kudrasch zu seinem Nachbar, indem er ihn in die Rippen knuffte. »Der kennt dieses Tataren- und Heidengesindel. Ihm sollten wir uns anschließen, da werden wir diesen Pferdehirten nicht in die Falle gehn...«

»Gewiß, mit wem sollten wir denn sonst auch gehn? Mit ihm sind wir auf die Bärenjagd gegangen, mit ihm werden wir auch gegen die frechen Tataren ziehn.«

Der Ritter Kolowrat sprach noch ein paar zündende Worte, mit denen er an die Heimatliebe der Männer appellierte und sie aufforderte, sich in Rjasan dem großen Polk anzuschließen.

Als er geendet hatte und den Kirchhof verlassen wollte, erblickte er inmitten der ihm Platz machenden Menge den alten Dikoroß. Da blieb er bei ihm stehen und grüßte:

»Ei, guten Tag, Saweli! Hast du dich auch entschlossen, in den Krieg zu ziehn?«

»Ei freilich. Und meinen Sohn hier, den habe ich auch mitgebracht, und auch die Nachbarn sind alle mitgekommen. Wir wollen unter deinem Banner kämpfen.«

»Mir soll's nur recht sein; ich nehme euch gern auf. Am Hofe des Fürsten zu Rjasan werdet ihr mich finden.«

Inzwischen hatten zwei seiner Mannen ein großes, feuriges Schlachtroß herbeigeführt. Der Ritter sprang in den Sattel und sprengte in der Richtung auf Rjasan davon.

Die Rjasaner Wetsche

...Sprich, stolze, erhabene Stadt,
wo ist die Zeit deines blühenden Ruhms,
als deine Stimme, Geißel der Fürsten,
in stürmischem Thing mit ehernem Klange
zum Richtplatz oder aufs blutige Schlachtfeld
zusammenrief deine folgsamen Söhne?
(Dm. Wenewitinow)

Vom frühen Morgen an läutete die Rjasaner Versammlungsglocke und rief das Volk zur Wetsche. Mahnend klangen ihre langgezogenen tiefen Töne durch die stille Frostluft und verbreiteten ringsum Unruhe und Aufregung. Man hörte ihr sonores Geläut weit in den umliegenden Dörfern.

Die Leute traten auf die Vortreppe ihrer Häuser hinaus, lauschten eine Weile dem Geläut und griffen dann hastig nach Überrock und Pelz und Mütze. Auf beiden Ufern der Oka krochen über die schneebedeckten Äcker lange dunkle Schlangen von Menschen zur Stadt hin.
»Hört nur die Glocke!« sprachen die Bauern erregt untereinander. »Was kann ihr Geläut denn nur bedeuten? Was mag bloß geschehn sein?«
Jetzt kam das auf dem Steilufer gelegene, von einem hohen Erdwall umgebene alte Rjasan in Sicht. Dieser Wall und der von einer hohen Palisade umgebene Detinez im Herzen der Stadt, mit den Wachttürmen aus dem harten Holz hundertjähriger Eichen, machten Rjasan zu einer uneinnehmbaren Veste.
Welche Gefahr könnte denn dieser wohlbefestigten Stadt drohen? Warum läutet die eherne Wetscheglocke so beharrlich? Herrscht wieder Bruderzwist unter den Fürsten, und will man wieder mal die Bauern zwingen, sich gegenseitig totzuschlagen wie vor zwanzig Jahren am Flüßchen Lipiza? Und wozu eigentlich? Damit man den einen Fürsten los wird, bloß um den andern auf den Hals zu bekommen? Mögen die Herren gefälligst ihren Streit untereinander austragen!
Auf dem Platz auf dem Sokolberg wimmelte es rund um die Fotjanowsäule von Bauern, die wie an jedem Markttag beim Morgengrauen mit ihren Fuhren in die Stadt gekommen waren, um die Erzeugnisse ihres Gewerbefleißes abzusetzen: Korn und Mehl, ausgenommene, in der Kälte gefrorene Schweine und Kälber, irdenes Geschirr, Holzbottiche und andere Gefäße und was sonst noch alles. Doch am heutigen Tage waren die Männer in solcher Überzahl, daß die Frauen unter dieser Menge ganz verlorengingen.
Von allen Seiten strömten Land- und Stadtbewohner in hellen Scharen auf den Platz, und jeder war bemüht, sich zum Vorhof der Mariä-Himmelfahrts-Kathedrale durchzuzwängen, weil dort die Fürsten zum Volke sprechen würden.
Dikoroß und seinen Gefährten aus Peruns Wald gelang es, sich bis in die Nähe des Glockenstuhls vorzudrängen, wo zwei kräftige Burschen, die ihre Halbpelze ausgezogen und ihre Mützen abgenommen hatten, unermüdlich am Seile zogen.
Nach einem lebhaften Wechselgeläut kleinerer Glocken trat ein Kirchendiener aus der Kirche und winkte den beiden Glöcknern mit einem Tüchlein zu, zum Zeichen, daß sie aufhören sollten, am Strang zu ziehen. Der eherne Mund der Glocke verstummte, und die beiden Burschen wischten sich mit den Ärmeln den Schweiß von ihren hochroten Gesichtern. Die Menge drängte sich noch näher heran. Die Bauern kletterten auf ihre Wagen oder auf ihre Zugpferde. Alle wollten den Grund des Sturmgeläuts erfahren.
Gemessenen Schrittes trat der Sängerchor, der ein Kirchenlied in langgezogenen Tönen intonierte, aus dem Portal der Kathedrale. Dahinter kamen, ihre Weihrauchfässer schwenkend, vier stämmige Diakone im

Ornat; ihnen folgten feierlich zehn Priester in goldbestickten Meßgewändern, die in ihren Händen silberne und kupferne Kreuze hielten, schließlich erschien der Bischof, gestützt von zwei Knaben in Novizentracht.

Unmittelbar hinter der Geistlichkeit trat der Fürst Juri Ingwarewitsch, dem ein mit Perlen und Edelsteinen besetzter roter Korsno um die Schultern flatterte, aus dem Kirchenportal. Zwanzig Krieger mit geschulterten blanken Schwertern bildeten seine Leibgarde und hielten das Volk in respektvoller Distanz. Dem Fürsten folgten die Mitglieder seiner Familie und seines Hofstaates: die Großfürstin Agrippina Rostislawna im Kreise ihrer Schwiegertöchter, der jungen Frauen ihrer sieben Söhne und Neffen, die ältesten Bojaren und andere Vornehme.

Der Fürst bestieg eine steinerne Estrade unweit des Glockenturms, sein Gefolge und die Geistlichkeit nahm ringsum Aufstellung. Auf der anderen Seite des Kirchhofs hatten sich die Ältesten der Stadt und ihrer Vorstädte versammelt und standen bescheiden, aber nicht ohne Würde da in Schafspelzen und Kaftanen aus hausgewebtem Tuch. Einer von ihnen, der älteste und ehrwürdigste, der Starost der Unterstadt, trat vor, verneigte sich tief vor dem fürstlichen Paar, wobei er seine Zobelfellmütze gegen die Brust drückte, und sprach:

»Heil dir, Fürst Juri Ingwarewitsch, der du unser aller Vater bist. Möge Gott dir und deiner Gemahlin, unserer verehrten Fürstin Agrippina Rostislawna, Gesundheit und langes Leben schenken. Kein Kummer soll deine Herrschaft trüben, und mögest du in deinem Glück uns, deine treuen Untertanen, nicht vergessen! Erlaube mir nun aber die Frage: Warum hast du dein Volk zur Versammlung gerufen?«

Der Fürst, der seinen finsteren Blick über die Menge hatte hinschweifen lassen, schüttelte seine ergrauenden langen Locken und begann, nachdem er sich nach allen Seiten hin verbeugt hatte, mit müder, erloschener Stimme:

»Hört mich an, Rechtgläubige! Aus triftigem, dringlichem Anlaß, nicht ohne beängstigenden Grund habe ich euch durch die Wetscheglocke seit dem frühen Morgen zur Versammlung rufen lassen: Gemeinsam, aus einem Herzen, mit einem Willen, müssen wir über eine unaufschiebbare, wichtige Angelegenheit entscheiden...«

»Sprich, sprich, wir werden hören und erwägen, erwägen und entscheiden!« ließen sich Stimmen aus der Menge vernehmen.

»Schon seit längerer Zeit, seit dem Frühjahr, erreichten uns schlimme Botschaften aus dem Wilden Feld: daß Verwirrung herrsche unter den Polowezer Khanen, daß der Polowezer Polk blutige Kämpfe zu bestehen habe mit einem unbekannten Volk aus den Steppen jenseits der Wolga, daß dieses fremde Volk die Polowezer geschlagen, sie aus ihren Lagern vertrieben und vollständig ausgeplündert habe. Die vornehmsten der Polowezer Khane sind von den frechen Eindringlingen erniedrigt und zu Pferdeknechten gemacht worden...«

»Wer sind diese Fremden? Wie heißen sie? Sind es Pferdehirten aus den Steppen?«
»Diese Fremden sind die gottlosen Mongolen und Tataren, und sie stehen jetzt, nachdem sie die Polowezer vertrieben, deren Jurten vernichtet und deren Vieh abgeschlachtet haben, unmittelbar an unseren Grenzen, am Fluß Woronesh. Dort haben sie haltgemacht, aber offenbar nur, um zum Schlage gegen unser Land auszuholen. Botschafter haben sie an uns gesandt, zwei Männer und ein Weib...«
»Wo sind sie? Laß sie kommen, damit wir sie uns ansehn und ihnen gründlich Bescheid sagen, welchen Weg sie zurückreiten müssen.«
»So führt die tatarischen Abgesandten her!« gebot der Fürst einigen Leuten aus seinem Gefolge. »Und hütet sie wie eure Augäpfel, damit ihnen kein Leids geschieht, denn immerhin sind es Abgesandte des mächtigen Batyga.«

Die tatarischen Abgesandten

Mehrere Krieger eilten in den Palast des Fürsten und kehrten alsbald mit drei sonderbaren und fremdartigen Gestalten zurück, die sie zu einem erhöhten Gerüst in der Nähe des Glockenstuhls geleiteten, wo sie von allem Volke gesehen werden konnten. Der erste war ein Greis; zu einem bis an die Fußknöchel reichenden Pelz aus gelblichen Fuchsfellen trug er eine Fellmütze, die mit einem weißen Gewebe umwunden war. Der zweite war ein rüstiger, stämmiger Krieger; zu einem blauen Kaftan trug er eine Filzmütze, am Gürtel hing ihm ein Krummsäbel. Sein kurzer Hals saß auf reckenhaften Schultern, sein finsteres Gesicht war bartlos, und seine Augen hatten einen gebieterischen Blick, den er über die Menge hinstreifen ließ mit dem Gleichmut eines Mannes, der gewohnt ist, zu befehlen, zu verurteilen oder zu begnadigen. Die dritte Gestalt war die erstaunlichste – ein altes Weib, in dessen verschwollenem Gesicht das Merkwürdigste die Augen waren, die einen wahnwitzigen Ausdruck hatten. Um die Schultern hing ein Bärenfell, auf dem Kopf saß eine hohe, spitze Kappe, am Gürtel hingen neben ein paar langen, schmalen Messern Riemchen, auf denen Bärenzähne und -klauen und kleine Muscheln aufgereiht waren. Dieses sonderbare Wesen, das in den Händen eine runde Schellentrommel hielt, konnte sich keinen Moment still verhalten, es murmelte halblaut seltsame Worte, wozu es mit den Fingern der Trommel leise dumpfe Töne entlockte, und die Augen irrten wie suchend unstet umher.
»Das ist ja eine Hexe..., eine Zauberin!« ging es verwundert durch die Menge. »Sag uns, Fürst, was wollen diese Abgesandten von uns?«
Der Fürst wandte sich an einen der Duma angehörenden Bojaren:
»Veranlasse sie, dem Volke selbst zu sagen, was sie in unsere Stadt geführt hat.«
Lichar Kudrasch stieß Dikoroß mit dem Ellbogen an:

»Sieh doch mal den Dolmetscher! Erkennst du ihn wieder? Ist es nicht der bulgarische Händler, der einmal zu uns nach Perunow Bor kam, um seine Tücher, Nadeln und Glasperlen gegen Felle einzutauschen? Höchstwahrscheinlich war der ganze Handel bloß ein Vorwand, und in Wirklichkeit war er nichts weiter als ein Spion und hat Wege und Stege ausgekundschaftet. Der Teufel soll ihn doch gleich in Stücke reißen!«
Der Dolmetscher sprach halblaut mit den tatarischen Abgesandten, übersetzte das, was sie ihm sagten, dem Bojar, der sich schließlich an die gespannt wartende Menge wandte:
»Höre, mein Fürst, und du rechtgläubiges Volk, was die Mungalen von uns fordern! Sie behaupten, ihr Zar Batyga Dschutschijewitsch sei der Zar aller Zaren, denn alle Völker hätten sich der Herrschaft seines Großvaters, des Khans Tschagonis, unterworfen. Diese Abgesandten fordern nun, daß sich auch das russische Volk dem Zaren Batyga Dschutschijewitsch unterwerfe. Wolle es sich aber nicht beugen, so werde der Zar Batyga es unter den Hufen der Rosse seiner zahllosen Krieger zerstampfen, wie er die Polowezer und deren Khane zerstampft und die letzteren zu seinen Pferde- und Ochsenknechten gemacht habe.«
»Eitel Prahlerei! Niemals wird das geschehn!« rief der Ritter Jewpati Kolowrat, der in der Nähe des Fürsten stand.
»Gewiß ist es Prahlerei«, sprach der Fürst, und er forderte den Bojaren auf: »Sage ihnen, sie möchten uns nicht drohen, sondern in vernünftigen und verständlichen Worten sagen, was sie von uns und in unserem Lande wollen.«
Der Bojar richtete diese Worte an den Dolmetscher, und der Dolmetscher übersetzte sie dem mongolischen Krieger, der darauf heftig mit dem Fuß aufstampfte, den Griff seines Krummsäbels krampfhaft umfaßte und zornig etwas erwiderte. Der Greis stand unbeweglich daneben, die Handflächen überm Bauch ineinandergelegt, das Hexenweib aber zappelte mit allen Gliedern und murmelte Unverständliches. Als der Bojar sich die Antwort des Kriegers hatte übersetzen lassen, sprach er zu dem Fürsten:
»Zürne mir nicht, mein Fürst, ob der schamlosen Worte, die ich von diesem mungalischen Abgesandten zu hören bekam. Sie fordern vom Fürsten wie vom ganzen Volk einen ständigen und ewigen Tribut, einen Zehent, das heißt den zehnten Teil dessen, was ein jeder besitzt.«
Totenstille lagerte über der Menge, eine Stille wie vor dem Sturm, und deutlich konnten alle die unwillige Antwort ihres Fürsten hören:
»Wenn wir einmal nicht mehr sind, dann mögen sie sich alles nehmen!«
Lachen und Rufe verbreiteten sich in der Menge:
»Hoho! Sieh mal an! Was sie haben wollen! Da, nimm und friß! Jage sie ins Wilde Feld zurück, Fürst, und hetze die Hunde hinter ihnen her!«
Mit zornigen Blicken beobachteten die Abgesandten die Menge, durch die das Lachen und Rufen über den ganzen Platz hinrollte.
Der Fürst drehte sich zu dem Ritter Kolowrat um und forderte ihn auf:
»Beschwichtige unsere Schreihälse! Du verstehst es, mit ihnen zu reden.

Besänftige sie, sonst vergreifen sie sich womöglich noch an den Abgesandten.«
Nachdem Jewpati mit der Hand der Menge Schweigen geboten hatte, rief er so laut und deutlich, daß auch die ganz hinten stehenden und die auf ihren Fuhren sitzenden Bauern seine über den Platz hinschallenden Worte verstehen konnten:
»Höre mich an, Volk von Rjasan! Eure Stadt ist die Hauptstadt des Landes und kein großes Dorf mehr ... Für einen Städter, noch dazu einen Hauptstädter, schickt sich ein ungehobeltes, bäurisches Benehmen aber nicht, sondern ein manierliches, höfliches, mit einem kleinen Lächeln ... Es ziemt sich nicht und taugt auch zu nichts, fremde Gesandte mit beleidigenden Worten zu empfangen und sie mit Hunden fortzuhetzen. Ihr seid allesamt wackere, brave Männer, also benehmt euch nicht wie freche Dreckspatzen, sondern wie kühne Falken!«
»Hoho!« toste es in der Menge. »Wie beredt unser Jewpati ist!«
»Die Abgesandten der Mungalen haben viel von uns verlangt. Aber haben die Polowezer Roßtäuscher nicht ebenfalls immer den dreifachen Preis für ihre Gäule gefordert? Wir werden ihnen, den Mungalen, antworten, wie wir den Polowezern geantwortet haben: ›Danke, werte Gäste, für die Nachfrage!‹ Denn nicht wir sind es, die darüber entscheiden können, ob wir die mungalischen Forderungen annehmbar finden oder nicht, sondern über uns ist noch einer, der Großfürst Georgi Wsewolodowitsch, unser Herr, der in Wladimir, der Hauptstadt von Susdal, residiert. Zu ihm wollen wir mit einem Geleit die Abgesandten des Mungalenzaren Batyga schicken, mit allen geziemenden Ehren, in einer Troika. Mag der Großfürst dann darüber entscheiden, ob wir den Tataren den geforderten Zehent von unserer gesamten Habe entrichten oder noch etwas damit warten sollen.«
»Richtig, Jewpati, richtig! Man soll ihnen das Geleit nach Wladimir geben!«
»Jetzt aber bittet Fürst Juri Ingwarewitsch seine teuren Gäste«, wandte sich der Ritter direkt an die Abgesandten, »ihm ins Haus zu folgen und Salz und Brot mit ihm zu essen und Pirog und Kalatsch.«
Die Mongolen folgten der Einladung und entfernten sich mit dem Fürsten und seinem Hofstaat, aber das Volk wollte noch lange nicht auseinandergehen, sondern es führte erregte Reden untereinander: daß man die Heimat verteidigen und dem Feinde entgegentreten müsse, noch ehe er ins Rjasaner Land eingedrungen sei.
Der Fürst trug Sorge, daß den Tatarenabgesandten eine vorzügliche Bewirtung zuteil wurde, und tat ihnen die Ehre an, das Mahl, an dem auch die Ritter und Bojaren teilnahmen, mit ihnen zu teilen. Diener trugen zahllose schmackhafte und sättigende Gerichte herein, aber die Botschafter aßen sehr wenig und berochen und kosteten jedes Gericht vorher argwöhnisch. Wein und Met aber rührten sie überhaupt nicht an.
Nach dem Essen fuhr ein Schlitten mit einem Dreigespann vor. Der Sitzkorb war mit warmen, weichen Fellen ausgelegt, und eine große

Decke aus Bärenfellen war darüber gebreitet, doch die Mongolen weigerten sich, in den Schlitten zu steigen, sondern verlangten nach ihren Rossen, um den Weg im Sattel zurückzulegen. Für den Fall, daß seine Gäste doch noch anderen Sinnes werden sollten oder unterwegs schlafen wollten, befahl der Fürst, das Dreigespann solle hinter den Reitern herfahren. Mit dem Schutz der Gesandtschaft aber betraute er ein halbes Hundert seiner berittenen Mannen.
Nachdem der Fürst seine Gäste bis vor das Tor seines Palastes geleitet hatte, ließ er den Ritter Kolowrat rufen und sprach zu ihm:
»Trübe Ahnungen beschleichen mein Herz. Eine drohende Wolke zieht vom Wilden Felde herauf. Man muß sich aller erdenklichen Hilfe versichern, alle zu den Waffen rufen, die ein Schwert halten können. Mit den tatarischen Abgesandten habe ich meinen Bruder nach Wladimir geschickt, damit er den Großfürsten bitte, das Volk von Susdal, Rostow und Belosersk aufzurufen und auch Groß-Nowgorod um Waffenbeistand zu ersuchen und unverzüglich mit seiner ganzen Heeresmacht hierherzueilen und den Tataren entgegenzuziehen, während wir versuchen wollen, sie durch Unterhandlungen so lange hinzuhalten. Denn ich habe meinen Sohn Feodor und meine klügsten Bojaren mit Geschenken zum Khan Batyga geschickt, damit sie ihm schmeicheln und ihn überreden. Du aber, Jewpati, du sollst ungesäumt dein Pferd satteln und nach Tschernigow reiten, um den Fürsten Michael untertänigst zu bitten, uns mit seinen Truppen zu Hilfe zu kommen. Einen anderen als dich zu ihm zu schicken, trage ich Bedenken, aus Angst, er würde nicht zurückkehren... Dich aber kenne ich und vertraue dir. Du wirst deine Rjasaner Brüder in ihrer Not nicht im Stich lassen und rechtzeitig mit Hilfe eintreffen. Nimm aus meinen Ställen Pferde zum Wechseln, so viele du für nötig erachtest, und beeile dich mit deiner Rückkehr.«
In der gleichen Nacht noch preschte der Ritter Jewpati Kolowrat nach Tschernigow.

Im Wilden Feld

Seit drei Tagen bereits ging der Marsch südwärts, immer tiefer ins Wilde Feld hinein. Rjasan, das vorderste Bollwerk des russischen Landes nach Osten, lag mit seinem Tumult, seiner Unruhe bereits hinter den Kriegern, deren erste berittene Abteilung von dem Fürsten Wsewolod Pronski befehligt wurde. In langer Reihe hintereinander rückten die Reiter auf dem schmalen, jahrhundertealten Pfad durch die Steppe nach Süden. Aber noch weit vor ihnen, daß man sie gerade noch am Horizont sah, befanden sich die Spähtrupps, die vorausgesandt worden waren, um das Gelände zu erkunden, ob sich nicht irgendwo feindliche Verbände zeigten. Von den Gipfeln der Hügel und einsamer Kurgane meldeten sie durch Zeichen, indem sie ihre Mützen in die Höhe warfen oder ihre Pferde bestimmte Drehungen machen ließen, ihre Befunde dem nachrückenden Gros und sprengten dann wieder in die weite Steppe hinaus, die sich öde und grenzenlos in schneeiger Weiße ausdehnte. Hier und da schimmerte auf den abschüssigen Hügeln Espengesträuch, das sein herbstrotes Laub noch nicht völlig verloren hatte, oder es dunkelte der Streifen eines Eichenhaines längs der Ufer eines tief in die Erde eingesenkten schmalen Flußbettes.

Von dem in südöstlicher Richtung führenden Hauptweg zweigte ein Netz kleiner Seitenwege ab, die von Kamelkarawanen aus dem fernen Surosh, von Pferde- und Hammelherden und von umherstreifenden Räuberbanden im Laufe der Zeit ausgetreten worden waren. Alle kamen sie nach dem Waldgebiet, dem Salesse, wie damals Nordrußland genannt wurde; die einen, um Handel und Tauschhandel zu treiben; die andern, um zu rauben und zu plündern.

Unterm Fußvolk marschierte auch Toropka und beobachtete gespannt die Manöver der Spähtrupps. Er dachte kaum an die Gefahr, der er entgegenging, es kam ihm eher spaßig als unheimlich vor, daß er einem unbekannten Feinde entgegenzog, mit dem er auf Leben und Tod würde kämpfen müssen. Vielleicht wird er sich vor den anderen auszeichnen und Ruhm dabei gewinnen. Sein Vater hatte am Vorabend zu ihm gesagt: »Wir sind ja beide oft genug zusammen auf die Bärenjagd gegangen, und du wirst ja aus Erfahrung wissen, daß ein wildes Tier am furchtbarsten ist, solange man es nicht sieht. Hat man es aber erblickt, so weiß man, woran man ist, und denkt nur noch daran, es nicht entkommen zu lassen. Ein Tatar ist ebenso ein Mensch wie unsereiner, keinesfalls etwa stärker; und beim Angriff schreit er bloß, weil ihm die Angst im Nacken sitzt, und eben diese Angst ist es, die ihn vorwärts treibt, während ihm vor Entsetzen die Augen aus den Höhlen quellen. Du aber sei auf deiner Hut, und vor allem: weiche nicht zurück, sonst machst du dem Feinde bloß Mut, sondern empfange ihn – je nachdem – entweder mit der Axt oder mit dem Spieß.«

›Der Vater kennt ja das Kriegshandwerk‹, sagte sich Toropka. ›Schließlich hat er mit den Susdalern gekämpft und ist mehr als einmal mit blutdurchtränkten Verbänden vom Wilden Felde heimgekehrt.‹

Nach Toropkas Berechnungen mußte das Heer aus mehr als zweitausend Mann bestehen, die zwar in Hundertschaften eingeteilt waren, aber ansonsten ziemlich ungeordnet durcheinandermarschierten, wie es einem jeden gerade paßte. Jede Hundertschaft stand unter dem Befehl eines »Sotskis«, eines Gefolgsmannes des Fürsten, der seine Leute hoch zu Roß, das mit Messingplättchen und Ketten geziert war, anführte. Jeweils mehrere dieser Hundertschaften waren einem kriegserfahrenen Starosten unterstellt, der schon früher ins Dikoje Pole zu Felde gezogen war.

Jeder Hundertschaft folgte der zugehörige Train, »Towary« genannt, bestehend aus Wagen und Schlitten mit geflochtenem Korbgestell. Roggenbrote, Säcke mit Mehl und Hirse, Fett und anderer Proviant waren in diesen Fuhrwerken verstaut, aber auch Panzer und Harnische,

Waffen und Pelze, damit die Krieger auf dem Marsche an ihrer Ausrüstung nicht so schwer zu schleppen hatten. An abschüssigen Stellen gerieten die Wagen und Schlitten oft genug ins Rollen und Rutschen, und dann liefen die Krieger eilends herbei, um sie vor dem Umkippen zu bewahren.

Die Waldbauern von Perunow Bor marschierten mit den Bauern aus Jarustowo in der gleichen Hundertschaft. Voran trippelte mit kleinen Schrittchen der Mordwine Waula. Er sang seine heimatlichen Lieder, brach aber mitten im Gesang ab, sobald ihm, der sein ganzes Leben im Walde verbracht hatte und für den hier in der Steppe alles neu war, etwas ins Blickfeld geriet, das seine Aufmerksamkeit erregte. Als einmal ein Rudel Antilopen aus einem Hohlweg hervorbrach, beim Anblick der vielen Menschen erst stutzte und dann wie der Wind davonstob, die gebogenen Hörner dicht am Rücken, kauerte sich der kleine Mordwine nieder und schlug sich wie toll vor Begeisterung auf die Schenkel.

Hinter dem in seinen Lindenbastschuhen trippelnden Kleinen ging mit weit ausgreifenden Schritten schweigend, lang und hager, Swjaga, in seine unfrohen Gedanken vertieft.

»Du hast lange Beine, Swjaga«, sagte Waula zu ihm, »fang doch mal einen der Böcke am Schwanz!«

»Wieso ich? Ich denke, ihr Mordwinen seid alle so flinke Kerle, daß ihr einen Hasen bei den Löffeln fangt. Spring ihm doch selber nach!«

Lichar Kudrasch, der sich etwas abseits hielt, kletterte auf jeden Kurgan hinauf und erzählte, mit der Hand in die Ferne deutend, seinen Kameraden, was er von da oben aus sah:

»Dort fließt von Osten her die Kiefern-Rjassa und von Westen her die Beeren-Rjassa. Beide münden sie in den Woronesh, an dessen Steilufer im vergangenen Jahr die weißen Weshi der Kumanenkhane standen. Sie wollten uns Hammel- und Ochsenherden verkaufen... An die zwölf Tage habe ich bei ihnen verbracht, habe ihre Wagen mit Eisenklammern und deren Räder mit Eisenreifen versehen. Es sind recht nette Leute. Ich habe auch ihre Sprache ein wenig sprechen gelernt. Viele Freunde habe ich mir unter ihnen erworben... Ja, im Frühling, da ist es schön in der Steppe. Das Gras steht übermannshoch. Ein Ochse verschwindet ganz und gar darin, nicht einmal seine Hörner gucken mehr daraus hervor. Und die Hirten machen aus der Schafsmilch Käse und aus der Stutenmilch Kumyß. Ja, im Frühling, da herrscht Leben und Freude in der Steppe, an allen Lagerfeuern erklingen Lieder, und es wird getanzt...«

Dikoroß war im allgemeinen sehr schweigsam auf dem Marsch. Zwei- oder dreimal tat er seinem Sohn gegenüber die Äußerung:

»Wer weiß, ob wir heil nach Hause zurückkehren werden.«

Beim Dunkelwerden machte die Hundertschaft der Perunswalder und Jarustower in einer Schlucht am flachen schrägen Ufer eines Flüßchens halt. Am anderen hohen und steilen Ufer, das Deckung gegen Sicht bot, wurden Posten für die Nacht ausgestellt. Im Inneren des aus Wagen und

Schlitten gebildeten Ringes wurden die Lagerfeuer entzündet. Man hatte unterwegs genug Gras und Kletten gesammelt, um davon das Feuer die ganze Nacht hindurch nähren zu können. Die an den Vorderfüßen gefesselten Pferde weideten in der Nähe, wo sie Schilf und Gras fanden. In ihre Pelze eingehüllt, lagen die Bauern um die Lagerfeuer herum und lauschten den Berichten jener, die mit dem Leben in der Steppe vertraut waren und ihren Kameraden manche interessante Einzelheiten aus dem Leben der Polowezer zu erzählen wußten und über das Leben von Landsleuten, die bei den Polowezern ihr Dasein als Gefangene oder »Gefesselte« fristeten und von denen mancher durch kühne Flucht seine Freiheit wiedergewonnen hatte.
Mitten in der Nacht weckte Saweli seinen Sohn, damit er bis zum Tagesanbruch auf einem Hügel Wache halte.
»Verbirg dich und verhalte dich mucksmäuschenstill, damit die Tataren nichts von deiner Anwesenheit merken. Sie könnten dich sonst beschleichen und dich niedermachen. Merkst du aber irgend etwas Verdächtiges, so schlage sogleich Lärm und rufe Hilfe herbei«, ermahnte er ihn.
Toropka erstieg den Hügel und verbarg sich dort oben zwischen vertrocknetem Klettengestrüpp. Dunkelheit ringsum – die Lagerfeuer, an denen die Bauern friedlich schliefen, waren niedergebrannt. Unruhig wieherten die weidenden Pferde, als spürten sie die Nähe eines fremden Tieres.
Den Schaft seines Spießes fest umklammernd, saß Toropka im Gestrüpp und lauschte aufmerksam in die Dunkelheit hinein. Jede Spur von Müdigkeit war verflogen. Manchmal bildete er sich ein, mit dem Messer zwischen den Zähnen kröche ein Tatar auf ihn zu. Durch die niedrig ziehenden Wolken blickte hier und da der tief dunkelblaue Himmel hindurch, an dem kleine Sterne flimmerten. Leise rauschten die hohen Stengel des dürren Steppengrases. Toropka hing seinen Gedanken und Erinnerungen nach, er hörte noch einmal das Geschrei der Weiber, die sich an ihre zu Felde ziehenden Ehemänner geklammert hatten, fühlte [illegible]och einmal fast körperlich deutlich die Umarmungen seiner Mutter [illegible]m Abschied und sah die abseits stehende Weschnjanka, die ihn mit [illegible]gstvoll weitgeöffneten Augen nachgestarrt hatte. Aber die trüben Bilder der Vergangenheit wurden bald verdunkelt und verdrängt durch leuchtende Bilder der Zukunft: Er sah sich auf einem leichten schlanken Polowezer Roß als Späher der Vorhut über die Steppe galoppieren, auf Erkundigungsritt nach dem verborgenen Feind. Und in dieser Richtung gingen schließlich alle Gedanken, alle Erwartungen Toropkas.
Ein gedämpfter, schwermütig gedehnter Ruf klang aus der Steppe herüber, ungefähr wie ein Eulenruf klang es. Etwas näher ertönte ein anderes Geräusch, ein leises Geheul. Was war denn das? Ein Wolf? Oder sollten es gar tatarische Späher sein, die sich im Schutze der Dunkelheit angeschlichen hatten und mit diesen Tierrufen einander Zeichen gaben? Gegen den helleren Himmel zeichneten sich die Klettenstengel deutlich

ab, und an einer Stelle begannen sie jetzt zu schwanken. Das mußte doch einen Grund haben... Irgendwer kroch da durchs Gestrüpp... Jetzt zeigte sich auch der Kopf eines Menschen... Der Mensch richtete sich langsam und behutsam auf, drehte sich, nach allen Seiten ausschauend, um sich selbst und sank lautlos wieder ins Gras... ›Ist das nun einer von unseren Leuten oder ein Feind?‹ fragte sich Toropka. ›Soll ich schreien? Um Hilfe rufen?... Ist es ein Mungale, so läuft er fort, ist es aber einer von den Unsern, so wird man mich auslachen, daß ich mich habe ins Bockshorn jagen lassen...‹
Toropka lauschte angestrengt auf das leiseste Rascheln... ›Wird der Kopf sich wieder zeigen?‹... Ja, abermals richtete sich der Unbekannte auf, doch jetzt rechts von Toropka und ihm näher. Toropka ist ganz Auge und Ohr. Da vernimmt er ein Geräusch links von sich, wie das Atmen eines Tieres... Er verspürt den scharfen Geruch eines Schafspelzes und hört ein Flüstern... Aber es sind keine russischen Worte, sondern Worte einer ihm unverständlichen Sprache... Ganz dicht bei ihm liegt jemand auf der Lauer mit dem Schwert oder dem Bogen... ›Bemerkt er mich, so ist's um mich getan!‹ durchfährt es Toropka. ›Ich darf nicht länger zögern! Ich muß ihm zuvorkommen! Vielleicht ernte ich für meine Kühnheit Lob und Ruhm von den Alten‹, nimmt er seinen Gedanken von vorhin wieder auf.
Fester faßt er seinen Spieß, spannte alle seine Kräfte an und stürzte los. Die scharfe Spitze seines Speeres bohrte sich in etwas Weiches, Nachgiebiges... Ein heiseres Stöhnen, zuerst unterdrückt, um sich nicht zu verraten..., dann lauter und kläglicher... Im selben Moment warf sich ein schwerer Körper auf Toropka, und ein zweiter warf sich ihm gegen die Beine, daß er wankte. Harte Hände preßten sich ihm aufs Gesicht, drückten ihm Mund und Nase fest zu, daß ihm der Atem wegblieb. Vergebens bäumte er sich auf, versuchte sich dem Griff zu entwinden, doch das Gewicht, das an ihm hing, wurde nur noch schwerer. Jemand würgte ihn am Halse. Aber kein Laut – kein Schrei, kein Stöhnen – entrang sich seiner Kehle. Man warf ihn vollends nieder und schleifte ihn am Boden hin. Wie sollte er jetzt dem Vater von seiner Not Kenntnis geben? Wenn der Vater wüßte, in welcher Gefahr sein Sohn schwebt, er würde ihn gewiß nicht im Stich lassen... Aber Toropka vermag kaum zu atmen, geschweige denn zu schreien... Er wird durchs Gestrüpp geschleift. Die Stacheln der Kletten zerreißen ihm Haut und Kleider. Die Hände, die sich auf sein Gesicht pressen, haben einen fremdartigen Geruch... Jetzt wird ihm ein Lappen zwischen die Zähne gestoßen und ein anderer ihm vors Gesicht gebunden... Seine Beine und Arme sind im Nu von Stricken umwunden.

Die Tataren zogen den Kalmiusweg

> Im Sommer des Jahres 6745 seit Erschaffung der Welt[1] kam der gottlose Zar Baty mit einer großen Schar tatarischer Krieger ins russische Land und stand am Flusse Woronesh, nahe dem Rjasaner Land. (Chronik)

Die Tataren waren den alten Kalmiusweg nordwärts gezogen, über die Wasserscheide zwischen Don und Donez. Hier wurde der Vormarsch leichter. Man brauchte keine wasserreichen Flüsse mehr zu überqueren. Eine dünne Schicht späten Schnees bedeckte den hartgefrorenen Steppenboden, in den Schluchten hatte der Wind hier und da Schneewehen zusammengefegt. Zum Feuermachen gab es genug Steppengras und Klettenkraut. Im Herbst hatten keine Steppenbrände gewütet, und das vom Herbstregen niedergeschlagene dürre Gras bot hinreichend Futter für die bedürfnislosen tatarischen Rosse. Den Weg wiesen dem in breiter Front mit weit ausgespannten Flügeln vorrückenden Mongolenheer Polowezer Führer, die von mongolischen Posten streng bewacht wurden und denen Todesstrafe drohte bei einem Fluchtversuch oder bei einem Versehen. Es herrschte eine gewisse eifersüchtige Rivalität zwischen den einzelnen Truppenteilen und Stämmen, von denen Subudais strenger Befehl ohnehin forderte, daß sie sich getrennt voneinander hielten.

Blieb einer aus irgendeinem Grunde hinter seiner Abteilung zurück und suchte nun Anschluß bei einer anderen, so wurde er mit Spott und Hohn begrüßt:

»Oije, du Herumtreiber, du Landstreicher! Von welchem Stamme bist du denn?«

Dann mußte der Betreffende mit seinem Uran antworten: »Uibaß!« oder »Eh-eh, buganam kaida kujaim!« und sogleich hieß es: »Na ja, ein Toksabajer! Da sieht man's wieder, die Toksabajer kaufen ein Roß mit angenähtem Schweif!« oder »Ein Dshusnajer, na ja, die können ja niemals ihre Peitsche finden, weil sie ihnen auf dem Rücken ckt!« oder »Ein Karabikli, natürlich. So einer war auf seinem ge-lenen Roß eingeschlafen, das den Dieb zu seinem Herrn zu-ug!«, und was dergleichen Stichelreden mehr sind.

Jede Abteilung unterhielt durch Meldereiter eine stete Verbindung mit ihrem Khan und dieser wieder mit dem Hauptquartier des Dschichangirs.

Die elf Dschingisprinzen führten und befehligten wohl nominell jeder seinen Tumen von zehntausend Berittenen, in Wirklichkeit hielt aber ein ihnen zugeordneter Ratgeber, ein Temnik, die ganze Macht in seinen Händen. Diese Prinzen verbrachten ihre Zeit ohne Sorgen und Verantwortung auf der Jagd mit Falken und Windspielen, oder sie veranstalteten Trinkgelage und verließen sich im übrigen ganz und gar auf

---

1 Das heißt im Jahr 1237 unserer Zeitrechnung.

ihre Ratgeber, die in den Feldzügen des furchtbaren unbesieglichen Erschütterers des Erdkreises Dschingis-Khan eine strenge Kriegsschule durchgemacht hatten.

In diesem dreimalhunderttausend Mann starken Heer, das in breiter Front unentwegt nordwärts zog, gab es nur eine erstaunlich geringe Zahl eigentlicher Mongolen: viertausend im ganzen, doch sie bildeten den Kern, das Rückgrat, da sie die Elitetruppe waren, die Garde und Leibgarde der Dschingisiden. Sie waren es auch, die darauf achteten, daß alle Befehle des Hauptquartiers, der »Orga«, strikt ausgeführt wurden, denn sie stellten auch für alle fremdstämmigen und fremdsprachigen Truppenteile die Befehlshaber und Kommissare.

Die Reiter zogen ohne Gepäck, ohne Jurten. Sie schliefen auf dem blanken Erdboden neben ihrem Pferde, bedeutete doch der Verlust des Pferdes den sicheren Untergang für einen Reiter. Manche Krieger besaßen nicht nur ein Pferd, sondern mehrere und wechselten unterwegs ab. Jurten wurden auf dem Vormarsch nur für die vornehmsten Khane mitgeführt, für die es sich nicht schickte, mit den einfachen Kriegern zusammen allzuoft am Lagerfeuer zu sitzen. Gestänge und Matten für diese Jurten wurden auf Kamelen transportiert, die von geschickten Gefangenen geführt wurden. Außerdem waren diese Kamele mit Kochkesseln und sonstigem Zubehör sowie mit Säcken voll Proviant beladen: Mehl, Reis, getrocknete Weintrauben, gedörrtes und geräuchertes Fleisch, speziell Pferdefleisch, und gesalzenes Fett.

Auf den Rastplätzen schlugen die mit klirrenden Ketten gefesselten Gefangenen rasch die Zelte auf, in denen neben den Khanen deren Frauen, die Ratgeber und Sterndeuter, die Schamanen und Ärzte, die Schreiber und andere wohnten. Für alle diese mußten die Gefangenen auch das Essen bereiten, während von den einfachen Kriegern ein jeder selber für sich sorgen mußte. Sie waren darauf angewiesen, von dem zu leben, was sie sich unterwegs auf irgendeine Weise verschaffen konnten. Der Hunger war die hauptsächlichste der treibenden Kräfte, die es den Abteilungen nicht erlaubte, allzulange Rast auf einer Stelle zu machen; wenn sie nicht Hunger leiden wollten, mußten sie vorwärts und immer weiter vorwärts. Und wie ein Heuschreckenschwarm fraßen sie jedes Gebiet kahl, durch das sie kamen.

Dem Khan Bajander war der Auftrag zuteil geworden, mit einer fünftausend Mann starken Abteilung dem Hauptheer vorauszuziehen und Erkundungen über den Stand der russischen Vorhuten und Grenzwachen vorzunehmen und eventuell eingebrachte Gefangene sofort zum Hauptquartier ins Zelt Subudai-Bahadurs zu schicken, damit sie dort verhört wurden.

Vier Hundertschaften, die der Khan aus seinen fünftausend Mann ausgewählt hatte, ritten weit voraus, sie bildeten sozusagen die Augen und Fühler des Heerwurms und mußten dem Khan jeden Tag Bericht erstatten über alles, was sie wahrgenommen hatten in der Einöde zwischen den Polowezer Steppen und den russischen Wäldern. Dieser

öde Streifen, ein »Niemandsland«, bestand aus einem hügeligen Gelände mit einigen seltenen Eichenhainen längs der Flußläufe und zahlreichen Schluchten und Erdklüften, in denen man sich leicht verbergen konnte, um die Steppe zu beobachten. Ganze Regimenter hätten in diesen Schluchten und Klüften Platz gefunden. Darum rückten Khan Bajanders Spähtrupps nur langsam und vorsichtig vor, aus Furcht vor Hinterhalten.
Jeden Tag kamen Meldereiter von Subudai-Bahadur mit dem Befehl: »Schafft Gefangene herbei! Wenn der Khan nicht bald Gefangene schickt, werde ich ihn in die Nachhut versetzen, wo er sich an den Überbleibseln der Beute künftiger Siege wird genügen lassen müssen.«
Ärgerlich rief der Khan seine Tausendschaftsführer, die »Bin-Baschi«, zusammen und schalt sie aus, weil ihre Leute keine Gefangenen einbrachten. Die Bin-Baschi hinwiederum rüffelten die »Jus-Baschi«, die Führer der Hundertschaften, die ihre Wut den »On-Baschi«, den Führern der Zehnergruppen, entgelten ließen, welche dann ihre Mannschaften ordentlich zusammenstauchten.
In einer der vier Hundertschaften, die dem Heere voranzogen, standen die vier Söhne Nasar-Kjariseks; ihr Jus-Baschi Tüljab-Birgen, ehedem Falkonier des Khans, ließ nach dem erhaltenen Anschnauzer die vier Brüder vor sich bescheiden.
»Kühne Dschigiten, Steppenwölfe wollt ihr sein und versteckt euch wie Eidechsen im Sande?« begann er. »Reitet heute nacht voraus, bis zu jenem fernen Eichenhain dort, wo man urussutische Reiter bemerkt haben will. Dringt bis zu ihnen vor, nehmt wenigstens einen von ihnen gefangen und bringt ihn lebendig hierher zu mir, damit wir ihn verhören können.«
Die vier Brüder, die der empfangene Befehl keineswegs freute, blickten finster und mürrisch ihren Vorgesetzten an, der sich seinen glänzenden schwarzen Kinnbart strich.
»Warum antwortet ihr nicht?« fragte er ungehalten.
Demir, der älteste der Kjarisek-Söhne, antwortete:
»Wenn wir dir einen Urussuten bringen, was gibst du uns zur Belohnung?«
»Ich werde euch beim Khan rühmen. In seinem Ermessen steht es, euch zu belohnen.«
»Ee-eh! Nein! Gib jedem von uns einen Schafpelz! Du siehst ja, in welch zerrissenem Tschapan wir auf freiem Felde übernachten müssen. Wir frieren, du aber führst zwei Ballen Schafpelze mit dir, die aus einem Kiptschakenlager stammen...«
»Also gut, bringt mir morgen einen Urussuten, so sollt ihr jeder einen Schafpelz haben... Nur kommt mir ja nicht mit leeren Händen zurück, und bringt mir keinen Halbkrepierten an, sondern einen, mit dem man sich vor dem Khan sehen lassen kann... Und man wird ihm die Fußsohlen brennen, damit er alles ausplaudert, was er weiß... Allah stehe euch bei!«

Bei der vordersten Hundertschaft

Tüljab-Birgens Hundertschaft, die vorderste der Mongolen, hatte im »Tal der wandelnden Toten«, durch welches ein Bach floß, Rast gemacht. Die Frühfröste hatten das Wasser mit einer Eisrinde bedeckt. Einige Erdhütten, von einem Wall und einem Pfahlzaun umgeben, befanden sich noch in einigermaßen leidlichem Zustand. Früher war hier ein Sammelplatz der Rjasaner Grenzwacht gewesen, die sich aber bei der Kunde von der Annäherung der Tataren nordwärts zurückgezogen hatte. Hierher waren ehedem die russischen Kaufleute gekommen, um mit den viehzüchtenden Nomaden Tauschhandel zu treiben. Überall war die Erde noch mit Pferdemist und Hammellosung bedeckt. Nur eine ausgemergelte Greisin mit brennenden schwarzen Augen und einer Eulenschnabelnase im hageren Gesicht hatten die Mongolen bei ihrer Ankunft bei den Hütten auf der Schwelle einer derselben angetroffen. Die Mongolen plünderten die Hütten aus, taten der Greisin, der sie nur ihren aus Pluderhosen und einem zerrissenen Tschapan bestehenden Anzug und einen zersprungenen Tonkrug ließen, aber nichts zuleide. Am Abend, als die Mongolen sich zum Schlafen niedergelegt hatten, schlich die Alte zum Lagerfeuer und scharrte die Überbleibsel der Mahlzeit zusammen. Dann kehrte sie still zur Schwelle ihrer Hütte zurück.
»Wer bist du?« hatte der der Hundertschaft beigegebene kiptschakische Führer Sentjak die Greisin gefragt.
»Ich bin eine Jassyrka und stamme aus dem Kaukasus, aus Pjatigore ... Solange ich kräftig genug dazu war, habe ich arbeiten müssen. Nun aber, wo ich alt und schwach geworden bin, sagt man mir: ›Scher dich zum Teufel!‹ Aber wohin soll ich denn gehn? Noch dazu durch die verschneite Steppe? ...«
Die Mongolen hatten aus der am besten erhaltenen Hütte, die durch einen bauchigen Lehmofen erwärmt werden konnte, ein Quartier für ihren Jus-Baschi Tüljab-Birgen gemacht. Da lag er nun, in seinen Schafpelz gehüllt, auf der Schlafpritsche und starrte brütend ins lodernde Feuer.
Seine Leute aber verwünschten dieses »Tal der wandelnden Toten«.
»Gibt es denn in dieser Lausesteppe keinen besseren Ort«, murrten sie unzufrieden, »als diese feuchten verfallenen Erdhütten, die wie aufgewühlte Gräber aussehen, mit dieser wandelnden Leiche von Greisin, die nur darauf zu warten scheint, daß wir alle hier krepieren? Wie lange sollen wir's denn noch hier aushalten, wo wir vor Nässe und Kälte keine Gelegenheit haben, unsere Kleider zu trocknen? Warum geht's denn nicht weiter vorwärts, zu den Städten hin, an deren rauchenden Trümmern wir uns wärmen können, nachdem wir uns zuvor neu eingekleidet haben in dicke, warme Urussutenpelze aus Marder- und Zobelfellen ...?«
Die abergläubischen Dschigiten ließen ihre Lagerfeuer aus Furcht vor Gespenstern die ganze Nacht nicht ausgehen, und die auf den Hügeln

aufgestellten Wachen zitterten vor Angst, sie könnten es mit spukenden Geistern zu tun bekommen, mit den Seelen unbestatteter Krieger, die hier ihr Leben im Kampfe hatten lassen müssen. Die Hauptschuld an der Gespensterfurcht der Leute trug der ihnen in Sygnak beigegebene Mullah Abdu-Rassully, ein hagerer Eiferer mit dichtem Rotbart, der seine Gläubigen streng dazu anhielt, daß sie auch fünfmal täglich ihre Gebete verrichteten, und ihnen zur Warnung vor Lässigkeit in Glaubensdingen Gruselgeschichten erzählte, in denen der tückische Eblis, der Schaitan, und böse Djinne, die nachts den schlafenden Menschen das Blut aussaugen, eine große und schreckenerregende Rolle spielten. Zum Schutze gegen diese bösen Geister beschrieb der Mullah schmale Papierstreifchen mit Koransprüchen, die man zusammengerollt am Körper tragen mußte; ohne diese wirksame Hilfe, behauptete der Mullah, wären die Krieger schon längst die Opfer von Krankheiten, bösen Geistern und des bösen Blicks geworden.
Der Mullah hauste bei dem Jus-Baschi in der Hütte, verfügte aber über eine Art sechsten Sinn: Sobald nämlich irgendwo etwas Eßbares gekocht oder gebraten wurde, spürte es der Mullah, selbst wenn er im tiefsten Schlafe lag, und dieser Spürsinn führte ihn mit untrüglicher Sicherheit zu dem betreffenden Feuer hin, wo er sich im Kreise niederhockte, um an der Mahlzeit teilzunehmen. Die Krieger blickten ihn bei solcher Gelegenheit nicht gerade mit sehr freundlichen Augen an, denn die in den Polowezer Stammsitzen erbeuteten Hammel waren längst aufgezehrt, und Schmalhans war Küchenmeister. Sie mochten den Kreis ums Feuer und um den Kessel, worin Hirse mit Stücken Dörrfleisches kochte, noch so eng gebildet haben, den Mullah focht das nicht an: Er sprach sein Gebet und zwängte sich dann zwischen zwei der am Boden Hockenden.
Tüljab-Birgen ließ zwei On-Baschi, Kadyr und Dschabar mit Namen, zu sich rufen und sprach zu ihnen:
»Zwei Tage schon sind die vier Brüder fort. Ob es Allah gefallen hat, sie in bittere Not zu stürzen? Man müßte ihren Spuren folgen und in Erfahrung zu bringen suchen, was aus ihnen geworden ist. Du, Kadyr, reitest auf ihren Spuren zum Eichenhain, du aber, Dschabar, machst einen weiten Bogen und näherst dich dem Hain von der Seite her. Sollten sich noch Urussuten dort verborgen halten, so werden sie bestimmt eure Verfolgung aufnehmen. Ihr weicht dann zurück und lockt sie hierher. Ich aber falle dann mit der ganzen Hundertschaft über sie her. So werden wir ganz gewiß ein paar Gefangene machen. Solche Gefangene zum Verhör ins Hauptquartier zu schicken, ist ein dringlicher Befehl Batu-Khans, der ausgeführt werden muß, koste es, was es wolle. Also, macht euch auf!«
Der stämmige Jus-Baschi Tüljab-Birgen lehnte am Türpfosten der Erdhütte, und trotz der Dunkelheit war sein finsterer Blick unverwandt über die Steppe hinüber zum fernen Eichenhain gerichtet. Mit seiner Hand, die kräftig und muskulös war, vermochte er spielend ein eben erst

eingefangenes halbwildes Roß zu bändigen. Sein Bart war tiefschwarz und sorgfältig geschnitten, worauf er ebenso großen Wert legte wie darauf, daß sein brauner Hengst immer so glatt gestriegelt war, daß sein Fell seidig glänzte. Beides besorgte einer seiner Nuker, der zwei Schritte von ihm entfernt am Boden hockte, des leisesten Winkes seines Vorgesetzten gewärtig. Aber Tüljab-Birgens Gedanken weilten jetzt nur bei den ausgesandten vier Brüdern, auf deren Rückkehr er noch immer hoffte.
Unweit von ihrem Anführer saßen rings um ein Lagerfeuer die Dschigiten und lauschten einer Erzählung des rotbärtigen Mullahs Abdu-Rassully.
»Die ganze Steppe ringsum ist ein stummes Grab. Hier haben Völker mit Völkern gekämpft, und die Gefallenen blieben meistens unbestattet. Darum finden sie nun keine Ruhe und müssen nachts umgehen. In ganzen Scharen tauchen sie auf Geisterrossen gespenstisch wie Nebel aus Schluchten und Klüften auf und jagen in geräuschlosem Galopp über die Steppe. Nur wenn die gegnerischen Scharen aufeinanderprallen, vernimmt man deutlich das Klirren von Schwertern, die gegen Panzer und Kettenhemden schlagen, und schmerzliches Stöhnen...«
Aus der Ferne drang durch die Nacht ein Verzweiflungsschrei herüber, brach ab und wiederholte sich bald darauf.
»Das Feuer löschen!« gebot der Jus-Baschi.
Die Dschigiten warfen Erde aufs Feuer, daß es erstickte. Alles versank in Dunkelheit. Geräuschlos schlichen die Dschigiten auf die Anhöhen. Aus der Ferne hörte man Hufgetrappel galoppierender Pferde sich nähern. Im trüben Schein des Mondes, der eben durch die Wolken brach, konnte man Schatten auf der Ebene wahrnehmen, die sich rasch näherten.
»Das sind sie, die Toten...«, flüsterte entsetzt irgendwessen Stimme im Finstern.
»Schweig und gib acht!« lautete die Zurechtweisung, die dem Geisterseher zuteil wurde.
Es waren mehrere Dutzend Pferde, die in die Schlucht hereinstürmten und hin zum Bach. Man hörte das dumpfe Hufgetrappel, das Plätschern des Wassers, das Schnauben der saufenden Pferde. Aber irgend etwas mußte sie erschreckt haben, denn ungestüm, einander stoßend, stoben sie wieder davon, den Abhang der Schlucht hinan und in die dunkle Steppe hinein.
Unweit hörte man andere Geräusche, ein Aufwinseln, ein dumpfes Aufschlagen.
»Zündet das Feuer wieder an und holt Fangseile!« rief halblaut der Jus-Baschi.
Unter den Dschigiten gab es ein hastiges Hinundherrennen. Als der Schein des Feuers sich wieder verbreitete, beleuchtete er einen Schecken, dem ein sich immer straffer spannender Arkan um den Hals geworfen war. Der Jus-Baschi war gerade dabei, das Ende des Seils um

den Stamm einer Eberesche zu schlingen, der bei jedem Sprung des gefangenen Tieres erzitterte.
»Macht ein Ende mit ihm!« rief Tüljab-Birgen, indem er das Seil immer straffer anzog.
Drei lange rotgefiederte Pfeile drangen dem wütenden Tier tief in die Flanken. Die Vorderbeine des Pferdes knickten ein, und es sank vornüber, wollte sich wieder erheben, doch einer der Dschigiten sprang hinzu und schnitt ihm die Kehle durch.
»Chysr, der Gerechte, hat uns einen Abendschmaus geschickt«, sagte der Mullah. »Betet und preist Tag und Nacht den Namen des Allerhöchsten, und er wird es euch lohnen.«
Die Dschigiten hatten sich inzwischen die Ärmel aufgekrempelt und gingen nun daran, mit geübten Schnitten und Griffen das Tier abzuhäuten und es kunstgerecht in Stücke zu zerlegen, die sie auf die blutige Innenseite des scheckigen Felles häuften.
Zufrieden lachend, rühmten sie ihren Jus-Baschi:
»Ja, er ist ein kühner Dschigit, unser Tüljab-Birgen! Während allen vor Angst die Glieder schlotterten, weil sie meinten, es seien galoppierende Gespenster, warf unser Jus-Baschi ihm mit geschickter Hand den Arkan über den Kopf. Wären wir nicht so müßige Gaffer gewesen, hätten wir noch mehrere von den Wildpferden fangen können.«
»Waren es denn wirklich Wildpferde?« fragte der Führer Sentjak. »Vielleicht waren es bloß verwilderte, denn seit dem Erscheinen der Tataren in der Polowezer Steppe irren viele ausgebrochene Pferde durch die Steppe. So auch dieser Scheck... Seht, das Zeichen des Khans Kotjan ist ihm eingebrannt... Wildpferde haben ein anderes Fell, ein sandfarbenes mit einem dunklen Streifen auf dem Rücken... Aber wir werden diesen Schecken uns ebensogut schmecken lassen, als wäre es ein Wildpferd gewesen.«

Der erste russische Gefangene

Nach dem Essen erzählte Sentjak den Dschigiten, die träg und müde vor lauter Sattheit im Halbschlummer ums Feuer herumhockten und -lagen, von den Einfällen der Kiptschaken ins urussutische Waldgebiet. Der Frost hatte zugenommen, und leichter Schneestaub wirbelte tief über der Erde und deckte die Liegenden allmählich zu. Auch der Jus-Baschi saß, in einen Schafpelz gehüllt, bei seinen Untergebenen am Feuer und blickte, ohne zu blinzeln, schweigsam brütend in die züngelnden Flammen. Von fern hörte man das Heulen eines Wolfes, wieder zeigten sich Schatten auf der Ebene! Tiere oder Menschen? Feind oder Freund?
»Die ersten zehn!« sagte der Jus-Baschi, ohne sich zu rühren.
Zehn Dschigiten sprangen auf und liefen zu ihren Pferden hin, sprangen in den Sattel und preschten den Abhang hinauf. Ihre Schatten ver-

schwanden, wie von der Finsternis verschluckt. Tüljab-Birgen ging in seine Hütte. Die übrigen Dschigiten blieben am Feuer sitzen. Während sie zu ihren Waffen griffen, lauschten sie gespannt.
»Es sind die Unsern!« sagte einer.
Auf der Anhöhe erschienen vier Reiter. Am Pferde des vordersten war ein Gefangener festgebunden, dessen Arme auf dem Rücken gefesselt waren. Er war barhäuptig, und sein Flachshaar stand wirr und struppig nach allen Richtungen. Sein junges Gesicht hatte einen zerquälten Ausdruck. Seine Füße konnte er offenbar nur noch mit allergrößter Mühe heben.
Der zweite Reiter saß oder besser: hing vornübergebeugt auf seinem Pferd, in dessen Mähne sich seine Finger verkrallt hatten. Unablässig wiederholte er im wimmernden Tone:
»Waj-ulaj! Es brennt! ... Feuer ist in mir! Wasser! Gebt mir kaltes Wasser, damit ich das Feuer in meinem Leib damit lösche!«
Langsam ritten die Reiter den Hang herab und hielten am Lagerfeuer an. Der Jus-Baschi war, beide Hände hinter den Gürtel geschoben, aus seiner Hütte herausgetreten und trat jetzt, als er die vier Brüder erkannt hatte, auf den Gefangenen zu, um ihn aufmerksam zu betrachten.
Der gefangene Russe, ein blutjunger Bursch, dessen Gesicht blau gefroren war, leckte sich immerfort die gespaltene Oberlippe, aus der Blut sickerte. Nachdem er einen mißtrauischen Blick auf den Anführer geworfen hatte, stand er wieder gleichgültig wie versteinert da und stierte in die Luft.
Drei der Brüder sprangen von ihren Pferden und hoben den vierten vorsichtig herab. Dann betteten sie ihn auf eine Filzmatte, die sie neben dem Feuer ausgebreitet hatten. Mit geschlossenen Augen, das Gesicht von Totenblässe überzogen, lag der Verwundete auf dem Rücken; ganz spitz war seine Nase geworden, der Mund verzerrt, und die Lippen flüsterten fast lautlos ein paar Worte.
Der Mullah kauerte neben dem Sterbenden nieder, faßte ihn an der Schulter und gebot ihm streng, nachdem er ihn lange betrachtet hatte: »Sprich mir nach! ›Gott, König der Könige! Gelobt sei Allah! Es ist kein Gott außer Allah!‹«
Tüljab-Birgen, der Jus-Baschi, stand mit hochgezogener rechter Augenbraue daneben und starrte dem Sterbenden in das krampfhaft zuckende Gesicht, dann machte er eine hoffnungslose Handbewegung, ließ seinen Schafpelz von der Schulter gleiten und deckte damit den Sterbenden zu.
Nun erstatteten die drei anderen Brüder ihrem Vorgesetzten Bericht:
»Wie befohlen, schlichen wir uns durch Schluchten bis zum Eichenhain. Die Rosse ließen wir unten zurück und erklommen einen Hügel, von dessen Gipfel aus wir das Lager der Urussuten überblickten. Es waren ungefähr tausend Mann. Wir wollten versuchen, einen von den Schläfern fortzutragen, und krochen noch näher zu ihnen hin. Demir, der vorankroch, stieß auf diesen Knaben hier, der aufsprang und ihm seinen Spieß in den Leib stach. Vermutlich hat er ihm die Gedärme durchbohrt.

Wäre dein ausdrücklicher Befehl nicht gewesen, so hätten wir sofort mit diesem Säugling ein Ende gemacht, weil es uns so kränkte, daß ein so tapferer Dschigit, ein so mutiger Rossebändiger um einer solchen Rotznase willen sein Leben lassen muß. Wir banden und knebelten ihn. Hätte Demir einen Schrei ausgestoßen, die Urussuten würden uns auf der Stelle entdeckt und gefaßt haben, sie waren ganz dicht neben uns. Doch Demir verbiß mannhaft seinen Schmerz. Eher hätte er sich die Zunge abgebissen, als einen Schmerzenslaut von sich zu geben... Vierundzwanzig Stunden mußte er leiden, denn so lange mußten wir, im Eichenhain versteckt, warten, weil sowohl rechts wie auch links von uns Abteilungen der Urussuten vorüberzogen... Jetzt steht der Gefangene vor dir. Wir haben deinen Befehl ausgeführt, unsern Bruder Demir aber ruft Allah zu sich. Gib uns nun die versprochenen Schafpelze!«
Trocken sagte Tüljab-Birgen:
»Der Tapfere war der Dschigit Demir! Allah wird ihn zu sich in die Haine seines Paradieses nehmen... Mein Pelz bedeckt ihn... Warum aber habt ihr den Gefangenen ausgeplündert, ihn seiner Kleider und Schuhe beraubt, daß er barfuß laufen muß? Ich muß ihn heil und unversehrt zum Khan Bajander schicken. Nackt und bloß aber wird er uns noch in dieser Nacht erfrieren.«
Murrend schickten die Brüder sich an, den Gefangenen wieder anzukleiden. Sentjak, der ein wenig Russisch verstand, stellte dem Gefangenen einige Fragen, die dieser wortkarg beantwortete. Er machte dabei ein böses Gesicht und leckte an seiner gespaltenen und blutenden Lippe.
»Toropka heißt er und stammt aus dem Peruns Wald. Wie groß das Heer ist, weiß er nicht. Von Kampfgeist beseelt sind aber alle Urussuten und brennen darauf, mit den Tataren zu kämpfen.«
Tüljab-Birgen hörte aufmerksam zu, was ihm Sentjak verdolmetschte, und veranlaßte den Mullah, alles genau aufzuschreiben auf einem der schmalen Papierstreifen mit Koransprüchen.
Doch der Dolmetscher hatte bald alle seine russischen Wörter, die er wußte, verbraucht und konnte nichts weiter aus dem Gefangenen herauslocken. Auch einige Peitschenhiebe auf den Kopf brachten nicht mehr aus dem trotzig schweigenden Knaben heraus.
Der Jus-Baschi sagte, er selber wolle den Gefangenen zu dem Khan bringen. Sein brauner Hengst stand gesattelt bereit, angebunden neben der Erdhütte. Zehn Dschigiten sollten als Begleitung mitreiten. Doch mitten in der Nacht sich ins Schneegestöber hinauszuwagen war riskant. Die Pfade waren schon verweht, und der Schneesturm nahm noch immer zu. Es war rätlicher, bis zum Tagesanbruch zu warten, und Tüljab-Birgen begab sich in seine Hütte zurück.
Toropka saß in der Nähe des Lagerfeuers auf der Erde. Seine auf dem Rücken zusammengebundenen Arme waren stark geschwollen und schmerzten heftig. Von der Seite her wurde ihm auf Kopf und Schultern

Schnee geweht, und er konnte ihn mit seinen gebundenen Händen nicht abklopfen. Selbst den Kopf zu schütteln fiel ihm schwer, weil noch immer die Schlinge des Fangseils, dessen anderes Ende ein junger Dschigit fest in der Hand hielt, ihm den Hals zuschnürte und bei jeder Bewegung sich noch enger zusammenzog. Auf der Satteldecke lag neben ihm der mit dem Schafpelz zugedeckte Leichnam des für immer verstummten Demir.

Eine lange Zeit verging mit quälender Langsamkeit. Das Feuer war schon beinahe niedergebrannt, nur noch die letzten Flämmchen flakkerten verzweifelt und beleckten mit ihren Züngelchen die in der Asche verglimmenden Holzkohlen. Alle schliefen, nur Toropka war wach und wälzte in seinem Hirn Gedanken, wie er dieser Gefangenschaft wieder entrinnen könnte. Und noch ein Mensch schlief nicht: die alte Greisin, die wie immer auf der Schwelle ihrer Hütte hockte und mit bösen schwarzen Augen zu dem Dschigiten hinüberstarrte, dem Wächter des Gefangenen, der das Ende des um Toropkas Hals sich schlingenden Seils in seiner Hand hielt.

Geduldig wartete sie, bis er sich auch auf die Seite legte, dann stand sie auf, näherte sich mit lautlosen Katzenschritten dem Feuer. Doch heute suchte sie nicht nach den Überresten des Essens. Sie beugte sich über den schlafenden Wächter und sah ihm prüfend ins Gesicht. Alsdann tat sie einen Schritt auf Toropka zu, zog aus den Falten ihrer Pluderhosen das Bruchstück eines Messers hervor und durchschnitt damit vorsichtig den härenen Strick. Schweigend deutete sie mit der Hand in die Richtung, wo der gesattelte Braunhengst des Jus-Baschi angebunden stand, und verschwand hierauf so lautlos, wie sie gekommen war.

Toropka fühlte wohl, wie seine Fesseln sich lockerten, konnte aber trotzdem noch keine Bewegung mit den steif gewordenen Armen und den erstarrten Händen machen. Langsam strömte das Blut in die abgeschnürten Glieder, und erst ganz allmählich wurden die abgestorbenen Finger wieder bewegsam und biegsam.

Abwartend saß Toropka da und ließ dabei seinen schlafenden Wächter nicht aus den Augen. Schließlich erhob er sich und ging mit vorsichtigen Schritten durch den weichen flaumigen Schnee auf das braune Roß zu, dessen Zügel er mit bebenden Fingern löste.

Dann sprang er in den Sattel und war bereits auf dem Hügel oben, als er hinter sich Rufe hörte. Doch der Wind der freien Steppe blies ihm schon um die Ohren, der Schnee peitschte ihm ins Gesicht; der starke Hengst aber trug ihn mit geschmeidigen Sprüngen vorwärts, hinein in die Weite der stummen unermeßlichen Ebene...

Vierter Teil

Die ersten Zusammenstöße mit den Mongolen

In unserer ganzen Geschichte hat es kein furchtbareres und verhängnisvolleres Ereignis gegeben, nichts, was einen erschütternderen Eindruck auf die Einbildungskraft unserer Vorfahren hätte machen können, als diesen verheerenden Orkan, der über fast alle Gebiete des alten Rußlands hinwegraste, der Hunderttausende von Menschenleben vernichtete, unser Vaterland mit Brandstätten und Trümmern bedeckte und den überlebenden Teil der Bevölkerung unter das verhaßte Tatarenjoch beugte.
(Wsewolod Miller, Bylinen)

Eine russische Gesandtschaft an Batyga

Die furchtbaren Nachrichten über den Einbruch tatarischer Horden in russisches Land stimmten den Fürsten Feodor sehr nachdenklich und veranlaßten ihn, alle seine Angelegenheiten vor seinem Ausritt ins Wilde Feld bis ins kleinste zu ordnen und zu regeln. Wenngleich er jung war, so war er doch ein guter Haus- und Landesvater, und seinem scharfen Auge entging nichts. Um sich ein genaues Bild der Lage zu machen, besprach er sich sowohl mit den Bojaren wie auch mit den verschiedenen Fürsten und Heerführern, die aus allen Himmelsrichtungen in Rjasan eintrafen, verschmähte es aber auch nicht, sich mit dem einfachen Mann aus dem Volk auf der Gasse und auf dem Markt in ein Gespräch einzulassen, um zu erfahren, ob sie alle miteinander bereit wären, für das russische Vaterland einzustehen, und in welchem Sinne er die Verhandlungen mit dem Tatarenzaren würde führen müssen.
In einem Punkt schienen sich alle Meinungen zu treffen: ›Sei unbesorgt‹, hieß es, ›wir werden dem ersten Schlag unsere Brust bieten und ihn auffangen. Die Wladimirer und Susdaler, obgleich unsere Nachbarn, werden nicht gesonnen sein, uns beizustehen, sie werden sich vielmehr sogar freuen, daß wir Rjasaner geschwächt werden. Ja, möglicherweise sähen die Susdaler es gar nicht ungern, wenn der Fürst von Wladimir dabei Gelegenheit fände, das ganze geschwächte Rjasaner Land unter seine Herrschaft zu bringen und dessen Bojaren zu seinen Pferdeknechten zu erniedrigen. Aber das soll und wird nicht geschehn!‹
Niemand hätte genau zu sagen gewußt, worüber sich der hochmütige Großfürst von Wladimir, Georgi Wsewolodowitsch, mit den Abgesandten der Tataren beraten und welche Vorteile er bei ihnen für sich herausgeschlagen hatte.
Die zu den Russen geflüchteten Kumanenkhane aus der Polowezer Steppe beteuerten, daß es müßig sei, mit den Tataren und Mungalen Verträge zu schließen, da sie sie sowieso nicht halten würden. Einer von diesen Khanen erzählte, daß die Tataren ihm durch Boten und Unterhändler hoch und heilig hätten versprechen lassen: »Ergebt euch ganz in unseren Willen, und wir werden euch eure Habe, alle eure Rinder-, Hammel- und Pferdeherden lassen!« Wer solchen Versprechungen aber

traue, dem würde noch am selben Tage das Fell über die Ohren gezogen wie einem Hammel. So war es eben diesem Khan ergangen, dem von allen seinen nach Zehntausenden zählenden Herden nichts weiter geblieben war als die drei Pferde, auf denen er angeritten kam. Andere Khane wiederum waren gezwungen worden, niedrigste Knechtsdienste als Pferdeknechte zu leisten. Jetzt, so berichteten einstimmig die Flüchtlinge, treffen die Tataren Vorbereitungen für einen Überfall auf die Städte der Urussuten. »Und das wird ein Kampf auf Leben und Tod. Darum traut ihren Versicherungen nicht!« warnten die Khane.

Fürst Feodor Jurewitsch war ein unerschrockener Mann und seit seiner frühesten Jugend ein kühner Jäger auf Bären, Panther und Auerochsen. Er faßte den Entschluß, ins Lager des Tatarenzaren Batyga zu reiten, als ob es sich darum handelte, sich in die Höhle eines Raubtiers zu wagen. ›Wo du mit der Kraft nichts erreichst, versuch es mit einer List!‹ sagte er sich.

Alles war schon zur Abreise bereit, alles war von den Fürsten genau durchgesprochen und reiflich erwogen worden. Die Geschenke waren ausgewählt und, in Lederkoffern oder Quersäcken verpackt, bereits den Tieren aufgeladen oder in den Schlitten verstaut worden. Versiegelte Lehmkrüge mit berauschendem Met und Biertönnchen ruhten, sorgfältig mit Filz umwickelt, auf einer Unterlage von Heu. Ausgeweidete Kälber und Schweine, steif gefroren in der Kälte, streckten aus den Fuhren alle viere in die Luft.

Für den Zaren Batyga und für die zehn mungalischen Prinzen, die, wie man von geflohenen Polowezern erfahren, sich dem Zaren angeschlossen hatten, wählte der Fürst Feodor auf Rat seines Vaters elf der besten hochgewachsenen Hengste mit buschigen Schweifen und seidig wallenden Mähnen, die man, damit sie schön glänzten, mit Kwas angefeuchtet und mit roten Bändern durchflochten hatte. Auf ihren glatten Rücken lagen bunte Schemachateppiche. Auch der »rechten Hand« des Zaren Batyga, dem Temnik Sebjadai, war ein solches Roß, und zwar das prächtigste von allen, als Geschenk zugedacht.

Doch weshalb zögerte der Fürst noch mit dem Aufbruch? Die Schlittenfuhren sind bereits vorausgefahren; die zwölf Hengste mit geflochtenen Schwänzen und Mähnen sind unter Aufsicht und Wartung erfahrener Pferdeknechte ebenfalls schon unterwegs. Schon stampft ungeduldig an der Freitreppe des fürstlichen Schlosses der stattliche rote Hengst, der so rasch wie der Wind ist – ein Geschenk eines Polowezer Khans. Und auch die Reisegefährten des Fürsten Feodor, Fürst Isheslawlski und vier Bojaren, schlaue und kluge Diplomaten, alle in Halbpelzen und Zobelkappen, haben sich an der Treppe versammelt; aber Fürst Feodor zaudert immer noch, tritt manchmal auf die Freitreppe hinaus und hält besorgt nach allen Seiten Ausschau.

»Nun, da kommt sie endlich, die sehnlichst Erwartete!« rief jemand.

Von Schneestaub umstiebt, kamen mehrere Reiter angesprengt und zügelten ihre Pferde vor der Freitreppe. Zwei der Reiter sprangen behend ab und faßten einen Apfelschimmel am Zaum, auf dem eine schöne junge Frau saß. Auf den ersten Blick hätte man sie für einen Jüngling halten können; denn sie trug Halbpelz und Zobelkappe, hohe Reitstiefel aus Saffianleder und war sogar mit einem Schwert gegürtet. Allen Rjasanern war diese strahlend schöne Dame, die griechische Prinzessin Eupraxia und Gemahlin des Fürsten Feodor, wohlbekannt, hatten sie sie doch oft genug bei Gottesdiensten in der Kathedrale und bei Feierlichkeiten im Schloß an der Seite ihres Gemahls gesehen. Gewandt schwang sie sich aus dem Sattel und lief lachend mit von der Winterluft frisch geröteten Wangen und leuchtenden braunen Augen auf den Fürsten zu.

»Mir war ja so bange, daß ich dich womöglich nicht mehr antreffen würde, Feodor!« rief sie und fiel ihm um den Hals.

Seinen Arm um ihre Schultern gelegt, führte der Fürst seine Gemahlin die Treppe hinauf zur Fürstinmutter, die, einen Fuchspelz hastig umwerfend, ihrer Schwiegertochter entgegengeeilt kam und sie mit zitternden Händen umarmte. Beide Frauen brachen in Tränen aus.

»Beruhige dich, Jewpraxijuschka!« tröstete Feodor seine Gemahlin. »Ich reite ja nicht in den Kampf, sondern zu Verhandlungen, zu Friedensverhandlungen. Ich werde schon alles in beste Ordnung bringen, und meine erfahrenen Ratgeber werden mir behilflich sein, den Tatarenzaren Batyga zu besänftigen. Wo aber ist unser Wanjatka?«

»Er kommt mit dem Schlitten hinterdrein. Mir aber ging das Fahren zu langsam, und ich ritt voraus.«

»Bist ja noch ganz wie ein junges Mädchen, flink wie ein Wiesel«, scherzte die Fürstinmutter.

»Eben das sage ich auch immer«, pflichtete Feodor ihr bei. »Du könntest noch den Reigen anführen«, sprach er zu seiner Gemahlin, und ins Ohr flüsterte er ihr: »Das liebe ich ja gerade so sehr an dir... Ich weiß, daß du bereit bist, überallhin mit mir zu reiten, sei's auf die Jagd, sei's ins Feld.«

»Nimm mich mit, Feodor. Vielleicht gelingt es mir, durch Schmeicheleien und Scherze den bösen Tatarenzaren umzustimmen.«

Feodor zog das junge rosige Gesicht dicht zu sich heran, blickte in die glänzenden braunen Augen und küßte die blaß gewordenen Lippen. Behutsam löste er dann ihre Hände von seinen Schultern und gab seiner Mutter mit den Augen einen Wink, die daraufhin ihre Schwiegertochter von hinten umschlang. Die junge Fürstin knöpfte hastig ihren Halbpelz auf.

»Warte, Feodor!« sagte sie. »Nimm die Perlenkette aus Zargrad mit. Ich gebe sie dir, obwohl sie mir so lieb ist. Vielleicht kannst du der Tatarenzarin damit eine Freude machen und sie zur Bundesgenossin gewinnen, daß sie ihren grimmigen Gemahl versöhnlich stimmt. Und nimm auch meinen Segen...«

Bei diesen Worten nahm sie ein an einem Silberkettchen ihr um den Hals hängendes Heiligenbildchen ab. Feodor entblößte sein Haupt und neigte es vor seiner jungen Frau. Sie küßte ihn auf die Stirn und hängte ihm das Kettchen um. Er riß sie zum letzten Kusse an sich, dann wandte er sich jäh ab und stürmte die Treppe hinunter zu seinem ungeduldig stampfenden Hengst.

Laut weinend warf sich Eupraxia der alten Fürstin Agrippina in die Arme, der junge Fürst aber galoppierte, ohne sich noch einmal umzublicken, über den weiten Schloßplatz. Starr bohrten sich seine Augen in die blaugraue neblige Ferne, denn von dem hochgelegenen Platz aus konnte man weit über die verschneite Ebene hinsehen, auf welcher hier und da dunkle Baumgruppen kleiner Haine aufragten. Niedrig und langsam zogen graue Wolken über die öden Felder hin. Man hörte das trostlose Heulen des Windes und das heisere Krächzen der Dohlen und Krähen, die in Schwärmen den zum Wilden Feld hinführenden Weg überflogen.

Vier Tageritte waren es bis zu Batygas Lager. Unterwegs passierte die Rjasaner Gesandtschaft die russischen Grenzposten.

Obgleich der Fürst ein Zelt mit sich führte, ließ er es doch erst am vierten Tage aufschlagen, als tatarische Wachen schon in der Ferne zu sehen waren. Feodor schlief, in einen Schafpelz gehüllt, wie die Reisegefährten neben dem Lagerfeuer und nährte sich von gleicher Kost wie sie. Die ganze Nacht über wurde eine Wache ausgestellt, denn von den Tataren mußte man Überraschungen gewärtigen.

Am letzten russischen Posten erzählte man dem Fürsten von einem jungen Krieger, der einen Tataren mit dem Spieß niedergestochen hatte, dann aber von dessen Gesellen überwältigt und ins Tatarenlager geschleppt worden war. In der Nacht jedoch war es ihm geglückt, die tatarischen Wächter zu überlisten und ihnen auf einem gestohlenen Roß zu entkommen.

Fürst Feodor, der das Abenteuer aus des jungen Menschen eigenem Munde hören wollte, gebot, den aus der Gefangenschaft Entflohenen vor ihn zu führen, fragte ihn nach Namen und Herkunft aus und lobte ihn für seine Unerschrockenheit, die er mit dem Geschenk von einem Paar Lederstiefeln belohnte.

»Ich habe mich über dich gefreut, Toropka, du flinker Bursch«, sagte er. »Wenn es zum Kampfe kommt, werden sich gewiß in unseren Reihen noch viele solcher verwegener Burschen finden. Den Schlitz- und Schieläugigen soll es nicht gelingen, uns mit ihrer Übermacht zu erdrücken!«

Im Tatarenlager am Flusse Woronesh

Also schrieb Hadschi Rachim:

»... Möge der Himmel den weit umhergetriebenen Ruhe- und Heimatlosen vor neuem Unheil bewahren, das von überallher, wie schwarze Wolken vor dem Orkan, heranrückt! ...«

Batu-Khan hatte inmitten eines Eichenhaines am Flusse Woronesh ein großes Lager aufschlagen lassen. In der grasreichen Steppe fühlten sich die Tatarenpferdchen sogar im Winter wohl und behaglich. Bei ihrer Anspruchslosigkeit fanden sie genug Futter, wenn sie mit ihren Hufen den Schnee aufscharrten.

Die Zeltlager der übrigen Dschingisiden breiteten sich in der Steppe weit nach Osten hin aus.

Die Tataren- und Mongolenkrieger versprachen sich von dem Einfall ins Land der Urussuten ein Prasserleben in Hülle und Fülle. Auch der einfachste von ihnen würde sich ordentlich herausfuttern und beim Plündern so viel Beute machen, daß er reich wie ein Khan heimkehren und über Tausende von Sklaven gebieten würde.

Freilich ließen sich manche auch bedenklich stimmen dadurch, daß die Urussuten – wie es hieß – ein starkes, böses und zähes Volk seien, standhafte Männer, die den Eindringlingen ihr Vieh und ihre Äcker nicht widerstandslos überlassen, vielmehr sich tapfer zur Wehr setzen würden.

Das Eintreffen der Gesandtschaft, die der junge Sohn des Konas von Rjasan führte, überraschte die Tataren. Um sich ein Ansehen zu geben, ließ Batu-Khan den Fürsten Feodor durch den Wekil bescheiden: Er sei mit wichtigen und unaufschiebbaren Staatsgeschäften überhäuft und könne die Gesandten erst in vier Tagen empfangen.

Auf diesen Bescheid hin schlugen die Urussuten ihre Zelte – ein großes fürstliches mit goldner Spitze und drei kleinere, alle aus bucharischem Gewebe – am Ufer des Woronesh auf. Subudai-Bahadur umstellte ihr Lager mit Wachen, um die Fremden vor etwaigen dreisten Übergriffen seiner Krieger zu schützen, von denen er wußte, daß sie sich alles anzueignen pflegten, was ihnen in die Augen stach. Dieser unausrottbare Hang zur Aneignung fremden Hab und Gutes hatte gleich nach der Ankunft der Urussuten zu etlichen Zwischenfällen geführt, die von Subudais Tollkühnen beigelegt wurden, indem sie auf die allzu Neugierigen und Zudringlichen mit den Speerschäften einschlugen.

Während die nötigen Vorbereitungen zum Empfang der urussutischen Delegation getroffen wurden, pflog Batu-Khan lange Unterredungen mit dem Sohne Subudais, Urjanch-Kadan, der auf Kundschaft ins Rjasansche geritten und eben erst zurückgekehrt war. In seiner Begleitung war die Schamanin Kerinkai-Sadan gewesen und hatte Krankheit und Unheil auf die Häupter der Urussuten herabgezaubert, damit diesen der Mut sank.

Urjanch-Kadan berichtete von den Städten Rjasan und Uldemir, die er auf seinem Erkundigungsritt gesehen hatte:

»Das sind keine unbefestigten, wehrlosen Städte, sondern wehrhafte Festungen, deren starke, hohe Mauern sich erst nach vielen Sturmangriffen werden brechen lassen. Im Sommer sind die Wege im Lande der Urussuten die reinsten Fallen: Überall gibt es Sümpfe, die einen Vormarsch ebenso behindern wie die vielen Flüsse und Bäche, die im Sommer von den Urussuten mit Booten befahren werden; nur wenn sie

zugefroren sind, kann man sie zu Fuß oder zu Roß überqueren. Man muß also dieses Land zur Winterszeit mit Krieg überziehen. Überall stehen dichte Wälder, die den Verteidigern sichere und unzugängliche Verstecke bieten...«
Batu-Khan verlangte die von der urussutischen Gesandtschaft mitgebrachten Geschenke zu sehen, die Gesandten selber ließ er jedoch noch nicht vor sein Angesicht.
Urussutenkrieger führten die zwölf herrlichen Rosse am Zaum herbei, darunter einen Rappen mit einem Sattel, der mit Gold und Perlen verziert war und mit einer brokatenen Satteldecke. Dieses prächtig geschmückte Roß war für Batu-Khan bestimmt, die anderen für die übrigen Dschingisiden und für Subudai-Bahadur bestimmten Pferde waren mit Teppichen bedeckt.
Zehn von den Urussutenkriegern trugen jeder ein Bündel, bestehend aus vierzig der besten dunklen Zobelfelle. Aber noch weitere Geschenke gab es: mit Brokat und Samt bezogene Pelze aus Fuchs- oder Zobelfellen, für Batu ein gerades Schwert mit Goldgriff, Silberschüsseln, Silberschalen und Silberbecher und für seine Frauen Geschmeide aus Gold und Edelsteinen, Kopfbinden, Ringe und Perlenketten.
Dennoch machte Batu-Khan, der vor seinem Zelt stand, als die Geschenke an ihm vorübergetragen und im Innern seines Zeltes niedergelegt wurden, kein zufriedenes Gesicht. Von den Chinesen, so meinte er, hätte er prächtigere und kunstvollere Gaben erhalten. Wirkliche Freude zeigte er nur über die zwölf Rosse, von denen jedes an silbernem Zaum von zwei Pferdeknechten ihm vorgeführt wurde. Die Tiere tänzelten und bäumten und zogen dabei die Knechte mit in die Höhe. Am tollsten trieb es der Rapphengst, dessen Beine von den Hufen bis zu den Knien schlohweiß waren; er biß nach den ihn haltenden Knechten, daß sie immerfort auf ihrer Hut sein mußten. Diesen Hengst wählte Batu für sich, die übrigen Pferde ließ er zu den anderen Prinzen schaffen.
Schließlich geruhte Batu, die urussutischen Gesandten in seinem Zelt zu empfangen, wo sich die Dschingisprinzen und die Nojone und Orkhone des Tatarenheeres versammelt hatten. Der Dschichangir saß auf einem goldenen Thron und trug ein mit goldenen Drachen besticktes Gewand (unter dem er aus Argwohn gegen die Urussuten ein stählernes Kettenhemd anhatte) und eine mit taubeneigroßen Diamanten besetzte Mütze. Auf einem Teppich links von ihm saß sein Siebengestirn. Die »Sterne« hatten sich bereits mit den vom Fürsten von Rjasan überbrachten Geschenken geschmückt. Buraktschin, die älteste der sieben Frauen, trug ein Halsgeschmeide aus großen Perlen, die anderen goldene Armbänder und Juldus, die jüngste, einen Kopfputz aus Perlenschnüren.
Rechts vom Thron des Dschichangirs saßen die Khane und Heerführer.
Der junge Fürst von Rjasan wirkte trotz seines nur mittleren Wuchses sehr stattlich, denn er hielt sich kerzengerade und blickte den Versammelten stolz ins Auge, ohne seinen Blick zu senken, ohne zu lächeln – es war der Blick eines kühnen, ungezähmten Falken. Ohne seine

Waffen, die ihm die Wächter vor dem Zelte abgenommen hatten, trat er ein. Ihm folgten, ebenfalls waffenlos, sechs Ritter aus seinem Gefolge und vier Bojaren, seine Ratgeber. In zwei Reihen nahmen diese zehn Männer hinter ihrem Fürsten Aufstellung. Feodor entblößte sein Haupt, verneigte sich vor dem Dschichangir so tief, daß seine Fingerspitzen den Fußteppich vor dem Thron berührten, und sein Gefolge ahmte sein Beispiel nach.

»Gesundheit und Wohlergehen sei dir für viele Jahre beschieden, Zar der Tatarenländer und Führer des tapferen Tatarenheeres!« grüßte der Fürst.

Lange schwieg Batu, dann kniff er die Augen unmutig zusammen und beugte sich zu dem Fürsten Gleb Wladimirowitsch hinab, der, ihm zu Füßen, demütig vor seinem Thron kauerte.

»Wie erlaubt sich dieser Flegel mich zu grüßen? Bedeute ihm, daß er nicht meinesgleichen ist, sondern mein Diener.«

Fürst Gleb sprach zu dem Gesandten der Rjasaner:

»Fürst Feodor Jurewitsch, du erdreistest dich, vor Seiner mungalischen Majestät aufrecht zu stehen? Du hast wahrscheinlich vergessen, daß Zar Batyga über die halbe Welt gebietet, daß er der Enkel Dschingis-Khans, des Herrschers über alle östlichen Länder, ist? Falle schnell auf dein Angesicht nieder und ehre Seine Majestät durch diesen Kniefall!«

»Dein Gesicht kommt mir recht bekannt vor... Bist du nicht Fürst Gleb Wladimirowitsch, der Verräter, der seine Brüder heimtückisch zu einem Gastmahl lockte und sie meuchlerisch alle umbringen ließ? Bist du jetzt auch ein Verräter an deinem Vaterlande geworden und hilfst als Überläufer den Tataren, die russischen Lande zu verwüsten? Erkläre deinem neuen Herrn, daß wir Christen nur vor dem heiligen Bilde Gottes in die Knie sinken und uns bis zur Erde neigen, wenn wir vor dem Himmelskönig unser Gebet verrichten. Einen irdischen König haben wir bisher noch nicht anerkannt. Und glaube mir, Fürst, wären wir, du und ich, einander anderswo begegnet, wir würden anders miteinander gesprochen haben...«

»Der leibhaftige Judas!« flüsterten die Bojaren untereinander.

Als Gleb Feodors kühne Worte übersetzt hatte, bedeckten sich Batus Lippen mit Schaum.

»Der ganze Erdkreis lag meinem Großvater, dem heiligen Krieger, zu Füßen!« begann er wutschnaubend. »Über den ganzen Erdkreis hat er den Schrecken vor dem Namen Mongolen verbreitet. Meint ihr Urussuten, uns trotzen zu können? Die Länder aller Völker, die uns vermessen getrotzt haben, sind in Schutt und Asche verwandelt worden! Worauf gründet ihr eure Hoffnung? Bildet ihr euch ein, stärker zu sein als wir?«

Ruhig antwortete Feodor:

»Von deinem erhabenen Großvater, dem Khan Tschagonis, habe ich gehört, und ich verehre diesen großen Krieger. Dir, seinem Enkel,

wünsche ich Gesundheit und Wohlergehen für viele Jahre. Doch wozu brauchst du, da du ohnehin schon so reich und mächtig bist, noch unser ärmliches Rjasaner Land? Ihr Tataren sprengt auf euren Rossen über die endlose weite Steppe hin, wir Rjasaner aber haben uns wie Bären in den Wäldern verkrochen und leben in rauchigen Hütten... Warum sollten wir nicht gute Nachbarschaft halten können?«
»Wie kannst du dich unterstehn, so frech dem Gebieter der unbesiegbaren Mungalen zu antworten?« zischte Gleb.
Batu-Khan richtete einige halblaute Worte an den zu seiner Rechten sitzenden Subudai-Bahadur, und Feodor war sofort im Bilde, wer dieser einäugige dickliche Greis war – der berühmte Feldherr und Ratgeber des Tatarenzaren.
Subudai sprach:
»Am Himmel ist nur eine Sonne und auf Erden nur ein Herrscher – der mongolische Kagan. Ihm müssen sich alle beugen und die Erde vor seinen Füßen küssen. Auch ihr Urussuten werdet es tun müssen – freiwillig oder gezwungen. Ihr werdet dem Kagan Tribut entrichten und seinen Namen in euren Gebeten preisen, wenn Batu euch seine Ferse auf den Nacken setzt. Glaubt ja nicht, daß ihr ihm in eurer Unverschämtheit weiterhin trotzen dürft...«
Hier trat der Baurschi ins Zelt, warf sich vor dem Throne nieder und meldete in ehrfürchtigem Flüstertone:
»Es ist alles bereit fürs Gastmahl, Blendender. Gestatte, die Speisen aufzutragen!«
»Trag auf!« sagte Batu-Khan, der wieder in undurchdringliche Reglosigkeit zurückgefallen war.
Feodor und seine Gefährten mußten wie unbeachtet stehenbleiben. Es hatte ganz den Anschein, als habe man sie vergessen. Fürst Gleb beobachtete spottisch seine Landsleute und strich sich dabei den angegrauten schwarzen Bart. In seinem abgeschabten Kaftan hatte er etwas von einem kahlen alten, aber noch immer furchtbaren Steppenadler an sich, der mit einer Kette am Bein festgeschlossen ist.
»Weshalb steht ihr denn, werte Gäste?« fragte er die russischen Gesandten. »Man hat euch zwar nicht geladen, sondern ihr seid ungebeten erschienen, doch da ihr nun einmal da seid und das Gastmahl im Gange ist, so wird es auch für euch langen. Laßt euch nieder, dort, wo ihr steht.«
Der wohlbeleibte stattliche Fürst Isheslawlski, der neben Feodor stand, flüsterte diesem zu:
»Laß uns um unseres russischen Landes willen den Schimpf ertragen... Nach Hause zurückzukehren ist leicht, sich mit den Tataren verständigen – schwer!«
Der junge Fürst Muromski sagte:
»Mir schwant, daß wir allesamt nicht nach Hause zurückkehren werden, weder ich noch du. Setzen wir uns und sehen wir, ob die Ehre, die die Tataren uns erweisen, süß ist.«

»Setzt euch!« forderte der Baurschi jetzt die Russen auf. »Batu-Khan lädt euch zum Mahle ein.«
Die russischen Gesandten traten zur Zeltwand zurück und ließen sich dort mit untergeschlagenen Beinen auf einem Teppich nieder, denn sie waren mehr als einmal bei den Polowezern zu Gaste gewesen und kannten die Bräuche der Nomaden. Sie wußten, daß jedes Gericht und die Reihenfolge, wie es dem Gast serviert wird, eine eigene Bedeutung hat und die größere oder geringere Achtung anzeigt, die man dem Gaste erweist. Sie waren gespannt, ob man ihnen die Achtung erweisen würde, die man einem Gesandten schuldet.
Nach tatarischem Brauch wird ein gekochter oder gebratener Hammel oder ein anderes Tier – ein Füllen, eine Wildziege – nach ganz besonderen, uralten Regeln zerlegt. Mit dieser Aufgabe ist eine spezielle Person betraut, die in dieser wichtigen Funktion Erfahrung hat. Der ganze Körper wird in zwei Hälften zerlegt, deren jede auf eine besondere Schüssel gelegt wird. Jede Hälfte wiederum wird in zwölf oder vierundzwanzig Teile zerlegt und diese wiederum auf besonderen Schüsseln serviert – je nach Anzahl der Gäste. Wenn sehr viele Gäste anwesend sind, kommt es vor, daß nicht jeder eine Schüssel für sich erhält, sondern daß zwei oder drei sich in eine Schüssel teilen müssen.
Diener traten paarweise ein und trugen feierlich eine goldene und im übrigen silberne Schüsseln vor sich her. Der Baurschi ließ sich, nachdem er die goldene Schüssel dem ersten Diener aus den Händen genommen hatte, vor dem Dschichangir auf die Knie nieder. Auf der Schüssel lagen ein von Fleisch umgebener Beckenknochen und der Kopf eines Hammels. Batu-Khan nahm mit beiden Händen die Schüssel in Empfang und stellte sie vor sich nieder. Dann zog er ein silbernes dünnes Dolchmesser aus seinem Gürtel, schnitt sich ein Ohr vom Kopf des Hammels ab und überreichte ihn dann seinem Bruder Scheibani, der zu seiner Rechten saß. Währenddessen waren die Diener lautlos zwischen den Gästen hindurchgeglitten und hatten die Silberschüsseln vor sie hingestellt. Vier der Gäste erhielten zum Zeichen höchster Ehre, die man ihnen erwies, jeder eine Schüssel für sich allein. Die übrigen mußten sich paarweise mit einer begnügen.
Die russischen Gesandten beobachteten aufmerksam diese Verteilung der Schüsseln und wußten nun: Diese beiden Khane hier, die das rechte und das linke Schulterblatt des Hammels erhalten haben, sind die Anführer des rechten und des linken Flügels des Heeres; jene, die an den Knieknochen nagen, befehligen die Vorhut.
Die älteste der Frauen bekam das Bruststück, unter die übrigen wurden die kleineren Teile verteilt.
Der Baurschi sprach eine Art Gebet, worauf alle Tataren zu essen begannen.
Die Gesandten waren also vergessen worden?... Nein, auch ihnen brachten Diener zwei Schüsseln, doch es lagen darin Eingeweide, die Schwanzknochen und die Füße. Die Russen begriffen, daß dies eine

absichtliche Beleidigung war, ein Schimpf, den man ihnen hatte antun wollen, indem man ihnen jene Teile servierte, die ansonsten unter die Dienerschaft verteilt wurden, und zwar unter die niedrigsten: unter die Weiber, die die Innereien säubern, und unter die Knaben, die getrockneten Mist ins Feuer unter dem Kessel werfen. Darum streckte keiner der Russen die Hand nach den Schüsseln aus, sondern sie ließen sie unberührt stehen und sahen ruhig dem Mahle der Tataren zu. Einige von den Scherzen, die auf ihre Kosten gemacht wurden, konnten sie verstehen.

Fürst Gleb, der mit zwei Tatarenkhanen aus einer Schüssel aß, drehte sich zu seinen Landsleuten um und fragte:

»Warum langt ihr nicht zu, werte Gäste? Eure Zurückhaltung ist ja eine Kränkung für den Gastgeber!«

Fürst Pronski antwortete ihm:

»Weil wir das Polowezer Sprichwort nicht vergessen haben: ›Bevor du zu einem Gastmahl gehst, iß dich daheim satt!‹, und wir danken dem freundlichen Gastgeber für die reichliche Bewirtung.«

Endlich hatten die Gäste alle Fleischschüsseln geleert und wischten ihre fettigen Hände an den Schirinki ab, aber auch an den Schößen ihrer Pelze oder an den weichen Schäften ihrer Stiefel. Diener trugen auf silbernen Tabletts goldene Becher und Schalen von verschiedener Größe und Form herein, die mit berauschenden Getränken gefüllt waren: mit Kumyß und Chorsa, und jeder ließ sich nach seinem Geschmack bedienen.

Alle hielten die Schalen in der rechten Hand; auch die russischen Gesandten, denen man ebenfalls Schalen mit Chorsa gebracht hatte.

Hierauf kniete der Baurschi vor Batu-Khan nieder und sprach eine Art Dankgebet, das folgendermaßen lautete:

»Für deine gastfreie Bewirtung möge dir, unüberwindlicher, heldenmütiger Khan, des Himmels reicher Segen auf dein Haupt niederströmen.

In einen glückbringenden Vogel verwandelt, möge unser Beschützer, der streitbare Gott Sulde, dieses goldene Zelt besuchen, in dem wir sitzen.

Mögen die Hausfrauen dieses Zeltes zwölffach fruchtbar sein und ihre Augen vor Freude leuchten, wenn sie dir einen Sohn gebären und keine Tochter.

Möge der Reichtum niemals von dir weichen, und das dir vom Himmel bescherte Glück soll von niemandem gestört werden.

Dein Zelt soll immer von tausend Kamelen umgeben sein, deren Höcker vor Fett herunterhängen, und von laut wiehernden Hengsten samt Stuten und Füllen und zahllosen Herden von Schafen und Hammeln sowie von fetten Rindern.

Sinnt aber jemand Böses wider dich, so soll sein Pferd auf dem Feldzug verenden, und sein Weib soll sterben, ohne die Rückkehr ihres Mannes erlebt zu haben. Und mögen die Zelte und Jurten deiner Neider zu-

sammenbrechen und ihre zersplitternden Stangen deinen Feinden in den Rücken dringen!«
Alle führten nach diesen Worten ihre Schalen zum Munde, und auch die Russen hoben die ihren zu den Lippen; doch da rief einer der Khane:
»Und mögen die Urussuten elend zugrunde gehn wie die Heuschrecken unter den Füßen der Kamele!«
Und andere pflichteten ihm bei:
»Wie Sperlinge vor dem Gierfalken, so sollen die Urussuten auseinanderstieben oder wie Schakale vor dem Wolfshund!«
Da ließen die Gesandten ihre Schalen sinken und stellten sie vor sich hin. Als Batu-Khan das gewahrte, begann er sich über sie lustig zu machen:
»Warum seid ihr allein gekommen? Ihr hättet eure Weiber mitbringen sollen!«
Und Fürst Gleb, der in das allgemeine Gelächter mit einstimmte, ergänzte:
»Insbesondere die junge Frau des Fürsten Feodor, eine ob ihrer Schönheit berühmte ausländische Prinzessin. So berühmt ist sie wie ein Stern am Himmel ...«
Der stark berauschte Batu sagte zu dem Fürsten Feodor:
»Galoppiere schnell nach Hause und hole sie her, damit sie uns vorsinge und vortanze und uns durch ihre Schönheit ergötze!«
Der Fürst erwiderte ruhig:
»Das wäre eine eines Fürsten und Ritters unwürdige Handlungsweise! Wenn du uns besiegt haben wirst, werden dir ja ohnehin alle unsere Besitztümer gehören.«
In die Frauen des Dschichangirs, die bis jetzt fast so unbeweglich wie Götzenbilder dagesessen hätten, kam bei diesen Worten des Urussutenfürsten, die sie sich hatten übersetzen lassen, Leben. Zwei von ihnen klatschten in die Hände, und die jüngste sagte:
»Dieser Urussutenfürst ist ein tapferer und edler Mann und ein braver Ehegatte!«
Fürst Isheslawlski flüsterte dem Fürsten Feodor zu:
»Wir haben hier nichts mehr zu tun.«
»Das scheint mir auch so.«
Feodor erhob sich und sagte zu dem Tatarenzaren, der ihn mit zugekniffenen Augen musterte:
»Verzeih mir, erlauchtester Khan, doch wir müssen an den Heimweg denken ...«
»Warum? Sprecht doch erst dem Kumyß zu!«
»Wir wären ja froh, mit dir ein unverbrüchliches Bündnis zu schließen und gute Freund- und Nachbarschaft mit dir zu halten. Jedoch, wie es bei uns heißt: ›Mit Gewalt kann man sich keinem angenehm machen!‹ Deine treuen Freunde – ja, das könnten wir sein, doch deine Sklaven – nein, das werden wir nie und nimmer sein! Wenn du unser Land

durchaus mit Krieg überziehen willst, so werden unsere Schwerter den Streit entscheiden.«

Feodor und die übrigen Russen seines Gefolges verneigten sich tief vor Batu-Khan und entblößten dabei ihr Haupt. Als Feodor sich wieder aufgerichtet und seine Locken geschüttelt hatte, heftete er seinen Blick auf Batu-Khans jüngste Frau, die so lobend von ihm gesprochen hatte. Sie hatte dick weiße Schminke auf ihr Gesicht gelegt, und ihre Augenbrauen waren kohlschwarz nachgezogen. Dann setzte er seine Zobelkappe auf und schritt kühn und stolz aus dem Zelt.

Batu-Khan raunte Subudai einige Worte zu. Der Bahadur stand ächzend auf und watschelte rückwärts gehend zum Ausgang. Unbeweglich saß Batu da, auf die Seitenlehne seines Thrones gelehnt. Alle erstarrten und lauschten. Von draußen drang das Geräusch von Hufschlägen herein. Am Zelt vorbei galoppierten Reiter.

Auf einmal verzweifelte Schreie..., unterdrücktes Ächzen und Stöhnen..., Klirren zusammenschlagender Schwerter.

Batu-Khan regte sich noch immer nicht, und keiner seiner Gäste wagte, sich von seinem Platz zu erheben. Sie verharrten ebenso reglos wie er in ihrer lauschenden Stellung.

Atemlos kehrte Subudai zurück. Sein eines Auge blitzte. Schweiß perlte ihm auf der Stirn und rann ihm übers ganze Gesicht.

»Nun?« fragte Batu-Khan.

»Sie sind alle erschlagen bis auf einen Diener, einen Greis... Er entriß einem unserer Krieger einen tatarischen Säbel und verteidigte damit die Leiche seines Herrn, des Konas Feodor... Ich befahl, ihn zu schonen, und er steht jetzt mit gezücktem Schwert über der Leiche seines Herrn... Der heilige Krieger, dein Großvater, pflegte zu sagen: ›Einen treuen Diener muß man belohnen, selbst wenn er der Diener eines Feindes ist!‹«

»Ich will ihn sehn... Konas Galib, führ ihn her!«

Fürst Gleb Wladimirowitsch erhob sich und verließ, ebenso wie vorher der Bahadur rückwärts gehend, das Zelt. Bald darauf kehrte er mit einem hochgewachsenen Greis zurück, den zwei mongolische Krieger an den Ellbogen festhielten oder stützten. Des Alten Gesicht hatte ein Säbelhieb zerschnitten, und das Blut troff ihm in den weißen Bart.

»Wer bist du?« fragte Batu-Khan.

»Ich bin der Erzieher des Fürsten Feodor Jurewitsch.«

»Wie heißt du?«

»Aponiza.«

»Willst du in meine Dienste treten, Aponiza? Du sollst hochgeachtet werden.«

»Befiehl, daß man mich tötet, aber in deine Dienste werde ich niemals treten!«

Batu-Khans jüngste Frau bat mit zitternder, schwacher Stimme:

»Töte ihn nicht, Dschichangir, sondern laß ihn gehen!«

Batu-Khan nickte zustimmend mit dem Kopfe und sagte zu dem Alten:

»Du bist ein treuer Diener deines Herrn. Um deiner Treue willen verzeihe ich dir deine Worte. Du sollst von mir ein Roß erhalten. Reite nach Rjasan zurück und melde dem Fürsten, daß ich seinen Sohn wegen der Unverschämtheit, mit der er zu dem Beherrscher des Erdkreises zu sprechen sich erdreistet hat, habe hinrichten lassen. Subudai-Bahadur, sorge dafür, daß vier Krieger diesen Mann geleiten und ihn sicher zum urussutischen Grenzposten zurückbringen!«
Aponiza wurde aus dem Zelt geführt, und das Gelage nahm seinen Fortgang. Batu-Khan erwog mit seinen obersten Feldherren die Angriffspläne auf das Gebiet der Urussuten.

Eine friedliche Begegnung mit Mongolen

Als Toropkas Verschwinden von den Kriegern des vordersten russischen Postens, bei dem sich auch Dikoroß befand, bemerkt wurde, packte Unruhe die Männer aus Peruns Wald. Sie stiegen auf die Anhöhe und untersuchten genau die Spuren am Boden. Sie fanden eine Blutlache und kamen nach langem Hin und Her zu dem Schluß, es müsse ein Kampf stattgefunden haben. Bluttropfen zogen sich bis zu einer Stelle hin, wo die Spuren von vier Pferden zu sehen waren, die direkt zum Lager der Tataren hinführten. Sawelis finstere Menschenscheu nahm zu. Einsam wanderte er in der Steppe umher, besessen von der fixen Idee, einen Tataren zu fangen, um von ihm zu erfahren, ob sein Sohn Toropka noch am Leben sei. Lichar Kudrasch versuchte ihn davon zu überzeugen:
»Wenn sie Toropka kaltgemacht hätten, so hätten diese Wüteriche ihn seiner Kleider beraubt und seinen Leichnam nackend liegengelassen. Da wir aber Toropkas Leiche nirgendwo gefunden haben, so steht einwandfrei fest, daß sie ihn lebendig festgenommen und fortgeschleppt haben.«
Die Kälte nahm zu. Der Wind fegte Haufen trockenen Schnees zusammen, der wie Nadeln ins Gesicht stach. Der Himmel war klar und wolkenlos. Man konnte weit über die Steppe hinsehen. Die Tataren aber waren spurlos verschwunden. Schon seit drei Tagen hatten sich ihre Reiter nicht mehr gezeigt, die man früher in weiter Ferne, direkt am Horizont, hatte dahinjagen sehen.
Saweli redete den Leuten aus dem Peruns Wald zu, sich mit ihm weiter vorzuwagen.
»Vielleicht haben sich unsere Fürsten schon mit dem Zaren Batyga verständigt, und die Tataren sind bereits wieder in ihre Länder abgezogen, und wir frieren hier ganz unnütz.«
Die Waldbauern aus Perunow Bor waren einverstanden, mit ihm zu gehen. Kudrasch übernahm es, sie dorthin zu führen, wo er einstmals mit den Polowezern Tauschhandel getrieben hatte. Der übrige Teil der

Abteilung versprach, am Eichenhain auf die Perunswalder zu warten. Die vier Nachbarn – Kudrasch, Waula, Swjaga und Saweli – nahmen ihre Streitäxte mit, als sie bei hellem Mondschein loszogen. Da sie alle Hügel, Schluchten und Kurgane der Umgebung schon gut kannten, war kaum zu befürchten, daß sie in die Irre gehen würden. Brot hatten sie für mehrere Tage bei sich. Als sie sich dem Hohlweg näherten, suchten sie Deckung im Gebüsch. Lange lagen sie dort und warteten auf den Anbruch des Tages. Der Weiler lag in einer Mulde inmitten der Schlucht, durch die ein kleines Flüßchen floß. In glutrotem Nebel ging endlich die Sonne auf. Graue Wolken zogen, sich zusammenballend, herauf. Hinter einem Hügel tauchte ein berittener Tatar auf, der eine lange biegsame Lanze in der Hand hielt. Sein rotes Pferd war zottig und auch er selbst, denn er trug einen Pelz so alt und dunkel wie die Erde. Nach allen Seiten hin ausspähend, ritt er behutsam auf den Weiler zu. Gerade neben dem Gebüsch, in dem die vier Waldbauern verborgen lagen, versetzte er seinem Pferd einen Peitschenhieb, galoppierte ein Stück, hielt wieder an, spähte umher und ritt, nachdem er sich vergewissert hatte, daß ihm keine Gefahr drohte, tief in den Hohlweg hinein. Man hörte unter den Hufen seines Pferdes das spröde Eis knacken. Dann verstummte der Hufschlag. Offenbar tränkte der Reiter sein Pferd. Bald erschien er auf einer kleinen Anhöhe jenseits der Schlucht wieder. Einsam ritt er über die verschneite öde Ebene, bis er hinter den Hügeln verschwand.
»Im Weiler ist niemand«, sagte Saweli. »Sonst wäre der Schieläugige nicht so schnell wieder davongeritten, sondern hätte sich mit seinen Genossen in ein Schwätzchen eingelassen, wie das so üblich ist. Und wir hätten es gehört.«
»Du bist immer noch von der Idee besessen, deines Sohnes entseelten Körper zu finden«, sagte der neben Saweli liegende Swjaga. »Doch glaube mir: Deinem Toropka war der Tod noch nicht bestimmt. Er wird uns alle überleben.«
»Meine Seele hat keine Ruhe«, entgegnete Saweli. »Tag und Nacht treibt es mich um. Ich werde mich noch weiter vorwagen. Falls mir etwas zustoßen sollte, werde ich rufen, dann steht mir bei.«
Gebückt kroch er weiter und hinunter in den Hohlweg. Lange blieb er fort. Wolken waren unterdessen heraufgezogen und hatten den grauen Himmel bedeckt. Dichter fielen die Schneeflocken. Die Ferne war wie von einem Schleier verhüllt. Die drei Perunswalder warteten geduldig. Plötzlich war Saweli wieder bei ihnen.
»Ein Schneegestöber, das einen oder auch zwei Tage anhalten kann«, meinte er. »Die Siedlung ist menschenleer. Die Leiche einer hingemordeten Greisin liegt unten vor einer der Hütten. Wir wollen das Weitere im Hohlweg abwarten. Dort steht eine Scheune, da sind wir wenigstens unter Dach und Fach. In der Steppe würden wir erfrieren. Brot haben wir ja genug mit.«
Unaufhörlich fiel der Schnee. Der Wind trieb ihn in die Gesichter der Menschen und verklebte ihnen die Augen. Eng aneinandergedrängt

stiegen die vier Waldbauern in den Hohlweg hinab. Die halbzerstörten Hütten oder Scheunen waren düster und leer. An einer Wand lehnte die Leiche der Gemordeten, deren graubehaarter Schädel gespalten war. Das eine Auge blickte die Vorübergehenden an, als wäre noch Leben in der Alten. Aus der Scheune sprang mit großen Sätzen ein graues Tier heraus, das den Abhang hinaufjagte und verschwand.

»Ein Wolf!« sagte Saweli. »Zwei habe ich schon verscheucht. Sie nagten an den Knochen eines geschlachteten Rosses.«

Die vier Männer krochen in eine Lehmhütte hinein, die noch ein heiles Dach hatte. Die Tür verrammelten sie mit einem Pfahl. Es wurde stiller um sie; das Heulen des Sturmes drang wesentlich gedämpfter zu ihnen herein.

»Wenn Tataren kämen, so könnten sie uns beim Schlafittchen nehmen, als wären wir junge Hunde.«

»Ich werde mich vor die Tür setzen«, sagte Saweli. »Werde mir Mühe geben, nicht einzuschlafen. Wenn mich das Schneegestöber verschüttet, so grabt mich aus. Ich werde den garstigen Gedanken nicht los, die Wölfe könnten womöglich meinen armen Toropka benagen.«

Am andern Morgen mußten sie den Wache haltenden Saweli aus einer Schneewehe ausgraben.

Er sträubte sich, mit in die Hütte zu gehen.

»Ich habe euch in die Sache mit hineingezogen, also ist es auch meine Pflicht, hier draußen zu sitzen und aufzupassen, daß euch nichts passiert.«

Doch die Nachbarn drängten ihn trotz seines Sträubens in die Hütte, wo im Herde ein Feuer aus Zweigen und Steppengras brannte und im Topf darüber ein Mehltrank kochte.

Plötzlich hörte man von draußen eine heisere Stimme rufen:

»Ist hier eine lebendige Seele? Antwort – oder wir brauchen Gewalt!«

Die vier Bauern griffen zu ihren Äxten und stellten sich hinter der Tür auf, die sie vorsichtig und nur einen Spalt breit öffneten. Ein reifbedeckter Greis stand draußen, dessen totenbleiches Gesicht und weißer Bart blutüberströmt waren. Hinter ihm hielten vier Tataren hoch zu Roß.

»Gottes Segen!« grüßte er. »Laßt uns Atem schöpfen und uns drin erwärmen. Die ganze Nacht sind wir in der Steppe umhergeirrt und beinahe erstarrt. Ich heiße Aponiza und stehe in Diensten des Fürsten Feodor Jurewitsch von Rjasan … Vor den Tataren hier braucht ihr keine Angst zu haben. Sie sind mir als Begleiter mitgegeben worden und haben Auftrag, mich sicher bis zum ersten russischen Vorposten zu bringen. Sie werden euch kein Haar krümmen.«

Die Bauern traten zurück, steckten ihre Äxte in den Gürtel, und Kudrasch forderte in der Sprache der Polowezer die Mongolen auf:

»Tretet ein und brecht das Brot mit uns!«

Die Tataren sprachen untereinander, dann gingen zwei, um die Rosse zu koppeln, während die beiden anderen eintraten. Zum Zeichen einer freundschaftlichen Gesinnung kreuzten sie die Hände zum Gruß über der Brust.

Alle hockten sich rund um das Feuer auf die Fersen nieder und musterten einander prüfend und verstohlen von der Seite her. Die Tataren streckten ihre klammen Hände zum Feuer aus. Kudrasch zog aus seiner Tasche Birkenrinde und einen Brotlaib hervor, zerschnitt ihn mit dem Messer und gab auch jedem der Tataren ein Stück.

»Woher und wohin des Wegs, Aponiza? Wer hat dich so übel zugerichtet?«

Aponiza erzählte seinen Landsleuten von dem Meuchelmord an den russischen Gesandten und daß Zar Batyga ihn verschont habe, damit er dem Fürsten Juri Ingwarewitsch den Tod seines Sohnes Feodor melde, dessen Erzieher er – Aponiza – gewesen sei.

»Wie sieht denn dieser Batyga aus?« wollten die Perunswalder wissen. »Hast du ihn wirklich von Angesicht zu Angesicht gesehn?«

Neugierig betrachteten die Waldbauern die vier Tataren.

Wieviel Schreckliches hatten sie von diesen Heiden gehört, und nun saßen vier dieser Teufel vor ihnen und kauten zufrieden ihr trockenes Brot. Sie hatten lange Pelze an, mit der haarigen Seite nach außen gekehrt, ebensolche Pluderhosen, doch mit dem Fell nach innen. Die Hosen waren aus Pferdefell, die Pelze aus Schaffell. An den Füßen trugen sie weite, mit Filz gefütterte Stiefel. Ihre Köpfe bedeckten spitz endende Mützen aus Hundefell, deren Klappen Ohren und Nacken schützten. Am Gürtel hingen ihnen lange Krummsäbel, weiter Schlagkugeln und Ketten, an deren Ende ein Eisengewicht befestigt war.

Einer der Tataren zog aus seinem Busen eine Holzschale hervor, bröckelte sein Brot hinein und zeigte auf den Topf. Waula goß ihm von dem Mehltrank ein.

»Ist deine Jurte weit von hier?« fragte er, und Kudrasch übersetzte die Frage in die Sprache der Polowezer. Als der Mongole nachgedacht und begriffen hatte, machte er eine unbestimmte Bewegung mit der Hand und sagte:

»Zwei Jahre zu reiten.«

»Und wie viele Jahre bist du schon im Felde?«

»Zwanzig.«

Das Gesicht des Tataren war dunkel und borkig wie Kiefernrinde. Ein dünner, langer Schnurrbart zog sich von der Oberlippe um die Mundwinkel zum Kinn.

Als er das aufgeweichte Brot aufgegessen hatte, trank er den Rest des Mehltranks und reichte die Schale seinem Nachbarn, der ebenfalls von dem Mehltrank verlangte.

Mit finsterem Gesicht schielten sie aus ihren Schlitzaugen zu den Russen hin und musterten sie vom Kopf bis Fuß.

»Obgleich sie unser Brot essen«, sagte Kudrasch, »wären sie bestimmt nicht abgeneigt, uns die Kehlen durchzuschneiden... Macht euch sacht

von hier fort«, gebot er den Tataren. »Wir selber werden Aponiza geleiten.«
Die Tataren sprachen miteinander, wobei sie kein Auge von den Russen verwandten. Einer nach dem andern verließen die Bauern die Hütte. Da sprangen die Mongolen auf und liefen ebenfalls hinaus. Sie griffen zu ihren kurzen Speeren mit eisernen Haken.
»Damit wollen sie uns aus dem Sattel vom Pferd herunterziehen«, sagte Kudrasch.
Aponiza bestieg sein Roß. Auch die Mongolen schwangen sich in die Sättel, ritten aber nicht davon, sondern warteten.
»Gehn wir, Rechtgläubige«, sagte Aponiza. »Und seid auf eurer Hut. Sie führen bestimmt etwas im Schilde!«
Die Bauern stiegen den Abhang hinan, wobei sie bis zu den Knien im Schnee versanken. Als sie oben auf der Ebene waren, gingen die vier Perunswalder in einer Reihe hinter dem reitenden Aponiza her. Plötzlich kamen die Mongolen, tief über die Mähnen ihrer Pferde gebeugt, aus dem Hohlweg herausgeprescht, jagten auf die Bauern zu, schossen ganz dicht an ihnen vorbei, machten eine jähe Kehrtwendung und galoppierten wieder davon. Hinter sich her zogen sie den Mordwinen durch den Schnee, dem sie zwei Fangseile übergeworfen hatten.
»Helft, Brüder, helft!« schrie der Fortgeschleifte kläglich.
»Der Arme ist verloren!« rief Swjaga.
»Ach, was hab' ich angerichtet!« jammerte Saweli. »Meinen Nachbar hab' ich ins Unglück gestürzt! Was mußte ich euch auch überreden, mir hierher zu folgen?«
Weit entfernt von ihnen, auf einer Anhöhe, zügelten die Tataren ihre Rosse. Sie hoben Waula auf, der mit einer Schlinge um den Hals hinter dem vordersten Reiter herlaufen mußte. Die anderen drei folgten.
Mühevoll schleppte sich Aponizas übermüdetes Pferd durch die tiefen Schneewehen. Finster und betrübt schritten die Bauern hinter ihm her und sahen sich immer wieder nach jener Richtung um, in der die Tataren mit dem Mordwinen verschwunden waren. Dann ließen sie den Kopf hängen und sprachen besorgt über die Zukunft, von der nichts als Unheil und blutige Schlachten zu erwarten waren.
»Wenn die Unholde sich nicht gescheut haben, den Fürsten und die übrigen Gesandten zu ermorden, so ist an Friede und Freundschaft mit ihnen nicht zu denken!«

Der Schneesturm über der »Orga«

Das gelbe Zelt mit dem goldenen Drachen an einer Stange überragte die übrigen Jurten und Zelte des Tatarenlagers. Die Seile der Zeltwände waren an Pfählen befestigt, die in Messingknäufen endeten.
Tagtäglich kamen die Khane zur Beratung in dieses Zelt, und abends fanden darin Schmäuse und Gelage statt, wobei Chorsa, Arsa und

Kumyß in Strömen flossen und auch der Met, den die rjasanischen Gesandten mitgebracht hatten.
Obgleich es Frostwetter war, so wärmte die helle Sonne dennoch ein wenig, und im Lager herrschte ein geräuschvolles, fröhliches Leben und Treiben.
Die Pferde weideten in der weiten Steppe, die bisher weder Sichel noch Sense kennengelernt hatte. Von der unübersehbaren Ebene des Wilden Feldes stiegen überall Rauchwölkchen zum Himmel auf. Überall standen auch die schwarzen Rundjurten mit weißem Oberteil, die Wohnungen der Khane, die auf Lastkamelen mitgeführt worden waren. Aber es gab auch ganz weiße Jurten, die man den geschlagenen Kiptschaken abgenommen hatte. Tagsüber erweichten die Sonnenstrahlen die Oberfläche des Schnees und tauten sie auf, nachts verhärtete sie sich wieder zu einer harschen, unter den Tritten knirschenden Kruste. Wenn der Nordwind schneidend kalt blies, trieb er raschelnd und klirrend Wolken von feinem, vereistem Reif über die Steppe hin und überschüttete die sich um die Jurten und Lagerfeuer drängenden Mongolen damit. Nachts nahm der Wind an Stärke zu und hatte sich bald in einen wild heulenden Orkan verwandelt. Die leichtgebauten Jurten erzitterten unter seinen Stößen, schwankten, und manche wurden auch fortgeweht. Ja, er warf sogar das goldgelbe Zelt Batu-Khans in den nächsten Scheiterhaufen. Die Diener und Krieger hatten alle Hände voll zu tun, zu retten, was zu retten war, die Zeltwände zusammenzulegen und den goldenen Thron und andere kostbare Gegenstände zuzudecken. Batu mußte sich dazu bequemen, sein Quartier in einer gewöhnlichen Filzjurte aufzuschlagen, wo der beißende Rauch des Feuers sich am Boden zusammenballte, weil ihn der eisige Wind, der durch die Abzugsöffnung im Dach hineinblies, nicht entweichen ließ.
Die an die Schneestürme ihrer heimatlichen Steppen gewöhnten Mongolen zogen die gewöhnlich aufgekrempelten Ärmel ihrer Pelze herunter, mummelten sich fest ein und rollten sich im aufgewühlten Schnee zusammen wie Murmeltiere. Die Kost, mit der sie sich begnügen mußten, war den Umständen entsprechend recht kärglich. Meist bestand sie aus Mehlsuppe mit etwas Fett und gerösteter, zwischen den Zähnen knirschender Hirse. Die in den ausgeplünderten Kiptschakensiedlungen erbeuteten Vorräte gingen auf die letzte Neige, und die Krieger sprachen davon, daß es allerhöchste Zeit wäre, den Zug nach den westlichen Ländern fortzusetzen.
Alle blickten sie jeden Tag von neuem zu Subudais Jurte hin, wo die neun Buntschuks der neun Batu-Khans Elitetruppen bildenden Tumen aufgepflanzt waren – von einem Halbmond gekrönte Lanzen, an denen Roßschweife im Winde flatterten. Tagtäglich fragten die Krieger sich, wann sie wohl aus der Erde gezogen und dem Heere nordwärts oder westwärts vorangetragen werden würden in das Land der widerspenstigen Urussuten.
Aus der weißen Filzjurte Batu-Khans traten zwei Mongolen, sprangen

auf ihre reifbedeckten Rosse und jagten nach verschiedenen Seiten davon, daß der Schneestaub nur so stiebte.
Ein wenig später führten Batus Leibwächter jenen Rapphengst mit den weißen Beinen, Geschenk des gemeuchelten Rjasaner Fürsten, vor. Batu, in einem mit gelber chinesischer Seide überzogenen Polarfuchspelz, bestieg es und ritt zu einer kleinen Schlucht, wo er vor einer anderen weißen Jurte aus dem Sattel sprang und hinter dem Türvorhang aus Teppichen verschwand. Zwei seiner Leibwächter stellten sich mit ihren Speeren als Wache davor auf, andere führten den Rappen beiseite und hockten sich dann um das Zelt herum nieder.
»Wer wohnt denn in diesem Zelt?«
»Der siebente Stern.«
»Es wird eine Beratung geben. Die Nojone und Orkhone sind bereits versammelt.«
»Und worüber wird beraten?«
»Vielleicht über den Aufbruch des Heeres.«
»Ob wir am Ende den Rückzug antreten?«
»Schweig, sonst erwürgt man dich!«
»Noch länger hierbleiben ist unmöglich. Die Rosse finden nichts mehr zu fressen. Sie haben das ganze Gras schon bis aufs letzte Hälmchen abgezupft.«
»Je nun, im Lande der Urussuten werden wir unsere starren Glieder wieder wärmen.«
»Und unsere Pferde mit Getreide satt füttern.«
Gongschläge dröhnten.
»Neun! Das gilt dir, Gardi-Hel!«
Einer der im Kreise Hockenden erhob sich und steckte den Kopf zur Tür hinein, ohne erst die Mütze abzunehmen. Nachdem er einen Befehl entgegengenommen hatte, drehte er sich zu einem seiner Gesellen um.
»Oije, Oru-San! Der Blendende hat befohlen, sofort die Schamanin Kerinkai-Sadan herbeizuholen. Laß uns zusammen gehn. Einer allein wird nicht mit ihr fertig.«
Der Angeredete, ein flachgesichtiger, plattnäsiger junger Krieger, schüttelte heftig den Kopf.
»Nein, ich geh nicht mit, Gardi-Hel. Du weißt, sie beißt.«
»Komm, wenn man dich ruft. Beiß sie wieder!«
Widerstrebend stand Oru-San auf, und beide stapften, bis zu den Knien einsinkend, durch den Schnee zu einer schwarzen Jurte hin, die abseits unter einer einsamen alten Eiche stand, an deren knorrigen Ästen noch die Hälfte des Laubes laut im Winde raschelte.
Die zur Hälfte vom Schnee verwehte Jurte machte den Eindruck, als sei sie unbewohnt, kein Rauch stieg aus ihr auf, nichts regte sich drin, auch nicht, als Oru-San und Gardi-Hel aus vollem Halse die Schamanin bei Namen riefen. Mit den Händen räumten sie den Schnee vor dem Eingang beiseite und schlugen den Filzdeckel, der die runde vergitterte Öffnung im Dache verschloß, zurück. Dumpfe Laute, einem hündischen

Knurren oder Bellen nicht unähnlich, wurden vernehmbar. Zwei weitere Krieger kamen hinzu und öffneten die Tür. Unter einem Haufen von Filzmatten und Schaffellen hervor kamen die dumpfen, knurrenden Laute. Unbeeindruckt von den Schimpfworten, die ihnen entgegengeschleudert wurden, warfen die Krieger den Haufen auseinander, und darunter zeigte sich der Zottelkopf einer Greisin, deren Augen vor Zorn wie glühende Kohlen funkelten. Mit heiserer Stimme fauchte sie wie eine Katze:

»Was wollt ihr von mir? Wie ist euer dummer Name? Wer braucht was? Wer hat ein Anliegen an mich?«

Der älteste der Krieger, der die Formen eines höflichen Umgangs zu kennen schien, antwortete, ohne sich durch den barschen Empfang erzürnen zu lassen:

»Von wem wir etwas brauchen, an wen wir ein Anliegen haben, zu dem sind wir mit einer ergebenen Bitte gekommen. Der Blendende schickt uns Kleine, Winzige, zu dir, der großen Schamanin, die mit den Ongonen Zwiesprache hält, er schickt uns zu dir, der Allwissenden, und läßt dich bitten, in wichtiger Sache zu ihm, den schwere Sorge drückt, ins Zelt zu kommen.«

Eine hagere Greisin kroch vollends aus den Fellen und Filzen und hockte sich nieder, indem sie ihre Knie mit den Armen umschlang.

»Ihr albernen Narren, ihr. Benimmt man sich denn so wie ihr, wenn man mit einer Bitte, einem Anliegen kommt? Das reißt den Filz vom Dach, stößt eine alte, schwache Frau in die Kälte hinaus! Nein, erst macht Feuer, damit ich mir Hände und Füße wärmen kann! Drei Tage liege ich schon frierend und fröstelnd unter den Fellen und Filzen und bin ganz erstarrt. Niemand ist gekommen, um mir einen trockenen Fladen oder eine heiße Brühe zu bringen. Schert euch fort von hier, ihr Tölpel, ehe ich einen Schwarm von Raben mit kupfernen Schnäbeln und ehernen Krallen auf euch herabstoßen lasse!«

Einer der Krieger schlug mit einem Stahlfeuerzeug Funken, ein anderer hielt trockene Birkenrinde darunter, der dritte häufte Wacholderzweige in der Mitte der Jurte zusammen, der vierte aber, Gardi-Hel, holte die Alte, die eigensinnig unter ihre Felle und Decken zurückkriechen wollte, wieder daraus hervor.

Bald knisterte ein lustiges Feuer, und Gardi-Hel zog die Alte an den Händen dorthin, aber die Schamanin sträubte sich und biß ihn so derb in die Hände, daß er sie losließ. Ihr braunes Gesicht war mit roter und blauer Farbe beschmiert, ihr Haar, grau und zottig, war in lauter kleine, vom Schädel abstehende Zöpfchen geflochten, die wie Schlangen aussahen.

Jetzt stülpte sich die Schamanin rasch eine mit langschnäbeligen Vogelköpfen und Fuchsschwänzen verzierte Mütze auf, warf sich über die Schultern ein Bärenfell, behängte sich die Brust mit Kupfertellern und umgürtete sich mit einem Riemen, an welchem Götzenbilder aus Filz baumelten. Dann ergriff sie eine große Schellentrommel samt Schlegel, hing sich eine Tasche um, aus der eine Rohrpfeife, das Schulterblatt eines Hammels und das Vorderbein einer Ziege herausragten, und alles das tat sie, Gebete oder Beschwörungen murmelnd oder vor sich hin singend, so schnell, daß die Krieger, die ängstlich zu ihr hinschielten, gar nicht alle Einzelheiten verfolgen konnten.

Schließlich entschied Gardi-Hel, daß es genug der Vorbereitungen seien. »Jetzt laß uns zu Batu-Khan gehen!«

»Nein, ohne den Oberschamanen Beki gehe ich nicht!«

»Oru-San, führe sie am Ellbogen, wir wollen die Erhabene ehrerbietig zu Batu-Khan geleiten.«

Daraufhin packten alle vier Krieger die Schamanin und drängten sie, von hinten mit den Knien nachhelfend, zur Hütte hinaus. Obwohl die Alte sich wütend sträubte, schleppten die vier sie bis zur Jurte, vor der die Unbesiegbaren Wache hielten. Hier besann sich die Alte und trat mit einer Würde durch die Tür, wie sie einer berühmten Seherin ansteht, die mit den heiligen Ongonen Zwiesprache hält, um von ihnen den Willen des Himmels zu erfahren und Künftiges voraussagen zu können.

In der Jurte waren die vornehmsten Khane versammelt. Neben dem Feuer, von dem ein warmer Hauch die Eintretende anwehte, saß Batu-Khan mit untergeschlagenen Beinen auf einem Teppich. Mit zusammengekniffenen Augen fixierte er die Schamanin, die am Eingang stehengeblieben war und nach einer tiefen Verbeugung bis zum Boden mit den Schellen zu rasseln begonnen hatte. Dann sprang sie, immerfort rasselnd, wieder auf und stürzte wie gehetzt zu der jungen Chanum hin, die vor ihr erschrocken bis an die Wand zurückwich. Zum Zeichen höchsten Entzückens faßte die Schamanin die Lieblingsfrau Batu-Khans an beiden Ohren, berührte mit ihrer Nasenspitze deren Wangen und mit der Zungenspitze die inneren Augenwinkel. Als sie ihrem Überschwang an Zärtlichkeit Genüge getan hatte, hockte sie sich neben Juldus nieder und heftete ihren irren Blick auf Batu-Khan.

»Du – Freude aller Menschen«, begann sie, »du edelster und tapferster Sain-Khan! Du schwarzgefleckter Panther, der brüllend auf dem Gipfel eines schneebedeckten Berges umherstreift! Du einsamer Königsadler, der hoch über Felsen seinen Schrei ausstößt! Du Herz des ganzen Volkes, sprich, weshalb ließest du mich vor dein Angesicht rufen? Alles vermag ich, und alles will ich für dich tun!«

Batu antwortete:

»Ich habe dich rufen lassen, große Schamanin, die du eine Mütze trägst, welche den Völkern Furcht und Schrecken einflößt, weil ich heute ein Traumgesicht hatte.«

»Sprich, erzähle!«

»Dieser Traum hat mir meinen Geist getrübt und mein Herz verwirrt. Deute mir den Traum, denn ganz gewiß hängt mein Weg davon ab. Du hast die Gabe, mit den entsetzlichen gelben Geistern Zwiesprache zu halten – mit den siebenundsiebzig Ongonen an den siebenundsiebzig Seiten des Weltalls. Rufe sie herbei und befrage sie, was ich tun soll:

Sofort – dem Schneesturm zum Trotz – nach Norden ziehen in die Wälder der langbärtigen Urussuten oder abwarten? Oder nach Süden umkehren und dort in den warmen Tälern am Gestade des Blauen Meeres umherziehen? Soll ich nach Rjasan oder nach Kiwamen mein Heer führen?«
Die Schamanin verdrehte ihre Augäpfel so sehr, daß nur noch das Weiße zu sehen war, und brach, indem sie den Oberkörper hin und her wiegte, in ein Geheul aus:
»Ajun-jeje! Ajun-jeje!«
Alsdann zog sie ein Lederbeutelchen aus der Tasche und schüttete daraus ein grünes Pulver ins Kohlenfeuer. Ein hellblaues Rauchwölkchen stieg auf, und in der Jurte verbreitete sich der honigsüße Duft von Steppenkräutern.
»Erzähle deinen Traum, und ich will die siebenundsiebzig gelben Ongone herbeirufen und sie befragen, was dir Glück und Erfolg bringen wird und was Unglück und Tränen.«
Batu-Khan beugte sich zu der Schamanin hin und begann halblaut zu sprechen:
»Mir war im Traum, als ob mein Kopfwirbel brenne, so als wären glühende Kohlen aus einer grauen Wolke auf mich herabgefallen. Davon begannen meine Lungen und mein Herz zu hüpfen. Ich sah mein neunschwänziges Feldzeichen sich verbiegen und umsinken, sah, wie böse Feinde sich meiner Herden bemächtigten, wie sie meine Kamele mißhandelten, wie eine meiner Jurten nach der andern abgebrochen und nach fernen Orten geschafft wurde. Deute mir, Kerinkai-Sadan, diesen Traum! Was will der Himmel mir dadurch verkünden?«
Die Schamanin sprang auf, rasselte wieder mit ihrer Schellentrommel und heulte, brummte, schrie, wobei sie Wolf, Bär und Eule nachahmte. Sie tänzelte und sprang immer auf einer Stelle und hüpfte dann plötzlich auf einem Bein zur Jurte hinaus und, gefolgt von den Kriegern, auf die einsame Eiche zu, kletterte mit ungewöhnlicher Gewandtheit am Stamm empor bis zur Spitze hinauf. Dort oben fuhr sie fort zu schreien, zu rasseln. Dann warf sie Knochen, die sie ihrer Ledertasche entnahm, in nördlicher Richtung, rutschte hierauf am Stamm herab und kehrte, wiederum auf einem Bein hüpfend, in die Jurte zurück.
Batu-Khan, der vor den Eingang der Jurte getreten war, hatte mit Spannung das seltsame Treiben der Schamanin verfolgt. Jetzt setzte er sich wieder auf den Teppich.
Die Schamanin kniete vor ihm nieder, hielt sich die Schellentrommel vors Gesicht und sagte mit einer tiefen, männlichen Stimme:
»Ich bin auf den Wipfel des Baumes gestiegen. Ich war im Himmel und schwebte auf Wolken. Ich sprach Gebete. Die Ongone sind mir hierher gefolgt. Gleich werden sie zu sprechen beginnen und dir deinen Traum deuten.«
Mit anderer, kreischender Stimme fuhr sie fort:
»Der Sohn des Konas von Rjasan, der beste der Recken, kam her, um

dir, dem Beherrscher aller Völker des Erdkreises, seinen Gruß zu entbieten. Dabei schaute er aber nach allen acht Seiten, um die Menge deiner Krieger zu zählen. Als Geschenk brachte er dir zwölf herrliche Rosse, darunter einen Rappen, der den Ongonen als Reittier dienen könnte. Was tatest du mit dem Konas und diesem Rappen?«
Batu-Khan kniff die Augen zusammen, schüttelte den Kopf und machte eine abwehrende Geste, als wollte er sagen: ›Ich kann mir schon denken, was du jetzt von mir verlangen wirst!‹ Laut aber erwiderte er:
»Was ich tat? – Ich erschlug den Konas von Rjasan, und auf dem Rappen werde ich selber reiten.«
Jetzt sprach die Schamanin wieder mit tiefer Männerstimme:
»Deute mir, großer gelber Ongon, diesen Traum Batu-Khans! Prophezeit er nicht schleichendes Unheil, das nur durch Gebete sich bannen läßt?«
Und wieder schnappte ihre Stimme über, und sie heulte wie ein Wolf, als spräche jetzt ein anderer Geist aus ihr:
»Der geplante Feldzug gegen die Urussuten wird schwer sein, denn an Stelle eines jeden Kopfes, den du dem Feinde abschlägst, werden ihrer vier nachwachsen. Ohne Gebete und Opfer wird man die Urussuten nicht besiegen. Neunundneunzig Tiere – Rosse, Ochsen, Hammel, Ziegen –, alle schwarz und ohne Fehl, soll man zum Opfer bringen und als erstes den Rappen des Konas von Rjasan...«
Die Stimme der Schamanin war immer leiser und leiser geworden, und es hatte den Anschein, als käme sie vom Dach der Jurte herab. Jetzt warf die Greisin sich zu Boden.
Es war still in der Jurte. Alle warteten darauf, was Batu-Khan nun sagen würde.
Der Blendende kniff die Augen zusammen und sagte:
»Oh, du bist klug wie ein alter Wolf und listig wie ein schlauer Fuchs, der schon einmal in ein Fangeisen geraten ist! Vielleicht sagst du mir, ob es am Ende nicht rätlicher ist, überhaupt nicht nach Norden zu ziehen in die Urwälder und Bärenhöhlen des Urussutenlandes? Vielleicht droht dort meinem ganzen Heer der Untergang? Vielleicht sinkt dort mein neunschwänziges Feldzeichen, und meine Krieger werden Gefangene anderer Völker?«
Als die Schamanin schwieg, fuhr Batu-Khan nach einer Weile fort:
»Viele, denen das Herz zittert wie ein Lämmerschwanz, sprechen zu mir: ›Warum gegen die Urussuten ziehen? In ihrem Lande gibt es undurchdringliche Wälder, wo Zauberer ihr Unwesen treiben, und ihnen dienen die Bären. Lieber durch die Steppe zum Blauen Meer ziehen, durch die Steppe, wo im Wind das silbrige Federgras wogt, wo Herden weißer Ochsen, weißer Hammel und weißer Ziegen grasen. Dort gibt es ein freies Nomadenleben...‹ Sind es nicht diese feigen Seelen, die dich, Kerinkai-Sadan, deine ängstlichen Lieder gelehrt haben? Wo ist mein Lehrer, der Hadschi Rachim?«
Hinter den breiten Rücken der Khane erhob sich, hager und abgezehrt, der Fakih, die spitze Derwischmütze auf dem Haupte.

Die Hände über dem Leib unterhalb des langwallenden Bartes gefaltet, sagte er:
»Achtung und Gehorsam! Ich höre dich, Batu-Khan!«
»Wie handelte Iskander, der Zwiegehörnte, wenn er einen Feldzug unternahm? Suchte er gute Weideplätze auf und ließ sich's dort wohl sein?«
»Nein, Dschichangir, er suchte die Begegnung mit dem Feind und stürzte sich auf ihn wie ein Königsadler, der aus den Lüften herabschießt.«
»Schlachtete und verspeiste er vor der Schlacht sein bestes Roß?«
»Nein, Dschichangir. Sein Lieblingsroß Bukephalos führte er auf allen seinen Feldzügen mit sich, sogar dann noch, als das treue Tier alt geworden war.«
»Ich danke dir, mein weiser und getreuer Lehrer Hadschi Rachim. Und was hat mein Ratgeber in kriegerischen Angelegenheiten, mein getreuer Bahadur Subudai, dazu zu sagen? Sollen wir den Feldzug gegen die Urussuten beginnen oder den Rückzug zum Blauen Meer antreten?«
Subudai, dessen eines sehende Auge mißtrauisch umherirrte, sagte:
»Schon viel zu lange steht das Heer hier. Die Vorräte sind aufgebraucht. Die Schneestürme nehmen zu. Höchste Zeit, gegen die Städte der Urussuten vorzurücken, wo sich sowohl Roß wie Mann wieder herausfuttern kann. Und du wirst in Rjasan auf dem Rappen des Rjasaner Konas einreiten, auch wenn dich siebenundsiebenzigtausend Feinde daran hindern wollten. Der Schamanin Kerinkai Sadan schenke, damit sie nicht Hunger zu leiden braucht, eins von den Schweinen, welche die Rjasaner mitgebracht haben, und zwar eins, das so groß ist wie ein Pferd. Den siebenundsiebenzig Ongonen wollen wir in der Stadt Uldemir Opfer bringen, sobald wir die urussutischen Pferdeherden erbeutet haben. Kerinkai-Sadan soll inzwischen fleißig beten, damit die Ongone die Schneestürme beschwichtigen, denn wenn sie noch neun Tage so weiter wüten, so werden sie uns für immer verschütten.«
Subudai-Bahadur schwieg und kratzte sich an seinem stark behaarten, von Läusen zerfressenen linken Schienbein.
Die Nojone und Orkhone wechselten mit funkelnden Augen bedeutungsvolle Blicke untereinander.
»Ich danke dir, mein weiser Subudai. Solche Worte habe ich von dir erwartet. Morgen brechen wir die Zelte ab, und das Heer soll in neunundneunzig schwarzen Strömen sich ins Land der Urussuten ergießen. Ich werde den Rappen besteigen, der mir Erfolg bringen soll, denn er trägt ein glückverheißendes weißes Sternchen auf der Stirn. Meinen Schimmel Aktschian soll man, gut in Decken eingehüllt, von kiptschakischen Knechten ans Blaue Meer bringen lassen, denn er ist in Arabistan geboren und dürfte die urussutische Bärenkälte kaum ertragen. Und noch eins: Man soll die urussutischen Bauern nicht niedermetzeln, sondern sie gefangennehmen und vorm Heere hertreiben. Wir brauchen sie bei der Eroberung der Städte, wobei sie als erste die Mauern erklimmen sollen.«

»Und womit soll man sie ernähren?« fragte einer der Khane.
»Wozu Gefangene satt füttern. Mögen sie sich selbst ernähren vom Fleisch getöteter Rosse oder wovon sie sonst mögen. Heute werden wir noch sorgenlos der Ruhe pflegen, aber morgen beginnt der blutige Ernst aufs neue!«

Die Mongolen rücken weiter vor

Als erster von allen Tumen des Tatarenheeres nahmen die durch ihre Eil- und Gewaltmärsche berühmten Tollkühnen Subudais den Vormarsch wieder auf. Mehrere gefangene Polowezer mußten neben dem Bahadur reiten und ihm die unter den Schneewehen kaum wahrnehmbaren Wege weisen und ihm Auskunft geben über alles, was ihm seltsam und ungewöhnlich erschien.
Durch einen überraschenden Handstreich hatte seine Vorhutstreife drei Jäger festgenommen, an deren Gürteln etwa zwei Dutzend erlegte Eichhörnchen baumelten. Die Gefangenen, um die ein zottiges schwarzes Hündchen kläffend herumsprang, wurden dem Bahadur vorgeführt, der sie von der Höhe seines rehbraunen Hengstes herab mit seinem einen sehenden Auge förmlich durchbohrte.
»Was tut ihr hier?« ließ er sie durch den Polowezer Dolmetscher befragen.
»Wir sind auf der Eichhörnchenjagd.«
»Und wo pflegt ihr zu nächtigen? Habt ihr hier in der Gegend eine Hütte, zu der ihr jeden Abend zurückkehrt?«
»Nein, solange wir auf Fang sind, nächtigen wir im Walde unter freiem Himmel. Unsere Hütte steht weit, weit von hier. Es wäre ganz unmöglich, jeden Abend dorthin zurückzukehren.«
»Wie weit von hier steht sie denn?«
»Sechzehn Tagesmärsche.«
»Und da schlaft ihr im Walde wie die Hasen im Schnee?«
»Warum denn wie die Hasen? – Wir graben eine Grube im Schnee bis auf den Waldboden. Dann zünden wir auf der Erde ein Feuer an, und wenn der Boden ausgetrocknet ist, schlafen wir neben dem Feuer wie auf einem Ofen, oder wir lassen das Feuer ganz ausgehen und legen uns auf der warmen Stelle nieder, wo es gebrannt hatte.«
»Und dabei friert ihr nicht?«
»Frieren? Ach wo! Es ist warm wie in einer Hütte. Man muß nur den Pelz ausziehn und ihn sich um die Schultern legen.«
»Und das Feuer? Das macht ihr wohl aus Zweigen?«
»Ach wo, man fällt drei nebeneinander stehende Bäume, zündet den mittelsten an, und dann brennt das Feuer die ganze Nacht hindurch. Ein Stamm fängt am andern Feuer. Man muß bloß nachts einmal aufstehn und die angekohlten Enden ins Feuer schieben.«
»Zeigt es uns!« gebot Subudai-Bahadur.

»Ei, warum nicht?... Zeigen kann man's schon.«
Die Jäger nahmen ihre Äxte zur Hand, die sie auf dem Rücken getragen hatten. Einer von ihnen wollte sogar seinen Halbpelz ablegen, doch die Kameraden warnten ihn:
»Vorsicht, man wird ihn dir bloß stehlen!«
Im Handumdrehn waren drei Tannen gefällt, abgeästet und die Stämme nebeneinandergelegt. Am mittelsten Stamm häufelten die Jäger Birkenrinde auf, schlugen mit Hilfe eines Feuersteins Funken, die die Rinde in Brand setzten. Dann warfen die Jäger Zweige in das immer heller lodernde Feuer, dessen Zungen bald die Stämme beleckten.
Subudai hatte alles aufmerksam beobachtet und sagte dann:
»Diese Jäger werden den gefangenen Urussuten, die künftig nicht mehr erschlagen werden, zeigen, wie man Schneisen in den Wald schlägt, damit wir unsere chinesischen Schleudermaschinen nach Rjasan bringen können, um die Mauern damit zu zertrümmern.«
Mit dem Zeigefinger auf das Hündchen deutend, das die Mongolen erbost anknurrte, fragte er:
»Wie heißt dieses Tier auf urussutisch?«
»Ei nun, Kläffer! Wie soll der Köter denn sonst heißen?«
»Wie heißt das Tier?« fragte der Bahadur den zweiten Jäger.
»Schwarzer!«
Und der dritte antwortete auf die gleiche Frage:
»Belferer!«
Subudai schüttelte den Kopf und meinte:
»Die Sprache der Urussuten scheint recht schwer zu sein: drei verschiedene Worte für ein und dasselbe Tier. Die Urussuten scheinen rechte Wirrköpfe zu sein, daß ein jeder ein Ding nach seinem eigenen Gutdünken benennt. Darum verstehen sie einander wohl auch nicht. Bei uns heißt ein Hund Hund, und damit genug!«

Die Fürstin Eupraxia

Drei Tage waren seit der Abreise der Rjasaner Gesandten verstrichen, aber keinerlei Kunde hatte man von ihnen, so daß man sich ernstlich um ihr Schicksal zu beunruhigen begann. ›Weshalb schicken sie keinen Boten?‹ fragte man sich. ›Ob sie wohl selber bald zurückkehren werden?‹
Die Fürstin Eupraxia wurde von innerer Unruhe umhergetrieben.
›Warum ließ ich ihn allein reiten? Warum habe ich nicht darauf bestanden, ihn zu begleiten?‹ machte sie sich Selbstvorwürfe. ›Ich hätte ihm zur Seite stehen können...‹
Stundenlang spähte sie vom hohen Turm über die verschneite Ebene hin, ob sich die Ersehnten nicht endlich zeigten. Doch trostlos öde dehnte sich das weite Feld bis in die Unendlichkeit. Vergebens strengte sie ihre schönen braunen Augen an, immer trüber wurden die ehedem

so leuchtenden, und ihr hübsches junges Gesicht wurde immer bekümmerter und blässer.
»Warum härmst du dich denn so? Machst dir dumme Gedanken«, redete ihr die Kindermuhme gut zu. »Ist das denn recht? Was soll denn der Fürst, unser Väterchen, sagen, wenn er zurückkehrt? Schelten wird er, daß wir dir nicht den Kopf zurechtgerückt haben...«
»Ach, mein Herz ahnt ein Unglück!«
»Hör auf, so lästerliche Reden zu führen. Wirst das Unglück mit deinen Worten erst heraufbeschwören!«
Hastig und ängstlich bekreuzigte sich die Alte und verneigte sich vor dem Heiligenbild in der Ecke.
Eupraxia, die ruhelos durch die Gemächer wanderte, trat, angelockt durch zornig erregte Stimmen, in den Saal, wo Fürsten, Wojewoden und Bojaren versammelt waren und sich nicht einig werden konnten. Sie stritten und tranken, und des Trinkens und Streitens war kein Ende.
»Man muß noch einmal Boten nach allen Städten entsenden«, sprach ein weißhaariger Fürst, dessen düstere Miene seine eigenen Worte Lügen zu strafen schien. »Alle Fürsten, das ganze russische Volk muß man sammeln und mit vereinten Kräften gegen die Tataren ziehen.«
»Was sprichst du von vereinten Kräften?« unterbrach ihn Fürst Juri Ingwarewitsch. »Habe ich nicht zum Susdaler Fürsten Boten entsendet? Und er? Nicht einmal die Mühe einer Antwort hat er sich gemacht... Und wozu auch? Unser Untergang kommt ihm sehr gelegen... Er lauert ja schon lange auf eine günstige Gelegenheit, sein Gebiet auf Kosten des unsern zu erweitern.«
Der Weißhaarige schüttelte mißbilligend den Kopf und sagte, indem er die Augenbrauen noch finsterer zusammenzog:
»Es wäre an der Zeit, diese Zwistigkeiten zu begraben. Einzeln werden die Tataren einen jeden von uns leicht überwinden; halten wir aber zusammen, dann werden sie kein so leichtes Spiel mit uns haben. Wir müssen einig sein und nur mit *einem* Kopf denken.«
Ein junger Fürst sprang mit flammend rotem Gesicht von seinem Platz und rief:
»Und zu diesem Kopf sollen wir dich wohl ernennen?«
»Keineswegs«, entgegnete der Alte ruhig. »Ich bin zu alt.«
»Ich kenne dich! Längst gierst du nach Macht! Ich aber werde mich dir nicht unterordnen!«
»Genug des Streites!« griff Juri Ingwarewitsch beschwichtigend ein. »Wenn wir uns erst von Batyga werden gebieten lassen müssen, wird's weit schlimmer sein. Ich gedenke, den Tataren mit meinen Rjasanern im Wilden Feld entgegenzutreten, um sie dort aufzuhalten, bis aus Wladimir Unterstützung kommt.«
»Die Rjasaner allein sind dazu zu schwach«, wendete der weißhaarige Fürst ein. »Man muß das ganze russische Volk, den gemeinen Mann in Dorf und Stadt zur Erhebung aufrufen...«
»Den gemeinen Mann? Was der uns wohl hilft?« meinte einer der

Heerführer verächtlich. »Ungeübt im Waffenhandwerk, wie er ist...«
»Vielleicht hilft er uns mehr als mancher Heerführer!« versetzte mit boshafter Herausforderung der junge Fürst.
Die Sitzenden sprangen auf, bereit, sich aufeinander zu stürzen.
»Schämt euch, ihr Fürsten! Nehmt doch Vernunft an!« beschwor Fürst Juri Ingwarewitsch die Streitenden. »Uns allen droht doch der Untergang! Und was tut ihr?«
»Und was tatest du?« ließ sich eine freche Stimme vernehmen.
»Immerhin habe ich meinen Sohn nicht geschont, habe ihn zum Tatarenzaren gesandt«, entgegnete der Fürst von Rjasan mit Würde. »Und Gott weiß, was ihm zugestoßen sein mag..., am Ende gar ein Unglück... Bis jetzt ist noch keine Kunde von ihm gekommen...«
»Vielleicht ist es ihm gelungen, den Zaren Batyga zur Umkehr zu bewegen? – Vielleicht werden die Tataren überhaupt nicht unser Land überfallen? – Und warum fürchten wir uns dann vor ihnen? – Womöglich sind sie gar nicht so furchtbar...«
So redeten die Fürsten durcheinander und versuchten einer den andern zu überschreien.
Eupraxia, die an der Tür stehengeblieben war und dem Streit zugehört hatte, ging traurig in ihr Turmzimmer zurück. Noch trostloser war ihr jetzt zumute als zuvor schon. Sie bewog die Kinderfrau, eine Wahrsagerin zu holen. Die Wahrsagerin streute Körner aus, goß Wachs, warf Schatten auf ein weißes Tuch.
»Bald wird ein Gast zu dir kommen, Fürstin!« schwatzte sie. »Geschenke von Übersee bringt er dir... Eine sehr große Freude wird dir zuteil werden... Weshalb harmst du dich so? Dein Herz ist fern und nicht hier... Ein kühner Mann hat es mit sich genommen... Ist er es, um dessentwillen du die langen Nächte schlaflos verbringst? Sei ruhig, ihm droht keine Gefahr!... Sieh doch, was für ein weiter Weg auf ihn wartet! Sieh selbst, wenn du mir nicht glaubst. Hier ist dein Falke und das da sein Weg..., ein langer, langer Weg!«
Eupraxia schaute auf das Tuch, und ein undeutlicher, unklarer Schatten darauf erschien ihr wirklich wie das liebe vertraute Antlitz des Gatten. Da faßte sie wieder Mut und Zuversicht und entließ in ihrer Freude die Wahrsagerin reich beschenkt.
Auch die Kinderfrau äußerte sich zuversichtlich:
»Siehst du, ich habe recht behalten. Habe ich dir nicht gesagt, wie töricht es ist, vor der Zeit zu weinen? Unser lieber Fürst kommt wieder.«
Eupraxia rief die Mädchen zusammen, damit sie ihr mit flinken, geschickten Händen ein neues Kleid zum Empfang des Gatten nähten, denn der Fürst sah es gern, wenn seine Frau, die er durch Geschenke verwöhnte, sich putzte und schmückte. Dann erfreute er sich erst recht ihrer Schönheit. Unter Gesang ging die Arbeit flott voran, mit kleinen Stichen nähten die Mädchen die weiche Seide zusammen, während Eupraxia auf ein für ihren Gatten bestimmtes Hemd ein kunstreiches Muster stickte. Zwei Tage schaffte ihr die Arbeit Ablenkung, dann aber

ließ sie die Hände verzagt in den Schoß sinken. Vergeblich war alles Zureden selbst der Fürstinmutter, die, ihre eigne Unruhe verbergend, ihrer Schwiegertochter Trost zusprach. Wieder saß Eupraxia still und stumm am Fenster und blickte sehnsüchtig über die menschenleere Steppe hin, und Tränen entströmten unablässig ihren ungehorsamen Augen. Jedem Zuspruch unzugänglich und abweisend gegen die Schwägerinnen, die sich bemühten, sie aufzuheitern, hing sie ihren trübsinnigen Gedanken nach:

›Von dem alten Fürsten ist Schutz und Hilfe nicht zu erwarten ... Und Feodor ist noch immer nicht zurück ... Wer wird sich meiner und meines Söhnchens annehmen, wenn die Tataren kommen? Und sie werden kommen, sonst wäre Feodor längst zurück ... Die Fürsten sind nicht gesonnen, ihren alten Zwist und Hader zu begraben ... Eher lassen sie das russische Land zugrunde gehn ... Die Tataren werden kommen, und sie werden mich töten oder verschleppen!‹

Trippelnd kam ihr Söhnchen angelaufen, schmiegte sich an sie und hob die Augen, die ganz die seines Vaters waren, zu ihr auf. So klein das Kind noch war, es spürte doch den geheimen Kummer der Mutter. Eupraxia schloß ihren Liebling fest in die Arme und hielt nur mit Mühe die Tränen zurück.

»Nein, den Tataren gebe ich dich nicht, Wanjuscha! Feodors Sohn wird kein Sklave der Tataren werden, ebensowenig wie seine Gattin sich zu ihrer Buhlerin hergibt!«

Ein verworrener seltsamer Lärm drang von unten zu ihr herauf. Türen wurden zugeworfen, lautes Jammergeschrei erhob sich.

Ihr stockte der Herzschlag. Das Kind auf dem Arm, hastete sie, ganz außer sich, die Treppe hinunter und stürzte in den Saal. In den Armen weinender Frauen lag schluchzend die Fürstinmutter Agrippina, und der Fürst Juri schien den Verstand verloren zu haben. Er zerriß seine Kleider und schrie immer wieder dasselbe:

»Mein Sohn! Ich ..., ich bin an seinem Tode schuld, ja ich!«

Vor ihm stand erschöpft der greise Aponiza, des Hauses getreuer Diener und Erzieher des jungen Fürsten Feodor. Seine Kleider waren zerrissen und blutbesudelt, eine Wunde zog sich ihm quer übers abgezehrte Gesicht, an seinem weißen Bart klebte geronnenes Blut. Auch er schluchzte bitterlich:

»Gemeuchelt haben sie ihn, die Verfluchten! Und die anderen auch ... Außer mir ist keiner mit dem Leben davongekommen. Mich schickten sie, um die Kunde von seinem Tode nach Rjasan zu bringen ... In meinen Armen verschied er, unser lieber Falke!«

Eupraxia brach in kein Geschrei aus, sie schluchzte und klagte nicht. Schweigend wandte sie sich von diesem Bild des Jammers ab, verließ, ihren Sohn an die Brust drückend, den Saal, stieg die Wendeltreppe hinauf bis zum höchsten Turmzimmer, trat ans Fenster, öffnete es und stürzte sich zusammen mit dem Kinde hinunter auf die dunkel schimmernden Steine des Schloßhofes.

Die gefangenen Mongolen

Der Rjasaner Polk war tief ins Wilde Feld vorgedrungen und hatte dort, vom Schneesturm überrascht, ein Zeltlager aufgeschlagen. Die Fürsten und Wojewoden saßen in engem Kreise beieinander im Beratungszelt und erwogen, wie man das russische Land vor dem feindlichen Einfall bewahren könnte. Von draußen drang das Heulen und Pfeifen des Sturmes herein. Mit Flackerschein brannten die Kienspäne in zwei Standleuchtern; die verkohlten Stücke des Kiens fielen zischend in mit Wasser gefüllte Kübel. Ein Diener kniete vor dem Feuer und gab acht, daß es nicht erlosch. In einer solchen Nacht brauchte man keinen Überfall zu befürchten.

Draußen näherte sich Hufschlag, jemand fragte, wo der Fürst Juri Ingwarewitsch zu finden sei. Der schwere Zeltvorhang wurde ein wenig aufgehoben, und ein über und über mit Schnee bedeckter Edelknabe trat oder besser kroch ins Zelt. Nachdem er seine Kappe abgenommen hatte, meldete er:

»Der greise Wojewode Ratibor ist gekommen. Er sagt, er brächte wichtige Nachrichten und könnte damit nicht bis zum Morgen warten.«

»Ein schöner Wojewode«, spöttelte einer der Anwesenden, der schon lange mit Ratibors Sippschaft in Fehde lag. »Er sollte lieber in seiner Klosterzelle sitzen und eifrig dem Gebete obliegen, statt sich in der Nacht herumzutreiben wie ein Waldgeist. Offenbar rauben die Sünden, die er auf dem Gewissen hat, ihm den Schlaf und die Ruhe.«

»Gott hört dich, du solltest keine solchen Unwahrheiten sprechen!« verwies ihn ein anderer aus der entgegengesetzten Ecke des Zeltes. »Mit Gewalt hat man den tapferen Recken zu einem Mönch gemacht!«

»Schluß mit der alten Zwietracht! Fortan wollen wir ein Herz und eine Seele sein!«

Alle wurden still. Der Knabe hob den Vorhang auf, und Ratibor, groß und schwerfällig, trat ein. Nachdem er seine Pelzmütze abgesetzt, seinen Halbpelz aufgeknöpft und seinen langwallenden Bart glattgestrichen hatte, bekreuzigte er sich dreimal vor dem Heiligenbild, das, in Gold eingefaßt, auf einem Lederkoffer in der Ecke stand. Nachher verbeugte er sich vor dem Fürsten von Rjasan, der ihn mit den Worten begrüßte:

»Tritt näher, Vater Ratibor. Setz dich zu uns. Schwere Gedanken bewegen uns eben. Vielleicht kannst du uns eine gute Zeitung melden?«

Ratibor ließ sich nieder und begann zu erzählen:

»Mit meinen hundert Mann lag ich im Hinterhalt, im Röhricht. Es war meine Absicht, einen oder mehrere dieser Tataren zu fangen. Man muß doch irgendwie aus ihnen herausbekommen, was sie eigentlich vorhaben. Doch keiner wollte sich blicken lassen. Das Schneegestöber hatte uns ganz zugeweht. Es ärgerte uns, mit leeren Händen und unverrichteterdinge wieder abziehen zu müssen. Da bemerkten wir zu unserem Glück einen Trupp dieser Helden, die offenbar in der gleichen Absicht unterwegs waren wie wir, nämlich um einen von uns zu fangen. Als wir auf sie losstürzten, ergriffen sie die Flucht, aber es glückte uns doch, wenigstens zwei von ihnen von ihren Pferden herunterzureißen. Einer von ihnen ergab sich willig, der andre jedoch wehrte sich brüllend und kreischend wie ein wildes Tier. Nur mit äußerster Gewalt vermochten wir ihn zu bändigen und mit Riemen zu binden.«

»Habt ihr euch ihrer also lebendigen Leibes bemächtigen können?«

»Ja. Wir haben sie auch verhört und ausgeforscht. Der eine von ihnen weiß anscheinend allerhand, will aber nicht mit der Sprache heraus.«

»Da verstehst du dich eben nicht aufs Foltern«, meinte einer der Anwesenden. »Hättest du sie doch lieber hierhergebracht.«

»Ich habe sie ja hergebracht.«

»So laß sie hereinführen«, sagte der Fürst.

Junge Krieger, es waren fast noch Knaben, führten die beiden gefangenen Mongolen, deren Hände auf den Rücken gebunden waren, ins Zelt. Der ältere war ungleich besser und reicher gekleidet als der jüngere: Er trug einen tuchenen Kosakenrock, der mit Lammfell gefüttert war und auf der linken Schulter blaue Tressen hatte. Seine Füße steckten in weißen Lederstiefeln. Sein Gesicht, das etwas Käuzchenhaftes hatte, war braun und hager, wie aus Kupfer gehämmert. Seine Augen hatten einen hochmütigen fatalen Blick, den er forschend einen Moment auf jeden der im Zelt Anwesenden heftete. Es waren die Augen eines wilden und stolzen, aber abgehetzten Tieres, das zwar in die Falle gegangen ist, aber auf dem Sprunge steht, bei erster Gelegenheit seine Freiheit wiederzugewinnen. Der andere, weit schlichter gekleidete Gefangene, dessen Pelz recht zerrissen war und dessen Füße mit Stücken von Lammfell umwickelt waren, war ein junger Bursch von höchstens siebzehn Jahren, der die Russen, die er wohl zum ersten Male in seinem Leben sah, mit erschrockener Neugier betrachtete.

Man ließ Lichar Kudrasch rufen, damit er bei dem Verhör dolmetsche.

»Willst du auf unsre Fragen antworten?« wandte er sich an den älteren der Gefangenen.

Dieser maß den Frager mit einem geringschätzigen Blick und drehte den Kopf zur Seite.

»Wenn du dich weigerst, wird man dich mit Feuer sengen und brennen.«

»Ich werde antworten«, sagte der Gefangene.

»Wer bist du? Wie heißt du?«

»Ich bin ein Hundertschaftsführer aus dem Tumen des Herrschers aller Herrscher Batu-Khan und heiße Urjanch-Kadan.«

»Wie groß ist euer Heer?«

»So groß ist Batu-Khans Heer, daß man neunundneunzig Jahre braucht, um es zu zählen.«

»Wo befindet sich Batu-Khan jetzt?«

»In der Steppe. Einen Pfeilschuß weit von hier, unmittelbar vor der Front eures Heeres.«

»Was hat er vor?«

»Er will die Urussuten unterwerfen und sie sich botmäßig machen.«

»Warum dieser Stillstand? Warum zögert er hier so lange mit dem Vormarsch? Fürchtet er sich vor uns?«
»Batu-Khan fürchtet sich vor nichts. Er wartet nur ab, bis der Schneesturm sich ausgetobt hat. Die bösen Geister der Urussuten spucken uns den Schnee ins Gesicht, sie wollen uns nicht in ihre Gebiete lassen. Aber sobald unsere Ongone die Mangusse der Urussuten vertrieben haben, wird Batu-Khan weiter vorrücken, geradeswegs auf die Stadt Rjasan zu.«
»Wer ist euer Hauptanführer?«
»Die elf Prinzen aus dem Geblüt des großen heiligen Kriegers Dschingis-Khan.«
»Ziehen sie alle elf gegen Rjasan?«
»Wenn alle gegen Rjasan ziehen wollten, so würde es den Truppen an Raum und den Rossen an Nahrung fehlen.«
»Wie also soll der Marsch vor sich gehn?«
»Die Truppen werden in breiter Front vorrücken, ein Hauptheer mit zwei weit ausgestreckten Flügeln wie bei einer Treibjagd. Den äußersten rechten Flügel befehligt Scheibani-Khan, den äußersten linken Gujuk-Khan.«
»Und wer von ihnen wird auf Rjasan vorrücken?«
»Zuerst Gujuk-Khan und dann Batu-Khan.«
»Und die anderen Anführer?«
»Die werden gegen andere Städte der Urussuten ziehen.«
Fürst Juri ließ jetzt den zweiten, jüngeren Gefangenen durch Lichar Kudrasch ins Verhör nehmen.
»Wie heißt du?«
»Ich heiße Mussuk und bin ein Sohn des Nasar-Kjarisek.«
»Ist das alles wahr, was dein Kamerad Urjanch-Kadan eben ausgesagt hat?«
»Fast alles ist wahr.«
»Was ist denn nicht wahr?«
»Das findet selbst heraus. Ich werde nichts verraten!«
»Ist er dein Anführer?«
»Ja, das ist er, ein hoher Anführer.«
»Wie seid ihr in Gefangenschaft geraten?«
»Urjanch-Kadan wollte erkunden, wo das Hauptheer der Urussuten steht. Wir kamen vom Wege ab und gerieten in einen Hinterhalt.«
Der Fürst Juri Ingwarewitsch wurde sehr nachdenklich, und auch die anderen Wojewoden ließen die Köpfe hängen. Sie hatten begriffen, daß der Kampf gegen die wie Wolken heranziehenden Tataren ein sehr harter und erbitterter Kampf auf Tod und Leben sein würde.
»Wer gibt einen verständigen Rat? Wer sagt ein ermutigendes Wort?« fragte Fürst Ingwarewitsch.
Es war, als ob ein spöttisches Lächeln über die Züge des älteren Gefangenen huschte.
»Nun, Kudrasch«, sagte der Fürst, »dann nimm die beiden Gefangenen

und halte sie in festem Gewahrsam. Binde ihnen Arme und Beine mit gegerbten Riemen; Stricke würden sie womöglich zernagen und dann entfliehn.«

Lichar Kudrasch führte die Gefangenen hinaus. Ratibor strich sich bedenklich seinen Bart. Irgend etwas schien ihn zu bedrücken. Die Wojewoden verharrten in düsterem Schweigen.

»Du hast eine große Kriegserfahrung«, sagte Fürst Juri zu Ratibor. »Vielleicht äußerst du dich zuerst über das, was wir soeben von den Gefangenen gehört haben.«

»Nun, der Ältere mag wohl aus Prahlsucht übertrieben haben. Freilich, groß ist ihr Heer, das ist wahr. Doch das ist nicht nur ein Vorteil für sie, sondern zugleich auch ein Nachteil. Ein so gewaltiges Heer verträgt keinen Stillstand. Die Unzahl von Pferden braucht immer neue Weideflächen, die nur allzu rasch wieder abgegrast sind. Noch wenige Tage, und unter ihren Herden wird eine Seuche ausbrechen. Darum auch rücken sie nicht alle gegen Rjasan vor, sondern in breiter Front auch gegen andere Städte, um Korn und Heu für Roß und Mann zu finden. Wenn unter unseren Fürsten Einmütigkeit herrschte und wenn sie sich alle mit ihren Aufgeboten zum Kampfe stellten, wir brauchten die Mungalen wahrhaftig nicht zu fürchten.«

»Ob die beiden wohl die Wahrheit gesprochen haben?«

»Natürlich nicht in allen Dingen. Daß man neunundneunzig Jahre brauche, um die Zahl der mungalischen Krieger festzustellen, ist natürlich eine offenkundige Lüge. Alles andere aber wird wohl wahr sein.«

»Und was wäre deiner Meinung nach zu tun?«

»Die mungalische Front reicht von hier bis nach Pronsk. Mit einem einzigen Wogenschlag können sie uns nicht überfluten. Wenn der Mungale nicht gelogen hat, so stehen vor uns die von Gujuk-Khan und Batyga befehligten Truppen. Man muß, ohne auch nur eine einzige Stunde zu verlieren, vorrücken und Gujuk-Khans Flügel von Batygas Mitte abspalten. Bei diesem Schneesturm werden sie von unserer Annäherung nichts merken. Wir greifen Gujuk-Khan an und vertreiben ihn. Dann wenden wir uns gegen Batyga. Das wird ein schweres Stück Arbeit sein, doch wenn wir warten, bis die gesamte mungalische Heeresmacht über uns herfällt, werden wir's noch schwerer haben. Dann ist unser Ende gekommen! Wer sich nur auf die Verteidigung beschränkt, wird geschlagen werden. Wir müssen einen Angriff wagen...«

Dieser Vorschlag Ratibors löste unter den Wojewoden und Fürsten Meinungsverschiedenheiten aus; auf einmal wußte jeder etwas Besseres, doch Fürst Juri Ingwarewitsch entschied sich schließlich für Ratibors Vorschlag und erteilte den Befehl, bei Tagesanbruch vorzurücken und den linken Flügel der Tataren anzugreifen.

Die Schlacht auf dem Wilden Felde

»... Auf der nackten kahlen Erde lagen sie, in Schnee und Eis, von niemand geborgen, und ihre Leiber dienten den wilden Tieren zum Fraß, und die Aasvögel hackten ihnen die Augen aus. Das ganze Feld war ein einziges Leichenfeld.«
(Mär vom Einzug des Khans Baty, XIII. Jh.)

Bei Tagesanbruch waren die russischen Krieger, die, ohne Feuer anzuzünden, im Schnee genächtigt hatten, in Bereitschaft. Der Sturm hatte nachgelassen, und der Schnee fiel in großen Flocken. Hinter den Hügeln dämmerte der Morgen herauf. Die Krieger erhoben sich, griffen zu Schwert, Axt und Speer. Wer einen Panzer besaß, legte ihn an.
Fürst Juri Ingwarewitsch ritt die Front seines Heeres ab. Die Krieger standen Schulter an Schulter.
Der Fürst zügelte sein Roß und hielt eine Ansprache, die in der klaren Frostluft von allen deutlich vernommen wurde:
»Haltet euch bereit, ihr meine tapferen jungen Brüder und kühnen Krieger, ihr, die ihr die Blüte und Zierde Rjasans seid! Der verfluchte Feind steht mit erhobenem Schwert an unseren Landesgrenzen und streckt die gierige Hand aus, um uns unserer heiligsten Güter und unserer Freiheit zu berauben. Nachdem er die Polowezer vertrieben und ihr ganzes Gebiet an sich gerissen hat, bedroht er auch das unsre mit Feuer und Schwert. Keinen Stein werden die frechen Mungalen auf dem andern lassen. Eure Tapferkeit allein ist der Schutzwall, der unsere Heimat, unsere Städte und Dörfer, unsere Felder und Wälder, unsere Weiber und Kinder, unsere Väter und Mütter schirmt. Hält dieser Wall nicht, so wird sich der tückische Feind an unseren brennenden Städten erwärmen, sich an unserem Hab und Gut bereichern. Noch steht der Feind vor euch! Weicht nicht vor ihm zurück, ich selbst führe euch an, gehe euch voran, den Sterbekelch zu leeren. Sterben wir gemeinsam für die freie Heimat unseres Vaters Ingwar Swjatoslawitsch!«
Das Gesicht des Fürsten war streng und hart, in seinen Augen glühte ein unbeugsamer Wille. Fest umspannte seine Rechte den Griff seines Schwertes, während die Linke das ungeduldig stampfende Roß zügelte.
Die Krieger reagierten auf die Ansprache ihres Fürsten mit lauten Zurufen:
»Wir halten stand! Sei nicht bange! Eher wird die Oka rückwärts fließen, als daß wir weichen.«
Die Wojewoden ritten durch die Reihen ihrer Abteilungen und belehrten die Krieger:
»Wir wollen den linken Flügel des Feindes von der Mitte trennen und dann mit dem Flügel Schluß machen, ehe wir uns auf die Mitte stürzen. Seid standhaft! Die Mungalen sind tückisch und verschlagen und wenden gern den wölfischen Kniff an: Sie stellen sich, als wollten sie mit eingezognen Schwänzen fliehen... Aber nur, um euch in einen Hinterhalt zu locken. Traut ihnen nicht, und laßt euch zu keiner un

bedachten Verfolgung hinreißen, sondern haltet, Schulter an Schulter, stand in Erwartung des zweiten Schlages. Nur so werden wir die Mungalen besiegen und vertreiben...«

Die mit flockigem Schnee bedeckten Krieger hörten gespannt den Ausführungen ihrer Wojewoden zu. Ihre Pelze und Bauernkittel, die mit einem schmalen Riemen gegürtet waren, in denen ein Messer in hölzerner Scheide steckte, ihre Bastschuhe und Fußlappen, die bis zu den Knien hinauf um die Wade gewickelt waren, ihr ganzer Anzug ebenso wie ihre Bewaffnung, alles sprach von einem harten und schweren Leben in arbeitsamer Dürftigkeit. Dennoch hatten sie sich alle wie ein Mann erhoben, um ihre Heimat zu schützen und den Feind zu hindern, ihre Hütten und Häuser zu zerstören und ihren zurückgebliebenen Angehörigen Gewalt und Schande anzutun.

Langsamen Schrittes stapften sie vorwärts und die Abhänge der Hügel hinan. Der Sturm hatte den Schnee kniehoch zusammengefegt. Die vorderen Reihen hatten bereits den Kamm der Hügelkette erstiegen und blieben stehen.

Plötzlich durchschnitt ein gellend scharfer Schrei die gespannte Stille: »Urussut! Urussut!«

Die beiden Gefangenen, die gefesselt neben Ratibor einherschritten, hatten ihn ausgestoßen, so laut sie nur konnten, um den Ihren ein Zeichen zu geben. Dieser Ruf wiederholte sich vorn, rechts und links und pflanzte sich fort bis in die weiteste Ferne. Die tiefverschneite Ebene, die eine tote Wüstenei gewesen zu sein schien, belebte sich mit einem Schlage. Dunkle Gestalten erhoben sich aus dem Schnee, kehlige Rufe erklangen und Waffengetös und Hufgetrappel, und eine große Reiterschar jagte über die Schnee-Ebene hin und verlor sich im dämmrigen Nebel. Das Getöse, das Geschrei und Getrappel verstummte allmählich, nur aus weiter Ferne hörte man zuweilen noch einen vereinzelten Ruf. Dann war nichts mehr zu sehen und nichts mehr zu hören.

»Dieses verfluchte Tatarenpack! Wie aufgescheuchte Hasen laufen sie davon. Aber nein, sie wollen uns sicherlich bloß verlocken, ihnen unbesonnen nachzustürmen... Doch uns führen sie nicht so leicht hinters Licht!« So sprachen die Russen untereinander.

Die Wojewoden wiesen ihren Leuten Plätze an, wo sie sich, gut gedeckt hinter Anhöhen, niederlegen sollten. Durch die niedrig hängenden Wolken brach die purpurrote Sonne und färbte die leicht bläulich schillernde weiße Schneefläche rosig. In der Ferne sah man jetzt deutlich mongolische Reiter, die kehrtgemacht hatten und auf die Russen zukamen, die abwartend und schweigend dicht aneinandergedrängt hinter ihren Deckungen im Schnee lagen.

Schon war das gleichmäßige dumpfe Getrappel der dahinjagenden Pferde zu hören; es war, als erbebte die ganze Steppe unter dem Schlag der Zehntausende von Hufen. In eine Wolke von Schneestaub und Dampf gehüllt, der von den erhitzten Tieren aufstieg, näherten sich die Mongolen mit unheimlicher Geschwindigkeit.

Wild kreischten sie ihr:
»Kchu, kchu, kchu! Uragsch!«
Jetzt waren sie schon am Fuß der Hügel, jetzt stürmten die Vordersten schon den Abhang hinauf zum Kamm, wo sich die Rjasaner versteckt hatten. Einige Pferde stolperten und stürzten, die anderen galoppierten weiter, und ihre Zahl vergrößerte sich stetig. Jetzt waren die Vordersten kaum noch zwanzig Schritte vom Kamm entfernt, da sprangen die Rjasaner auf und warfen sich todesmutig dem Feind entgegen mit den Rufen:
»Vorwärts, Rjasaner! Vorwärts für das Land der Väter!«
Die Tatarenrosse scheuten, bäumten sich, schlugen aus, machten kehrt, warfen ihre Reiter ab und stürzten. Aber immer neue kamen und jagten weiter vorwärts, überall von den Russen mit wütenden Schlägen der Äxte und Beile empfangen. Die Tataren schwangen ihre Krummsäbel und ließen sie niedersausen, andere in den hinteren Reihen spannten ihre Bogen und schossen lange Pfeile mit gehärteten Stahlspitzen auf die Rjasaner ab, von denen mancher niederstürzte, sich wieder aufraffte, weiterkämpfte und abermals hinsank. Die meisten aber rückten vorwärts, hügelab, der mongolischen Reiterei nach, die zurückflutete wie eine Brandungswelle, die gegen einen harten Felsen geprallt ist. Die Attacke hatte die russischen Reihen nicht zum Wanken gebracht, im Gegenteil, die tollkühn kämpfenden Russen überwältigten den Feind, durch dessen zurückflutende Reihen sie sich eine Gasse bahnten. Aber auf einmal stoben die Mongolen davon, Verwundete und Tote zurücklassend, die den ganzen Hügelabhang bedeckten. Blutüberströmte Pferde wälzten sich zuckend und mit allen vieren ausschlagend am Boden, andere richteten mühsam sich wieder auf und galoppierten hinkend davon, ihre mit den Füßen im Steigbügel hängenden Reiter hinter sich her durch den Schnee schleifend, der sich überall blutrot färbte.
Aber auch die Reihen der Rjasaner, die sich jetzt langsam zurückzogen, waren durch diese Attacke stark gelichtet worden. Viele von ihnen lagen steif und schmerzlich verkrümmt im Schnee und starrten mit offenen glasigen Augen zu den niedrig hängenden bleiernen Wolken empor.

Der Marsch auf Rjasan

Batu-Khans Heer, dessen einzelne Abteilungen durch flinke Meldereiter in Verbindung miteinander und mit der Orga standen, rückte unentwegt nach Norden vor. Aber der von neuem losbrechende Schneesturm störte bald diese Verbindung, einzelne Truppenteile kamen von der vorgeschriebenen Marschroute ab, und schließlich wußte Batu-Khan nur den Standort seines eigenen Tumens der Unbesiegbaren und des von Subudai-Bahadur befehligten Tumens der Tollkühnen.
Den Vormarsch noch weiter fortzusetzen schien ein Ding der Un

möglichkeit; aber Stillstand war fast ebenso unmöglich, denn die Rosse fanden unter dem tiefen Schnee keine Nahrung mehr. Was sie an kümmerlichen Moospflänzchen mit den Hufen hervorscharrten, reichte selbst bei ihrer ungemeinen Anspruchslosigkeit nicht mehr aus. Batu-Khan erließ den Befehl, aus den Vorräten für die Pferde seiner Leibgarde so viel Weizen herauszugeben, daß jedes Tier eine Schüssel voll davon bekam. Hielt der Schneesturm noch einige Tage an, so würde das den Untergang des ganzen Heeres zur Folge haben.
»Vorwärts, nach Rjasan!« wiederholten die Mongolen immer wieder.
Für Batu und die vornehmsten Khane wurden wieder Jurten aufgestellt. Man mußte auf dem Bauch am Feuer liegen, denn durch die Abzugsöffnung im Dach trieb der Wind in tollen Stößen den Schnee herein, und erstickende, in die Augen beißende Rauchschwaden erfüllten die Jurte, so daß man nicht einmal aufrecht sitzen konnte.
Auch Batu-Khan lag so auf dem Bauche am Boden und betrachtete ein Pergamentblatt, worauf die wichtigsten Städte, Flüsse und Wege des urussutischen Gebietes in groben Umrissen aufgezeichnet waren. Er berechnete die Entfernungen, die man im Eilmarsch zurücklegen mußte.
Die von Subudai-Bahadur ausgesandten Kundschafter kehrten von ihrem Erkundungsritt zurück. Ihr Anführer, ein Greis, trat zu Batu-Khan und seinen Nojonen ins Zelt, ließ sich am Feuer auf die Knie nieder, streifte die Ärmel seines zerrissenen Pelzes auf und wärmte seine klammen Glieder.
Auf Batus Frage berichtete er:
»Nicht weit von uns liegt in den Schluchten das Heer der Urussuten. In einer so stockfinsteren Nacht besteht Gefahr, daß die Feinde sich ungesehen an uns heranschleichen und uns überrumpeln.«
»Was weißt du sonst noch?«
»Links von uns marschieren die Truppen Gujuk-Khans. Die Krieger murren und meinen, man müsse erst abwarten, bis sich der Schneesturm gelegt habe, aber Khan Gujuk treibt sie vorwärts. ›Wir müssen vor Batu-Khan in Rjasan sein, sonst bleibt für uns nichts von der Beute übrig. Dort gibt es Weiber, Gold, Korn in Mengen ...‹ «
»Dieser Eifer Gujuk-Khans, an den Feind zu kommen, ist sehr löblich und ein gutes Beispiel für die anderen Tumen. Weißt du, wo Gujuk-Khan ist? Würdest du ihn zu finden wissen?«
»Gewiß«, sagte der Krieger, »ich weiß, wo er ist, und werde ihn finden.«
»Subudai-Bahadur wird dir ein Papier mit meinem Siegel geben. Reite damit zu Gujuk-Khan und melde ihm: Der Dschichangir befiehlt den Truppen Gujuk-Khans, schleunigst den Feind aufzusuchen, der vor uns in der Steppe steht und unseren Vormarsch aufhalten will, und ihn zu zerschmettern. Sollte Gujuk-Khan jedoch seine Streitmacht für einen Angriff für zu schwach halten, so möge er mir dies mitteilen und auf mich warten. Dann werde ich Subudai-Bahadurs Tollkühne zum Angriff vorschicken, die mit den Urussuten kurzen Prozeß machen werden.«
Subudai-Bahadur, der neben Batu-Khan am Boden lag, hatte während-

dessen aus seinem Busen ein goldenes Kästchen mit einem Siegel und roter Farbe hervorgezogen und auf einen Streifen Papier den Namenszug des Dschichangirs gedrückt. Der Krieger steckte den Papierstreifen ins Innenfutter seiner zerrissenen Mütze und kroch wieder zur Jurte hinaus.

Mitten in der Nacht hielt ein zweiter Meldereiter vor Batu-Khans Jurte, ein junger, schwarzäugiger Bursch in einem Kosakenrock. Er trat ein und hockte sich vor dem Feuer auf die Fersen nieder. Mit scharfem, durchdringendem Blick betrachtete er der Reihe nach alle Anwesenden, als suche er einen ganz Bestimmten unter ihnen.

»Wo ist Subudai-Bahadur?« fragte er endlich.

Ein verschwollenes, rotes Greisengesicht guckte unter einem Schafpelz hervor, und eine heisere Stimme fragte mürrisch:

»Was will man von mir?«

»Ich bringe dir eine Unglücksbotschaft. Laß es mich nicht entgelten und nicht mit dem Leben dafür büßen!«

»Sprich!« knurrte Subudai.

»Unterwegs zu Gujuk-Khan traf ich deinen Sohn, den tapferen Dschigiten Urjanch-Kadan, der vier Krieger bei sich hatte...«

»Als er fortritt, waren es neun«, warf Subudai dazwischen.

»Wir gelangten in eine Schlucht, so schmal, daß wir im Gänsemarsch reiten mußten. Da wurden wir von Urussuten überfallen. Sie waren in großer Überzahl. Ich hatte das Glück, zu entkommen, weil mein Roß mit mir davonstürmte. Oberhalb der Schlucht band ich es an und wagte mich nach einiger Zeit nochmals in die Schlucht hinein, wo ich die Leichen von dreien unserer Krieger fand, nicht aber die deines Sohnes und eines jungen Kiptschaken namens Mussuk. Es ist zu befürchten, daß sie beide in Gefangenschaft geraten sind.«

Subudai saß geduckt da, als habe er einen Schlag auf den Kopf erhalten Sein eines, weit aufgerissenes Auge verengte sich allmählich zu einem schmalen Spalt, und eine Träne rollte ihm über die aufgedunsenen, runzligen Wangen.

Das Totenfeld

> O Feld, o Feld! Wer hat mit
> Totengebein dich übersät?
> (Puschkin)

Am Morgen warfen die Strahlen der Wintersonne einen blutroten Streifen über die tiefverschneite Ebene. Meldereiter kamen und berichteten Batu-Khan, daß Gujuk-Khan, wie befohlen, das Heer der Urussuten angegriffen habe. Die Feinde aber hätten sich erbittert zur Wehr gesetzt und mit einer Wut gekämpft wie böse Geister, wie Mangusse. Gujuk-Khans Truppen hätten sich unter großen Verlusten an Rossen und Reitern zurückziehen müssen.

Batu hielt Rat mit seinen Khanen, die der Meinung waren, Gujuk müsse seinen Angriff wiederholen. Doch Batu widersprach:
»Wenn es Gujuk-Khan nicht einmal geglückt ist, die Hügel einzunehmen, hinter denen nur ein kleiner Teil des Urussutenheeres im Hinterhalt lag, wie will er dann die starken Mauern der festen Stadt Rjasan brechen? Er hat sich und uns Mongolen alle mit Schimpf und Schande bedeckt. Mag er sich erst die Hosen wieder flicken lassen, die ihm im Kampfe geplatzt sind. Wir befehlen: Unsere Unbesiegbaren und Subudais Tollkühne rücken unverzüglich aus, um die Hügel anzugreifen, hinter denen die Urussuten sich versteckt haben. Sobald sie die Feinde von dort vertrieben haben, rücken sie ohne Säumen auf Rjasan vor. Ich selbst werde das Kommando in der Schlacht übernehmen. Gefangene werden keine gemacht! Auf dem weiteren Vormarsch werden nur so kurze Rasten gemacht, als nötig sind, die Pferde zu füttern und ihnen eine kleine Atempause zu gönnen. Erst vor den Mauern Rjasans schlagen die Khane ihre Jurten wieder auf.«
Ganz unvermittelt hörte das Schneegestöber auf. Der Wind trieb die grauen Wolken nach Süden, und am klaren blauen Winterhimmel erschien strahlend die Sonne. Hell glitzerte und gleißte die Ebene, unter deren dicker Schneedecke Tausende von Gefallenen und auch Verwundeten begraben lagen.
Ein Rudel Wölfe kam angetrottet, einer hinter dem andern, und jeder der nachfolgenden trat genau in die Spur des Leitwolfes, der sich nach jener Seite hin wendete, von wo er den schärfsten Blutgeruch witterte. Die gefräßigen Bestien näherten sich den dunklen Menschenkörpern im Schnee, von denen sich manch einer noch rührte. Dann tat der Leitwolf einen Sprung zur Seite und wendete sich anderswohin.
Schwärme von Dohlen und Krähen zogen durch die Luft, die sie mit ihrem mißtönigen Gekrächz erfüllten, zum Schlachtfeld, ließen sich nieder und hüpften auf die Menschenleiber zu. Wenn sich eine Menschenhand erhob, flatterte das Aasgevögel krächzend auf und suchte sich einen anderen Fraß.
Die Wölfe hatten sich zu einer Schlucht hingewendet und wollten eben hinunter, da machten sie erschrocken kehrt und stoben wie toll davon; auf einem roten Hengst kam ein stattlicher junger Ritter, behelmt und gepanzert, aus dem Hohlweg herausgesprengt. Hinter sich her zog er am Zügel ein Mongolenroß. Oben hielt er an und blickte erst den fliehenden Wölfen nach, dann ließ er seine Augen suchend über das Feld schweifen. Ein schweres Stöhnen erregte seine Aufmerksamkeit. Unweit von ihm lag ein graubärtiger Krieger von reckenhaftem Wuchs in einer Blutlache.
Der Ritter sprang aus dem Sattel und beugte sich über den am Boden Liegenden.
»Ratibor! Lebst du noch?«
Er zog eine tönerne Flasche hervor und hielt sie dem Verwundeten an

die Lippen. Gierig trank Ratibor, dann schlug er mit einem schweren Seufzer die Augen auf.
»Steh auf, Ratibor! Raff dich zusammen! Komm zu dir! Mongolische Streifen sind in allernächster Nähe!«
»Wer bist du?«
»Roman..., ein Rjasaner Fürstensohn... Erinnerst du dich meiner nicht mehr? Wir waren einmal zusammen auf der Bärenjagd...«
»Sei mir behilflich... Allein fällt es mir schwer, mich aufzurappeln... Hilf!«
Ächzend und stöhnend erhob sich der alte Recke mühsam und bestieg mit Romans Hilfe das Mongolenroß. Dann verschwanden beide Reiter in der Schlucht.
Auf dem Totenfelde hielten Wölfe und Krähen ein blutiges Mahl.

Fünfter Teil

Die Rjasaner Erde brennt

O heilig Vaterland!
Wes Herze bebte nicht,
wenn es, dich segnend,
dein gedenkt?...
(W. Shukowski)

»Faßt die Äxte fest!«

Über die winterlich kahle, weite, weiße, dann und wann von Schluchten durchschnittene Ebene stapfte festen gemessenen Schrittes Saweli Dikoroß nord- und heimwärts.

In der Ferne sah er mitunter dunkle Punkte, die sich vereinzelt oder in Gruppen in gleicher Richtung fortbewegten – Häuflein der wenigen mit dem Leben davongekommenen und nun ebenfalls der Heimat zustrebenden Rjasaner.

Einst hatte es hier am Wege kleine Siedlungen gegeben deren Bewohner mit den Nomaden der Steppen Tauschhandel getrieben hatten. Jetzt waren die verfallenen menschlichen Behausungen verödet, und der Wind strich durch die weit offenen Türen und Fenster. Scharen von Krähen und Dohlen fielen in die menschenleeren Gehöfte ein und flogen unwillig krächzend wieder davon, weil sie nichts zu fressen fanden.

Auf Mongolen stieß Saweli bei seiner einsamen Wanderung nicht. Die erholten sich offenbar von den Kämpfen, bargen ihre Verwundeten und plünderten die toten Russen aus. Wohl aber wurde er von einigen von kräftigen, zottigen Pferdchen gezogenen Korbschlitten überholt, aus denen Kinderköpfchen herauslugten. Bauern und deren Frauen schleppten sich matt und müde hinterher und trieben ihr Vieh – Rinder und Hammel – mit der Gerte an.

»Woher des Wegs, ihr guten Leute?« erkundigte sich Saweli.

»Aus dem Grenzgebiet hinter Pronsk. Wir sind den Tataren knapp entkommen, dank dem Schneesturm und der Nacht, die uns vor ihren Blikken verbargen. Wir wollen nach Rjasan, wo wir Schutz zu finden hoffen. Hier ist es zu unsicher. Wer diesem Tatarengesindel in die Hände fällt, um den ist's geschehn, der hat das liebe Gotteslicht am längsten erblickt. Na, hü, Brauner! Hott, Bunter! Vorwärts!«

Saweli schritt gleichmäßig aus, wie er es gewohnt war, wenn er durch den Wald oder hinter Pflug und Egge her übers Feld schritt. Tag und Nacht ging er, nur kurze Rast sich gönnend, und besorgt lauschte er auf jedes Rascheln, aus Furcht, plötzlich wieder Tataren vor, neben oder hinter sich auftauchen zu sehen. Endlich zeigten sich in der morgengrauen Ferne unter tief herabhängenden Wolken die schneebedeckten Wälle, Mauern und Palisaden von Rjasan. Bläuliche Rauchwölkchen kräuselten sich über den Hütten der Vorstädte. Bäuerinnen trieben Kühe und Pferde zur Tränke an die Wake im Fluß. Alles mutete so heimelig und friedlich an, als ob überhaupt nichts Furchtbares geschehen, als ob keine blutige Schlacht auf dem Wilden Felde geschlagen worden wäre.

Am Stadttor wurde Saweli von behelmten Wächtern angehalten. Auf ihre Streitäxte gestützt, versperrten sie ihm den Weg.

»Wer und woher bist du? Was veranlaßt dich, nach Rjasan zu kommen?«

Als sie erfuhren, daß Saweli an der Schlacht teilgenommen habe, in der so viele Rjasaner ihr Leben hatten lassen müssen, riefen sie einen der Otroki herbei und trugen ihm auf, Saweli zum Wojewoden zu bringen. Überall auf den Straßen standen ausgespannte Fuhren voll Heu, Korn, Holz und solche mit den Habseligkeiten von Flüchtlingen, die mit der Hoffnung hierhergekommen waren, hinter den hohen und starken Mauern der Stadt Schutz und Sicherheit zu finden.

Der Wojewode, ein finsterer alter Mann, stand, den Halbpelz über die Schultern geworfen, auf der Außentreppe eines aus Balken gezimmerten Hauses und hörte sich, dann und wann traurig den Kopf schüttelnd, die Berichte einiger Krieger an, allesamt Verwundete, wie die blutgetränkten Verbände, die sie um den Kopf, um die Schultern, um den Arm trugen, bewiesen.

Ein Bauer mit einem Kopfverband und darum ohne Mütze sprach:

»Ja, hart war es. Wir haben ja wohl unsern Mann gestanden, doch die Tataren waren in gar zu großer Überzahl. Ihrer zehn stürzten sich auf einen von uns. Wir schlugen sie zurück, dachten: ›Nun werden wir wohl Atem schöpfen können!‹ Nicht dran zu denken! Sie kamen schon wieder angejagt, diese Verfluchten, und brüllten ihr unmenschliches: ›Kchu, kchu, uragsch!‹ Manchem haben wir es gegeben, daß er das Wiederaufstehn für immer vergaß; doch auch von uns blieb kaum einer übrig. Alle haben sie dort auf dem Wilden Feld ihr Leben gelassen – auch unser Fürst Juri Ingwarewitsch.«

»Und wie hast du dich denn retten können?«

»Zur Nacht, als die Tataren sich ruhig verhielten, stahl ich mich in eine Schlucht hinab, verband meine Kopfwunde mit meinem Hemd und grub mich in eine Schneewehe ein. Gegen Morgen heulten die Wölfe wie wild. Ich machte mich auf und davon, immer in nördlicher Richtung, umging die Straße nach Pronsk und wurde schließlich von Flüchtlingen mitgenommen.«

Der Wojewode entblößte sein Haupt, bekreuzigte sich mit einem Blick auf das goldene Kreuz der Kathedrale und sprach feierlich:

»Ewiges und ehrendes Gedenken denen, die ihr Leben für unser Heimatland geopfert haben. Enkel und Urenkel werden derer gedenken, deren Blut auf dem Wilden Feld geflossen ist. Nicht wir waren die Angreifer. Die Tataren, diese Räuber und Mordbrenner, sind in unser Land eingefallen, um es mit Krieg zu überziehn, zu morden und zu plündern. Sie nehmen uns unsre Habe, töten unsre Männer und führen unsre Frauen und Kinder fort in Gefangenschaft und Sklaverei. Laßt uns kämpfen, Brüder, kämpfen bis zum letzten Atemzug! Wir werden diesen Heiden unser teures Heimatland nicht kampflos preisgeben!«

Feste und unbeugsame Entschlossenheit malte sich auf den Gesichtern aller, und viele Stimmen riefen:

»Ja, wir werden kämpfen und keinen Fußbreit weichen!«

Der Wojewode fuhr fort:

»Und wenn wir fallen sollten, so werden unsre Söhne in die Wälder fliehn, und wenn sie erwachsen sind, werden sie den Söhnen des Zaren Batyga gründlich heimzahlen. Mir schwant, die frechen Tataren, die bald hier sein werden, sind nicht aufzuhalten. Sie werden weiter vordringen bis Susdal, Rostow und Nowgorod... Werden sie sich aber auch halten können?... Wir waren es, die den Wald hier gerodet, die jungfräuliche Erde mit Pflug und Egge gefurcht und Sümpfe und Moore trockengelegt haben. Den Tataren aber wird es hier auf die Dauer nicht gefallen. Sie werden sich gewaltsam alles aneignen, was ihre Begehrlichkeit reizt, dann aber werden sie in ihre Steppen zurückkehren. Sie sind gewöhnt, auf ihren schnellen Rossen über die Steppe hinzujagen, aber mit Pflug und Egge Furchen in der Erde zu ziehen, dazu sind sie nicht geschaffen. Darum laßt die Arme nicht mutlos sinken, Brüder! Faßt die Äxte fest! Auf den Mauern unserer Stadt Rjasan wollen wir ihnen einen harten, erbitterten Kampf liefern!«

Auf den Mauern von Rjasan

> ... Im Kriege, nicht im Frieden, leuchtet uns der Strahl der Hoffnung.
> (Aus einer antiken Tragödie)

Auf dem hohen Steilufer über der Oka gelegen, schien die Stadt Rjasan wirklich uneinnehmbar zu sein. Die Erdwälle waren durch eine Palisade aus Eichenstämmen geschützt. Die steilen Hänge, die mit Wasser begossen worden waren, hatten sich mit einer Eisschicht bedeckt, über welche hinaufzuklettern einfach unmöglich war.

Die gesamte Einwohnerschaft der Stadt und der umliegenden Siedlungen hatte sich wie ein Mann zur Verteidigung der Hauptstadt erhoben. Die Kämpfer erinnerten sich an so manche Erzählung aus alten Zeiten, in denen sowohl die Polowezer wie auch die Susdaler die Stadt belagert hatten. Aber es war keine leichte Sache, diese Mauern zu erklimmen, wenn von oben herunter kochendes Wasser und siedendes Pech auf die Angreifer gegossen wurde. Der Wojewode und die Bojaren riefen keine Freiwilligen mehr auf. Jetzt sammelten alle Stadtviertel ihre eigenen Mannschaften, und keiner der Bürger entzog sich seiner Wehrpflicht, jeder brachte seine Axt, sein Schwert, seine Pike oder Lanze oder seinen Bogen mit. Tag und Nacht dröhnte das Hämmern der Schmiede, fauchten die Blasebälge. Schwerter wurden gefegt oder frisch geschmiedet, Helme, Panzer und Schilde gefertigt, Schleudern, Bogen und Pfeile neu hergestellt oder in Ordnung gebracht. Man traf alle nur erdenklichen Vorbereitungen, um eine lange Belagerung zu überstehen.

Saweli, vom Wojewoden zum Anführer eines halben Hunderts Krieger eingesetzt, war auf dem ihm angewiesenen Posten nicht untätig. Er trug für einen genügenden Vorrat an Pfeilen und Steinen Sorge, die in Haufen neben den Verteidigern aufgestapelt waren. Auch Äxte, Speere und Spieße beschaffte er und grub mit seinen Leuten zusammen eine Erdhütte aus, worin die Verteidiger bei Unwetter Unterschlupf finden konnten.

In der Nähe befand sich ein Warenspeicher des Händlers Shiwila Jurjatitsch, wo Getreide, Salz, Hanf und anderes gelagert war. Saweli ging zu dem Manne hin und fragte ihn streng:

»Du wärmst dich hier auf der Ofenbank, Shiwila Jurjatitsch. Weshalb sieht man dich nie auf dem Wall? Wir sind tags und nachts auf Posten und bekommen nicht mal eine warme Suppe. Wie gedenkst du uns zu helfen?«

Der wohlbeleibte Kaufmann duckte sich bei diesen strengen Worten und antwortete mit schwacher, wehleidiger Stimme:

»Ich bin doch kein Hiesiger, sondern aus Nowgorod. Und beim Rollen einer Teertonne habe ich mir einen Nabelbruch geholt, und das macht mich recht untauglich. Lieber will ich euch meine Handlungsgehilfen auf die Wälle schicken, brave, tüchtige Burschen, und zusehn, wie ich hier mit der Arbeit allein fertig werde. Außerdem habe ich ja dem Fürsten schon zehn Bootsladungen Korn geschenkt. Aber ich will mich gern obendrein verpflichten, für eure Verpflegung zu sorgen. Von morgen an sollen meine Kochinnen für deine Leute täglich einen Kessel Brühe und einen Kessel Grütze kochen. Vielleicht vergibt unser Heiland in seiner Gnade mir dafür meine Sünden...«

Saweli pflegte auf den Wällen zu übernachten, aber meist fand er keinen Schlaf. Das Herz war ihm schwer; von Unruhe getrieben, stand er auf, wanderte auf den Wällen umher und spähte angestrengt in die neblige Ferne, ob nicht etwa schon irgendwo die Feuer der Tataren aufloderten.

Am andern Morgen ritten zwei Reiter in Polowezer Tracht auf Schecken an ihm vorbei. Einer von ihnen rief ihn an:

»He, Nachbar! Warum willst du mich denn nicht erkennen?«

»Kudrasch! Wie kommst du denn zu dieser absonderlichen Verkleidung?«

»Ich bin im Begriff, mit meinem Polowezer Blutsbruder hier hinaus aufs Wilde Feld zu reiten, um im Auftrag des Wojewoden den Leichnam des Fürsten Feodor zu suchen und zu bergen. Wir wollen versuchen, uns bis zum Flusse Woronesh durchzuschleichen, wo Zar Batyga damals sein Lager aufgeschlagen hatte. Vermutlich sind jetzt keine Tataren mehr dort. Wenn es uns gelingt, den Leichnam zu finden, wollen wir ihn auf Schleichwegen nach Saraisk bringen, damit man die sterblichen

Überreste unseres jungen Fürsten neben denen seiner Gemahlin und seines Sohnes beisetzt.«

»Der Herr schenke ihnen die ewige Ruhe!« sagte Saweli, indem er seine Kappe abnahm und sich mit einem Blick auf das Kreuz der Kathedrale bekreuzigte. »Doch ich fürchte sehr, Kudrasch, du begibst dich unnütz in Gefahr. Du wirst den Streifen der Tataren in die Hände fallen, denn Zar Batygas Heer rückt mit seinem ganzen Troß heran. Du hast keine Aussicht, durchzukommen. Sie werden dich schnappen und dir das Fell über die Ohren ziehn!«

»Das wollen wir erst mal sehn!« meinte Kudrasch. »Batyga soll sich bloß nicht so mausig machen. Vielleicht stolpert er auch mal. Gewiß, er hat zwei Arme, doch auch mich hat meine Mutter nicht bloß mit einem in die Welt gesetzt. Warten wir's also ab. Wenn ich sehe, daß ich nicht durchkomme, sammle ich eine Schar braver Burschen. Dann folgen wir der Spur der Tataren und Mungalen, um sie an den Fersen zu packen. Wir werden ihnen keine Ruhe lassen, ehe wir nicht eine gehörige Anzahl von diesen Heiden ins Jenseits befördert haben, wenn sie überhaupt ein Jenseits haben, die Verfluchten, oder selber ins Gras beißen. Willst du nicht mit uns kommen, Saweli?«

Saweli überlegte, schwankte innerlich, dann aber sagte er:

»Nein, Kudrasch, das geht nicht. Der Wojewode hat mir meinen Posten hier auf dem Wall angewiesen. Freiwillig werde ich diesen Platz nicht räumen. Du hoch zu Roß und ich mit der Axt in der Faust – so dienen wir beide bis zum letzten Atemzug der Sache der Heimat!«

»Nun, sei's drum! Leb wohl, Saweli!« Aber als er schon ein Stück fortgeritten war, kehrte Kudrasch noch einmal um. »Die Hauptsache habe ich ja ganz vergessen: Ich habe deinen Toropka gesehn, Saweli. Er lebt, ist den Tataren entflohn, und das Pferd, auf dem er ihnen entwischt ist, das ist ein Prachttier. Wie der Wind läuft es, und unter seinen Hufen erbebt die Erde, und seinen Nüstern entströmt Dampf!«

»Sprichst du auch wirklich die Wahrheit? Sagst du das nicht bloß mir zum Troste?«

»Bei Gott, es ist die volle reine Wahrheit! Toropka ist als Meldereiter des Fürsten Pronski hier in der Stadt gewesen, um ein Schreiben von ihm zu überbringen. Dann jagte er gleich wieder davon. ›Falls du meinen Vater treffen solltest, Kudrasch‹, so sagte er zu mir, ›so bestelle ihm schöne Grüße. Und sag ihm, den Tataren werde ich nicht feig den Rücken zeigen. Einmal habe ich es ertragen, ihr Gefangener zu sein, ein zweitesmal nicht wieder.‹ Nun leb wohl, Saweli. Weiß Gott, ob wir uns nochmals wiedersehen werden. Himmel, was für Zeiten!«

Lichar Kudrasch schwenkte die Peitsche und ritt seinem Polowezer Gefährten nach. Saweli wandte sich wieder seinen Obliegenheiten zu. Jetzt, nachdem er erfahren hatte, daß sein Sohn nicht tot war, sondern noch lebte, war ihm viel leichter zumute, die Welt war wieder lichter geworden... Er setzte sich auf eine Mauerzinne und schaute, den Kopf in die Hände gestützt, in die Ferne. Ihm war, als lächelten ihm Toropkas graue Augen aus seinem mageren, sommersprossigen Gesicht an. ›Nun ist mein Toropka ein tapferer Reiter, als wäre er der Ritter Georg selbst!‹ dachte Saweli bei sich.

»Die Tataren kommen!«

Auf den Wällen Rjasans hatte sich in diesen kritischen Tagen ganz von selbst eine eigene Ordnung eingebürgert.
Jedes Stadtviertel schickte seine Leute auf die Wälle zu dem Abschnitt, der ihnen zur Verteidigung angewiesen worden war. Bestimmte Abschnitte wurden von den Handwerkern besetzt – von den Zimmerleuten, Maurern, Sattlern, Schneidern und so weiter. Auch die Kaufleute hatten ihre bestimmten Posten angewiesen bekommen, die sie mit ihren Handlungsgehilfen zusammen zu halten hatten. An anderen Stellen freilich mischten sich alle Stände durcheinander. Die Verteidigung der Stadt leitete der Bojar Wadim Danilytsch Kofa, der auf der Wetsche vom Volke einstimmig gewählt und vom Fürsten Juri vor dem Heereszug ins Wilde Feld im Amte bestätigt worden war.
Auf einem Roß, dessen weiße Mähne den silberschimmernden Locken des Reiters und seinem silberwallenden Bart recht angemessen war, zeigte sich Wadim Kofa täglich in der Stadt und auf den Wällen, überall, wo Vorbereitungen zur Verteidigung der Stadt getroffen wurden, und vergewisserte sich mit eigenen Augen, ob alle nötigen Maßnahmen angeordnet und die Anordnungen auch befolgt wurden.
»Gießt noch einmal Wasser auf die Außenhänge der Wälle!« befahl er. »Sie müssen so eisglatt sein, daß keiner seinen Fuß darauf setzen kann. Sorgt dafür, daß genug Kessel mit siedendem Wasser und Pech zur Hand sind und auch Reservetonnen mit Wasser, ebenso ein genügender Holzvorrat. Jeder muß seine Pflicht bis zum äußersten erfüllen und darf den ihm angewiesenen Posten eigenmächtig nicht verlassen. Und achtet nicht bloß stur darauf, was unmittelbar vor euch in eurem eignen Abschnitt vorgeht, sondern auch darauf, was in den Nachbarabschnitten los ist! Ihr habt es mit heimtückischen, hinterhältigen Feinden zu tun!«
Einmal zügelte der Bojar sein Roß unmittelbar neben dem nimmermüden, rastlos tätigen Saweli.
»Warum mußten gerade wir in eine so schlimme, böse Zeit hineingeboren werden?« sagte er mit umwölkter Stirn zu Dikoroß. »Unsere Augen werden noch viel Not und Elend mit ansehn müssen, und das Blut wird in solchen Strömen fließen, daß wir uns darin werden waschen können!«
»Warum bist du so verzagt, Bojar? Wenn du, als unser Führer, schon verzagst, was sollen dann wir einfachen Krieger tun? Noch scheint die Sonne über Rjasan, noch atmen wir den freien frischen Wind, noch

brauchen wir die Hände nicht mutlos sinken zu lassen, noch können wir für unser Vaterland einstehn!«

»Und wo ist der Rjasaner Polk geblieben? Wo sind meine Söhne und Schwiegersöhne? Wo ist unser Fürst samt allen seinen Rittern und Recken, die Blüte und Zierde Rjasans?«

Saweli stieß einen schweren Seufzer aus.

»Vielleicht kommen die Tataren gar nicht hierher zu uns«, sagte er.

»Doch, doch«, widersprach der Bojar. »Daran, daß das Tatarenheer hierher im Anmarsche ist, gibt es keinen Zweifel. Sie werden unser Land verwüsten und nicht eher wieder abziehn, ehe sie sich nicht an unserem Blut gesättigt haben.«

»Vielleicht verschlucken sie sich daran!«

Nach diesem Gespräch mit dem Bojaren hielt Saweli die ganze Nacht Wache auf dem Walle und verscheuchte den Schlaf, der ihn gegen Morgen übermannen wollte. Angestrengt spähte er in die Ferne über die verschneite Ebene hin. Aus gold- und purpurschimmerndem Wolkenbett stieg die Sonne am Horizont auf. Öde lag die weite Ebene vor Sawelis Augen, nur hier und da zeichneten sich einsame Eichen und kleine Haine auf der weißen Fläche dunkel ab. Plötzlich zog etwas Sawelis Aufmerksamkeit auf sich: dunkle Punkte, die sich bewegten. Er rieb sich die Augen und schaute wieder hin. Kein Zweifel! Sie bewegten sich, vermehrten sich, krochen wie Ameisen in langem Zug, der sich teilte und nach verschiedenen Seiten hin verästelte. Und es dauerte nicht allzulange, so konnte sein scharfes Auge galoppierende Reiter deutlich unterscheiden.

›Die Tataren! Wer anders sollte es sein?‹ durchfuhr es Saweli, und er lief, so schnell ihn seine Beine trugen, zum Hause des Wojewoden, der ihm schon entgegengeritten kam. »Sie kommen! Sie sind da! Die Tataren!« rief Saweli außer Atem. »In hellen Haufen rücken sie heran!«

»Lauf rasch zur Kathedrale«, gebot ihm der Wojewode, »und wecke den Glöckner, damit er Sturm läute!«

Saweli gehorchte. Das Hauptportal der Kathedrale stand offen. Frieden umfing ihn beim Eintritt. Vor den gold- und silbergerahmten Heiligenbildern brannten die Öllämpchen und verbreiteten ein gedämpftes Licht. Der alte Küster im Leinenrock war gerade dabei, mit einem Birkenreisbesen den Steinboden zu kehren.

»Wo ist der Glöckner?« fragte Saweli ihn. »Er soll die große Glocke läuten!«

»Beide Glöckner sind auf den Wällen. Und der Protopope erlaubt nicht, daß ohne seinen Segen geläutet wird...«

»So versteh doch!... Die Tataren kommen! Warum willst du mich da erst zum Protopopen schicken? Hol den Glöckner herbei, sag' ich dir.«

Saweli packte den Kirchendiener am langen schwarzen Leibrock und zog ihn hinter sich her.

»Warum vergreifst du dich an mir? Wo bleibt da die Achtung vor der Geistlichkeit?«

»Wo der Glöckner ist, will ich wissen. Lauf und hol ihn, oder ich läute selber!«
»Da ist unser alter Glöckner«, sagte der Kirchendiener, indem er sich bemühte, sich loszureißen, und auf einen Greis deutete, der in der Ecke neben dem Kerzenkasten saß. »Er ist blind und jetzt im Ruhestande.«
In der Tat, man sah, daß der Alte auf beiden Augen den Star hatte. Aber er hatte den laut genug geführten Wortwechsel zwischen Saweli und dem Kirchendiener gehört und kam angehumpelt.
»Kannst du die Glocken läuten?« fragte ihn Saweli.
»Wie sollte ich nicht? Vierzig Jahre lang habe ich sie ja geläutet, kenne jeden Strang...«
Zu dritt stiegen sie die Wendeltreppe hinauf zum Glockenstuhl. Durch die Oberlage der Balken hingen Seile verschiedener Stärke herab. Der Blinde betastete sie und klammerte sich dann an das stärkste.
»Soll ich großen Sturm läuten?« fragte er. »Und was wird der Protopope dazu sagen? Wird er nichts dagegen einzuwenden haben?«
»Sollte er etwas dagegen einzuwenden haben, so wird er vom Wojewoden eins dafür ins Genick bekommen, weil die Glöckner nicht auf ihrem Posten waren... Reiß an den Stricken, so stark du nur kannst... Läute Sturm, schlag Alarm!«
»Wie bei einer Feuersbrunst?«
»Ja, wie bei der größten Feuersbrunst!«
Mit den ihm gewohnten gleichmäßigen Bewegungen zog der Blinde am Strang. Oben, durch die Schallöcher, flogen die tiefen Töne der großen Glocke über die noch schlafende Stadt hin und weckten in den aus dem Schlaf auffahrenden Einwohnern Rjasans ein beklemmendes Gefühl: Das Unglück, das man tagtäglich erwartet hatte und an das man doch bis zum letzten, allerletzten Moment zu glauben sich geweigert hatte, jetzt war es über die Stadt hereingebrochen. Die Glockentöne riefen alle Männer zur Verteidigung auf die Wälle. Haus- und Hoftüren wurden aufgerissen und krachend wieder zugeworfen, Hunde fingen zu heulen an, Menschen stürzten auf die Straßen und Gassen und blieben lauschend stehen, dann liefen sie weiter, zu den Mauern. An allen Ecken und Enden der Stadt fielen die Glocken der anderen Kirchen in das Geläut der Kathedralglocke ein, und die Glocken der Kirchen in einigen der von ihren Bewohnern noch nicht völlig verlassenen umliegenden Kirchspielen antworteten ihnen.
Überall rief das Sturmgeläut die Männer auf, zu Schwert und Axt zu greifen und damit den ungebetenen Gästen einen blutigen Empfang zu bereiten.
Im Laufschritt war Saweli auf den Wall zurückgekehrt und beobachtete nun, auf seine Axt gestützt, wie sich die schwarzen Massen der Lanzenreiter der Stadt immer mehr näherten. Er sah, wie auf der anderen Seite des Flusses aufgeregte Menschen vor ihren Häusern standen und gestikulierend in die Steppe deuteten. Dann liefen sie nach verschiedenen

Richtungen auseinander: die einen zu den Stadttoren hin, die andern am Ufer entlang flußaufwärts zu den Wäldern.
Zu immer schnellerem Lauf trieben die Tataren ihre Pferde an, und bald kamen die vordersten unter Geheul und Geschrei auf die mit einer glatten Eisschicht bedeckten Mauern und Wälle zugesprengt, vor denen sie ihre erhitzten Rosse zügelten, daß eine Wolke von Dunst und Dampf bis hinauf zu den Verteidigern stieg, deren Gesichter oder zumindest Köpfe oben in den Scharten für die Angreifer sichtbar waren.
Eine Hundertschaft der tatarischen Reiter löste sich von den übrigen und hielt einen Umritt um die Stadt, wobei sich die Reiter in Dreierreihen hintereinander ordneten. Der vorderste trug eine Standarte: eine Lanze, an deren Spitze ein roter Roßschweif hing. Hinter ihm ritt einer, dessen Kettenhemd vergoldet war, auf seinem Silberhelm schwankte ein weißer Federbusch. Die übrigen trugen weniger prächtige Panzer und Kettenhemden. In der Rechten hielten sie einen kurzen Speer, in der Linken einen Rundschild.
Eine zweite Hundertschaft galoppierte in die nächst gelegene Siedlung, von wo noch das aufgeregte Geläut der Kirchenglocke zu hören war, das aber gleich darauf verstummte. Und über den Hütten wirbelte schwarzer Rauch auf.
Eine dritte Hundertschaft blieb auf dem jenseitigen Ufer der Oka und beobachtete, was auf den Stadtmauern vorging. Eine Zehnergruppe ritt hinunter zum zugefrorenen Fluß und übers Eis hinweg auf das Stadttor von Rjasan zu. Alle Angst vergessend, nur von Neugier beherrscht, blickten die Rjasaner, von denen mancher sogar auf die Palisaden hinaufgeklettert war, ihren Feinden entgegen. Die langen Schöße der Pelze fielen den Reitern fast bis auf die Füße. Manche trugen auf der Brust aneinandergereihte Metallplättchen aus Eisen oder Kupfer. Auf dem Rücken waren solche Schutzplättchen nicht zu sehen, denn nach mongolischen Ehrbegriffen bietet der Tapfere dem Feinde die Brust und nur der Feige ihm den Rücken dar. An ihren Sätteln hingen Lederfutterale, sogenannte Saadaki, Köcher zur Aufbewahrung der Pfeile, aber auch des Bogens.
Einer der zehn, ein langbärtiger Greis, ritt ganz nahe zum Stadttor hin, klopfte mit dem Stiel seiner Peitsche an den eisenbeschlagenen hölzernen Torflügel und rief den oberhalb des Tores auf der Mauer Stehenden zu:
»Seid gegrüßt, Rjasaner! Der große Zar Batu-Khan, der Eroberer des Erdkreises, der Bezwinger aller Völker, ist zu euch gekommen. Schickt würdige Bürger mit Salz und Brot und den Schlüsseln der Stadt zu ihm heraus zum Zeichen gehorsamer Unterwerfung...«
»Da kann er lange warten!« wurde er von einem Rjasaner unterbrochen. »Reitet nur dahin zurück, woher ihr gekommen seid, und vergeßt ja nicht, euren Zaren Batyga mitzunehmen. Aber du Bösewicht, du Verräter und Überläufer, woher stammst du denn? Bist wohl gar ein gebürtiger Rjasaner?«

»Öffnet das Tor und laßt die Gäste ein!« fuhr der Langbärtige fort. »Wenn ihr euch gehorsam unterwerft, soll euch kein Haar gekrümmt werden. Widersetzt ihr euch aber, so wird man euch bis auf den letzten Mann erschlagen, und eure Stadt wird bis auf den letzten Balken der ärmsten Hütte eingeäschert werden.«
»Wieviel hast du denn von deinem Batyga bekommen dafür, daß du dein Heimatland verkaufst, du Judas?«
Steine flogen von den Mauern herab und auch Pfeile schwirrten durch die Luft. Die Tatarenrosse scheuten und galoppierten Hals über Kopf mit ihren Reitern davon.

Die Belagerung Rjasans

Also schrieb Hadschi Rachim:
»... Oh, was für Schreckenszeiten sind angebrochen! Wieviel Not und Elend, wieviel Grausamkeit muß man täglich mit ansehen!
Nach der Schlacht in der Kiptschakensteppe, in der das tapfere und todesmutig kämpfende Rjasaner Heer geschlagen wurde, wollte Batu-Khan nicht länger säumen. Er sandte dem Khan Gujuk den Befehl, als erster gegen Rjasan vorzurücken und die Stadt zu überfallen. Gujuk-Khan, obwohl er selbst schon insgeheim sich mit dem Gedanken getragen hatte, dem Dschichangir zuvorzukommen und seinen Truppen die Freude der Plünderung einer so reichen Stadt zu machen, konnte es dennoch nicht unterlassen, sich vor dem Boten Batu-Khans wichtig zu machen und ihm zu zeigen, daß er durchaus nicht gleich auf den Pfiff zu parieren brauche.
»Meine Truppen sind nach der ruhmreichen Schlacht müde, und ich will ihnen erst eine Atempause gönnen. Danach werde ich weiter vorrücken. Rjasan wird meinem Zugriff nicht entschlupfen«, sagte er. Und in der Tat, sein Tumen war durch den erbitterten Kampf mit den Urussuten ziemlich stark mitgenommen worden. Die Schamanen, die nicht nur Zauberpriester, sondern zugleich auch Heilkundige waren, hatten mit dem Verbinden und der Pflege der Verwundeten genug zu tun.
Batu-Khan beriet sich mit Subudai-Bahadur über die nächsten Unternehmungen. Der grimmige Schneesturm hatte aufgehört, und von den anderen von der Marschroute abgekommenen Heeresabteilungen trafen nach und nach Meldereiter ein. Burundai ließ wissen, daß er auf Pronsk zu marschiere, daß aber die Unwegsamkeit der dichten Wälder seinen Vormarsch stark behindere. »Auf solchen Wegen kommen unsere Fuhrwerke kaum vorwärts und die Poroki überhaupt nicht.«
Subudai ließ ihm im Namen Batus antworten: »Du bist wohl tapfer, aber nicht findig. Laß von den gefangenen Urussuten Schneisen durch die Wälder schlagen, breit genug, daß drei von unseren Fuhren nebeneinander durchkommen. Nimm Pronsk ein und ziehe dann ungesäumt vor Rjasan. Treibe auch sämtliche Gefangene dorthin. Vor Rjasan wird

es ein Treffen aller tatarischen Truppen geben. Wer dem Befehl nicht oder auch verspätet nachkommt, hat den Tod zu gewärtigen.«
Ohne Burundais Antwort abzuwarten, rückten Batu und Subudai mit ihren Tollkühnen und Unbesiegbaren in Eilmärschen nach Norden vor. Die Verwundeten wurden auf nachfolgenden Fuhrwerken transportiert. Batu-Khan hatte erklärt: »Ich selbst werde Rjasan einnehmen!«
Zwei Tage später stand er mit seinen Truppen vor den Toren der Stadt und schickte den Konas Galib mit der Aufforderung zur Übergabe zu den Rjasanern. Aber man bewarf den Überläufer von der Mauer herab mit Steinen, von denen einer ihm eine starke Kopfverletzung zufügte, so daß er schimpfend und sich das Blut vom Gesicht wischend zurückkehrte.
Um den Rjasanern angst zu machen, befahl Batu-Khan, die umliegenden Siedlungen niederzubrennen. In Begleitung des Konas Galib machte er einen Ritt rings um die ganze Stadtmauer und ließ sich über ihre stärksten und schwächsten Punkte unterrichten, wo sie am leichtesten zu brechen oder zu untergraben wäre und so weiter. Aber die Eroberung der Stadt dürfte bei ihrer guten Befestigung durchaus keine leichte Sache sein, zumal die steilen Wälle ganz und gar vereist und unbesteigbar glatt sind.
Mit Peitschenhieben zusammengetriebene Gefangene wurden gezwungen, Sturmleitern zu zimmern. Die Gefangenen, die schon ganz ausgehungert und abgezehrt waren, baten um Essen.
»Unsere Rosse verlangen auch kein Futter«, entgegnete man ihnen. »Ebenso wie sie könnt ihr Pflanzenwurzeln fressen oder Pferdemist!« Widerstrebende wurden durch unbarmherzige Prügel zur Arbeit gezwungen, und manchem von ihnen wurde durch die oben an den Stöcken befestigte Eisenkugel der Schädel zerschmettert. Finster und schweigend bauten die Gefangenen mit Hilfe von Äxten und Beilen, die sie sich in den Hütten zusammengesucht, und aus Balken, die sie aus dem Dachwerk der Häuser ausgebrochen hatten, die Sturmleitern und -treppen. Tags darauf trafen die ersten Rammböcke ein, die man auf Schlittenkufen gestellt und auf Waldschneisen herbeigeschafft hatte. Eine Schleudermaschine und ein Rammbock, und zwar die größten, wurden vor dem Haupttor der Stadt in Stellung gebracht und begannen unter Gepolter ihr Zerstörungswerk. Eine andere Maschine brach, als man sie über den Fluß ans andere Ufer schaffen wollte, durch das Eis und versank im Wasser. Die Gefangenen wurden gezwungen, sie wieder herauszuholen, und viele von ihnen versanken und ertranken dabei... Batu-Khan ist starrsinnig. Furchtbares wird geschehn! Allah bewahre uns!...«

»Hörst du nicht die Hunde bellen?«

Eine silbrige Mondnacht hatte den Peruns Wald in Schlummer versenkt. Tief vom Schnee verweht waren die Hütten, und die unendliche Stille des Winterwaldes wurde höchstens durch ein Knacken im Flechtwerk der Zäune oder im Astwerk der Bäume unterbrochen. Auch die Hunde blieben stumm. Sie hatten sich zusammengerollt und ihre Schnauzen ins zottige Fell gesteckt. Im bläulichen Licht zeichneten sich die schneebedeckten Heuschober als undeutliche Buckel ab, und schwarz ragten die Stämme der kahlen Bäume und vor der Hütte des Dorfältesten eine hohe Stange mit einem Büschel Tannenzweigen am Topp empor... Auf einmal kläffte am äußersten Rande des Weilers ein Köter, dann ging das Gebell in ein feines langgezogenes Gejaule über. Andere Hunde fielen ein, und schließlich jaulte und heulte es an allen Ecken und Enden von Perunow Bor. Irgendwo klappte eine Gartenpforte, ein Pferd wieherte hell.

Die Witwe Opalenicha, deren Hütte am äußersten Ende der Siedlung stand, sprang von ihrer Schlafpritsche auf, schob vorsichtig den Riegel des mit einer Fischblase bespannten Fensters zurück und preßte ihr Auge an den schmalen Spalt. Sie erblickte die dunklen Umrisse eines Mannes, der gerade über den Flechtzaun kletterte und dann zur Tenne hinlief.

»Weschnjanka, steh auf!« rüttelte die Witwe das fest schlafende junge Mädchen wach. »Hörst du nicht die Hunde bellen? Sie sind da, die Heiden! Eben ist einer über unsern Zaun geklettert. Hoffentlich steckt er uns bloß die Hütte nicht in Brand! Wie sollten wir armen Frauen das Feuer allein löschen können?«

Beide Frauen schlüpften in ihre hohen Schuhe, banden ihre Tücher um den Kopf und warfen den Pelz über. Wieder lugten sie durch den Fensterspalt hinaus. Draußen war bis auf die unausgesetzt kläffenden Hunde alles ruhig.

»Tantchen, ich fürchte mich! Was soll bloß aus uns werden?« flüsterte das junge Mädchen. Die resolute Witwe aber schnallte einen Gürtel um, wickelte Brot in ein Tuch und langte unter der Bank eine Axt hervor. »Nimm das Brotmesser und die Holzschüssel... Vergiß auch das Feuerzeug nicht!«

Die Witwe klemmte ihre Fausthandschuhe zwischen die Zähne, öffnete die Tür, und auf ganz leisen Sohlen traten die beiden Frauen hinaus vor die Hütte und achteten sorglich darauf, immer im Schatten zu bleiben. Der Fremdling machte sich am Heu zu schaffen und schlug Funken aus dem Stahl.

Ein Schrei gellte am andern Ende der Siedlung. Aus der Tiefe des schlafenden Waldes klang das Echo wider. Ein zweiter Schrei – ein Schrei voller Schmerz und Entsetzen, der tierische Schrei einer schwer verwundeten Frau.

Im Nu war das Dorf wach. Pforten knarrten, Hufe trappelten über

Bretter, Tritte knirschten im Schnee. Ein verhutzelter alter Mann ohne Pelz und Mütze jagte auf einem ungesattelten Gaul vorbei und rief: »Es brennt! Die Tataren! Rettet euch!«

Eine scharfe Axt in der Hand, schlich sich die Witwe Opalenicha von hinten her zu dem Eindringling hin. Im Mondlicht unterschied sie einen langen, bis zu den Fersen reichenden Pelzrock, weiße Stiefel aus Hundefell, eine häßliche Kappe auf dem Kopf und einen krummen Säbel am Gürtel.

Der Bedrohte sah sich erst um, als die beherzte Witwe die Axt bereits über seinem Kopfe schwang... Ein sicherer Schlag..., und der Mann fiel vornüber mit dem Gesicht in den Schnee, der sich sofort rötete und in dem das Blut eine Rinne bildete.

»Wir wollen uns hintenherum durch die Gemüsegärten davonschleichen. Komm, rasch!« sagte die Opalenicha zu dem jungen Mädchen. »Und halte dich stets im Schatten!«

Aber es war schon zu spät. Über den Zaun kletterten Spießgesellen des Erschlagenen, die die langen Schöße ihrer Pelze aufgerafft und hinten in den Gürtel gesteckt hatten. Beide Frauen fanden eben noch Zeit, in einen Reisighaufen zu kriechen.

An mehreren Stellen fing das Dorf zu brennen an. Mit riesigen Zungen wollte das Feuer den Nachthimmel belecken, schwarze Rauchwolken stiegen auf.

Kläglich brüllten die erschrockenen Kühe, die ins Freie getrieben wurden, die Pferde scheuten und bockten. Von überallher ertönte verzweifeltes Jammergeschrei von Frauen, die nicht wußten, was sie zuerst von ihrer Habe retten, wohin sie fliehen sollten, und die aus den brennenden Hütten ihre weinenden Kinder heraustrugen.

Aus dem Walde erschallte ein neues, nie gehörtes Gebrüll, das immer näher kam:

»Kchu, kchu, kchu, uragsch!«

Wie eine Lawine donnerte eine Schar von Reitern über das Dorf hin und erfüllte es mit einem fürchterlichen Getümmel. Mit ihren Krummsäbeln schlugen sie rücksichtslos auf alles ein, was ihnen in den Weg kam, und mit ihren Arkanen fingen sie die fliehenden Frauen ein.

Von beiden Seiten waren die Tataren in das Dorf eingedrungen und trieben alles vor sich her bis zum freien Platz in der Mitte des Dorfes.

In einer Siedlung außerhalb der Stadt Rjasan

Nach seinem Ritt rings um die Stadtmauer kehrte Batu in die Siedlung am andern Ufer der Oka zurück.

In den von ihren Bewohnern verlassenen Hütten drängten sich die tatarischen Krieger. Sie rannten in den Straßen umher, schleppten Heu herbei, rissen die Strohdächer herunter – alles taugte als Futter für ihre

Pferde. Rauchwölkchen stiegen von manchen Hütten auf. Gefangene Urussutinnen mußten ihren neuen Herrn Fladen und Plinsen backen. Batu-Khan ritt den weißbeinigen Rappen mit dem sternförmigen Fleck auf der Stirn. Durch die zu einem schmalen Spalt zusammengekniffenen Augenlider blickte er wie abwesend über die Menschen hinweg, und auf seinem sonnverbrannten unbewegten Gesicht war weder Sorge noch Freude zu erkennen. Hinter ihm ritten, in Dreierreihen, die ihm ergebenen Khane, eine Schar von Schmarotzern, die zwar den Ehrentitel von Tausendschafts- und Zehntausendschaftsführern trugen, aber in Wirklichkeit keinerlei Befehlsgewalt hatten. Sie waren Batu-Khans Gesellen bei Schmäusen und Gelagen, und ihre Pflicht war es, ihn durch Scherze zu erheitern und ihm abenteuerliche Heldentaten ruhmreicher Recken zu erzählen. War aber einer von ihnen mit dem Dschichangir unter vier Augen, so gab er sich zur Ohrenbläserei her, schwärzte die anderen Khane bei ihm an und trug ihm jeden Tratsch und Klatsch des Lagers zu, denn Batu liebte es, sich auf diese Weise über alles unterrichten zu lassen, was in seiner nächsten Nähe und etwas weiter weg im Lager der anderen Dschingisiden geschah. Und nur zum Zwecke solcher Zwischenträgereien duldete er diese Khane um sich und pflegte ihnen stets sehr aufmerksam mit lauernd zusammengekniffenen Augen zuzuhören.

Batus Baurschi zeigte seinem Herrn eine geräumige Hütte, in der vordem der »Schamane der Urussuten« – wie er sich ausdrückte – gewohnt habe. Gemeint war der Pope.

Aber Batu-Khan, nicht gewillt, darin sein Nachtquartier aufzuschlagen, wehrte ärgerlich und ungnädig mit einer Handbewegung ab. Sein Ratgeber Subudai, der auf seinem Rehbraunen gerade angeritten kam, fragte mit heiserer Stimme den Baurschi:

»Ziemt es sich für den Dschichangir, in der Jurte eines Schamanen zu wohnen? Noch dazu eines urussutischen?« Er wies mit dem Stiel seiner Peitsche auf das von einem goldenen Kreuz gekrönte hohe Spitzdach der Holzkirche. »Was für ein Haus ist das da?«

»Das Haus des urussutischen Gottes«, wurde ihm geantwortet.

»Nun also. Dort, in der Wohnung eines Gottes, ist auch die Wohnung des Dschichangirs«, entschied Subudai-Bahadur streng.

Batu-Khan schielte von der Seite her nach dem Baurschi hin, der die Augen gesenkt hielt, während die Khane der von Subudai-Bahadur getroffenen Entscheidung eifrig zustimmten, dann lenkte er sein Roß zur Kirche hin. Der Baurschi eilte ihm voraus zur Kirchentür, vor der vier mongolische Krieger saßen.

»Kein Zutritt!« sagte einer von ihnen unfreundlich.

Der Baurschi wollte sich gerade in einen Wortstreit mit den vieren einlassen, als der Bahadur, der ihm gefolgt war, fragte:

»Wer hat euch hier als Wache aufgestellt?«

»Gujuk-Khans Hundertschaftsführer Munke-Sal.«

»Dann begebt euch zu diesem Munke-Sal zurück und sagt ihm, er möge

für seinen Khan eine passendere Jurte wählen als diese. Packt euch, aber flink!«
Die vier sahen einander verdutzt an, stießen einen Pfiff durch die Zähne aus und stapften, die Schöße ihrer langen Pelze aufhebend, zu ihren Rossen hin, die sie an der Umzäunung des Kirchhofs festgebunden hatten. Einer von ihnen drehte sich noch einmal um und fragte:
»Wirst du auch für uns eintreten, wenn Gujuk-Khan uns mit seinem beinernen Schaufelchen auf die Backe schlägt?«
»Wer hat dir das eine Ohr abgeschnitten?« fragte Arapscha. »Paß nur auf, daß ich dir nicht auch noch das andre abschneide.«
Zähnefletschend wollte der sich duckende Mongole sein Schwert ziehen, besann sich aber eines andern und schob es böse wieder in die Scheide zurück. Während er sich in den Sattel schwang, rief er frech:
»Auch du wirst eines Tages Gleiches erleben!«, und sprengte davon.
Zornig blickte Arapscha ihm nach.
»Gujuk-Khan sendet wieder Mörder aus!« meinte er dann.
Krieger führten den greisen Kirchendiener herbei, den sie in dem neben der Kirche gelegenen Hüttchen aufgegabelt hatten. Der Greis, der eine Kappe aus Hundefell, Leinenhosen und Leinenhemd und Lindenbastschuhe trug, zitterte, aber nicht vor Angst, sondern vor Kälte. Sein Gesicht war schon ganz blau angelaufen. Mit einem großen Schlüssel schloß er die Kirchentür auf und ließ den Baurschi eintreten, der mit auf dem Bauch gefalteten Händen auf der Schwelle stehenblieb. Batu sprang von seinem Rappen und trat, den Baurschi beiseite schiebend, ebenfalls ein. Die Kirche war noch völlig unversehrt. Durch die schmalen, mit Fischblasen bespannten Fenster drang das Tageslicht nur trübe herein. Am Altar vorn glänzten die vergoldeten Türen des geschnitzten Schreins. Vor den meisten Ikonen flackerten noch die Ölflämmchen und erhellten die mürrischen Gesichter der Heiligen. Batu-Khan schritt durch die Kirche bis zum Allerheiligsten und ging dort um den Altar herum. Er fand im Tabernakel fünf Hostien und befahl dem ihm devot folgenden Baurschi, sie zu kosten – ob sie giftig seien. Der Baurschi biß ein Eckchen von der einen Oblate ab, kaute und sagte dann:
»Awwa! Das Brot schmeckt gut, doch der Himmel bewahre dich und mich vor Unheil!«
Batu ließ in der Mitte der Kirche Decken ausbreiten, auf denen er sich niederließ und im Halbkreis um ihn herum die Khane.
»Der Fußboden ist aus Stein«, sagte Batu-Khan. »Zündet ein Feuer an und bereitet mir Tee!«[1]
Der Baurschi, der recht aufgeregt mit dem Dolmetscher – und dieser mit dem greisen Kirchendiener – geflüstert hatte, sagte:
»Hier darf man kein Feuer anzünden. Das würde den Gott der Urussuten

---

1 Die mongolische Aristokratie kannte schon den Genuß des Tees, den sie im Tauschhandel gegen Felle, Häute und Wolle u. a. m. aus China bezog. (Siehe chinesische Chroniken des XIII. Jh.)

erzürnen, und er würde das ganze Haus in Feuer aufgehen lassen. Der Mann da wird aber den Ofen heizen, und es soll dir schon warm werden.«
Subudai quartierte sich und seine Gehilfen im Hause des urussutischen Schamanen ein. Es bestand aus einem Flur und zwei durch eine Wand getrennte Stuben. Ein großer tönerner Ofen heizte beide Stuben. In der einen wurden vier mongolische Jurtdschi und zwei uigurische Schreiber mohammedanischen Glaubens untergebracht, die zweite nahm Subudai für sich. Als er bei seinen Gehilfen den Rjasaner Fürsten Gleb erblickte, fragte er ihn:
»Was sind Buchweizenplinsen?«
»Das kann man nicht erklären, die muß man kosten. Laß dir eine Baba holen und dir jeden Tag welche von ihr backen, und du wirst deine Freude daran haben.«
»Was ist eine Baba?«
»Draußen im Hof bietet ein Krieger eben zwei zum Kauf an.«
»Wieviel verlangt er dafür?«
»Ich führe sie gleich her.«
Gleb ging hinaus und kehrte mit einem Mongolen zurück, der zwei sich sträubende Frauen ins Zimmer stieß, eine Matrone in einem blauen Sarafan und ein ängstlich sich an die Ältere schmiegendes junges Mädchen, unter dessen Schafpelz, den sie mit dem Leder nach außen trug, ein roter Sarafan hervorschaute.
Die Ältere, die Witwe Opalenicha aus dem Peruns Wald, ließ beim Eintritt ihre Augen in die Ecke wandern, wo die Heiligenbilder zu hängen pflegen, die aber längst heruntergerissen worden waren. So verneigte sie sich, das Kreuz schlagend, vor dem leeren Schrein, verschränkte hierauf ihre Arme unter ihrem stattlichen Busen und heftete ihren Blick auf den einäugigen Bahadur, der neben der Ofenbank auf einer Satteldecke auf dem Fußboden hockte.
»Hier hast du zwei ganz vortreffliche Babas«, sagte Fürst Gleb auf tatarisch. »Die ältere ist eine erfahrene Köchin, die junge ein Gartenblümchen, ein Mohnblümchen.«
Subudai warf einen flüchtigen Blick auf die Frauen.
»Kniet nieder!« gebot der Fürst den beiden Frauen. »Dies ist ein großer und berühmter Khan, von heute ab werdet ihr seine Jassyrki sein.«
»Wozu denn niederknien?« murrte die Matrone. »Die Diele starrt doch von Schmutz, von den Dreckfinken vollgetrampelt.«
»Verneige dich vor deinem Chosjain!«
»Wieso denn mein Chosjain? Mein Seliger ist doch schon bald zehn Jahre tot. Nun, Weschnjanka, komm, machen wir ihm unsre Verbeugung, wenn's durchaus sein muß!«
Subudai sah die beiden Russinnen, die sich vor ihm verbeugten, aus seinem einen Auge starr an. Dann sah er zu dem Fürsten hinüber, der sich auf die Eichenbank gesetzt hatte. Da stand auch der Bahadur auf, nahm seine Satteldecke, breitete sie auf der Bank aus und hockte sich mit untergeschlagenen Beinen darauf nieder.

»Wie heißen sie?«
Gleb übersetzte Subudais Frage und die Antwort der Witwe: »Opalenicha heiß' ich, und das ist Weschnjanka.«
»Deine Tochter?«
»Nein, eine Waise aus der Nachbarschaft. Ich vertrete Mutterstelle an ihr.«
»Wie kommst du zu deinem merkwürdigen Namen?«
»Man hat meinen Mann ins Feuer geworfen.«
»Wer? Die Tataren?«
»Ach wo! Unsre eignen! Nowgoroder Flußräuber. Seither heiße ich eben Opalenicha, und sie heißt Weschnjanka, weil sie im Frühling geboren ist und auch weil sie selber so hold wie der Lenz ist.«
»Schwer sind die urussutischen Namen auszusprechen und noch schwerer zu behalten«, meinte Subudai-Bahadur. »Nun, wie steht's? Wollt ihr für mich arbeiten, oder soll ich andre rufen lassen?«
»Mein ganzes Leben lang habe ich für irgendwen arbeiten müssen... Das ist nun einmal Frauenlos.«
»Sie sollen Buchweizenplinsen backen und Roggenfladen und einen Laib Brot.«
»Wenn Gerstenkorn und Mehl da wäre, ließe sich das schon machen.«
»Wendet euch an den alten Saklab, der wird euch alles beschaffen, was ihr braucht«, mischte sich Fürst Gleb ein. »Er hat sein Russisch noch nicht verlernt.«
Lebhaft wandten sich die beiden Frauen nach Subudais altem Diener um, der bescheiden an der Tür stand.
»Bist du einer von uns? Ein Rjasaner? Ein Jassyr?«
»Vierzig Jahre schmachte ich nun schon in Gefangenschaft. Die Kette ist mir schon ins Fleisch eingewachsen. Auch euch wird es so ergehn. Sitzt einem erst einmal die Schlinge um den Hals, so zieht man den Kopf sein Lebtag nicht wieder heraus.« Der Greis stieß einen schweren Seufzer aus, dann sagte er sachlicher: »Da habt ihr Mehl, und hier ist Kwas...« Bei diesen Worten schob er einen Sack und einen Tonkrug zum Ofen hin, wobei die Kette an seinen Füßen klirrte.
»Ach du meine Güte!« rief die mitleidige Opalenicha, indem sie die Hände zusammenschlug. »So schleppt er nun schon bald ein halbes Jahrhundert das Eisen an den Füßen mit sich herum!« Und kopfschüttelnd drohte sie mit dem Finger dem sie unverwandt betrachtenden Bahadur.
»Wir wollen später weiterreden«, sagte der Greis. »Jetzt will ich Holz herbeitragen.«
»Nun ja, Weschnjanka, Krieg ist Krieg. Wir müssen den Teig anrühren.«
Die Witwe seufzte und wollte, die Schlinge, die ihr noch um den Hals hing, ganz vergessend, auf den Ofen zugehen. Sie wurde jedoch von dem alten Mongolen, der das Ende der Fangleine in den Händen hielt, mit einem so heftigen Ruck zurückgezogen, daß sie nach Luft schnappte.

Sie blieb stehen, den Blick auf Subudai geheftet, der sich an den Mongolen wandte mit der Frage:
»Wo hast du diese Frauen her?«
»Ich gehöre zu einer Hundertschaft, die ausgesandt worden war, die Stadt zu umgehn. Da ritten wir durch einen Wald, dort trafen wir auf diese Leute, hauptsächlich Frauen. Manche hieben wir nieder, andre, wie diese beiden, nahmen wir mit uns.«
»So, so...«
»Ja, diese beiden habe ich selber mir mit dem Arkan eingefangen...«
»So...«
»Ja, und nun will ich sie verkaufen...«
»So...«
»Ja, meine Stiefel sind schon sehr alt und schlecht, haben überall Löcher, und ich friere an die Füße...«
»So...«
»Ja, und bei den Urussuten habe ich keine Lederstiefel gesehn, sie gehn in Bastschuhen aus Lindenrinde.«
»So...«
»Und da will ich nun diese Frauen gegen ein Paar neuer Stiefel eintauschen.«
»So, so... Und da verlangst du wohl von mir, deinem Anführer, daß ich meine Stiefel ausziehe und sie dir gebe? Deinen Vorgesetzten scheust du dich nicht auszuplündern? Weißt du, was ich mit dir dafür gleich machen werde?«
Der alte Mongole machte vor Schreck immer größere Augen und riß den Mund immer weiter auf.
»Das..., das hab' ich..., das hab' ich doch nicht gewollt«, stammelte er. »Nimm diese beiden Frauen als Geschenk von mir an, großer Khan, und der ewige blaue Himmel bewahre dich!«
Damit löste er die Schlingen vom Halse der Frauen und entfernte sich, rückwärts schreitend, aus der Hütte.

»Wir erbarmen uns auch des Viehs«

Subudais rehbrauner Hengst war draußen vor der Hütte an der Freitreppe angebunden, und vor ihm lag ein Heubündel und ein Haufen Stroh. Er wurde jedoch mitten im Fressen gestört, weil Batu-Khan den Bahadur zu sprechen verlangte und Subudai sich seinen Hengst vorführen ließ. Denn obwohl er bloß über die Straße hätte zu gehen brauchen, ist es doch »für einen Khan unschicklich, mit den Sohlen die Erde zu berühren«.
Kaum hatte Subudai seinem Tier die Sporen gegeben, als ihm eine Schar von Kriegern entgegenkam, die sich schreiend neugierig um einen Reiter drängte. Er führte nämlich ein zweites Pferd am Zügel, über dessen Sattel quer ein bewußtloser Mann gebunden war, den man für tot hätte

halten können, denn sein Gesicht war weiß von Frost wie das eines Toten.
Als Subudai dieses toten oder scheintoten Mannes ansichtig wurde, begann er zu brüllen wie ein Wahnsinniger. Er trieb seinen Hengst mit einem Peitschenhieb zwischen die sich drängende und schiebende Menge der Krieger hinein, sprang aus dem Sattel und warf sich auf den Bewußtlosen.
»Urjanch-Kadan!« rief er mit verzweifelter Stimme. »Öffne die Augen! Wach auf! Sieh mich an! Mein Sohn, hörst du mich nicht?« Und er preßte sein Gesicht auf die Kleider des Erfrorenen, umfaßte und betastete dessen unbewegliches Gesicht.
»Es ist sein Sohn«, raunte und summte es in der Menge. »Er muß ihn wohl sehr liebgehabt haben... Und mit Recht, denn obwohl noch jung, war Urjanch sehr tapfer und versprach ein großer Held und Heerführer zu werden.«
»Wohin soll ich ihn bringen?« fragte der Mongole, der das Pferd führte, auf dem der Bewußtlose lag. »Ist's nicht besser, ihn gleich auf dem Scheiterhaufen zu verbrennen, da er doch nicht wieder ins Leben zurückkehrt?«
Subudai riß ihm die Zügel aus der Hand und führte das Roß eigenhändig zur Vortreppe seines Quartiers.
Schluchzend rief er:
»Ach, Urjanch-Kadan, du darfst nicht sterben! Ich werde dir meinen Odem durch die Nase einblasen, mein Herz werde ich mir ausreißen und es in deine Brust einsetzen an Stelle deines erfrorenen. Du aber, der du noch jung und stark bist, du sollst leben, vom Ruhm des siegreichen Helden umglänzt... Verlasse diese Welt, verlasse deinen Vater noch nicht!«
Von dem Lärm und Geschrei angelockt, war die Witwe Opalenicha auf die Freitreppe herausgetreten. Mit zusammengezogenen Brauen blickte sie den schreienden und brüllenden Subudai an, der außer sich zu sein schien. Sie begriff, daß er um seinen Sohn klagte und trauerte.
Schnell lief sie die Stufen hinunter, riß den Feldherrn mit einem Ruck zurück, löste mit geschickter Hand die Stricke, die den Körper Urjanch-Kadans festhielten, hob ihn herunter, lud ihn sich auf den Rücken und stieg behutsam mit ihrer Last die Treppe wieder hinauf. Im Flur legte sie den leblosen Körper des Erfrorenen aufs Stroh. Dann kniete sie nieder, knöpfte ihm die Kleider auf und murmelte dabei vor sich hin:
»Er lebt ja noch, der Arme. Das wäre nicht das erstemal in meinem Leben, daß ich einen Erfrorenen durch Abreiben wieder zum Leben erweckte! Gebt mir einen Lappen, ein Stück Filz und Lampenöl, dazu ein Gefäß mit Schnee! Man darf ihn nicht in die warme Stube schaffen, sonst würde das Fleisch ihm in Fetzen von den Knochen fallen!«
Verblüfft durch das herrische Benehmen der Witwe, hockte sich Subudai reglos neben seinem Sohne nieder und beobachtete, einen Finger

im Munde, was vor sich ging. Auch Fürst Gleb hatte sich zu der Gruppe gesellt.
Die Opalenicha zog dem Bewußtlosen die absatzlosen, mit Filz gefütterten weichen Wildlederstiefel ab und rieb ihm mit flinken Bewegungen die schon ganz weiß gewordenen erstarrten Füße mit Schnee und einem Filzstück. Zwei der umstehenden Mongolen, die ihr zugesehen und begriffen hatten, worauf es ankam, standen ihr bei, und zu dritt rieben sie den ganzen Körper des Erfrorenen mit Schnee ein. Schließlich behandelte die Witwe mit schonender Behutsamkeit Urjanch-Kadans Gesicht.
»Da nimm, meine Tochter«, sagte, während er dabei Subudai ansah, der Priester, der eigentliche Herr des Hauses, »und reib ihn mit Gänsefett ein!« Und er reichte der Opalenicha eine Holzschüssel mit Gänseschmalz. »Und flöße ihm auch etwas Wein ein!«
Lange mühte die Witwe sich um den Bewußtlosen. Endlich öffnete er die Augen, und ein Blick, fern und unklar, glitt über die um sein Lager Versammelten hin, blieb an Subudais Gesicht haften, und Erinnerung und Bewußtsein schien im Hirn des Wiederbelebten aufzudämmern.
»Vater! Höre!...« flüsterte er fast tonlos. »Wilde Wölfe sind sie, diese Urussuten... Man muß sie alle totschlagen!... Denn ergeben werden sie sich nie und nimmer...«
»Was sagst du, mein Sohn? Was ist dir zugestoßen? Wer hat dir Böses angetan? Sprich, ich werde den Übeltäter lebendigen Leibes in tausend Stücke hauen lassen!«
»Sie hatten mich gefangengenommen...«
Urjanch-Kadan verlor abermals das Bewußtsein. Subudai rüttelte ihn, aber die Witwe Opalenicha schob ihn einfach beiseite und sagte streng: »Laß ihn in Ruh! Faß ihn nicht an!«
»Höre, du Urussutin! Rette meinen Sohn!« beschwor Subudai sie. »Erhalte ihn mir! Ich werde dir die Freiheit schenken und dich außerdem reich belohnen, so reich, wie du es dir nicht einmal im Traume vorstellen könntest...«
»Auch ohne Belohnung werde ich das Meine tun. Erbarmen wir uns doch auch des Viehs, wenn es krank ist... Eine Menschenseele hat er ja doch...«
Subudai trat vor das Haus zu seinem Rehbraunen, flüsterte ihm etwas ins Ohr, blies ihm seinen Odem in die Nüstern und wartete, was für ein Zeichen ihm das Tier geben würde.
»Zeig mir an, treuer Kamerad. Was soll man mit diesem Weibe tun? Soll man ihr den Kopf abschlagen oder sie in einen Zobelpelz hüllen? Soll man sie noch weiter mitnehmen oder sie nackt in die grimmige Kälte des Winterwaldes hinausjagen? Welch ein Weib! Nein, kein Weib – ein Bahadur! Wirklich, ihresgleichen hab' ich noch nie gesehn!«
Der Hengst warf den Kopf vor und zurück, als stimme er nickend den Worten seines Herrn zu, dann faßte er ihn mit weichen Lippen am Ärmel.

Unruhige Nächte

Der Feind kennt die Absichten seines Feindes nicht.
(Orientalisches Sprichwort)

Die ganze Nacht brachte Saweli in großer Unruhe zu. Er blickte durch die Schießscharten aufmerksam in die Ferne, lauschte dem Lärm, der in der aufgerührten Stadt herrschte. Nichts mehr von der gewohnten nächtlichen Stille! Tausend Feuer brannten rings um die Mauern der Stadt und auf der Ebene jenseits der Oka, als hätte eine Geisterhand freigebig ringsum glühende Kohlen ausgestreut. Um ihre Feuer die ganze Nacht nähren zu können, rissen die Tataren Hütten- und Scheunenwände und Zäune auseinander. Am Horizont loderten riesige Feuersbrünste, deren purpurner Widerschein auf den niedrigen Wolken zitterte.

Einige der Mitverteidiger Rjasans traten zu Saweli und starrten ebenfalls in die Ferne.

»Da brennt Pronsk.«

»Was du nicht sagst... Es sind doch fast fünfzig Werst bis dorthin...«

»Na, und wenn schon?«

»Tatsächlich, es ist Pronsk!«

»Sieh nur, da haben sie auch Sobolewka in Brand gesteckt...«

»Brüder! Brüder! Da brennen sie ja Uchorskaja nieder!«

»Wo?«

»Dort, hinter dem Wald...«

»Ist das nicht Perewoloki?«

»Nein, das haben sie bis jetzt noch nicht angerührt.«

»Was ist denn aber das dort, Brüder?... Diese verfluchten Unmenschen!«

»Da brennt es auch! Dort drüben, ganz weit weg...«

»Das ist Jarustowo...«

»Wie? Jarustowo...?« stöhnte Saweli auf. »Jarustowo liegt doch ungefähr vierzig Werst hinter Rjasan...«

Und er dachte an die Seinen, denen er geraten hatte, im Notfalle beim Fischer Pachom in Jarustowo Zuflucht zu suchen.

»Weshalb sollten sie denn auch so lange damit warten, bis sie Rjasan genommen haben? Was sind für diese verfluchten Hunde dreißig Werst? Schau nur, wie viele es sind! Ringsherum wimmelt es von ihnen! Sie sengen und plündern...«

In der Richtung von Jarustowo war der Feuerschein besonders grell. Eine helle gelbe Flamme stieg himmelhoch empor und beleckte die Wolken.

»Solche Narren!« meinte ein junger Krieger. »Da haben sie die Heuschober zu ihrem eigenen Schaden angezündet.«

»Nein, du redest unüberlegt. Das werden wohl kaum die Tataren getan haben«, entgegnete Saweli. »Denen ist Heu kostbarer als Getreide. Ihre Pferde würden ihnen ja sonst krepieren... Und wo sollten die Schufte denn hin? Es werden wohl die Unsern gewesen sein. Und sie haben

richtig gehandelt, denn wenn wir alle Heu- und Kornschober niederbrennen, hungern wir die Tataren aus...«
»Ja, ein angenehmes Leben soll ihnen hier nicht blühn, diesen Schurken! Unterwerfen werden wir uns ihnen nicht!«
Die Nacht verlief weiterhin so unruhig. Die Wache schloß die Augen nicht für einen Augenblick.
Am Morgen krähten jenseits des Flusses die Hähne, denen ihre Rjasaner Artgenossen durchdringend antworteten. Die mit Reif bedeckten Krieger auf den Wällen blickten zu dem erlöschenden Feuerschein am Horizont hinüber. Die Lagerfeuer der Tataren aber flimmerten weiter mit Tausenden von Lichtern.
Die Sonne stieg über der blauen Zacke der fernen Wälder auf. Ihre über die Schneefläche gleitenden rosigen Strahlen beschienen die Tataren, die in schwarzen Strömen auf Rjasan zufluteten. Pferde und Menschen zogen Schlitten, auf denen Balken, Stangen und Bretter lagen. Aufgeregt und neugierig drängten sich die Rjasaner auf den Wällen und suchten zu erraten, was ihre Feinde vorhatten. Scharen von Gefangenen wurden von den sie umkreisenden Tataren mit Peitschenhieben herbeigetrieben. Deutlich konnte man von der Mauer aus erkennen, daß viele der tatarischen Reiter sich schon mit russischen Pelzen und Röcken ausstaffiert hatten, während die Gefangenen halb entkleidet und abgerissen, viele nur in Unterhosen und Hemd, waren. Wenn einer hinfiel, wurde er so lange mit der Peitsche geschlagen, bis er sich wieder aufrappelte oder für immer lang ausstreckte.
Die Gefangenen schickten sich jetzt an, um die ganze Stadt herum einen Holzzaun zu errichten, zu dem sie die von den Hütten und Häusern ausgebrochenen Balken und Latten und Bretter zusammenfügten.
»Sieh an. Als ob sie Hammel einzäunten!« sprachen die Männer auf der Mauer untereinander.
»Sie werden uns auch das Fell über die Ohren ziehn wie Hammeln...«
»Erst hübsch abwarten, wer wem... Mögen sie nur hier heraufkommen, die Biester!«
Zum Stadttor kamen einige Reiter geritten, unter ihnen Fürst Gleb, der sich verschwor, niemandem in Rjasan sollte irgendein Schaden an Leib und Leben zugefügt werden, wenn die Stadt den Mongolen ihre Tore öffnete.
»Öffnet die Tore und geht auf das Feld hinaus. Euer Hab und Gut laßt zurück... Ihr werdet frei abziehen dürfen, wohin ihr wollt. Nicht ein Härchen werden die Tataren euch krümmen!«
»Das ist Gleb Wladimirowitsch, der Brudermörder. Seine nächsten Blutsverwandten hat er heimtückisch gemeuchelt... Traut ihm nicht, diesem verfluchten Kain!« raunte es oben auf der Mauer. »Nicht umsonst hat man ihn in den Kirchenbann getan...«
»Deine Brüder hast du gemordet, du Kain, und jetzt verkaufst du deine Heimat, du Judas!« rief man zu ihm hinunter. »Ein Pfahl aus Espenholz gehörte dir in den Rücken!«

Von der Mauer herab schwirrten Pfeile. Ein wohlgezielter Stein traf den verräterischen Fürsten, der sich gezwungen sah, sein Roß hastig zu wenden und davonzujagen.
Bei Tagesanbruch wurde die Wurfmaschine näher dem Stadttor in Stellung gebracht. Gedeckt durch große hölzerne Schutzschilde, begannen die Tataren die Beschießung der Stadt.
In die eiserne Schale am Kopfende des Wurfhebels wurde, nachdem er nach unten gedrückt worden war, ein großer Stein gelegt, dann ließ man den Hebel in seine alte Lage zurückschnellen, und der Stein wurde gegen das Stadttor oder gegen die Stadtmauer geschleudert. Unweit davon hatten sich in den Trümmern eines Hauses tatarische Reiter in den Hinterhalt gelegt in Erwartung eines Ausfalls der Belagerten.
Doch der Wojewode Kofa hatte seinen Leuten strengstens anbefohlen: »Spart eure Kräfte! Schlagt die Ungläubigen zurück! Aber wagt euch nicht zum Tor hinaus. Diese Heiden sinnen nur auf Tücke und Verrat!«

Wessen Gott ist der stärkere?

Den dem Sturmangriff auf Rjasan vorausgehenden Abend verbrachte Batu-Khan in der Kirche, die er zu seinem Quartier gemacht hatte. Die Jurtdschi schrieben die letzten Befehle für die Truppen aus, worin denjenigen die strengsten Strafen angedroht wurden, die sich bei dem bevorstehenden Angriff feige zeigen würden.
Finster und wortkarg saß Subudai-Bahadur neben Batu, und auf Fragen, die man an ihn richtete, nickte er nur bejahend mit dem Kopf oder erhob verneinend den Finger. Endlich sagte er:
»Heute erteilst du, Blendender, den Befehl zum Angriff. Einen abgeschossenen Pfeil kann man nicht mehr zurückholen. Befiehl auch, daß man Tausende von Lehmöfen herstelle, um darin morgen nach errungenem Sieg zu dessen Feier den Festschmaus zu kochen... Diese Nacht aber muß man schlafen und Kräfte für den morgigen Tag sammeln.«
Die umsitzenden Khane stimmten dem Bahadur eifrig zu und sprachen den üblichen Wunsch aus:
»Es fehle uns nicht an Kriegern, die von Blut, und an Schmäusen, die von Fett und Öl triefen.«
Batu-Khan sagte beunruhigt:
»Ich hatte meinen Lehrer, den Mirza Hadschi Rachim, herbefohlen... Wo bleibt er?«
»Er ist draußen vor dem Hause... und läßt fremden Muselmännern seinen Schutz angedeihen...«
»Das ist seine Sache nicht! Ich habe ihn rufen lassen, und er hat hier zu sein.«
»Blendender..., er will nicht kommen...«
Batu-Khan stand rasch auf und verließ die Kirche. Auf dem Vorhof stieß

er auf eine Gruppe kniender Männer in farbigen, wattierten und pelzverbrämten Chalaten, deren Köpfe mit weißen Turbanen umwunden waren. Einige von ihnen ergingen sich in Wehklagen, andere sprachen Gebete. Bei ihnen stand der Hadschi mit erhobenem Arm. In seiner Hand blitzte im hellen Mondlicht eine goldene Paizsa, die er einer Schar mongolischer Krieger entgegenhielt, und jedesmal, wenn die Mongolen Miene machten, mit erhobenen Schwertern auf die Turbanträger einzudringen, hob er die Hand noch höher.

Batu-Khan warf dem neben ihm stehenden Dolmetscher barsch ein paar Worte hin, und die lauernden Mongolen wichen zurück. Sie versuchten zu entfliehen, aber aus dem Dunkel trat eine Abteilung der Unbesiegbaren mit blanken Schwertern hervor und hielt sie zurück.

»Ihr gelben Narren! Ihr herumstreunenden Hunde! Was habt ihr hier an der Schwelle des Hauses eures Dschichangirs zu suchen?« fragte der Dolmetscher mit scharfer Stimme die Mongolen. »Bedauert euer schönes Leben, das nicht stärker als ein dünnes Fädchen ist...«

Die also Angeredeten schrien und brüllten, den Dolmetscher unterbrechend, wild durcheinander:

»Wir haben sie gefangen... Sie sind unsere rechtmäßige Beute... Es sind Händler, und wir wollen sie niederhaun, um uns ihres Goldes und ihres Silbers zu bemächtigen. Sie waren zusammen mit Urussuten... Mit welchem Rechte hindert dieser langbärtige muselmanische Zauberer uns daran, indem er über ihre Häupter schützend die goldene Paizsa des heiligen Kriegers hält? Nun gut, solange er den Arm über sie erhoben hält, werden wir sie nicht anrühren, läßt er ihn aber sinken, werden wir sie niedersäbeln und uns in die Beute teilen...«

Batu-Khan stampfte wütend mit dem Fuße auf.

»Ihr werdet gleich meine Entscheidung hören«, sagte er. »Ihr Muselmänner aber, antwortet mir! Wo ist eure Heimat? Wie lauten eure Namen? An wen habt ihr ein Anliegen? Sprecht schnell!«

Die knienden Kaufleute verneigten sich bis zur Erde. Der Würdigste von ihnen, ein Mann mit einem langen schwarzen Bart, richtete sich auf und sagte:

»Wir sind Kinder verschiedener Länder, doch eines Glaubens Söhne – Anhänger Mohammeds. Wir sind Kaufleute und gekommen, um mit deinem Heere Handel zu treiben. Mit unserem Gold und Silber wollen wir von deinen Kriegern kaufen, was sie zu verkaufen haben, und an sie verkaufen, was sie brauchen: getrocknete Weintrauben, Pistazien, Ingwer, Korn und Brot. So werden wir dem allgemeinen Nutzen dienen.«

Batu-Khan deutete auf den Hadschi.

»Habt ihr diesen Menschen früher schon gekannt?« fragte er.

»Nein, wir sahen ihn zum ersten Male in dem Augenblick, da er seine Hand schützend über uns hielt.«

»Verspracht ihr ihm eine Belohnung dafür?«

»Wir versprachen und versprechen ihm von neuem eine Belohnung für

unsere Errettung. Er aber lehnte sie ab mit den Worten: Derwische hätten keinen Besitz und verachteten das Gold!«
»Ja«, unterbrach ihn der Hadschi, »sie verachten das Gold, ausgenommen dieses goldene Plättchen mit dem Namenszug des Erhabenen.«
Heftig und vehement sprach Batu:
»Hört, ihr Kaufleute! Batu-Khan unterwirft sich alle Länder und Völker, und wer sich ihm nicht unterwirft, der findet den Tod! Geht zu Subudai-Bahadur, er möge untersuchen, wer von euch tatsächlich Kaufmann ist. Bei wem sich das bestätigt, der wird eine Paizsa erhalten, damit er mein Heer begleiten und frei mit meinen Kriegern handeln kann. Wer von euch sich aber als Lügner erweist, dem wird das Genick gebrochen werden, und seinen Leichnam wird man den Hunden zum Fraße vorwerfen, wie man es auch mit denen tut«, dabei wandte sich Batu-Khan an die Mongolen, »die wie jene da Unordnung stiften.«
Die Mongolen warfen sich bäuchlings in den Schnee und begannen zu heulen:
»Verzeih uns, großer Dschichangir!«
»Aus welchem Tumen seid ihr, ihr Herumtreiber, ihr Strolche, die ihr euren Truppenteil eigenmächtig verlassen habt?«
»Aus dem Tumen des Sohnes unseres Kagans, aus Gujuk-Khans Tumen.«
»Dacht' ich mir's doch! Ihr wißt es offenbar nicht nach Gebühr zu schätzen, zu den Truppen des künftigen Kagans zu gehören, und macht Gujuk-Khans Namen Schande. Subudai-Bahadur möge untersuchen, ob ihre Angaben stimmen, dann schneide man ihnen das rechte Ohr ab und schicke sie unter Bewachung in Gujuk-Khans Lager zurück.«
Abermals erhoben die im Schnee Liegenden ein Jammergeschrei und winselten um Gnade. Ohne sie weiter zu beachten, faßte Batu den Hadschi Rachim am Ärmel seines Halbpelzes – ein Geschenk, das er selber seinem Lehrer gemacht hatte – und führte ihn mit sich in die Kirche, wo er sich beim weit offenen Eingang zum Allerheiligsten auf dort ausgebreitete Teppiche und Felle niederließ und auch den Hadschi zum Sitzen nötigte, um sich mit ihm in ein Gespräch zu vertiefen.
Der russische Pope ging, die Hand an dem auf seiner Brust hängenden silbernen Kreuz, auf leisen Sohlen durch die Kirche und befestigte, sich jedesmal bekreuzigend, neue Wachskerzen vor den Heiligenbildern. Dies tat er auf ausdrücklichen Befehl des Dschichangirs, der ihm durch den Dolmetscher hatte erklären lassen: »Ich will jedem Gott der Urussuten die ihm gebührende Achtung erweisen. Ich will nicht, daß irgendeiner der urussutischen Götter mir zürnt und mir schadet.«
Verstohlen schaute der Pope zu Batu-Khan hin, der bisher schweigend dem Hadschi gelauscht hatte und zu dem der Derwisch jetzt sagte:
»Ich flehe dich abermals an: Laß mich fort von hier! Ich will nicht in diesem Meer von Blut ertrinken! Warum vernichtest du so viele Völker, die doch alle friedlich und frei leben wollen?«
»Mögen sie sich ihre Freiheit mit dem Schwert bewahren! Wir Mongolen

sind das stärkste Volk, uns muß sich der ganze Erdkreis unterwerfen.«
»Wozu brauchst du mich dabei? Laß mich fort!«
»Nein, ich lasse dich nicht. Ich höre von allen nur Schmeicheleien, nur drei Menschen sagen mir die Wahrheit: Subudai-Bahadur, Juldus-Hatun und du... Mein Wunsch aber ist es, solche Menschen um mich zu haben, die mir die Wahrheit zu sagen wagen, natürlich nur unter vier Augen. In Gegenwart anderer möchte ich dir das nicht empfehlen, und wenn du dich dennoch erdreisten solltest, es zu tun, so würde ich dir das Rückgrat brechen lassen...«
»Wer die Wahrheit sagt, stirbt nicht an einer Krankheit, heißt es...«
Batu wandte sich zum Popen um.
»Was duftet denn hier so?«
»Ich habe Weihrauch vor den Heiligenbildern entzündet...«
»Was ist das, ›Weihrauch‹? Zeig her!«
Der Pope streute Weihrauch auf die glimmenden Holzkohlen des Räucherfäßchens und schwenkte es vor einem der Heiligenbilder, daß der Rauch in duftenden Wölkchen aufstieg.
Batu-Khan sagte, behaglich schnuppernd und schnaufend:
»Dse, dse! Das riecht gut! Schwenke das Faß dichter vor meiner Nase!«
Der Pope bekreuzigte sich erschrocken und murmelte:
»Herr, vergib mir gnädigst meine Sünde!...«
Dann schwenkte er sein Weihrauchfaß unmittelbar vor der Nase des Mongolenherrschers.
»Wessen Götter sind die stärkeren? Die urussutischen oder die mongolischen?« fragte Batu den Popen.
»Es gibt nur einen Gott!«
»Das ist nicht wahr. Bei euch selber hängen doch eine ganze Menge an der Wand. Es gibt sehr viele Götter, gute wie böse. Der mächtigste unter ihnen aber ist Sulde, unser Kriegsgott. Er wird uns den Sieg schenken, und alle werden sich unserm Schwert unterwerfen, und die Mongolen werden den ganzen Erdkreis beherrschen!...«

Die letzten Tage von Rjasan

> ...Zugrunde gegangen waren Stadt und Land Rjasan,
> ihre Macht und Stärke war vernichtet, und nichts war
> zu sehen als Rauch und Asche und Erde...
> (Mär von der Ankunft des Khans Baty, XIII. Jh.)

Am frühen Morgen rückten die Tataren, die Leitern hinter sich herzogen, ganz dicht an die Mauern Rjasans heran. Es waren Leitern von verschiedener Form und Größe, die meisten in aller Hast und Eile aus Brettern oder Balken oder Stämmen gezimmert, darunter auch ganz einfache – Balken oder Stämme, in die man Kerben gemacht hatte. Vor den Mauern ertönte das wilde Geschrei der Tataren, das Jammern geprügelter Gefangener, das Klopfen der Äxte und das Winseln der

Pfeifen, mit denen sich die Tataren vor einem Sturmangriff aufzumuntern pflegten. Von allen Seiten gleichzeitig wurden die Leitern an die Mauern gelehnt. Als erste mußten russische Gefangene hinauf, die mit Lanzenstichen und Schlägen angetrieben wurden. Halbnackt, blau und zitternd vor Kälte und auch vor Angst, klommen sie empor zu den Mauerzinnen und flehten die Verteidiger Rjasans kläglich an, ihr Leben zu schonen.

»Verschont uns, Brüder! Laßt uns über die Palisade hinüber zu euch, und mit euch zusammen werden wir uns gegen die Tataren wenden... Nicht freiwillig kommen wir ja, sondern gezwungen, man sticht und schlägt uns von hinten...«

Von oben aber antwortete man ihnen:

»Nichts da! Kehrt um, ihr Feiglinge, ihr Hasenfüße! Entreißt den Tataren doch die Schwerter und haut auf sie ein! Zerbrecht die Leitern!«

Einige der Gefangenen, die nicht gegen ihre eigenen Brüder kämpfen wollten, stürzten sich von der Leiter hinab, rollten über die mit glatter Eisschicht bedeckten Hänge und wurden unten von den Tataren zusammengehauen.

Saweli, mit einer langstieligen Axt ausgerüstet, wartete oben, bereit, jeden niederzuschlagen, der die Leiter heraufgestiegen kam. Drei Leitern wurden vor ihm angelehnt, und auf jeder kletterten Männer zu ihm herauf. Waren es Russen oder Tataren? Brüder oder Feinde?

Halbnackt, in spärlichen Lumpen, kletterten sie mit dem Todesmut der Verzweiflung und des Entsetzens und schrien dabei gellend.

»Wer bist du? Einer von uns oder nicht? Bekreuzige dich!« rief Saweli dem ersten zu, der aber nicht antwortete, sondern bloß wild schreiend seinen Knüppel schwang, um Saweli damit einen Schlag zu versetzen. Doch der Knüppel flog ihm aus der Hand, und er selber stürzte kopfüber hinab.

Der nächste rief:

»Dikoroß! Gevatter! Schlag nicht zu, um Gottes willen, ich bin Waula, und hinter mir kommt Swjaga!«

Sawelis Axt blieb in der Luft hängen, bis seine beiden Nachbarn aus dem Perunswald sich über die Palisade aus Eichenpfählen hatten rollen lassen, und sauste dann auf den Schädel eines jungen Tataren nieder, der hinter den beiden Bauern flink hatte sich über die Palisade schwingen wollen. Mit gespaltenem Schädel stürzte er in die Tiefe. Wütend schlug Saweli jetzt zu, aber die Wut machte ihn nicht blind, und keiner seiner Schläge, die so kräftig waren, als wollte er im heimischen Walde jahrhundertealte Tannen fällen, verfehlte sein Ziel.

Swjaga und Waula hatten sich neben ihm aufgestellt und stießen mit Stangen alle hinunter, die herauf wollten. Ebenso verzweifelten Widerstand wie die drei Perunswalder leisteten die Verteidiger der Stadt überall auf den Mauern und schlugen den ersten Angriff ab, unterstützt dabei von ihren Frauen, die große Eimer, randvoll mit siedendem Wasser gefüllt, auf die Stürmenden entleerten und Stein- und Eisblöcke

auf sie hinabwälzten. Gegen Mittag war der Sturm abgeschlagen, und die Tataren zogen sich zunächst zurück. Unten am Fuße der Mauer krochen mühsam und vor Schmerzen schreiend die Verwundeten und Verbrühten. Tataren gingen zwischen ihnen herum und schafften ihre eigenen Leute fort; jeden Russen aber schlugen sie tot.
Im Laufe der nächsten hundert Stunden wurden die Angriffe bei Tag und Nacht wiederholt. Aber die Rjasaner standen ihren Mann und wichen und wankten nicht, obwohl sich ihre Reihen bedenklich lichteten. Frauen nahmen die Plätze der Männer ein, die von Pfeilen oder von Steingeschossen aus der Schleuder getroffen worden waren. Aber während die Verteidiger keinen Ersatz für die ausfallenden Kämpfer hatten, führten die Mongolen immer neue frische Truppen in den Kampf.
Saweli, Swjaga und Waula standen einander bei und lösten einander ab. Auch während der kurzen Kampfpausen verließen sie ihren Posten nicht, sondern legten sich gleich auf der Mauer oder in der Erdhütte hin und schliefen, den Arm unter den Kopf geschoben, augenblicklich vor Erschöpfung ein.
Neben der Steinschleudermaschine traten auch zwei Rammböcke am Stadttor in Aktion – große Balken mit Eisenköpfen, die an festen Gestellen hingen und, von Gefangenen und den hinter ihren runden Lederschilden sich bergenden Mongolen in Schwung gebracht, mit furchtbarer Kraft dröhnend gegen die Torflügel schlugen, daß die Eichenbohlen barsten. Von den Mauern wurde kochendes Wasser und siedendes Pech auf die Bedienungsmannschaften der Kriegsmaschinen herabgeschüttet, und ein Steinhagel prasselte auf sie herab. Aber die Rammböcke donnerten unentwegt gegen das Tor, bis es zertrümmert war.
Mit Triumphgeschrei wollten die Tataren eindringen, stießen aber gegen eine Steinmauer, die in den letzten Tagen von den Frauen, denen die Kinder bei der Arbeit geholfen hatten, unmittelbar hinter dem Holztor errichtet worden war.
Aber die Tataren ließen sich dadurch nicht beirren. Sie vermehrten die Zahl der Sturmleitern und schickten ihre tollkühnsten Krieger hinauf, um den beharrlichen Widerstand der Rjasaner zu brechen. Den Verteidigern dämmerte allmählich die Einsicht, daß das Ende ihrer Stadt nahe war.
Am fünften Tage der Belagerung, am 20. Dezember, begab sich die Witwe des Fürsten Juri Ingwarewitsch, die Fürstin Agrippina, in Begleitung ihrer jungen Schwiegertöchter und aller Bojarinnen in die Kathedrale, wo sich schon viele Rjasaner Frauen versammelt hatten, um dort, im Gotteshause, den unvermeidlichen, nahe bevorstehenden Untergang zu erwarten. Der Bischof und die Priester sprachen Gebete und sangen fromme Hymnen. Sie stellten allen, die den Märtyrertod erleiden würden, die ewige himmlische Seligkeit in Aussicht. Der alte blinde Glöckner läutete unermüdlich die große Sturmglocke, als wollte

er durch das Geläut kundtun, daß der Kampf fortdauere, daß keiner daran denke, sich zu ergeben, daß vielmehr alle russischen Menschen bereit seien, für das teure Heimatland, das Land ihrer Väter und Vorväter, Blut und Leben zu lassen.

Am sechsten Tage der Belagerung, am 21. Dezember, legten die Tataren wiederum die Sturmleitern an und erklommen sie mit brennenden Fackeln in der Hand. Während die Schützen von unten einen Pfeilhagel zu den Verteidigern hinaufschickten, dem viele zum Opfer fielen, brachen sich die Stürmenden, dank einer unvorstellbaren Übermacht, endlich Bahn durch die Palisaden. Ein wildes Freudengeheul ertönte an allen Ecken und Enden der Stadt. Schon liefen die ersten der Tataren durch die Straßen und Gassen, drangen in die Häuser ein und metzelten erbarmungslos alle Bewohner nieder, auch Greise und Kinder. Dann zertrümmerten sie das Portal der Kathedrale und drangen ins Innere des Gotteshauses ein. Unter den Frauen und Priestern richteten sie ein grauenhaftes Blutbad an, dann steckten sie die Kirche in Brand. Kleine Kinder warfen sie vor den Augen ihrer Mütter ins Feuer, schändeten die Frauen und schlitzten ihnen dann die Bäuche auf. Am Abend war kein Einwohner Rjasans mehr am Leben. Ein Zeitgenosse schreibt: »... Niemand war da, um zu klagen und zu jammern und sich wegen der Umgekommenen zu grämen: weder Eltern um ihre Kinder noch Kinder um ihre Eltern, auch nicht Geschwister um ihre Geschwister – alle waren sie tot, lagen starr und stumm da...«

Als Saweli an diesem Tage von der Mauer aus hinabblickte, entsetzte er sich: Nicht weniger als acht Leitern lehnten vor ihm an der Mauer, und auf jeder stiegen ganze Scharen von Feinden zu ihm empor. Saweli stieß viele der Heraufgekommenen wieder hinab, aber rechts und links von ihm kletterten andere auf die Mauer und über die Palisade. Und seltsam, sie rührten ihn nicht an; sie hatten anderes zu tun, sie eilten, bemüht, einander zu überholen und sich gegenseitig die besten Beutestücke streitig zu machen, zum Detinez, dem fürstlichen Palais. Saweli wurde mit fortgerissen von einer Woge fliehender Rjasaner, die zu einem über den Fluß überhängenden Mauervorsprung hindrängten, wo sie über den vereisten Hang hinunterrutschten ins Wasser, denn eben an dieser Stelle war die Eisdecke geborsten. Wer noch Kraft genug hatte, schwamm durch das eiskalte Wasser hinüber ans andere Ufer und floh dann über das Feld hin zum Wald.

Die Tataren, die nichts anderes als Plündern und Beutemachen im Kopfe hatten, kümmerten sich um die Fliehenden nicht. ›Ohnehin werden sie ja nicht weit kommen. Entgehen werden sie uns sowieso nicht‹, mochten sie wohl denken.

Unter den wenigen, die sich auf diese Weise retteten, war Saweli. In nassen Kleidern, die Axt im Gürtel, blieb er drüben auf dem Felde noch einmal für einen Moment stehen, um sich zum letzten Male nach der Stadt umzublicken, die in einem Wirbel von Flammen und Rauch aufging, aus dem zeitweilig die Glockentürme der Kirchen herausragten.

Deutlich war das höllische Triumphgeheul der Sieger zu hören, in das hinein das gleichmäßige Sturmgeläut der großen Kathedralglocke dröhnte, die der blinde Glöckner noch immer in Bewegung setzte. Und nicht eher hörte der eherne Mund auf, das russische Volk zur Verteidigung seiner Heimat aufzurufen, als bis der Greis, unter dem Dolchstoß eines wütenden Tataren verendend, seinen letzten Atemzug tat.

Abschied von den Gefallenen

Die Stadt war zerstört, der Brand erloschen. Über Nacht hatte Schnee die verkohlten Trümmer mit einer Decke überzogen, unter der Rjasan lag wie eine verstümmelte Leiche unter einem silberschimmernden Leichentuch.

Batu-Khan wünschte einen Ritt durch die eroberte Stadt zu machen. Die Unbesiegbaren wurden durch Meldereiter beordert, sich am folgenden Tage bei Sonnenaufgang vor dem Tore von Rjasan längs der Oka aufzustellen.

Zehn Hundertschaften hatten sich in zehn Reihen aufgestellt. Vor jeder halben Hundertschaft hielt ein Führer mit einem Speer in der Hand, an dessen Spitze ein farbiger Tuchfetzen hing; vor jeder Hundertschaft hielt ein Dschagun (das ist ein Hundertschaftsführer), und hinter ihm, zur Reglosigkeit erstarrt, standen der Trommler oder Pauker mit zwei mit Leder bespannten Kesseln, der Trompeter oder Hornist, der sein Blasinstrument über die Schulter gehängt trug, und der Gongschläger, dessen Aufgabe es war, durch Schläge in bestimmter rhythmischer Folge auf ein rundes Messinggong Signale fur eiliges Sammeln und für den Rückzug zu geben.

Auch die mongolischen Heerscharen hatten sich merklich gelichtet, in vielen Zehnerreihen fehlte ein Reiter, in manchen sogar drei. Und man sah nicht wenig Verwundete mit Verbänden.

Längs des Flusses am Fuße der zerstörten Mauer und auf dem Wege lagen ausgeplünderte Leichen, fast alle in den ungewöhnlichsten Stellungen, und der Schnee verhüllte barmherzig ihre Nacktheit. Hier und da ragten in die Luft gereckte Gliedmaßen aus dem Schnee hervor, und auf ihnen saßen kreischende Dohlen und Raben.

Die Rosse waren schon ungeduldig geworden vom langen Stehen und stampften und rissen an den Zügeln. Da ertönte in der Ferne ein Hornsignal, andere Hörner nahmen es auf, und so kam es näher und näher. Der Dschagun der ersten Hundertschaft kommandierte:

»Achtung und Gehorsam!«, und »Achtung und Gehorsam!« wiederholten die übrigen Führer der Hundert- und Zehnerschaften. Die Reiter richteten sich gerader im Sattel auf, faßten die Zügel fester. Es herrschte gespannteste Erwartung.

Von der Vorortskirche her kam eine Gruppe von Reitern angaloppiert. Voraus ritten drei, von denen der mittlere ein fünfeckiges weißes Banner

mit neun Bändern oder Schwänzen trug. Mit Goldfäden war darauf ein Gierfalke eingestickt, der einen Raben in den Fängen hält. Unter der goldenen Lanzenspitze hing der rote Schweif von Dschingis-Khans Hengst. Hinter den dreien kam ein einzelner Reiter, auf dessen Speer der Kopf des Wojewoden von Rjasan steckte. Wadim Danilytschs Gesicht, dessen Augen geschlossen waren, hatte einen strengen, aber ruhigen Ausdruck. Der Wind spielte mit dem weißen Bart- und Haupthaar, dessen Locken flatterten. Weiter führten zwei Schnelläufer, ganz in Weiß gekleidet, auch ihre Wildlederstiefel und hohen Schamanenkappen waren weiß, einen Schimmelhengst von makelloser Reine und blendender Schönheit mit feurigen schwarzen Augen am Zaum. Er bog den Hals stolz, setzte seine schwarzen Hufe wie tänzelnd in den Schnee. Eine Decke von himbeerfarbenem Samt mit prächtiger, in der Morgensonne glitzernder Goldstickerei lag auf seinem Rücken. Voll Ehrerbietung blickten alle auf das weiße Roß, denn sie glaubten, daß auf ihm unsichtbar der Kriegsgott Sulde ritte.
»Batu-Khan ist unberechenbar«, ging ein Raunen durch die Reihen. »Heute weiht er den Hengst dem Gott Sulde, aber wenn es ihm einfällt, reitet er ihn morgen selber. Heute reitet er den weißbeinigen Rappen des Urussutenfürsten, morgen vielleicht besteigt er einen Braunbären...«
Ja, Batu ritt den gold- und silbergezäumten Rapphengst mit den bis zu den Knien weißen Beinen und dem sternförmigen weißen Fleck auf der Stirn, das Geschenk des Fürsten Juri von Rjasan, dessen Hauptstadt er, Batu, hatte in Schutt und Asche legen lassen. Zu einem silberschimmernden Ringpanzer, der in der Sonne schillerte und gleißte, trug der Dschichangir einen Goldhelm mit einem Busch langer weißer Federn. Im Gefolge des Dschichangirs waren mehrere Khane, deren prächtig geschmückte Pferde einen seltsamen Kontrast zu dem rehbraunen Hengst des unter ihnen reitenden Subudai bildeten, denn dessen schlichtes Sattelzeug war aus ganz gewöhnlichem Leder.
Batu-Khan ritt die Front seiner Tausendschaft ab. Die Mongolen und Tataren schrien »Uragsch!«, und die Kiptschaken stimmten mit ihrem »Jaschasyn!« in das Geschrei ein.
Eine Hundertschaft sonderte sich von der Tausendschaft ab und folgte dem Dschichangir und seiner Kavalkade über den Fluß, wo in den Löchern zwischen den Eisschollen ebenfalls Leichen lagen.
Das Stadttor war schon wieder passierbar gemacht. Unter Aufsicht von Mongolen mit geschulterten blanken Säbeln hatten Gefangene den Schutt und die steinerne Schutzwand wegräumen müssen.
Innerhalb der teilweise zerstörten Mauer war alles zerstört. Hier und da qualmten noch Balken; es roch nach versengtem Fleisch. Schmutzige Wasserbächlein aus geschmolzenem Schnee rannen von den rauchenden Brandstätten herab.
Batu-Khan ritt die steinerne Erhöhung vor der zerstörten Kathedrale hinauf. Die Wetscheglocke, die ehedem das Rjasaner Volk zur Ver-

sammlung gerufen hatte, war von dem zerstörten Gebälk herabgestürzt und lag noch unversehrt, aber rauchgeschwärzt auf der Erde.
Ein düsterer Anblick bot sich dem Auge des Mongolenherrschers. In der Mitte des Platzes war aus Balken, Türen, Fensterrahmen, Wagen, Schlitten, Rädern und Deichseln ein riesiger Holzstoß aufgeschichtet, und darauf lagen in regelmäßigen Reihen dicht nebeneinander die Leichen der bei der Einnahme der Stadt gefallenen Mongolen, Tataren und Kiptschaken. Wie viele es waren? Wer würde das erfahren? Niemand zählte sie und ermittelte, woher sie stammten... Wer könnte sagen, was aus den Jurten werden würde, wo die Zurückgebliebenen nach Westen ausschauten nach dem Vater, dem Sohn, dem Bruder, der versprochen hatte, mit Pferden und Kamelen voll reicher Beute heimzukehren...
Schweigend, mit furchtbaren Wunden bedeckt, lagen sie dicht nebeneinander auf dem Rücken, und aus ihren starren, von Todesqual verzerrten Gesichtern stierten glanzlose glasige Augen hinauf zum kalten fremden Himmel.
Scheu verstummten die lauten Gefährten des Dschichangirs bei diesem Anblick. Männer, die kürzlich noch ihre Kameraden gewesen waren, lagen jetzt stumm und steif da, und ihre Seelen waren eingegangen in jene unbekannte Welt über den Wolken, wo sie sich als gespenstische Schatten zu den Heerscharen des heiligen Kriegers versammelten... So lehrten es die Schamanen.
Den toten Mongolen und Tataren hatte man ihre Kleider gelassen. Niemand würde sich des Frevels erdreistet haben, einem toten Kameraden seinen Tschapan oder die ärmellose Jacke zu stehlen. Vielen der Toten standen Kupfer- und Holzschalen mit Korn oder Fleischstücken als Wegzehrung für den Marsch ins Jenseits auf der Brust. Hervorragende Bahadure gingen mit blankem Krummschwert, das man ihnen an der Hand festgebunden hatte, ins Totenreich ein.
In der eingetretenen Stille, einer wirklichen Totenstille, vernahm man plötzlich ein langgezogenes klägliches Stöhnen und Jammern, das sich mehrmals wiederholte. Deutlich waren die Worte »Wie schwer... Wasser!...« zu verstehen.
Unruhe erfaßte die Mongolen. Den heiligen Scheiterhaufen darf man nicht noch einmal auseinanderreißen.
Batu-Khans Gesicht blieb unbeweglich.
»Macht schneller!« stieß er zwischen den Zähnen hervor.
Einer der Khane aus seiner nächsten Umgebung sprach in singendem Tonfall:
»Glücklich, wer zusammen mit den Bahaduren im Rauch des heiligen Scheiterhaufens hinaufsteigt zu den Wolken, hinter denen der diamantene Palast des großen und schrecklichen Gottes Sulde steht!«
Trommelwirbel, Hörnerklang. Dreißig weißgekleidete Schamanen mit Bärenfellen über den Schultern umwandelten, ein durchdringendes Klagegeheul dabei ausstoßend, den riesigen Scheiterhaufen im Tänzel-

schritt zum Gerassel ihrer Schellentrommeln. Mongolische Krieger, die unter den zu Bestattenden nahe Angehörige hatten, stiegen von ihren Rossen und schlossen sich dem Zuge der Schamanen an, wobei sie in der rechten Hand ein besticktes Seidentuch hochhielten.
Die chinesischen Meister entzündeten mit leicht brennbaren Flüssigkeiten getränktes Werg und setzten damit an allen acht Seiten den Scheiterhaufen in Brand. Schwarze Rauchschwaden stiegen auf, Flammen loderten empor und fraßen sich schnell durch die trockenen Bretter und Balken hindurch, erfaßten die Leichen und erhoben ihre gelben Zungen zum Himmel.
Immer stärker wurde die Hitze. Die dem Scheiterhaufen zunächst Stehenden wichen allmählich Schritt für Schritt zurück, aber entfernen durfte sich niemand, solange der Dschichangir unbeweglich dastand und schweigend von seinen toten Kriegern Abschied nahm, von denen er offenbar einen Abschiedsgruß erwartete.
Die öldurchtränkte Kleidung der Gefallenen ging in gelben Flammen auf. In der Hitze begann die Starre des Todes sich zu lösen, und in die entseelten Körper kam noch einmal Bewegung: Sie krümmten sich, regten die Glieder, ja, einer, ein Hundertschaftsführer, richtete sich auf und wendete, gleichsam von seinen rundherum stehenden Kameraden Abschied nehmend, den Kopf im Kreise.
Ihre Augen gegen das grelle Licht der Flammen mit den Händen schirmend, stierten die Krieger in die zum Himmel steigenden, von Purpurstreifen durchzüngelten, blaugrauen Rauchschwaden, in denen sie auf kurzbeinigen Mongolenpferden dahingaloppierende Reiter zu erblicken wähnten, die sich zusammen mit den sprühenden Funkengarben emporschwangen zu der Welt jenseits der Wolken, um einzugehen in das Reich des heiligen Regenten Dschingis-Khan...
Die Hitze wurde schier unerträglich. Ein heißer Wind fauchte über den Platz hin und wirbelte glühende und brennende Teile hoch empor, daß ein dichter Funkenregen niederging.
Sein Gesicht mit dem Ärmel verdeckend, rief Batu-Khan:
»Bai-aralla, ba-atr dsoriggei!«, das heißt: »Dank euch, ihr heldenmütigen Recken!«
Er versetzte seinem Rapphengst einen Peitschenhieb und sprengte davon, hinunter zum Fluß. Hinter ihm her jagten, in ungeordnetes Durcheinander geratend, die mongolischen Krieger und riefen, mit ihren Waffen klirrend, ihren toten Kameraden ebenfalls den Abschiedsgruß nach:
»Baijartai, baijartai!« – »Auf Wiedersehn! Auf Wiedersehn!«
Der von dem brennenden Scheiterhaufen aufgewirbelte Funkenflug setzte Rjasan zum zweiten Male in Brand, der tagelang wütete und weithin zu sehen war, und ein erstickender, Übelkeit erregender Gestank von versengtem Fleisch hing in der Luft.
Drei Tage lang machte das mongolische Heer Rast. Das von überallher zusammengetriebene Vieh wurde geschlachtet, die Khane aßen ge-

kochtes Füllenfleisch und tranken Wein aus den Kellern des Fürsten von Rjasan dazu; die einfachen Krieger begnügten sich mit Tee, den man mit Mehl und Rindertalg eingedickt hatte, und unterhielten sich flüsternd miteinander:

»Wenn bei der Einnahme einer jeden urussutischen Stadt so viele von den Unsern ins Gras beißen müssen, werden wohl nur wenige Bahadure in die Heimat zurückkehren... Tschui! Denken wir nicht an den morgigen Tag und an das, was er bringen mag, sondern genießen wir den heutigen! Laßt uns vergnügt und lustig sein, in vollen Zügen trinken und uns den Bauch vollschlagen!...«

Sechster Teil

Schwarze Wolken über russischem Land

»... Böse Kunde kam, worüber alle in arge Bestürzung gerieten...«
(Alte Chronik)

»Es knarrt«

In einer langen Winternacht stand ein einsamer Posten Wache auf der steinernen Mauer der Stadt Wladimir im Lande Susdal. Über dem Halbpelz aus Schaffell trug er einen braunen Bauernkittel. Mit den Füßen aufstampfend und sie gegeneinanderschlagend, ging er zwischen zwei Schießscharten hin und her, und seine Lindenbastschuhe verursachten ein knarrendes Geräusch auf dem knirschenden Schnee. Über die Ohren hatte er die Klappen seiner Hundefellmütze gezogen. Sein struppiger Bart schimmerte silbrig vom Reif. Er ließ seine Augen nach allen Seiten wandern und spähte scharf in die Ferne, zu den verschneiten Wäldern hin, die im bläulichen Schein des abnehmenden Mondes schlummerten.

Schibalka – so hieß der Mann – hielt, wie man es ihm eingeschärft hatte, den südwärts nach Rjasan führenden Weg unter ständiger und genauer Beobachtung. Dort, hatte man ihm gesagt, fanden Kämpfe statt... Welche Nachrichten wohl von dorther kommen würden? Ob es den Rjasanern gelang, die aus dem Wilden Felde hereingebrochenen wilden Tatarenhorden zurückzuschlagen? Oder hatten die Feinde gar die Stadt umgangen und zogen jetzt über Susdaler Gebiet direkt gegen Wladimir?

Schibalka ist schon ein alter Mann, doch noch immer hält seine harte schwielige Hand den Speer fest – nicht weniger fest als in jüngeren Jahren. Und wie damals, so ist er auch heute bereit, in den Kampf zu ziehn, wenn der Heimat Gefahr droht. Und dennoch beschleichen ihn schwarze Gedanken, die sein Gemüt umdüstern wie graue Wolken den Himmel.

Friedlich schläft die Stadt. Kein Geräusch, kein Rascheln in der unbeweglichen Frostluft...

Doch da! Waren das nicht leise Stimmen, fein wie Kinderstimmen, die von unten heraufklangen? Schibalka lauschte. Ja, es waren Stimmen, und sie näherten sich. Drei Schatten tauchten auf und glitten an der Mauer hin. Drei Knaben, in Pelze eingemummt, eng aneinandergeschmiegt, trippelten da heran.

»Wer da? Antwort oder ich schlag zu!« rief Schibalka mit heiserer Stimme und stampfte den Schaft seines Spießes hart auf den Boden auf.

»Großväterchen Schibalka! Nicht böse sein! Ich bin's ja bloß – Bulatko!« erwiderte einer der Knaben. »Und die Nachbarskinder sind auch mit – Pospelka und Nesamaka!«
»Daß du's bist, sehe ich, du kleiner Teufel! Weshalb schlaft ihr nicht? Warum treibt ihr euch zu nachtschlafender Zeit auf den Mauern herum? Wenn der Fürst davon erfährt, wird er mit Recht zornig werden.«
»Wir sind ja bloß gekommen, um nachzusehn, was da so knarrt, Großväterchen...«
»Was knarrt? Wo? Wieso?«
»Der Nesamaka sagt, daß die Erde stöhne. Ich aber denke mir, ob es nicht am Ende die Tataren sind, die sich anschleichen... Wenn die Tataren kommen, wollen auch wir mit ihnen kämpfen. Schließlich sind wir ja keine kleinen Kinder mehr... Da sind wir nun hergekommen, um zu erfahren, was das für ein Knarren ist...«
»Ei, sieh mal an, was ihr euch da ausgedacht habt! Was für ein Knarren soll denn das sein?« meinte Schibalka.
»Nimm du nur deine Kappe ab, dann wirst du's schon hören... So freilich nicht!«
Schibalka nahm seine Fellmütze ab und lauschte.
Durch die Stille der mondhellen blauen Nacht hörte man deutlich ein fernes und unaufhörliches Geknarr und dazu Geräusche, die wie gedämpftes Sprechen und leises Weinen klangen.
Schibalka lauschte und spähte unverwandt in die Ferne, um zu ergründen, welche Ursache diese Geräusche haben konnten, die von den weiten Schneefeldern herübertönten.
»Schau mal dorthin! Großväterchen!« sagte Bulatko.
Schibalka machte eine abwehrende Handbewegung.
»Ach, ihr kleines Gesindel! Das ist doch der Winter, der, in sein Bärenfell eingemummt, über die Felder geht, an die Dächer klopft, die Weiber aufweckt, daß sie in der Nacht die Öfen heizen. Und hinter ihm kommen die Schneestürme und verlangen nach Arbeit: Eine Fuhre wollen sie verwehen oder einen Wanderer erfrieren lassen... Der Winter aber stapft durch den Wald und streut Rauhreif aus seinem Ärmel, schreitet über den Fluß, und unter seinen Füßen gefriert das Wasser zu fünf Ellen dickem Eis... Daher knarrt's und knistert's so, und der Schneesturm heult mit Weiberstimmen...«
Die Knaben aber ließen sich durch solche Fabeleien nicht beruhigen, sondern spähten ebenfalls in die Ferne und sagten dann, indem sie mit dem Finger deuteten:
»Aber sieh doch, Großväterchen, dort auf dem Fluß!«
Der Mond trat hinter den Wolken hervor, und in seinem flimmernden Silberschein sah man deutlich Pferde, Schlitten und hinterherschreitende Menschen. Langsam kam der Zug auf dem am Ufer eingefahrenen Wege näher. Das unaufhörliche Knarren der Kufen und das Weinen wurde immer stärker und störte die feierliche Stille der Frostnacht. Hinter dem ersten Zug, der sich flußabwärts fortbewegte und im

blauen Nebel versank, erschienen andere, die ebenfalls wie Schatten vorbeizogen und verschwanden.
»Das sind Flüchtlinge...«, sagte Schibalka. »Sie suchen Zuflucht und Schutz in den Wäldern... Die Tataren sind also nah.«
»Was sind die Tataren für Leute, Großväterchen? Hast du sie gesehn?«
»Gesehn noch nicht, aber von ihnen gehört. Wilde Menschen sind es, sie leben auf dem Wilden Felde zusammen mit ihrem Vieh und überwältigen alle durch ihre Bosheit.«
»Werden sie uns auch überwältigen, wenn sie kommen?«
»Vielleicht kommen sie gar nicht. Vielleicht sind sie schon von den Rjasanern zurückgeschlagen worden. Mit diesen Pferdehirten muß man es ebenso aufnehmen wie mit einem Bären. Weichst du ängstlich vor ihm zurück, so holt er dich ein und zerreißt dich; gehst du ihm mutig mit dem Jagdspieß zu Leibe, so wirst du ihn zu Fall bringen, und das Fell wird dein sein.«
»Sieh doch! Da kommen Flüchtlinge hierher! Und hinter ihnen Reiter... Sind das die Tataren?«
Eine Reihe von Schlitten näherte sich dem Tor in der Festungsmauer. Ihnen folgte eine Gruppe von Reitern, auf deren Speeren, Helmen und Brustpanzern das Mondlicht glitzerte.
Schibalka griff hastig nach einem Klöppel und hämmerte damit auf eine Roheisenplatte, die zwischen zwei Schießscharten hing, damit man notfalls Alarm schlagen und die Wache herausrufen könne.
Der Zug von Schlitten und Reitern, zwei Dutzend mochten es etwa sein, hatte inzwischen vor dem Tor angehalten, welches das »Goldene« hieß. Einige Reiter waren abgestiegen und klopften an. Krieger kamen herbeigelaufen, und hinter ihnen stieg langsamer der Sotnik auf die Mauer. Er hüllte sich fester in seinen Bärenpelz und fragte die Ankömmlinge von oben herab:
»Wer seid ihr?«
»Fürst Roman Ingwarewitsch von Rjasan mit einer wichtigen Nachricht.«
»Und die anderen? Wer sind die?«
»Flüchtlinge sind es. Laßt uns und sie in die Stadt ein.«
»Ja, laßt uns ein!« riefen die Flüchtlinge. »Wir haben Fürchterliches ausgestanden und suchen einen ruhigen Platz...«
»Den würdet ihr hier wohl nicht finden. Jeden Tag erwarten wir die Feinde. Fahrt weiter, in abgelegenere Gemeinden, dort werdet ihr Aufnahme und Ruhe finden... Nur den Fürsten und seine Mannen werden wir einlassen!«
Die schweren Torflügel öffneten sich, ließen die Reiter durch und schlossen sich wieder. Geschrei und Weinen hörte man auf mehreren der Schlitten. Flüche und Verwünschungen gegen den Fürsten Georgi Wsewolodowitsch und die Einwohner von Wladimir wurden von den erbitterten und enttäuschten Flüchtlingen ausgestoßen. Dann mußten sie wohl oder übel weiterfahren auf der Suche nach einem Asyl.

Die Hand des Fürsten ist schwer und knauserig

Fürst Georgi Wsewolodowitsch war ein hochgewachsener, wohlbeleibter, breitschultriger Mann. Ein ehedem schwarzer, jetzt aber angegrauter Vollbart deckte seine mächtige Brust. Der durchdringende Blick seiner dunklen strengen Augen unter schwarzen Brauen hervor machte seine Höflinge und seine Untertanen erzittern. Wenn er in der Kathedrale dem Gottesdienst beiwohnte und sich eifrig bekreuzigte, wobei die Finger seiner Rechten nacheinander die weiße offene Stirn, den goldenen Knopf seines Rocks auf der Mitte seines Leibes und die breiten Schultern berührten, dann bewunderten alle seine hoheitsvolle Erscheinung und seine würdevollen Gebärden, namentlich, wenn er stolz das ebenfalls ergrauende lockige Haar zurückwarf.
Im Volke hieß es, er sei ein »starker und knausriger Herr, der keinem etwas erlasse und gegen niemanden Nachsicht übe«. Wenn er durch sein Fürstentum reiste, konnte keiner sich von seinen Zahlungen und Abgaben drücken, ja versuchte es gar nicht erst, denn der Fürst verstand es, von jedem herauszuholen, was ihm zukam, und sei es nur eine Docke Wollgarn. Er hielt sich für klüger als alle anderen und liebte es, Belehrungen zu erteilen. Widerspruch duldete er nicht.
»Du bist noch zu jung, um mir zu widersprechen! Wenn du so lange wie ich auf meinem Thronsessel gesessen hättest, würdest du manches wissen und besser verstehen«, so pflegte er zu sprechen und hinzuzufügen: »Es ist mein mir von Gott beschiedenes Amt, über Menschen zu herrschen und sie zu richten.«
Als die erste Kunde vom Einfall der Tataren und Mungalen von bulgarischen Flüchtlingen, die mit Weib und Kind und Kegel im Susdaler Fürstentum anlangten und Asylrecht erbaten, gebracht wurde, lachte Georgi Wsewolodowitsch bloß und meinte:
»Was tut's! Den Bulgaren geht es schlecht, mir wird's dafür desto besser ergehn. Seid willkommen und einen Silberdreier für acht von euch, ihr werten Gäste, kunstfertige Gerber und Lederer. Für alle wird sich Platz finden. Solche Meister brauche ich gerade. Ich werde euch in verschiedenen Städten ansiedeln. Und die Büttner und Schäffler sollen euch Zuber zum Gerben machen, worin ihr das Leder weichen und walken könnt, um schließlich daraus Stiefel zu nähen. In einem Jahr werden alle meine Bojaren und Mannen Lederstiefel tragen und brauchen nicht mehr in Bastschuhen umherzuschleichen.«
Und der Fürst siedelte die bulgarischen Loh- und Weißgerber in Kineschma und anderen Orten seines Fürstentums an, und sie gingen an die Herstellung der verschiedenen groben und feinen Ledersorten – Rindsleder und Leder aus Pferde- und Wildschweinshäuten und aus Ziegenhäuten das vielbegehrte feine und weiche gefärbte Saffianleder. Und die Schuster machten daraus Schuhwerk aller Art.
Aber es kamen neue und schlimmere Nachrichten: Die Tataren und

Mungalen wären im Wilden Felde in der Nähe der Rjasaner Grenze aufgetaucht. Der Fürst legte die Stirn in Falten, regte sich aber nicht allzusehr auf.
»Die Rjasaner«, so räsonierte er, »haben von eh und je ihre Nasen viel zu hoch getragen. Sie besitzen die Anmaßung, ihren Fürsten ›Gossudar‹ zu nennen. Dabei haben wir Susdaler die Rjasaner stets geschlagen, ihre Stadt niedergebrannt, ihre Fürsten und Bojaren in unseren Verliesen gefangengehalten und ihre Bauern in unsere entlegensten Gebiete umgesiedelt. Man hätte meinen sollen, sie würden nie wieder auf die Beine kommen... Aber siehe da! Von neuem kamen Ansiedler, und Rjasan blühte wieder auf und gedieh und gedeiht besser als früher..., wie Melde auf einer Brandstätte...«
Als die Rjasaner den Einfall hatten, die bei ihnen angelangte tatarische Gesandtschaft aus zwei Kriegern oder Spähern und einer Zauberin nach Wladimir zu geleiten, nahm Fürst Georgi die Steppensöhne gastfreundlich auf und spreizte sich vor ihnen in seinem Reichtum und seiner Macht. Er thronte auf seinem goldenen Sessel in einem Gewand aus kostbarstem Brokat, und die Bojaren und Bojarinnen prunkten in Kleidern aus Brokat und Samt. Und er sprach mit den tatarischen Gesandten herrisch und gebieterisch, ohne seine Worte zu mildern und seine Rede zu versüßen. Mit geringen Geschenken schickte er sie zurück, obwohl er es sich durchaus hätte leisten können, wertvollere zu geben.
Demütig bittend kamen die Rjasaner zu ihm, ließen ihren Stolz beiseite und flehten ihn unter Tränen um Hilfe und Beistand an.
»Schick uns deine Krieger, Fürst, und stelle dich an ihre Spitze. Übernimm auch die Befehlsgewalt über den Rjasaner Polk! Wenn wir einig sind, werden wir unbesiegbar sein. Die Polowezer Kundschafter berichten, daß die Tataren und Mungalen zahllos seien, ein Heer, wie es noch keins gegeben habe... Jeder Mann, der eine Axt noch schwingen kann, muß sie ergreifen. Einmütig müssen wir dem Feinde entgegentreten, sonst werden sie unser russisches Land in Schutt und Asche legen.«
»Sieh einer an, auf einmal bekommt ihr es mit der Angst zu tun. Wie ihr reden und bitten könnt... Habt euch wer weiß was ausgedacht«, entgegnete der Fürst und beschied die Bittsteller abschlägig. Selbst zu kommen, lehnte er rundweg ab, aber auch von seinen Kriegern wollte er keinen den Rjasanern zur Hilfe senden.
»Ihr hättet früher daran denken sollen, mit Wladimir und Susdal in Frieden und Freundschaft zu leben. Hättet keinen Zwist zwischen uns aufkommen lassen dürfen... Sollten aber die Tataren und Mungalen bis hierher kommen, so werde ich schon selbst mit ihnen fertig werden...«
So mußten die Hilfesuchenden unverrichteterdinge wieder heimreiten. Und die Männer von Rjasan, Pronsk, Murom und Saraisk mußten allein ins Wilde Feld rücken und zusehen, wie sie die Tataren und Mungalen von ihren Grenzen abhalten konnten.

Die Bojaren versuchten ihren Fürsten Georgi vorsichtig auszuhorchen, was er denn zu tun gedächte, falls die Tataren und Mungalen wirklich bis vor seine Hauptstadt rückten. Georgi Wsewolodowitsch rollte drohend die Augen und ließ sich folgendermaßen aus:
»Ich kenne die Gepflogenheiten dieser Pferdehirten... Es besteht nicht der geringste Anlaß zur Beängstigung. Sie werden herkommen, sich eine Weile in den Dörfern und Kirchspielen herumdrücken und schließlich mit dem Vorschlag herausrücken, man möge ihnen einen Tribut zahlen. Da ist es dann unsere Sache, ihre Abgesandten durch Klugheit milde zu stimmen, sie mit Weißlachs und gefüllten Pasteten zu traktieren, ihnen reichlich starken alten Met zu kredenzen und ihnen Geschenke zu machen: tausend Paar rote Stiefel, hundert Samt- und Zobelpelze und dazu noch Tand und Geschmeide für die Frauen der Tatarenkhane, alles was wir in unseren Truhen vorrätig haben. Verlangen sie noch mehr, zum Beispiel Pferde – Rappen, Füchse, Schecken –, so sollen sie auch die haben. Davon werden wir noch lange nicht arm. Meine Stadtmauern aber sind stark, die Tore fest. Die Steppenbewohner können mit ihren Pferdchen weder darüber hinwegspringen noch sie einrennen, höchstens werden sie sich die Köpfe daran einrennen...«
Immerhin hielt er es doch für rätlich, etliche Maßnahmen zu treffen, und wenn sie bloß darin bestanden, daß er die besten Tiere seines Marstalls in entfernte, nördlich gelegene Städte schickte, Korn und Heu, das jenseits des Flusses lagerte, in die Stadt schaffen ließ, sein Kriegsgefolge verstärkte, indem er Freiwillige anwarb. Er setzte Jeremei Glebowitsch als Wojewoden ein und schrieb Briefe an die Fürsten von Nowgorod, Rostow, Belosjorsk und andere, daß sie sich bereit halten sollten, auf den ersten Ruf hin mit ihrem Heerbann nach Wladimir zu eilen, um gemeinsam mit ihm und seinem Polk die russischen Lande gegen die Feinde zu verteidigen.
Er erklärte allen, die es hören wollten, zu wiederholten Malen, es bestünde wirklich kein Grund zur Beängstigung, er hätte an alles gedacht, alles vorausgesehen, jede nötige Vorsorge getroffen, daß die tatarischen und mungalischen Pferdehirten sich drei Jahre lang an den Mauern seiner Hauptstadt die Köpfe blutig rennen könnten und am Ende doch wieder abziehen müßten.

Die Tataren sind nah

Es war am dreiundzwanzigsten Tage des zehnten Monds, des Studen, das heißt Frostmonats.[1] Der Fürst Georgi Wsewolodowitsch hatte zum Abendessen mit bestem Appetit einen Gänsebraten mit Sauerkohl und als Nachtisch noch ein paar eingemachte Äpfel verspeist und sich dann

1 Bis zum XV. Jahrhundert war der Dezember (= Studen) der zehnte Monat des Jahres, das mit dem März, dem Lenzmonat, begann.

warm und bequem auf der mit Schaffellen bedeckten Ofenbank zum Schlafen ausgestreckt.
Mitten in der Nacht wurde er behutsam von einem alten Krieger seines Gefolges geweckt, der ihn sanft an der Schulter rüttelte. Ihm träumte gerade, der Erzbischof Mitrofan drohe ihm vom Altar aus, vor dem er in vollem Ornat stand, mit dem Finger und spräche zu ihm: ›Steh auf, Fürst, die Sonnenwende ist vorbei, es geht auf den Sommer zu, und der Bär in seiner Höhle hat sich von einer Seite auf die andere gewälzt...‹ – »Da werde ich mich wohl auch umdrehn müssen!« murmelte der Fürst schlaftrunken und wollte sich dabei auf die andere Seite drehen. Doch die Hand eines Kriegers, die ihn an der Schulter festhielt, hinderte ihn daran.
»Steh auf, Fürst, wach auf!« wiederholte der dem Fürsten treu ergebene Mann. »Schlimme Botschaft aus Rjasan!«
»Aus Rjasan? Was für Botschaft?« fragte der Fürst, seinen Geist mühsam sammelnd.
»Fürst Roman Ingwarewitsch ist mit zwei Dutzend Reitern gekommen, und man hat ihn eingelassen.«
»Was für Kunde bringt er?«
»Das will er dir selbst sagen.«
»Ja, was ist denn in Rjasan los?« fragte sich der Fürst mehr selbst als seinen Getreuen, der ihm aber antwortete:
»Es gibt kein Rjasan mehr!«
»Was redest du da? Bist du von Sinnen? Wo ist Fürst Roman?«
»Drüben im Audienzsaal«, antwortete der alte Krieger, während er seinem Herrn einen weiten, wallenden Mantel aus Eichhörnchenfellen um die Schultern hing. Die starken Hände des Fürsten zitterten, und es dauerte lange, bis sie die Ärmellöcher fanden.
Der Fürst begab sich zum Audienzsaal, wo gewöhnlich die Beratungen mit den Bojaren stattfanden und wo sich bereits einige seiner vertrautesten Ratgeber versammelt hatten.
Der trübe Schein der flackernden Öllämpchen vor den dunklen Heiligenbildern fiel auf die Balkenwände, die hier und da mit Tuch bespannt oder mit Teppichen verhängt waren. An der Spitze der schweigenden Bojaren standen die beiden Fürstensöhne – Wladimir und Wsewolod. Auch die drei Wojewoden – Shiroslaw Michailowitsch, Jeremei Glebowitsch und Pjotr Osladukowitsch – waren zugegen. Sie bewahrten von allen die meiste Ruhe und Haltung. Kein Wunder – in ihrem langen, an Kriegen und Kämpfen reichen Leben hatten sie so viel gesehen, daß sie nichts mehr in Erstaunen setzen konnte.
Am Tisch, auf einer mit einem Teppich bedeckten Bank, saß Fürst Roman; er hatte seinen Lockenkopf auf die Arme gelegt und war, von Müdigkeit überwältigt, eingeschlafen.
Der Fürst von Wladimir und Susdal trat ein und begann mit lauter, gebieterischer Stimme zu sprechen:
»Was bringt man für Kunde aus Rjasan? Haben die Rjasaner sich tapfer

geschlagen, oder haben sie Fersengeld gegeben und ihre Vaterstadt dem Feinde feig überlassen?«

Fürst Roman aber hatte kein Wort gehört, so tief und fest war sein Schlaf. In der Stille hörte man seine gleichmäßigen Atemzüge und das leichte Klirren der Fenster aus Glimmer.

»Ich frage: Wie haben die Rjasaner gekämpft? Wahrscheinlich haben sie ihre Stadt übergeben...«

Fürst Roman, aus seinem Schlafe auffahrend, hörte gerade noch die letzten Worte. Wütend sprang er auf, beherrschte sich aber noch im letzten Augenblick und stand in geduckter Haltung da, bereit, sich auf den Fürsten Georgi zu stürzen.

»Nicht dir geziemt es, eine solche Sprache zu führen!« rief er mit heiserer Stimme. »Du hast wahrhaftig nicht das mindeste Recht, Rechenschaft von uns zu fordern. In schwerer Stunde hast du uns im Stich gelassen, hast uns keinen Beistand gewährt... Rjasan hat aufgehört zu sein! Die Mungalen haben es niedergebrannt, und auf den brennenden und rauchenden Trümmern ihrer Vaterstadt haben alle Rjasaner ihr Leben gelassen. Aber keiner ist zurückgewichen, und wir haben unsre Stadt nicht feig übergeben! Erst über unsere Leichen hinweg sind die verfluchten Mungalen eingedrungen...«

»Und Fürst Juri Ingwarewitsch?«

»Ist auf dem Wilden Felde gefallen.«

»Und die Fürsten von Pronsk, von Murom, Wassili Kraßny und Gleb Michalowitsch von Kolomna?...«

»Alle tot, alle haben sie ihr Leben lassen müssen, weil die Susdaler, die Rostower, die Nowgoroder ihnen nicht zu Hilfe gekommen sind. Nicht gedacht habt ihr daran, uns Beistand zu leisten! Hinter euren dicken Mauern habt ihr euch verkrochen, habt auf dem warmen Ofen gehockt...«

»Erdreiste dich nicht, in meiner Gegenwart so freche Reden zu führen!« warnte ihn der Fürst von Wladimir.

»Freche Reden? – Ja, wo habt ihr denn sonst gesteckt, ihr Susdaler! Ihr Saljuiki! Ihr Schnepfen, ihr Sumpfvögel! In eurem Sumpf habt ihr gehockt!«

»Du nimmst dir arg viel heraus!« keuchte Fürst Georgi.

»Und du lästere die Rjasaner nicht! Stumm und starr liegen sie auf den verschneiten Feldern, und niemand ist da, um eine Handvoll Heimaterde auf sie zu werfen... Den Schädel schlag' ich dir ein, wenn ich noch ein Wort des Hohnes aus deinem Munde höre!«

Und der Rjasaner griff nach seinem neben ihm auf der Bank liegenden Schwert. Doch noch ehe er es aus der Scheide hatte ziehen können, waren die beiden Fürstensöhne ihm in den Arm gefallen, und die Bojaren warfen sich zwischen die Streitenden.

Auch Fürst Georgi hatte nach seinem an der Wand hängenden Schwert gelangt und brüllte nun, indem er sich loszureißen versuchte:

»Er hat mich nicht zu belehren. Ich hau' ihn nieder! Heimatlos und bettelarm ist er als Schutzflehender gekommen und krächzt wie eine Krähe, die sich in ein Bojarenschloß verflogen hat...«

»Väterchen«, besänftigten ihn seine Söhne. »So darf man zu einem Gast nicht sprechen.«

Eine kräftige, tiefe Männerstimme übertönte plötzlich den Streit mit den im singenden Tonfall gesprochenen Worten:

»Friede, Heil und Segen diesem Hause!«

Alle blickten sich um. In der Tür stand ein hagerer Mönch von hohem Wuchs. Die schwarze Kutte wallte ihm bis auf die Füße herab, die Kapuze hatte er tief in die Stirn gezogen. Der graumelierte Bart, die große, leicht gebogene Nase und die unter buschigen Brauen tief in ihren Höhlen liegenden Augen verliehen dem Gesicht einen finsteren, asketischen Zug. In der rechten Hand hielt er ein Messingkreuz, in der linken einen langen Stab.

»Zwist und Hader in den fürstlichen Gemächern?« sprach er. »Jetzt ist nicht die Zeit für Zank und Streit! Ich komme von dorther, wo der Himmel mit dem Rauch der Brände überzogen ist, die ein gottloses Heidenvolk in unseren Dörfern und Städten angelegt hat.«

»Wer bist du? Woher kommst du? Was willst du?« fragte Fürst Georgi Wsewolodowitsch.

»Ich bin ein Knecht Gottes, der Pilger Theophil Newru aus Nowgorod, und komme aus dem Heiligen Lande, aus der Stadt Jerusalem, wo ich am Grabe unseres Herrn gebetet habe. Im Wilden Felde geriet ich in Gefangenschaft der unbarmherzigen Tataren; durch Gottes wunderbare Vorsehung aber gelang es mir, ihnen zu entfliehen, und ich kam hierher in die große und berühmte Stadt Wladimir, um euch zu mahnen: Tut Buße, ehe es zu spät ist! Zahllos wie Heuschreckenschwärme kommen die Horden der wilden Mungalen, und es gibt keine Mauer, sei sie auch noch so hoch und noch so stark, die sie nicht mit ihren Wurfmaschinen und ihren Rammböcken zerbrechen, keine Stadt, die sie nicht niederbrennen, nachdem sie die Einwohnerschaft in wilder Mordgier niedergemetzelt haben. Vom Schöpfer und Allerhalter sind sie euch als Geißel gesandt worden zur Strafe für eure Sünden. Und allen ist der Untergang gewiß, und bei den Nachgeborenen wird sogar die Erinnerung daran erlöschen, daß es einmal ein heiliges Rußland gegeben hat!«

»Hör auf mit deinen Unkenrufen!« rief der greise Wojewode Shiroslaw.

Aber unbeirrt fuhr der eifernde Mönch fort:

»Unsere Äcker werden erstickt werden von Hexenzwirn, Klette und Wolfsmilch. Nur drei Monate und drei Tage noch wird diese Welt bestehen, dann werden wir alle erschlagen daliegen, und die Posaunen der Erzengel werden ertönen und uns zum Jüngsten Gericht rufen. Die heidnischen Tataren aber werden von Gottes Blitzstrahlen zerschmettert werden. Darum sage ich euch: Tut Buße, tut Buße!«

Der Mönch bekreuzigte sich dreimal und küßte inbrünstig sein Messingkreuz.

»Ich schwöre bei diesem wundertätigen Kreuz, daß alles, was ich euch gesagt habe, die volle und reine Wahrheit ist, die mir offenbart wurde von den erleuchteten Priestern und Einsiedlern auf dem heiligen Berge Athos.«

Fürst Georgi bekreuzigte sich und küßte das ihm vom Mönch hingehaltene Kreuz.

»Vater Theophil«, sagte er, »wir sprechen eben über Staatsangelegenheiten und haben keine Zeit für dich. Warum irrst du zu so später Nachtstunde umher, und wie bist du eigentlich hier hereingekommen? Geh hinaus zu meinen Kriegern, damit sie dich zu einer warmen Hütte geleiten. Morgen werde ich nach dir schicken.«

»Heil diesem Hause!« grüßte der Mönch und entfernte sich würdevoll. Des Fürsten Zorn war durch die Dazwischenkunft des Wandermönchs verraucht, und er fiel wieder in seinen gewöhnlichen selbstbewußten Tonfall.

»Unrecht war es von mir, mich zu solchen Unglücksworten hinreißen zu lassen und die Sprache eines Unwissenden zu führen. Ewiges ehrendes Gedenken denen, die ihr Leben für die Verteidigung unserer heiligen russischen Erde gelassen haben! Heben wir das Schwert auf, das ihren starren Händen entfallen ist, und führen wir den Kampf weiter, bis wir die Tataren und Mungalen aus unserem Fürstentum vertrieben haben. Ich werde meinen Heerbann teilen: Mit der einen Abteilung soll mein ältester Sohn, Fürst Wsewolod, nach Kolomna gehen, mit der anderen Abteilung wird mein jüngster Sohn Wladimir nach Moskau ziehen. Den Wojewoden Philipp Njanka gebe ich ihm als Beistand mit. Doch beeilt euch, sonst könnten euch die Tataren zuvorkommen. Hier in Wladimir aber bleibt während meiner Abwesenheit Pjotr Osladukowitsch als Wojewode zurück...«

Alle waren überrascht von der Absicht des Fürsten, in so unruhigen Zeiten seine Residenz zu verlassen. Aber alle schwiegen. Nur Fürst Wsewolod beteuerte:

»Wir werden deinen Wunsch erfüllen, lieber Vater, und kämpfen, so lange unsere Kraft reicht und über unsere Kraft...«

Fürst Georgi erhob sich und wandte sich dem Heiligenschrein mit den Ikonen hin. Nachdem er sich feierlich bekreuzigt hatte, sprach er ein Gebet:

»Allmächtiger gnädiger Gott, hilf mir, ein allrussisches Heer zu sammeln. Erfülle mit Tapferkeit die Seelen der russischen Menschen, damit sie einmütig zusammenstehen und sich geschlossen den gottlosen Heiden entgegenstellen! Hilf uns, die Ruchlosen, die auch dir ein Greuel sein müssen, ins Wilde Feld zurückzutreiben.«

Dann umarmte er seine Söhne und segnete sie. Den Wojewoden bedeutete er durch ein Zeichen, näher zu treten, und sprach zu ihnen mit leiser Stimme, damit die Frauen im Nebengemach nichts davon verstehen sollten:

»Mit meinen beiden Neffen zusammen fahre ich an die Wolga, nach Jaroslawl, Kostroma, Uglitsch, um in den dichten Wäldern einen

Sammelplatz für ein mächtiges und unbesiegbares Heer ausfindig zu machen. Ich zweifle nicht, daß die Fürsten – nahe wie ferne – von Belosero, Pskow, Smolensk, Nowgorod ihre bewaffneten Mannen senden werden. Während die Tataren die Städte unseres Fürstentums Susdal berennen, will ich dieses neue starke Heer formieren und mich dann auf sie stürzen. Sie haben sich bereits in einzelne Abteilungen aufgelöst, die unser Land durchstreifen, und ich werde sie unvermutet angreifen, noch ehe sie sich wieder vereinigt haben. Und so muß und wird mir gelingen, was den prahlerischen Rjasanern mißlungen ist: den Tatarenzaren Batyga zu überwältigen!«

»Gott gebe es! Heil dir!« riefen alle.

Die Wojewoden wollten von dem Fürsten wissen, welche Vorbereitungen er bereits in der Stadt zur Verteidigung getroffen habe, doch er sagte ausweichend:

»Trefft selbst alle nötigen Verfügungen. Ihr seid jetzt die Oberhäupter, die Führer. Zu mir aber sendet jenen schwarzen Mönch, damit ich ihn ausforsche, was er bei den Tataren gesehen hat.«

Der jüngste Sohn des Fürsten, der noch ein Milchbart war, mit Wangen so rosig wie die eines jungen Mädchens, eilte hinaus, um den Mönch zu holen. Roman Ingwarewitsch von Rjasan, der die ganze Zeit über geschwiegen hatte, ließ sich jetzt vernehmen:

»Dieser schwarze Mönch mißfällt mir höchlichst. Seine Teufelsfratze kommt mir auch irgendwie bekannt vor, als hätte ich ihn schon einmal gesehn. Wie ist er hier so plötzlich aufgetaucht?«

Er wurde unterbrochen durch die Rückkehr Wladimirs, dem ein Diener folgte.

»Fürst Georgi Wsewolodowitsch«, sprach der Diener, nachdem er sich ehrerbietig verneigt hatte, »verzeih uns! Dieser Schwarze hat sich mit List in deine Gemächer eingeschlichen. Er behauptete, er sei mit dem Fürsten von Rjasan gekommen. Doch als er durch die schmale und niedrige Tür im Flur ging, stieß er oben am Querbalken an und streifte sich dabei die Kapuze vom Kopf. Sein Haar war kurz geschoren... Wie ist denn das möglich bei einem Mönch? Da stieß er eine Verwünschung aus und war auch schon verschwunden, als wäre er stracks durch die Wand gegangen. Es kann gar nicht anders sein; er ist ein Werwolf, ein Vampir! Ich hörte ihn murmeln: ›Nich, nich, sapalam, bada kumara!‹ Womöglich ist das eine Zauberformel, womit er schwere Krankheit auf uns herabbeschworen hat? Und selber hat er sich in eine rote Wanderratte verwandelt und ist davongelaufen...«

Eilt zur Verteidigung der Heimat herbei!

Als der junge Wladimir seinem Vater zum Abschied die Hand küßte, deren Zeigefinger mit einem dicken Goldring geschmückt war, fragte er:

»Wie viele deiner Krieger vertraust du mir an, lieber Vater?«
»Ich habe mir's anders überlegt, mein Sohn«, antwortete der Fürst Georgi. »Die Krieger werden zur Verteidigung der Stadt unentbehrlich sein. Statt ihrer gebe ich dir den Wojewoden Njanka zum Begleiter, der die Städter rüsten und die Bauern zur Heeresfolge aufrufen wird. So wird er bald ein ganzes Heer um sich geschart haben. Er wird dich lehren, die bösen Eindringlinge zu verjagen. Fürchte dich nicht, ich kenne diese Pferdehirten. Sie werden die Mauern der Städte berennen und dann kehrtmachen und in ihre Steppen zurückreiten.«
»Rjasan haben sie aber doch erobert, lieber Vater«, wendete Wladimir ein.
»Rjasan, pah! Über Rjasans Mauern hätte eine Katze springen können! Und die Rjasaner – sind das etwa Krieger, diese kurzbeinigen groben Klötze? Da sind wir doch andere Kerle – schlank und rank wie Tannen und ein Brustkorb vom Umfang eines Wagenrades... Wir haben die Rjasaner stets geschlagen und werden sie stets schlagen... Sieh zu, mein Sohn, daß du mir Moskau hältst!«
»Das will ich schon, aber gib mir wenigstens eine kleine Schar Krieger mit. Meinem Bruder Wsewolod hast du doch auch sechshundert gegeben.«
»Dafür soll er auch Kolomna halten, und das ist wichtiger als Moskau, es bildet die Schwelle zum Wilden Feld, während Moskau nur ein Kreuzungspunkt zwischen vier Flüßchen ist. Die Tataren werden es wahrscheinlich ganz unbeachtet lassen. Immerhin – zehn Mann magst du dir zu deinem persönlichen Schutz auswählen. Und du kannst sie als Boten verwenden, wenn du mir Nachrichten sendest, damit ich weiß, was in deinem Bereich geschieht. Nun Gott befohlen! Er bewahre und schütze dich in der Schlacht! Kehrst du siegreich zurück, so will ich dich fürstlich belohnen.«
»Gib mir Rjasan als Fürstentum!«
»Nun ja, du sollst es haben. Schon lange trage ich mich mit dem Gedanken, das Rjasaner Gebiet meinem Reich einzuverleiben.«

Bei Tagesanbruch begleitete die Fürstin Agafja Rostislawna, eine stattliche Erscheinung, in ihren Zobelpelz gehüllt, ihren Gemahl bis zur untersten Stufe der mit schönem Schnitzwerk verzierten Vortreppe, an der ein Reiseschlitten hielt. Während der Nacht noch hatte sie alle Köchinnen des Palastes wecken lassen, um einen Vorrat von Pasteten backen zu lassen und mit hausfraulichem Eifer sonstige Vorbereitungen für die Reise des Fürsten zu treffen. Nun aber, da die Stunde des Abschieds geschlagen hatte, war sie bedrückt und still, und obwohl sie den Worten des Fürsten, mit denen er seine baldige Rückkehr in Aussicht stellte, glaubte, konnte sie die aufsteigenden Tränen dennoch nicht zurückdämmen.
In seinen Bärenpelz eingemummt, setzte sich der Fürst bequem in dem aus Lindenbast geflochtenen Schlittenkorb zurecht. Zu ihm stiegen

seine beiden Neffen ein. Der Kutscher knallte mit der Peitsche, und die drei Rosse, die hintereinander eingespannt waren, zogen an. Auf dem ersten saß ein alter treuer Diener des Fürsten. Als der Schlitten zum Tor des Schlosses hinausfuhr, schlug der Fürst den Biberkragen seines Pelzes in die Höhe, um von Entgegenkommenden nicht erkannt zu werden.

In den schmalen winkligen Gassen der Stadt war es noch dunkel. Hier und da schimmerte ein trübes rotes Licht durch die Fischblasen der Fenster – ein Zeichen, daß der Werk- und Alltag seinen Anfang genommen hatte.

Am Stadttor wurde der Zug – zwanzig Schlitten, eskortiert von hundert Reitern – von dem Wächter (es war der alte Schibalka) angehalten. Der Fürst hatte seinen Dienern und Kriegern geboten, sein Inkognito zu wahren, aber der Alte, der seinen Graukopf in den Schlittenkorb steckte, erkannte seinen Landesherrn an dem durchdringenden Blick der schwarzen Augen. Er lüpfte hastig seine Kappe und lief, das schwere Eichentor zu öffnen.

Dicht hinter den Reitern schlüpfte ein bärtiger Mönch in schwarzem Habit zum Tore hinaus.

»Sieh mal an, wie viele von den Schwarzröcken herumlaufen«, brummte Schibalka. »Da ist eben einer von ihnen dem Fürsten über den Weg gelaufen wie ein schwarzer Kater... Das bedeutet nichts Gutes!...«

Auch der junge Fürst Wladimir und sein Ratgeber, der Wojewode Njanka, waren, begleitet von zehn Kriegern, von denen jeder ein Reservepferd mit sich führte, eilends aufgebrochen. In zehn Schlitten führten sie Rüstungen und Waffen, Proviant für die Krieger und Futter für die Pferde mit sich. Zuerst ging es eine Weile am Flusse Kljasma entlang, dann aber auf geraderen Wegen weiter, um die vielen Windungen des Flusses abzukürzen. Überall herrschte in den abgelegenen Walddörfchen Unruhe. Ganz Rußland war in Bewegung geraten. Die Bauern schärften Äxte und Jagdspieße und versuchten in Erfahrung zu bringen, wo sich eigentlich die Sammelpunkte für das Kriegsvolk befänden. Doch niemand konnte ihnen genauen Bescheid geben, denn es fehlte an einem Haupt, das fähig gewesen wäre, das Chaos zu ordnen und die ganze russische Kriegsmacht zu sammeln.

In einer abgelegenen Siedlung mitten im Walde, wo man Rast gemacht hatte, um die Pferde zu füttern, saß der junge Fürst nachdenklich neben einer der Hütten, als ein hochgewachsener Mann, der mit Spieß und Bogen bewaffnet war und auf der Schulter eine erlegte Wildziege trug, aus dem Walde hervor und gemessenen Schrittes auf den Fürsten zutrat. Weißes, an den Spitzen gelb gewordenes Haar fiel ihm auf die Schultern, als er seine Pelzkappe grüßend abnahm. Ohne Scheu knüpfte er ein Gespräch an, und als er hörte, daß er vor dem Sohn des Fürsten von Susdal stehe, verneigte er sich tief vor ihm und legte ihm die erlegte Geiß zu Füßen.

»Halte mit deinen Kriegern zusammen ein Mittagsmahl«, sprach er,

»und wohl bekomm's!« Dann erzählte er weiter: »Als ich von einem wandernden Mönch erfuhr, daß wilde Horden, deren Zahl unübersehbar groß ist, unser Rußland mit Krieg überzogen haben, hielt es mich nicht länger in meiner Einöde, wo ich mit Bären und Elchen zusammen in den Sümpfen und Wäldern schon seit vielen, vielen Jahren lebe und das Weidwerk betreibe. Nebenher sammle ich auch den Honig der Waldbienen aus den Höhlungen alter Bäume. Alle meine Söhne und Enkel, lauter brave Männer und Burschen, siebenundzwanzig an der Zahl, habe ich zusammengerufen, damit sie mit mir zusammen ausziehen gegen die bösen Feinde... Ein paar Rosse für jeden von uns werden wir ihnen hoffentlich abnehmen können... Aber keiner weiß, wohin man sich wenden muß. Kannst du es mir vielleicht sagen?«

»Geh in die nächste Stadt, nach Wladimir.«

»Du meinst, zu deinem Vater? – Nein, der hat eine zu schwere Hand und obendrein keine glückliche... Zwanzig Jahre ist es her, daß der Fürst Georgi Wsewolodowitsch mit dem Susdaler Polk über die Lipiza setzte und am Berge Awdow sein ganzes Heer totschlagen ließ. Zehntausend Susdaler Bauern – und was für wackere Burschen! – büßten es mit dem Leben... Und wer schlug uns? – Unsre eignen Landsleute: die Nowgoroder, Smolensker, Rostower... Und warum schlugen sie uns? Kannst du's mir sagen? – Nein, du kannst es mir auch nicht sagen, denn du weißt es auch nicht...«

»Doch, ich weiß es. Sie wollten meinen Vater aus seinem Fürstentum verjagen.«

»Die Fürsten konnten sich nicht einig werden, wer in Wladimir und Susdal herrschen sollte – ob Fürst Georgi oder sein leiblicher Bruder Konstantin... Ein Bruder zückte wider den andern das Messer. Kain wollte Abel erschlagen, und dafür mußten ihre Bauern ihr Leben lassen. Als wenn's uns nicht gleich wäre, wer von ihnen uns im Nacken sitzt – Konstantin oder Georgi. Von den Tataren war damals noch keine Rede, aber die fürstlichen Brüder führten sich schlimmer auf als die Tataren... Jetzt kratzt sich Fürst Georgi wohl hinterm Ohr und hätte gern ein Zaubertränklein, das die zehntausend Toten wieder zum Leben erweckte, damit sie ihn vor den Tataren schützen... Ei, Fürstensohn, das ist ja eben das Unglück, daß man die armen Toten nicht wieder zum Leben erwecken kann, weder durch Zauberei noch durch Gebete... Wer aber dort mitgekämpft hat, an der Lipiza und am Berge Awdow, und mit dem Leben davongekommen ist, der ist gewitzigt und leistet dem Fürsten Georgi auf keinem Heereszuge mehr Gefolgschaft...«

»Was führst du für lästerliche Reden?« brauste der junge Fürst auf. »Dafür sollte man dich auf der Stelle niederhaun!«

»So wäre es eben noch ein Toter mehr«, meinte der andere gleichmütig. »Und die Tataren kämen deswegen doch... Wir Bauern aber werden mit ihnen kämpfen und sie wieder aus dem Lande jagen, ob's den Fürsten recht ist oder nicht. Wie aber Fürst Georgi Wsewolodowitsch mit ihnen kämpfen wird, das wollen wir erst mal abwarten. Ich werde

aus meinen Söhnen und Enkeln und noch anderen Storonniki eine eigene Rotte bilden, und wir werden die Tataren mit unseren Jagdspießen aufspießen ... Du aber, Fürstensohn Wladimir, zürne einem Greise nicht ob seiner Worte, sondern laß dir mein Ziegenfleisch munden ... Und im Kampf mit den Tataren zeig ihnen nicht den Schweif deines Rosses ...«
Der Alte zog abermals seine Kappe, machte eine tiefe Verbeugung, schüttelte seine weißen Locken und schritt von dannen, gemessen und hochaufgerichtet. Aus den Büschen traten über zwei Dutzend Bauern hervor, ebenfalls mit Spieß und Bogen bewaffnet und von ebenso hohem und kräftigem Wuchs wie der Alte, und folgten ihm im gleichen Schritt.

Wir ziehen gegen Muschkaf!

Subudai-Bahadur sprach zu Batu-Khan:
»Dschichangir, höre deinen treuen Diener, er wird dir den Schlüssel zum Tor der Welt in die Hände legen. Wir müssen unverzüglich gegen Maschfa rücken und die Stadt einnehmen, ehe die anderen Khane uns zuvorkommen. Dort leben viele ausländische Kaufleute, und ihre Speicher sind angefüllt mit Waren aus aller Herren Ländern. Und alle diese Schätze – Gold und Silber, roter Wein aus Griechenland, Tuch aus dem Frankenland – gehören uns, wenn wir die Stadt in unsere Hand bekommen.«
Mit halbgeschlossenen Augen antwortete Batu-Khan in müdem Ton:
»Eben befasse ich mich mit einer wichtigen Angelegenheit. Es wird wohl morgen auch noch Zeit genug sein, darüber zu reden ...«
Schnaufend bückte sich Subudai-Bahadur nieder und näherte seinen Mund Batu-Khans ringgeschmücktem Ohr.
»Im Krieg ist ein versäumter Tag, ja eine versäumte Stunde soviel wie ein entgangener Sieg und kostet die Mühen von neunundneunzig Jahren«, flüsterte er kaum hörbar. »Du vergeudest unnütz einen Tag, der ein Tag der Entscheidung sein könnte ... Jage diese Greiner und Müßiggänger, die sich in deine Nähe drängen, fort zu den roten Mangussen. Tu es, oder ich werde es selbst tun! Gleich werde ich meine Tollkühnen herschicken ...«
Batu-Khan, der vor unterdrücktem Zorn bebte, öffnete seine Augen und heftete sie unverwandt auf Subudais von Narben durchfurchtes und von Haarzotteln umrahmtes Gesicht, das wohl seit der Geburt nicht gewaschen worden war. Er blickte ihm fest in das zusammengekniffene sehfähige Auge, das gefährlich zu funkeln begann. Schaum trat auf die wutverzerrten faltigen Lippen des Bahadurs, welcher einen Wutanfall, der ihn zu übermannen drohte, kaum noch zu unterdrücken vermochte. Batu-Khan, der solche Zornausbrüche seines Erziehers zur Genüge kannte und sie fürchtete, bezwang sich. Er heftete seinen Blick auf die Bittsteller, die bäuchlings vor ihm auf der Erde lagen, gegen die sie ihre Stirn drückten. Es waren lauter Mongolen, und eine lange Reihe weiterer

Bittsteller stand im Mittelgang der Kirche bis zum Portal und bis hinaus auf den verschneiten Hof.

An sie richtete Batu jetzt das Wort:

»Nicht umsonst nennt man mich den ›guten‹, den ›gnädigen‹ Khan! Saint-Khan... Alle, die mir ergeben sind, haben jederzeit Zutritt zu mir, um ihre Klagen vor meine Person zu bringen...«

Er unterbrach sich und warf einen schnellen Seitenblick auf Subudai, der sich die Lippen mit seiner langen Zunge leckte.

»Noch zweien will ich Gehör schenken«, sagte er, »dann sprechen wir miteinander.«

Batu saß mit untergeschlagenen Beinen auf den Altarstufen, und ein Greis im gestreiften Kiptschakenchalat rutschte jetzt auf den Knien zu ihm hin. Mit einem gleichgültigen Blick aus halbgeschlossenen Lidern sah der Dschichangir ihn an.

»Worüber hast du dich zu beklagen?«

»Ich heiße Nasar-Kjarisek. Schon von Sygnak an begleite ich dein unbesiegbares Heer, stets bereit, mit Zittern und Zagen der Ehrfurcht dir zu dienen...«

»Was tust du schwacher Greis denn bei uns?«

»Ich hüte und füttere den Hahn, den Wecker der Tapferen, im Zelte des kühnsten aller Bahadure, im Zelte Subudai-Bahadurs...«

Batu, der nicht ungern Klagen über seinen grimmigen Erzieher und Ratgeber hörte, stieß ein leises »Dse-Dse!« durch die Zähne und fragte:

»Worüber hast du denn Klage zu führen? Hat der kühnste aller Bahadure dich gekränkt?«

»Nein, Allergrößter! Doch Allah – gelobt sei sein Name! – hat mich hart gestraft... Vier meiner Söhne zogen mit mir zusammen zu Felde – lauter wackere Dschigiten, einer so brav und so kühn wie der andere...«

»Das ist ehrend für dich... Sie verdienen Lob...«

»Gleich in einer der ersten Schlachten, die wir den Urussuten lieferten, fiel mein Ältester, mein tapferer Demir – Allah schenke seiner Seele Frieden in seinen paradiesischen Gärten!«

Nasar bedeckte sich die Augen mit dem Ärmel und begann zu schluchzen.

»So finde Trost im Stolz auf deinen tapferen Erstgeborenen... Womit kann ich dich belohnen?«

Nasar wischte sich Augen und Nase mit dem Ärmel und stammelte:

»Deine huldreichen Worte sind meine schönste Belohnung...«

»Ich kenne ihn, diesen Alten«, zischte Subudai. »Man könnte ihn für einen nützlichen Auftrag verwenden. Tritt auf die Seite, Alter, und warte!«

Der nächste Bittsteller trug arabische Tracht: einen gestreiften wollenen Umhang und dazu einen Turban. Sein zerrissener Kaftan hing ihm in Fetzen vom Leibe. Er rutschte ebenfalls auf den Knien zu den Altarstu-

fen hin, schlug sich wie rasend mit den Fäusten gegen die Brust und fing an, unter heiserem Stöhnen zu jammern.
»Was will er? Ich verstehe ihn nicht.«
Der Dragoman erklärte:
»Das ist ein Kaufmann aus Buchara, der älteste von zwölfen, die dein glänzendes Heer begleiteten und den Kriegern ihre Beute abhandelten. Nun beklagt er sich darüber, daß deine Krieger ihn mißhandelt und ihm alle seine Habe weggenommen hätten.«
Batu-Khan erzürnte sich, ein böses Lächeln verzerrte sein Gesicht, und er schlug sich wie zur Bekräftigung seiner Worte auf den Oberschenkel.
»Die Kaufleute sind mir von Nutzen!« schrie er. »Sie bringen die nötigen Waren heran. Sie sind auch für die Krieger von Nutzen, welche ihre erbeuteten Reichtümer nicht durch den ganzen Erdkreis schleppen können. Wer diese mir ergebenen Kaufleute kränkt und beleidigt, der ist des Todes! Kannst du mir die gelben Hunde zeigen, die dich ausgeplündert haben?«
»Die Zahl deiner Krieger ist unendlich wie die Zahl der Zugvögel im Frühling. Doch wenn ich einem von denen, die mich beraubt haben, wieder begegne, werde ich ihn dir zeigen können...«
Subudai mischte sich ein:
»Gestatte mir einen bescheidenen Rat: Mache diesen Alten, den Hüter des Weckhahns, zum Beschützer der Kaufleute. Er ist schlau und wird es schon verstehen, sie zu beschützen und sich selbst nicht dabei zu vergessen.«
»So sei es!« sagte Batu-Khan, indem er sich aufrichtete. Seine Leibgardisten waren ihm dabei behilflich, und er begab sich durch die Kirche zum Ausgang. Die Bittsteller verlegten sich aufs Jammern und Betteln:
»Höre uns an, großer, heldenmütiger Saint-Khan! Höre unsere berechtigten Klagen!«
»Ich sage dir noch einmal: Jage das ganze Gesindel zu den roten Mangussen!« zischte Subudai-Bahadur. »Deine Sache ist es, Krieg zu führen, und nicht Gericht zu halten... Nuker, befreit uns von der Gegenwart dieser Leute! Jagt sie hinaus!« –

Getrennt voneinander wie die gespreizten Finger einer Hand, rückten die Abteilungen wieder vor. Sie sollten und wollten einander beim Plündern der Dörfer und Städte nicht im Wege sein.
Wie die Jäger bei einer Treibjagd das Wild, so kreisten sie von allen Seiten die russischen Gebiete ein und trieben deren Bevölkerung zur Mitte des Kessels hin, um dort alle hinzuschlachten, mit Ausnahme der geschickten Handwerker, die sie zur Bearbeitung von Leder, zur Herstellung von Kleidung und Schuhwerk und zum Schmieden von Waffen brauchten.
Beutelüstern durchstreiften die Mongolen, Tataren und Kiptschaken die Weiler, Dörfer und Kirchspiele, ließen keine Hütte undurchsucht und murrten:

»Wohin hat Batu-Khan uns geführt? Er hat uns den Mund wäßrig gemacht und uns von Zobelmützen und Biberpelzen erzählt, von seidenen Gewändern und ledernen Stiefeln, darein wir uns kleiden können wie vornehme Nojone oder reiche Kaufleute. Aber wir sind noch keinem einzigen Urussuten in Biberpelzen und Lederstiefeln begegnet – alle tragen sie nur geflickte hausgewebte Kittel und schmutzige Schafpelze, und ihre Füße stecken in Lindenbastschuhen. Es hat sich wirklich nicht gelohnt hierherzukommen. Und unsere Rosse sind krank von dem Stroh der Dächer und dem Roggenkorn. Unter der dicken Schneedecke können sie kein Grashälmchen finden. Bald werden wir unsere Pferde los sein, und die erbeuteten Urussutenpferde taugen nicht zum Angriff. Wirklich, mit welchen Beutegütern sollen wir unsere Fuhrwerke beladen? Wahrscheinlich haben diese Schlauköpfe ihr ganzes Hab und Gut in ihren jahrhundertealten Wäldern vergraben, in diesen Wäldern, wo unsere Pferde bis zum Bauch in den Schnee einsinken, wo hinter jeder Tanne der Tod auf den Reiter lauert...«
Immer mehr erbosten sich die Krieger über die geringfügige Beute und ließen ihren Unmut und ihre Bosheit an den unglücklichen Gefangenen aus, die sie bis auf die nackte Haut ausplünderten und dann ihrem Schicksal überließen, so daß die Ärmsten in der grimmigen Kälte erfroren.
Batu-Khans und Subudai-Bahadurs Truppen zogen in Eilmärschen am Lauf der Oka entlang, um als erste die Kleinstadt Muschkaf zu erreichen, wo, wie es hieß, sich die gefüllten Warenspeicher ausländischer Kaufleute befinden sollten.
Der einäugige Bahadur hatte mehrere bulgarische Kaufleute in seiner Nähe, die er darüber befragte, auf welchen Wegen sie hier heraufgekommen wären, was für Handelsgüter sie mitgebracht hätten und gegen welche Waren sie die bei den Urussuten einzutauschen pflegten... Er wollte genau wissen, was für eine Stadt Muschkaf wäre, in welchen Gassen oder Stadtvierteln dort die fremden Kaufleute wohnten und wo sie ihre Läden und Speicher hätten. Wo sie ihr Gold versteckt hielten. Ob der Handel mit den Urussuten einträglich sei und wieviel er einbringe.
Batu-Khans sieben Frauen waren mit bei der Avantgarde. Der Dschichangir hatte nicht darein gewilligt, sie in einem sicheren Kloster zurückzulassen, wo er eine Niederlage für alles von ihm in Besitz genommene Beutegut eingerichtet hatte.
»Meine Sterne sollen stets bei mir sein!« hatte er bestimmt. »Wohin ich auch reite!«
Also hatte man die sieben samt ihren Mägden in Körbe aus Weidengeflecht gesetzt und diese auf Schlitten gestellt. Nur die älteste der drei Mongolinnen – Buraktschin mit Namen – hatte einen schmuckeren Schlitten; auf rotem Grund war er mit märchenhaften Blumen und goldenen Kreuzen bemalt. Er hatte nämlich früher dem Bischof von Rjasan gehört, und wenn die Russen ihn von weitem erblickten, so

bekreuzigten sie sich auch jetzt noch nach alter Gewohnheit und knieten am Wege nieder.
An einer Flußwindung zügelte Batu-Khan seinen Rapphengst und ließ die Krieger an sich vorbeireiten. Hinter ihm hatte eine Leibgarde von hundert Mann Aufstellung genommen.
Viele der vorbeireitenden Krieger hatten zwei, ja sogar drei Pferde: das zweite und dritte führten sie am Zügel neben sich her. Sie dienten als Packtiere und trugen Kornsäcke und lederne Quersäcke, die mit Beutegut vollgestopft waren.
Der Vorhut folgten die Schlitten mit Batu-Khans »Siebengestirn«. Es waren außer dem von drei Schimmeln gezogenen ehemaligen bischöflichen Schlitten noch sechs Personenschlitten und fünf mit dem verschiedensten Gut beladene Lastschlitten, über die man Bärenfelle gebreitet hatte.
Als der Schlitten mit der »Ersten« sich näherte, winkte Batu-Khan einen seiner Diener mit der Hand zu sich und flüsterte ihm einen Befehl zu. Der Nuker ließ den roten Schlitten anhalten, und die stattliche Buraktschin, umwallt von einem weiten violetten Gewand, stieg aus, zwängte sich durch die Schlitten durch, kniete vor dem Dschichangir im tiefen Schnee nieder und verharrte in dieser Stellung.
Aber Batu-Khan rührte sich nicht. Der Krieger sagte zur »Ersten«:
»Der Dschichangir befiehlt dir, wieder einzusteigen. Es wird gleich im schnellen Galopp weitergehn.«
Jetzt kam der Schlitten der in einen Marderpelz gehüllten »Zweiten«, der von drei hintereinandergespannten wachsgelben, weißmähnigen Rossen von ziemlich kleinem Wuchs gezogen wurde. Selbst ihr Vorreiter, der auf dem vordersten Pferde saß, war in Brokat gekleidet, der allerdings durch die Unbilden der Witterung schon arg verblichen war. Hinten am Schlitten war eine rote Kuh angebunden. Ein gefangener junger Urussute, an dessen Körper die Lumpen nur noch hielten, weil sie mit Bast festgebunden waren, peitschte sie mit einer Gerte. Auf einem der drei folgenden Lastschlitten, und zwar auf dem letzten, saßen drei gefangene Urussutinnen. Jede der sieben Frauen des Dschichangirs hatte ein Dreigespann von anderer Farbe – Rappen, Schimmel, Schecken, Füchse. Dem Schlitten der »Sechsten« – es war die Tochter des Kiptschakenkhans Bajander – wurden zwei edle, fürsorglich in warme Decken gehüllte Rennpferde von einem Reiter am Zügel nachgeführt. Der letzte Schlitten, den drei wie schwarze Panther gefleckte Rosse zogen, war leer. Alle anderen Schlitten hatten angehalten, ihre Insassinnen waren ausgestiegen und vor dem Dschichangir niedergekniet, von dem sie ein Zeichen des Wohlwollens erwarteten.
Er aber fragte nur:
»Wo ist Juldus-Hatun?«
Ein Nuker sprengte zu dem Lenker der Pantherfleckigen hin und kam mit dem Bescheid zurück:
»Sie ist mit ihrer Dienerin vorausgeritten... zur Vorhut...«

Batu-Khan ließ den Hundertschaftsführer Kundu rufen und sagte scharf und gereizt zu ihm:
»Die Frauen sollen sofort nach Rjasan zurückfahren. Überall streifen Räuberbanden herum, außerdem steht eine Schlacht bevor, da schweben sie in allzu großer Gefahr...«
Damit galoppierte er davon und seine Leibgarde ihm nach.
Die Frauen aber gebärdeten sich wie toll, schluchzten und schrien:
»Dann soll auch die Schwarze, die Arbeitsfrau, mit uns zurückkehren. Warum darf sie mit dem Dschichangir reiten? Auch wir wollen ihm folgen bis ans Ende der Welt...«
Doch der Hundertschaftsführer, eingedenk des von Batu-Khan erhaltenen Befehls, ließ die sechs Frauen mit Gewalt von seinen Kriegern in ihre Schlitten zurückbringen, die, eskortiert von einer halben Hundertschaft, den Weg nach Rjasan einschlugen.
Zuerst schluchzten die Frauen untröstlich, allmählich aber beruhigten sich ihre aufgeregten Gemüter beim Gedanken an die prächtigen Geschenke, die sie von dem Dschichangir aus der in Rjasan, Perejaslawl, Isheslawl und anderswo gemachten Beute erhalten hatten.
»Wie schade, daß wir nicht mit nach Muschkaf dürfen!« bedauerten sie. »Es soll dort so viele ausländische Waren geben... Doch der Dschichangir in seiner Freigebigkeit wird uns schon nicht vergessen oder benachteiligen...«

Batu-Khan vor Moskau

Batu-Khan hatte es eilig, als erster nach Muschkaf zu kommen.
»Das ist eine junge Stadt«, erzählten die bulgarischen Kaufleute. »Nicht weit davon kreuzen sich die Wasserwege des Urussutenlandes. Kaufleute aus den verschiedensten Ländern, auch solche, die noch weiter wollen, nach dem reichen Uldemir zum Beispiel oder nach Bulgar, machen dort halt.«
Der Dschichangir beschloß, die übrigen Dschingisiden von dieser Handelsstadt fernzuhalten, die sie ohne Sinn und Zweck bloß zerstören würden, während sie, wenn sie erhalten blieb, ihm noch von großem Nutzen sein konnte. Batu hatte seine eigenen Pläne und Gedanken, die er höchstens dem verschwiegenen Subudai anvertraute, dessen kurze brummige Antwort darauf zu lauten pflegte:
»So, so... Wenn wir hinkommen werden wir ja sehn!«
Am Morgen gelangte die erste Tausendschaft, bei der Batu-Khan war, an ein von altem Kiefernwald bestandenes abschüssiges Steilufer. Unten schlängelte sich der Lauf des unter der Eisdecke schlafenden Flusses.
Drüben, am jenseitigen Ufer, erblickte man auf einem Hügel ein verschneites altes (zumeist aus Holzhäusern bestehendes und von Palisaden umgebenes) Städtchen: ungeordnete Häuserhaufen, die sich um

zwei bunte Türmchen und vier kleine Kirchen zusammendrängten, dazwischen die Speicher der Kaufleute. Das Ganze in blaugrauen Dunst und Rauch gehüllt, der über den Holzdächern aufstieg. Moskau!
Offenbar war man hier ganz und gar nicht auf die Ankunft der Tataren gefaßt. Schlitten fuhren in langen Reihen durch die Gassen, Menschen gingen zum Fluß hinunter oder kehrten von dort zurück, die Frauen mit Holzeimern am Schulterjoch. An einer Wake stand ein Schlitten mit einer großen Tonne darauf, die ein Mann voll Wasser schöpfte. Ein paar Frauen standen auf Brettern am Eisloch und bearbeiteten Wäschestücke eifrig mit Bleueln. Aus kleinen Badehäuschen am Ufer, denen in dichten Schwaden Dampf entströmte, kamen nackte Gestalten gelaufen, tauchten in das Eisloch und eilten zurück.
»Was treiben diese Verrückten dort?« fragte Batu den neben ihm stehenden Dragoman, der ihm die Sache erklärte und seine Erklärung mit den Worten beschloß:
»Das ist der Gesundheit sehr zuträglich, und daher sind die Urussuten auch so stark.«
Hochmütig entgegnete Batu-Khan:
»Wer den Schmutz von sich abwäscht, der wäscht auch sein Glück ab!«
Ihn interessierten die großen Boote, die kieloben nebeneinander am Ufer lagen; andere waren im Eis festgefroren, und ihre schlanken Masten ragten in die klare Frostluft.
»Dort wohnen die Kaufleute mit ihren Gehilfen und Ladendienern«, sagte der Dolmetscher. »Mit diesen Booten fahren sie nach Nowgorod, nach Kiew, nach Bulgar und über Smolensk zu den Lateinern. Diese Kaufleute stammen meist selber aus fremden Ländern. Die in diesem Jahr zu früh eingetretenen Fröste haben sie in Muschkaf festgehalten.«
»Ich möchte diese fremden Kaufleute sehen und mit ihnen sprechen«, sagte Batu. »Kein Haar soll ihnen gekrümmt werden. Man soll sie nur festnehmen und mir vorführen.«
Unter einer hohen, jahrhundertealten Kiefer hielt Batu seinen Rapphengst an. Gleich daneben stand eine ganz im Schnee vergrabene baufällige Hütte, die wohl bewohnt sein mußte, denn durch den Abzug über der Tür drang Rauch heraus. Zwei von Batus Leibgardisten rüttelten grob an der Tür, hinter der sich ein Hüsteln und dann der ärgerliche Ausruf hören ließ:
»Was ist los? Schert euch zum Teufel. Reißt mir die Hütte nicht um!«
Aber die Krieger fuhren fort, an der Tür zu rütteln.
»So wartet's doch ab, ihr Verfluchten. Laßt mich doch erst die Schuhe anziehn!«
Das kleine Türchen öffnete sich, und heraus trat in gebückter Haltung ein langer, dürrer Greis, dem das Haar wie gesträubtes Gefieder von dem faltigen bärtigen Gesicht abstand. Die Hand über die weißen Brauen legend, betrachtete er aus tränenden roten Augen die fremden Krieger, die ihn gestört hatten. Sie packten ihn an den Armen und schleppten ihn zu Batu, vor dem er in gebückter Haltung, die ihm durch sein langes Leben

in der niedrigen Behausung zur Gewohnheit geworden war, stehenblieb.
»Wer bist du?« fragte ihn Batu-Khan.
»Der hiesige Totengräber.«
»Wie heißt du?«
»Neupoko werde ich genannt und mit Taufnamen Nikita, mit dem es, wie man sagt, kein Teufel aufnimmt...«
»Was willst du damit sagen?«
»Was ich damit sagen will? Nun, der heilige Nikita ist mein Schutzpatron, und vor ihm fürchten sich alle Teufel.«
»So einen wie dich kann ich brauchen«, meinte Batu.
»Einen wie mich? Ach, wozu wäre ich schon brauchbar, alt und krank und gebrechlich, wie ich bin...«
»Und was tust du denn hier?«
»Ich flehe zu Gott um Vergebung meiner Sünden, und wenn man mich darum bittet, so treibe ich auch Teufel aus.«
»Was für ›Teufel‹ denn?«
»Stinkende und garstige, mit Hörnern, Klauen und Schwänzen. Manchmal haben sie auch ein menschliches Antlitz... Und wenn sie den Menschen schaden können, dann freuen sie sich...«
»Ich kenne sie«, stimmte Batu ihm zu, »bei uns heißen sie ›rote Mangusse‹... Auch bei uns haben sie menschenähnliche Gestalt und fügen mir viel Böses zu. Du scheinst ein sehr brauchbarer Mann zu sein. Bitte dir von mir eine Gnade aus.«
»So erlaube mir, mit meiner alten Mähre auch weiterhin durch die Dörfer rings um Moskau zu fahren und die Toten zu bestatten und solchen, die ohne Angehörige sind, die Augen zuzudrücken. Gib mir was Schriftliches, daß deine schuftigen Krieger mich nicht hindern oder gar mich niedersäbeln...«
Batu-Khan gewährte ihm den Wunsch mit einem Kopfnicken.
»Jurtdschi, häng ihm eine hölzerne Paizsa um den Hals, damit sein Leben vor Mongolenschwertern sicher ist«, gebot er. Dann fragte er nach einer kurzen Pause des Überlegens den Totengräber: »Kannst du auch Krankheiten austreiben?«
»Gewiß kann ich das, erhabener Mungalenkhan. Es gibt dafür Beschwörungen. Aber auch Absude aus getrockneten Kräutern vermögen Krankheiten und Herzeleid zu vertreiben. Wie mit der Hand fortgewischt...«
Doch Batu hörte schon nicht mehr auf den Alten. In der Ferne, jenseits des Städtchens, stieg dicker schwarzer Rauch zum Himmel auf, an drei Stellen zugleich – drei Dörfer brannten dort zu Schutt und Asche. In den Rauchschwaden zuckten und zitterten rote Feuerzungen, und ein Regen von Funken ging im weiten Umkreis nieder und schaffte neue Brandherde. Am Fluß und im Städtchen bekamen die Menschen einen panischen Schrecken. Der Wasserschöpfer ließ seinen Eimer und seine Tonne im Stich, die Weiber rafften hastig ihre Wäschestücke zusammen und stoben wie geängstete Hühner nach allen Seiten auseinander.

»Scheibani ... Khan Scheibani ist im Anmarsch und nähert sich von der andern Seite her der Stadt ... Nun ist er uns doch zuvorgekommen«, sprachen die Krieger Batu-Khans und Subudai-Bahadurs untereinander. Der Bahadur kam angeprescht und spähte mit zugekniffenem Auge in die Richtung des Brandes.

»Wie kommt Scheibani hierher?« fragte Batu.

»Er wird über die Flüsse Shisdra und Ugra gehetzt sein. Sie sind ja zugefroren ... Er verlegt den Einwohnern der Stadt, die er anzünden wird, die Flucht in den Wald. Gib Befehl, die Stadt von unserer Seite her einzuschließen, und laß alle Kaufleute und Handwerker ergreifen. Gewiß wird sich der junge Fürst Uldemir dir als Bittsteller nahen.«

»Ich bleibe hier auf diesem Hügel, auf dem man auch meine Jurte aufschlagen soll«, sagte Batu-Khan.

Subudai entgegnete:

»Unweit von hier liegt in einem windgeschützten Grunde eine Siedlung. Dort kannst du eine saubere, warme Behausung finden.«

»Ich mag nicht. Wir beide sind es gewöhnt, am Lagerfeuer zu schlafen«, lehnte Batu den Vorschlag ab.

»Das stimmt schon«, räumte Subudai ein. »Doch warum bei dieser beißenden Kälte im beißenden Rauch sitzen? Muschkaf ist nicht durch einen Handstreich zu nehmen. Dort führt ein schlauer alter Wojewode das Kommando. Der wird uns schon ein paar Tage zu schaffen machen ...«

»Mag sein, mag sein, doch Muschkaf muß und wird mein sein!«

Fünf Tage lang belagerten Batu-Khan und sein Bruder Scheibani Moskau, dessen Einwohner sich hinter ihren Palisaden heldenmütig zur Wehr setzten; der junge Fürst Wladimir und sein Wojewode Njanka leiteten die Verteidigung mit Sinn und Verstand, lösten erschöpfte Kämpfer durch frische ab und schickten an besonders gefährdete Stellen stets rechtzeitig Verstärkung.

Dann aber trafen die Wurfmaschinen und Rammböcke der Mongolen ein. Hunderte von Pferden und Gefangenen brachten sie vor der Mauer in Stellung. Riesige Steinblöcke und lange Pfeile mit loderndem Werg, das mit brennbaren Flüssigkeiten getränkt war, flogen über die Mauer hinweg in die Stadt. Die Holzhäuser fingen vielerorts zu brennen an, und die Löschmannschaften konnten des Feuers nicht mehr Herr werden.

Am hohen Ufer zwischen zwei Lagerfeuern saß Batu-Khan auf einem umgefallenen Kiefernstamm, über den man einen Teppich gebreitet hatte. Neben ihm Subudai. Beide blickten gleichmütig auf die brennende Stadt. Was bedeutete ihnen das untergehende Muschkaf? Eine Stadt mehr oder weniger – war das nicht völlig belanglos? In jahrelangen Feldzügen hatten sie China, Chowaresmien und andere Länder zerstört. Dabei gewöhnt man sich an den Anblick brennender Städte ...

Einige Krieger kamen und trieben Gefangene vor sich her, die, obwohl blau und zitternd vor Kälte und in Fesseln, dennoch ihr stolzes Auftreten bewahrten, besonders einer, der sich durch bessere Kleidung von den

anderen unterschied. Er trug einen ärmellosen, himbeerfarbenen Pelz, der mit Zobelfell verbrämt war. Der Seidenkaftan, von dem nur die Ärmel sichtbar waren, die gestreiften Wollstrümpfe, die Schnallenschuhe und der breitkrempige, mit einer prächtigen Feder gezierte Hut – alles das sprach von einer fremdländischen Herkunft. Bei den Gefangenen waren der Hadschi Rachim und der alte Nasar, der »Beschützer der Kaufleute«. Der Alte trat jetzt vor, wobei er seinem faltigen Gesicht mit dem Ziegenbärtchen ein ganz besonders wichtiges Aussehen verlieh. In der einen Hand hielt er das Ende des Strickes, mit dem die Gefangenen aneinandergebunden waren, in der andern einen blanken Krummsäbel. Er entblößte sein Haupt und ließ sich auf die Knie nieder. Der vornehme Gefangene nahm ebenfalls seinen Federhut ab.
»Niederknien!« kommandierte Nasar, und die Gefangenen sanken vor dem Dschichangir in die Knie.
»Wer sind diese Leute?« fragte Batu.
»Du wünschtest die fremden Kaufleute zu sehn. Sieh sie hier vor dir. Sie besitzen Schiffe, Warenlager und Verkaufsläden. Mit Müh und Not gelang es mir und dem Fakih, sie aus den Fangschlingen deiner Krieger zu befreien. Dieser Schmucke hier ist ihr Ältester ... Auch ihn hatte man gänzlich ausgeplündert, und die blauen Flecke in seinem Gesicht zeugen davon, daß er in sehr enge Berührung mit der tatarischen Kriegsmacht gekommen ist. Als er aber hörte, daß er vor dein Angesicht treten sollte, hat er seine Festkleidung aus einem Versteck hervorgeholt, um in würdiger Verfassung vor dir erscheinen zu können.«
»Mag er erzählen«, sagte Batu, »wer er ist, aus welchem Lande, welcher Stadt er kommt und was für Geschäfte er in Muschkaf hat.«
Der Älteste der Kaufleute erhob sich aus seiner knienden Stellung, machte eine tiefe Verbeugung, wobei er seinen Hut hin und her schwenkte, als wollte er den Schnee davon abschütteln. Dann begann er seine Rede in russischer Sprache, deren er, da er sie seit langer Zeit schon sprach, völlig mächtig war. Der Dolmetscher übersetzte dem Dschichangir seine Rede, die also lautete:
»Ich sowie zwei meiner achtbaren Gefährten, wir stammen aus Lübeck, einer reichen Seestadt im Norden Deutschlands. Die übrigen stammen aus anderen Städten: Ditmar aus Brügge, Rudolf aus Dortmund, Reinhold aus Soest und Karl aus Medebach. Wir alle gehören der Russaria-Gilde an, einer Gilde von Kaufleuten, die ebenso wie vordem unsere Väter mit den Russen Handel treiben. In der Stadt Muschkaf haben wir unsere Warenspeicher und Niederlagen, unsere Verkaufsläden und mehrere große Flußschiffe und Boote. Mit ihnen befahren wir im Sommer die russischen Flüsse. Bei uns daheim nennt man uns auch ›Hanseaten‹. Die Stadt, die den Hauptumschlageplatz für den Rußlandhandel bildet, ist Smolensk, von wo aus man auf dem Dnepr nach Kiew gelangt. Die Unternehmungslustigsten unter uns haben sich mit ihren Waren sogar bis zu der fernen, aber berühmten Stadt Nowgorod und noch weiter bis nach Bulgar an der Kama gewagt.«

»Mit was für Waren handelt ihr?«
»Von den Bulgaren und Arabern kaufen wir orientalische Waren: Ingwer, Pfeffer, Rosinen, getrocknete Früchte. Von den Russen: Wachs, Wolle, Häute und Felle, Borsten, Pech und Teer, Fett, Honig, Flachs...«
»Und was verkauft ihr?«
»Vor allem das berühmte dauerhafte deutsche Tuch und schneeweißes Linnen, ferner Waffen, vorzüglichen Wein von den Bergen am Rhein, kunstreiche Arbeiten aus Edelmetallen, aus Gold und Silber. Aber auch Gegenstände aus Kupfer, Zinnteller und Zinnkrüge, Eisen und Blei, Farben und Waschblau.«
»Könnt ihr mir eure Waren zeigen?«
»Es wäre uns die größte Ehre, deiner Hoheit alles zu zeigen, womit wir Handel treiben, aber leider hat es eine kleine unbedeutende Mißhelligkeit gegeben, die bei geneigtem Wohlwollen deiner Hoheit sich freilich rasch und leicht wieder gutmachen ließe...«
In Batu-Khans Augen sprühten lustige Fünkchen, als er fragte:
»Was für eine Mißhelligkeit?«
»Unsere Speicher und Läden wurden von Gästen heimgesucht, die sich nahmen, was einem jeden von ihnen gefiel. Und es waren mehr Gäste als Waren. Jeder schnitt sich ein Stück Tuch oder Leinen ab, jeder wollte von dem Wein kosten, und so ist uns leider gar nichts mehr geblieben, was wir deiner Hoheit als Zeichen unserer Hochachtung und Ergebenheit zu Füßen legen könnten.«
»Gib deinen Kriegern Befehl, sie niederzuhauen!« zischte Subudai. »Sie sind allesamt schlaue Spione...«
»Nein, ich werde sie vielmehr belohnen und erhöhen«, entgegnete Batu-Khan unerschütterlich.
»Das ist unratsam und obendrein gefährlich.«
»Schweig! Es muß so sein!« erwiderte der Dschichangir und wandte sich wieder den Hanseaten zu.
»Mit anderen Worten: Ihr führt Klage gegen meine Krieger?«
»Keineswegs«, antwortete der Lübecker ruhig. »Wir bedauern lediglich, daß sie uns nicht genug übriggelassen haben, um dir ein deiner Erhabenheit würdiges Geschenk zu machen. So muß sich deine Hoheit mit dieser bescheidenen Gabe begnügen...«
Und er holte einen großen, figurengeschmückten Silberpokal von herrlicher Arbeit aus dem Busen hervor.
Ein Lächeln huschte über Batu-Khans Gesicht, und er schielte von der Seite her zu Subudai hinüber, der finster und mißmutig dastand. Dann nahm er den Pokal entgegen und betrachtete ihn eingehend.
»Warum ist hier nur die Hälfte eines Vogels zu sehn? Und was bedeutet dieser Schlüssel?«
»Das ist das Wappen unserer Hansestadt Lübeck, die Hälfte des germanischen schwarzen Adlers und der Schlüssel Petri, des Schutzpatrons der Kaufleute. Wie bekannt, ist er der Verwahrer des Schlüssels zum

himmlischen Paradiese, dem Garten Gottes, wohin die Seelen der Gerechten nach dem Tode fliegen.«

»Dse-dse!« lachte Batu-Khan. »Ihr Kaufleute bildet euch wohl ein, Gerechte zu sein?... Bald werdet ihr auf eure Pokale und Münzen prägen müssen ›Batu-Khan, Eroberer des Erdkreises‹... Auch eure Stadt Lübeck werde ich im Sturm nehmen.«

Die Kaufleute von der Hanse riefen:

»Bis dahin aber nimm uns in deinen Schutz und laß uns unsere warme Kleidung wiedergeben, damit wir nicht erfrieren!«

»Als Gegengeschenk für den Pokal sollt ihr von mir Tatarenpelze erhalten. Ihr gefallt mir. Solche kühnen Männer wie ihr können mir von Nutzen sein, wenn es kein bulgarisches, russisches, deutsches oder irgendein anderes Reich mehr gibt, sondern nur ein einziges großes mongolisches Reich... Ihr werdet frei durch mein ganzes Reich reisen und Handel treiben dürfen mit Waren, die ich brauche. Bald werdet ihr eure Verluste gedeckt und neue Reichtümer erworben haben... Habt ihr sonst noch eine Bitte vorzubringen?«

»Wir fürchten für unsere Boote. Deine tapferen Krieger haben begonnen, sie zu zerhacken und damit Feuer anzuzünden. Befiehl ihnen, daß sie aufhören, diese nützliche Stadt und unsere Boote und Speicher zu zerstören...«

Batu-Khans Gesicht verfinsterte sich, und zornig ballte er die Fäuste.

»Sprecht von Dingen, die euch angehn, von Leder, Wachs oder Tuch, kümmert euch aber nicht um meine Krieger und um ihr Tun! Wenn der Pfeil von der Sehne geschnellt ist, kann keine Macht der Welt ihn wieder zurückholen. Wenn der Befehl zur Einnahme einer Stadt erteilt ist, dann ist auch meine Macht am Ende, denn meine Krieger wissen, daß sie nach den Gesetzen der Jassa drei Tage Plünderungsfreiheit haben, und niemand darf und kann ihnen Einhalt gebieten. Nach diesen drei Tagen aber lasse ich jedem das Rückgrat brechen, der in der eroberten Stadt noch angetroffen wird. Genug! Wir gestatten euch, euch zu entfernen.«

Ratlos blickten die Kaufleute einander an, unschlüssig darüber, was sie nun tun sollten. Da winkte Nasar-Kjarisek ihnen mit dem Finger:

»Kommt, wir wollen dem Baurschi die versprochenen Pelze aus den Zähnen reißen!«

»Was für ein kluger und angenehmer Mensch ist dieser Kaufmann«, sagte Batu-Khan zu Subudai.

»Und dabei ganz besonders gefährlich«, entgegnete finster grollend der Bahadur.

Der Brand von Muschkaf dauerte fort. Die Holzbauten verwandelten sich in lauter lodernde Scheiterhaufen. In den dunklen Rauchwolken, die den Himmel verhüllten, sah man die weißen Punkte ängstlich hin und her flatternder Tauben. Schwärme von Dohlen und Krähen zogen über die Stadt hin. Die Rammböcke brachen breite Breschen in die Palisaden, durch welche die Tataren in die Stadt eindrangen.

»So befiehlt es die Jassa! Uragsch! Kchu-kchu!« schrien die Tataren und säbelten erbarmungslos nieder, was ihnen vor die Klinge kam. Wenn sie glaubten, genug Beute gemacht zu haben, beeilten sie sich, wieder aus der brennenden Stadt herauszukommen. Manche trieben Frauen vor sich her oder hatten weinende Kinder vor sich auf den Sätteln. Andere schleppten gefesselte Gefangene hinter sich her. Zwei Tage waren die Stadt und die umliegenden Dörfer den Gewaltakten der Tataren preisgegeben; am dritten Tage begannen sich die Truppenverbände wieder zu formieren. Überall wurden Scheiterhaufen aufgeschichtet, auf denen die Leichen der Gefallenen verbrannt werden sollten. Die Tataren saßen im Kreis, aßen Füllenfleisch, sangen, die Oberkörper im Takt hin und her wiegend, ihre traurigen Lieder und riefen den toten Kameraden zum Abschied ihr »Baijartai!« zu.

Am Morgen des vierten Tages zogen sie ebenso schnell wieder ab, wie sie erschienen waren. Als keiner von ihnen mehr zu sehen war, fuhr der hagere struppige Neupoko mit seiner ebenso struppigen, hageren Mähre über den Fluß. Die Kufen seines Schlittens knirschten, und wenn sie an die steif gefrorenen Leichen, die überall herumlagen, stießen, klang es, als ächzten und stöhnten sie. Neupoko bemühte sich, die Leichen wenigstens vom Wege wegzuräumen, aber nicht immer gelang ihm das, denn manche waren am Boden festgefroren.

»Die Erde hält die Toten hartnäckig fest, will sie nicht hergeben«, murmelte der Totengräber, während er langsam weiterfuhr.

Bald schlossen sich ihm noch zwei Menschen an, die irgendwo in einem Keller das Massaker überlebt hatten: ein Greis und ein Jüngling. Der erste beklagte den Verlust seiner Kinder, der zweite den seiner Braut oder Geliebten. Überall suchte er nach ihrer Leiche.

»Woher weißt du denn, daß sie tot ist?« fragte Neupoko. »Hast du denn mit eignen Augen gesehn, wie man sie umgebracht hat? Irgendein Tatarenkhan wird sie als Beute mitgenommen haben.«

»Mein Herz fühlt es«, klagte der junge Bursch, indem er sich mit dem Ärmel über die Augen fuhr.

»Denk mal an – fühlt es!« meinte Neupoko. »Hilf lieber! Siehst doch, wieviel Tote hier umherliegen. Man muß sie alle der Erde übergeben, damit ihre Seelen nicht dazu verdammt sind, nachts als Gespenster umherzuirren.«

Sie machten sich daran, die Leichen ihrer Landsleute auf dem Eise des Flusses reihenweise nebeneinanderzulegen, wobei sie freilich nicht versäumten, deren Taschen nach irgend etwas Eßbarem zu durchsuchen. Als sie auch ein paar tote Tataren fanden, brummte Neupoko, indem er sich bekreuzigte:

»Jetzt werdet ihr euch wohl vertragen und nicht mehr streiten... Und wenn das Eis erst schmilzt; trägt euch der Fluß alle miteinander hinunter zum Blauen Meer. Gar zu viele Tote sind es, als daß man für jeden ein Grab graben könnte.«

Khan Külkan vor Kolomna

Den Einwohnern von Kolomna erschienen die Befestigungen ihrer Stadt, die so oft Überfälle der Nomaden abgewehrt hatten, ein sicherer und ausreichender Schutz. Das Tor mit der Panzerung aus rostigen Eisen- und Blechplatten war fest geschlossen und der Querbalken vorgelegt. Von den Zinnen der Mauern sahen die Bürger voll Erbitterung die fremden Reiter, die ihre Rosse rings um die Stadt herum tummelten. Mitunter öffneten sich die Torflügel knarrend und knirschend, und Hunderte von Reitern stürzten sich auf die Mongolen, die sofort davonstoben, so daß es kaum gelang, den einen oder andern von ihnen zum Gefangenen zu machen, wie der Wojewode der Stadt es befohlen hatte, im Gegenteil, die listigen Tataren lockten manche Gruppe ihrer Verfolger in einen Hinterhalt. Einige tollkühne Tataren wagten sich in allernächste Nähe von Tor und Mauer und schossen ihre langen Pfeile auf die Verteidiger, und selten verfehlte einer dieser Pfeile sein Ziel. Ein alter Krieger zog eben einen solchen Pfeil ächzend und stöhnend aus der blutenden Brustwunde. Alle betrachteten neugierig das Geschoß: Ein tönernes Pfeifchen war daran befestigt, das während des Fluges einen beängstigenden Heulton erzeugte.

Eine Gruppe tatarischer Reiter auf leichten schnellen Rossen reizten in allernächster Nähe des Stadttores die Russen durch herausforderndes Benehmen zu einem Geplänkel. Aber der Wojewode zügelte die Kampflust seiner Leute, die durchaus einen Ausfall machen wollten: »Noch ist die Stunde nicht gekommen. Traut den arglistigen Tataren nicht, die euch bloß in eine Falle locken wollen.«

Kolomnas Verteidigung lag in den Händen von Jeremei Glebowitsch, der sich in den Kriegen mit den Polowezern ausgezeichnet und reiche Erfahrung erworben hatte. Ihm zur Seite standen der Sohn des Großfürsten, Wsewolod Georgijewitsch, und der dem Rjasaner Gemetzel entflohene Fürst Roman Ingwarewitsch. Wsewolod befehligte eine Truppe von Männern aus Susdal, und Roman stand an der Spitze einer Schar von Kriegern, die, wie er selber, dem Blutbad von Rjasan entronnen waren.

Erst hatte es den Anschein, als wäre die Zahl der die Stadt Kolomna einschließenden Tataren nicht sehr groß, jedenfalls nicht viel größer als die Zahl der Verteidiger. Die beiden jungen Fürsten brannten darauf, mit den Feinden handgemein zu werden, die Belagerer in die Flucht zu schlagen und gegen andere tatarische Heeresgruppen vorzustoßen.

Der Wojewode befahl: Zehn Hundertschaften sollten sich bereit halten für einen Ausfall, der bei Tagesanbruch aus allen Toren der Stadt zugleich unternommen werden sollte. Jeremei Glebowitsch glaubte auf diese Weise die Belagerer überrumpeln und ihren Ring durchbrechen zu können.

»Macht Gefangene«, schärfte er seinen Leuten ein, »damit man sie aushorchen kann, wie groß das Heer der Tataren ist, welche Khane mit ihren Truppen vor Kolomna liegen und wo die anderen stehen. Ob sie gedenken, ihre Truppen gegen andere Städte zu führen, oder ob sie ebenfalls auf unsere Stadt vorrücken. Also kommt mir keinesfalls ohne Gefangene zurück!«

Der Hauptanführer der vor Kolomna liegenden Tatarenverbände war Dschingis-Khans jüngster Sohn Külkan. Außer über seinen eigenen Tumen von zehntausend tatarischen Reitern gebot er noch über die fünftausend Kiptschaken des Khans Bajander und über einen Tumen aus Kriegern verschiedener Stämme. Diese ganze Macht lag freilich nicht vor Kolomna, sondern hatte sich über das ganze Susdaler Gebiet zerstreut, damit beschäftigt, nach der in die Wälder geflüchteten Bevölkerung zu fahnden und sie auszuplündern. Im Laufe eines Monats hatten sie mehr als ein Dutzend kleiner Städtchen niedergebrannt.

An einem rauhen Wintertage war Khan Külkan vor Kolomna erschienen, hatte befohlen, die Marschjurten am Flußufer, am Saume eines Kiefernwaldes, aufzuschlagen, von wo man einen guten Überblick über die Stadt hatte und alle Einzelheiten der Befestigungsanlagen erkennen konnte. Die leere Fläche des zugefrorenen Flusses, über dessen Eisblöcken Scharen schwarzer Krähen flatterten, bot ein günstiges Gelände für die bevorstehende Schlacht.

Der junge Khan, eine ebenso reckenhafte Gestalt wie sein Vater Dschingis-Khan, betrachtete vom Eingang seines Zeltes aus mit gierigen Blicken die Festung, deren Einnahme und Zerstörung seine erste Ruhmestat bilden sollte. Obwohl wilde Leidenschaften in seiner Seele tobten, war sein Gesicht unbeweglich. Er wurde von Ehrgeiz zerfressen und war unzufrieden, daß er noch keine Gelegenheit gehabt hatte, sich als Feldherr zu bewähren.

›Neunzehn Jahre alt – und noch nichts für die Unsterblichkeit getan!‹ dachte er bei sich. ›Zwar hatte auch mein Vater in diesem Alter noch nichts Großes geleistet. Als Sklave mit dem Block um den Hals hat er schwere Sklavenarbeit mit dem Hammer am Amboß leisten müssen, angetrieben von den Schlägen eines grausamen Herrn ... Ich aber, ich bin doch der Sohn des Gebieters über alle Völker des Erdkreises, kommandiere als mächtiger Khan ein Heer von fünfundzwanzigtausend Mann, das ich mit einer Handbewegung in jede beliebige Richtung schicken kann. Ich werde das Werk vollenden, das mein Vater nicht mehr zu Ende führen konnte: Bis zum letzten Meere werde ich mir den Erdkreis unterwerfen ... Wenn mich nur meine Nebenbuhler nicht daran hindern wollten. Da ist zunächst Gujuk, mit dem ich mich bis zu meinem Siege werde gut stellen müssen ... Aber schlimmer als alle andern ist Batu. Weshalb hat man ihn bloß zum Dschichangir erwählt? Beim ersten Mißerfolg muß er für unfähig erklärt und hingerichtet werden. Ist er erst aus dem Wege geräumt, so kann man daran denken, auch Gujuk zu beseitigen. Die Hauptsache aber ist, sich hier vor Kolomna durch eine glückliche und glänzende Waffentat Ruhm zu erwerben und die Krieger durch Freigebigkeit für sich zu gewinnen, damit sie an den Lagerfeuern Külkan preisen. Später sollen sie mir dazu verhelfen, Kagan zu werden...‹

Khan Bajanders Kiptschaken hatten als rechtgläubige Muselmanen, abgesondert von Mongolen und Tataren, ein Lager für sich bezogen. Seïden, deren grüne Turbane kenntlich machten, daß ihre Träger ihren Stammbaum auf den Propheten selbst zurückführten, unterwiesen die Kiptschakenkrieger in den Regeln und Geboten des Glaubens, auf deren Einhaltung sie streng achteten. Sie malten ihren Zuhörern herrliche Bilder von den paradiesischen Freuden, die genießen würde, wer als Glaubenskämpfer den Tod gefunden.

»Schlagt die Ungläubigen nieder«, so endeten sie gewöhnlich mit Schaum vor dem Mund ihre Reden, »denn wer als Blutzeuge für seinen Glauben stirbt, geht in die Gärten Allahs ein, wo er in den Armen schwarzäugiger und weißhäutiger Jungfrauen ungetrübtes Glück genießt.«

Allerdings waren die Muselmanen durchaus nicht alle einig im Glauben: Es gab da zwei Richtungen – Schiiten und Sunniten –, deren Vertreter sich streng voneinander absonderten, getrennte Lager bezogen, aus getrennten Kesseln aßen. Die Kiptschaken waren Anhänger der sunnitischen Lehre, die persisch sprechenden Iraner aber bekannten sich zu Schia. Die Glaubenslehrer der Schiiten wußten vom Kommen des »Erwarteten« oder des »Herrn der Zeit«, des Mahdi, zu erzählen, der vor langer, langer Zeit verschwunden, doch nicht gestorben sei und wiedererscheinen werde, »wenn die Grenzen des Bösen und der Gewalttätigkeit in der Welt überschritten sind. Dann wird der Mahdi die Gerechtigkeit in der Welt wiederherstellen – weder Arme noch Reiche wird es dann mehr geben, sondern alle werden gleich und glücklich sein.«

Die schiitischen Krieger lauschten gern solchen frommen Geschichten und Legenden. Bereitwillig rückten sie enger zusammen, damit noch ein Plätzchen am Kessel frei werde für den Seïd, den sie ausfragten, ob der verschwundene Mahdi sich nicht am Ende bei den Fremdländischen verborgen halte und ob man den Brunnen finden könne, wohinein die Milch aus den Brüsten der heiligen Marjam geflossen und zur Gestalt eines Halbmondes geronnen sei.

»Wir werden diesen Brunnen unbedingt finden«, erklärte der Seïd, indem er sich mit drei Fingern einen Breikloß aus dem Kessel fischte und ihn mit einer schwungvollen Geste in den Mund beförderte. »Glaubt mir, die Augen eines jeden, der in diesen Brunnen schaut und darin den Halbmond aus der Milch Marjams erblickt, brauchen nie das Höllenfeuer zu sehen...«

Die Kiptschakenkrieger hörten lieber Sagen von den Heldentaten der Recken oder drollige Geschichten über die wunderbaren Abenteuer des Kraftmenschen und Kahlkopfs Ketschel. Nicht müde wurden sie auch, über ihren Hundertschaftsführer Tüljab-Birgen zu spotten, auf dessen prächtigem Roß ein gefangener Urussute davongeritten war. Und zwar kamen sie auf diese Geschichte gerade jetzt immer wieder zurück, weil gemunkelt wurde, unter den Urussuten, die einen Ausfall aus den Toren der Stadt Kolomna gemacht hätten, wäre auch ein junger kühner Bursch auf Tüljab-Birgens Braunem gesehen worden. Und jeder gab nun einen Rat, wie man es anstellen müsse, diesen Braunen wiederzubekommen. Tüljab-Birgen allerdings ging jedesmal, wenn das Gespräch auf diese Sache kam, zähneknirschend abseits und hätte am liebsten die Spötter und Spaßvögel umgebracht.

»So ein Roß, wie mein Brauner war, findet man im ganzen Heer nicht wieder. Alle konnte ich damit überholen. Aber wie soll ich denn jetzt meinen Braunen einholen? Auf einer eurer Schindmähren etwa?«

Der Mullah Abdu-Rassully legte seine Stirn in nachdenkliche Falten und meinte dann mit bekümmerter Stimme:

»Hier, wie immer, könnte nur ein Weib helfen...«

»Ein Weib? Wieso?« riefen die Krieger.

»Nun, so ein Roß, wie du brauchst, könnte dir höchstens Khan Külkan geben. Der hat Rosse, die so schnell sind wie der Wind. Doch der hält alle zehn Finger über seine Pferde. Brächtest du ihm aber eine rotwangige Urussuten-Schöne mit schwarzen Brauen und hellen Augen und machtest sie ihm zum Geschenk, so würde er dir als Gegengeschenk bestimmt eins seiner Pferde geben.«

»Er brauchte mir ja bloß eins zu leihen, damit ich Jagd auf meinen Braunen machen kann.«

»Dann nimm dich aber ja in acht, daß der Urussute dir nicht auch noch das zweite Pferd wegnimmt. Maschalla, maschalla!«

Der Gedanke, daß Khan Külkan ihm helfen könne, setzte sich bei Tüljab-Birgen fest, und schließlich ging er zur Jurte des Dschingisprinzen. Die beiden über und über schneebestäubten Wachtposten gewährten ihm erst nach langem Zureden Zutritt. Neben einem Feuer, das sich von duftenden Kiefernzweigen nährte, saß auf Pantherfellen der erlauchte Sohn des heiligen Regenten. Bei ihm saßen mehrere Tausendschaftsführer, von denen jeder eine Holzschale in der Hand hielt. Ein Diener, ohne Stiefel, nur in Filzsocken, stand vor einem am Haken aufgehängten Weinschlauch und füllte mit einer Kelle die Schalen der Zecher mit starker Arsa. Tüljab-Birgen blieb bescheiden stehen, nachdem er seine Pelzkappe gezogen und zum Zeichen völliger Ergebung in den Willen des Himmels seinen Gürtel sich um den Hals geschlungen hatte. Külkan setzte noch eine ganze Weile seine Unterhaltung mit den Khanen fort, ehe er geruhte, den schweigend wartenden Bittsteller zu bemerken.

»Welche Bitte oder welche Klage hast du vorzubringen, tapferer und ruhmreicher Tüljab-Birgen? Tritt näher!«

»Ich bin ein Opfer der Verzweiflung. Nur du allein kannst mir helfen. Versagst du mir deine Hilfe, so werde ich mich in die Schwerter der Urussuten stürzen müssen. Wenn ich nicht fortschreiten darf auf dem Weg der Tapferkeit, will ich lieber sterben.«

»Worüber grämst du dich?« fragte der Temnik Burundai, der schon unter

Dschingis-Khan sich Ruhm und Erfahrung erworben hatte. »Du bist noch jung, und doch wird dein Name an unseren Lagerfeuern genannt als der eines kühnen Haudegens und gewandten Kundschafters. Schreite auf diesem Wege fort, und es wird dir an Ruhm nicht fehlen!«

»Das ist es ja eben. All das ist – gewesen! Jetzt aber bricht bei meinem Anblick jeder Gelbschnabel in Geschnatter aus, wenn er gleich selbst nicht weiß, wie man einen Schwerthieb führen muß, um den Kopf eines Feindes vom Rumpfe zu trennen...«

»Und welche Bitte hast du auf dem Herzen?« fragte Külkan-Khan.

»Die Bitte... um ein Fünkchen Mitleid... Unter den Urussuten, die täglich einen Ausfall aus der Festung Kolomna machen, reitet einer ein braunes Pferd, das er mir gestohlen hat. Und das bricht mir das Herz...«

»Wie kann ein Krieger sich auch sein Pferd stehlen lassen und zusehn, wie sein Feind es reitet? Fang ihn und hau ihn in Stücke!«

»Du liest wie in einem Buch die verborgensten Gedanken deines treuen Dieners und weißt, worum ich dich bitten will.«

»Ich habe dich verstanden... Gebt dem treuen Tüljab-Birgen eine Schale Arsa. Wir werden eine Treibjagd auf diesen frechen Urussuten veranstalten... Man muß sie beide lebendig festnehmen – Roß wie Reiter. Ich gebe dir vierzig Reiter auf meinen besten Rossen. Du wirst sie am Flußufer entlang Aufstellung nehmen lassen, immer vier Mann aller dreihundert Schritte. Sobald die Urussuten aus dem Tor herauskommen, wird eine Hundertschaft meiner Reiter zwischen sie fahren und den jungen Hund von seinen Kameraden trennen und abseits drängen. Die vierzig Jäger werden mit ihren Arkanen Jagd auf ihn machen, und da sie sich abwechseln und ihre Pferde ausgeruht sind, muß bei einer solchen Verfolgung auf die Dauer auch das beste Roß ermüden. Dann werden sie ihm die Fangschlinge überwerfen können...«

»Du bist klug, du bist groß und großmütig.«

»Dann werde ich selbst diesen Burschen ins Verhör nehmen, du aber, Tüljab-Birgen, darfst ihm glühende Kohlen auf den Rücken legen, damit er die Wahrheit sagt. Und für die Jagd sollst du mein bestes Roß haben.«

»Ich bin dir ergeben für mein ganzes Leben!«

Die Treibjagd

> Er nahm den straffen Bogen aus dem Halter
> und aus dem Köcher den gestählten Pfeil.
> Die Sehne spannte er bis hinters Ohr.
> Da sang die Sehne an dem straffen Bogen,
> da traf der Pfeil den Gegner mitten in das Herz...
> (Aus einem alten russischen Lied)

Toropka war mit der Rjasaner Truppe des Fürsten Roman Ingwarewitsch nach Kolomna gekommen, und der Fürst, der den Jüngling wegen seiner Flinkheit und Genauigkeit schätzte, bediente sich seiner gern als Kurier.

»Was man dem jungen Menschen aufträgt«, pflegte der Fürst zu sagen, »das führt er auch aufs genaueste aus, selbst wenn er in die lodernde Hölle hinab müßte. Ja, er wird dabei auch noch ein Teufelchen mitbringen, das nicht aufgepaßt hat.«

Toropkas liebster Gefährte war sein schlanker brauner Hengst, der ihn aus der Gefangenschaft errettet hatte. Toropka pflegte und verwöhnte ihn und ließ ihn oft die letzte Brotrinde aus der Hand fressen, während er selber leer ausging. In dem belagerten Kolomna Brot und Heu aufzutreiben wurde immer schwieriger, und das Pferd begann schon sichtlich abzumagern. Da nicht abzusehen war, wie lange die Belagerung dauern würde, verwahrte und versteckte ein jeder seine kleinen eisernen Rationen an Brot und anderen Eßwaren. Es wimmelte von Flüchtlingen aus der nächsten und weiteren Umgebung in der Stadt, und die ersten Anzeichen einer Hungersnot machten sich bemerkbar. Pferdefleisch war schon ein Festtagsschmaus geworden, und jedem Gaul folgten die begehrlichen Blicke von Hungrigen.

Um seinen Liebling vor diesem traurigen Los zu bewahren, war Toropka entschlossen, den gefährlichsten Auftrag zu übernehmen, nur um aus der Stadt herauszukommen. Sattel und Geschirr seines Tieres waren stets in bester Ordnung, die Futtersäcke lagen, mit Gerste gefüllt, zum Aufschnallen bereit. Er selber übte sich fleißig im Schießen mit einem Bogen, den er einem gefallenen Tataren abgenommen hatte. Pfeile zu erhalten war nicht schwer, da tagtäglich genug über die Mauern geflogen kamen. Toropka hatte einen mit Sägemehl prall gefüllten Sack an einer Mauer aufgehängt und übte sich fleißig darin, ihn im Vorbeireiten mit einem Pfeilschuß zu treffen, ein Unterfangen, das anfangs durchaus nicht recht gelingen wollte. Der Bogen aus dem Gehörn eines Bergbocks ließ sich sehr schwer spannen, mit Müh und Not gerade nur bis zur Mitte des Pfeils, der infolgedessen auch nur mit halber Kraft von der Sehne losschnellte und weit vorm Ziel matt zur Erde fiel. Die Mongolen haben ja auch eine ganz andere Technik des Bogenspannens: Sie halten die Sehne am Kinn fest und strecken dann den linken Arm mit dem Bogen blitzschnell vor. Allmählich eignete sich Toropka die gleiche Technik an und erlangte darin eine ziemliche Fertigkeit.

Endlich ließ Fürst Roman Ingwarewitsch ihn rufen. Er händigte ihm ein zusammengefaltetes und in ein Stück Stoff gewickeltes Blatt Papier ein und sprach:

»Nicht umsonst nennt man dich Toropka, den Flinken. Fürst Wsewolod erteilt dir einen wichtigen Auftrag. Morgen machen wir einen unvermuteten Ausfall, und es wird ein hitziges Gefecht werden. Die Tataren werden es kaum bemerken, wenn du in Richtung auf den Kiefernwald dich absetzt. Tu es und versuche auf Pirschpfaden nach Norden zu gelangen und diesen Brief, worin Fürst Wsewolod die Schwierigkeiten der Lage von Kolomna schildert, zum Großfürsten Georgi Wsewolodowitsch zu bringen. Es ist eine Bitte um Hilfe, denn in unabsehbaren Scharen rücken die Tataren gegen Kolomna, um uns zu erdrücken.

Schlag die Richtung Kirshatsch, Rostow, Uglitsch ein. Dort ist der Weg noch von Tataren frei. Einen Monat oder auch zwei, wenn's sein muß, glauben wir noch durchhalten zu können, doch wenn bis dahin kein Entsatz gekommen ist, gibt es für uns keine Rettung mehr, und wir sind samt und sonders verloren. Auf dich setzen wir alle unsere Hoffnungen. Sieh zu, daß du richtig und rechtzeitig hinkommst, den Großfürsten findest und mit einem Entsatzheer zurückkehrst.«

Vor Morgengrauen füllte sich die zum Stadttor führende Straße mit bewaffneten Reitern. Toropka und mit ihm drei fürstliche Otroki befanden sich in nächster Nähe des Tores. Diese drei Otroki hatten ebenfalls Auftrag, sich während des Gefechtes abzusetzen und Briefe durch die feindliche Linie nach drei verschiedenen Städten zu bringen.

Bereits in der Nacht hatte ein heftiges Schneegestöber eingesetzt. Nur wenige der Reiter trugen Ringpanzer, die meisten Pelze mit auf Brust und Schultern aufgenähten Eisen- und Knochenplatten.

»Nun, weshalb denn noch länger warten?« ließen sich heisere Stimmen vernehmen. »He, Wächter, macht das Tor auf!«

Knarrend und kreischend drehten sich die Flügel in den verrosteten Angeln und eröffneten den Weg in die unheimliche dunkle Leere, wo Tausende von schielenden Schlitzaugen und scharfen Krummsäbeln warteten.

Die Truppe, an deren Spitze, von seinen Leibgardisten umgeben, Fürst Roman Ingwarewitsch ritt, setzte sich in Bewegung. Die Reiter kannten ihre Aufgabe: Überfall auf das im Walde gelegene Lager der Tataren. Der von Wolken bedeckte, niedrighängende Himmel begann sich im Osten leicht aufzuhellen, als die Kavalkade ungefähr die Mitte des Flusses erreicht hatte. Toropka schwenkte seitwärts ab und trieb sein Pferd an. Plötzlich rief eine hohe, dünne Stimme ganz in seiner Nähe: »Kchu, kchu, Mongolen!«

Hufgetrappel erscholl auf dem Eise. Reiter waren vor und auch hinter ihm und riefen einander in ihrer ihm unbekannten Sprache etwas zu. Toropka machte eine scharfe Schwenkung, doch vor ihm, zwischen den Eisblöcken, tauchten neue Schatten von Männern zu Pferde auf. Abermals warf Toropka seinen Braunen herum und jagte auf einem schmalen ausgetretenen Pfade davon, wo die Gefahr, daß sein Brauner stürzen könnte, geringer war als auf dem glatten Eise.

Ein Pfeil pfiff dicht an Toropkas Ohr vorbei, und sogleich jagten drei oder vier Mongolen ihm nach, blieben aber nach einiger Zeit zurück. Als die brüllenden, schimpfenden Stimmen verhallt waren, zügelte Toropka sein Pferd und lauschte. Vor sich hörte er wieder dumpfes Hufgetrappel und Stimmen. Wiederum wandte er sich seitwärts und stieß auf eine Gruppe von Mongolen, die ihre Pferde am Zügel hielten.

Ein fröhliches Geschrei ertönte:

»Tüljab-Birgen, dein Brauner kommt von selber zu dir! Nun halt ihn aber fest!«

Freilich verstand Toropka diese Worte nicht. Aber er merkte, daß dies-

mal seine Verfolger nicht hinter ihm zurückblieben, obwohl der Braune das Letzte hergab; im Gegenteil, einer von den Mongolen – ein junger Recke – war schon hart hinter ihm. Toropka überließ es dem Braunen, den besten Weg zu wählen. Er wandte sich im Sattel um, spannte den Bogen, zielte auf den Kopf seines Verfolgers und schoß den Pfeil ab. Der Getroffene stürzte von seinem Pferd, und die hinter ihm galoppierenden Reiter brachen in ein wildes Geheul aus:
»Ein Unglück! Ein Unglück! Khan Külkan ist tot!«
In dieser Verwirrung entkam der Braune, und Toropka lenkte ihn auf einen zwischen dichtem Gebüsch hinführenden Uferweg, der Toropka, wie überhaupt die ganze Gegend, bekannt war, denn das Flüßchen nahm seinen Anfang in jenen Sümpfen, zwischen denen das heimatliche Dörfchen Perunow Bor lag. Schwer atmend ging das Pferd im Schritt. Still schlummerten ringsum die verschneiten Tannen. Der Himmel wurde immer heller. Die wenigen noch an einsamen Eichen hängenden vertrockneten Blätter raschelten dürr im Wind.
›Weshalb habe ich den Weg nach Perunow Bor eingeschlagen?‹ fragte sich Toropka. ›Was zieht mich dorthin, während ich doch nordwärts hätte reiten müssen? Sind es vielleicht Weschnjankas graue Augen, die diese Anziehungskraft ausüben? Nein, nein, die Mongolen sind schuld, sie haben mich vom rechten Wege abgebracht. Da ich aber nun einmal ganz in der Nähe meines Heimatdorfes bin, warum sollte ich da nicht einen Abstecher machen? Vielleicht treffe ich jemanden, der mir erzählen kann, wie es in unserer Gegend zugeht.‹
Um die Mittagsstunde gelangte er zu den gefährlichen Stellen. Die »Fenster« im Morast schimmerten schwarz, und über ihnen stiegen seltsame Dunstwölkchen auf. Mit äußerster Behutsamkeit ritt Toropka auf diesen schmalen, von den Ziegen ausgetretenen Pfaden dahin; denn er wußte, daß ein Fehltritt seines Rosses ihn durch so ein »Fenster« in bodenlose Tiefen stürzen konnte, aus denen es keine Rettung gab.
Endlich zeigten sich auf einer Lichtung die ihm so wohlbekannten jahrhundertealten Eichen, die nahe bei dem Weiler standen und die dem jungen Menschen, der auf sie zuritt, wie alte vertraute Freunde anmuteten. Da lag auch noch im Gestrüpp der Brombeerranken das alte hölzerne Götzenbild, vor dem seine Ururahnen ihre Andacht verrichtet hatten. Jemand mußte erst ganz kürzlich den Schnee abgefegt haben, denn der Birkenreisbesen lag noch daneben. Die Glupschaugen des Götzen starrten trübsinnig in den Himmel.
Ringsum sah Toropka frische Spuren: Frauen und Kinder in Bastschuhen mußten hier hin und her gelaufen sein, und zwar erst vor kurzem. Mit einem Gefühl der Beruhigung, daß sein Gemüt von einem dumpfen ängstlichen Druck befreite, trieb Toropka seinen Braunen den Hügel hinauf.
Doch oben bot sich ihm ein Bild der Zerstörung: Die Hälfte der Hütten des Weilers (darunter auch die von Saweli Dikoroß) stand nicht mehr; nur die am äußersten Rande gelegenen waren erhalten geblieben. Von

Sawelis Hütte stand nur noch der große bauchige Lehmofen und eine hohe Stange, an deren oberstes Ende man einen Besen gebunden hatte. Kläffend stürzte ein zottiger Hund dem Reiter entgegen, andere Hunde antworteten auf das Gebell. Sollte das Pegasch sein? Tatsächlich, er war es! Freudig wedelnd umsprang er seinen jungen Herrn.
Toropka näherte sich der rußgeschwärzten Hütte, in der früher Swjaga gewohnt hatte. Durch einen Spalt im Fenster drang ein schmaler Lichtstreifen heraus.
»He, ihr Leute! Öffnet! Gut Freund ist angekommen! Macht auf!«
Man hörte Kinderstimmchen wispern:
»Mach nicht auf, Mamachen. Vielleicht ist es ein böser Mann... Frage erst, wer draußen ist!«
Eine Frauenstimme rief durch das Klappfensterchen:
»Wer bist du denn? Woher kommst du?«
»Erkennst du mich denn nicht? Toropka bin ich, der Sohn von Saweli Dikoroß. Macht schnell auf, ich habe Eile und muß gleich weiter!«
Drinnen wurde der Riegel zurückgeschoben, die Tür öffnete sich, und Swjagas hageres Ehegespons trat, in einen zerrissenen Pelz gehüllt, heraus, nahm Toropkas Braunen am Zügel und führte ihn unter das Vordach.
»Ob sich wohl was zum Fressen findet für mein Tier?«
»Doch, doch, mein Lieber, gleich bring' ich's her. Warum sollte ich's denn auch noch länger aufheben. Sowohl unser Pferd wie auch unsre Kuh haben die Bösewichter ja abgeschlachtet. Geh inzwischen in die Hütte!«
Ein rauchender Kienspan verbreitete sein ungleichmäßiges qualmiges Licht, dann und wann flackerte es mit rötlicher Flamme knisternd auf. Swjagas Frau und die drei flachsköpfigen Kinder saßen um Toropka herum, betrachteten ihn mit offenen Mündern und betasteten seinen Ringpanzer, den spitzen Helm und die hohen rotledernen Reitstiefel.
»Auch bei uns erschienen sie, wie vom Himmel gefallen«, erzählte Swjagas abgezehrtes Weib. »Das Korn haben sie geraubt, die Schober angezündet und die Hütten... Frauen und Mädchen und viele Kinder haben sie fortgeschleppt. Diese drei hatten sich im Reisighaufen verkrochen, wo sie das Tatarenpack nicht aufgestobert hat, die andern drei aber werde ich wohl nie wiedersehn! Die Opalenicha und deine...«, hier schluchzte die Frau, »deine Weschnjanka haben sie auch mitgenommen. Bete für sie! Ob denn jemals wieder einer aus tatarischer Gefangenschaft zurückkommen wird? Und wo ist mein Swjaga? Manche behaupten, er wäre auf den Wällen von Rjasan gesehn worden. Andre sagen, er halte sich in den Wäldern verborgen... Jedenfalls wird er wohl so bald nicht wiederkommen... Iß, mein Lieber, wenn es auch nur trockenes Brot ist! Wir mischen das Brotmehl jetzt zur Hälfte mit Kiefernrinde, die wir vorher ganz fein zerreiben. Wir müssen sparen mit dem Mehl, sonst reicht es nicht bis zum Frühjahr. Mitunter fängt man auch ein Fischchen im See. Und trinken tun wir heißes Wasser oder

einen Absud von dem Schwamm an Birkenstämmen. Die Kinder kriegen ab und an ein warmes Mehlsüppchen...«

»Und was hört man von den anderen Bauern?«

»Diejenigen, die sich in den Wäldern versteckt halten, haben sich zu Scharen gesammelt und lauern den zurückgebliebenen Tataren auf, schlagen sie tot und nehmen ihnen ihre Pferde ab... Wie es heißt, ist die Zahl der Tataren so groß, daß man sich gar keine Vorstellung davon machen kann... Stimmt das? Doch auch unsere Bauern kämpfen wie die Wölfe. Ich meine, die Tataren werden wohl noch eine Zeitlang hierbleiben, irgendwann aber doch wieder abziehn, und dann werden wir uns wieder einrichten...«

Als Toropka sich ein wenig ausgeruht hatte, machte er sich wieder auf den Weg. Vor dem Pferde her lief mit hoch in die Luft gerecktem Schwanze Pegasch, der sich offenbar von seinem Herrn nicht wieder trennen wollte.

Batu-Khans Zorn

Vier nacheinander abgesandte Eilboten wollten dem Dschichangir die Nachricht vom Tode des jüngsten Sohnes des heiligen Regenten Dschingis-Khan überbringen. Sie wurden aber nicht sogleich vorgelassen, sosehr sie auch beteuerten, daß sie nicht warten könnten, nicht einmal so lange, »bis man ein Roß füttert«, daß sie vielmehr unverzüglich mit einer Antwort des Dschichangirs zu ihrer Truppe zurückkehren müßten, denn:

»Wir haben keinen Feldherrn! Das Heer ist führerlos und weiß nicht, was es zu tun hat!«

Doch die Wache haltenden Turgauden stießen sie grob mit den Schäften ihrer Lanzen zurück:

»Wartet gefälligst! Der Dschichangir ist beschäftigt.«

Flüsternd erkundigten die Eilboten sich:

»Womit ist er denn beschäftigt?«

»Mit höchst wichtigen Dingen. Er zaubert zusammen mit einem urussutischen Zauberer, erforscht die Wege zu weiteren Siegen.«

Die Boten banden die Zügel ihrer Rosse an ihren Gürtel und hockten sich in der Nähe von Batu-Khans Jurte nieder. Neue Boten und Meldereiter, die kamen, hockten sich daneben.

Im Vorübergehen wurde Arapscha, der Führer der Batus Leibgarde bildenden Hundertschaft, auf die Wartenden aufmerksam. Mit finsterem Gesicht, das kein Lachen kannte, blieb er vor ihnen stehen und musterte sie, als wollte er sie bis ins Innerste ergründen.

»Eure Sache steht schlecht!« sagte er.

»Was können wir denn dafür? Wir erfüllen nur den vom Temnik Burundai erhaltenen Befehl, dem Dschichangir eine Botschaft zu überbringen...«

»Es ist aber eine schlimme Botschaft... Und ihr wißt wohl, was euch erwartet?«
Die im Schnee Hockenden schnellten wie angestochen in die Höhe und stürzten zu ihren Pferden hin, um sich in den Sattel zu schwingen.
»Achtung und Gehorsam!« rief Arapscha. »Nuker, laßt keinen von diesen Überbringern einer ›schwarzen Botschaft‹ entkommen! Der Dschichangir wird bald mit ihnen sprechen.«
Arapscha betrat die Jurte, wo Batu-Khan mit gekreuzten Beinen am Boden hockte und finster und unverwandt auf die Spitzen seiner zusammengelegten Finger starrte. Neben ihm hockte Subudai-Bahadur, der dem eintretenden Arapscha auf dessen leise Frage »Darf ich?« mit einem bejahenden Kopfnicken antwortete.
»Er und Gujuk-Khan waren meine ärgsten Feinde«, sagte Batu. »Ich kann nicht anders, als mich freuen, daß er tot ist. Ja, ich freue mich, daß die falsche junge Giftschlange nicht mehr lebt! Trauer kann ich über seinen Tod nicht empfinden...«
»Batu-Khan mag sich immerhin freuen«, sagte Subudai. »Der Dschichangir aber ist zur Trauer verpflichtet.«
»Külkan hat mir stets nach dem Leben getrachtet. Er hat mich laut ein ›bärtiges Weib‹ geschimpft. Nur du hast mich damals daran gehindert, ihm die Brust aufzuschlitzen und sein falsches Herz herauszureißen. Viel zu viele von meinen Feinden sind noch am Leben, und da soll ich trauern, daß wenigstens einer von ihnen nicht mehr ist... Mit den anderen werde ich schon noch abrechnen, vor allem mit dem Schlimmsten, mit Gujuk... Dreimal hat Arapscha mich vor seinen schwarzen Bluthunden gerettet...«
»Sprich leiser!« mahnte Subudai. »Niemand im Heer darf davon etwas ahnen. Hast du nicht selber den Ausspruch getan: ›Ein Feldherr muß verschlossen sein wie das Grab...‹ Wenn du jetzt aus deiner Freude kein Hehl machtest, würden alle sagen. ›Batu ist genauso wie sie alle.‹ Du aber sollst wie ein Blitz aus heiterm Himmel niederfahren und sie treffen, alle diese Speichellecker Gujuks... Bleibe unergründlich, undurchschaubar!«
Als ob er zu sich käme, sprang Batu-Khan auf und fragte Arapscha:
»Wo sind sie, diese Überbringer einer ›schwarzen Botschaft‹?«
»Draußen vor der Jurte hocken sie, deines Befehls gewärtig.«
Mit dem Schwert in der Hand trat Batu-Khan aus seiner Jurte. Finster ließ er seinen Blick über die sich vor ihm aufs Angesicht werfenden Trauerboten schweifen. Leise begann er zu sprechen, die ersten Worte durch die Zähne stoßend, und erst allmählich erhob er die Stimme lauter und immer lauter, bis er schließlich die letzten Worte herausbrüllte:
»Euch war er anvertraut, der Sohn des heiligen Regenten, ein Stück der Sonne... Und wie habt ihr ihn gehütet?«
»Er bestand ja darauf, selbst mitzukämpfen«, stammelten die Boten.
»Und ihr habt es zugelassen? Ist es Sache des Feldherrn, in der vordersten Reihe mit dem blanken Schwert in der Hand zu kämpfen? Hat der

heilige Regent jemals ein solches Beispiel gegeben? Er war ein wirklicher Feldherr. Er hatte seinen Kommandostand hinter dem Heer, seine Worte aber setzten Zehn- und Hunderttausende von Reitern in Bewegung. So hat er seine Siege errungen, die den ganzen Erdkreis erschütterten...«

»Wir wissen es...«

»Ihr wißt es? Aber Khan Külkan ließt ihr in sein Verderben rennen, hattet vielleicht noch eure Schadenfreude daran? Keiner zügelte sein Ungestüm, hielt ihn zurück, deckte ihn mit seinem Leib... Verräter seid ihr alle, und es gibt keine Schonung für euch.«

Die Boten warfen sich wieder bäuchlings auf die Erde nieder und vergruben ihr Gesicht im Schnee.

»Jagt zurück und meldet der Truppe, der Dschichangir gebiete euch, die schwere Schuld, die ihr auf euch geladen habt, wieder gutzumachen, indem ihr bis zu meiner Ankunft die Festung Kolomna einnehmt! Finde ich euch aber bei meiner Ankunft immer noch außerhalb und nicht innerhalb der Mauern, so werde ich Befehl geben, euch allesamt umzubringen. Fort mit euch, ihr gelbohrigen Hunde! Was kriecht ihr noch auf dem Bauche vor mir?«

Röchelnd schwang Batu sein Schwert. Die Boten stürzten zu ihren Pferden und schwangen sich in den Sattel; wenige Augenblicke später war keiner mehr zu sehen.

»Hast du's gehört, Subudai?«

»Ja, Blendender, und aus deinem Munde hörte ich die Stimme deines Großvaters!«

»Ich werde die Urussuten lehren, was es bedeutet, einen Sohn des Erhabensten zu töten... Alles, was Odem hat, soll sterben, der letzte Hund genauso wie das letzte Kind! Wie ein Steppenbrand soll mein Heer über die urussutische Erde hinfegen und sie in einen Totenacker verwandeln, dessen Schweigen nur vom Krächzen der Krähen und vom Heulen der Wölfe unterbrochen wird... Rasch, mein Pferd!«

Batu-Khans Augen wurden ganz weit und rund. Schaum trat ihm auf die Lippen. Er stampfte wie rasend mit dem Fuß und brüllte:

»Schneller, schneller! Mein Pferd, mein Pferd!«

Die ehernen Gongs dröhnten, um die Nuker zusammenzurufen. Gellend erklangen die Hörner. Nur Subudai und Arapscha bewahrten ihre Ruhe.

»Gestatte mir, dich daran zu erinnern, daß du die Boten wohl fortgeschickt, aber vergessen hast, für den umgekommenen Khan einen Nachfolger zu ernennen.«

»Vorläufig wird, wie üblich, der älteste Temnik, in diesem Falle Burundai, das Kommando übernehmen. Er ist ein erfahrener Krieger, und morgen werde ich ja selbst an Ort und Stelle sein und ihnen zeigen, wie man eine Festung im Sturm nimmt.«

Und wirklich, am andern Tag erschienen die Vorhuten Subudais und Batus vor Kolomna. Die Schlacht um die Festung war in vollem Gange. Die unablässig gegen die Mauern anstürmenden Mongolen wurden von

den Verteidigern immer wieder zurückgeschlagen. Aber mit jedem abgewehrten Angriff wurden die Kräfte der Russen schwächer und mußten schließlich völlig erlahmen, wenn ihnen von nirgendwoher Hilfe kam. Und es kam keine. Die Tataren brachen in die Stadt ein. Unter denen, die den Heldentod starben, war Fürst Roman Ingwarewitsch, der an der Spitze seiner Rjasaner bis zuletzt wie ein Löwe kämpfte. An seiner Seite fiel auch der Wojewode Jeremei Glebowitsch. Was von den Tataren nicht niedergesäbelt wurde, geriet in Gefangenschaft.
Drei Tage zechten die Tataren und feierten auf den rauchenden Trümmern Kolomnas ihren Sieg. Auf dem Platz, wo ehedem die Auferstehungskirche gestanden hatte, ließ Batu-Khan einen riesigen Scheiterhaufen aufschichten, auf welchen man den Leichnam des jungen Khan Külkan legte. Zusammen mit ihm wurden vierzig der schönsten jungen Mädchen Kolomnas lebendigen Leibes verbrannt. Zwei der Lieblingsrosse des jungen Khans, die man zuvor mit prächtigem Goldgeschirr aufgezäumt hatte, wurden zu Füßen ihres toten Herrn getötet. Rosse wie Mädchen mußten den Weg in jene Welt über den Wolken antreten, um droben ihrem so jung aus dem Leben geschiedenen Herrn zu dienen.
Ein zweiter Scheiterhaufen war gleich daneben auf demselben Platz für die gefallenen Mongolenkrieger errichtet worden. Gleichzeitig wurden beide Scheiterhaufen in Brand gesteckt. Mit finsterem Gesicht wohnte der Dschichangir den Bestattungsfeierlichkeiten bei und rief zusammen mit seinen Kriegern den Gefallenen den Abschiedsgruß nach:
»Baijartai! Baijartai!«

Die Wilden bedrohen die Hauptstadt

Die Fürstin Agafja, die Gemahlin des Großfürsten von Wladimir, versuchte vergebens, ihre Sorge um das Land, gegen das ein dunkles Ungewitter heranzog, zu vergessen über ihren Sorgen um Familie und Haushalt. Im Gebet suchte sie Trost und die Kraft, andere zu trösten: ihre beiden jungen Schwiegertöchter Marija und Christina und viele andere Frauen, die in ihrer Bekümmernis sich an die Großfürstin wandten, und so manche versicherte ihr, das Weltende sei gekommen. Jeden Morgen besuchte Agafja die Mariä-Himmelfahrts-Kirche, wo sie im Gespräch mit dem mürrischen Erzbischof Mitrofan ihr schweres Herz erleichterte.
»Bete«, ermahnte sie der geistliche Herr, »bete, daß der Allmächtige dem russischen Heer den Sieg über die gottlosen Tataren schenke! Bete, daß er uns unseren Fürsten und dir den Gemahl und deine Söhne erhalte!«
Die Großfürstin glaubte fest und unerschütterlich, daß ihr Gemahl sein ihr gegebenes Versprechen halten und an der Spitze eines großen Heeres zurückkehren und das Land von den Tataren befreien würde. Wenn sie inbrünstig gebetet hatte und die tränenfeuchten Augen schloß, so sah

sie ihn im Geiste auf seinem Schimmelhengst als Sieger durch das Goldene Tor in seine Residenzstadt Wladimir einreiten...

Mit einer kleinen Schar von Kriegern kam Fürst Wsewolod, und die Großfürstin berief sofort eine Beratung ein, an der die Bojaren, der Wojewode Pjotr Osladukowitsch und einige seiner Unterführer teilnahmen. Auch die beiden Schwiegertöchter der Großfürstin waren anwesend.

»Nur durch ein Wunder ist es mir gelungen, mich hierher durchzuschlagen«, begann der junge Fürst. »Der Erzengel hat mich beschirmt. Die Tataren haben Kolomna von allen Seiten eingeschlossen. Ihr Heer, das von dem jüngsten Sohn ihres Zaren Tschagonis befehligt wird, ist unübersehbar groß. Vorgestern allerdings erhob sich im Tatarenlager ein beinahe tierisches Wehgeheul und Jammergeschrei, wozu die Trommeln gerührt wurden. Gefangene sagten aus, ihr Heerführer Khan Külkan sei von einem russischen Pfeil durchbohrt und getötet worden. Das allgemeine Durcheinander bei ihnen benutzte ich, um durchzuschlüpfen. Die Tataren werden auch hierher mit riesiger Kriegsmacht rücken, die Felder überschwemmen wie das Hochwasser im Frühling, und dann wird kein Durchkommen mehr sein... Ich rate den Frauen, die Stadt zu verlassen und sich nach Norden zu begeben, nach Nowgorod, Kostroma, Belosero oder Galitsch, denn wir werden die Stadt wohl kaum bis zum Eintreffen des Großfürsten halten können.«

Die Großfürstin Agafja jedoch erklärte fest:

»Wir werden euch nicht verlassen. Zusammen wollen wir den bitteren Kelch bis zur Neige leeren.«

Beide Schwiegertöchter brachen in Tränen aus:

»Nein, wir wollen uns nicht von euch trennen«, beteuerten sie. »Wozu auch in kalte winterliche Einöden fliehen, in denen wir mit unseren Kindern wahrscheinlich elend umkommen würden. Lieber wollen wir hier auf den Mauern mit euch kämpfen. Und die Kinder haben auch schon gesagt: ›Wir wollen nicht mehr lernen, sondern den Kriegern helfen, Pfeile auf die Tataren abschießen und Steine nach ihnen schleudern...‹«

»Das ist nicht Sache der Weiber und Kinder«, rügte der Wojewode Osladukowitsch streng.

Eine Pflegetochter der Großfürstin, eine junge Waise, die Fürstentochter Prokuda, die bei den Schwiegertöchtern saß, mischte sich vorlaut ein und sprach:

»Ich habe aber gehört, daß die Tatarenfrauen hoch zu Roß Seite an Seite mit ihren Männern und Brüdern kämpfen...«

»Schweig, Prokuda«, wies die Großfürstin sie zurecht. »Ich habe ohnehin schon mit Mißfallen bemerkt, daß du, statt sittig im Frauengemach zu bleiben, auf die Mauern läufst und dich unter das gemeine Volk mischst.«

»Ich werde bestimmt weglaufen«, trotzte die Pflegetochter, »in die Wälder an der Wolga, um meinen Taufpaten zu suchen. Warum sollen wir hier sitzen und seufzen? Lieber im Walde und auf dem Felde kämpfen. Dem Tod entgehen wir doch nicht; wenn es uns bestimmt ist, holt er uns überall ein.«

»Ich werde dich im Türmchen einsperren«, drohte die Großfürstin.

»Kommen erst die Tataren, dann gibt es auch kein Türmchen mehr!«

»Was für ein freches, trotziges Ding!« stöhnte die Großfürstin. »He, Kinderfrau! Sperr doch mal Prokuda ins Türmchen ein!«

»Heute ist Schulstunde. Erlaub mir hinzugehn, um mich vom Lehrer zu verabschieden«, sagte Prokuda und lief davon.

Die griechisch-russische Schule

In einem Anbau der Kathedralkirche versammelten sich die Schulknaben. Im Flur klopften sie sich den Schnee von den Sachen und säuberten ihre Bastschuhe mit einem Birkenbesen. Beim Eintritt in die Schulstube legten sie ihre Pelze ab und warfen sie in eine Ecke. Dann kämmten sie sich mit einem Holzkamm, der auf einem Wandbort lag, das kreisrund geschnittene Haar. Hierauf bekreuzigten sie sich fromm vor einem Heiligenbild mit dem brennenden Öllämpchen und begrüßten schließlich den in einem geschnitzten Sessel sitzenden Lehrer:

»Lange Gesundheit sei dir beschieden, Maxim Dalmatowitsch!«

Der also Begrüßte, ein schwarzbärtiger Mönch mit einer großen, spitzen Nase im bräunlichen Gesicht, sah seine Schüler streng an und sagte trocken:

»Setzt euch, und schlagt das Buch auf!«

Es waren im ganzen zwölf Knaben, die sich artig auf die Bänke zu beiden Seiten eines langen, schmalen Tisches aus Birkenholz setzten. Sie legten Bücher aus zusammengehefteten, handbeschriebenen Pergamentblättern vor sich hin, die schon recht abgegriffen und voller Fett- und Schmutzflecke waren, denn aus ihnen hatten schon Generationen von Schulkindern gelernt.

»Aufstehn!« kommandierte der Lehrer, indem er sich selbst aus seinem Sessel erhob, seine Pelzkappe abnahm und sie an einen hölzernen Haken neben dem Bücherregal hängte.

Die Knaben standen auf, und einer von ihnen sprach das Gebet, worauf der Lehrer sein »Setzt euch!« kommandierte.

Kaum waren die Knaben dem Befehl nachgekommen, als die Tür aufgerissen wurde und Prokuda hereingelaufen kam, hinter der eine ältere Kinderfrau über die Schwelle trat. Sie nahm dem Mädchen den Pelz ab, ordnete ihr den Sarafan, strich ihr das Haar glatt und nahm dann in der Ecke auf einem Kasten Platz.

Prokuda sprach mit einer tiefen Verbeugung die üblichen Begrüßungsworte und setzte sich auf eine der Bänke neben die Knaben, wobei sie

den ihr zunächst sitzenden mit dem Ellbogen schubste, damit er nachrücke und ihr Platz mache.
Der Lehrer strich sich mit der Rechten nachdenklich den schwarzen Bart und begann, nachdem er sich geräuspert hatte:
»Heute habe ich ein paar ganz besondere Worte an euch zu richten... Bulatko, sieh mich an. Wereschtschaga, hör auf, deinen Nachbarn Tschapyra mit dem Ellbogen zu stoßen! Seht mich alle an!«
Abermals räusperte er sich, dann fuhr er fort:
»Als Mönch ist es mein Amt, Bücher abzuschreiben und Kinder in der Kunst des Lesens und Schreibens zu unterweisen. Ihr habt nun alle Buchstaben des Alphabetes gelernt, und ich wollte euch eigentlich auf der Leiter der Wissenschaft eine Sprosse höher steigen lassen und mit euch den Psalter und das Stundenbuch lesen...«
Mit offenem Munde hörten die Kinder ihn an. Prokuda hatte eine Wange auf ihre zur kleinen Faust geballte Rechte gestützt und die Stirn kraus gezogen im Bemühen, den Sinn der Worte des Lehrers besser zu verstehen.
»Diese Schule ist vom Großfürsten Konstantin Wsewolodowitsch gegründet worden, einem heldenmütigen und weisen Herrscher, der die Bücher sehr liebte – allein an griechischen besaß er mehr als tausend – und gern Umgang mit gelehrten Männern pflog...«
Der Mönch bedeckte sein Gesicht mit den Händen und verstummte.
Die Kinder stießen einander an und tuschelten: »Warum sagt er das? Was ist denn mit ihm?«
Der Lehrer nahm die Hände vom Gesicht und sprach noch ernster als zuvor:
»Eine schwere, unerträglich schwere Zeit ist angebrochen. Der Feind, ein wilder böser Feind, ist im Anmarsch auf unsere liebe und berühmte Stadt Wladimir, wo diese Schule, die man die griechisch-russische nennt, leuchtet wie ein Öllämpchen in dunkler Nacht. Aber diese Schule und ihre wertvolle Bibliothek, die so kostbare Bücher enthält, worin sich der Geist Gottes und der Geist vergangener Jahrhunderte offenbart – was bedeuten sie einem Barbarenvolke? Ein Tatar wird diese kostbaren Manuskripte ins Feuer werfen, um sich eine Pferde- oder Hammelkeule daran zu braten.«
Der Mönch wischte sich mit der Hand über die Augen und sah dann seine Schüler mit einem Blick an, als wolle er sich zum Abschied ihre Gesichter für immer einprägen.
»Heute ist unsere letzte Schulstunde. Künftig ist mein und euer Platz auf den Mauern. Wir Erwachsenen werden zu Spießen und Schwertern greifen, eures Amtes wird es sein, euren Vätern und Brüdern Handreichungen zu leisten, Pfeile aufzusammeln, Wasser und Brot herbeizuholen...«
»Aber das wollen wir ja!« riefen die Knaben.
»Jetzt habe ich noch eine letzte Bitte an euch. Vielleicht werden die Tataren auch unsre Schule niederbrennen. Laßt uns die Bücher dieser

Bibliothek in den Keller hinunterschaffen und in Kisten verwahren, die wir mit Steinen zudecken. Wer von euch überlebt, wird nach dem Abzug der Tataren sich dieses Verstecks erinnern und diese kostbaren Geistesschätze wieder an Gottes Tageslicht fördern, damit eure Kinder und Kindeskinder wieder aus diesen Büchern lernen. Unsere heilige Pflicht ist es, die Leuchte des Wissens zu wahren und zu bergen. Zieht eure Mäntel an!«

Erfreut über diese unterhaltsame Unterbrechung des Unterrichts, waren die Kinder aufgesprungen und zogen ihre Oberkleider an. Prokuda trat dabei dicht zu Bulatko hin und zog ihn etwas abseits.

»Zu keinem ein Wort über das, was ich dir sagen werde! Kannst du mir von deinen Sachen einen Mantel, Hosen, ein Hemd und Bastschuhe leihen?«

»Ich habe aber nichts Neues, nur Getragenes...«

»Das ist gerade das Rechte. Mein Mütterchen ist willens, sich mit anderen Frauen in der Kathedrale einzuschließen und zu verbrennen, wenn die Tataren kommen. Dazu aber habe ich gar keine Lust. Ich werde mich als Junge verkleiden und ausreißen. Ich will gegen die Tataren kämpfen, bis wir sie wieder zum Lande hinausgejagt haben!«

»Ich auch, Prokuda! Ich komme mit dir. Ich werde dir alles besorgen, was du wünschst!« versprach Bulatko. »Und ich glaube, die andern werden auch alle mitgehn...«

Traurige Tage in Wladimir

Ganz unerwartet standen die Tataren auf einmal vor der Stadt. Bei Tagesanbruch hatten noch mehrere Dutzend Bauernschlitten Wladimir durch das Goldene Tor verlassen mit Bürgern, die es vorzogen, Zuflucht und Rettung in den dichten, unzugänglichen Wäldern zu suchen, und um die Mittagsstunde war die Stadt schon von der ganzen übrigen Welt abgeschnitten.

Zuerst vollzog sich die Annäherung der Tataren ganz friedlich: Langsam näherten sie sich der Stadt wie Volk vom Lande, das an einem hohen Kirchenfesttag zu Markte fährt. Mit jeder Stunde wurden ihrer mehr und mehr, und bald wimmelte es auf allen umliegenden Feldern von ihnen. Überall sah man den Rauch ihrer Lagerfeuer emporwirbeln. An den Fuhrwerken wurden die Gäule ausgespannt und zur Tränke geführt. Kurzum – die Tataren benahmen sich ganz so, als könne ihnen überhaupt keine Gefahr drohen und als existiere kein russisches Heer, das sie hätten fürchten müssen.

Dann vollführten ihre Reiter einzeln und in Haufen rings um die Stadtmauern allerhand Reiterkunststückchen. Die oben auf den Wällen Stehenden hörten in der klaren Frostluft ihre seltsamen, unverständlichen Reden und kehligen Ausrufe und sahen in den von den Ohrenklappenpelzmützen eingemummten, dunklen Gesichtern die

stechenden Schielaugen blitzen. Fast die ganze Einwohnerschaft hatte sich eingefunden, um die Krieger des fremden Volkes zu sehen, über dessen Grausamkeit so viele Greuelgeschichten erzählt wurden. Selbst die Großfürstin war in Begleitung ihrer Schwiegertöchter, ihrer Kammerfrauen und vieler Bojarinnen auf die Mauer oberhalb des Goldenen Tores gestiegen, wo die jungen Fürsten Wsewolod und Mstislaw und der Wojewode Osladukowitsch aufmerksam alle Bewegungen des Feindes beobachteten.
Eine Abteilung von Khanen in prächtigen, rotgestreiften Chalaten oder auch in Kettenhemden und glänzenden Panzern, die alle auf edlen, goldgezäumten Rossen ritten, näherten sich dem Tor. Hundert Lanzenreiter bildeten die Eskorte dieser glänzenden Schar, aus der sich ein Dolmetscher, offenbar ein Polowezer Überläufer, auf einem scheckigen Roß loslöste, noch ein Stück näher ritt und den auf der Mauer Stehenden zurief:
»Schießt nicht, sondern hört mich an! Der große Dschichangir Batu-Khan, der mit seinem unübersehbar großen und unbesiegbaren Heer in euer Land gekommen ist, wundert sich höchlichst, daß der Großfürst und Gossudar Georgi Wsewolodowitsch sich bis jetzt noch nicht eingefunden hat, um dem großen Khan zu huldigen und ihm den Treueid zu leisten. Weshalb schickt der Großfürst keine Begrüßungsgeschenke und öffnet nicht die Tore seiner Residenz? Sollte der Großfürst nichts von der Ankunft des großen Khans wissen? Wo verbirgt er sich? Führt ihn her, damit wir mit ihm sprechen!«
Unter denen auf der Mauer entstand ein Geflüster. Der Wojewode seufzte schwer: »O Himmel, welche Zeit!« Ein paar Ungeduldige ließen sich dazu hinreißen, Pfeile abzuschießen. Einer davon verwundete ein Pferd, das sich auf den Hinterbeinen um seine eigene Achse zu drehen begann. Die Tataren beantworteten diese Herausforderung mit einem Dutzend Pfeilen. Auf der Mauer stieß ein Verwundeter einen gellenden Schmerzensschrei aus.
Der Dolmetscher machte eine Bewegung und fuhr fort:
»Hört auf zu schießen! Seht hierher! Erkennt ihr, wer vor euch steht?«
Zwei tatarische Reiter schleppten einen Jüngling herbei, der sich nicht sträubte, aber vor Schwäche taumelte, denn seine Beine waren so steif, als wären sie aus Holz. Jeder der Reiter hielt ein Ende der Fangseile, die sie dem Jüngling um den Hals geworfen hatten, und zog es bei der geringsten Bewegung, die der Gefangene machte, fester an, so wie Jäger, die ein wildes Tier gefangen haben, die Stricke nach verschiedenen Seiten anziehen, damit es sich nicht auf sie stürzen kann.
Ein Verzweiflungsschrei ertönte auf der Mauer; die Großfürstin hatte ihn ausgestoßen, als sie in dem Gefangenen ihren Sohn Wladimir erkannte, der fortgeritten war, um Moskau zu verteidigen. Und die Frauen konnten sich des Schluchzens nicht erwehren bei dem jammervollen Anblick des Armen, dem man trotz der grimmigen Winterkälte nur die

allernotdürftigste Unterkleidung und um die Füße ein paar Lappen gelassen hatte.
»Mein Sohn, mein Sohn! Mein Wladimir!« stöhnte die arme Mutter. »Was haben sie dir angetan?«
»Weine nicht, mein Mütterchen!« sprach der junge Fürst ihr vom Fuße der Mauer her Mut zu. »Und ihr, meine Brüder und Freunde, verteidigt die Vaterstadt unerschütterlich. Kämpft unerschrocken! Sie haben mich gequält und gekränkt; aber meinen Willen haben sie nicht brechen können. Sie sollen und sie dürfen nicht über uns herrschen. Darum steht fest zusammen und haltet aus bis zum letzten Atemzug!«
Die Wächter des Gefangenen schlugen ihn mit ihren Peitschen, doch der Dolmetscher gebot ihnen Einhalt:
»Genug, haltet ein! Und du, schweig still! Ihr aber, ihr starrsinnigen Einwohner von Uldemir, seht, was für ein jämmerliches Schicksal sich euer Prinz durch seinen unvernünftigen Stolz und Trotz selbst bereitet hat. Er wurde dafür bestraft, daß er sich weigerte, sich dem großen Dschichangir zu unterwerfen. Das gleiche Los erwartet jeden, der ebenso frech und starrsinnig ist. Die Städte Rjasan, Pronsk, Isheslawl, Muschkaf und noch neunundneunzig andere sind von uns eingenommen und in Schutt und Asche gelegt, ihre widerspenstigen Einwohner niedergemetzelt oder in Gefangenschaft geführt worden. Und euren Prinzen Uldemir führen wir, wie ihr ja selber seht, an einem Strick wie einen gefangenen Bären, der zur Belustigung der Zuschauer tanzen soll. Gelüstet es euch nach dem gleichen Schicksal? Wenn nicht, so übergebt die Schlüssel eurer Stadt, und ihr werdet in Ruhe und Sicherheit die Segnungen der Regierung unseres großen Batu-Khan genießen!«
»Hört nicht auf ihn! Hört nicht auf ihn! Traut ja nicht seinen Worten!« rief gellend der Fürst Wladimir. »Verteidigt euch bis zum letzten Atemzug! Die Tataren kennen kein Erbarmen. Wenn ihr euch ergebt, werden sie euch ohne Gnade niedermetzeln! Sie lügen, die Verfluchten, jedes ihrer Worte ist eine Lüge!«
»Lieber sterben wir, ehe wir uns ergeben und unterwerfen!« wurde ihm von der Mauer herab geantwortet. Und alle, auch die Fürsten Wsewolod und Mstislaw, fielen ein und riefen, daß es wie ein Schwur klang: »Ja, wir sterben, doch wir unterwerfen uns nicht! Reitet in eure Steppen zurück! Auf unserer russischen Erde habt ihr nichts zu suchen!«
Die Tataren machten kehrt. Die beiden Reiter, die den Gefangenen bewachten, brachten ihn durch einen Ruck an den Stricken zum Umfallen und schleiften ihn dann wie einen Toten hinter sich her durch den Schnee.
Am selben Tage noch schlugen die Tataren auf der Anhöhe gegenüber dem Goldenen Tor ein goldgelbes Zelt auf und zu beiden Seiten davon ein Dutzend weißer und schwarzer Filzjurten, rund wie Mützen. Die Einwohner der Stadt verfolgten von ihren Mauern aus gierig das Tun und Treiben der Tataren. Keiner sprach von Übergabe, alle wußten nur

zu gut, welches Los denen beschieden war, die den Versprechungen der arglistigen, tückischen Tataren trauten.
Die beiden jungen Fürsten wollten an der Spitze der Krieger einen Ausfall machen, »um in Ehren auf dem Schlachtfelde zu sterben!«, wie sie sagten.
Doch der alte Wojewode gestattete es ihnen nicht.
»Zum Sterben ist es noch immer früh genug«, meinte er. »Vorher aber wollen wir erst noch viele Tataren ins Gras beißen lassen. Das Vernünftigste ist jetzt – abwarten, denn der Großfürst ist ganz bestimmt nicht müßig und wird sich beeilen, uns mit einem großen Heer zu Hilfe zu kommen, um seine Hauptstadt und unser Land zu retten...«
Während der größte Teil von Batu-Khans Heer die Vorbereitungen zum Sturmangriff auf die Landeshauptstadt traf, zog ein kleinerer Teil vor die Stadt Susdal, belagerte sie drei Tage lang und nahm sie dann im Sturm. Von den Susdaler Einwohnern retteten nur die ihr Leben, die schon vorher in die Wälder geflohen waren, die anderen – auch Priester, Mönche und Nonnen, mit Ausnahme von ein paar hübschen jungen Nönnchen, die man in Gefangenschaft führte – wurden schonungslos niedergemäht wie Gras. Das Fürstenschloß und das Dmitrikloster wurden ein Raub der Flammen. Lediglich das der Mutter Gottes geweihte, abseits inmitten eines dichten Waldes gelegene Bogorodizer Nonnenkloster entging der Zerstörung, weil die Tataren es in der Eile nicht fanden.
Am 6. Februar des Jahres 6746 seit der Erschaffung der Welt (des Jahres 1238 nach unserer Zeitrechnung) zogen Tausende von Tataren seltsame, von den Einwohnern Wladimirs noch nie gesehene Maschinerien bis dicht an die Stadtmauern. Es waren Mauerbrecher und Wurfmaschinen, deren Munition, große Steine und hartgefrorene Erdklumpen, auf unzähligen Schlitten herangeführt und aufgeschichtet wurde, ebenso schleppte man Balken und Bretter herbei, aus denen Gerüste errichtet werden sollten.
Zunächst umgab man die ganze Stadt mit einem Pfahlzaun, um etwa fliehende Städter abzufangen. Den Wladimirern blieb keine Hoffnung mehr, denn auf einen jeden von ihnen kamen mindestens zwanzig Tataren. Weinend nahmen sie voneinander Abschied – der Gatte von der Gattin, Kinder von ihren Eltern, der Bruder von seinen Geschwistern, der Freund vom Freunde und der Nachbar vom Nachbarn:
»Morgen, am Tage des heiligen Feodor Stratilos, wird der Schneesturm uns allen das ›Ewige Gedenken‹ singen...«
Am 7. Februar beim Morgengrauen erstürmten die Tataren von allen Seiten die Stadt, deren Mauern sie auf Leitern und Gerüsten erklommen.

Die Großfürstin hatte in Begleitung ihrer Kammerfrauen, ihrer Schwiegertöchter und der Bojarinnen Zuflucht in der Kathedrale gesucht, wo der Erzbischof Mitrofan und die gesamte Geistlichkeit des Erzbistums in den schwarzen Gewändern der Totenmesse vor dem Altar

an der Ikonenwand stand. Nachdem man in feierlichem Chor die Gebete gesprochen hatte, ermahnte der Erzbischof mit seiner tiefen starken Stimme alle Anwesenden, gläubigen und mutigen Herzens in den unvermeidlichen Märtyrertod zu gehen.
»Fügt euch in den unerforschlichen Willen Gottes und denkt an die Rettung eurer Seelen. Empfangt von mir die heiligen Weihen und seid aufgenommen in die große Gemeinschaft der Klosterleute, auf daß ihr, angetan mit dem Ordenshabit, in der Minute eures Todes Engelsgestalt annehmet und auffliegét zu den himmlischen Wohnungen im Hause unseres ewigen Vaters und Allerhalters. Sieh gnädig auf uns hernieder, o Herr, und breite deine unsichtbare Hand über uns aus! Nimm die Seelen deiner Diener in deinen ewigen Frieden auf!«
Die in der Kathedrale versammelten Frauen traten eine nach der andern vor den Erzbischof hin, der jeder eine Haarsträhne auf dem Scheitel abschnitt (als Symbol der Tonsur) und ihr mit geweihtem Öl ein Kreuz auf die Stirn zeichnete. Die also Geweihten stülpten sich schwarze Kapuzen mit dem aufgenähten weißen Kreuz aufs Haupt und faßten einander fest bei den Händen. So blieben sie stehen und stimmten heilige Psalmen an, während von draußen schon durchdringende Angst- und Todesschreie der von den Tataren geschändeten und gemordeten Frauen hereinklangen.
Schon hörte man das Dröhnen schwerer Rammböcke gegen die verschlossenen Kirchenportale und das Splittern von Holz, als die Großfürstin Agafja ihre Pflegetochter Prokuda vermißte. Man rief nach der Abwesenden; mehrere Kammer- und Kinderfrauen stiegen auf die Empore, ja sogar auf den Turm, um das Mädchen zu suchen; aber sie konnten es nirgendwo finden.
»Ach, weh mir Armen!« klagte die Großfürstin. »So verliere ich alle die Meinen an einem einzigen Tage! Die Ärmste wird sterben, ohne die Weihen empfangen zu haben, und nicht mit mir eingehen ins Paradies!«

Der lebende Scheiterhaufen

Vom hohen Ufer der Kljasma aus verfolgte Batu-Khan aufmerksam den Sturm seiner Truppen auf die Stadt Wladimir. Der glutrote Widerschein der Feuersbrunst schillerte auf seinem glänzenden Helm und auf dem goldenen Geschirr seines Hengstes.
Welle um Welle der Angreifer brandete gegen die Mauer der dem Untergang geweihten Stadt. Am Fuße der Mauer sprangen die Reiter aus dem Sattel und erklommen die Sturmleitern. Die Wladimirer setzten den Angreifern den hartnäckigsten Widerstand entgegen: Für jeden fallenden Verteidiger sprang sofort ein anderer in die Bresche; doch es wurden ihrer immer weniger, während die Zahl der die Mauern erklimmenden Tataren stetig zunahm.
Zur Linken Batus saß reglos wie ein Götze der untersetzte breitschult-

rige Bahadur auf seinem rehbraunen Hengst und sah schweigend dem Todeskampf der Hauptstadt von Susdal zu.
Zur Rechten Batus hockte zusammengekrümmt, mit hängenden Schultern der hagere Temnik Burundai auf seinem dickbeinigen grauen Zelter. Jetzt wandte er sein bartloses gelbes Gesicht dem Dschichangir zu und rief:
»Sieh nur! Khan Gujuks Krieger haben die Stadt an zwei Seiten in Brand gesteckt!«
Mit boshaft verzerrtem Gesicht korrigierte Subudai:
»Gujuk-Khan kommt stets zu spät! Nicht seine Krieger, sondern die Urussuten selber haben ihre Hauptstadt angezündet.«
»Warum zaudern denn deine Unbesiegbaren noch?« drängte Burundai ungeduldig.
»Hör nicht auf ihn!« sagte Subudai bissig zu Batu. »Die Tapferkeit von Belagerten pflegt des Morgens stets am größten zu sein. Man muß abwarten. Um die Mittagspause werden zitternde Greisengestalten angewankt kommen, um dir die Schlüssel für die Tore der Stadt auf goldener Schüssel zu überreichen... So war es überall: in China, in Tangut, in Buchara und in Samarkand, und so wird es auch hier sein!«
Doch auch Batu-Khan hatte keine Geduld mehr zum Warten, ebensowenig wie sein Rapphengst, der tänzelnd von einem Bein auf das andere trat.
»Temnik Burundai! Reit zum Stadttor und schau nach, ob Meister Li-Tun-Po etwa schläft!« brüllte Batu.
Burundai versetzte seinem Pferd einen Peitschenhieb, und es schoß wie ein Pfeil davon.
Am Tor ließen halbnackte Gefangene im gleichmäßigen Takte den eisernen Kopf des Rammbockes gegen die Türflügel donnern.
»Stärker! Stärker!« kommandierte ein Aufseher, und seine Gehilfen schlugen mit Peitschen auf die Gefangenen ein. Einige, die sich weigerten, dem Feinde gegen ihre eigenen Landsleute Beistand zu leisten, wurden sofort niedergesäbelt.
Vom Torturm herunter wurde mit Ziegelsteinen nach den Mongolen geworfen, Pfeile wurden auf sie abgeschossen und Feuerbrände auf die Rammböcke geschleudert. Aber es half alles nichts mehr. Unter der zermalmenden Wucht der Stöße des Rammbocks barsten die Flügel aus Eichenholz, und die Tatarenkrieger, die darauf nur gewartet hatten, drangen so ungestüm ein, daß ihr Anprall die Pferde der ihnen entgegensprengenden Verteidiger einfach umwarf.
Die enge Gasse war durch Barrikaden aus Balken, Wagen, Schlitten, Zäunen gesperrt. Von den Dächern der Häuser herab hagelten Steine und Pfeile auf die Eindringlinge, die von den Verteidigern auf den Barrikaden mit Axthieben und Speerstößen empfangen wurden. Aber so sehr sich auch die Leichen der Angreifer häuften und die Gasse noch mehr versperrten, aufzuhalten oder gar zurückzuwerfen waren sie nicht mehr.

Sie sprangen aus dem Sattel, rissen den Toten die Kleider ab, plünderten Häuser und Läden, saßen wieder auf und drangen weiter vor. Ihre kleinen Pferde kletterten strauchelnd und stolpernd über alle Hindernisse hinweg, und allmählich brachen sie freie Bahn für den langsam hinterher reitenden Dschichangir und sein Gefolge.
Vor der Kathedrale auf dem Hauptplatz, wo sich die Unbesiegbaren zusammendrängten, zügelte Batu seinen Rapphengst. Bei seinem Anblick stellten die Krieger das Plündern ein und warfen sich bäuchlings in den Schnee. Aber Batu nahm überhaupt keine Notiz von ihnen. Sein hochmütiges Gesicht verzog sich zu einem raubgierigen Lächeln, als er zu dem neben ihm reitenden Bahadur sprach:
»Nach Bulgar und Rjasan ist das nun schon die dritte Hauptstadt, die ich einnehme!«
Und Subudai antwortete mit heiserer Stimme:
»So ist's. Und am Schlusse des Feldzuges werden neunundneunzig Hauptstädte in deiner Hand sein...«
»Gewiß. Aber wo bleiben denn die von dir angekündigten Greise mit den Schlüsseln?« fragte höhnisch der Temnik Burundai, der eben angeritten kam, den Bahadur.
»Desto schlimmer für sie«, zürnte Batu-Khan. »Mein Ohr wird taub sein gegen alle Bitten um Gnade... Die gesamte Einwohnerschaft büßt ihren Starrsinn mit dem Leben. Külkans beleidigter Schatten kann sich heute übersatt trinken an Urussutenblut...«
Die hohe, majestätische Kathedrale aus weißem Stein stand noch wie eine unüberwindliche Festung. Tatarenkrieger waren dabei, das mit herrlichen Schnitzereien verzierte Eichenportal aufzusprengen. Aus dem Innern der Kirche vernahm man einen langgedehnten leisen Chorgesang.
»Was singen die da drinnen?« fragte Batu. »Wo ist der Dolmetscher?«
»Hier bin ich!« meldete sich Fürst Gleb. »Die Leute da drin in der Kirche singen ihre eigene Totenmesse, um sich das Sterben zu erleichtern.«
Mehrere Krieger hatten unterdessen einen langen, schweren Balken herbeigeschleppt und ließen ihn nun in gleichmäßigem Schwung gegen das Portal der Kathedrale poltern, das bald zerbrach.
Der Chorgesang war jetzt deutlicher zu vernehmen. In der dunklen Öffnung sah man die kalkweißen, angstverzerrten Gesichter von Frauen in schwarzen Gewändern und mit schwarzen Kapuzen auf dem Kopf; sie hielten brennende Wachskerzen in den zitternden Händen und sangen in langgezogenen Noten:
»Bei deinen Heiligen schenk uns Ruh'!«
Auf erhöhtem Platz vor dem Altar stand im schwarzen Meßgewand, die hohe Mitra auf dem Haupte, der Erzbischof Mitrofan. Mit beiden hocherhobenen Händen schwang er segnend ein goldenes Kreuz über seiner Gemeinde und ermahnte und tröstete sie mit seiner klangvollen Baßstimme:
»Tut Buße! Der Tag des Jüngsten Gerichts ist angebrochen! Habt keine

Furcht! Eure Schuld wird euch vergeben, und eure Seelen werden in den Gefilden der Gerechten Ruhe finden!«

Die armen, Todesängste ausstehenden Frauen, die in vielen Reihen dicht hinter- und nebeneinander standen, schrien mit weitgeöffneten Mündern:

»Rette uns, Herr! Erbarme dich! Wir bereuen...«

Andere fuhren im Gesange fort:

»Bei deinen Heiligen, schenk uns Ruh'!«

Batu-Khan trieb seinen Hengst die Stufen der breiten Domtreppe hinauf, warf einen Blick in das Innere der Kirche und rief seinen am Portal sich drängenden Kriegern zu:

»Uragsch, kühne Falken! Schneeweiße Reiher und fette Enten seh' ich da vor mir! Packt sie! Die Beute sei euer!«

Die Mongolen brachen in ein Freudengeheul aus:

»Uragsch! Kchu-kchu, Mongolen!«

Die Öffnung war aber zu eng für die große Schar der Andrängenden, die von Mönchen in schwarzen Kutten mit wütenden Axthieben empfangen wurden, so daß der Durchgang von den sich immer höher häufenden Leichen bald vollends verstopft war.

»Legt Feuer an das Gebäude!« rief Batu-Khan.

Die Tataren rissen Zäune von den Häusern der Nachbarschaft ab und schichteten in der Vorhalle einen riesigen Scheiterhaufen auf. Die Flamme schoß hoch empor, und ihre Zungen leckten an den festen Mauern und stachen ins Innere der Kirche. Aus den oberen Fenstern wälzten sich Schwaden schwarzen Rauchs. Immer noch hörte man den langgedehnten frommen Gesang, den verzweifelte Angstschreie unterbrachen und der desto leiser wurde, je höher die Flammen stiegen. Schließlich verstummte er ganz, und nur noch Weinen, Schreien und Schluchzen war zu vernehmen.

Da rissen die Mongolen den Scheiterhaufen auseinander und drangen ins Innere der Kathedrale. Sie schleiften die halberstickten und halbbewußtlosen Frauen auf den Platz hinaus, rissen ihnen die Kinder aus den Armen und schleuderten sie in die ringsum lodernden Brände. Dann rissen sie den Frauen die Kleider vom Leibe und warfen sich über die Entkleideten. Wenn sie ihre Lust an ihnen gebüßt hatten, schlitzten sie ihnen die Bäuche auf, schnitten ihnen die Brüste ab und zerstampften sie unter den Hufen ihrer Rosse. Dann jagten sie davon, um Beute zu machen.

Auf dem Hauptplatz der Stadt wartete Batu-Khan in hochmütiger Ruhe auf seinen Anteil an der Beute, denn nach den strengen Gesetzen der Jassa mußte jeder Krieger ihm den fünften Teil dessen, was er erbeutet hatte, kniend zu Füßen legen. Auf ausgebreiteten Pelzen wuchsen die Haufen von Geschmeide: Halsschmuck, Armbänder, Ringe, silberne und goldene Kreuze, Becher und Pokale, von kostbaren Kleidern, Meßgewändern, Pelzen, von wertvollem Kirchen- und anderem Gerät; obenauf lag die goldene Mitra des Erzbischofs.

Hierher schleiften die Mongolen auch die ohnmächtige Großfürstin Agafja und legten sie zu den Vorderfüßen von Batu-Khans schwarzem Hengst nieder. Gleichmütig sah Batu zu, wie seine Krieger der Fürstin die seidenen Kleider vom Leibe und den Kopfschmuck aus dem Haar rissen, ihr die roten Stiefel von den Füßen zogen und das alles auf den großen Haufen des geraubten Gutes legten.
»Dse-dse! Wem gefällt diese urussutische Schöne?« fragte Batu »Ich trete sie ihm ab.«
»Natürlich dem Temnik!« johlten die Mongolen. »Der liebt große Frauen!«
Unter dem allgemeinen Gelächter ritt Burundai näher und betrachtete lange den nackten Körper der Fürstin. Dann stieg er aus dem Sattel. Einige Tausendschaftsführer, die es gelüstete, nach ihm ebenfalls die Ehrenbeute zu versuchen, bildeten einen Kreis um ihn.
Die Großfürstin war inzwischen aus ihrer Ohnmacht erwacht. Sie weinte nicht und schrie nicht. Mit den Händen versuchte sie, sich vor Scham und Entsetzen krümmend, ihre Blöße zu bedecken, und blickte mit starren Augen auf die sich ihr nähernde, dürre, knochige Gestalt...
Man schleppte einen kräftigen Greis, der sich zur Wehr setzte und sich aus den Schlingen zu befreien versuchte, vor Batu-Khan.
»Blendender!« redete der hinzutretende Sotnik Arapscha den Dschichangir an. »Du hast befohlen, die tapfersten feindlichen Bahadure dir vorzuführen... Dieser Greis, den wir im Hause des Urussutengottes überwältigten, kämpfte als letzter allein gegen alle... Weder der Rauch noch das Feuer und auch nicht die drei Pfeile, die in seiner Seite steckten, vermochten ihn zu entmutigen...«
»Berikellja!« rief Batu und gebot dem Fürsten Gleb: »Konas Galib, frage den Alten, wer er ist.«
»Ich heiße Schibalka«, antwortete der Gefangene auf die Frage des Fürsten. »Dreißig Jahre lang habe ich als Wächter auf der Stadtmauer am Goldenen Tor gestanden.«
»Ich verzeihe ihm«, sagte Batu, »und nehme ihn als Nuker in meine Dienste.«
»Schibalka«, übersetzte der Fürst die Worte des Dschichangirs, »der hohe Tatarenzar erweist dir eine große Gnade: Er verzeiht dir, daß du aus Unverstand gewagt hast, gegen ihn zu kämpfen, und ist bereit, dich in seine Dienste zu nehmen. Knie nieder und bedanke dich untertänigst!«
Schibalka rollte grimmig die blutunterlaufenen Augen und keuchte:
»Gut, ich will ihm in Glauben und Wahrheit dienen... Gebt mir einen Jagdspieß, ich will ihn dem hohen Tatarenzaren in den Bauch stoßen... Und auch dich, du Abtrünniger, dich will ich totstechen!«
Und mit diesen Worten spie er dem Fürsten Gleb seinen blutigen Speichel in die Augen.
»Hund!« kreischte Batu und schlug dem Alten mit der Peitsche mitten ins Gesicht. Doch Schibalka stand wie ein Pfahl und wankte nicht,

obwohl vier Mongolen sich auf ihn geworfen und an seine Arme gehängt hatten.
»He, Nuker!« brüllte Subudai heiser.
Einer der Nuker, die zunächst standen, sprang vom Pferde, zog seinen Krummsäbel und stieß ihn dem Russen bis ans Heft in die Brust.
Auf den Lippen des Alten bildeten sich blutige Schaumblasen, und rote Fäden rannen ihm in den grauen Bart.
»Der Tag wird kommen, wo unser Land wieder frei sein wird!« röchelte Schibalka, sackte langsam zusammen und fiel mit dem Gesicht in den Schnee...

Siebenter Teil
»Jewpati der Rasende«

»Welch eine Grabesstille überall!
Wie trostlos diese Leere ringsumher!
Ach, alle, die, ihr Schicksal preisend, hier gelebt,
sie schlafen nun den Todesschlaf auf hartem Stein. –«
(Victor Hugo, »Orientales«)

Rjasans Wurzel

Eine Abteilung von dreihundert Reitern – alle eisengepanzert und -behelmt – ritt von Tschernigow nach Rjasan übers Wilde Feld in lang ausgezogener Reihe, langsam und schweigsam: Weder ein Scherzwort noch ein Schimpfwort war zu hören. Je näher man der Stadt Rjasan kam, desto häufiger stieß man auf zerstörte Dörfer und Weiler – grausige Spuren tatarischer Greueltaten. An der Spitze des Zuges ritt auf einem lebhaften Polowezer Roß ein junger Recke, der sich oft in seinen Steigbügeln aufrichtete, um forschend in die neblige Ferne zu spähen. Eine ihn quälende innere Unruhe wuchs sichtlich. Was würde ihn im heimatlichen Rjasan erwarten? Wird er mit seiner Schar zu spät kommen? Ist am Ende keine Hilfe mehr möglich?

Und die Erlebnisse der jüngst vergangenen Tage fielen ihm wieder ein.

Wenig freundlich hatte Fürst Michail von Tschernigow den Ritter Jewpati Kolowrat, der als Abgesandter Rjasans zu ihm kam, empfangen. Seinen Stolz demütigend, hatte der Ritter durch eine untertänige Verbeugung den Fürsten geehrt.

»Ich komme mit der demütigen Bitte um Hilfe zu dir, Fürst Michail. Der Großfürst Juri Ingwarewitsch von Rjasan fleht dich durch mich an: Laß uns in höchster Not nicht im Stich!«

Und der Ritter hatte dem Fürsten und seinen Bojaren von den wilden Mungalen erzählt, die wie Heuschreckenschwärme vom Wilden Feld her sich den russischen Landen näherten. Alle Rjasaner, alt und jung, hätten sich einmütig zur Verteidigung des Heimatlandes erhoben; aber auf sich allein gestellt, könnten sie mit dem übermächtigen Tatarenheer unmöglich fertig werden.

»Du bist ein beredter Anwalt deines Herrn und Fürsten«, hatte Fürst Michail geantwortet. »Aber es bedarf der reiflichen Erwägung, ob wir euch die geforderte Hilfe schicken können ... Wir dürfen unser eigenes Land nicht des bewaffneten Schutzes entblößen ...«

»Nein«, stimmten die Bojaren ihrem Fürsten zu, »wir können unmöglich ein großes Heer gegen die Tataren schicken ... Was sollte denn dann aus Tschernigow werden? Wer soll unsere Stadt schützen?«

Lange währte der Streit der Meinungen, und Jewpati tat sein Bestes, die

Tschernigower zu überzeugen oder wenigstens zu überreden. Schließlich faßte man den Beschluß, Freiwillige aufzurufen.

Die Birjutschi riefen die Tschernigower zur Wetsche, und Jewpati sprach von der Tribüne herab zum versammelten Volke, schilderte unter Aufgebot aller seiner rhetorischen Künste, die er bei der Rjasaner Wetsche oft genug erprobt hatte, aufs eindringlichste die Bedrohung seiner Heimatstadt und Nordrußlands, ja ganz Rußlands durch das wilde Nomadenvolk.

Die Tschernigower reagierten mit spontaner Einmütigkeit, und viele leisteten dem Aufruf Folge. Doch was nützt ein Heer ohne Waffen, ohne Pferde, ohne warme Kleidung?

Jewpati machte ein finsteres Gesicht: Daheim wartete man mit brennender Ungeduld auf rasche Hilfe, und hier ließen sich die Dinge so wenig hoffnungsreich an.

»Höre, Jewpati«, sprach der Tschernigower Fürst schließlich zu dem Ritter, »wähle dir unter den Freiwilligen dreihundert tüchtige und kühne Burschen aus. Ich werde ihnen tüchtige Pferde, die nötige Ausrüstung und Wegzehrung geben. Das aber ist das Äußerste, was ich tun kann. Mehr kann ich – ich bitte um Nachsicht – beim besten Willen nicht für euch tun.«

Jewpati dankte dem Tschernigower, traf seine Auswahl, und als die dreihundert ausgerüstet waren, brachen sie eilends auf. Nach einem mühsamen Ritt durch die unwegsame Steppe erreichten sie das hohe Ufer der Oka, aber statt der belebten Stadt, die kürzlich noch am andern Ufer gestanden hatte, erblickte sie öde, schneeverwehte Trümmer. Die dreihundert führten ihre Rosse über das Eis des Flusses ans andere Ufer hinüber. In Waken, Wuhnen und Rinnen sah man steif gefrorene Leichen, und auch auf dem Uferhang, auf den Wällen und Wegen lagen Tote. Verwilderte Hunde sprangen mit gesträubtem Fell den Ankömmlingen aus dem zertrümmerten Stadttor entgegen und flohen nach allen Seiten davon. Vorsichtig drangen die Reiter über Schutt und Trümmer bis zum Hauptplatz vor, wo bei Jewpatis Auszug noch die Kathedrale mit ihren verschiedenfarbigen Kuppeln und das Schloß mit seinen schmucken Türmchen gestanden hatte. Jetzt war alles dem Erdboden gleichgemacht. Mitten auf dem Platz fanden sich die Reste eines Scheiterhaufens, vermengt mit verbrannten Menschenskeletten und -schädeln, mit verrußten Helmen und Schilden.

»Wie man sieht, haben auch nicht wenig Tataren ihr Leben gelassen«, sprachen die Tschernigower untereinander.

Schwermütig blickten sie auf die zerstörte Stadt, in der das trübselige Schweigen eines Kirchhofs herrschte. Von ihrem erhöhten Standort aus lag das, was ehedem Rjasan gewesen war, wie auf der Handfläche vor ihnen. Doch wohin sie auch schauten – überall nur Tod und Zerstörung. Zu ihren Füßen lag auf der erhalten gebliebenen steinernen Wetschetribüne die rußbedeckte Kupferglocke, deren eherne Stimme vordem die Rjasaner zur Versammlung gerufen hatte.

Zwischen seinen Kriegern hindurch, die ihm scheu und stumm den Weg freigaben, ging der Ritter Kolowrat zu seiner ebenfalls niedergebrannten Hütte, wo zwischen dem herabgestürzten Gebälk nur noch der Lehmofen aufragte. Auf den Trümmern saß, den Kopf in die Hände gestützt, ein Mann und rührte und regte sich nicht. Die breiten Schultern und die grauen Locken kamen dem Ritter recht bekannt vor. Er arbeitete sich mühselig zwischen den Trümmern durch. Einige Steine kamen ins Rollen, und der Sitzende wandte sich um.

»Jewpati!«

»Ratibor!«

»Auf dich habe ich gewartet, Freund«, sagte Ratibor. »Ich wußte ja, daß du kommen würdest...«

»Gekommen bin ich, aber zu spät«, erwiderte der Ritter mit einer resignierten Handbewegung auf die Verwüstung ringsum. »Wo sind die Meinigen? Weißt du's?«

»Alles, was geschieht, geschieht mit Gottes Willen! Sei tapfer, Jewpati! Vernimm und trage es wie ein Mann! Deine alte Mutter, sie atmete noch, als ich mich hierher schleppte. Von ihr hörte ich, daß die Tataren dein Weib hatten in die Gefangenschaft schleppen wollen, doch sie setzte sich mit der Axt zur Wehr, und da töteten sie sie...«

»Und meine Kinder?«

»In die Gefangenschaft geführt... zusammen mit anderen...«

Jewpati schwieg erschüttert.

»Jewpati!« rief Ratibor. »Laß uns ihnen nachjagen! Wir wollen mit ihnen abrechnen! Hast du die Tschernigower mitgebracht?«

»Ja, aber nur wenige – dreihundert Mann, doch lauter kühne, brave Burschen: Jeder einzelne von ihnen gilt soviel wie zehn.«

»Wir werden noch mehr Männer finden. Viel Volks hält sich in den Wäldern versteckt. Wir werden uns mit diesen ›Storonniki‹ vereinigen und den Tataren nachsetzen... Komm, Freund!«

Einen letzten Blick warf Jewpati auf die Trümmer seines Heims. Auf dem Rückweg zum Wetscheplatz erzählte Ratibor dem Freunde vom Untergang des Rjasaner Polks auf dem Wilden Felde, berichtete ihm, wie Fürst Roman ihn als Verwundeten auf dem Schlachtfeld gefunden hatte; seine Beinverletzung aber hätte ihn gezwungen, den jungen Fürsten allein weiterreiten zu lassen. Er selber sei erst nach der Zerstörung der Stadt in Rjasan eingetroffen, als die Tataren schon in Richtung auf Wladimir abgezogen waren.

Einer von den Tschernigower Freiwilligen, ein breiter, stämmiger Mann, fragte den Ritter, als er mit Ratibor zum Hauptplatz zurückkam, wo sich die Krieger auf verkohlten Balken und auf den Stufen der Tribüne zum Ausruhen niedergesetzt hatten:

»Wie hast du dir das gedacht, Jewpati? Was sollen wir tun?«

Kolowrat, der seinen Helm abgenommen hatte, umfaßte alle mit einem ruhigen Blick.

»Was tätet ihr denn gern, Tschernigower Brüder?«

»Du hast uns zur Hilfe für Rjasan aufgerufen. Rjasan aber existiert nicht mehr...«

Als Jewpati schwieg, fuhr der Stämmige, der der Älteste der Tschernigower dreihundert war, fort:

»Unsere Meinung ist: Wir sollten unseren Zug gegen die Tataren fortsetzen und die gemordeten Rjasaner Brüder rächen!«

»Dank euch, Brüder!« rief der Ritter mit einer tiefen Verneigung. »Auch ich und Vater Ratibor denken so. Wir wollen ohne Säumen den Spuren der Tataren folgen. Vielleicht können wir einige unserer Landsleute aus der Gefangenschaft erretten...«

»Dann laßt uns aufbrechen!« riefen die Tschernigower.

»Beschließt zuerst, wer euer Führer sein soll«, sagte Jewpati Kolowrat.

»Jewpati! Er soll uns führen!« riefen mehrere.

Der Älteste ergriff wieder das Wort:

»Wer anders als du, Jewpati? Du kennst alle Wege und Stege, bist auch ein erfahrener Kriegsmann. Wir aber sind doch Bauern, die von der Egge und vom Pfluge weg in den Krieg gezogen sind... Doch keine Angst, auch wir werden im Kampfe unsern Mann stehn und die Tataren fällen, wie wir Bäume gefällt haben. Sie sollen noch lange an unsere Hiebe denken!«

»Das ist wahr! So sei es!« riefen die andern.

»Dank euch, Brüder aus Tschernigow«, sagte Jewpati.

Ein langgezogener Ton hallte wie ein Klagelaut über den Platz hin. Der Ritter drehte sich um. Einige Männer hatten die schwere Glocke aufgehoben, andere hatten drei Balken herbeigeschleppt, sie aufgerichtet und oben zusammengebunden. Jetzt hing man an diesem Gestell die Glocke auf.

»Sie soll doch nicht hier so herumliegen«, meinte der Älteste, als die Glocke hing und die Männer an ihren Fingerspitzen saugten, da ihnen bei der Anstrengung das Blut unter den Nägeln hervorgetreten war. »Sie ist ja unsere, des Volkes Stimme...«

»Vielleicht ist noch jemand von der Einwohnerschaft am Leben?« sagte Jewpati.

»Nun denn, wer ist der Jüngste von uns?... Du?... Dann laß die Glocke ertönen! Die Tataren werden doch wohl nicht alle Rjasaner erschlagen haben...«

Der Jüngste der dreihundert setzte den Klöppel in Bewegung. Ein starker, langhallender Ton erklang.

»Die Toten weckst du damit auch nicht wieder auf«, meinte skeptisch einer seiner Kameraden.

Der junge Krieger fuhr fort, die Glocke zu läuten, deren eherner Klang über die verwüstete Stadt und die niedergebrannten Vororte hinschallte. Jewpati hielt scharf nach allen Seiten Ausschau. Sollte wirklich niemand auf das Geläut reagieren?

Doch siehe da! Aus schwarzer Finsternis des Kellers, unter verkohlten Trümmern hervor stieg ein Mensch ans Sonnenlicht und blickte, seine

Augen mit der Hand schirmend, in jene Richtung, woher das Geläut der Wetscheglocke erklang. Und nach ihm erschien ein zweiter, ein dritter. Überall krochen rauchgeschwärzte Menschen aus dunklen Löchern hervor: Männer, Greise, Frauen und Kinder. Schwankend näherten sich die abgezehrten Elendsgestalten dem Wetscheplatz. Die tote Stadt belebte sich – es waren nicht viele, die den Untergang ihrer Vaterstadt überstanden hatten, aber immerhin, es waren doch einige. Und auch auf den Schneefeldern rings um die Stadt bewegten sich schwarze Punkte. Bauern, die sich lange Zeit irgendwo versteckt gehalten hatten, kamen, gerufen von dem ihnen vertrauten Ton der Wetscheglocke.

Ratibor eilte ihnen freudig entgegen.

»Gottlob!« rief er. »Rußland lebt noch!... Rjasans Wurzel ist noch nicht abgestorben!«

Auf der Waldlichtung

Still ist's im dichten, jahrhundertealten Walde. Man hört das feine Rieseln der Schneeflocken oder das Fallen größerer Schneeklumpen, wenn ein Eichhörnchen über die Zweige springt oder ein Vogel aufflattert. Mitunter stört auch ein Knacken des Frostes in den Stämmen die Stille und weckt einen Widerhall im dick verschneiten Walde. Dann und wann rauschen leis die vom Winde geschaukelten Wipfel der hohen, schlanken Tannen; dieses leise Rauschen pflanzt sich fort über den ganzen Wald hin, und dann herrscht wieder geheimnisvoll feierliche Stille.

Schneewehen haben das Gesträuch von Heidekraut, Wacholder und Wolfsbeeren zugedeckt. Weder zu Pferd noch zu Fuß ist da an ein Durchkommen zu denken. Höchstens auf kurzen Schneeschuhen, deren Unterseite mit Pferdehaut bespannt ist, kann man durch das Waldesdickicht dringen.

Ein kaum bemerkbarer, gewundener Pfad führt auf eine kleine Waldlichtung hinaus, wo sich die Storonniki versammelt haben: Bauern aus den niedergebrannten Dörfern der Umgegend, einige heil und am Leben gebliebene Verteidiger Rjasans und eine Handvoll Überlebender des auf dem Wilden Felde aufgeriebenen Polks.

Hinter dem Wald, wo sich die jetzt unter dem Schnee begrabenen heimatlichen Fluren weit erstrecken, blitzen Schwerter, fließt Blut, lodern brennende Häuser und Hütten, sterben russische Brüder, schluchzt namenloses Herzeleid...

Auf Schütten aus Kiefernzweigen lagen die Storonniki um wärmende Lagerfeuer herum. Eine jugendliche Stimme intonierte leise mit innigem Ausdruck ein Lied:

»Warum, ihr Brüder, seid ihr so gedankenschwer,
gedankenschwer voll Harm und Bangen?
Warum laßt ihr die Köpfe traurig hangen...?«

Mehrere Stimmen fielen ein:

»Sei er auch noch so arg gesinnt,
der Bösewicht, der Widersacher,
der tückische Tatar...«

Einer, ein jüngerer, brummte unwirsch:
»Zu nichts Gutem taugt euer Gesang!«, und wandte sich unzufrieden ab. Eine schwere Hand schlug ihm so hart auf die Schulter, daß er zusammenfuhr und sich erschrocken umdrehte.
Hinter ihm stand ein hochgewachsener Bauer im Halbpelz, der die Mütze aus Hundefell tief über die Ohren gezogen und im Gürtel eine Axt stecken hatte.
»Warum krächzt du wie eine Krähe oder Eule?« fragte er.
»Pfui, Swjaga!« rief der Bursche, indem er sich die Schulter rieb. »Hast du aber eine Pranke!«
»Warum mißfällt dir das Lied?«
»Es mißfällt mir nicht, aber die Tataren könnten's hören...«
»Tataren? Wie sollten die hierherkommen? Sie würden ja im Schnee versinken.«
»Einerlei. Man sollte jetzt überhaupt nicht singen.«
»Ei, warum denn nicht?«
»Unsere Hütte haben sie niedergebrannt..., den Vater erschlagen..., Ljubascha verschleppt...«, sagte der Bursche mit weinerlicher Stimme.
»Das also ist's? Und das alles ist nur dir allein widerfahren? Deshalb greinst du? Haben wir nicht alle, einer wie der andre, Gleiches erlebt? Haben wir nicht alle ohne Ausnahme erfahren, was Kummer und Herzeleid ist? Trotzdem werden wir morgen den Schieläugigen die Schwänze abhaun! Ganz gewiß werden wir sie zum Teufel jagen!«
Ungläubig schüttelte der Bursche den Kopf.
»Ohne Leid geht's nun einmal nicht ab in der Welt«, fuhr Swjaga fort, indem er sich auf der Schütte aus Tannenzweigen niederließ. »Unsere Sache ist eine gerechte und gute Sache. Weshalb singen denn die Tataren nicht fröhlich, sondern heulen wie die Wölfe zum Steinerbarmen? Weil ihre Sache schlecht und ungerecht ist. Ein braver Mann aber wird immer singen... So ist's.«
»Bei mir singt der Bauch vor Hunger«, klagte der Bursche, der nicht nachgeben wollte.
»Sieh mal an!« lachte laut ein dritter, der sich zu ihnen gesellte. »Ist die Kohlsuppe für dich noch nicht fertig?«
»Macht nichts«, meinte Swjaga. »Wenn das Wasser im Kessel kocht, werden wir uns an einer Mehlsuppe satt essen. Habt nur gütigst Nachsicht, falls etwa das Salz fehlen sollte.«
»Auch vom Mehl ist's die letzte Handvoll...«
»Nun, dann werden wir eben im Traume Pasteten essen!«
Unerwartet ertönte ein scharfer Anruf:
»Halt! Wer da?«
Durch den Wald kam ein stämmiger, kurzbeiniger Bauer auf

Schneeschuhen, der im Gehen häufig den Kopf zurückwarf, so daß sein schwarzer Bart aufrecht in die Luft starrte. Auf dem Rücken trug er einen Sack. Mehrere der Storonniki umringten ihn, während die meisten ruhig am wärmenden Feuer liegenblieben.
Mit spöttischer Stimme rief der Ankömmling:
»He, ihr Kühnen, ihr Braven! Der Schwiegervater kommt von der Schwiegermutter direkt vom nächsten Kirchspiel, um euch einen Sack Roggenmehl zu bringen. An die hundert Werst weit hat er's herangebuckelt. Wer nicht zu faul oder zu hochnäsig ist, mag gefälligst herkommen und die Schüssel oder die Mütze oder auch die Hände aufhalten! Beeilt euch mit dem Plinsenbacken, sonst fällt der aufgegangene Teig wieder zusammen, und die Gevattern haben das Nachsehn!...«
Alle waren aufgesprungen, und es gab ein allgemeines Fragen und Reden:
»Mehl? Woher denn? Wer hat's gebracht?«
»Wer's gebracht hat? – Nun, ein Schwätzer mit einem Vollbart. Das Tatarengesindel hat ihn aus seiner Ofenecke aufgescheucht, und da hat er vor Schreck das Stottern gelernt und heißt seitdem Waula...«
»Waula?« rief Swjaga und eilte herbei. »Gevatter!« Und er stürzte auf den Freund zu, um ihn zu umarmen.
»Ich habe mir gedacht, ihr müßtet wohl Hunger leiden, und da habe ich euch halt das Mehl gebracht«, erklärte Waula.
»Ein braver Kerl, fürwahr!« lobten die Bauern. »Bringt uns was zu futtern, damit wir uns unsere leeren Bäuche wieder vollschlagen können!«
»Setz dich hier zum Feuer, Waula!«
»Nein, hierher zu uns!«
»Und erzähl erst, wie dir's ergangen ist!« sagte Swjaga. »Ich sah dich zuletzt, als du von der Rjasaner Stadtmauer in den Fluß stürztest. Ich dachte, du wärest ertrunken...«
»Nein, mein letztes Stündlein hatte wohl noch nicht geschlagen... Ich kam davon und bin zwei Tage und zwei Nächte im Walde umhergeirrt, auf der Suche nach den Storonniki, und dabei bin ich wieder trocken geworden.«
»Ho, ho, ho!« spotteten die Bauern gutmütig. »Hast dich wohl in deinem eignen Dampf getrocknet?«
»In wessen denn sonst?... Ich gelangte zu einem Weiler, wo zwei Greise mir, nachdem ich mich bei ihnen gewärmt und gestärkt hatte, Schneeschuhe gaben, dazu einen Laib Brot und diesen Sack Mehl. ›Geh in nördlicher Richtung‹, sagten sie, ›da wirst du auf die Storonniki stoßen. Sag ihnen, auch wir Alten schliffen unsere Jagdspieße und würden uns bald zu ihnen gesellen.‹ «
»Und wie steht's dort bei uns?«
»Wißt ihr das nicht selbst ebensogut wie ich? – Schlimm steht's! Die Tataren treiben ihr Unwesen überall und verschonen keinen.«

Von fern hörte man einen durchdringenden Pfiff, dann den Ruf des Wachtpostens:
»Halt! Halt! Wer da? Wer kommt da auf einem Tatarenpferd angeritten?«
Eine merkwürdig hohe und helle junge Stimme antwortete übermütig:
»Das Pferdchen hat allerdings mal den Tataren gehört; doch der Reiter gehört zu euch!«
Auf die Lichtung heraus kam ein Knabe geritten. Er trug einen geflickten Bauernpelz, der seine schlanke, ranke Gestalt eng umschloß, und auf dem Kopf eine zu große Fellmütze. Die kleinen Füße steckten in Lederstiefelchen. Am Schweif des Pferdes, das mager war wie ein Windhund, hielt sich ein zweiter Junge fest und ließ sich ziehen.
Das seltsame Paar forderte den gutmütigen Spott der Männer heraus.
»Das heiß ich doch einen Kriegersmann!... Und der andre, der will wohl das Gäulchen mit sich fortziehn?... Ei, ist wohl noch nicht sehr lange her, daß ihr zwei beiden wie kleine Bären unter der Bank herumgekrochen seid?... Ei der Daus! Was für verwegene Krieger uns Großmütterchen da schickt!«
»Nehmt uns auf, gute Leute!« bat der jugendliche Reiter. »Wir sind den Tataren ausgekniffen!«
»Brav von euch, Jungs!«
»Komm nur zu uns, Stupsnäschen!... Aber wen ziehst du denn hinter dir her?«
»Na, Pospelka doch! Er ist ganz erschöpft. Erst sind wir alle beide geritten, dann aber haben wir uns abgewechselt...«
»Setzt euch zu uns, Jungs!«
Der Knabe stieg vom Pferde, band es an eine Tanne und trat zum Feuer. Seine dunklen Augen erschienen in dem blassen abgezehrten Gesicht riesengroß. Er betrachtete seinen Gefährten und platzte heraus:
»Laß doch den Kopf nicht hangen, Pospelka! Wir haben uns gerettet – und damit gut!«
»Ach, und der arme Bulatko! Was werden sie ihm tun?«
»Wir werden ihm zu Hilfe kommen!«
»Wie seid ihr denn den Tataren entwischt, Jungs? Erzählt!«
»Gleich werd' ich's euch erzählen... Aber, liebe Leute, habt ihr nicht ein Büschel Heu für das Pferd? Ihm verdanken wir es, daß wir mit dem Leben davongekommen sind.«
»Woher sollten wir Heu nehmen? Doch jene Säcke... hinter dem Sattel..., sie sind wohl mit Zwieback vollgestopft?«
»Keine Ahnung, was drin ist. Es sind nicht meine.«
»Na, da wollen wir doch gleich mal nachsehn, was die Tataren euch geschenkt haben.«
Die Quersäcke wurden losgeschnallt und ihr Inhalt auf einen auf dem Schnee ausgebreiteten Bauernkittel entleert. Frauenkleider, ein besticktes Hemd, ein silberner Becher, mehrere Kreuze, wie man sie um den Hals trägt, und drei verknotete Bündel fielen heraus. In dem einen

befanden sich goldene und silberne Ohrringe, im zweiten eine Handvoll Kupfer- und Silbermünzen, im dritten und größten – zerkrümelter Zwieback.

»Nun, der kommt eben recht, damit kannst du dein Pferdchen füttern. Aber seht doch, Brüder! Was ist denn das? Die Ungeheuer haben die Ringe gleich samt den Ohren abgeschnitten!«

Die Männer sprangen auf und starrten entsetzt und empört auf die Ringe, die sie von einem zum andern reichten.

»Das werden wir ihnen heimzahlen, den Schurken, den Räubern, den Mördern! Von wo kommt ihr, Kinder?«

Die Knaben setzten sich ans Feuer und begannen überstürzt zu erzählen, wobei sie sich gegenseitig fortwährend ins Wort fielen:

»Wir sind aus Wladimir. Die Tataren haben die Stadt eingenommen und in Brand gesteckt. Zu dritt sind wir in den Wald geflohn. Tataren von Bei Murats Truppe nahmen uns fest. An ihren Fangseilen schleppten sie uns mit sich fort. Viele Gefangene haben sie gemacht. Aber sie geben ihnen nichts zu essen. In Jarustowo fielen ihnen Fässer mit Wein und Dünnbier in die Hände. Da haben sie sich sinnlos betrunken. Während sie ihren Rausch ausschliefen, gelang es uns, unsere Fesseln zu zernagen und auf Bei Murats Pferd zu entkommen. Den armen Bulatko konnten wir leider nicht retten...«

Waula erhob sich und rief: »Brüder, Jarustowo ist nicht weit von hier. Ich kenne den Weg dahin. Soll ich euch hinführen?«

»Ja, Swjaga und ich, wir kennen dort jeden Baumstumpf«, setzte Waula hinzu. »Wir werden euch hinführen.«

»Gut, gehn wir, gehn wir!« riefen die Storonniki. »Vielleicht kommen wir gerade noch zurecht, ihnen den Katzenjammer zu vertreiben!«

»Pospelka! Sie werden unsern Bulatko retten!« rief der flinke Junge erfreut.

»Ein braves Bürschchen bist du, Stupsnase! Wie heißt du eigentlich?«

»Ich? – Prokuda!«

»Wie? Prokuda! Ja, bist du denn ein Mädel?«

»Freilich! Was denn sonst?« lachte das Stupsnäschen, riß sich die Mütze vom Kopf und schüttelte keck die blonden Zöpfe.

Bald zog die Abteilung der Storonniki im Gänsemarsch durch den Wald – in Richtung auf Jarustowo. Voran ging Waula, ihm folgten Prokuda und Pospelka.

Den Mehlsack und ihre sonstigen geringen Habseligkeiten hatten die Männer dem Tatarenpferd aufgeladen, das Swjaga hinter sich herzog.

»Aman!«

Am sternlosen Himmel stand hell der Vollmond. Rasch flogen kleine Wölkchen über ihn hin, verdunkelten ihn ein Weilchen, als blieben sie an ihm hängen, und flogen weiter.

Besorgt schüttelte Waula den Kopf und brummte seinem bärtigen Vordermann zu:
»Gleich wird ein Schneesturm losbrechen!«
»Der kommt uns gelegen«, meinte Swjaga. »Die Tataren werden sich dann wohl in ihren Hütten verkriechen und uns überhaupt nicht bemerken.«
Die Wolken verdeckten schließlich den Mond ganz, und sogleich legte sich ein dunkler Schatten über den Wald.
»Fühlung halten, Freunde! Immer dicht beieinander bleiben!« mahnte Swjaga.
Da brach der Schneesturm auch schon los. In den Wipfeln brauste und rauschte es, als der Wind mit durchdringendem Geheul darüber hinfegte. Von allen Seiten hörte man es knacken, krachen, splittern. Zweige und Stämme stürzten zu Boden.
»Nicht zurückbleiben!« rief Swjaga seinen Leuten zu.
Das Gehen wurde immer schwerer, bis über die Knie sanken die Männer ein, der Wind benahm ihnen den Atem und trieb ihnen fauchend den Schnee ins Gesicht, daß ihnen die Haut brannte und schmerzte, als wäre sie mit Nadeln zerstochen worden.
»He, ihr Fa-a-alken!« hörte man Stimmen, die dumpf einander zuriefen. Die Männer wußten genau, daß jedem, der zurückblieb, der Untergang sicher war.
Endlich sagte Waula:
»Jetzt wollen wir langsamer gehn. Jarustowo ist nicht mehr weit.«
In der Tat, durch das Fauchen und Heulen des Windes hörte man das böse, wütende Kläffen von Hunden, die keinen Augenblick still waren, als spürten sie das Nahen eines Feindes.
Die Storonniki blieben lauschend stehen und sagten dann:
»Ein Zeichen, daß Tataren im Dorf sind.«
Vom Waldrand aus spähten die Storonniki hinüber zum Dorf, dessen Hütten sich beim bleichen Schein des Mondes, der ab und zu hinter den Wolken hervorguckte, als schwarze Flecken auf der weißen Schneefläche abhoben. Mit dem Rauch, der aus einigen Schornsteinen aufwirbelte, wehte ihnen der Wind den Geruch von angebranntem Fett und Roggenbrot in die Nase. Durch den je nach den Windstößen manchmal sich verdichtenden, manchmal dünner und löcherig werdenden Vorhang des Flockengestöbers flackerte zeitweise trüber Lichtschein in den schmalen Fenstern auf.
Prokuda packte Swjaga am Ärmel.
»Dort drüben, in der äußersten Hütte beim Popen, hat sich Bei Murat einquartiert.«
Swjaga lauschte angestrengt und meinte dann:
»Er scheint sich noch immer nicht ausgetobt zu haben...«
Mit den Stößen des Windes schlug Grölen und Schreien aus rauhen Männerkehlen an ihr Ohr, dazwischen Wimmern, Weinen und Schluchzen von Frauenstimmen.

Im Flüsterton gab Swjaga seine Befehle. Hierauf teilten sich die Storonniki in zwei Gruppen, die kleinere führte Swjaga, von dessen Seite Prokuda nicht wich, die größere Waula. Der geschwächte Pospelka blieb bei dem Pferd am Waldsaum zurück

Das Schneegestöber hörte plötzlich auf, während die Storonniki schleichend und geduckt sich durch die Gärten dem Pfahlzaun näherten, an dem die Pferde der Tataren angebunden waren. Bewacht wurden sie von einem Posten, der duselnd an einem Pfosten lehnte. Lautlos schlich sich Swjaga von hinten an ihn heran; ein Fausthieb, und der Mann fiel mit ausgebreiteten Armen vornüber in den Schnee, neben nackte, verstümmelte Menschenkörper, die dort lagen.

»Gott! Was ist denn das?« entsetzten sich die Storonniki.

»Weiter, weiter!« drängte Swjaga. »Vielleicht kommen wir noch zurecht, um wenigstens ein paar zu retten.«

Die Storonniki banden die Pferde los, schwangen sich auf und ritten vorsichtig um das Dorf herum. Unterwegs fingen sie noch mehrere halbwilde, gestohlene russische und auch mongolische Pferde ein.

Am Gatter angelangt, stiegen drei der Storonniki ab, schlichen zu einer etwas abseits gelegenen alten Scheune hin und steckten das Stroh in Brand. Das Feuer steckte eine lange rote Zunge zum Scheunendach heraus und zog sie wieder ein. Dann flammte es von neuem auf, flackerte und züngelte und strahlte mit purpurrotem Schein die schwarzen Rauchschwaden an, die sich über dem Dache zusammenballten.

»Vorwärts, Rjasaner!« riefen die Männer und drangen von allen Seiten in die Hütten ein, aus denen bald darauf das Kreischen und Brüllen der überrumpelten Tataren drang, die, noch im Rausch befangen, ins Freie stürzten und auf der Suche nach ihren Pferden wie sinnlos hin und her liefen. In der Finsternis fielen die Storonniki mit Axthieben über die Flüchtenden her. In einer Scheune fanden die Storonniki eine ganze Menge Landsleute gefesselt und banden sie los. Die Befreiten rissen Zaunpfähle aus und beteiligten sich an der Verfolgung ihrer Peiniger.

Mit einem Faustschlag erledigte Waula den betrunkenen Posten vor der Hütte des Popen und trat auf Zehenspitzen leise ein.

Auf dem Tisch sah man noch die Überreste eines Gelages: abgenagte Knochen, Brotrinden, umgeworfene Trinkschalen. Mehrere sinnlos betrunkene Tataren lagen auf dem Fußboden. Der alte Pope, den man seiner Oberkleider beraubt hatte, hockte in einer Ecke und murmelte immer wieder:

»Herr, erbarme dich! Erbarme dich, Herr! Sie wissen nicht, was sie tun!«

Auf dem Ofen lag, mit dem Rock des Popen zugedeckt, Bei Murat und schnarchte. Neben ihm lag stöhnend die Enkeltochter des Popen, deren entblößter, magerer Kinderkörper von einem krampfhaften Schluchzen heftig geschüttelt wurde.

Die Storonniki banden den Bei und schleppten ihn hinaus auf den Hof zum Brunnen mit dem hohen Schwengel. Schwankend stand der Bei, der noch immer nicht recht begriffen hatte, was eigentlich vorging, und stierte argwöhnisch und grimmig aus blutunterlaufenen Augen die sich um ihn zusammendrängenden Russen an.

»Aman! Aman!« lallte er stumpfsinnig.

»Um was für einen Aman bittest du?« fragte Waula, indem er ihm ein abgeschnittenes Ohr samt Ring ins Gesicht stieß. »Ist dieser Ohrring nicht aus deinem Bündel? Wer hat unsern Mädchen die Ohren abgeschnitten? – Du, Ungeheuer! Wer hat sie vergewaltigt? – Du, Wüstling! Wer hat die Gefangenen splitternackt in die Winterkälte gejagt? – Du, Hundesohn! Wer wird dafür hingerichtet werden? – Du, Aas!«

Prokuda fuchtelte dem Bei mit den Fäusten vor dem Gesicht herum und rief empört: »Was haben sie mit unserm Bulatko gemacht? An den Schwengel haben sie ihn festgebunden und ihn mit eiskaltem Wasser übergossen... Kaum noch am Leben ist er...«

»Bindet den Räuber am Schwengel fest!« befahl Waula. »Und nagelt ihn mit den Ohren am Pfahl fest. Soll er am eignen Leibe spüren, wie unsern Mädchen zumute war, als er ihnen die Ohren abschnitt.«

Swjaga kam auf einem Tatarenpferd angeritten.

»Was haltet ihr euch mit dem Kerl so lange auf?« rief er. »Macht ein Ende mit ihm und sitzt auf! Es sind keine Tataren mehr im Dorf.«

Die aus tatarischer Gefangenschaft Erretteten umringten ihre Retter. Frauen und Kinder weinten vor Freude und Erregung und baten um einen Bissen Brot. Die Storonniki überließen ihnen die ganze von den Tataren zusammengeraffte Beute, für sich behielten sie nur die Pferde, Panzer und Waffen. Die befreiten Männer schlossen sich der Abteilung der Freischärler an. Die Frauen wollten versuchen, mit ihren Kindern durch die Wälder nach ihren Heimatdörfern zurückzuwandern.

»Wir dürfen uns noch keine Rast und Ruhe gönnen!« rief Swjaga. »Wir müssen unsere Spuren verwischen... Vorwärts, Rjasaner!«

»Ich will nicht mit den Frauen gehn, sondern mit euch!« erklärte Prokuda.

Sie half dem noch immer gliederstarren Bulatko aufs Pferd. Hinter ihm saß Pospelka auf.

»Halt ihn gut fest!« ermahnte ihn Prokuda. Dann stieg sie selber zu Pferde und ritt neben ihm her.

Der Tag brach an. Die Wolken hatten sich verzogen. Es war, als hätte nie ein Schneesturm getobt. Öde und verlassen lag Jarustowo da, keine lebendige Menschenseele war darin zurückgeblieben. Nur die Hunde streunten wie lautlose Schatten durch die Gasse und beschnupperten die Leichen der erschlagenen Tataren, die überall herumlagen. Ein Riesenschwarm krächzender Krähen, Aas witternd, flog herbei.

Im Halbkreis saßen, sich die Schnauzen leckend, einige Hunde vor dem Brunnen und verwandten kein Auge von dem an den Schwengel gebundenen Bei Murat, der noch immer böse die blutunterlaufenen Augen rollte und mit erlahmender Zunge lallte:

»Aman! Aman!...«

»Hör du!«

Subudai-Bahadur gab den vor ihm hockenden drei Jurtdschi die letzten Anweisungen. Aufmerksam sahen ihm die drei in das faltige und narbige Gesicht, ängstlich bemüht, ja keins seiner Worte zu verlieren.
»Das wichtigste ist, in Erfahrung zu bringen, wo sich etwa neue Truppen der Langbärtigen sammeln...«
»Wir verstehen!« flüsterten die Jurtdschi ehrerbietig.
»Die Gefangenen müssen es wissen. Bringt sie zum Sprechen!«
»Wir werden sie zum Sprechen bringen!«
Subudai schlug sich mit der Faust aufs Knie.
»Worauf wartet ihr dann noch? Fort mit euch!«
»Achtung und Gehorsam!« flüsterten die Jurtdschi und entfernten sich rückwärts gehend unter vielen Verbeugungen.
Allein geblieben, setzte sich Subudai mit untergeschlagenen Beinen auf die Eckbank unter den Heiligenbildern.
Die Tür öffnete sich knarrend, und herein stampfte, gefolgt von Weschnjanka, die Witwe Opalenicha, die der Bahadur, seitdem sie seinen Sohn vorm Tode des Erfrierens bewahrt hatte, überallhin mitnahm.
Sie warf ihren Pelz auf die Bank, krempelte die Ärmel ihrer Leinenjacke bis über die Ellbogen auf, wusch sich die Hände im Spülgefäß aus Ton und nahm, nachdem sie ein Kreuzzeichen über dem neben dem heißen Ofen stehenden Backtrog gemacht hatte, vorsichtig das darübergedeckte Tuch ab.
»Der Teig ist aufgegangen«, stellte sie fest. »Es ist Zeit, ihn zu kneten...«
Subudai heftete seinen Blick auf ihre kräftigen weißen Arme, auf ihren üppigen Busen, über dem sich die rote Schürze spannte. Er leckte sich die vertrockneten Lippen und schlug dann mit einem Messer gegen eine Kupferschale. Der Ton war noch nicht verhallt, als ein bartloser alter Nuker in einem schneebestäubten Pelz herbeistürzte.
»Achtung und Gehorsam!« bellte er heiser.
»Bring die Quersäcke vom Schecken herein!« gebot ihm Subudai.
Eilends lief der Alte wieder auf den Flur hinaus.
Opalenicha klitschte den Teig, den sie eben geknetet hatte, in den Trog zurück und stieß mit dem Ellbogen die halboffene Tür zu.
»Bartloser Dummkopf!« knurrte sie. »Läßt die Kälte herein!«
Weschnjanka flüsterte ihr zu:
»Guck nur, wie der Schieläugige dich anstarrt. Als ob er dich mit seinen Blicken verschlingen wollte...«
»Übel wird mir von ihm!« antwortete die Witwe bös.
Mit zwei ledernen Quersäcken auf den Schultern kehrte der Nuker zurück und legte sie vor dem Bahadur nieder.
»Aufbinden!« kommandierte Subudai.
Der Nuker löste die Verschnürung und fuhr mit den Händen in die Säcke.

»Hast du drin was gelassen?« zischte Subudai ihn an. »Pack dich!«
Der Nuker prallte erschrocken zurück und verschwand eilends.
»Hör du! Hör du!« rief Subudai streng.
»Dich meint er«, sagte Weschnjanka zur Witwe, die sich ohne Hast die Hände an ihrer Schürze abwischte und einen Schritt näher ging.
»Hör du! Hör du! Wischnak!«
Schüchtern trat auch das junge Mädchen näher.
»Gib! Gib!« sagte Subudai zu ihr, indem er auf die geöffneten Säcke deutete.
Die beiden Russinnen wechselten Blicke. Weschnjanka kniete nieder und nahm einen Sarafan aus Seidenbrokat heraus, den sie der Witwe reichte. Opalenicha faltete ihn auseinander. Weiter zog Weschnjanka Frauenhemden mit schönen Stickereien, rote Schuhe mit aufwärts gebogenen Spitzen aus dem Sack.
Durch Gesten machte Subudai der Witwe Opalenicha verständlich, sie möge den Sarafan anziehen.
»Hör du! Schnell!« rief er ungeduldig.
Sie zuckte die Achseln.
»Putz lieber die Kleine damit heraus. Was soll ich mit solchem Staat?«
»Ugga! Kleine nicht liebhaben!«
Subudai schüttelte ärgerlich den Kopf.
»Hör nur, wie klug er ist. Fängt an, unsre Sprache zu sprechen...«, sagte die Matrone, ging zum Ofen und zog so, daß er sie nicht sehen konnte, den weiten Sarafan an, ordnete die schweren Falten und fuhr mit den Füßen in die spitzigen roten Schuhe.
»Hierher! Hör du! Hierher!« zischte Subudai.
Opalenicha gehorchte.
Auf der Bank lag auf einem Stück grünem Wildleder Geschmeide: funkelnde Diamanten, gelb, grün und blutrot schillernde Edelsteine. Subudai wählte einen Halsschmuck aus großen Goldmünzen, einen Kopfputz aus Perlenschnüren, einige goldene Armbänder und reichte alles Opalenicha.
»Schnell! Schnell!« wiederholte er in höchster Ungeduld.
Achselzuckend legte Opalenicha die Schmuckstücke an. Unter dem tief in die Stirn gedrückten Perlenkopfputz mit länglichen Anhängseln blickten ihre Augen, deren hellen Glanz die dunklen Brauen noch erhöhten, verschmitzt den grimmen Bahadur an. Dann nahm sie, zurücktretend, eine stolze Haltung an und schritt, die Hände auf die Hüften gestützt, in wiegendem Tanzschritt – wie früher beim Reigen – übermütig durch die Stube. Weschnjanka wollte vor Lachen fast ersticken und hielt sich krampfhaft den Mund zu.
»Was sich der runzlige Waldschrat da wieder mal für Unsinn ausgedacht hat!«
Subudai patschte sich entzückt mit der Hand auf den Oberschenkel, verschlang Opalenicha förmlich mit den Augen und gurrte zärtlich:
»Kürültü! Kürültü!«

Opalenicha blieb mitten im Zimmer stehen.
»Genug der Spielerei!« sagte sie. »Es ist Zeit zum Plinsenbacken.« Und sie machte Anstalten, den Sarafan wieder auszuziehen.
»Uggà! Ugga! Für dir! Hör du! Für dir!« sagte Subudai, drehte sich aber plötzlich um und lehnte sich horchend zum Fenster hinaus. Draußen ertönten Rufe:
»Die Urussuten! Die Urussuten!«
Schläge gegen Kupferschilde dröhnten lang hallend.
Subudais Gesicht nahm einen furchtbaren Ausdruck an. Er klopfte mit dem Messer gegen die Kupferschale, raffte hastig das Geschmeide zusammen, stopfte es in die Quersäcke und watschelte, ohne sich weiter um die Frauen zu kümmern, zur Stube hinaus.
Die Witwe hatte das erschrockene junge Mädchen in ihre Arme geschlossen, und beide standen so lauschend da. Das Hufgetrappel und die Rufe der Mongolen entfernten sich und verhallten bald ganz. Opalenicha warf einen Blick durch die Tür auf die Straße.
»Alle sind sie fort! Nun gilt's, Weschnjanka! Schnell, mach dich fertig! Schneller! Jetzt oder nie!«
Mit behenden Bewegungen zog sie den Sarafan aus, rollte ihn behutsam zusammen und legte ihn samt dem Schmuck und den roten Schuhen auf die Bank.
»Wir brauchen diese Pracht nicht!« sagte sie.
»Beängstigend ist's«, flüsterte Weschnjanka, während sie sich hastig fertigmachte. »Wehe, wenn wir ihnen noch einmal in die Hände fallen. Der Schieläugige war der Schlimmste nicht, hat uns nichts zuleide getan...«
Auch die Witwe hatte währenddessen ihren Pelz aus Hasenfell wieder angezogen und ihr wollenes Kopftuch umgebunden. Jetzt fuhr sie mit den Füßen in ihre Stiefel. Weschnjanka, die schon fertig war, drängte:
»Laufen wir! So Gott will, kommen wir zu den Unsern!«
Vorsichtig und sich nach allen Seiten umschauend, traten die Frauen aus der Hütte, deren Tür sie hinter sich schlossen. Im Backtrog am heißen Ofen schlug der Teig gluckernd Blasen.

Auf der Jagd nach Batyga

Durch die russischen Lande ging das Gerücht, im zerstörten Rjasan hätten die Glocken der eingeäscherten Kirchen von allein zu läuten begonnen. Auch die Wetscheglocke, wieder aus der Asche erstanden wie der Feuervogel, habe ihr Geläut erschallen lassen, um das Volk zum Kampf gegen die Tataren aufzurufen...
Überall ginge ein neuer frischer Zug durchs ganze Volk. Die sich in den Wäldern versteckt haltenden Bauern hätten Freischaren gebildet, an deren Spitze sich der kühne Recke Jewpati Kolowrat gestellt habe, ein tapferer Bärenjäger, der alle Wege und Stege im Walde kenne. Seine

Freischärler hätten schon mehrfach Überfälle auf die Mongolen gemacht und sogar ganze Abteilungen vernichtet...
Wenn ihnen solche Gerüchte zu Ohren kamen, dann fertigten sich die Jäger und Pflüger, deren Arme noch nicht gelähmt und deren Augen noch nicht getrübt waren, aus Messerklingen und Sensenblättern, die sie an Stielen befestigten, Waffen und machten sich, die Axt im Gürtel, auf, um zu Jewpatis kühnen Freischärlern zu stoßen, die auf Batus Spuren hinter den Mongolen her nach Norden zogen.
Die zu ihm stoßenden Männer teilte der Ritter in Zehner- und Hundertergruppen auf, ernannte für jede Gruppe einen Ataman oder Hetman, schulte sie durch Unterweisung für den Kampf mit den Mongolen und warnte sie vor deren Kriegslisten. Kaum ein Drittel der Heerschar des Ritters war beritten, aber das Fußvolk blieb nicht hinter der Reiterei zurück und legte im Eilschritt große Tagesmärsche zurück.
Jewpati, der unterwegs Nachrichten über die Marschrichtungen von Batus Truppen sammelte, indem er alle Entgegenkommenden ausforschte, gönnte seinen Leuten nur kurze Rastpausen. »Vorwärts, vorwärts!« drängte er. Futter und Brot für Roß und Mann mußte unterwegs beschafft werden, damit man ja recht schnell den Erzfeind – den Zaren Batu – einholte.
Auf einem der Rastplätze hielten die Wachtposten zwei Mönche an, welche, mit Säcken auf dem Rücken und die langen Schöße ihrer Kutten hinten in den Gürtel gesteckt, südwärts wanderten, den Polowezer Steppen zu. Der eine, ein kleines feistes Männlein mit Triefaugen, hatte, um nicht zurückzubleiben, sich mit der Krücke seines Wanderstabes im Lendengurt seines Riesenschritte machenden, langen, dürren Gefährten eingehakt und trippelte so hinter ihm her.
»Wohin treibt euch der Teufel?« fragte Waula und setzte mißtrauisch hinzu: »Und warum schlottern euch die Kutten so um den Leib, als stammten sie von fremden Schultern?«
Der Triefäugige trat, sein rotes Bärtchen zupfend, vor, machte, in der Körpermitte zusammenklappend, eine tiefe Verbeugung und sprach: »Ich will euch sagen, o Brüder, daß wir vor den Bösewichtern fliehen, die Tataren heißen und alles, was Odem hat, erbarmungslos ausrotten.«
»Deshalb seid ihr in die Kutten gekrochen?«
»Diese Kutte«, piepste der Hagere, Lange, »war von jeher die meinige, und sie schlottert mir nur aus Mangel an genügender Nahrung um die Glieder. Die Menschen sind geizig und filzig geworden, sie haben kein bißchen Achtung mehr vor dem geistlichen Stand. Was haben meine Augen nicht alles sehen müssen! Welche Greuel und Untaten! Selbst die stumme Kreatur und fühllose Steine könnten über das, was heutzutage geschieht, blutige Tränen weinen... Weh uns, wehe, dreimal wehe!«
»Und wohin führt euch euer Weg – in den Tod oder vom Tode fort?«
»Was redest du da für Unsinn? Nach Kiew gehn wir. Dort – heißt es – brauchen die Mönche nicht zu hungern und zu wandern, sondern

finden sichere Freistatt hinter Klostermauern, weil das Volk dort fromm und gottesfürchtig ist und die Geistlichkeit achtet, und von den Tataren hat man dort noch nie was gehört.«

»Versteht ihr mit einer Axt umzugehn?« fragte Waula.

»Nie im Leben haben wir eine in der Hand gehabt. Warum hätten wir uns auch mit so weltlichen Dingen befassen sollen? Wir singen unsere geistlichen Lieder und sagen unsere frommen Sprüche auf.«

»Wir sehen mit Mißfallen, daß ihr dem Vaterland den Rücken kehrt just in dem Moment, da es, von Blut überschwemmt, jedes Armes bedarf!« entgegnete Swjaga zornig. »In unserer Schar haben wir auch einen ehemaligen Mönch, den Vater Ratibor, der die Kutte mit dem Halbpelz vertauscht und zum Jagdspieß gegriffen hat. Ihr aber, was tut ihr? Wem seid ihr von Nutzen? Nutzlose, ja schädliche Schmarotzer seid ihr! Antwortet ungesäumt: Wo habt ihr die Tataren gesehn?«

»Im Susdaler Land, o Brüder! Dort sengen und morden sie und tun allen Christenmenschen Zwang und Gewalt an... Der Fürst Georgi Wsewolodowitsch ist, so heißt es, weit fortgereist, in die Wälder von Belosero, um ein großes Heer zu sammeln. Seine Kriegsleute aber haben sich hinter den festen Mauern der Städte eingeschlossen... Wenn wir vielleicht einen Happen zu essen haben könnten?...«

»Nun gut, setzt euch zum Feuer!«

Ohne ihre Rucksäcke abzunehmen, setzten sich die Mönche nieder.

»Was kocht ihr da?« fragten sie.

»Siehst du's denn nicht? Frische Fischsuppe.«

»Fischsuppe? Ist das aber eine Freude, Vater Awraami! Bloß... wo kriegt ihr denn hier mitten im dichten Walde frische Fische her?«

»Warum denn nicht?« scherzte Waula. »Ein Hecht und ein Hausen wanderten durch den Wald. Die Bäume fielen um, die Berge erhoben sich, der Hechtschwanz aber blieb hängen...«

»Welch ein Wunder!« rief der Lange und guckte in den Kessel. »Weshalb sieht man denn aber keinen Fisch im Topf?«

»Macht nichts. Aus deinem Sack guckt ja ein Hechtschwanz heraus. Gib ihn mal her!«

Widerstrebend nahm der Mönch seinen Sack ab und zog brummend einen gefrorenen Hecht heraus.

»Mildtätige Leute haben ihn uns als Wegzehrung mitgegeben. Es ist ja noch ein weiter Weg bis Kiew. Eßt, Brüder, uns aber laßt nun unbehelligt weiterziehn.«

Waula nahm den Fisch und schuppte ihn mit einem Messer, das er aus seinem Stiefelschaft hervorgezogen hatte. Dann zerhackte er den Hecht in Stücke und warf sie in den Kessel.

»Mit einer Mehlschwitze und etwas Salz wollen wir die Fischsuppe anrichten, damit sie gut wird. Du hast doch sicher auch Salz bei dir?«

»Ja, eine halbe Handvoll...«

»Dann gib schon. Seit langem essen wir alles ohne Salz.«

Mit einem tiefen Seufzer holte der Mönch ein Läppchen aus dem Sack

hervor, nahm eine Prise Salz und streute sie in den Topf, dann legte er das Läppchen sorgfältig wieder zusammen und in den Sack. Beide Mönche setzten sich, jeder mit einem Holzlöffel in der Hand, neben das Feuer.
»Weshalb seufzt du denn immerzu, Vater?« fragte Swjaga. »Es kam ein Schatten am Peterstage herbeigeflogen. Setzt sich der Schatten am Peterstage auf einen Baumstumpf. Weint herzzerbrechend zum Steinerweichen unter den Eichen... Also, weshalb weinst du eigentlich? Willst du in jener Welt mit einem Salzvorrat ankommen? Werdet ihr dort Rechenschaft geben müssen, wie ihr mit den Tataren gekämpft habt?«
»Aber nicht doch, wir haben das Salz euch ja gern gegeben. Doch laßt uns in Frieden unsere Straße ziehn, wenn wir das Fischsüppchen aufgegessen haben!«
»Was für einen Grund sollten wir denn haben, euch zurückzuhalten?« fragte Waula. »Ihr seid uns doch keinesfalls von Nutzen, höchstens zur Last.«
Ohne mehr an die Fischsuppe zu denken, steckten die beiden Mönche ihre Löffel wieder weg, bekreuzigten sich und gingen, nachdem sie sich vor allen verneigt hatten, auf dem Wege nach Süden rasch von dannen. Lachend wollten die Storonniki eben mit Essen beginnen, als zwischen den Tannen abermals ein Wanderer auftauchte, der sein Braunroß am Zügel führte.
»Heda! Wen führt Gott zu uns?« rief der Wachtposten.
»Einen Eilboten aus Kolomna!«
»Dich können wir gerade gebrauchen! Laß uns gleich zum Anführer gehn!«
Auf der Waldlichtung brannten viele Lagerfeuer, um die herum die Krieger saßen oder lagen. Abseits waren die Pferde angebunden. Jeder der Männer beschäftigte sich auf seine Weise: Einer flickte mit Pechdraht seine Stiefel, ein andrer schliff sein Beil an einem Wetzstein, ein dritter gab eine Erzählung zum besten:
»...Da stürzte sich ein Schlagetot von einem Petschenegen namens Rededja auf den Recken Aljoscha Popowitsch und wollte ihm mit dem Kopf einen Stoß gegen die Brust versetzen. Der kühne Aljoscha aber packte den hinterlistigen Rededja am Kopf und schleuderte ihn im hohen Bogen über seinen Scheitel hinweg mit solcher Wucht auf die Erde, daß Rededja mit zerschmetterten Knochen liegenblieb und seinen Geist aufgab...«
Der Erzähler schwieg, denn aller Aufmerksamkeit richtete sich auf den Ankömmling, einen noch recht jungen, bartlosen Mann, der einen Ringpanzer und hohe bulgarische Lederstiefel trug. Sein brauner Hengst war ein stattliches, wohlgebautes, aber durch übermäßige Anstrengungen abgezehrtes Tier.
»Nach deinem Roß zu urteilen, mußt du einen weiten Weg hinter dir haben«, sagte einer zu dem Ankömmling.
»Aus Kolomna komme ich und bin unterwegs zum Großfürsten Georgi.«

»Warum machst du denn da einen solchen Umweg?« fragte der stiefelflickende Krieger.
»Überall trifft man auf Tatarenstreifen. Da mußte ich unfreiwillig Haken schlagen...«
»Dein Gesicht kommt mir recht bekannt vor, mein Söhnchen«, sagte der Ritter Kolowrat.
»Auch du bist mir nicht unbekannt«, antwortete der Ankömmling. »Pflegtest du nicht nach Perunow Bor zur Bärenhatz zu kommen? Mein Vater, Saweli Dikoroß, führte dich durch den Wald. Sei gegrüßt, Jewpati Kolowrat!«
»Solltest du wirklich Toropka sein? Was für ein kühner Recke bist du doch geworden! Doch weshalb stehst du? Setz dich zu uns!«
Toropka band sein Pferd an einen Baum und ließ sich auf einem Haufen Tannenzweige am Feuer nieder. Ausführlich berichtete er von der Belagerung der Städte Kolomna und Wladimir, über seine Flucht und den Zusammenstoß mit den Mongolen. Jewpati fragte ihn aus, wo eben jetzt Batygas Truppen stünden, und Toropka machte genaue und klare Angaben über alles, was er wußte.
Darauf wandte sich Jewpati an die Storonniki:
»Wir brechen auf! Wir ziehen weiter nordwärts!«

Das nächtliche Scharmützel

»...Sind unser auch wenig, sind wir doch Slawen!
Und unser Schlag trifft sicher und trifft schwer...«
(N. M. Jasykow)

Von entgegenkommenden Dorfbewohnern erfuhr der Ritter Jewpati Kolowrat, daß auf dem Herrenhof des Großfürsten Georgi Wsewolodowitsch in der Nähe von Susdal eine tatarische Abteilung zeche und Orgien feiere und daß bedeutende Khane mit Bannern und Wimpeln dorthin geritten seien.
›Vielleicht befindet sich sogar der Zar Batyga selber dort?‹ dachte Jewpati. ›Jetzt oder nie ist die Stunde für die Abrechnung mit ihm gekommen.‹
Und die Abteilung rückte, nachdem sie sich geteilt hatte, in Eilmärschen auf Susdal. Die »Habichte« zu Pferde machten, um belebte Straßen und Wege, wo tatarische Truppen auf Beutezügen umherstreifen konnten, zu meiden, große Umwege. Das Fußvolk, die »jungen Wölfe«, marschierte auf Waldpfaden geradeaus.
Als sie beim Landgut angelangt waren, hielt Jewpati die berittenen Tschernigower hinter einem Hain zurück, selbst aber schlich er vorwärts bis zum Waldrand.
Hinter dem hohen Staketenzaun hörte man wehmütige Lieder und Triller und Läufe tatarischer Schalmeien. Die Finsternis verdichtete sich rasch. Aus dem Tor des Herrenhofes kamen etwa hundert Reiter heraus,

angeführt von einem Bannerträger, der einen neunschwänzigen Buntschuk trug. Die Mongolen trieben ihre Pferde an und ritten im Galopp davon.
Als es völlig dunkel geworden und über dem schlafenden Wald der helle Mond aufgegangen war, schlich sich Swjaga zu Jewpati hin.
»Die jungen Wölfe sind hier und stehen bereit. Ist's nicht Zeit?«
»So fangt an!« antwortete Jewpati. »Macht aber keinen Lärm, sondern schlagt schweigend zu!«
Ganz leise, ohne einen einzigen Schrei, führten die Storonniki den Überfall aus. Die überrumpelten Mongolen, die nach einem wüsten Trinkgelage in festen Schlaf gesunken waren, konnten lange nicht begreifen, was eigentlich vorging, woher die unbekannten Feinde, die so unvermutet über sie herfielen, eigentlich gekommen waren. Die langen geraden Schwerter der russischen Reiter, deren Panzer im Mondlicht blau schillerten, und die schweren Keulen trafen die fassungslosen Tataren. Nur heiseres Ächzen und Stöhnen unterbrach die nächtliche Stille.
»Geflügelte Mangusse über uns!« ertönte ein Ruf, den die aus ihrem Rausch und Schlaf erwachenden Tataren entsetzt wiederholten. Wie aufgescheuchte Hühner liefen sie verzweifelt auf dem Hofe hin und her; diejenigen aber, die versuchten, durch das Tor zu entrinnen, wurden dort mit Axthieben empfangen.
Der furchtbare Kampf währte die ganze Nacht hindurch, die vom purpurroten Flackerlicht des Brandes erhellt wurde. Die alten Holzbauten loderten in hellen Flammen auf.
In dieser Nacht vernichteten die Storonniki eine zahlreiche feindliche Abteilung, doch erlitten sie selber bei diesem grimmigen Handgemenge erhebliche Verluste.

Im Berendejew-Moor

Als Batu-Khan von der Vernichtung der Mongolentruppe durch die Storonniki erfuhr, sandte er Boten nach allen Richtungen mit dem Befehle aus, daß die über das ganze Susdaler Land verstreuten tatarischen und mongolischen Abteilungen sich bei der Stadt Perejaslawl-Saleßki zu sammeln hätten. Dabei sollten die Truppen beim Vormarsch auf diese im Zentrum des großen, ringförmig eingeschlossenen Gebietes gelegene Stadt wie bei einer Treibjagd alles, was ihnen entgegenkam, nach der Mitte ebendieses Kreises hintreiben.
Neue Boten brachten die Meldung, daß inzwischen die »fliegenden Urussuten« noch einige weitere tatarische Abteilungen völlig aufgerieben hätten und hernach in den dichten Wäldern spurlos verschwunden wären.
Währenddessen rückte Jewpati mit seinen Storonniki immer weiter nach Norden vor. Von Dorfbewohnern, die in den unwegsamen, undurch-

dringlichen Wäldern Zuflucht gesucht hatten, erfuhr er, daß die Tataren ihren Marsch nach Norden nicht weiter fortgesetzt hätten, sondern umgekehrt wären. Diese Nachricht beunruhigte den Ritter sehr; man mußte ernstlich daran denken, zwischen den von allen Seiten heranrückenden Tatarenabteilungen durchzuschlüpfen und sich weiter durchzuschlagen; doch die Verpflegung war zu Ende, weder Heu noch Brot gab es mehr.

Auf Waldpfaden erreichte Jewpati das Berendejew-Moor, dem das in den Plestschejew-See mündende Flüßchen Trubesh entspringt. Wenn er diesem Flußlauf immer folgte, glaubte Jewpati der Einkesselung durch die Tataren entgehen und nach Uglitsch gelangen zu können.

Aber auf dem zugefrorenen Moor erschienen ganz unvermutet tatarische Reiter und ritten mit gefällten Lanzen eine Attacke gegen die auf der weiten glatten Eisfläche des Moores auseinandergezogene Abteilung Jewpatis. Aber als sie bis auf wenige Schritte herangekommen waren, schossen sie Pfeile auf die Storonniki ab, rissen ihre kleinen kräftigen Rosse herum und galoppierten davon, als wollten sie den Gegner zu einer Verfolgung verlocken.

Jewpati, der ihre Kriegslisten kannte, tat ihnen den Gefallen nicht, sondern führte seine Abteilung in die Richtung des Plestschejew-Sees. Unterwegs jedoch stießen sie auf eine neue berittene Abteilung der Tataren, wichen aber einem Kampf aus, indem sie sich in den Wald zurückzogen, ihre Marschrichtung auf das Flüßchen Trubesh aber beibehielten.

Auf dem kahlen Gipfel einer mit Kiefern bestandenen Anhöhe sah man die ganz von Schnee bedeckten Ruinen altertümlicher Bauwerke. –

»Hier hat der Zar Berendei gelebt, der einen bis auf die Knie herabwallenden Bart gehabt haben soll«, sprachen die Storonniki untereinander.

Aber die Höhe dieses Hügels war ebenfalls von einer tatarischen Reitertruppe besetzt, der ein fünfzipfeliges Banner voranflatterte.

»Dort muß Batyga sein!« rief Jewpati. »Vorwärts, meine Falken!« Und an der Spitze seiner Reiterei jagte er auf den Hügel zu, während das Fußvolk gleichmäßig weitermarschierte, bereit, den Tschernigowern zu Hilfe zu kommen. In die Tataren auf dem Gipfel oben kam Bewegung: Sie jagten den Hang des Hügels herab. Am Fuße kam es zum Zusammenstoß. Jewpati warf einige sich ihm entgegenwerfende Tataren zurück und stürmte auf das weiße Banner mit dem Gierfalken los. Ein herkulischer Mongole auf einem Rotfuchs galoppierte mit hochgeschwungenem Krummschwert auf Jewpati zu, um ihm den Weg abzuschneiden. Jewpati aber wich ihm mit einer geschickten Wendung aus, und als der Mongole ihn schließlich erreicht hatte, ritten sie Bügel an Bügel. Beide schwangen ihre Schwerter; Jewpati schlug mit solcher Wucht zu, daß der Krummsäbel seines Gegners zerbrach, und mit einem zweiten Schwertstreich spaltete der Ritter den Mongolen mittendurch

bis auf den Sattelknopf, so daß auf jeder Seite des Pferdes eine Körperhälfte seines Reiters herunterfiel.
Unter den Tataren erhob sich ein Schrei des Entsetzens:
»Uj! Togrul ist erschlagen worden! Wai-dot! Togrul ist tot!«
Jewpati galoppierte weiter bergan. Seine Leute, die ihn inzwischen wieder eingeholt hatten, folgten ihm und ritten heransprengende Feinde einfach über den Haufen. Die Tataren, die oben auf dem Gipfel gewesen waren, stoben in Windeseile nach allen Seiten auseinander.
Als Jewpati oben anlangte und sich umblickte, sah er von allen Seiten her tatarische Verbände anrücken: Immer neue und immer wieder neue kamen aus dem Walde hervor und umringten den Hügel, auf dessen Spitze sich bei den Ruinen des ehemaligen Zarenschlosses die »Häbichte« und die »jungen Wölfe« sammelten.
Lange dauerte die Schlacht. In dichter Schlachtordnung griffen die Tataren die Russen immer wieder an, die sich trotz ihrer meist schlechten Ausrüstung wie die Rasenden schlugen und nicht wenige ihrer Feinde töteten. Auf die Dauer aber lichteten sich ihre Reihen bedenklich.
Wo die Schwerter am lautesten gegeneinanderschlugen, wo die Pfeile am dichtesten hagelten, kämpften tollkühn Schulter an Schulter zwei hochragende russische Krieger, die es verschmähten, sich vor den todbringenden Pfeilen zu ducken oder vor den grimmigen Säbelhieben zurückzuweichen. Die Pfeile prallten von ihren Panzern ebenso ab wie die Säbel. Als zwei unüberwindliche Recken standen sie da, den neben ihnen kämpfenden Landsleuten ein leuchtendes Vorbild bietend.
Den Lärm der Schlacht – das wilde Gekreisch der Tataren, die Rufe der Tataren und Russen, das Stampfen und Wiehern der Rosse, das Klirren der Waffen, das Zusammenprallen der Schilde, das Jammern der Verwundeten, die Todesschreie – übertönte ein ermunternder Zuruf einer tiefen, hallenden Baßstimme:
»Halte aus, Freund Jewpati!«
Als Antwort kam die Versicherung:
»Hab keine Angst, Vater Ratibor, ich halte aus!«, gerufen von einer wohlklingenden Stimme, an der früher die Rjasaner bei den Volksversammlungen ihre Freude gehabt hatten.
Die Khane schickten ihre besten Reiter an die Stelle, wo die beiden Freunde fochten: der eine mit dem blitzenden Schwert, der andre mit der zermalmenden Keule, unter deren Hieben zusammenbrach, was sich näher wagte: wer der Klinge entging, fiel der Keule zum Opfer und umgekehrt.
Wie zwei Recken der Vorzeit wüteten sie unter ihren Feinden, ihr Haar flatterte unter dem Helm um die gebräunten Gesichter, und ihre Augen blitzten vor Mut und Entschlossenheit.
Voller Angst wichen die Tataren vor ihnen zurück.
Abseits, umgeben von seinen Temniks, beobachtete Batu-Khan vom

Rücken seines Rapphengstes die Schlacht. Mit einer Handbewegung rief er Subudai-Bahadur zu sich.
»Diese beiden Urussuten da sind Uns lebendig vorzuführen!« sagte er. »Das ist Unser ausdrücklicher Befehl!«
Subudai schickte eine auserlesene Hundertschaft gegen die beiden... und noch eine zweite... Die Krieger kehrten nicht wieder, aber die beiden Urussuten kämpften immer noch.
Ein toll gewordenes Pferd kam herangejagt. Sein verwundeter Reiter, der sich an die Mähne klammerte, weil er sich sonst kaum noch im Sattel hätte halten können, rief, indem er schwer zu Batu-Khans Füßen niederfiel:
»Dschichangir! Sie sind unbezwinglich! Man kann sie nicht festnehmen! Es ist wohl der Kriegsgott der Urussuten, ihr Sulde, selbst!«
Die letzten Worte flüsterte er kaum noch hörbar. Dann durchlief ein krampfartiges Zucken seinen Körper, und er streckte sich aus und verstummte. Die Nuker räumten seinen Leichnam beiseite. Batu-Khan wandte sich mit zorn- und wutverzerrtem Gesicht ab.
»Weshalb schlafen meine Schamanen?« zischte er.
Herbeilaufende Schamanen heulten wie die Wilden, schlugen wie die Besessenen ihre Schellentrommeln, tanzten dazu und flehten mit gellenden Schreien zum mächtigen Kriegsgott der Mongolen, daß er den Kriegsgott der Urussuten treffen möge. Mit verschiedenen Stimmen sprachen sie zu den Göttern und Dämonen über den Wolken und versprachen ihnen reiche Opfer: neun der schönsten schwarzen Rosse und neunundneunzig gefangene Jünglinge.
Doch Gott Sulde schien seinen Mongolen zu grollen: Er wollte sich nicht herabbemühen in das grundlose sumpfige Moor und in den tiefen Schnee. Auch den Schamanen selber gefiel es ja nicht in diesem bösen Urussutenland, wo wilde Schneestürme heulten und grimmige Fröste Stein und Bein zum Erstarren brachten; sie sehnten sich heim nach den weiten Steppen, wo ihre wohlwollenden Götter zurückgeblieben waren.
Und weiter hielt der Tod seine Ernte rings um die beiden furchtbaren Urussutenrecken. Lange schon währte die Schlacht, aber sie schienen keine Müdigkeit zu verspüren: Unermüdlich und mit unverminderter Kraft sausten Schwert und Keule nieder. Laut schallten die Rufe, mit denen die Freunde sich gegenseitig anfeuerten. Und von ihrem Beispiel hingerissen, vergaßen auch die übrigen alle Müdigkeit und schlossen ihre sich lichtenden Reihen immer wieder. Und die Rjasaner »Wölfe« ermunterten die abgesessenen Tschernigower »Habichte«: »Drauflos! Tschernigower!«, und erhielten zur Antwort: »Haltet aus! Rjasaner!«, und beide: »Für Rußlands Freiheit!«
Batu-Khan heulte vor Wut, als er zusehen mußte, wie auch die dritte Hundertschaft unter den Hieben der Recken hingemäht wurde wie Gras von der Sense.
»Ich verliere meine besten Krieger!«
Die ihn umdrängenden Temniks wichen vor seinem Zorn zurück.

»Wai-dot!« riefen sie. »Was soll man mit ihnen machen? Das sind keine Menschen von Fleisch und Blut, sondern Teufel und Zauberer!«
Batu-Khan schlug sich auf die Backen und kreischte:
»Subudai! Subudai!«
Und er brüllte dem heransprengenden Bahadur wutschnaubend einen Befehl entgegen.
Es gab ein Hinundherlaufen von Kriegern, dann hörte man Pferdegetrappel und ein eigentümliches Knarren, Knirschen und Zurufe. Scharfe Schläge gegen Messingschilde riefen die mit den Russen kämpfenden Krieger vom Gipfel des Hügels zurück.
Als der Ritter Kolowrat diesen Rückzug der Tataren sah, schwenkte er triumphierend sein Schwert hoch in der Luft und rief:
»Mir nach... für...«
Doch ein heftiger Schlag vor die Brust benahm ihm den Atem und ließ seine Stimme brechen. Blutüberströmt stürzte er zu Boden.
Die Tataren hatten nämlich die chinesischen Steinschleudern eingesetzt, und deren Geschosse, riesige Steinbrocken, sausten mit zermalmender Kraft, die alles umwarf und zerschmetterte, auf die auf dem Gipfel des Hügels zusammengedrängten russischen Krieger nieder.
Wie ein Wolf so wild heulte Ratibor auf, als er den Freund niederstürzen sah, er schleuderte seine Keule fort und eilte zu dem Ritter hin, den er verzweifelt an den Schultern rüttelte.
»Lebst du noch, Jewpati?... So antworte doch, Freund!«
Er preßte sein Ohr auf die Brust des Gestürzten... Das Herz schlug nicht mehr. Alles war zu Ende. Nie wieder würden sie gemeinsam jagen und kämpfen!
Er hob den Kopf und blickte sich um. Von allen Seiten kamen die schweren Steingeschosse angeflogen und fielen mit furchtbarem Krach zu Boden, unter sich die tapferen Storonniki zermalmend.
Ratibor verneigte sich vor dem toten Freund. Dann richtete er sich zu voller Höhe auf und schritt waffenlos, mit stürmisch atmender Brust und brennenden Augen dem unausweichlichen Tod entgegen.

Die Letzten auf dem Hügel

> »...Wo man zur letzten Ruh' Jewpati hat gebettet? –
> Die hellen Morgenröte wissen's und die Hünengräber.
> Ein altes Lied noch wußte von dem Recken zu vermelden.
> Doch dieses auch verwehten Wind und Wirbelsturm.«
> (Lew Mey, »Das Lied vom Ritter Jewpati«)

Die Schlacht hatte ihren Höhepunkt überschritten und näherte sich dem Ende. Auf dem Hügel zwischen Ruinen und hohen Kiefern stand eng aneinandergedrängt nur noch ein winziges Häuflein – die Letzten von Ritter Kolowrats Schar. Nur selten kam noch ein Steingeschoß geflogen, denn angesichts der wenigen Überlebenden hatte Batu-Khan seinen

Kriegsmaschinisten Befehl zum Einstellen der Beschießung geben lassen.

Ruhig und gefaßt sahen die Storonniki dem unausbleiblichen Tode entgegen. Ihre letzten Pfeile hatten sie verschossen. Nun blieb ihnen nichts mehr zu tun. Doch! – Etwas konnte noch getan werden.

Eine merkwürdig hohe und helle junge Stimme von beinahe kindlichem Timbre intonierte voll Innigkeit in wehmütigen Tönen ein Lied:

»Warum, ihr Brüder, seid ihr so gedankenschwer,
gedankenschwer voll Harm und Bangen?
Warum laßt ihr die Köpfe traurig hangen?...«

Andere Stimmen, junge und alte, tiefe und hohe, klare und rauhe, fielen ein, und auf einmal klang das Lied gar nicht mehr so wehmütig, sondern viel eher mutig und frei. Die Männer, die mit diesen Tönen auf den Lippen vom Leben Abschied nahmen, verkündeten damit, daß der Feind sie nicht hatte bezwingen können.

Erstaunt lauschte Batu-Khan diesem Gesang.

»Man nehme sie fest!« befahl er. »Sie sollen lebend vor mich gebracht werden!«

Die Unüberwindlichen jagten davon, um den heiligen Willen des Dschichangirs zu vollziehen. Sie umringten das Häuflein der überlebenden Russen, warfen ihnen Fangschlingen über und zogen sie fest zu. Dann banden sie den Wehrlosen die Hände auf dem Rücken zusammen und führten sie dem Dschichangir vor, der sie aufmerksam musterte. Viele der Gefangenen, unter denen sich weißbärtige Greise und auch zwei Knaben befanden, bluteten aus Wunden, die ihnen von Säbeln, Pfeilen und Steinen geschlagen worden waren. Sie hielten die Augen nicht wie Schuldige furchtsam und scheu gesenkt, sondern blickten, düster zwar, doch furchtlos und zum Tode bereit, dem grausamen Khan in die Augen.

»Losbinden!« befahl dieser seinen Nukern. Und zu Subudai gewandt, sagte er: »Hänge jedem von ihnen eine hölzerne Paizsa um den Hals!«

»Achtung und Gehorsam!« antwortete der alte Feldherr. »Baurschi, geh und hole meinen Sack mit den Paizsas!«

»Sage ihnen, Konas Galib«, beauftragte Batu den Fürsten Gleb, »daß ich ihnen Leben und Freiheit schenke. Sie sind wirkliche Bahadure!«

Der Fürst verzog unzufrieden das Gesicht, beeilte sich aber, da Batu-Khans Blick unverwandt auf ihm ruhte, dem erhaltenen Befehl nachzukommen.

Mit einer Handbewegung auf die gefangenen Russen rief Batu so laut, daß alle seine Krieger ihn hören konnten:

»Seht, so wie diese muß man seinen heimatlichen Uluß lieben und verteidigen!«

Der Hadschi Rachim trat zu Batu-Khan, seinem ehemaligen Schüler, und sagte, nachdem er sich tief verneigt hatte:

»Du bist wahrhaftig großmütig und gerecht! Durch deinen Mund hat eben

der heilige Krieger zu uns gesprochen. Dein weiser Großvater übte solche Großmut...«
Der Baurschi war inzwischen zurückgekehrt und wollte auf die Gefangenen zugehen, doch Batu hielt ihn durch einen Wink zurück.
Fürst Gleb mußte den Gefangenen die Frage übersetzen:
»Wer hat das Lied angestimmt?«
Die Russen tauschten Blicke untereinander. Dann traten, in der gleichen großherzigen Anwandlung, drei ältere bärtige Krieger einen Schritt vor.
Doch sogleich stieß der jüngste der Gefangenen sie zurück und rief mit seiner eigenartig hohen und hellen kindlichen Stimme:
»Es ist nicht wahr! Ich war es! Ich habe mit Singen begonnen!«
Dabei blickte er mit zurückgeworfenem Kopf den Dschichangir herausfordernd an.
Dieser verbiß sich ein Lächeln. Aus seinen zusammengekniffenen, leicht schielenden Augen blickte er forschend in das mädchenhaft zarte Gesicht des sich selbst Bezichtigenden. Er war gerade im Begriff, das Wort an den Fürsten Gleb zu richten, als der hagere Temnik Burundai ihm zuvorkam. Mit den voll bitterem Unmut herausgebrüllten Worten:
»Wenn man sich dem Blendenden naht, hat man die Erde unter seinen Sohlen zu küssen! Auf die Knie, Urussut, und danke dem Dschichangir für seine Gnade!«, versetzte er dem Knaben einen groben Stoß vor die Brust, daß dieser taumelte und seine viel zu große Fellmütze vom Kopf verlor. Dabei lösten sich zwei starke blonde Zöpfe vom Scheitel und fielen auf die Schultern herab.
Da sprang der zweite Knabe auf Burundai zu und klammerte sich an ihm fest.
»Nicht anrühren!« schrie er.
Burundais Rechte fuhr nach dem Schwert, doch eine gebieterische Bewegung des Dschichangirs hielt ihn ab, es zu ziehen, und mit zornigem Gesicht trat er zurück.
»Ein Mädchen?« sagte Batu gedehnt und betrachtete es neugierig. »Wie heißt sie?«
»Sie ist die Für...«, antwortete ihr kleiner Beschützer rasch, wurde aber von dem Mädchen, das sich bemühte, die Zöpfe wieder unter der Mütze zu verbergen, unterbrochen:
»Schweig, Pospelka! Nicht dir galt diese Frage.«
Und zu Batu-Khan gewandt, antwortete sie ruhig:
»Prokuda ist mein Name. Ich bin eine arme Waise.«
»Woher stammst du?«
»Aus der Hauptstadt Wladimir.«
Kopfnickend meinte Batu:
»Meine Krieger haben es niedergebrannt. Es gibt kein Uldemir mehr.«
»Ich weiß. Damals bin ich mit Pospelka zusammen fortgelaufen.«
»Berikellja!« sagte Batu halblaut und lächelte.
Krieger kamen angelaufen und meldeten, man hätte die Leichen des jungen athletischen Kriegers und des alten Schamanen gefunden. Da

Batu sie zu sehen wünschte, wurden Jewpatis und Ratibors entseelte Körper auf einem Schlitten herbeigeschafft. Forschend betrachtete der Dschichangir die Toten, berührte mit den Fingerspitzen behutsam ihre halbgeschlossenen Augen und murmelte:

»Nein, es waren weder Geister noch Zauberer, sondern tapfere Krieger, große Bahadure. Wenn sie noch am Leben wären, hätte ich sie gern ins Herz geschlossen. Meine Krieger können sich ein Beispiel an ihnen nehmen...«

Und sich an die herandrängenden mongolischen Krieger wendend, sprach er:

»Erweisen wir ihnen kriegerische Ehren!«

Da zogen alle Mongolen – Subudai-Bahadur, Burundai und andere Temniks ebenso wie die einfachen Krieger – ihre blitzenden Schwerter aus der Scheide, hoben sie über ihren Kopf empor und schrien dreimal:

»Kchu! Kchu! Kchu!«

Achter Teil
Der Schneesturm wütet

... Unter der Führung des Khans Baty eroberten und verwüsteten die Tataren das östliche Rußland. Die Russen verteidigten sich überall heldenmütig; keine Stadt, kein Fürst ergab sich.
(K. Kostomarows »Geschichte Rußlands«)

Wassilko, Fürst von Rostow

Nachdem der Großfürst Georgi Wsewolodowitsch seine Hauptstadt Wladimir verlassen hatte, wandte er sich nordwärts. Die hintereinander eingespannten Rosse seiner flinken Troika galoppierten ohne Atempause von Kirchdorf zu Kirchdorf. Bei jedem durch Pferdewechsel verursachten Aufenthalt ermahnte der Großfürst die zusammenlaufenden Dörfler streng:
»Greift zu Äxten und Schwertern! Bildet Drushinen und schart euch um eure Fürsten! Bereitet euch für einen Kampf auf Leben und Tod mit einem tückischen und grausamen Feind vor! Niemand wird uns helfen, ihn ins Wilde Feld zurückzujagen. Wir selbst müssen uns helfen und das Vaterland retten. Gott mit uns! Er ist unser Schirm und Schutz! Ich selbst werde mich an eure Spitze stellen und euch in den Kampf führen.«
Und weiter raste das Dreigespann mit dem offenen Schlitten, worin, eingemummt in seinen Bärenpelz, der Großfürst saß. In einem zweiten Schlitten folgten ihm seine beiden Neffen, im dritten ein alter treuer Diener mit dem Reiseproviant. Eine Eskorte von Berittenen deckte den Zug. Ein wegekundiger Begleiter galoppierte voraus, damit man in den tiefverschneiten, trostlosen Einöden den Weg nicht verfehlte. Der Großfürst hatte die Kutscher zu höchster Eile angespornt. Eingelullt vom sanften Schaukeln des dahingleitenden Schlittens, von dem monotonen Hufgetrappel und von den Rufen der Kutscher und Pferdeknechte, war der Fürst während der Weiterfahrt in Schlummer gesunken. Im Ohr klangen ihm noch die Worte, die die Großfürstin beim Abschied zu ihm gesprochen hatte, als sie ihn mit ihren vollen, heißen Armen umschlungen hielt: »Warum verläßt du dein Herzblatt? Wenn es einmal zu sterben gilt, dann lieber an deiner Seite, mit dir zusammen, als allein!«
›Gewiß‹, dachte er jetzt bei sich, als ihm einfiel, wie brüsk, ja herzlos er sich aus ihrer Umarmung befreit und sie beiseite geschoben hatte, ›gewiß hätte man sie irgendwohin in Sicherheit bringen können, nach Belosero zum Beispiel, wohin selbst ein Rabe auf seinen Flügeln nur schwer kommt, geschweige denn die Tataren auf ihren Pferden... Doch was hätten meine Wladimirer dazu gesagt?... »Seine Frau hat er bereits fortgeschickt, und nun läßt er selber uns auch im Stich«...‹
Bei einer Wegbiegung fuhr er aus seinem Nachsinnen oder Träumen auf

und zuckte erschrocken zusammen, als unversehens ein Busch dunkel vor ihm auftauchte. Ihm wollte scheinen, als wäre es ein Tatar, der, über die Mähne seines Rosses gebeugt, sich anschickte, von der straff gespannten Sehne seines gewaltigen Bogens einen Pfeil auf ihn losschnellen zu lassen.

Doch der Kutscher pfiff ein munteres Liedchen und trieb die Rosse mit lautem Zuruf zu rascherem Lauf an, und der dunkle Busch glitt wie ein Schatten vorbei und blieb zurück. Gegen Abend überquerten die drei Troikas bereits die verschneite Eisfläche des Nerosees, und die Mauern des Kremls von Rostow ragten vor dem Großfürsten auf, der beschlossen hatte, Nachtquartier bei seinem Neffen, dem bei hoch und niedrig allgemein beliebten Fürsten Wassilko Konstantinowitsch, zu nehmen, von dem das Volk sagte: »Zu allen ist er lieb- und huldreich und haßt den Stolz.« Doch nicht nur wegen seiner Leutseligkeit, auch wegen seiner Tapferkeit wurde der Fürst Wassilko verehrt. Vor fünfzehn Jahren war er – ein Jüngling noch – mit dem Rostower Polk nach Kiew und ans Ufer der Kalka gezogen, um gegen die Tataren zu kämpfen.

Behutsam fuhren die drei Reiseschlitten durch die schmalen Gassen Rostows und hielten vor dem Schloß. Diener und Krieger kamen herbeigelaufen, waren dem großfürstlichen Gaste beim Aussteigen behilflich und führten ihn untergefaßt die Stufen der Vortreppe hinauf.

»Wo ist mein lieber Neffe Wassilko Konstantinowitsch?« fragte der Großfürst.

»In der Schmiede.«

»Was tut er denn da?«

»Er schmiedet Schwerter.«

Fürst Georgi warf seinen Bärenpelz ab und folgte im Fuchspelz den Kriegern durch dunkle Gassen.

»Die Schmieden liegen bei uns abseits an den Festungsmauern.«

Am Ufer eines Sees zog sich eine Reihe schwarzer Hütten hin, aus deren Schornsteinen feurige Funkengarben zum dunklen Sternenhimmel aufsprühten. Purpurrot leuchteten die von dem Feuerschein der Öfen angeglühten Rauchschwaden. Ein reges Gehämmer verriet, daß die Arbeit im vollen Gange war. Über die Ambosse gebeugt, rückten große kräftige Männer mit riesigen Zangen bis zur Weißglut erhitzte Eisenstangen zurecht, andere ließen mit voller Wucht ihre schweren Hämmer darauf niedersausen.

»Gleich, gleich, teurer Gast!« rief einer von den hammerschwingenden Schmieden, der ebenso rußig war wie seine Kameraden. »Ich will nur noch die beiden Stücke zusammenschweißen. Das Eisen ist knapp, kaum zu beschaffen, in der Stadt habe ich schon alle Riegel, Schwellen und Radreifen losmachen lassen. Alles wird für Schwerter und Streitäxte gebraucht. Und da zuwenig Schmiede da sind, muß ich selbst zum Hammer greifen...«

»Wie, Wassilko, zum Hammer greifen? Wie ein einfacher Hammerschmied?«

»Unser Fürst hat Geschick zu allem«, mischte sich einer der am nächsten stehenden Schmiede ein. »Ist nicht schlechter als ein richtiger Meister.«
»Gleich wasche ich mir die Hände, und wir gehen heim. Meine liebe Fürstin wird uns mit Kuchen und Pasteten bewirten... He, Tyrja, du Pockennarbiger, komm mal her und lös mich ab!«
Wassilko übergab seinen Hammer einem hochgewachsenen jungen Burschen, dessen Gesicht von zahllosen Pockennarben zerfressen war. Nachdem der Fürst sich die Hände in einem Holzkübel gewaschen hatte, trocknete er sie an seinem versengten Schurz ab. Dann trat er auf seinen Onkel zu. Beim Feuerschein, der in der Esse loderte, konnte man die angenehmen Züge seines hübschen offenen Gesichts deutlich erkennen. Im forschenden oder besser spähenden Blick seiner unter zusammengezogenen schwarzen Brauen ziemlich eng beieinander stehenden Augen lag etwas Raubvogelhaftes, das an einen Falken erinnerte.
Die Fürsten umarmten und küßten sich dreimal.
»Was für Zeiten über uns hereingebrochen sind! Jeder Tag bringt eine neue Trauerkunde vom Fall einer Stadt, vom Tod tapferer Männer, von der Schändung ehrsamer Frauen. Eines Willens, eines Herzens müssen wir jetzt einmütig zueinander stehen...«
»Und eines Kopfes!« entgegnete der Großfürst, während er in stolzer selbstbewußter Haltung hinter seinem Neffen die Schmiede verließ.
Bis tief in die Nacht saßen Neffe und Onkel beim Flackerschein des mit Hanföl gespeisten Lämpchens bei der Tafel. Sie kosteten von der Pastete, von den Plinsen und Stinten und vom geräucherten Bärenschinken. Dazu tranken sie alten Met. Doch ihre Tafelfreuden waren von der bangen Sorge um die ungewisse Zukunft getrübt, und sie erwogen, was gegen die Tataren wohl zu unternehmen wäre. Georgi Wsewolodowitsch legte seinem Neffen seinen Kriegsplan dar:
»Wie die Ströme zur Zeit des Hochwassers, so überschwemmen die Tatarenhorden das ganze russische Land, wobei es unvermeidlich ist, daß ihr Heer sich in immer kleinere Verbände zersplittert. Wir aber müssen uns ein einziges großes und furchtbares Kriegsheer schaffen. Doch sammeln müssen wir es ganz insgeheim, in der Verborgenheit der dichten Wälder, damit die Tataren nichts davon merken. Dann aber müssen wir nacheinander gegen die einzelnen kleineren Abteilungen der Tataren vorgehen und sie aufreiben, ehe sie Zeit finden, sich zu einem größeren Verband zusammenzuschließen. Vielmehr muß eine solche Konzentration ihrer Kriegsmacht nach Möglichkeit verhindert werden durch aufeinanderfolgende Vernichtung der einzelnen Kleinverbände.«
»Dabei würde allerdings viel Zeit verlorengehen. Wo gedenkst du denn ein solches Heer zu sammeln?«
»Irgendwo in Galitsch, Wessegonsk, am Weißen See« (= Belo Osero).
»Das ist aber sehr weit vom Schuß.«
»Meinst du? Dann könnte man die Streitkräfte auch anderswo sammeln... Weißt du, wo? In den unzugänglichen Wäldern an der Mologa. Wie prächtig würde sich beispielsweise der Scherwiner Wald dazu

eignen. Übrigens wäre diese Stelle auch noch aus folgendem Grunde günstig: Auf reiche Beute erpicht, werden die Tataren selbstverständlich nach Nowgorod ziehen. Wo sollten sie denn ihre Gier auch besser stillen können als an den kostbaren fremdländischen Waren der Nowgoroder Kaufleute, deren Speicher davon überquellen? Während die Tataren und die Nowgoroder sich ineinander verkrallen, fällt unser Heer den Tataren in den Rücken und schlägt sie vernichtend aufs Haupt.«

»Ich wäre für eine andere Art der Kriegsführung«, entgegnete Wassilko. »Du weißt, Jewpati Kolowrat hatte kein großes Heer, höchstens anderthalbtausend Mann, und doch hat er den Tataren im plänkelnden Kleinkrieg mächtig zugesetzt...«

»Das schon, aber er ist dabei umgekommen.«

»Allerdings, vorher aber hat er sie doch tüchtig gezaust. Und seine Kampfweise war die richtige. So muß man sich ihnen an die Fersen heften; nachts, wenn alles schläft, Überfälle auf ihre Lager ausführen; sich in den Hinterhalt legen, den richtigen Moment abwarten und dann unvermutet aus dem Walde hervorbrechen... Ich dächte, das Beste wäre, überall Freischaren aufstellen, ihnen alle erdenkliche Unterstützung angedeihen lassen und sich auf eine Überrumpelungstaktik verlegen, kühne Handstreiche unternehmen, so daß die Tataren niemals wissen, woher ihnen Gefahr droht.«

»Nein, das wäre meiner Ansicht nach unrichtig. Das hieße, die Kräfte zersplittern. Im Vertrauen auf Gottes Beistand und unser gutes Recht muß man sich mit der gesamten kompakten Kriegsmacht in den Kampf stürzen, unter Vorantritt der Priester mit den Kirchenfahnen. Dann wird Gott uns nicht verlassen und die unreinen Heiden mit dem Blitzstrahl seines Zornes zerschmettern. Ich habe den untrüglichen Glauben, daß es mir vorbehalten ist, diese ruhmreiche Tat zu vollbringen. Das ganze russische Land wartet auf den Retter, und ich will und werde es retten!... Und dich, mein lieber Neffe, bitte ich inständig, leih mir deinen Beistand zu diesem großen Unternehmen! Dein Wort hat Gewicht, deinem Rate folgt man. Entsende Boten zu allen Fürsten, Wojewoden und Bojaren, damit sie sich mit ihren Drushinen und Aufgeboten an den Ufern der Mologa einfinden, wo ich mein Heerlager aufschlagen will.«

»Was in meinen Kräften steht, soll getan werden, und ich werde mich selber mit meinen Rostowern dort einfinden.«

Das Heerlager

Eilboten stoben von Rostow in alle Winde. Sie überbrachten die Briefe des Großfürsten Georgi Wsewolodowitsch und des Fürsten Wassilko Konstantinowitsch den Fürsten, Wojewoden und Amtmännern nach Nowgorod, Pskow, Polozk, nach den Wolgastädten Sudislawl, Jaroslawl, Kostroma und weiter noch nach Galitsch und Belo Osero. Die Krieger wurden aufgerufen, sich im Heerlager am Roten Hügel einzufinden. Und die russischen Männer folgten dem Ruf. Von allen Seiten sah man sie zu Fuß und zu Pferd zum Roten Hügel ziehen: die Berittenen in Kettenhemden und Panzern, mit Schwertern und Speeren bewaffnet, das Fußvolk – und sie waren in der Überzahl – in Bauernkitteln und Halbpelzen, ausgerüstet mit Jagdspießen und Äxten.

Aber wen sie am Roten Hügel nicht fanden, das war der Fürst Georgi.

»Wo ist denn sein Heerlager?« verwunderten sich die eintreffenden Männer.

»Der Ort wird geheimgehalten, damit Tataren keine Kunde davon erhalten.«

Die sich an den angezündeten Feuern lagernden Krieger sprachen untereinander:

»Gut, daß der lang zaudernde Großfürst von Wladimir endlich seine Unschlüssigkeit überwunden hat. – Er ist jetzt der allerstärkste unter den Fürsten, und es ist höchste Zeit, daß er sich an die Spitze des russischen Heeres stellt. – Längst schon hätte das geschehn müssen, gleich beim ersten Gerücht vom Einfall der Tataren. – Er hat damals einen verhängnisvollen Fehler gemacht, als er die Rjasaner nicht unterstützte... Wie viele russische Menschen haben diesen Fehler mit ihrem Leben büßen müssen! Ja, kostbare Zeit ist versäumt und wertvolles Leben unnütz vergeudet worden. – Mit vereinten Kräften müssen wir uns gegen den Feind erheben, nur dann werden wir ihn überwinden... Ach, um der Uneinigkeit unserer Fürsten willen sieht sich das ganze russische Volk am Rande des Abgrunds!«

Der Großfürst hatte sich nur kurze Zeit in Rostow aufgehalten, dann hatte er sich über Uglitsch an die Wolga begeben, an deren Ufern entlang er bis Myschkin ritt und von dort weiter auf einsamen Waldwegen bis zu der Stelle, wo die Sit in die Mologa mündet. Dort, im Dorfe Boshenki, nahm der Fürst bei dem Popen, dem Vater Wachramei, Quartier. Ebenso uralt wie sein windschiefes Holzkirchlein, liebte der Pope es, im Gespräch bei Erinnerungen an alte Zeiten zu verweilen. Seine Frau Olympiada, ein gastfreundliches Weiblein, das trotz seines hohen Alters noch quicklebendig und flink auf den Beinen war, brachte sich fast um, um ihrem hohen Gast gefällig zu sein, indem sie ihn mit Pasteten (die einen waren mit Grütze und Pilzen, die andern mit Fisch und Zwiebeln gefüllt) und gesalzenen Milchpilzen bewirtete.

Wie der Pope dem Großfürsten erklärte, war das Kirchspiel Boshenki vom Westen her nur auf einem von Beshezk hierherführenden Wege zu erreichen, während man vom Osten her sich nur im Winter ihm nähern könne, und zwar auf dem Eise der zugefrorenen Flüsse Sit und Mologa. Ringsum stünden dichte Wälder, und das Moor sei im Sommer völlig unpassierbar.

»Also ist nicht zu befürchten, daß die Tataren bis hierher kommen?« fragte der Großfürst.

»Wenn sie es versuchten, würden sie allesamt im Moor elend versinken,

dessen dampfende Fenster selbst bei stärkstem Frost nicht zufrieren«, versicherte Vater Wachramei.
»Diese Gegend entspricht also durchaus meinen Absichten, wie ich höre. Das ist mir sehr lieb. Hier werde ich mein Heerlager aufschlagen«, sagte der Großfürst.
»In Gottes Namen, tu das, Herr!« pflichtete der Pope ihm bei. »Ich aber will Bittgottesdienste abhalten und täglich zum Höchsten flehn, daß er dir und deinem Heer den Sieg über unsere Feinde verleihe.«
Die ersten, die dem erlassenen Aufruf Folge leisteten, waren die in nächster Nähe residierenden Fürsten von Sit: Sie schickten Krieger und Schlitten mit Heu, Mehl und Salzfischen. Die Waldbauern von den Ufern der Sit drängten sich, auf ihre Jagdspieße gestemmt, in dichten Scharen vor dem Popenhause. In ihren Mänteln und Hasenfellpelzen und mit dem unter den Wolfsfellkappen bis auf die Schultern herabfallenden langen Haar war es ein eigenartiger Menschenschlag. Ihr Ältester fragte den Großfürsten in der diesem Volk eigenen lispelnden Sprechweise:
»Wossu hast du uns Sisskarer herrufen lassen? Was sollen wir Waldleute für dich tun?«
Der Großfürst, in Dingen der Organisation nicht unerfahren, gebot ihnen, am Ufer entlang Holzhütten zu errichten und in jede Hütte auch einen Ofen aus Lehm und Steinen zu setzen. Andere wieder erhielten den Befehl, Gräben auszuheben, und zwar so tief, daß ein Mensch darin stehen konnte.
»Das ist unsere Sache«, meinten die Bauern von Sit. »Tannen ssu fällen, Graben im Moor ssu ssiehen, darauf verstehn wir uns. Das ist Arbeit, die wir gewöhnt sind.«
Und ohne zu zögern, stapften sie im Gänsemarsch in den Wald, und bald hörte man die Schläge der Äxte und das Krachen der stürzenden Tannen und Kiefern. Am Flußufer wuchsen Baracken aus dem Boden, deren flache Dächer aus Borke waren, und ein paar Tage später wirbelten überall Rauchwölkchen aus ihren Abzugsöffnungen auf.
Einzeln und in größeren oder kleineren Scharen trafen von überallher Freiwillige ein, denen der Großfürst ebenfalls ihre Arbeit zuwies. Manche gruben Erdhütten, andere fuhren Holz herbei und stapelten es zu langen Verhauen und Sperren auf.
Schließlich traf an der Spitze seiner Rostower – dreihundert Reiter und tausend Mann zu Fuß – auch Fürst Wassilko ein. Der Truppe folgte ein Troß von Schlitten, die mit geschlachtetem Vieh, Mehlsäcken und Heu beladen waren.
Mit zusammengezogenen Brauen umritt der Fürst das Lager, in dem ein geräuschvolles reges Leben herrschte, und betrachtete kopfschüttelnd die Verhaue, vor denen er sein Roß zügelte. Dann lenkte er es zum Popenhause hin, neben dem über einer frischgezimmerten Baracke das schwarze großfürstliche Banner wehte. Mit Goldfäden war darauf das Bildnis des nicht von Menschen gezeugten Heilands gestickt.

»Heil dir, Fürst Wassilko Konstantinowitsch! Erweise mir die hohe Ehre, dich unter meinem bescheidenen Dach zu wärmen«, begrüßte der alte Pope, der in seinem langschößigen verblichenen Leibrock auf die Vortreppe herausgetreten war, den hohen Gast, vor dem er sein Käppchen gezogen und sein Haupt mit den geflochtenen grauen Zöpfchen ehrerbietig entblößt hatte.
»Ei, guten Tag, Vater Wachramei. Lange – seit der letzten Elchjagd – habe ich dich nicht gesehn. Nun, du und dein Kirchlein, ihr werdet beide immer älter«, erwiderte der Fürst leutselig.
»Den Rücken und die Schultern hat die Zeit zu beugen vermocht, aber der alte Kopf sitzt noch fest zwischen ihnen und kann vielleicht noch von Nutzen sein.«
Der Fürst stieg von seinem stattlichen Falben, den ein herbeieilender Krieger am Zügel ergriff und fortführte. Der Fürst stieg die Vortreppe hinauf und küßte dem Popen die segnende welke Greisenhand.
»Was ist denn hier los? Es sieht ja aus, als würde hier eine neue Stadt gebaut.«
»Ja, so sieht's allerdings aus«, pflichtete ihm der Pope bei.
»Und soll diese Stadt lange stehen? Ein Jahr oder zwei oder noch länger?«
»Wie könnte ich unwissender alter Mann, ein bescheidener Diener unseres Herrn, das wissen. Darüber beschließt einzig und allein der Großfürst Georgi Wsewolodowitsch. Er hat den Bau dieses befestigten Lagers angeordnet.«
»Viel Volks ist zusammengeströmt, wie ich sehe. Wie wollt ihr die Leute denn alle verpflegen?«
»Auch dafür hat der Großfürst Vorsorge getroffen. Die eintreffenden Krieger bringen ja alle etwas Brot mit, und die hiesigen Bauersfrauen sind angewiesen worden, Sauerteig anzurühren und fleißig Brot zu backen. Außerdem werden von überallher Mehl und Salzfisch angefahren.«
»Und Heu? Wie steht's damit? Ich habe dreihundert Berittene mit.«
»Für dein Roß wird sich bei mir welches finden. Ich hab' es im Sommer für meine Kuh gemäht. An deine Krieger aber wird der Großfürst welches ausgeben lassen, denn die Bauern haben, wie ich selbst gesehen habe, auch Heu angefahren... Doch weshalb frieren wir hier draußen? Tritt ein, mein Fürst, in meine ärmliche Hütte, in der ich dich willkommen heiße.«
Der Fürst winkte den Anführer der ersten seiner drei berittenen Hundertschaften, die am Ufer Aufstellung genommen hatten, herbei.
»Besichtige das Lager«, befahl er ihm, »und sorge für Unterbringung der Pferde! Wegen des Futters werde ich mit dem Großfürsten sprechen.«
»Wir haben Heu für drei Tage und Hafer für zehn Tage mit.«
»Daß man unsere Pferde nur nicht für die Kohlsuppe schlachten muß... Doch da ist ja der Großfürst!«

Mit leicht watschelndem Gang kam der Großfürst Georgi heran. Sein Pelz stand weit offen, und mit dem Ärmel wischte er sich den Schweiß aus dem hochroten Gesicht.
»Sei gegrüßt, mein lieber Neffe, und laß dich umarmen!« rief er fröhlich. »Ich komme eben aus dem Dampfbad, wo ich mich ordentlich gepeitscht habe!... Sechs neue Badestuben habe ich bauen lassen, sonst verlausen mir ja die Leute! Ja, ja, an alles muß man denken. Der Kopf kann einem schon rauchen... Na, komm mit, in mein neues Heim!«

Batu-Khan im Kloster

Als Uglitsch in Sicht kam, zügelte Batu-Khan sein Roß und wies mit seiner Peitsche auf Holzbauten von seltsamem Aussehen, die da ohne jede erkennbare Ordnung teils nebeneinandergestellt, teils aneinandergeklebt waren und allesamt ein Kreuz auf dem Dache hatten.
»Was ist das?« fragte Batu.
Subudai-Bahadur, der neben ihm ritt, fuhr aus seinem Halbschlaf, in den er gefallen war, auf und rief:
»Dolmetscher! He! Man rufe den Dolmetscher!«
»Dolmetscher!« pflanzte sich der Ruf unter den Kriegern fort.
Ein alter Polowezer kam daraufhin herangeritten.
»Das ist das Auferstehungskloster«, erklärte er. »Mehrere hundert Mönche leben hier. Es sind so was wie Schamanen, denen es verboten ist, Frauen anzusehen. Sie verbringen ihre ganze Zeit im Gebet...«
»Im Gebet? Worum beten sie?« wollte Batu wissen.
»Daß Frieden herrsche auf Erden.«
»Friede? - Nichts für mich!«
»Daß die Menschen von Hungersnot, Feuersbrünsten und Erdbeben bewahrt bleiben...«
»Ebenfalls nutzlos für mich. Aber könnten sie nicht von ihren Göttern in Erfahrung bringen, wie mein Feldzug gegen den Konas Jürga ausgehen wird?«
»Sicherlich können sie das.«
»Dann werde ich heute in diesem Gotteshause übernachten«, sagte Batu mit einem Seitenblick auf Subudai, der stark und unzufrieden schnaubte.
»Dolmetscher«, befahl der Bahadur dem Polowezer, »reite mit einer Hundertschaft zum Hause des Urussutengottes und sage seinem Oberschamanen, daß der große Dschichangir sogleich bei ihm eintreffen werde.«
»Dein Befehl soll sofort ausgeführt werden, Unbesiegbarer!«
Und der Polowezer ritt an der Spitze einer Hundertschaft davon, während der Bahadur nach dem Sotnik verlangte. Auf seinem Braunen kam Arapscha angesprengt. Ein Geschirr aus Gold- und Silberplättchen – Kriegsbeute, aus dem Besitz eines besiegten und getöteten Urussutenheerführers stammend – glänzte auf dem Fell des Rosses.

»Laß das Kloster von allen Seiten umstellen. Stelle vor jedes Tor eine Wache. Durchsuche alle Häuser, vor allem die Keller, ob nicht etwa feindliche Krieger sich dort versteckt haben oder ob man uns sonst einen Hinterhalt gelegt hat«, gebot der Bahadur dem Sotnik. »Und sage den Schamanen, welches unermeßliche Glück ihnen beschieden ist, wenn sich der Beherrscher des Erdkreises herabläßt, bei ihnen zu übernachten. Stelle auch in allen Gängen und auf den Treppen der Häuser Wachen auf, und zehn deiner hungrigsten Krieger setze in die Küche, damit sie sich dort 'rausfuttern und zugleich aufpassen, damit die Schamanen keine schlechten oder verbotenen Speisen zubereiten. Wenn sie finden, daß etwas nicht in Ordnung ist, dann sollen sie den Köchen die Peitsche zu kosten geben. Und gib streng acht, daß kein mongolischer Krieger aus einer fremden Abteilung sich ins Haus einschleicht, solange der Dschichangir darin weilt.«

»Achtung und Gehorsam!« grüßte Arapscha und sprengte davon, um für Ausführung der erhaltenen Befehle zu sorgen.

In der Hauptkirche des Klosters wurde ein feierlicher Gottesdienst abgehalten. Zur Rechten standen auf einer mit einem Teppich bedeckten Erhöhung zwei hochlehnige Sessel. Auf einem saß mit untergeschlagenen Beinen Batu-Khan, sein Krummschwert auf den Knien haltend. Im andern saß Juldus-Hatun. Sie trug eine mit goldenen Spitzen und Perlenschnüren umwundene hohe Mütze. Auf dem Boden hockten neben Batu sechs seiner vornehmsten Khane, und natürlich saß da auch Subudai, der voll argwöhnischer Aufmerksamkeit mit seinem zugekniffenen einen Auge alles, was in der Kirche vorging, überwachte.

Der Bischof selber, der vor den Tataren im Kloster Zuflucht gesucht hatte, hielt den Gottesdienst ab. Hager und vom Alter gebeugt, stand er, gekleidet in die prächtigen Meßgewänder und die goldene Mitra auf dem zitternden Greisenhaupte, auf einer Erhöhung in der Mitte der Kirche. Rechts und links von ihm verharrten zwölf mit farbigen Meßgewändern aus Brokat angetane Priester (sechs auf jeder Seite) in feierlicher Reglosigkeit. Zwei Meßknaben, ebenso prächtig in Brokat gekleidet, hielten lange Weihkerzen in den Händen. Vor allen Heiligenbildern brannten Kerzen und Öllämpchen, und ihr flimmerndes Licht spielte in blendendem Glanz auf der goldschimmernden Ikonenwand und auf den goldschimmernden Gewändern.

Batu-Khan schien Gefallen an dem für ihn neuen prunkvollen Schauspiel zu finden. Er nickte zufrieden lächelnd mit dem Kopf und brummte beim Chorgesang mit. Funken sprühten, in allen Farben schillernd, auf seinem Stahlhelm mit dem über die Nase hinragenden pfeilartigen goldenen Steg, der das Gesicht schützte, auf seinem silberschimmernden Kettenhemd und auf dem Geschmeide aus Diamanten und Smaragden, das er um den Hals trug. Jedesmal wenn der wohlbeleibte Diakon sich ihm, mit ausholender Gebärde das Räucherfaß schwenkend, näherte, schnupperte Batu und zog mit vorgestrecktem Kopf den süßlichen Duft laut und tief atmend ein.

Juldus-Hatun saß unbeweglich in ihrem Sessel. In ihrem reichbestickten, silberschillernden chinesischen Seidengewand wirkte sie mit ihrem weißgeschminkten, fast leblos puppenhaften Gesicht wie ein Götzenbild. Nur ihre weitgeöffneten Augen glänzten fieberhaft. Die treue I-La-He, der die innere Erregung ihrer Herrin nicht entging, beugte sich zu ihr nieder und flüsterte ihr warnend ins Ohr:
»Beherrsche dich! Laß dir deine Erregung nicht anmerken...«
»Da ist er«, unterbrach Juldus sie im gleichen Flüstertone. »Dort am Fenster... So nah!... Ich muß ihn unbedingt sprechen.«
In der Nähe des Fensters stand neben einem Seiteneingang, auf seinen Speer gelehnt, ein rotgestiefelter Krieger in Helm und Panzer, dessen bartloses jugendliches Gesicht einen Ausdruck unbeteiligten Gleichmuts zeigte, während er abwechselnd seinen Blick zu Batu-Khan oder zum Fenster hinschweifen ließ, durch dessen Glimmerscheibe das blaugraue Licht eines trüben Frosttages schwach hereindrang.
Plötzlich wurde Mussuk, denn niemand anders als er war es, sich des unverwandt auf ihm ruhenden fiebrig-flackernden Blickes von Batu-Khans Lieblingsfrau bewußt, und er wandte sich ab. Als er nach einiger Zeit sich wieder umdrehte, haftete der beharrliche Blick der kleinen Hatun noch immer auf ihm.
›Warum starrt sie mich denn so an?‹ dachte Mussuk. ›Was ist denn so Besonderes an mir?‹
Noch einmal fing er den Blick der jungen Chanum auf, zu deren Ohr die chinesische Dienerin sich niederbeugte und beruhigend auf sie einsprach. Auf einmal durchzuckte ihn wie ein greller Blitz ein Gedanke: ›Diese dunklen Augen?... Dieses Gesicht mit dem schmalen Kinn?... Wie ähnlich ist es doch einem anderen! Doch was könnte es Gemeinsames geben zwischen einem armen Kind der Steppe und der mit kostbarstem Geschmeide geschmückten Lieblingsfrau des Eroberers des Erdkreises? – Nein, es ist ein Traum! Es kann keine Wirklichkeit sein!‹ sagte er sich und starrte wieder zum Fenster hinaus.
Ein Gebrüll scheuchte ihn aus seinem Sinnen auf. Ein riesenhafter Diakon im Chorhemd verkündete mit Stentorstimme:
»Dem großmächtigsten, ruhmreichen Khan...«
Der Vater Ökonom des Klosters trennte sich von der Gruppe seiner Mitbrüder, näherte sich mit unhörbaren Schritten dem Diakon, dem er ins fleischige rote Ohr flüsterte:
»Stimm den Ton höher!«
Der Vater Ökonom selber stimmte den Ton an, den der Diakon aufzunehmen sich mühte, als er brüllte:
»Unserm Herrn und Herrscher...«
»Noch höher!« beharrte der Vater Ökonom.
Das Blut stieg dem Diakon vor Anstrengung in den Kopf, als er noch etwas höher wiederholte:
»Unserm Herrn und Herrscher über alle Völker nah und fern, dem Zaren Batyga Dschutschijewitsch ein langes Leben!«

Die Chorsänger fielen ein und wiederholten dreimal:
»Ein langes, langes Leben!...«

Nach dem Gottesdienst stiegen die Auserwählten in das lange schmale Refektorium hinab, wo ihnen das schmackhafteste Mahl serviert wurde, das sich die in der Küche arbeitenden Mönche gemeinsam mit dem Vater Ökonom hatten ausdenken können: Fischsuppe vom Sterlet, einen riesigen Stör, Aalpasteten, Piroggen mit einem Füllsel aus feingewiegten Mischpilzen und eine Kutja samt eingemachten Äpfeln und körnigem Kaviar.
Dienende Brüder trugen die Speisen auf geschnitzten Holzschüsseln auf. Aus dem Keller wurden Tonkrüge mit grünem Getreidewein und starkem altem Met heraufgeholt. Auch schäumendes Dünnbier und Fruchtschnaps aus Kirschen und Beeren wurde kredenzt.
Zur Linken Batus, welcher der Tafel präsidierte, saßen der Archimandrit und Subudai-Bahadur, ihm zur Rechten Juldus-Hatun und die sechs vornehmsten Khane. In der Reihe folgten weiter die würdigsten der Mönche, in schwarze Kutten und Kapuzen gehüllt. Der Bischof zog sich, nachdem er das Mahl gesegnet hatte, unter Berufung auf seine durch Alter und Krankheit geschwächte Gesundheit in seine Zelle zurück.
Batu-Khan kostete von allen Speisen, mit großer Vorsicht freilich, nahm aber von jedem Gericht nur sehr wenig. Subudai kaute Buchweizengrütze mit Zwiebeln und Fastenöl. Er schöpfte sich die Grütze mit seiner eigenen Kupferschale, die er aus dem Busen hervorgezogen hatte, aus der Schüssel. Aus der gleichen Schale kostete er auch, nachdem er sie mit der Zunge blank geleckt hatte, von allen Getränken. Was ihm nicht schmeckte, schüttete er kurzerhand auf den Fußboden.
Als das Mahl vorgeschritten war, trat die chinesische Dienerin I-La-He zu Batu und meldete ihm:
»Juldus-Hatun kann den Geruch des Salzfischs und die groben Stimmen der urussutischen Schamanen nicht länger ertragen. Es ist zu befürchten, daß sie vor Schwäche ohnmächtig wird. Darf sie sich mit deiner Erlaubnis von der Tafel entfernen?«
Batu warf einen forschenden Blick auf Juldus. Reglos, mit gesenkten Augen, saß sie da, als schliefe sie. Er befahl, sie in ein Gemach zu führen, wo sie sich ausruhen und erholen könne.
Der Vater Ökonom erhob sich und führte, indem er beim Gehen sich den Vollbart strich, die Chanum und ihre Sklavin hinaus und in die beste der Zellen.

An der Zellentür

Arapscha hatte Mussuk rufen lassen und ging mit ihm treppauf und treppab durch die langen Gänge und in dunkle Winkel hinunter. Schließlich ließ er ihn als Wache in einem langen, schmalen Gang zurück, der sein trübes Licht durch kleine, mit Fischblasen bespannte Fenster empfing. Ihnen gegenüber befand sich eine Reihe verschlossener Türen. Arapscha deutete auf eine von ihnen und sagte:

»Hier ruht die Otchan-Hatun unseres Dschichangirs. Laß niemanden zu ihr hinein, bis ich komme, um dich abzulösen. Rühr dich ja nicht vom Fleck!«

Lange stand Mussuk auf seinem Posten. Mönche in ihren schwarzen Kutten gingen flüsternd an ihm vorüber. Jeder schützte mit vorgehaltener Hand seine brennende Wachskerze vor der Zugluft. Dann wurden kehlige Stimmen laut, und Subudai kam. Noch später wurde auch Batu-Khan an Mussuk vorübergeführt. Zwei Khane hatten den Schwankenden untergefaßt und stützten ihn, damit er nicht fiele. Mit der Hand fuhr er gestikulierend durch die Luft, als wolle er ein Insekt fangen, und sprach dazu mit schwerer lallender Zunge zu seinen Begleitern:

»Sich dreimal im Monat zu betrinken, das hat der heilige Regent gestattet... Doch besser ist..., man betrinkt sich bloß einmal... Ich sage..., sowohl die mongolischen Schamane als auch die arabischen Mullahs und die urussutischen Priester sind äußerst nützliche und mir ergebene Männer! Sie lehren das Volk, sich der Macht zu unterwerfen und pünktlich die Steuern zu bezahlen... So beugen sie jedem Aufruhr vor... Ja, ja, sehr nützlich sind sie... Ich werde jedem Schamanen eine Paizsa geben lassen, damit sie unbehelligt durch alle meine Länder reisen konnen, um Gelder einzutreiben... Ich werde auch einen Befehl erlassen, wonach Schamanen, Mullahs und Priester von allen Abgaben befreit sind...«

Der Archimandrit und vier Mönche, die mit langen und dicken Kerzen leuchtend vorangingen, geleiteten Batu-Khan bis zur Tür seiner Zelle, in die er torkelnd eintrat. Mit tiefen Verneigungen zogen sich der Archimandrit und die Mönche zurück.

Subudai-Bahadur sagte:

»In diesem Hause sind eben lauter Betrunkene. Hoffentlich gibt es keine Brandstiftung! Auch erwarte ich, daß unsere Krieger die Mönche nicht beleidigen, damit es zu keinen blutigen Zwischenfällen kommt. Du, Nuker, rühr dich nicht von der Stelle! Sei ja recht wachsam auf deinem Posten! Ich werde selbst einen Rundgang machen und die Wachtposten überprüfen.«

Mussuk blieb voll innerer Unruhe zurück.

›Ist es nun Juldus gewesen oder nicht?‹ fragte er sich. ›Gewiß wird es eine Täuschung gewesen sein. So märchenhafte Zufälle kommen im Leben nicht vor... Aber jene Stimme, die damals in der Wüste meinen Namen gerufen, und die kleine Hand, die das seidene Beutelchen mit den Datteln, dem Konfekt und den Goldmünzen mir zugeworfen hat?...‹

Durch eins der Fenster, dessen Fischblasenbespannung beschädigt war, sah er hinaus in den großen Klostergarten mit den kahlen schwarzen

Bäumen. Bläulicher Schnee lag zu Wehen aufgehäuft da. Ein ausgetretener Pfad ging quer durch den Garten. Und darauf patrouillierte ein mit einem Speer bewaffneter Krieger, in seinen Pelz gemummt, auf und ab. Der Wind blies durch das schadhafte Fenster herein und überschüttete Mussuk mit feinpulvrigem Schnee.

Ein Rascheln ließ sich hinter ihm hören. Mussuk drehte sich um, wobei sein Stahlpanzer klirrte. Vor ihm stand, in ein leichtes Gewand gehüllt, eine zierliche schlanke Frauengestalt. Um ihren Kopf hatte sie einen bunten Schal gebunden. Ihre weitgeöffneten Augen blickten ihn fragend an.

Die Frau machte noch einen Schritt vorwärts.

»Mussuk?«

Er machte eine Bewegung der Überraschung.

»Ein Gedanke quält mich«, sprach die ihm so vertraute Stimme. »Hast du auch von dem Gelde genommen, das man als Kaufpreis für mich erhielt?«

Tief versenkte Mussuk seinen Blick in die glänzenden Augen.

»Meine ganze Schuld besteht nur darin, daß ich nicht daheim war, als die Brüder meine kleine Juldus fortführten. Wäre ich zugegen gewesen, hätte ich dem schändlichen Handel gewehrt und notfalls mit ihnen, die ich als meine ärgsten Feinde ansehen muß, gekämpft. Als ich erfuhr, was sie getan hatten, fluchte ich ihnen und sagte mich von meinem Vater und meinen Brüdern los.«

»Nun kann ich wieder leben!«

Sie wollte noch etwas sagen, hielt jedoch inne.

Mussuk begann hastig Worte hervorzusprudeln.

»Und nun ist Juldus, meine Juldus, die Frau meines Gebieters. Er gab mir ein Roß, ein Schwert und eine Rüstung. Er ist freigebig, fürsorglich und gerecht gegen seine Krieger. Er ist tapfer und rasch in seinen Entschlüssen. Er vollbringt große Taten. Den ganzen Erdkreis wird er durchziehn und keinen Gegner finden, der imstande wäre, ihn zu besiegen... Ich achtete und liebte ihn...«

»Und jetzt?« fragte Juldus mit erstickter Stimme.

»Jetzt muß ich ihn hassen.«

Mit katzenhafter Geschmeidigkeit hatte Juldus ihre Arme um ihn geschlungen. Die eisige Kälte seines Panzers drang ihr bis ins Mark. Aus Mussuks Gesicht war alle Farbe gewichen. Weiß wie Schnee und reglos und kalt wie sein Panzer stand er da.

»Bist du denn nicht mehr mein Mussuk?« flüsterte sie.

Mit ihrer kleinen Hand berührte sie seine Wangen. Er spürte den Duft unbekannter Blumen. Die Augen halb geschlossen, an allen Gliedern bebend, stand er da und wußte nicht, wie er handeln sollte.

»Sprich, Juldus, liebt er dich sehr?«

»Mich?... Ich weiß es selbst nicht, warum er mich liebt... Er sagte mir einmal, ich hätte ihm, als er sich wie ein Bettler vor seinen Feinden verbergen mußte, drei Fladen gegeben, für die mir drei Reiche zu schenken er sich gelobt habe – ein nördliches, ein östliches und ein westliches... Ich werde ihm sagen, du seiest mein Bruder, und er wird dich mit Geschenken überhäufen wie im Märchen. In Brokat wird er dich hüllen, dir einen Diamantring an den Finger stecken und dich zum Besitzer einer ganzen Pferdeherde machen.«

»Du willst ihm sagen, ich sei dein Bruder?... Die Brüder haben diejenige verkauft, die mir teurer als Allah war, teurer als das ganze Weltall... Nichts als ein Roß ist mir geblieben, doch ist es mir lieber als ein Bruder... Ich werde Batu-Khan verlassen, von hier fortgehn...«

Juldus fuhr zurück, dann aber warf sie sich wieder an Mussuks Brust und liebkoste mit beiden Händen sein strenges Gesicht.

Man hörte das Knarren einer Tür und ein spöttisches »Dse, dse!«.

Die beiden Liebenden blickten sich um. In der Tür stand Batu-Khan. Aus der Nachbarzelle schauten durch die halbgeöffnete Tür mit hämischen Gesichtern die Khane.

»Beeil dich!«

In der engen Zelle des Klosterbruders, dem die Verwahrung der Kirchengewänder und -geräte oblag, saß auf der mit Schaffellen bedeckten Ofenbank der schwerfällige Subudai mit untergeschlagenen Beinen und betrachtete mit seinem einen nie blinzelnden Auge ein sehr altes Heiligenbild. Es war auf eine Holztafel gemalt, die sich im Laufe der Zeit geworfen hatte, so daß die Firnisschicht rissig geworden war, und stellte den heiligen Wlassi, den Schutzpatron der Tiere – insbesondere der Haustiere –, dar.

›Dieser Gott da‹, so überlegte der Bahadur, ›wäre unserem mongolischen Uluß nützlich.‹ Und er betrachtete genau das strenge dunkelbraune Gesicht des Heiligen, dessen weißer Bart in feinen Ringellöckchen endete. »Ja«, fuhr er dann laut in seinen Überlegungen fort, »das wäre wirklich ein brauchbarer Gott für uns Mongolen. Er liebt und schützt das Vieh: Kühe, Hammel, Pferde... Und unsere Pferde bedürfen eines Beschützers, wenn sie hier im Lande der Urussuten, wo die Wege sich in Sümpfen verlieren und die Tannen so hoch aufragen wie Berge, nicht umkommen sollen... In diesem Lande, wo der Hara-Kun aus Bosheit und Unverstand die Heu- und Getreideschober niederbrennt... Sag, Saklab, du bist doch Russe und mußt es also wissen, weshalb sie das tun... Täten sie nicht gescheiter, sich dem Herrscher der Mongolen zu unterwerfen?«

Der hagere alte Saklab, der auf einer Bank neben der Tür saß, antwortete mit schläfriger Stimme und gleichgültiger Miene:

»Vierzig Jahre bin ich von meiner Heimat fort gewesen... Wie kann ich da wissen, was unsere Susdaler Bauern denken? Mit dir werde ich in der weiten Welt umhergetrieben, kriege außer Kochkessel und Schöpflöffel nichts zu sehen und spreche mit keiner Menschenseele...«

Subudai unterbrach und belehrte ihn:
»Alles zu vergessen, das ist keine Sache... Du hast dich an alles zu erinnern und es deinem Herrn zu erklären!«
Und er richtete sich auf und befahl dem alten Sklaven in scharfem Tone:
»Geh und sieh nach, ob die ausgestellten Wachen auch alle auf ihrem Posten sind und nicht schlafen! Und komm mir gleich wieder zurück, hörst du?«
»Selbst nachts hat man keine Ruhe!« brummte Saklab im Fortgehen.
Dem Zurückbleibenden sank der Kopf auf die Brust, die Kinnlade fiel herunter. Subudai duselte ein und sah im Traum – die Steppe, darüber blau und unermeßlich weit den Himmel. Hinter den in lila Tinten verschwimmenden Hügeln geht die purpurne Sonne unter. Gelbe Blumen schaukeln sich auf ihren hohen Stengeln im Winde. Ein Rudel Antilopen jagt über die weite Ebene hin bis zu den Hügeln und springt in die Sonnenscheibe hinein und durch sie hindurch.
›Beeil dich, daß du bis zum nächsten Urton kommst, ehe die Sonne untergeht!‹ raunt irgendwessen Stimme.
Der Schläfer streckt seine Hand aus, um die sinkende Sonne zurückzuhalten. Sein Arm reckt sich über die ganze Ebene bis zum Horizont und wird zum Speer, dessen Spitze die Sonnenscheibe durchbohrt... Aber es ist schon nicht mehr die Sonne, sondern der von Blut überströmte Kopf des Rjasaner Wojewoden Kofa, der, aus zahlreichen Wunden blutend, weitergekämpft hatte, bis der athletische Togrul ihm mit einem fürchterlichen Schwerthieb den Kopf vom Rumpfe trennte. Der abgeschlagene Kopf öffnet Augen und Mund und spricht mit spöttischem Ton und Zwinkern:
›Beeil dich! Sonst wird dein gottloses Heer im Schnee versinken!‹...
Die Tür schlug heftig zu, und im Luftzug begann die Flamme des Öllämpchens zu flackern, daß an der Decke Schatten einen hüpfenden Tanz aufführten.
Mit dem Bein polternd gegen die Bank neben der Tür stoßend, war ein riesengroßer, ganz mit Schnee bedeckter mongolischer Krieger in die Zelle getreten. Die Klappen seiner Pelzkappe hingen ihm über die Ohren ins Gesicht, so daß nur die platte, frostfleckige Nase zu sehen war und die sich mühsam bewegenden Lippen, die ihr »Achtung und Gehorsam!« stammelten.
»Ich höre!« sagte der alte Feldherr.
»Der Sotnik Arapscha befahl mir, einen urussutischen Schamanen zu dir zu führen. Er spricht nur die beiden tatarischen Worte: ›Baisa, Subudai!‹, die er immerzu wiederholt...«
»Wo ist der Schamane?«
»Hier, hinter mir«, sagte der Mongole und trat einen Schritt zurück, um einen Mann in schwarzer Mönchskutte durchzulassen, der, über und über mit Schnee bedeckt, in der Hand einen langen Stab, auf dem Rücken einen Quersack, hinter ihm stand und mit zusammengekniffenen Augen den Bahadur anstarrte. Jetzt nahm er die schwarze Kapuze

ab, die er tief in die Stirn gezogen hatte. Halbergraute Locken kamen zum Vorschein, die, zusammen mit dem schwarzen Bart, dem Bahadur recht bekannt vorkamen.
»Baisa, Subudai-Bahadur!« begann der schwarze Mönch auf tatarisch. »Wichtige Nachrichten!«
»Geh!« gebot der Feldherr dem Krieger. »Aber warte draußen vor der Tür, ich werde dich gleich wieder rufen.«
Als der mongolische Krieger in seinen riesigen Filzstiefeln hinausgestapft war und die Tür hinter sich abgeschlossen hatte, warf der Mönch seine Kutte ab und setzte sich neben Subudai auf die Ofenbank.
»In dieser Verkleidung habe ich die Schwarzröcke gesegnet, und sie haben mir die Hand geküßt«, hohnlächelte er.
»Weiter, Konas Galib!«
»Alle Leute habe ich nach dem Aufenthalt des Großfürsten Georgi Wsewolodowitsch gefragt, und überall hörte ich die gleiche Frage: ›Wo ist der Fürst? Wo sammelt sich das Heer?‹ Denn überall werden Speere und Äxte geschliffen, und die Männer ziehen scharenweise nach Norden, und auch ich machte mich eilends dahin auf. Wo es möglich war, ließ ich mich auf Schlitten mitnehmen, wo es nicht möglich war, ging ich zu Fuß, alles, um dir einen Dienst zu erweisen.«
»Weiter, Konas Galib, weiter! Wo ist Fürst Jürga?«
»Auf schmalen Pfaden wanderte ich durch undurchdringliche Wälder...«
»Wohin?«
»Längs der Mologa...«
»Wo fließt die Mologa?«
»Nach Norden zu... Für wichtige Nachrichten hast du mir einen Sack Gold versprochen.«
»Ich höre aber keine wichtige Nachricht. Du fährst und wanderst, aber ohne Ziel...«
Fürst Gleb hielt inne und warf einen mißtrauischen Blick in das steinerne Antlitz des mongolischen Feldherrn. Seine gekrümmten Finger streckten sich aus, als erwarteten sie das versprochene Gold.
»Eine große Sünde ist's, die ich auf meine Seele lade, indem ich mich gegen mein eigenes Volk wende. Im Jenseits werden mich die Teufel dafür auf Gabeln spießen und im höllischen Feuer schmoren lassen.«
»Und sie werden gut daran tun«, meinte Subudai ungerührt. »Du verdienst es.«
»Ich warte auf das Gold.«
»Du sollst es haben, aber erst laß deine Nachrichten hören.«
»Die Mologa mündet in die Wolga, und in die Mologa mündet das Flüßchen Sit. An diesem Flüßchen liegt das Kirchdorf Boshenki. Dort weilt der Fürst Georgi im Hause des Popen neben der Kirche, und dort ist auch der Sammelpunkt des Heeres.«
Subudai fuhr in höchster Überraschung zurück. Sein rollendes Auge heftete sich an die Decke, als wäre an diesen alten, mit Spinngeweben

überzogenen Balken wunder was Interessantes zu sehen. Mit der Linken langte er in seinen Busen und holte einen abgescheuerten Lederbeutel hervor, der mit einer bunten, in einem Bernsteinkügelchen endenden Schnur zugezogen war.
»Hierin sind dreihundert Goldstücke«, sagte er. »Die Hälfte erhältst du sofort, die anderen – wenn wir am Flüßchen Sit angelangt sind. Du wirst uns den Weg dahin weisen. Hast du gelogen, so wirst du dort auf Gabeln gespießt und über einem Scheiterhaufen lebendigen Leibes verbrannt werden. Meine Nuker werden sich des Auftrags mit größter Freude unterziehn, vermute ich.«
»Das ist aber sehr wenig«, stammelte der Fürst.
»Wenn's dir zu wenig ist und wenn du's nicht magst, dann nimm's nicht.« Mit den Zähnen nachhelfend, löste Subudai die Verschnürung des Beutels, schüttete, ohne nachzuzählen, die Hälfte des Inhalts sich in den Schoß, griff eine Handvoll von den Goldmünzen und reichte sie dem Fürsten, der beide Hände hinhielt.
»Ich nehme es nur, um meiner Sache zu nutzen«, sagte Gleb. »Doch nach beendigtem Feldzug, wirst du mir da auch helfen, Großfürst von Rjasan und Susdal zu werden? Nur um dieses Ziel zu erreichen, habe ich mich ja auf eure Seite geschlagen und bin euch behilflich, unseren gemeinsamen Feind, den Großfürsten Georgi Wsewolodowitsch, zu vernichten.«
»Morgen ist morgen«, brummte Subudai. »Bis dahin ist noch viel Zeit, um zu beschließen, was zu tun sei.«
Ein starkes Klopfen an der Tür unterbrach das Gespräch der beiden. Eine Frau, die draußen mit beiden Händen gegen die Tür trommelte, rief erregt:
»Baisa, Baisa, Subudai-Bahadur!«
Hastig steckte der Mönch das Geld ein. Subudai barg den Beutel wieder an seiner Brust, stand auf, humpelte zur Tür und schob den hölzernen Riegel zurück.
In einen schwarzen Seidenschal gehüllt, trat die Chinesin I-La-He in höchster Erregung in die Zelle und klammerte sich atemlos an den Feldherrn, der sie zurückstieß, erst den falschen Mönch hinaus ließ und dann hinter ihm die Tür ruhig schloß.
»Ein Unglück! Ein furchtbares Unglück ist geschehn!« stammelte die Chinesin unter Schluchzen und Weinen. »Die schwarzen Schamanen dieses verfluchten Hauses des Urussutengottes müssen dem Dschichangir Gift zu trinken gegeben haben. Er ist toll geworden und tobt mit dem Schwert in der Hand durch alle Gänge, zerschmettert die Urussutengötter und wirft Bänke gegen die Wände...«
»Das geht mich nichts an«, entgegnete Subudai kalt und ungerührt. »Ich bin sein Berater lediglich in Kriegsangelegenheiten. Ansonsten handelt der Dschichangir, wie es ihm gefällt.«
Ohne Subudai loszulassen, fuhr die Chinesin zu schluchzen fort. Neugierig blickte er ihr in das feine, blasse Gesicht mit dem kleinen

schmalen Mund, dessen zwei vorderste Schneidezähne ihn irgendwie an Hasenzähne erinnerten.

»Warum weinst du da? Tun dir die Urussutengötter leid?«

»Ach nein. Aber in seinem Wahnsinn hat der Dschichangir geboten, meiner Herrin, der kleinen Juldus-Hatun, Hände und Füße zu binden...«

»Das ist sein Recht. Ein Mann kann mit seinem Weibe tun, was ihm beliebt.«

»Und hat sie Rücken an Rücken mit dem jungen Krieger zusammenbinden lassen, der ihre Tür bewachte. In den Garten hat man sie geworfen, in den Klostergarten, wo die menschenfressenden Hunde herumlaufen. Gleich wird der Schamane Beki mit seinen Gehilfen kommen und die Chanum und den jungen Nuker erdrosseln.«

»Das ist alles nicht meine Sache. Mit solchen Dingen hab' ich nichts zu schaffen. Mich geht nur an, was in den Kriegslagern geschieht. In den Jurten der Frauen des Dschichangirs schalten und walten seine Schamanen und die chinesischen Eunuchen.«

»Der Dschichangir hat nur für dich ein offenes Ohr, Unbesiegbarer. Sprich mit ihm, rette Juldus-Hatun! Sie ist unschuldig, ich schwör' es dir. Der junge Nuker ist ihr leiblicher Bruder!«

»Du liegst mir vergeblich in den Ohren, Chinesin! Wende dich an den Hadschi Rachim, der die Chronik der Feldzüge Batu-Khans schreibt. Er ist der Lehrer des Dschichangirs und genießt hohes Ansehen bei ihm. Er wird dir eine Arznei reichen, kraft welcher Batu-Khan genesen und seiner Otchan-Hatun verzeihen wird.«

»Wohin soll ich mitten in der Nacht laufen, wenn überall Wachtposten stehn, die mich nicht durchlassen werden? Wo finde ich den Hadschi? Ach, die Schamanen werden heute meine kleine Herrin erdrosseln, und morgen wird kein Arzt sie mehr retten können...«

Die Chinesin warf sich zu Boden und schlug verzweifelt schluchzend mit der Stirn dagegen.

Behutsam ging Subudai um sie herum zur Tür, öffnete sie und rief den draußen Wache haltenden Krieger heran.

»Lauf zu den Jurtdschi! Sag ihnen, sie sollen sofort zu mir kommen! Unverzüglich! Alle!«

»Achtung und Gehorsam!« rief der Krieger und lief waffenklirrend davon.

Im Klostergarten

Im blauen Schein des abnehmenden Mondes ragten die Bäume des Klostergartens mit ihrer wattebauschigen Schneelast auf den Zweigen wie nebelhafte Schatten auf. Unter einem alten verkrümmten Apfelbaume, der seine durch Pfähle gestützten knorrigen Äste weit ausbreitete, stand, auf seinen Speer gestützt, ein mongolischer Krieger knietief im Schnee und stierte mit vor Staunen und Grauen geweiteten Augen eine Schneewehe an, in der, Rücken an Rücken zusammengebunden, zwei menschliche Körper lagen: ein junger Krieger aus dem Stamme der Kiptschaken im Panzer und ein junges Weib in goldschimmernden Seidengewändern. Der bloße Kopf des Kiptschaken war von langen schwarzen Locken umwallt, die ihm bis auf die Schultern herabfielen.

Die beiden Gefesselten wechselten dann und wann geflüsterte Worte miteinander, die der Mongole nicht verstand. Bisweilen stieß die junge Frau einen tiefen Seufzer aus, der wie ein Stöhnen klang.

»Ich werde dem Dschichangir sagen, du seiest mein Bruder... Und er wird dir nicht nur die Freiheit schenken, sondern obendrein noch Gold, Rosse und seidene Kleider...«

»Nein, das wirst du ihm nicht sagen. Ich will es nicht. Ich will nicht als dein Bruder gelten. Ich bin glücklich, neben dir sterben zu dürfen. Ich werde ihm vielmehr gestehn, daß du meine Geliebte warst, meine Herzallerliebste...«

»Schweig! Nein, das darfst du ihm keinesfalls sagen. Wir müssen zusehn, uns aus dieser Gefahr zu retten!... Du wirst es bei Allah beschwören, daß ich deine leibliche Schwester bin.«

Der Wache haltende Mongole, der den gefesselten Kiptschaken sehr gut kannte und wußte, daß er der Liebling des Sotniks Arapscha gewesen war, stampfte mehrmals unwillig mit dem Schaft seines Speeres auf und rief den beiden zu:

»Baisa! Schweigt still! Der Dschichangir hat euch das Reden verboten!«

›Was mag dem kühnen Jüngling den Verstand getrübt haben, daß er es wagte, die Augen zur Lieblingsfrau des Dschichangirs zu erheben?‹ dachte der Wachtposten. ›Nun, ein schnelles Ende ist ihm gewiß!‹

Eine Hundemeute näherte sich dem gefesselten Paar. Unter den Bäumen schlichen sie sich näher und immer näher. Ein gar zu dreister war schon ganz dicht bei ihnen. Der Mongole warf seinen Speer nach ihm und traf ihn im Rücken. Aufjaulend stürzte der Hund davon, den Speer ein Stück nachschleifend. Auch die anderen Hunde stoben nach allen Seiten auseinander. Der Mongole stapfte durch den tiefen Schnee, hob seine Waffe auf und kehrte an seinen Platz zurück.

Man hörte die Tür zur Vortreppe zuschlagen und die Gartenpforte knarren. Die Hunde stürzten mit Gebell mehreren Männern entgegen, die den Pfad entlangkamen. Es waren Subudai, Arapscha und der Hadschi Rachim, begleitet von drei Kriegern. Der Hadschi, der eine brennende Laterne aus ölgetränkter Seide trug, eilte mit großen Schritten zu dem gefesselten Paar hin und leuchtete, indem er sich über sie beugte, der ohnmächtigen Otchan-Hatun ins leidvolle Gesicht.

»Einst hast du mir Milch und Fladen gebracht, von denen der arme Derwisch sein Leben fristete, nun liegst du, kleine Juldus, im Schnee des Urussutenlandes und schwebst in Gefahr, der Fraß der Bluthunde zu werden... Komm rasch wieder zu dir!«

Er stellte seine Laterne in den Schnee und machte sich daran, der Bewußtlosen die vereisten Stricke von den zarten Gliedern zu lösen, dann war er ihr behilflich, sich aufzurichten, während Arapscha ihr einen Zobelpelz überwarf. Als sich die Fesseln gelöst hatten, sprang Mussuk auf die Beine und trat schwankend vor Subudai-Bahadur hin, der unbeweglich mit gespreizten Beinen dastand, als ginge ihn das Ganze nichts an.

»Wessen Sohn bist du?« fragte der Hadschi.

»Des freien Windes!« antwortete Mussuk.

»Woher kennst du diese Frau? Wer ist sie?« fuhr der Hadschi zu fragen fort.

Mussuk schwieg. Aus dem Zobelpelz ließ sich eine schwache Stimme vernehmen.

»Er ist mein Bruder Mussuk. Wir sind beide Kinder des Nasar-Kjarisek aus Sygnak.«

»Ja, es ist wahr!« bestätigte der Hadschi diese Aussage. »Ich erkenne beide wieder.«

»Genügt!« mischte sich Subudai-Bahadur ein. »Der Hadschi spricht stets die lautere Wahrheit. In diesem Haus der urussutischen Schamanen scheinen alle den Verstand verloren zu haben. Mussuk, du wirst mir beweisen, daß du ein Sohn des Windes bist, und auf eine schwierige und gefährliche Erkundung gehn... Krieger! Tragt die junge Hatun in ihre Gemächer!«

Aus der Zelle des Dschichangirs vernahm man seltsame Schreie und ein wildes Heulen.

Im Gang drückten sich die Leibwachen bleich und verstört gegen die Wand.

»Was gibt es da drin?« fragte Subudai-Bahadur.

»Der Dschichangir hat in seinem Zorn die Urussutengötter zertrümmert und zwei seiner Freunde mit dem Schwert erschlagen. Jetzt weint er...«

»Wie? Er weint?«

»Hörst du es denn nicht?«

Subudai lauschte an der Tür. Von drinnen drang Geheul heraus wie von einem Schakal oder einer Hyäne.

»Geh nicht hinein!« warnten die Krieger den Bahadur, als er Miene machte, einzutreten. »Er wird dich niedersäbeln!«

Arapscha hatte indessen Juldus in die Nachbarzelle getragen und sie auf einem Ruhebett niedergelegt. Die Chinesin begann die erstarrten Glieder ihrer Herrin zu reiben.

Subudai lauschte noch immer an Batus Tür und vernahm Worte wie: »Welche Qual! Oh!... Welch ein Treubruch! Oh!... Wieder sind mir Bösewichter in den Weg getreten! Aber sie sollen sehen, daß ich Dschingis-Khans Enkel bin! Ja, das sollen sie!«

Subudai bückte sich, so daß sein breiter Rücken rund wurde, öffnete entschlossen die Tür und trat ein.

Unter dem Tisch hervor ragten die Beine der getöteten Khane. Auf dem

Boden stand eine Blutlache. Batu saß mit gekreuzten Beinen auf der Tischplatte. Auf den Knien hielt er sein Krummschwert. Sein Gesicht war geschwollen, seine rot entzündeten Augen hefteten sich drohend auf den eintretenden Bahadur, der sich zur ganzen Größe aufrichtete, dem Dschichangir frei und offen in die Augen blickte und ihn mit freundlicher Teilnahme fragte:
»Warum weinst du, Dschichangir?«
Batu-Khan hob grimmig sein Schwert, hielt es eine Weile über seinem Kopf, als überlege er, wen es treffen solle. Dann sich plötzlich umwendend, hieb er damit wütend auf eine Statue des heiligen Wlassi los, daß die Späne nur so flogen.
»Wofür bestrafst du den Urussutengott?« fragte Subudai mit einer väterlichen Güte und Milde in der Stimme, die bei dem rauhen Manne ganz ungewöhnlich war.
»Man hat mir gesagt«, erwiderte Batu, »dieser langbärtige Gott helfe Unglücklichen und beschütze jegliches Vieh... Nur für mich tut er nichts! Steht da und starrt mich frech und unverschämt an... Weg mit den Urussutengöttern!«
»Was ist denn geschehen? Es ist doch niemand umgekommen?«
»Niemand umgekommen?« ahmte Batu ihn nach, indem er den Bahadur mit einem trüben Blick aus zusammengekniffenen Augen ansah. »Oh, du willst auch unter meinen Freunden sein! Ich brauche aber keine Freunde! Treue Diener brauche ich!... Arglist verzeihe ich niemandem, wer es auch sei!... Da, unter dem Tisch ragen die Beine zweier früherer Freunde hervor! Ich habe sie in die Ecke gestoßen, weil sie gewagt haben, in meinem Namen Verfügungen zu treffen... Oh, so etwas hätte sich einer zu Dschingis-Khans Zeiten erlauben sollen!... Oh! In diesem Hause kriechen schwarze böse Ongone aus allen Ritzen und machen die Menschen verrückt!...«
Subudai verlor seine Ruhe nicht. Batu sprang vom Tisch herab und zog den Bahadur am Ärmel.
»Komm, ich werde dir zeigen, was sie angerichtet haben! Folge mir!... Hadschi Rachim, du kommst auch mit! Wo hast du deine Laterne? Zünde sie an!«
Batu-Khan ging schnell voraus, und alle folgten ihm in den Garten.
»Dort ist niemand«, sagte Subudai.
»Betrügst du mich auch nicht?«
Batu begab sich zu dem breitästigen Apfelbaum, blieb dort stehen, blickte verwundert um sich und pfiff sein »Dse! Dse!« durch die Zähne. Dann eilte er weiter durch die Pforte in den stillen Klosterhof, zu den Scheunen und Pferdeställen.
»Leuchte hier!« gebot er dem Hadschi Rachim.
Im Schnee lag, alle viere von sich gestreckt, ein Rapphengst. Er hob seinen Kopf und blickte seinen Herrn mit klugen Augen an. Dann ließ er den Kopf wieder sinken und schlug mit den Beinen aus.
»Jemand hat das Tier verzaubert: böse Mangusse oder die schwarzen

Schamanen der Urussuten oder gute Freunde... Sie neideten es mir, wollten mir nicht gönnen, daß ich mit ihm den Konas Jürga einhole und erschlage... Oh, sprich, mein Rappe! Wer hat dich umgebracht?«
Mit nahezu menschlichem Stöhnen bog das Roß den Hals zurück und beleckte eine blutige Wunde in seiner Flanke.
»Hadschi Rachim, du verstehst dich auf manche Geheimnisse der Natur, du hältst mit den Sternen Zwiesprache. Versuche in Erfahrung zu bringen, wer diesem Rappen Schaden getan hat!«
Der Hadschi beleuchtete mit der Laterne die Stelle, die der Rappe beleckt hatte, dann legte er die Hand auf und betastete sie.
»Hier ist eine Geschwulst, aus der Blut und Eiter quillt... Da, schau, das ist's, woran dein Roß stirbt.«
Und der Fakih zog eine dünne feine Stahlspitze aus der Wunde.
Batu-Khan beugte sich nieder, um besser zu sehen.
»Das ist eine Frauenhaarnadel!« sagte hinter ihm jemand voll Überzeugung.
»Nein, das ist keine Haarnadel«, widersprach Subudai ebenso entschieden, während er die Spitze genau untersuchte. »Weiber mögen mit Haarnadeln ihren Herrn im Schlafe töten, es wird ihnen aber niemals einfallen, sein Roß zu töten. Das ist das Werk falscher Freunde! Ich habe dich ja oft genug gewarnt vor Liebedienern und Schmarotzern, die dir nach dem Mund reden, aber es ganz anders meinen. Halte nur treue Diener in deiner Nähe... Dies hier ist die Spitze eines Dolchs!«
Das Pferd streckte sich aus und schlug wieder mit den Beinen. Batu-Khan hockte vor ihm nieder.
»Du wirst keinen siegreichen Einzug mehr in eroberte Städte halten, mein Rappe«, sagte er traurig. »Treu hast du mir gedient, doch dein Leben war nur kurz. Oh!...«
Batu-Khan sprang auf, brach in ein Geheul aus und lief hastig durch den Garten zurück zur Vortreppe. Alle eilten ihm nach. Vor der Tür seiner Zelle blieb er trübsinnig stehen und schaute sich wie suchend um. Er trat ein, griff nach dem tönernen Weinkrug und sah den Bahadur von der Seite her lauernd an, als er fragte:
»Und wer ist dort nebenan?«
»Geh hinein und sieh selbst nach!«
Mit dem Weinkrug in der Hand ging Batu in die Nachbarzelle hinüber. Von dem Flackerlicht eines Kienspans, der in einem Halter an der Wand steckte, beleuchtet, lag auf dem Ruhebett Juldus-Hatun. Mit gramvollem Blick sah sie den eintretenden Dschichangir an, dann zog sie sich den Zobelpelz über den Kopf.
»Ist sie gesund?« fragte Batu.
»Juldus-Hatun ist gesund und klagt niemanden an«, antwortete die Chinesin I-La-He.
Batu wandte sich an Subudai:
»Tatest du das? Hast du sie gerettet?«
»Ja, ich!«

»Du allein verstehst mich... Du bist mein treuester Diener. Nicht ich hatte den Befehl gegeben, sie zu erdrosseln... Jene beiden, die jetzt für immer stumm sind, taten es in meinem Namen...«
Gierig setzte er den Krug an die Lippen und tat einen tüchtigen Zug, daß ihm der Wein auf die Brust floß. Wankend sank er dann zu Boden. Subudai nahm ihm vorsichtig den Krug aus der Hand und verließ leise die Zelle.
»Bei Tagesanbruch rücken wir aus«, sagte er zu den wartenden Kriegern. »Haltet euch alle bereit, und macht euch auf einen weiten und schnellen Marsch gefaßt... Ich befahl, die Jurtdschi zu rufen... Wo sind sie?«
»Sie warten auf dich, Unbesiegbarer!«

Batu-Khans Traum

Die Mongolen verließen Uglitsch beim Purpurschein einer Feuersbrunst. Das Kloster, dessen Gebäuden die Tataren den roten Hahn aufs Dach gesetzt hatten, brannte lichterloh. Die Mönche liefen wie aufgestörte Ameisen hierhin und dorthin, rollten Fässer mit Wein oder Öl ins Freie, retteten Heiligenbilder vor der Zerstörung. Batu-Khans strikter Befehl, den urussutischen Schamanen dürfe kein Leid geschehen, hielt die Krieger im Zaum. Sie hüteten sich, den Mönchen ein Haar zu krümmen, aber wenn der Zufall es so günstig fügte, daß gerade kein Vorgesetzter in der Nähe war, rissen sie ihnen die Kutten vom Leibe.
Batu-Khan war nach dem überreichlichen Genuß des alten Mets und der Fruchtschnäpse noch nicht wieder ganz bei klarem Bewußtsein. Subudai hatte dafür Sorge getragen, daß der Dschichangir in einen vom Archimandrit dienstfertig herbeigebrachten Pelz gehüllt und behutsam in einen Schlitten gelegt wurde, auf eine dicke Unterlage von Heu. Neben ihn setzte man die warm eingemummte Juldus. Die Chinesin I-La-He folgte in einem anderen Schlitten, der die Habe ihrer Herrin transportierte.
Wie breite Lavaströme ergossen sich die Heereszüge nach Norden und nach Westen, eine Heimsuchung für alle Dörfer und Kirchspiele, die an ihrem Marschwege lagen. Jede Hütte wurde von den Mongolen geplündert, die alles brauchen konnten, gleichviel ob es nun Hemden oder Unterkleidung, Tücher oder Sarafane waren. Alles wanderte in ihre Quersäcke, und die Schlitten, die den einzelnen Abteilungen folgten, waren übervoll beladen. Das Korn, das sie unterwegs gestohlen hatten, rösteten sie in ihren Kesseln und kauten es während des Marsches, wenn keine Zeit zu längeren Rastpausen war.
Am andern Morgen, auf dem Rastplatz, kam Batu-Khan wieder zu sich. Erstaunt blickte er sich um. Neben seinem ausgespannten Schlitten standen die Pferde mit vorgebundenen Futtersäcken. Auf dem Schnee

lagen verstreute Gerstenkörner und Heubüschel. Im Schlitten neben ihm saß zusammengeduckt sein siebenter Stern. Unter der Pelzmütze hervor blickten braune Augen ihn ängstlich forschend an. Er wandte sich ab. Unweit begann ein junger Tannenwald, an dessen Rand die Lagerfeuer rauchten. Menschen drängten sich dort, Reiter kamen angesprengt. Noch ein Stück weiter war ein Dorf zu sehen, dessen Hütten mit greller Flamme brannten; Schreie tönten herüber und wütendes Hundegekläff.
»Wo sind wir?« fragte Batu-Khan einen Posten, der regungslos dastand.
»Wir sind einen Tagesmarsch von jenem Ort entfernt, wo wir den Palast der schwarzen Schamanen niedergebrannt haben«, antwortete der Mann, der dabei nur mühsam die Lippen bewegte.
»Und was ist das für ein Dorf?«
»Ein störrisches Dorf, die Bewohner wollen sich nicht ergeben, beißen um sich wie gehetzte Wölfe und wollen nicht einsehn, daß es keine Rettung mehr für sie gibt. Viele von unseren Kriegern haben sie schon mit der Axt erschlagen.«
»Wo ist Subudai-Bahadur?«
»Dort drüben beim Lagerfeuer am Waldrand. Auch die Anführer der Tausendschaften sind dort.«
»Ruf sie!«
Der Nuker legte die hohlen Hände an die Lippen und rief:
»Achtung und Gehorsam! Der Dschichangir ist erwacht!«
Die mongolischen Anführer sprangen auf und kamen auf krummen Reiterbeinen angewatschelt. Sie zogen den Schlitten zum Feuer hin. Batu-Khan stand aufrecht darin und ließ seinen argwöhnisch schielenden Blick in der Runde schweifen. Dann stieg er aus, streifte seine Ärmel auf und hockte sich vor dem Feuer nieder, um sich die vor Schmutz starrenden dunklen Handflächen zu wärmen. Die Nojone und Temniks standen im Halbkreis um ihn herum und warteten ehrerbietig darauf, daß er zu sprechen beginnen würde. Sie blieben auch starr und reglos, als Batu-Khan sich wieder aufrichtete.
»Die schwarzen Schamanen, die Urussutenpriester, haben mich mit Zaubertränken aus Hexenbeeren und -kräutern eingeschläfert. Doch ich bin nicht daran gestorben; die gütigen Götter über den Wolken haben mich davor bewahrt und für eine große Tat aufgespart, die uns Mongolen unvergänglichen Ruhm bringen wird. Mein Schatten entwich durch den offenen Mund aus meinem Körper und trug mich empor in blaue Himmelsweiten, wo mein Großvater, der heilige Regent, herrscht. Ja, und ich sah ihn, und er sprach zu mir...«
Alle schlugen die Hände zusammen, brachen in den Ausruf »Bo!« aus und erstarrten wieder.
»Ja, ich sah ihn. Er ist noch größer geworden, sein weißer Bart war noch länger als zu seinen Lebzeiten, er reichte ihm fast bis an die Knie, und seine Schultern waren noch viel breiter... Er sprach zu mir: ›Du, mein Enkelsohn, setzt mein Werk fort. Du hast dich neunhundertneunundneunzig Tagemärsche westwärts vom Berge Burchan-Chaldun entfernt,

wo meine Asche unter einer hohen Zeder in einem goldenen Sarge ruht. Ich sehe von hier oben alles, was bei euch da unten geschieht, und weiß auch, daß du meinen jüngsten Sohn Külkan nicht sicher behütet hast. Warum hattest du kein wachsameres Auge auf ihn?‹ Und ich gestand reumütig: ›Ja, ich bin schuld daran und verdiene Strafe. Du kannst mich dafür hinrichten lassen.‹ – ›Noch ist es zu früh dazu. Auch warst du ja weit entfernt von ihm, als er umkam.‹ So antwortete der heilige Regent. ›Erst muß ich jene strafen, die mir den Sohn erschlugen. Sein Schatten ist noch nicht zu mir heraufgeflogen, er irrt noch über den Schneefeldern des kalten Urussutenlandes umher. Und des Nachts schleicht er zwischen den schlafenden Mongolen umher, auf der Suche nach seinen Mördern, und heult wie ein Wolf nach Rache. »Mich verlangte nach Heldentaten und unvergänglichem Ruhm«, jammert er, »und mußte sterben – so jung und unbekannt.« Keine Lieder wird man vom jungen Khan Külkan singen, und ich werde keine Ruhe finden, bis nicht die große Heldentat vollbracht ist, auf die noch unsere Enkel und Urenkel stolz sein werden, weil sie den Namen der Mongolen mit unvergänglich leuchtendem Ruhm umglänzt, die Tat, von welcher unsere Feinde nur mit höchstem Schrecken und Entsetzen erzählen werden.‹ «
Batu-Khan verstummte. Mit finsterem Ausdruck blickte er aus trüben, verengerten Augen seine still und stumm dastehenden Heerführer an.
»Habt ihr gehört, was der heilige Regent sprach?«
»Wir haben gehört und verstanden!« antworteten die Gefragten im Flüstertone.
»Ich sprach zum heiligen Regenten«, fuhr Batu in der Erzählung seines Traumes fort, » ›Achtung und Gehorsam! Ich gelobe, den begangenen Fehler wiedergutzumachen! Khan Külkans Schatten soll Ruhe auf Erden finden und auf geflügeltem Roß zu dir, unserem Gebieter, emporfliegen, um sich in die Reihen deiner himmlischen Heerscharen einzuordnen!‹ «
Der alte Subudai watschelte zu Batu hin, vor dem er kopfnickend stehenblieb und unter Schluchzen stammelte:
»... Du sprichst wahr ... Wir werden unsere Fehler wiedergutmachen!«
»Wer war um Khan Külkan am Tage seines Todes?« fragte Batu-Khan.
»Der Temnik Burundai!« riefen alle wie aus einem Munde.
»Und wo ist der Temnik Burundai?«
Ein an sich hochgewachsener, aber durch das Alter gebeugter Mann mit einem platten, bartlosen Gelbgesicht sank vor Batu auf die Knie nieder.
»Es war meine Schuld ... Ich habe nicht scharf genug auf ihn achtgegeben!« klagte er sich an.
Mit wutverzerrtem Gesicht fuhr Batu-Khan ihn an:
»Du wirst deine Schuld sühnen oder sterben! Ich werde dir eine Aufgabe stellen, und du wirst nicht eher zurückkehren, als bis du sie erfüllt hast. Mit deinem Tumen und mit dem Tumen des Kiptschakengesindels, das

sich dir angeschlossen hat, wirst du dich dorthin begeben, wo hinter den dichten Wäldern am zugefrorenen Flusse...«

»Sit!« half ihm Subudai ein.

»... wo am Flusse Sit das Heerlager des Urussutenkonas Jürga errichtet wird. Du wirst es überfallen, ohne erst lange zu fragen, wie groß die Zahl der Feinde ist und ob man sie wird besiegen können oder nicht. Deine Krieger werden nicht einen Schritt zurückweichen. Wisse, daß deinem Heer Khan Külkans Schatten voranfliegen wird, dem du durch diesen Sieg die Ruhe schenken sollst, damit er mit der Botschaft eines neuen Sieges der Mongolen über ihre Feinde sich aufschwingen kann zu seinem erhabenen Vater, meinem Großvater. Wirst du aber geschlagen und wälzt du dich an der Erde herum wie eine Fledermaus, so wird Khan Külkans Schatten des Nachts zu dir geflogen kommen, um dir das Blut auszusaugen...«

Batu-Khan schwieg. Seine Nasenflügel blähten sich, und er atmete heftig. Er sah den Bahadur an, der, sich abwendend, murmelte:

»Richtig..., sehr richtig!«

»Bereite deine Krieger auf den Angriff vor. Sie haben genug mit den Urussutenweibern gebuhlt. Und sei dessen eingedenk, daß ich und der Unbesiegbare euren Spuren folgen werden. Tragt Sorge, daß wir euch nicht überholen und euch zuvorkommen!«

»Achtung und Gehorsam!« sagte Burundai und warf sich vor dem Dschichangir bäuchlings zu Boden, den er küßte. Dann sprang er auf und lief, die Linke am Krummschwert, eilends davon, zu seinen Kriegern.

Batu-Khan trat mit Subudai-Bahadur etwas abseits von den übrigen und hörte sich an, was der Unbesiegbare ihm darlegte:

»Wenn der junge Krieger Mussuk auch der Bruder deines siebenten Sterns ist, so ist es doch rätlich, ihn weit fortzuschicken, so weit, daß er erst nach neunundneunzig Jahren wiederkehrt oder überhaupt nie! Gewöhnlich findet der Verwandte einer Kaiserin sehr bald Anhänger, die durch Geschenke um seine Gunst werben. Hat er zuviel Geld, dann verlottert er, wird untauglich wie ein durchlöcherter Weinschlauch. Erteile ihm einen gefahrvollen, aber auch ehrenvollen Auftrag, dessen er sich stolz rühmen darf, dessen Ausführung aber nicht leicht ist... Schicke ihn mit einer Hundertschaft auf Erkundung zum Flusse Sit, aber richte es so ein, daß der Temnik Burundai nichts davon ahnt, dann werden wir erfahren, wie der Temnik deinen Befehl ausgeführt hat.«

Batu blickte seinen alten Begleiter durchdringend an, um herauszubekommen, welcher geheime Sinn sich hinter dessen Worten verbarg. Er zog die Stirn kraus und sagte seufzend:

»Ich kenne dich als meinen treuesten Diener und Berater, und ich werde auch diesmal deinen Rat befolgen. Zusammen mit Mussuk werde ich den Sotnik Tüljab-Birgen ausschicken, denselben, dem ein Urussutenknabe das Roß entführt hat. Schon allein die Verzweiflung wird ihn zur Tollkühnheit anspornen...«

»Richtig!« bekräftigte Subudai. »Man muß sich mit dem Angriff beeilen, solange Konas Jürga es nicht vermutet. Man muß über die Urussuten herfallen wie der Geier über den Habicht...«

Batys Pfad

> ...Am Oberlauf der Wolga hatten sich die Russen von uralters her in den Wäldern und Sümpfen ansässig gemacht... Die Überlieferungen über Batys Verwüstungen sind dort noch ganz frisch. Auch »Batys Pfad« kann man sich dort zeigen lassen... Das alte »Russj« ist dort ureigen und uralt, bodenständig und kernig...
> (P. I. Melnikow-Petscherski, »In den Wäldern«)

Nach der Zerstörung der Stadt Wladimir rückte das Tatarenheer in drei Säulen nach Nordwesten vor. Eine Abteilung unter Führung des Temniks Burundai zog nach Susdal, Jurew, Perejaslawl, Skujatin und Kaschin und von da weiter nach Beshezk und zum Roten Hügel (Kraßny Cholm).

Batu-Khans Abteilung zog über Uglitsch und dann am Koroshetscher Fluß abwärts zur Waldsiedlung Koi.

Die dritte Abteilung nahm ihren Weg auf die Stadt Myschkin zu und drang dann auf Waldpfaden bis zum Oberlauf der Mologa vor. Unterwegs versuchten die Tataren aus festgenommenen Bauern durch Folterungen (indem sie sie über dem Feuer lebendigen Leibes rösteten) herauszubringen, wo sich das Heerlager des Konas Jürga von Wladimir befände.

Kleinere Abteilungen hatte Batu-Khan mit dem Befehl ausgesandt, alle Städte, Dörfer und Kirchspiele des Großfürstentums Wladimir-Susdal zu zerstören. Und dies geschah auch.

Anfang März hatte Batu seinen Standort in der Waldsiedlung Koi, wo er viel Heu vorfand, das bereit lag, um im Frühling auf Flößen fortgebracht zu werden. Burundai hatte sein Standquartier in Beshezk, und beide (der Dschichangir wie der Temnik) wußten bereits, daß irgendwo in nächster Nähe, inmitten der dichten Wälder, sich die Streitkräfte des Konas Jürga sammelten.

Auf einer Beratung der Tausendschaftsführer hielt Batu-Khan folgende Ansprache an seine Heerführer:

»Wir müssen in einer einzigen Schlacht das Hauptheer der Urussuten vernichten, sonst werden wir selber in diesen Schneefeldern, Waldgründen und Sümpfen ruhmlos umkommen. Ihr werdet unter rücksichtslosem Einsatz eurer Truppen und eurer eignen Person kämpfen. Nach Vernichtung dieses Heeres werde ich alleiniger Gebieter über das gesamte russische Land sein, da weiter kein gefährlicher Gegner mehr übrig sein wird... Der morgige Tag wird für uns Mongolen ein Tag höchsten Ruhms oder tiefster Schmach sein!«

»Kein Tag der Schmach!« riefen die Tausendschaftsführer.
»Aber nach der Schlacht, in der wir dem Konas Jürga eine vernichtende Niederlage bereiten wollen, werden wir uns keine lange Ruhe gönnen, sondern unverzüglich unsere Rosse auf die zur reichsten aller Urussutenstädte, auf die nach Nowgorod führende Straße lenken. Bevor die Flüsse aufzutauen beginnen, müssen wir dort sein.«
»Und dann?« fragte einer der Anwesenden.
»Dann? – Dann werden wir, wenn wir uns einen Bauch angemästet und uns auf den Nabeln der urussutischen Weiber genug belustigt haben, ins Land jener stolzen Kaufleute ziehn, die wir in Muschkaf zu unseren Gefangenen gemacht haben. In jenem Lande sind die Städte noch größer und reicher, als Nowgorod es ist. Wie heißen diese Städte? Sprich, Hadschi Rachim!«
»Riga, Lübeck, Hamburg, Brügge, Liegnitz«, war die Antwort.
»Ja, so heißen sie, und ich werde sie allesamt in meinen Fäustling stecken. Doch zuerst müssen wir dem Konas Jürga den Garaus machen.«

Im Waldesdickicht

»Durch den Wald – wird's dunkel sein, über die Wiesen – sumpfig...«
(Aus einer alten Heldensage)

Die Wälder waren undurchdringlich, die Wege glichen einander zum Verwechseln. Jäger, die von den Tataren ergriffen worden waren, drückten sich, wenn man sie befragte, sehr unbestimmt aus:
»Was willst du von mir?« fragten sie störrisch. »Wir Sizkarer leben abseits der Welt, wir wissen nicht, was draußen vorgeht, wir haben nichts gehört und nichts gesehn.«
Als Strafe für solchen Starrsinn nahmen die Tataren ihnen die Kleider weg und jagten sie nackt in die Waldwildnis hinein. Aber die Entblößten reizten die Wut der Tataren durch unanständige Gebärden, sobald sie sich in einer Entfernung vor ihren Pfeilen sicher fühlten. Zwei Reiter jagten ihnen wutentbrannt über einen zugefrorenen Sumpf nach, brachen aber durch eins der sogenannten »Fenster« ein und versanken samt ihren Rossen. Die nackten Sizkarer verschwanden unter Hohngelächter mit Hasensprüngen im Dickicht.
Tüljab-Birgen und Mussuk mußten erkennen, daß in diesen urussutischen Wäldern ihr Leben ringsum von Gefahr und Tod bedroht war und daß jeder Schritt nur unter größter Vorsicht getan werden konnte. Sie kamen überein, sich zu trennen: Tüljab-Birgen mit dem größten Teil der Truppe machte an einem Kreuzwege halt, Mussuk ritt mit zehn Mann auf Erkundung weiter.
Der fortwährend zunehmende Schneesturm hatte den Weg verweht. Irgendwo vorn war Hundegekläff zu hören. Mussuk ließ sein Roß bei

den Gefährten zurück und schlich allein vorsichtig vorwärts. Eine Umzäunung wurde sichtbar und daran angebundene Pferde – die vorderste Feldwache der Urussuten.
Behutsam, auf leisen Sohlen, schlich Mussuk zurück, schwang sich aufs Pferd und preschte zu Tüljab-Birgen, um ihm Meldung zu machen. Tüljab-Birgen schickte, nachdem er seine Truppe in ein Versteck im Waldesdickicht gebracht hatte, Meldereiter zu Burundai, von dem gegen Abend Antwort eintraf: Man solle auf ihn warten und keine Handlungen gegen die Vorposten unternehmen, damit sie nicht erschreckt würden. Bald langten die ersten Hundertschaften Burundais an, umzingelten die urussutische Feldwache, erschlugen alle Männer, die sich in ihren Erdhütten sicher gefühlt hatten und darum allzu sorglos gewesen waren, und bemächtigten sich der Pferde. Nur zwei von den Urussuten ließ man am Leben, um sie zu verhören, erfuhr aber nicht viel von ihnen, da sie die Antwort auf die gestellten Fragen verweigerten. Sie sagten, es wäre dies die Feldwache des Anführers Dorosha gewesen. Aber wer unter den Erschlagenen dieser Dorosha war, auch das konnten die Tataren nicht herauskriegen, weil in dem ungleichen Kampf, wo einer gegen zwanzig gestanden hatte, alle Gefallenen ganz gleich gekleidet waren: in Halbpelze aus Schaffell und mit Bastschuhen an den Füßen. Burundai fand sich erst an Ort und Stelle ein, als schon kein einziger der Urussuten mehr am Leben war. Er schickte sofort Boten zu Batu-Khan mit der Mitteilung: Nach einem stark begangenen Weg zu urteilen, müsse sich der Standort des Konas Jürga unweit dieser überrumpelten Feldwache befinden. Er, Burundai, würde am Morgen weiter vorrücken.
In der Nacht begab sich Mussuk mit drei Begleitern abermals auf Erkundung. Bald näherte er sich einer Waldlichtung, die von einem jetzt fest zugefrorenen Fluß durchschnitten wurde. Auf dem jenseitigen Ufer erhoben sich, rings um eine alte Holzkirche, die Hütten eines Dorfes, und daneben sah man neue Baracken. Männer zu Pferd und zu Fuß waren dort drüben in fortwährender Bewegung.
Mussuk hegte keinerlei Zweifel, daß dies das lang gesuchte Heerlager des Konas Jürga sei. Zwischen Tannen versteckt, wartete er ab, was weiter geschehen würde. Die Lichtung hüllte sich in nebligen Dunst. Das Schneegestöber hatte fast ganz aufgehört. Der Silberreif des Halbmonds hing über dem spitzen Wipfel einer hohen Tanne. Mussuk spielte mit dem verwegenen Gedanken, mitten durch das Dorf zu reiten, wo allmählich alles still geworden war. Ein paar Lichter, die nacheinander aufgeflammt waren, erloschen eins nach dem andern wieder.
Unbekümmert um fernes Hundegebell, ritt Mussuk langsam auf die Lichtung hinaus und spähte angestrengt in die Dunkelheit, um sich die Anlage der Befestigungen und Verhaue einzuprägen und um herauszubekommen, von welcher Seite aus und gegen welche Stelle sich ein Angriff am erfolgversprechendsten führen ließe.
Plötzlich ertönte aus dem Dunkel eine Stimme, und ein hochgewachsener Mensch bewegte sich rasch ihm entgegen. Mussuk riß sein Roß

herum und jagte davon, zurück zur Truppe und voller Furcht, daß man ihm auf den Fersen sein könnte. Doch er vernahm kein Hufgetrappel, im Walde blieb alles still.

Nach Empfang der Nachricht von der endlichen Entdeckung des urussutischen Heerlagers ließ Burundai seine Truppe noch näher an das Dorf heranrücken. Mitten in der Nacht, welche die Reiter im Schnee neben ihren Rossen hockend verbrachten, erhob sich ein schneidender Wind, und es begann wieder stark zu schneien. Die Stämme der hohen Tannen, deren brausende Wipfel vom Sturme gepeitscht wurden, schwankten heftig hin und her.

Gegen Morgen erging der Befehl: »Die Rosse mit einigen Händevoll Korn füttern. Die Waffen überprüfen. Wir werden nicht zurückweichen, und wenn wir hier so lange kämpfen müssen, daß ein Säugling in dieser Zeit zum Greise altert!«

»Helft, weiße Murije!«

Drei Tage lang schon hatte es ohne Unterbrechung geschneit. Der ständig zunehmende Wind toste in den Wipfeln der alten Tannen, wehte den Schnee zu hohen Haufen zusammen, doch bloß, um sie wieder, als hätte er sich anders besonnen, auseinanderzufegen und an neuen Stellen flaumige Hügel aufzutürmen. Eine dicke weiße Decke hatte sich auf die niedrigen Baracken und auf die Erdhütten des Heerlagers an der Sit gelegt. Alles Lebendige hatte sich vor dem Schneesturm verkrochen. Nur ein einziger Mensch stand – auf seinen Jagdspieß gelehnt – reglos wie ein vom Blitzschlag getroffener Birkenstamm auf einem kleinen Hügel. Seine Kleidung bestand aus Tierfellen. Gegen das öde Feld gewendet, über welches die vom Winde vor sich hergetriebenen Schneehaufen wie weiße Schatten hinjagten, reihte er in singendem Tonfall nicht ganz klar verständliche Worte zu Sätzen aneinander, die sich wie Beschwörungen anhörten. Dieser Singsang steigerte sich bald zu wildem Geheul, bald wieder dämpfte er sich zum Flüstern herab, und der Sturmwind sang die zweite Stimme dazu.

»Aus der Pforte trete ich ins wilde Feld, schreite über weite Wiesen zum dichten Wald und weiter zum eisigen Fluß, wo eine uralte Eiche steht, und daneben liegt der weiße Stein Alatyr... Unter diesem Stein leben siebenmal sieben Greise, ungefesselt, ungebunden... Fortwälzen will ich den weißen Stein, jene Greise herbeirufen, mich tief vor ihnen verneigen und also zu ihnen sprechen: ›Schließt auf eure eisernen Truhen, ihr Greise! Laßt die weißen Murije heraus!‹ ... Mögen die weißen Murije über den Himmel hinfliegen, Sturm- und Schneewolken zusammentreiben, damit die schlimmen Tataren im grimmigen, Steine zersprengenden Frost erfrieren... Mögen sie ihnen unterm Schnee ein kaltes Grab bereiten!... Tatar, Tatar! Du Bösewicht aller Bösewichter, du Unhold aller Unholde! Was hast du in unserem Lande zu suchen?

Denk nicht, du könntest dem Schneesturm entrinnen, hinter die steinernen Berge entweichen! Samt der Wurzel sollst du ausgerissen und weggeworfen werden wie Unkraut, verdorren sollst du wie ein Grashalm und zu Staub zerfallen!... Dann wirst du dich deiner Untaten erinnern, doch dann wird es zu spät sein... Mit eisernen Schlössern verschließe ich meine Worte, werfe die Schlüssel unter den weißen Stein Alatyr! Und so sicher und fest die Schlösser schließen, so sicher und fest trifft meine Weissagung ein... Nichts, weder Luft noch Sturm, weder Wasser noch Feuer, kann meine Beschwörung lösen... Mächtig ist der Heerbann, mutig mein Herz, mein Wort fest und stark, fester als Todesschlaf und stärker als Helden- und Riesenkraft... Nicht weiter! Genug! Den Atem schone, kraft allbezwingendem Spruch erhält mein Werk seine Krone!«

Als gehorche er diesem Zauberspruch, brach der Sturm tosend von neuem los und hätte mit seinen heftigen Stößen den Beschwörer fast umgeworfen.

Von irgendwoher vernahm man ein Rufen:

»He! Wenn da eine lebendige Menschenseele ist! Hilf, sonst sind wir verloren!«

»Hierher! Kommt hierher! Hier geht der Weg!«

Aus dem blaugrauen Nebel tauchte ein geisterhafter Schatten auf, dann ein zweiter, ein dritter...

»Gott zum Gruß! Wo sind wir?«

»Dort, wo ihr sein sollt, falls ihr gegen die Tataren zu Felde ziehn wollt!«

»Versteht sich, gegen die Tataren! Unser zwanzig sind wir, dreizehn Männer und sieben Mädel...«

»Ein ganzes Heer, fürwahr! Aber auch wir haben unsere Spieße zum Empfang der Tataren geschärft!«

»Wir suchen das Heerlager des Fürsten Georgi Wsewolodowitsch...«

»Da hat euch euer Glück und Mutterwitz richtig geleitet... Ihr seid nicht in Abgründe gestürzt, sondern zum Ziel gelangt. Geht hinter mir her, Schritt für Schritt in meiner Spur, damit euch kein Waldgeist vom rechten Weg abbringt und die Waldhexe euch nicht zu Tode quält, wenn ihr die ganze Nacht immer zwischen denselben zwei Kiefern herumirrt...«

»O – ho – ho! Wo seid ihr, Rjasaner? Waldleute, Storonniki, haltet euch 'ran, sonst ist der Alte verschwunden, ehe wir uns dessen versehn!«

Starke Stimmen antworteten einmütig, das Tosen des Sturms übertönend:

»Wir kommen, Vater, wir kommen alle!«

»Wer sind diese Leute?« fragte der Greis.

»Mein eigen Fleisch und Blut: zwölf Söhne und sieben Töchter, die alle glücklich den Tataren entronnen sind und darauf brennen, gegen sie zu kämpfen.«

»Ehre und Ruhm ihnen!«

Alle gingen im Gänsemarsch, voran der Alte, der Beschwörer der

Murije, und hinterdrein die zwanzig Rjasaner, jeder in die Fußtapfen seines Vordermanns tretend, robust, breitschultrig, kurzbeinig und täppisch wie Bären, denen sie in ihren zottigen Pelzen sehr ähnelten. Jenseits des Flusses verrieten aufsteigende Rauchwölkchen die Erdhütten, die man sonst für Schneewehen hätte halten können. Und die Rjasaner freuten sich bei dem Gedanken, daß es dort drinnen schön warm sein würde, daß in den Töpfen eine Suppe kochte und daß russische Menschen würden miteinander schwatzen können.

In den Sümpfen an der Sit

Fürst Wassilko fand keinen Schlaf, unruhig wälzte er sich von einer Seite auf die andre und zupfte und zog immer wieder den ihm als Zudecke dienenden Pelz zurecht, denn von der Tür her, in deren Nähe er auf dem Fußboden lag, bloß mit etwas Heu unter sich, kam ein kalter Luftzug, und klagend pfiff der Wind durch die Ritzen in der Wand. Ringsum schnarchten des Fürsten Krieger.
Unablässig quälte ihn die Frage: Was ist in solcher Notzeit zu tun? Und schwarze, schwere Gedanken, einer immer peinigender als der andre, verscheuchten den erquickenden Schlummer von seinen Augen.
War es seinem Onkel, dem Großfürsten, wirklich darum zu tun, hier ein Heer zu sammeln und es dann gegen den Feind zu führen? Oder wartete er hier bloß, bis die Tataren wieder abgezogen waren, und schuf sich inzwischen hier eine neue Residenz, ebenso prächtig wie sein Wladimir? Hatte er nicht schon wiederholt geäußert, man müsse hier Kornspeicher, Vorratskammern anlegen, Wassermühlen bauen, indem man an drei Stellen im Fluß Dämme errichtete.
›Wenn so viel Volks zusammenströmt, wäre es da nicht vernünftiger, das Korn selber zu mahlen?...‹
Und dort, hinter den Wäldern, morden, sengen und rauben die Tataren, stehen die Dörfer in Flammen...
›Nein‹, beschloß der Fürst Wassilko bei sich, ›wenn der Onkel nicht Ernst macht mit dem Kampf, dann trenne ich mich von ihm und ziehe mit meinen Rostowern in die Wälder, lege mich in der Nähe der großen Wege in den Hinterhalt und versuche, an den Khan Batyga, diesen bösen Drachen, heranzukommen...‹
Der Fürst erhob sich, tastete sich im Dunkeln zum heißen Ofen hin, wo die Fußlappen trockneten, wickelte sie sich um die Füße, band über die leinenen Lappen solche aus Wolle und zog schließlich die Schuhe darüber. Dann schlüpfte er in seinen Pelz, gürtete sein Schwert um und trat ins Freie hinaus.
Am sternlosen Himmel stand rechts der junge Mond. Der Wind peitschte dem Fürsten den Schnee ins Gesicht auf seinem nächtlichen Rundgang durchs Lager. Es konnte nicht mehr lange sein bis zum Tagesanbruch, dunkel hoben sich gegen den weißen Schnee die neuen Baracken und

die Befestigungen und Verhaue ab. Tiefe Stille überall, so tief wie der Schlaf, in dem alle noch liegen. Der Feind ist fern. Wie hätte er sich auch hierherfinden sollen, bei dieser Kälte, durch diese Wälder? Kein Anruf eines Wachtpostens, kein Klirren von Waffen, kein Geräusch von Schritten... Stille!
Der Fürst ließ sich auf einen Balkenstapel nieder. Schwermut bedrückte ihn, verdüsterte ihm Geist und Gemüt, griff ihm ans Herz.
›O russische Erde‹, so grübelte er, ›da liegst du nun, reinlich mit Schnee zugedeckt. Einzig und allein die Undurchdringlichkeit deiner Wälder und die Kraft deiner Bauern bieten dir Schutz. Ei, kämen sie doch von überallher hier zusammen, deine Bauern, und fände sich ein anderer Ilja Muromez, um sich an ihre Spitze zu stellen und sie in den Kampf zu führen! Welcher Feind, und sei er auch noch so tückisch, könnte dann standhalten? Alle Feinde würden verjagt werden, wie sie auch früher verjagt worden sind...
Ein böses und arglistiges, erbarmungsloses, fremdes Volk ist bis ins Herz des russischen Landes vorgedrungen, woran es nun saugt und nagt... Ach, wenn das Vaterland doch wieder zu Kräften kommen könnte, um diese gierigen Eindringlinge abzuschütteln!...‹
Man hörte das Klirren eines Steigbügels. Der Schatten eines Reiters glitt heran, immer näher kam er. Der Fürst verharrte in Reglosigkeit. ›Wer streift da mitten in der Nacht durchs Lager? Der Großfürst Georgi etwa? – Das Roß ist von Polowezer Rasse, der Reiter kein Russe! Wie kommt er hierher? Wenn's gar ein Tatar wäre?...‹
Fürst Wassilkos Faust umspannte den Griff seines Schwertes. Er sprang auf den fremden Reiter zu. Der reißt sein Pferd zur Seite und jagt davon, über die Lichtung zum Waldsteig, und verschwindet zwischen den dichten Tannen.
»Ein Tatar!... Ein Späher!...«
Wassilko stürzte dem Fliehenden nach, vermochte ihn aber nicht einzuholen. Von der anderen Seite näherte sich ein zweiter Reiter, dem ein brauner Wolfshund vorauslief.
›Ein neuer Feind? Der darf mir nicht entkommen!‹
Aber der Reiter zügelte sein hageres Roß, und auch der Wolfshund blieb knurrend stehen.
»Wer reitet da?«
»Ein Bote aus Wladimir. Zum Großfürsten Georgi Wsewolodowitsch...«
»Da bist du richtig hier. Schon lange fort von Wladimir?«
»Seit fünfzehn Tagen schon. Ich sah mich zu Umwegen gezwungen. Überall wimmelt's von Tataren! Zweimal kam ich mit ihnen ins Handgemenge. Bin nur mit genauer Not entkommen, dank meinem braven Pferd.«
»Was hört man aus Wladimir?«
»Als ich fortritt, stand es noch. Unterwegs aber gingen schon böse Gerüchte um...«

»Ist die Stadt wirklich gefallen?«
»Ja, gefallen und niedergebrannt. Man sagt, der Himmel wäre drei Tage lang rot gewesen vom Feuerschein...«
Fürst Wassilko ließ den Kopf hängen, doch nur für eine kurze Weile. Gleich raffte er sich wieder zusammen.
»Soeben, ganz kurz bevor du kamst, sprengte hier ein fremder Reiter vorbei und suchte, als ich ihn anrief, das Weite...«
»Einer von uns wäre nicht ausgerissen. Gewiß war es ein tatarischer Späher... Seid auf eurer Hut! Die Tataren sind nahe. Wir werden kaum noch Zeit zu einem tiefen Seufzer haben, da werden sie schon dasein.«
»Folge mir rasch zum Großfürsten!«

Der Sturm braust über die Sit hinweg

Toropka, denn kein andrer als er war der Bote aus Wladimir, fand hier im Heerlager an der Sit Landsleute. Sie erzählten ihm, sein Vater, Saweli Dikoroß, sei am Abend vorher mit einem Schlittenzuge weggefahren, um Mehl, Getreide und Heu herbeizuholen. Toropka blieb nicht lange im Lager. Im Auftrag des Fürsten Wassilko von Rostow begab er sich zu der vorgeschobenen Feldwache am Kreuzweg von der Sit nach Myschkin.
»Dein Roß ist leichtfüßig und flink wie der Wind«, sagte der Fürst zu ihm. »Wenn sich eine Tatarenstreife zeigen sollte, so komme sofort und melde es, damit wir uns rechtzeitig rüsten.«

In einem kleinen Talgrund unter einem hohen Felshang knisterte das brennende Reisig innerhalb einer Umzäunung aus Holz und Reisig, die man aufgerichtet hatte, damit etwaige tatarische Späher, die in der Nacht umherstreiften, das Feuer nicht gewahrten.
»Zeiten sind das! Böse Zeiten! Überall schnüffeln Tataren herum. Wenn sie das Feuer erblicken – gleich hätten wir sie auf dem Hals und wären unsere Köpfe los, ehe wir noch Zeit gehabt hätten, ein Gebet zu sprechen.«
Hinter dem steilen Hang stand wie eine Mauer dichter Nadelwald, der sich, nach der Behauptung der Jäger, bis ans Weiße Meer hinzog. Durch diesen Wald gelangte man nur auf Wildpfaden, aber es sei dort, so hieß es, nicht geheuer: Schrate und andere Waldgeister trieben darin ihr Unwesen.
Am Feuer lagen vier brave tapfere Burschen, die sich weder vor Unwetter noch vor Waldgeistern und Hexenspuk fürchteten. In ihre Pelze und Felle gehüllt, lagen sie auf einer Unterlage von Tannenzweigen, hatten über sich ein Schutzdach und lauschten sorglos den Liedern des fauchenden Schneesturms. Auf Kohlen rösteten sie sich dünne Scheiben Pferdefleisch. Neben ihnen war die rote Pferdehaut ausgespannt. Die Krieger hatten sich beeilt, das Tier abzuschlachten, ehe es selber vor

Hunger krepierte. Bei den vier Wachtposten war auch Toropka, neben dem der treue Hund Pegasch zu einem Knäuel zusammengerollt lag. Die vier Wachtposten, die nach der Einnahme von Rjasan den Schlingen der Tataren entschlüpft waren, hatten auf eigene Faust einen Kleinkrieg gegen die Eindringlinge geführt und sich dann, als sie hörten, der Großfürst Georg sammle am Oberlauf der Wolga ein neues Heer, dorthin begeben.

Vom Fürsten, der sie als Streifwächter einsetzte, bekamen sie ein gutes Roß, um bei Alarm sofort Botschaft ins Lager schicken zu können, aber kein Futter. »Verschafft euch selbst welches, so gut ihr könnt!« Das war nun freilich ein Ding der Unmöglichkeit, deshalb hielten die Krieger es für klüger, sich auf ihre flinken Beine und Schneeschuhe zu verlassen, das Roß aber aufzuessen.

Die Streifwächter vertrieben sich die Zeit, indem sie sich gegenseitig Geschichten erzählten, Geschichten von Heldentaten, von Wundern der Murijen, von Zauberern und Hexen. Toropka, der sich zu ihnen gesellt hatte, lauschte gern diesen Erzählungen, wurde aber ein Gefühl des Unbehagens angesichts der aufgespannten Pferdehaut nicht ganz los, weil er befürchtete, früher oder später möchte seinem Braunen das gleiche Los beschieden sein.

»Einmal«, so erzählte gerade einer von den vier, »gingen Bauern durch den Wald. Da sahen sie ein buckliges Greislein, das ein Holzbündel schleppte, zehnmal so groß, wie es selber war. ›Weshalb, Alter‹, so fragten sie, ›schleppst du dich mit dem Holz ab? Holz gibt es ja ringsum, soviel du willst.‹ – ›Ich will damit das Heimatland vor den Tataren retten.‹ – ›Wie willst du drolliger Kauz denn mit Holzscheiten die Heimat vor den Tataren retten?‹ In eben dem Augenblick jagten auch schon die Tataren heran. Da warf das bucklige Greislein sein Bündel auf die Erde und schleuderte die einzelnen Scheite nach den Tataren: erst ein Scheit – und wo es niederfiel, stand auf einmal ein Krieger da, ein zweites, drittes und so fort – und ein ganzes Heer erstand und ging zum Angriff über. Trompeten schmetterten, Trommeln rasselten, Schwerter klirrten, und im Handumdrehen waren die Tataren niedergemäht wie Gras mit der Sense... Glaubwürdige Leute behaupten, dieses bucklige Greislein habe sich hier im Lager eingefunden...«

»Ja, so heißt es. Und dann ist noch ein Bauer gekommen«, fiel ein andrer dem Erzähler ins Wort. »Einen langen Bart hat er und einen Schnurrbart wie ein Wels, er wickelt ihn sich um die Ohrmuscheln. Dieser Bauer nun rühmt sich, er könne durch Zaubersprüche Sturm und Regen machen. Ihm seien alle Murije, die schwarzen wie die weißen, gehorsam. ›Ich werde sie herbeirufen‹, hat er gesagt, ›damit sie die Tataren im Schnee erfrieren lassen. Einem russischen Menschen aber, einem Christenmenschen, dem tun die Murije nichts zuleide, denn der weiß ja die Beschwörungsformeln, die ihn gegen Zauber feien... Der Name dieses Hexenmeisters ist Baryba.«

Die Wachtposten unterbrachen sich in ihrem Gespräch, weil sie in der

Ferne auf der Seite, wo die Sit war, zu der ein Waldsteig hinführte, schwarzen Rauch aufsteigen sahen.
»Das ist doch Boshenki, das brennt... Sollte das Tatarengesindel schon so nahe sein?« fragten sie sich, aufs tiefste beunruhigt.
Einer der Posten blieb an Ort und Stelle zurück, die anderen, allen voran Toropka auf seinem Braunen, eilten zum Heerlager.

Die Schreckenskunde

In der Hütte des Popen Wachramei saß an dem alten nachgedunkelten massiven Eichentisch der Großfürst Georgi in Nachdenken versunken, mit auf die Platte aufgestemmten Ellbogen, die Stirn in die hohlen Hände geschmiegt. Seine Finger wühlten in seinem graumelierten lockigen Haupthaar, und seiner Brust entrang sich dann und wann ein dumpfes Stöhnen. Vor ihm lag ein vergilbtes Blatt Papier, aus einem heiligen Buch herausgerissen und in höchster Eile mit großen ungleichmäßigen Buchstaben bedeckt. Unzählige Male schon hatte der Großfürst diese von der Hand seiner Gemahlin Agafja stammenden Zeilen durchgelesen. Sie lauteten:
»Mein kühner Falke du, Fürst Georgi. Wohin hast du deinen Flug genommen? Die bösen Tataren halten die Stadt von allen Seiten eingeschlossen. Tod und Untergang ist der Stadt, dem Volk, mir und unseren Kindern gewiß, wenn unsere einzige Hoffnung sich nicht erfüllt: nämlich daß du, kühner Falke, geflogen kommst und die Feinde zerstreust... Ich bete zu unserem Heiland, daß er mir die Freude gönnt, dir noch einmal in die lieben Augen zu schauen! Doch wie Gott will, so wird es geschehen...«
Der Pope, der ein Kreuz aus Messing gegen seine Brust preßte, war eifrig bemüht, dem Großfürsten Trost und Mut zuzusprechen. Doch dieser hörte kaum den Zuspruch, denn vor seinem inneren Auge stand das Bild, wie er auf der Freitreppe Abschied genommen von seinem blassen Weibe, über dessen Wange heiße Zähren rollten, dessen volle, warme Arme seinen Hals umschlangen und dessen heiße, bebende Lippen sich zum Kusse auf die seinen preßten...
Man hörte draußen Rufe.
»Wo ist der Großfürst? Weckt ihn! Rasch!«
Der Großfürst fuhr aus seinem Sinnen auf und lauschte:
»Meldet dem Fürsten, die Tataren strömen in hellen Haufen herbei!...«
Der Großfürst sprang auf, wobei er in der Hast die Bank umwarf, und stürzte zur Tür hinaus, die er offenließ. Kalte Nebelschwaden drangen in die überheizte Stube. Mit zitternden Händen langte der Pope nach seinem Pelz, in den er hineinfuhr, gürtete ihn mit einem zufällig daliegenden Strick, der zur Verschnürung eines Reisigbündels gedient hatte, griff nach seinem großen Messingkreuz und sprach zu seiner Frau,

die herbeigelaufen war und nun mit vor Entsetzen erhobenen Armen ganz fassungslos neben ihm stand:
»Der Herr behüte dich, Mütterchen Olympiaduschka. Mein Platz ist jetzt dort bei den Kriegern, denn es wird wohl gleich eine mörderische Schlacht auf Leben und Tod entbrennen...«
Auf seinen zitternden, altersschwachen Beinen wankte er davon und verschwand in dem blauen Dämmerlicht.
Der Großfürst kam in die Baracke gestürmt.
»Flink, den Panzer, die roten Stiefel! Schnell, schneller, Argun! Sattelt inzwischen den Braunen!«
Aufgeregt lief der Großfürst in der Baracke umher, indem er die Stücke seiner Rüstung von den Haken riß. Der alte treue Diener war ihm behilflich, sie anzulegen, zog und schnallte die Riemen fest. Krieger kamen, um die Befehle des Großfürsten entgegenzunehmen, und eilten wieder davon. Vom Hofe drangen Rufe herein.
Ein Krieger stieß zwei sich sträubende, vor Kälte zitternde nackte Bauern mit frostblauer Gänsehaut in die Stube.
»Geht, geht!« ermunterte er sie. »Erzählt es selber dem Großfürsten!«
»Da, schau her, Fürst!« sagte der Krieger, während durch die offene Tür das Geschrei der von wilder Panik befallenen Männer hereindrang. »Sizkarer sind es. Die Tatarenhunde haben ihnen die Kleider weggenommen und sie splitterfasernackt in den Wald gejagt. Sie sind aber dem dreckigen Gesindel entwischt, ihnen entschlüpft wie Nattern!«
»Ehre und Ruhm ihnen!« sagte der Großfürst. »Gib beiden Pelze und Stiefel, Argun!« befahl er seinem Diener.
»Die beiden«, fuhr der Krieger fort, »haben gesehn, wie der Wojewode Dorosha unter den Säbelhieben der Tataren sein Leben aushauchte, nachdem er bis zum letzten Atemzuge tollkühn gekämpft hatte... Sie werden gleich hier sein, diese ungläubigen Hunde!«
Der Großfürst eilte auf den Hof hinaus, wo man seinem braunen Schlachtroß gerade den Sattelgurt festzog. Der Großfürst schwang sich in den Sattel und zog mit der gepanzerten Rechten den Zügel an. Über seine Linke spannte er den Riemen des Rundschildes, nachdem er seinen Goldhelm tief in die Stirn gerückt hatte.
»He, ihr Falken! Seid ihr bereit?«
Von allen Seiten kamen gewappnete Krieger herbeigeeilt, die ihre Rosse am Zügel führten.
Von allen Ecken und Enden des Heerlagers ertönte der Schall der Hörner und Trompeten, überall rasselten die Trommeln.

Die Schlacht

> ... Habt ihr eure Rosse nicht gekoppelt,
> so laßt sie nicht in die Steppe.
> Habt ihr keine Wachen ausgestellt,
> so überlaßt euch nicht dem Schlummer.
> (Aus einem alten Kosakenlied)

Hadschi Rachim schreibt:
»O ewiger Himmel! Immer noch zwingst du mich, voll ohnmächtiger Empörung und hilflosem Mitleid Augenzeuge erschütternder und entsetzlicher Greuel zu sein!
Ich habe einer furchtbaren Schlacht beigewohnt, die bei grimmigster Kälte auf dem Eise eines zugefrorenen bodenlosen Sumpfes ausgetragen wurde. Ich habe gesehen, wie Zehntausende von tierischer Wut erfüllter Tataren über einige tausend urussutische Bauern herfielen, von denen freilich kein einziger daran dachte, sich gefangennehmen zu lassen, sondern alle wehrten sich bis zum letzten Atemzug mit dem Mute der Verzweiflung, wie zum Äußersten getriebene Wölfe, die wütend um sich beißen, wenn sie von Jägern und Hunden eingekreist sind.
Das alles habe ich mit ansehen müssen und bin dennoch nicht gestorben, sondern lebe noch immer!«
Der Hadschi hatte sich bei der zwanzigtausend Mann starken Abteilung des Temniks Burundai befunden. Er saß auf einem frommen Roß, das aber dennoch nicht dem Zügel oder dem Schenkeldruck seines Reiters gehorchte, sondern mit den anderen Pferden der Truppe dahinjagte (oder auch stehenblieb, wenn diese stehenblieben), so daß der Hadschi genug zu tun hatte, sich im Sattel zu halten, indem er sich krampfhaft an der Mähne seines Rosses festklammerte. Er führte einen Lederkoffer mit sich, worin er saubere Binden, pulverisierten Schwefel, gebrannten Filz, Heiltinkturen und anderes mehr zur ersten Hilfeleistung für die Verwundeten verwahrte.
Die Nacht vor dem Angriff auf das Heerlager verbrachten Burundais Reiter im Schnee liegend, zusammengerollt wie Katzen, vor den Vorderhufen ihres Rosses, dessen Zügel sie sich am Gürtel festgebunden hatten. Als am Morgen die Hörner erklangen, auf deren erstes Signal hin die Männer sich bereit machten, waren sie (ebenso wie ihre Pferde) ganz mit Reif bedeckt, daß es aussah, als wären sie versilbert.
Jeder der Mongolen wußte, daß ihnen ein schwerer Kampf bevorstand, und die Aussicht auf ein Grab im fremden Land war für jeden einzelnen aller Wahrscheinlichkeit nach größer als die Aussicht, zu den Überlebenden zu gehören.
Die Pferde liefen in scharfem Trab und, wo das Gelände es gestattete, im Galopp, und dann hörte es sich unheimlich an, wie die Erde unter dem vieltausendfachen Hufschlag stöhnte und wie das Eis krachte.
Hadschi Rachim überließ sich willenlos seinem starken Roß. Der Wald

lichtete sich, und ein zugefrorener Flußlauf wurde sichtbar. Von Reihe zu Reihe pflanzte sich der Befehl des Temniks Burundai fort: »Säbel aus der Scheide!«

Ein Pfeifen und Klirren ging durch die Luft, als die mongolischen Reiter, nachdem sie sich den rechten Ärmel bis zum Ellbogen aufgekrempelt hatten, blankzogen und ihre Krummschwerter mit der flachen Klinge auf ihre rechte Schulter legten. Die Rosse beschleunigten ihren Lauf. Die Bäume lagen jetzt hinter ihnen, und sie flogen über eine breite verschneite Lichtung hin.

Kreischend stießen die Mongolen ihr gelles Feldgeschrei aus: »Kchu, kchu, Mongolen! Uragsch, uragsch!«

Die Lichtung erstreckte sich weit am Flußufer hin, auf der anderen Seite säumte sie ein nicht allzu hoher, aber sehr dichter und sumpfiger Wald. Ein Hügel mit einem Dutzend verschneiter Kiefern erhob sich abgesondert. Auf dem anderen Flußufer drüben sah man die Hütten des Dorfes sich um die alte Kirche drängen und daneben die neu errichteten Baracken. Beide Ufer waren durch Verhaue und Barrikaden gesperrt. Offenbar hatten die Urussuten keinen Überfall erwartet. Sie kamen halb bekleidet aus den Hütten und Baracken gelaufen und zogen sich im Gehen fertig an. Sie eilten zu einer Baracke hin, über der ein schwarzes Banner wehte. Erst als die Mongolen auf der Lichtung erschienen waren, fingen die Hörner und Trompeten der Urussuten zu schmettern und die Trommeln zu rasseln an.

Sehr bald nach dem Alarm tauchte neben der Kirche auf braunem Hengst ein schwarzbärtiger Reiter in gleißendem Ringpanzer und funkelndem Goldhelm auf – der Konas Jürga, der Befehlshaber der Urussuten. Ihn begleiteten drei berittene Bannerträger, von denen der mittelste ein schwarzes Banner schwenkte, das mit dem Bild des Heilands golden bestickt war.

Die Mongolen, eingedenk des strikten Befehls ihres Dschichangirs, sich durch kein Hindernis auch nur einen Augenblick aufhalten zu lassen, teilten sich: Eine Abteilung ritt nach links auf das Eis des Flusses hinab, am anderen Ufer wieder die Böschung hinauf und zu den Hütten hin; die zweite Abteilung jagte nach rechts, an den Verhauen entlang und um sie herum, und dann ebenfalls hinunter aufs Eis, wo sie mit den Urussuten ins Handgemenge kam. So die beiden Flügel – das Zentrum aber stürmte, ohne Besinnen, tollkühn, stracks auf die Verhaue und Wälle los, die unter dem gewaltigen Anprall von Tausenden von Pferdebrüsten wankten und zusammenbrachen. Aber auch viele der Rosse brachen zusammen, ihre Reiter abwerfend. Nachdrängende zerstampften die Leiber ihrer gestürzten Kameraden unter den Hufen ihrer Rosse, ohne sich aufhalten zu lassen. Sie stürmten über Verwundete, Leichen und Trümmer hinweg auf die Befestigungen hinauf und auf der anderen Seite den steilen Hang zum Fluß hinunter, wobei wieder so mancher Reiter aus dem Sattel seines zusammenbrechenden Pferdes stürzte und kopfüber aufs Eis hinunterrollte, das die schwere

Belastung nicht aushielt; an vielen Stellen brach es, und viele sanken unter und ertranken.

Vom andern Ufer her hatten sich inzwischen die Verteidiger den Angreifern entgegengeworfen. Der Hauptzusammenprall fand auf dem Eise des Flusses statt; so manches verbissen kämpfende Feindespaar stürzte in die Löcher, ohne daß die Gegner voneinander gelassen hätten, so daß einer den andern mit sich in den kalten Tod riß.

An der Spitze seiner Reiterei jagte der Großfürst über den Fluß und warf sich drüben auf der Lichtung den aus dem Walde heranstürmenden Mongolen unerschrocken entgegen. Die russischen Krieger waren im Gebrauch ihrer schweren Langschwerter äußerst geschickt, und so mancher tatarische Krummsäbel flog, seinem Besitzer aus der Hand geschlagen, durch die Luft, oder seine Klinge brach in Stücke. Die Russen kämpften ein jeder auf sich allein gestellt, die Mongolen aber hielten sich immer in Zehnergruppen dicht beieinander.

Der Hadschi, dessen Pferd mitten in den Strom der dahingaloppierenden Rosse hineingeraten war und mitgerissen wurde, so daß an ein Zügeln überhaupt nicht zu denken war, ließ sich aus dem Sattel seines weiterstürmenden Rosses in den Schnee fallen und hatte dabei Glück: weder brach er sich bei dem Sturz irgendein Glied, noch verletzten ihn die Hufe der Pferde seiner an ihm vorbei und über ihn hinweg stürmenden Hintermänner. Er rappelte sich auf und humpelte beiseite. Von einem kleinen Hügel aus beobachtete er den Fortgang der Schlacht und stellte dabei seine Betrachtungen an:

›Wenn es dem Konas Jürga gelingt, sich mit seinen Mannen durch die Reihen der Tataren durchzuschlagen und sich einen Weg in den Wald zu bahnen, so besteht womöglich einige Aussicht für ihn, sich und seine Mannen vor dem Untergang zu retten, der ihnen hier sicher ist, wo ihr verhältnismäßig geringes Häuflein im weiteren Verlauf des Kampfes zwischen den übermächtigen Scharen ihrer Gegner zerstreut und vernichtet werden wird ...‹

Lange flatterte das mit dem Bilde des Heilands bestickte schwarze Banner über dem Schlachtfelde, stürmte eine Weile sogar ungestüm voran, dann aber begann es zu wanken, und endlich sank es. Zusammen mit seinem Bannerträger fiel, von zahllosen Pfeilen und Speeren durchbohrt, auch der Großfürst.

Als Schlachtenlenker hatte der Temnik Burundai zu seinem Standort den mit Kiefern bewachsenen Hügel gewählt, zu dem auch der Hadschi jetzt hinstrebte. Mit einem gleichmütigen Ausdruck in seinem reglosen gelben Gesicht beobachtete der auf seinem rehbraunen Hengst sitzende Mongolenführer das Hin und Her im Gewoge der Schlacht, das Tausende zu Roß und zu Fuße kämpfender Krieger im steten Wechsel von einer Seite des Schlachtfeldes auf die andere warf.

Als Burundai das schwarze Banner des Großfürsten schwanken und sinken sah, spornte er seinen Hengst und jagte mit dem Rufe »Mir nach!«, gefolgt von einer Schutzhundertschaft, hügelab zu der Stelle hin, wo der Konas Jürga vom Rosse gesunken war, in der Hoffnung, sich womöglich seiner Person noch lebend zu versichern. Rücksichtslos warfen seine Nuker alles zur Seite, aber den Ort deckten so viele Verwundete und Getötete, daß es nicht leicht war, den feindlichen Anführer sogleich unter ihnen herauszufinden. Endlich erkannten sie ihn an der silbergleißenden Rüstung und an den roten Stiefeln, er lag in nächster Nähe des schwarzen Banners. Ihre eigenen Verwundeten brachten die Tataren nach Möglichkeit in Sicherheit, den russischen machten sie den Garaus. Der Großfürst war bereits tot. Ein tiefer, wuchtiger Hieb mit einem tatarischen Krummschwert hatte ihm den Goldhelm vom Kopf geschlagen und ihm die Stirn gespalten. Zwei Pfeile steckten ihm noch im Hals.

Burundai stieg ab, stapfte durch den blutgetränkten Schnee zu dem Gefallenen hin und trennte ihm mit einem kleinen scharfen Dolch eigenhändig den Kopf vom Rumpfe, zog einen dünnen Riemen durch beide Ohren und hing ihn am Schweif seines Pferdes auf, daß das graumelierte, lockige Haupthaar und der lange, schwarze Bart herabwallten. Dann wischte er sich die blutbesudelten Finger an seiner Hose ab und meinte, während er sich wieder in den Sattel schwang:

»Nun kann mir Batu-Khan nicht vorwerfen, daß ich und meine Krieger dem Namen der Mongolen Schande gemacht hätten. Im Gegenteil, mit neuem Ruhm haben wir ihn bedeckt, denn der Kopf des urussutischen Konas hängt am Schweif meines Hengstes!«

»Doch nicht am Schweife von Batu-Khans Roß!« bemerkte einer von den alten Nukern. »Nimm dich in acht! Das wird der Dschichangir dir nie verzeihn!« fügte er warnend hinzu.

Als Toropka von der Feldwache ins Lager zurückkam, das er vor kurzem noch in so friedlichem Zustande verlassen hatte, war der mörderische Kampf – ein Verzweiflungskampf auf seiten der sich mit Äxten und Spießen zur Wehr setzenden Russen – in vollem Gange.

Fürst Wassilko kämpfte auf der äußersten Linken in der vordersten Reihe seiner Rostower, die wie ein unerschütterlicher Wall dem Angriff der mongolischen Reiterei nicht nur standhielten, sondern sogar langsam, aber stetig sich vorschoben. Wie ungestüm auch die Angreifer in immer neuen Wellen gegen diesen Damm anbrandeten, die Schulter an Schulter kämpfenden Rostower schlugen sie jedesmal wieder zurück und rückten unbeirrt Schritt für Schritt in Richtung auf den Waldsaum vor, ja es hatte fast den Anschein, als wären nach den ersten abgeschlagenen Attacken der Mongolen die Kräfte der beiden sich bekämpfenden Parteien nicht nur in ein gewisses Gleichgewicht gekommen, sondern als würden die Russen allmählich die Oberhand gewinnen. Doch auf dem Waldpfad zeigten sich neue Reiterverbände der Tataren, die in ununterbrochenem Strom aus dem Walde hervorbrausten und die Luft mit ihrem gellenden Feldgeschrei erschütterten. Es waren die Tumen Subudais und Batus, die zur Verstärkung herankamen und deren vorderste Reiter schon ihre Arkane dem Fürsten Wassilko, an dessen

Seite Toropka geeilt war, über den Kopf warfen. Der Fürst versuchte die Schlingen durchzuschneiden, aber immer neue legten sich ihm um den Hals, und er wurde mit einem Ruck zu Boden gerissen. Unter Triumphgeheul schleiften die Tataren ihn hinter sich her durch den Schnee.[1]

Toropka wollte dem Fürsten zu Hilfe eilen, aber der Hufschlag eines herangaloppierenden Pferdes warf ihn zu Boden. Mühsam rappelte er sich wieder auf und taumelte noch ein paar Schritte weit über lauter Leichen, da traf ihn ein zweiter Schlag auf den Kopf und warf ihn endgültig um. Er fiel zwischen zwei Leichen, die eines Landsmannes und die eines Feindes, hörte noch einige Augenblicke den Lärm der Schlacht, dann vergingen ihm die Sinne.

Der verhängnisvolle Tag

> 1238. Juri II. (Großfürst von Susdal oder Wladimir)... wurde am Flusse Sit vernichtend geschlagen und ließ zusammen mit den vornehmsten Männern sein Leben auf dem Schlachtfelde. Damit war Rußlands Schicksal auf zweieinhalb Jahrhunderte hinaus entschieden.
> (K. Marx, »Chronologische Exzerpte«)

Seinem Tumen voran sprengte Batu-Khan aufs Schlachtfeld. Vergeblich hatte Subudai-Bahadur ihn davon abzuhalten versucht, indem er ihm vorhielt:

»Denke an deinen weisen Großvater. Niemals ist er wie ein Berauschter seinem Heer vorangesprengt. Stets blieb er hinter seinen eisernen, unbesiegbaren Tumen und lenkte sie geschickt, indem er Verstärkung dorthin schickte, wo ein entscheidender Schlag geführt werden mußte. Laß dir das Schicksal deines unbekümmert draufgängerischen Oheims, des jungen, tapferen Külkan-Khans, zur Warnung dienen. Statt sich durch seine Tollkühnheit Ruhm zu erwerben, durchbohrte ihm, ohne Nutzen für unsere Sache, ein tödlicher Pfeil die Kehle...«

Batu-Khan aber antwortete nach einem längeren mürrischen Schweigen trotzig:

»Ich will nicht, daß Burundai mir abermals einen großen Sieg wie eine reife Frucht vor der Nase wegpflückt!«

Batu-Khan griff in die Schlacht ein, als der Sieg der Mongolen noch nicht

---

1 Chronisten berichten, der gefangene Fürst wäre von den Tataren in ihr Lager gebracht worden, wo sie ihm Speise und Trank anboten, die er stolz zurückwies, weil er von den Feinden seiner Heimat nichts annehmen mochte. Als sie ihn zu überreden versuchten, sein tapferes Schwert in Batus Dienste zu stellen, und Wassilko ein solches Anerbieten als seiner unwürdig empört zurückwies, befahl Batu, ihn für seine frechen Reden mit dem Tode zu bestrafen. Mannhaft, ohne einen Schmerzenslaut von sich zu geben, ertrug der Fürst die Qualen einer martervollen Hinrichtung.

entschieden war. Die Russen kämpften so zäh und tollkühn, daß der Temnik seine überall gebundenen Truppen nicht zu einem vernichtenden Schlage sammeln konnte. Aber das Eintreffen der beiden neuen Tumen entschied den Ausgang der blutigen Schlacht. Die Russen setzten sich, soweit ihnen das noch möglich war, kämpfend vom Feinde ab und flohen in die Wälder. Den frischen Verstärkungen noch Widerstand zu leisten, dazu waren ihre Kräfte schon viel zu sehr zermürbt. Auch war kein Führer mehr da, der sie hätte sammeln und ihre Kräfte zweckvoll einsetzen können: Der Großfürst Georgi war gefallen, der Fürst Wassilko gefangen. Die überlebenden Russen schlugen sich jeder auf eigene Faust und in so ungeordneter Weise, daß auch die größte Tapferkeit und selbstloseste Aufopferung einzelner sich als nutzlos erwies.
Von dem Hügel aus, von dem zuvor der Temnik Burundai die Schlacht beobachtet hatte, beobachtete sie jetzt der Dschichangir. Er vernahm das gellende Geschrei seiner Reiter, die sich auf die Urussuten stürzten, sie dann aber in völliger Lautlosigkeit niedersäbelten. Nur das Wehgeschrei Sterbender und Verwundeter erfüllte die Luft.
Langsam und finster stieg der Temnik den Hügel hinan, ließ sich, oben angekommen, vor dem Dschichangir aufs Knie nieder und küßte die Erde vor den Hufen von Batus Hengst. Aus den Händen eines ihm folgenden Kriegers nahm er dann einen stählernen Schild mit goldenem Ornament entgegen, worauf das abgeschlagene Haupt des Konas Jürga lag. Hoch hob er ihn mit ausgestreckten Armen über seinen Kopf empor. Batu-Khan blickte starr in die Ferne und tat, als bemerkte er den Temnik überhaupt nicht.
»Weshalb steht das Haus des Urussutengottes in Flammen?« rief er unwillig. »Habe ich nicht ausdrücklich befohlen, die urussutischen Schamanen zu schonen, damit sie für den großen Kagan der Mongolen beten?«
Burundai verharrte noch immer schweigend in kniender Stellung mit dem hocherhobenen Schild. Batu heftete seinen Blick auf das abgeschlagene Haupt des besiegten Gegners, das, fern von Kummer und Leid, die Augen wie zum Schlummer geschlossen zu haben schien. Dann beugte er sich tief herab und berührte ein Ohr des abgeschnittenen Kopfes.
»Die Ohren sind durchgerissen! Bringst du mir als Geschenk einen Kopf, den du schon am Schweif deines Rosses nachgeschleift hast? Willst du mich verhöhnen?... Geh!«
Batu gab dem Schild einen so heftigen Stoß, daß der Kopf herunterfiel und den Abhang hinunterrollte, bis er im Schnee steckenblieb.
Mit bösem Gesicht erhob sich Burundai und schlich in geduckter Haltung beiseite.
Voll Spannung beobachtete Batus Gefolge, was der Dschichangir weiter tun, wie und an wem er seinen Zorn austoben würde. Aber mit undurchdringlichem Gesicht fuhr Batu-Khan fort, den Ausgang des Kampfes zu verfolgen. Die Urussuten wichen überall zurück, sie flohen

übers Eis des Flusses ans andere Ufer und suchten Rettung und Zuflucht in dem dichten Wald. Die Tataren versuchten so viele wie möglich von ihnen einzuholen und niederzusäbeln.
Der Dschichangir wünschte den Leichnam des erschlagenen Großfürsten zu sehen und ließ sich von dem Temnik Burundai zur Stelle hinführen, wo er lag.
Zwei Mongolen waren in einen hitzigen Streit um die roten Stiefel des toten Fürsten geraten. Einer der beiden hatte sich bereits den rechten Stiefel fest unter den Arm geklemmt und war gerade dabei, auch noch den linken vom Bein des Toten zu ziehen, woran ihn sein mißgünstiger Kamerad mit Gewalt zu hindern suchte. Beide waren sie so aufgebracht gegeneinander, daß sie in ihrer Wut das Näherkommen der Heerführer gar nicht bemerkten.
»Festnehmen!« befahl Batu. »Die Stiefel aber bringt zu meinem Schlitten!«
Ein paar von Batus Leibwächtern waren von ihren Pferden gesprungen und hatten sich der beiden Raufbolde bemächtigt.
»Die weisen Gesetze der Jassa Dschingis-Khans, deren ein jeder Krieger stets eingedenk sein soll, verbieten Streit, Rauferei und Totschlag zwischen Kriegern des großen Eroberers des Erdkreises. Wenn wir Mongolen anfangen, untereinander zu streiten und uns zu bekämpfen, wie können wir dann über unsre Feinde siegen? Vollzieht sogleich an ihnen die verwirkte Strafe!«
Unter rohem Lachen stellten die Nuker einen der Raufbolde auf den Kopf. Der Unglückliche setzte sich zur Wehr, strampelte mit beiden Beinen, schrie, er sei nicht schuld, Schuld habe der andre, der Kiptschak. Aber das half ihm alles nichts. Zwei muskulöse Nuker beugten seinen Rumpf so weit herum, daß sie die Füße des Delinquenten mit den Fersen gegen seinen Nacken preßten. Ein trockenes Knacken der brechenden Wirbelsäule, ein jäh abreißender durchdringender Schrei. Die gleiche Prozedur wiederholten sie mit dem Kiptschaken, der brüllte, er wäre Buribai, der Sohn von Subudais Hahnenwärter Nasar-Kjarisek. Wiederum der durch Mark und Bein gehende, jäh abreißende Schrei vor dem trockenen Knacken, und die schlaffen Körper der beiden Hingerichteten blieben mit wie vor Erstaunen weit aufgesperrten Augen im Schnee liegen.
Die Schlacht ging zu Ende. Die Mongolen waren dabei, den letzten sich noch wehrenden Urussuten den Garaus zu machen.
Batu-Khan ritt an den mit Menschenleichen und Pferdekadavern bedeckten Befestigungen entlang und übers Eis aufs andere Flußufer hinüber, wo er sich über dem Feuer der Trümmer der ehemaligen Holzkirche einen gefrorenen Hammel, den man im Hause des urussutischen Schamanen gefunden hatte, im Ganzen am Spieß braten ließ.
Subudai, der neben dem Dschichangir auf einer Pferdedecke hockte, deutete zum Himmel hinauf und murmelte:
»Die urussutischen Schamanen sind doch recht mächtig und vermögen

uns zu schaden. Es ist höchste Zeit, daß wir endlich aus diesen dichten Wäldern herauskommen.«
»Erst werde ich Nowgorod einnehmen«, antwortete Batu-Khan.
Gegen Mittag drehte sich der Wind und wehte nun in genau entgegengesetzter Richtung. Er trieb die grauen Wolken rasch auseinander, und am türkisblauen Frühlingshimmel zeigte sich die helle Sonne, deren warme, goldene Strahlen über die Schneefelder glitten. Überall bildeten sich im schmelzenden Schnee, in dem die Pferde bis zu den Knien einsanken, rieselnde Bächlein.
Ein paar schwarze Saatkrähen hatten sich auf den Leichen der Gefallenen zum Fraß niedergelassen. Die Tataren nahmen ihre Fellmützen ab, kratzten sich am glattrasierten Hinterkopf und schnupperten in die Frühlingsluft.
»Ein warmer Wind weht von den mongolischen Steppen her... Da, schau nur den schwarzen Vogel. Gewiß hat er den Frühling auf seinem Schwanze mitgebracht...«
Rasch aufeinanderfolgende Gongschläge gaben das Signal zum Sammeln. Die Tataren schimpften zwar, daß man sie um ihre Beute prelle, ließen aber, an eiserne Disziplin gewöhnt, das Leichenfleddern sein und ritten im Galopp zur rauchenden Brandstätte, in die sich das Dorf inzwischen verwandelt hatte. Neben der einzigen heil gebliebenen Baracke nahe der Kirche war Batu-Khans goldglitzernder Buntschuk mit dem roten Roßschweif aufgepflanzt.
Die Jus-Baschi und On-Baschi sprengten nach allen Richtungen davon, um ihre Leute zu sammeln. Man hörte Rufe:
»Wir ziehen gegen Nowgorod, gegen das reiche Nowgorod!... Rasch fort von hier aus diesen verhexten Sümpfen!... Wenn wir noch länger hierbleiben, gehn wir noch alle drauf!...«
Die Hundertschaften formierten sich aus den Zehnergruppen. Manche der Reiter zogen magere Beuterosse an der Fangleine hinter sich her. Der Buntschuk mit dem roten Roßschweif begann zu schwanken und der Schutzhundertschaft des Dschichangirs voranzuschweben. Batu-Khan, der auf einem Apfelschimmel ritt, wahrte ein undurchdringliches Gesicht und hielt die Augen die ganze Zeit über beharrlich auf den durch den jahrhundertealten Wald führenden Weg geheftet. In seinem Gefolge war unter den Khanen auch Subudai-Bahadur.

Nach der Schlacht

> ...Russisches Lied!
> Nicht von allein gewannst du Wort und Weise:
> aus Schnee und Regen flossest du zusammen,
> aus Rauch und Ruß von brandgeschwärzten Stätten,
> von feuchten Gräbern weht der Sturmwind her...
> (Lew Mei)

Eine heiße rauhe Zunge leckt ihm das Gesicht... Ein leises Winseln und ein beharrliches Kläffen trifft sein Ohr... Langsam kommt Toropka zur Besinnung. Sein erster klarer Gedanke jagt ihm einen fürchterlichen Schrecken ein:
›Ein menschenfressender Hund! Erst wird er mir das Blut vom Gesicht ablecken, dann wird er mich benagen!‹
Mit vieler Mühe zieht er seinen eingeklemmten rechten Arm unter einem schwer darauf lastenden Körper hervor und packt den Hund an der Kehle. Am Halse hängt dem Tier das Ende eines Stricks... ›Ei, das ist doch Pegasch!‹
In der Dunkelheit betastet ihm Toropka die langgestreckte Schnauze, die aufrecht stehenden Ohren, die breite Brust mit den von Wolfsgebissen herrührenden alten Narben... ›Kein Zweifel, es ist Pegasch!‹
Toropka macht eine vergebliche Anstrengung, sich zu erheben, auf seinen Beinen liegt der Kadaver eines Pferdes, auch sein linker Arm ist gequetscht und eingeklemmt... Vielleicht ist sein Schicksal erfüllt? Zwischen Leichen liegt er, und nun ist er selber an der Reihe, nun tritt der Tod auch ihn an. Ach, welch brennender Durst! Trinken, trinken! Toropka greift in den nassen Schnee und ballt ihn in der Faust. Er schmeckt nach Blut!
›Wo bin ich?‹ – Die letzten Augenblicke fallen ihm wieder ein: heranbrausende Tataren mit grimmigen Gesichtern, ein Schlag auf den Kopf, der Sturz... ›Ja, dies ist das Schlachtfeld... Doch welch merkwürdige Stille...‹
Über ihm wölbt sich der dunkle Nachthimmel, an dem schmal die silberne Mondsichel steht. Ihr matter Schein erhellt kaum die Schneefläche. In der Nähe ragen ernst und finster hohe Tannen auf.
Ein Stöhnen... jetzt hier, jetzt dort... Klägliches Seufzen, traurige kummervolle Laute, als ob die russische Erde über ihre gemordeten Söhne weinte!
›Wo mögen denn die Tataren sein? Sie pflegen doch stets ihren verwundeten Feinden den Garaus zu machen...‹
Toropka möchte schreien, um Hilfe rufen, aber er scheut sich, es zu tun, aus Furcht, die Tataren könnten ihn hören.
Pegasch ist still geworden. Er sitzt da und lauscht. Dann beginnt er zu knurren. In der nächtlichen Stille hört man ein Rascheln, Schritte, Gemurmel. Jemand kommt, spricht mit sich selbst, aber man kann die Worte nicht verstehen. Es muß wohl eine fremde Sprache sein. Mit vieler Mühe richtet Toropka den Kopf auf. Ein hochgewachsener Mann

in langem Gewande, das ihm bis auf die Fersen herabreicht. Auf dem Kopfe hat er eine spitze Mütze, überm Rücken hängt ihm eine Tasche, in der einen Hand hält er einen Stab, mit der andern eine Laterne, deren schwaches Licht, weil sie baumelt, hin und her geistert. Auf dem Schnee zittert ein heller Fleck.
Ein Leichenfledderer?
Wieder ein durchdringendes Stöhnen in nächster Nähe:
»O Tod!... Durst, Durst!... Etwas zu trinken! Ich verbrenne inwendig!«
Der langbärtige Unbekannte nähert sich und bückt sich suchend.
Toropka faßt Mut.
»Hierher, zu mir!« ruft er.
Der seltsame Mensch tritt heran, aber er hat seinen Stab erhoben. Pegasch knurrt ihn an; seine Nackenhaare sträuben sich.
»Pegasch, zurück!« ruft Toropka.
Der Fremde läßt den Stock sinken und kommt noch einen Schritt näher.
»Ich Doktor... Dich gesund machen!...« radebrecht er.
›Am Ende ein tatarischer Wunderdoktor? Doch wenn er merkt, daß er keinen Tataren vor sich hat... Ob er mir dann einen Schlag mit seinem Stab versetzt?‹ fragte sich Toropka. ›Doch so oder so ist mir der Tod gewiß... Vielleicht hat er doch Mitleid mit mir?‹
Und Toropka faßt sich ein Herz und bittet:
»Hilf!«
Der Langbärtige beugt sich über Toropka, leuchtet ihm mit der Laterne, in der ein Wachslicht brennt, ins Gesicht, dann stellt er sie auf das tote Pferd und legt seinen Stab und seine Tasche in den Schnee. Ächzend vor Anstrengung, räumt er zwei Leichen beiseite, die den Verwundeten fast erdrücken, und murmelt dabei etwas Unverständliches in seinen Bart. Toropka fühlt sich befreit, jetzt kann er schon den linken Arm bewegen. Aber noch muß er die Beine unter dem Pferdekadaver hervorziehen. Mit äußerster Anstrengung gelingt schließlich auch das. Toropka richtet sich zu sitzender Haltung auf. Der Heilkundige betastet ihm den Schädel, die Haare sind mit Blut verklebt. Der Nacken ist steif, der rechte Arm läßt sich nur schwer bewegen. Der Fremde kniet nieder, knöpft vorsichtig Toropkas Halbpelz auf und macht die Schultern frei, die von schwarz geronnenem Blut bedeckt sind. Er holt einen Lappen hervor, feuchtet ihn mit einer Flüssigkeit aus einem seiner Fläschchen an, verbindet alsdann die Wunde und knöpft den Pelz wieder zu.
»Wirst gesunden...« Und indem er mit der Hand auf seine eigene Brust deutet: »Ich... Doktor... Hadschi Rachim...«
Würdevoll und gemessen entfernt er sich hierauf, um seinen Schritt dorthin zu lenken, von woher neues Stöhnen erklingt.
Toropka kauert auf dem toten Pferd und grübelt:
›Was soll ich jetzt anfangen? Wo sind die Tataren hin? Wenn ich nur wüßte, nach welcher Seite sie abgezogen sind... Einerlei! Ich muß zum Walde hin, wo mein Brauner angebunden ist, und dann nach Hause, nach Perunow Bor... Irgendwie werde ich schon hinkommen... Zwei

Freunde sind mir ja geblieben: mein Pferd und mein Hund!... Wo mag der Vater sein? Ob er in der Schlacht mitgekämpft und sein Ende durch Feindeshand gefunden hat? Man muß nach ihm suchen...‹
Toropka müht sich ab, das alles dem Hunde zu erklären, der ungeduldig die Vorderpfoten bewegt und sich darüber klarzuwerden versucht, was sein Herr eigentlich von ihm verlangt.
»Pegasch, lauf übers Feld, schau den Gefallenen ins Gesicht, sieh nach, ob unser Herrchen dabei ist... Ja, such Herrchen! Wo ist es denn? Geh, such!«
Er streichelt dem Hund die Schnauze und gibt ihm dann einen Stoß. Pegasch läuft, so schnell er kann, davon, springt über Leichen, schnuppert hier und nimmt Witterung dort, bleibt plötzlich vor einem Haufen von Menschenleibern stehen und verbellt ihn.
Mühsam richtet sich Toropka auf und schleppt sich zu jener Stelle hin, die zerquetschten Beine wollen ihm nicht recht gehorchen, namentlich, wenn er über etwas hinwegsteigen muß, aber er zwingt sich sogar, seinen Schritt zu beschleunigen. Wahrscheinlich hat Pegasch den Vater gefunden. Banger und auch froher Ahnung voll, beugt er sich über die reglosen, bereits mit leichter Schneeschicht bedeckten Körper, von denen er einige beiseite räumen muß... Nein, es ist der Vater nicht! Ein junges hübsches Gesicht, doch bleich und starr wie aus Wachs... Ein Knabe, dessen langbewimperte Augen leer und stier zum Himmel hinaufblicken... Auf den Wangen kleine Sommersprossen, der kleine hübsche Mund ist leicht geöffnet, als hätte er eben noch zärtliche Worte geflüstert...
Irgendwie kommt ihm das Gesicht tief vertraut vor.
»Weschnjanka! Wie bist du hierher geraten? Und in Knabenkleidern?... Auch du niedergeworfen vom furchtbaren Schlag eines Tataren?...«
Toropka hockt sich neben dem reglosen Mädchenkörper nieder, und auf einmal merkt er, auch die anderen sind keine Männer, sondern Weiber in Männerkleidung... Vorsichtig drückt er seine Lippen auf das blasse liebe Gesicht... Weschnjanka! Und ihre Abschiedsworte fallen ihm wieder ein und wie zärtlich und wehmütig sie dabei gelächelt hat.
»Weschnjanka! Weschnjanka!« flüstert er. »Sag doch noch ein letztes Wort, ein einziges... Du versprachst, auf mich zu warten... Und nun müssen wir uns hier wiedersehen, hier auf diesem Totenfelde!«
Noch einmal berührt er ihre eisigen Lippen mit seinen warmen, faßt sie an den Händen, die ganz kalt und steif sind, und versinkt in kummervolles Brüten.
Plötzlich erklingt eine schwermütige Weise durch die stille Frostnacht, eine Weise, die Toropka daheim in Perunow Bor öfters gehört hat, auf dem Friedhof, wo die Gräber der Lieben sich eng zusammendrängen.
Eine zarte hohe Frauenstimme hat sie angestimmt, und eine zweite, tiefere fällt ein, beide Stimmen verschlingen sich, und dann und wann verstärkt der Chor ihren Klang. Leicht schweben die Töne über das

Schnee- und Totenfeld hin, wo die russischen Krieger mit offenen Augen liegen, als ob sie den Worten und der Weise lauschten.
Die hohe Stimme klagt:

»Der schöne Sonnenball ist fortgerollt
hinter die Berge, die ragenden,
hinter die Wälder, die rauschenden,
hinter die Wolken, die ziehenden,
hinter die Sterne, die schimmernden...
Ist fortgerollt und hat mit meiner Herde,
mit meinem Herzeleid mich hier allein gelassen,
allein gelassen hier für alle Ewigkeit...«

Und die tiefe Stimme klagt:

»Der bittre Tod ist jäh herangetreten,
hinterrücks, schleichend wie ein Meuchelmörder,
leichtfüßig springend wie ein junges Weib,
schwerfällig humpelnd wie ein Bettler auf der Pilgerschaft.
In aller Stille kam er angeflogen
als schwarzer Unheilsrabe durch das Fensterchen,
setzte zu Häupten auf den Bettrand sich
und nahm die Seele aus der weißen Brust...«

Toropka wankt zu der Stelle hin, woher der Gesang erklingt. Frauen, von denen die meisten Männerkleidung tragen, sitzen da im Halbkreis und singen. In der Mitte liegen nebeneinander im Schnee die Leichen ihrer Männer, die sie hier zusammengetragen haben. Bei Toropkas Nahen verstummt der Gesang. Voll scheuer Neugierde sehen die Frauen dem langsam auf sie Zukommenden entgegen.
»Gott zum Gruß!« sagt er. »Darf man ein junges Mädchen zu den Euren legen?«
»Woher bist du?«
»Aus der Nähe von Rjasan.«
»Bring sie nur her! Zusammen mit unsern Männern wollen wir sie bestatten, so gut es eben geht ohne Sarg...«
Zwei von den Frauen erheben sich und folgen Toropka. Sie helfen ihm die tote Weschnjanka tragen. Dann betten sie die Tote neben ihre Toten. Toropka setzt sich zu den Frauen in den Schnee und lauscht ihrem Trauergesang, den sie bald einzeln, bald zu zweit oder durch den ganzen Chor verstärkt von neuem anstimmen.

»Wachse, meine Trauer, schieße hoch ins Kraut!
Treibe üppig Knospen, Blüten mancherlei!
Daß Vorübergehende sich daran ergötzen,
Frauen rührend weinen, Männer sich entsetzen...«

Lautlosen Schrittes trat Hadschi Rachim in den Kreis. Er hatte sich so leise genähert, daß die Singenden bei seinem Erscheinen zusammenzuckten und verstummten. Er entbot ihnen einen Gruß, indem er die rechte Hand erst an die Brust, dann an die Lippen und schließlich an die Stirn legte.

»Er bekreuzigt sich auf seine Weise«, meinte eine der Frauen.
»Wer ist es?«
»Ein tatarischer Wundarzt«, antwortete Toropka, »ein Heiliger in der Art eines Narren in Christo. Und er verweigert seine Hilfe niemandem, läßt seine Heilkunst allen ohne Unterschied zugute kommen, gleichviel ob es die Seinigen oder die Unsrigen sind, und er verlangt nicht einmal was dafür.«
Lange stand der Hadschi bei den Frauen, auf seinen Stab gestützt, die Augen starr auf die Toten geheftet. Und da er sich nicht von der Stelle rührte, stimmten die Frauen, nachdem sie Blicke untereinander gewechselt hatten, von neuem ihren schwermütigen Gesang an. Mit eingezogenem Schwanz schlich sich Pegasch zu dem Fremden hin, schnupperte am Saum seiner Kleider, kehrte zu seinem Herrn zurück und rollte sich zu dessen Füßen zusammen.
Schließlich gebot der Hadschi den Sängerinnen durch ein Aufheben seiner Hand Stillschweigen. Seine schwarzen Augen, in denen sich die Lichtfünkchen eines angezündeten Feuers widerspiegelten, glänzten. Er begann zu sprechen, und seine Rede, in die er gelegentlich russische Wörter mischte, wurde immer leidenschaftlicher.
»Ei, sieh mal an«, tuschelten die Weiber untereinander. »Ein Gelehrter... Bloß schade, daß man ihn nicht versteht...«
Als der Hadschi seine Rede beendet hatte, wiederholte er die dreifache Gebärde des Grußes und entfernte sich gemessenen Schrittes.

Die Rast am Ignatsch-Kreuz

Hadschi Rachim schreibt:
»... Ich sah den Tod rings um mich her. Doch Speer und Schwert und Pfeil haben mich bis jetzt verschont, aber ich weiß, daß die Schneide des Unglücks noch immer über meinem Haupt schwebt und mich jeden Augenblick treffen kann, in jenem wahrscheinlich, da ich es am wenigsten erwarte...«
Beim matten Schein des blassen Halbmondes wanderte der Hadschi Rachim auf Waldwegen, über die Tausende von Tataren geritten waren. Die Pferdehufe hatten den Schnee zermanscht, so daß bei jedem Schritt die Füße ausglitten.
An einem Kreuzwege hörte der Hadschi sich beim Namen rufen. Vier Reiter erschienen – Arapscha mit drei Kriegern; einer von ihnen führte des Hadschis Pferd am Zügel.
Arapscha stieg ab, küßte dem Hadschi die Hand und legte sie dann auf seine Augen.
»Als dein Murid durfte ich dich in der Stunde der Not nicht verlassen«, sagte er. »Dein Roß galoppierte reiterlos zwischen den anderen Pferden, der Dschichangir erkannte den gefleckten Barsik und befahl mir, zurückzureiten und dich zu suchen und zu finden – lebend oder tot. Die

Urussuten hätten dich bestimmt umgebracht, wenn du ihnen in die Hände gefallen wärst.«

»Die Urussuten sind ebensolche Menschen wie wir alle«, entgegnete der Hadschi. »Ich stand den Verwundeten bei und hörte die Beerdigungs- und Trauergesänge ihrer Frauen. Sie taten mir kein Leid an. Die Hand des Schicksals und die meines besten Freundes haben mich wiederum aus dem Brunnen der Not herausgezogen.«

Arapscha hielt dem Hadschi den Steigbügel und half ihm in den Sattel.

Die ganze Nacht hindurch und während des nächsten Vormittags zog das Mongolenheer nordwärts, auf die reiche Handelsstadt Nowgorod zu. Doch gegen Mittag wurde es unmöglich, den Vormarsch fortzusetzen. Die Rosse sanken bis zum Bauch in den lockeren Schnee ein. Das Tauwetter hatte die vor kurzem noch so festen Wege in grundlose Sümpfe und in reißende Bäche verwandelt. Roß und Reiter kamen ganz von Kräften, die einen von den fortwährenden Stürzen, die andern von der Mühe, den Tieren wieder aufzuhelfen. Die als Wegweiser dienenden urussutischen Gefangenen behaupteten, daß der Weg weiterhin noch schlechter und ungangbarer würde, daß jeder Verkehr zu Pferd und zu Wagen für fünfzig Tage aufhöre, bis das Hochwasser der Flüsse ins Meer abgeflossen sei.

Batu-Khan schäumte und raste vor Wut und erschlug mit eigener Hand einen Urussuten, der sich unterfangen hatte, beim Anblick eines im Sumpf versinkenden Mongolen laut zu lachen.

Batu sprach:

»Für einen mutigen und beharrlichen Mann gibt es keine Hindernisse. Man hat uns absichtlich in diese Sümpfe geführt, damit wir hier umkommen, wir aber werden stärker und listiger sein als diese Schurken und Schelme und werden ihnen zum Trotz bis zur reichen und berühmten Handelsstadt Nowgorod hingelangen!«

Aber seine Krieger nahmen seine Worte mit Murren auf. An einem Kreuzweg, an dem ein Kreuz von dreifacher Manneshöhe stand, machte das Heer halt. Die Reiter stiegen ab, um ihren Tieren eine Atempause zu gönnen. Subudai-Bahadur gab den Rat, den Schutz und die Hilfe der Götter anzurufen und zu diesem Zwecke die Schamanin Kerinkai-Sadan herbeizuholen.

Auf einem schwarzen Pferdchen, dem während der Zeit der Fröste ein dichtes, zottiges Fell gewachsen war, kam sie angeritten. Als sie Batu-Khans ansichtig wurde, begann sie mit ihrer Schellentrommel zu rasseln, im Sattel auf und nieder zu hüpfen und allerhand Gebets- und Beschwörungsworte auszustoßen.

»Sprich, Dienerin der Götter über den Wolken!« redete Batu sie an. »Soll ich den Vormarsch fortsetzen, wird mir in Nowgorod Glück und Erfolg beschieden sein, oder erwartet mich dort Unheil und Untergang? Befrage die Himmelsbewohner!«

Die Schamanin sprang vom Pferde, drehte sich trommelschlagend im

Kreise, lief tänzelnd umher und stürzte plötzlich mit wenigen großen Sprüngen zu einer einzelstehenden hohen Kiefer hin.
»Ich werde in die Ferne blicken, mit den Wolken sprechen!« rief sie. »Die Götter, die allwissenden, werden mir alles offenbaren!«
Gewandt kletterte sie am Stamm in die Höhe bis hinauf zur höchsten Wipfelspitze. Dort begann sie so heftig zu schaukeln, daß die schwankende Kiefer sich allmählich immer tiefer nach einer Seite hin neigte.
»Hör auf! Nimm dich in acht! Klettere schnell herunter!« riefen die Krieger der Schamanin zu.
Aber die Warnung kam schon zu spät. Die Kiefer stürzte um, und die Schamanin fiel in den Schnee, brach durch die Eiskruste und versank in trübem, morastigem Wasser. Sie zappelte, geriet aber durch ihr Zappeln immer tiefer in das schwarze Sumpfwasser.
»Fangleinen! Werft ihr Fangleinen zu!« brüllte Subudai-Bahadur und löste seinen eigenen Arkan vom Sattelbogen. Er warf der Untersinkenden die Schlinge so geschickt mit der linken Hand zu, daß sie, wenn die Leine lang genug gewesen wäre, sie hätte ergreifen können. Aber sie war zu kurz. Subudai wickelte sie wieder auf und trieb sein Roß näher zu der Unfallstelle hin. Der Rehbraune, der bis zu den Knien im Schnee versank, machte ganz vorsichtige Schritte. Subudai warf die Schlinge von neuem, und sie traf genau den Kopf der Schamanin, die danach faßte. Aber trotz des Halts, den sie so gewonnen hatte, sank sie durch ihr Zappeln immer tiefer ein, so daß bald nicht mehr als ihre Kappe mit den aufgenähten Vogelköpfen herausragte. Subudais Rehbrauner machte noch einen Schritt vor und sank plötzlich ebenfalls ein. Subudai warf sich sofort zurück, um die Belastung zu vermindern, doch das Eis barst schon, und der mit den Beinen um sich schlagende Hengst sank gefährlich schnell unter.
Die Mongolen begannen zu jammern:
»Der Unbesiegbare ertrinkt! Schnell ihm zu Hilfe!«
Zaghaft und behutsam näherten sich Mongolen von mehreren Seiten her der Stelle, wo der alte Feldherr um sein Leben kämpfte. Arkane flogen durch die Luft, legten sich ihm um Arme und Hals. Die Krieger spannten alle ihre Kräfte an, um den Bahadur, der immerfort schrie: »Rettet meinen Hengst! Rettet meinen Rehbraunen!«, aus dem Sumpf zu ziehen. Schließlich hatten sie ihn draußen auf dem Weg, aber das Roß steckte noch immer drinnen im Morast, und zwar bereits bis zum Halse. Sein Kopf hob sich noch einige Augenblicke schnaubend über dem Sumpf, der Rehbraune wieherte verzweifelt; es klang wie ein Notschrei aus Menschenmund... Dann verschwand auch der Kopf. Keine Spur blieb von den beiden Opfern des gierigen Sumpfes. Nur die runde Schellentrommel schwamm auf der schwarzen Brühe.
Mit Gewalt mußten die Krieger den Bahadur zurückhalten, daß er sich nicht noch einmal ins Wasser stürzte, um sein Pferd zu retten.
»Mein Rehbrauner!« jammerte er. »Stets hast du mich aus der Not gerettet! Immer bist du mir ein weiser Ratgeber und treuer Freund

gewesen! Wie soll ich ohne dich auskommen? Rehbrauner!... Diese verfluchte urussutische Erde!«
Mehrere seiner Leibwächter sprangen von ihren Pferden und bildeten einen engen Ring um ihn. Sie warfen sich förmlich auf ihn, drückten seinen Oberkörper zur Erde nieder und riefen:
»Wende dein Angesicht ab und blick nicht mehr hin! Es ist eine verfluchte Stelle! Die schwarzen Mangusse der Urussuten waren nach einem Blutopfer lüstern, sie verschlangen die mutige Kerinkai-Sadan und deinen unermüdlichen Rehbraunen. Wir müssen hier umkehren. Siehst du dieses große Kreuz? Solche Kreuze richten die Urussuten auf den Gräbern ihrer Schamanen auf. Hier hat gewiß schon mancher Wanderer sein Leben aushauchen müssen unter der Mörderhand des Räubers Ignatsch, der die von ihm Erschlagenen in den Sumpf warf. Sag dem Dschichangir, daß wir auf die Eroberung des reichen Nowgorod verzichten. Laß uns umkehren!... Andere Rosse werden dir treu dienen, ebenso treu wie dein Rehbrauner! Wähle dir ein beliebiges!«
Mit einem Ruck seiner Schultern schüttelte der Bahadur die Krieger ab und stand auf. Ohne sich noch einmal nach dem Sumpf umzublicken, bestieg er das nächste beste Roß und ritt zu Batu-Khan hin. Der Dschichangir fütterte seinen von Schweiß und Schmutz bedeckten Apfelschimmel mit einer Brotrinde.
Subudai stieg ab und hockte sich zu Batus Füßen nieder. Eng umdrängten die Tausendschaftsführer die beiden, schweigend und lauschend, gespannt darauf, was für einen Beschluß ihre Anführer fassen würden.
Batu-Khan sprach:
»Bisher hat es nichts gegeben, was mich hätte zurückhalten können. Mein Heer ist durch Wüsten gezogen, über den wasserreichen Itil und über andere große Flüsse geschwommen. Jetzt aber, wo alle Flüsse über ihre Ufer getreten sind und alle Wege in Sümpfe und Seen verwandelt haben, wollen die bösen urussutischen Mangusse alle meine Krieger verderben. Wir kehren um und beziehen ein Lager in den Steppen der Kiptschaken, wo wir und unsere Rosse uns ausruhen können!«
»Zurück in die Steppe!« riefen die Mongolen.
Dieser Freudenschrei pflanzte sich fort durch alle Reihen des Heeres, das auf den grundlosen schwarzen Wegen seinen Marsch in die Steppen antrat.

»Das schwelende Feuer des Ungehorsams soll ausgelöscht werden!«

»... Um die Ehre unserer Heimat ist mir nicht bange...
Wenn auch Unheil über sie hereingebrochen ist,
unsre Nachkommen werden die Not überwinden!«
(A. K. Tolstoi, »Der Drache Tugarin«)

Hadschi Rachim schreibt:
»Die Hand will mir nicht gehorchen, um die traurigen und zugleich ruhmvollen Seiten zu füllen...
In mehreren Heeressäulen marschierten die Tataren zurück in die Kiptschakensteppe. Unterwegs verheerten sie alle Städte und Dörfer, sengten, mordeten, plünderten, nichts ließen sie unversehrt, verschonten niemanden, da sie nicht länger damit rechneten, sich hier seßhaft zu machen. Mochten die Urussuten sie in schrecklicher Erinnerung behalten. So wurden zerstört: Torshok, Twer, Wolok, Dmitrow und viele andere Städte.
Futter für die Pferde gab es keins. Die Tiere magerten zu Gerippen ab und krepierten.
Durch die Schneeschmelze waren nach dem schneereichen Winter auch die kleinsten Bächlein zu reißenden Bächen angeschwollen. Wo es nicht gelang, Furten ausfindig zu machen, kostete jeder Übergang viele von den geschwächten und abgezehrten Rossen, die sich gegen die Strömung nicht zu behaupten vermochten, abgetrieben wurden und ersoffen. Auf dem ganzen langen Marschweg standen zurückgelassene Schlitten, beladen mit schäbigen Pelzen, blutgetränkten Kleidungsstücken, Säkken voll abgetragener Stiefel mit durchgelaufenen Sohlen, zerbrochenem Geschirr, schadhaften Kummeten und Sätteln, kurzum mit allem, was den Tataren in die Hände gefallen war und was sie dann wieder hatten liegenlassen müssen, weil die ausgehungerten, abgemagerten Pferde die Lasten nicht mehr zu tragen oder zu ziehen vermocht hatten. Die Kadaver der gestürzten Pferde (es waren zum größten Teil geraubte Bauernpferde), die trotz aller Bemühungen der mitgeführten gefangenen Bauern, ihre Ernährer wieder auf die Beine zu bringen, keine Kraft mehr zum Wiederaufstehen gehabt hatten, lagen daneben. Die Mongolen trugen solche Verluste in der Hoffnung auf neue Beute verhältnismäßig gleichmütig.«
Ein Teil des tatarischen Heeres war vor der Festung Kosjolsk geblieben. Den Befehl über die Belagerungstruppen führte Gujuk-Khan, der von großen glorreichen Siegen geträumt hatte, dem aber andere Feldherren bis jetzt stets zuvorgekommen waren. Auch die Belagerung von Kosjolsk zog sich zu seinem Leidwesen sehr in die Länge. Die Bevölkerung des ehedem sehr belebten urussutischen Grenzpostens an der Polowezer Steppe setzte sich mutig zur Wehr, machte nächtliche Ausfälle und schlug Angriffe ab, was beides den Belagerern viele Blutopfer kostete. Die Stimmung unter dem Belagerungsheer war ohnehin schon die denk-

bar schlechteste, verschlechterte sich aber noch mehr, als es zusehen mußte, wie andere Abteilungen nach den Kiptschakensteppen abmarschierten. Gujuk-Khan trug sich mit dem Gedanken, die Belagerung aufzuheben. Als Batu-Khan davon erfuhr, kam er sofort herbei, ließ durch seine und Subudais Truppen einen Ring um Belagerte und Belagerer schließen und zwang Gujuk und seine Truppen, die Einnahme der Stadt zu beschleunigen. Kosjolsk gehörte dem minderjährigen Fürsten Wassili. In Gefangenschaft geratene Verteidiger sprachen: »Zwar ist unser Fürst fast noch ein Kind, aber als treue Söhne unsrer Heimat werden wir bis zum letzten Atemzuge kämpfen, um unseren Namen nicht mit Schande zu beflecken.«

Neunundvierzig Tage, länger als anderthalb Monat, lagen die Tataren vor Kosjolsk, weder Versprechungen noch Drohungen vermochten die Verteidiger einzuschüchtern oder ihre Standhaftigkeit ins Wanken zu bringen.

Endlich wurden die Stadtmauern durch Rammen und Sturmwidder gebrochen, aber der darauffolgende Straßenkampf, der allen Verteidigern das Leben kostete, forderte auch noch unglaublich hohe Opfer von den Tataren: Viertausend von ihnen fielen an einem einzigen Tag. Batu-Khan befahl, die Einwohnerschaft erbarmungslos niederzumetzeln, keine lebende Seele, auch Weiber und Kinder nicht, zu schonen. »Eine böse Stadt«, pflegte er zu sagen, »muß vom Angesicht der Erde getilgt werden. Wollte man so viel Widersetzlichkeit ungestraft lassen, würde hier ein ständiges Feuer des Ungehorsams und der geheimen Verschwörung schwelen. Dann würden die Bulgaren wie die Mordwinen, die Rjasaner wie die Wladimirer und alle die übrigen, angesteckt von dem bösen Beispiel, ihre Jagdspieße schärfen und mir in den Rücken fallen, wenn ich mein Heer weiter westwärts führe. Mögen die Urussuten erfahren, daß niemand sich mir ungestraft widersetzt, daß jede Auflehnung gegen die mir von dem großen Welterschütterer übertragenen heiligen Machtbefugnisse schrecklich geahndet wird. Wollen die Urussuten leben und atmen, so müssen sie sich bedingungslos in meine Hand begeben!«

Batu-Khans Nuker suchten in der brennenden Stadt überall nach dem jungen Fürsten Wassili, doch konnten sie ihn nirgendwo finden. Manche versicherten, er sei im Blute ertrunken.

Ohne sich auch nur einen Tag länger aufzuhalten, führte Batu sein Heer in die Kiptschakensteppe.

An der Stelle, wo einstens Kosjolsk gestanden hatte, war nichts als ein Haufen Asche und Steine geblieben. Dahinter lag die urussutische Erde – unterworfen, verwüstet, ausgesogen, sterbend...

»Das Land der Urussuten soll nie wieder seine Wunden heilen, nie wieder zu Kräften kommen! So ist es mein Wille!« sagte Batu-Khan.

Wieder die Steppen!

Hadschi Rachim schreibt:
»Höchstes Glück des Menschen ist eine Jurte in der Heimat, in der Nähe eines klaren Baches... Wer aber endlos in fremden Ländern umherwandert, geht ohne Nachsicht zugrunde...«
In ununterbrochenem, weit ausgebreitetem Strom zog das Mongolenheer durch die Kiptschakensteppen nach Süden. Die Sonne hatte die türkisblauen Himmelstüren geöffnet, durch die sie strahlend hinab auf die weite Ebene blickte. Reiter ritten da, zufrieden und fröhlich, Lieder singend, die ebenso endlos und eintönig waren wie die Wege in der Steppe. Die struppigen, erschöpften Pferde reckten gierig ihre Hälse nach den ersten grünen Sprossen des Steppengrases. Der frische Frühlingswind war geschwängert vom Duft des Heidekrauts und des Wermuts, der den scharfen Verwesungsgeruch der überall herumliegenden, von Aasvögeln und Raubtieren zerrissenen Leichen übertäubte. Sanft gewölbte Anhöhen wechselten mit Tälern ab, in deren Gründen noch weiße Schneelaken schimmerten und die Wasserspiegel kurzlebiger kleiner Seen glitzerten. Ganze Wolken von Wildenten und -gänsen und silbern schimmernden Wildschwänen flogen darüber hin.
Das Heer zerstreute sich über die weiten Ebenen auf der Suche nach den besten Futterplätzen.
Batu-Khan verlangte von den gefügigen Polowezer Khanen frische Pferde. Unter einer der gehorsam herbeigetriebenen Herden auserlesener Hengste und Stuten befand sich auch der schneeweiße Hengst Aktschian, den Batu-Khan beim Auszug ins Feld geritten hatte. Um das edle arabische Vollblut zu schonen, hatte der Dschichangir nach der Einnahme Rjasans ihn den Polowezer Khanen zur Pflege anvertraut.
Nun bestieg Batu den Schimmelhengst wieder und ritt mit seiner Schutzhundertschaft der Unbesiegbaren und mit einem nicht allzu großen Gefolge voraus zu einer schon vorher ausgewählten Stelle am Ufer eines Steppenflüßchens.
In dem von alten Kurganen umgebenen Tal wurde das goldgelbe Zelt aufgeschlagen und daneben die Zelte des Siebengestirns, der sieben Frauen des Dschichangirs.
Der Reihe nach besuchte Batu jedes dieser sieben Zelte, wobei er mit Buraktschis Zelt, dem der ältesten Frau, anfing. Jeder der Frauen überbrachte er Geschenke – Armreifen, Halsketten, Fingerringe, Samt- und Seidenstoffe. Und jede der Frauen versuchte, ihn mit Bitten und Tränen bei sich zurückzuhalten, doch er verließ sie, ohne ihres Schmollens und Jammerns zu achten, um im Zelte seiner Otchan-Juldus den Kumyß zu trinken.
Am Eingang zum Zelt standen mit ehrerbietig gebeugtem Knie der wohlbeleibte Li-Tun-Po, der Kriegsingenieur und Konstrukteur der mongolischen Artillerie und Mauerbrecher, und der junge, schlanke und schmucke Mussuk-Taidschi. Der Chinese trug ein weites, mit goldenen

Drachen besticktes Seidengewand; sein kleines, mit einer langen Pfauenfeder geschmücktes Mützchen hatte er keck in den Nacken geschoben. Der Bruder des siebenten Sterns trug einen mit Diamanten besetzten bunten indischen Turban, und an einem goldenen Gürtel hing ihm ein Krummschwert aus feinstem Damaszener Stahl.
Das Gesicht des Dschichangirs drückte völlige Gleichmütigkeit aus, als er die beiden mit einem flüchtigen Blick streifte.
»Ich habe dich rufen lassen, großer Baumeister, um dir zu sagen, du mögest unter dem Schutz dieses tapferen jungen Kriegers zum Itil reiten und dort in der Nähe des verzauberten Urakberges einen geeigneten Platz für den Bau eines Palastes ausfindig machen. Ich will, daß von seinem Dache aus die heimatlichen Steppen zu sehen sind, daß er von grünen Wiesen umgeben ist, deren Gras die weidenden Stuten bevorzugen, und daß die von ihm zum Strom hinabführende Straße auf eine Stelle am Ufer mündet, wo Seeschiffe anlegen können. Und damit der Palast durch keinen Überfall von Steppenräubern bedroht ist, soll er auf einer von Flußarmen umfangenen Insel stehen.«
»Ich höre und gehorche!« antwortete Li-Tun-Po.
»Dieser mein Palast soll Herz und Hirn des Erdkreises sein. Wie schnelle Pfeile werden meine Befehle von dort aus in alle Länder fliegen, über deren unterworfene Völker ich meine Baskaken setzen will. Wenn sich dann meinem Willen alle Völker des Ostens und des Westens fügen, wird das mir vom großen und erhabenen Dschingis-Khan übertragene Vermächtnis erfüllt sein.«
»Ich höre und gehorche!« wiederholte Li-Tun-Po.
»So wird es sein«, stimmte Subudai-Bahadur zu. »Vom Dache deines goldenen Palastes aus wirst du der ganzen Welt die Fangschlingen überwerfen und sie mit starker Hand zuziehen!«
Batu-Khan richtete einen Blick jetzt auf das sonngebräunte düstere Gesicht Mussuks.
»Du wirst Anführer der Hundertschaft sein, die für sicheres Geleit unseres großen Baumeisters und für den Schutz seiner Person zu sorgen hat. Wenn der erste Wachtturm errichtet ist, wirst du mir einen Eilboten senden, damit ich komme und sehe.«
»Ich verstehe und gehorche!« sagte Mussuk.
»Reitet noch heute!« setzte Batu hinzu, während er ins Zelt trat; ihm folgten sein Lieblingsbruder Ordu, Subudai-Bahadur und der Chronist Hadschi Rachim.
Juldus-Hatun, in einem mit Blumen bestickten safrangelben Gewand, trat bleich, mit erweiterten Augen ihrem Gebieter entgegen. Sie sank vor ihm aufs Knie und küßte mit geneigtem Nacken die Kappen der Stiefel aus rotem Chagrinleder, die dem gefallenen Großfürsten Jürga vom Bein gezogen worden waren. Die chinesische Sklavin I-La-He war ihrer Herrin beim Wiederaufstehen behilflich und führte sie zurück auf das mit wildledernen Kissen gepolsterte Lager.
»Die kleine Hatun fühlt sich nicht gesund«, sagte die Chinesin. »Sie hat

sich über das Ausbleiben von Nachrichten über den Blendenden so sehr gegrämt, daß sie ganz von Kräften gekommen ist und vor Schwäche kaum gehen kann. Doch die Kunst erfahrener und williger Ärzte wird sie wieder kräftigen.«

»Jetzt, wo mein Gebieter heil und unversehrt mir wiedergegeben ist, fühle ich mich schon wieder kräftig und kann ihm Lieder vorsingen und Märchen erzählen...«, widersprach Juldus leise, indem sie errötend die Augen niederschlug.

Batu-Khan ließ sich neben Juldus auf dem Teppich nieder. Der eingetretene Baurschi reichte ihm ein grünes Seidentuch, und Batu-Khan schüttete Kostbarkeiten auf den Teppich, die in den urussutischen Städten zusammengeraubt worden waren: goldene Kreuze, am Halse zu tragen, Heiligenbildchen in schönen Fassungen, Netze aus Goldfäden, Ohrgehänge, Armspangen und -bänder, Halsketten und viel anderes kostbares Geschmeide. Die Chinesin legte behutsam jeden Gegenstand auf die Innenfläche ihrer rechten Hand und zeigte ihn ihrer Herrin, die ihn flüchtig betrachtete und sagte:

»Ich danke dir, großer Dschichangir, aber ich verdiene so viel Güte nicht.«

Ihr weißgeschminktes Gesicht mit den bis zu den Schläfen hinauf nachgezogenen dunkelblauen schrägen Brauen blieb traurig und erloschen. Nur als sie sich aufmerksam in einem glänzendpolierten Silberspiegel beschaute, wurde sie etwas lebhafter und sagte:

»So also sehe ich jetzt aus. Früher hatte ich durch das tagelange Umherstreifen in der Steppe ein goldbraun gebranntes Gesicht.«

»Du brauchst es auch jetzt nicht mit den chinesischen Salben und Schminken deiner kunstreichen Dienerin zu bestreichen«, entgegnete Batu-Khan. »Hast du sonst noch irgendwelche Wünsche? Dann sage sie mir!«

»Eine Bitte hätte ich, und sie zu erfüllen wäre dir ein leichtes...«

»So sprich sie aus!«

»Mit deiner Abteilung reitet ein Greis, von dessen unangenehmem Gesicht mir oft ganz übel wird. Befiehl ihm, zurück nach Sygnak zu reiten. Dann wird meine Seele Ruhe finden.«

»Wenn dieser Greis den bösen Blick hat und dich krank macht, so soll er in der nächsten Pfütze ertränkt werden! Wo ist er zu finden? Wie lautet sein Name?«

»Nein, nicht doch! Tu ihm nichts Böses an. Sei großmütig und freigebig! Schenke ihm vier Pferde, mit Teppichen bedeckt, doch befiehl ihm, ungesäumt in die Heimat zurückzukehren. Er heißt Nasar-Kjarisek und begleitet den unbesiegbaren Subudai-Bahadur, dessen Weckhahn er hütet.«

»Achtung und Gehorsam!« sagte Subudai-Bahadur. »Otchan-Hatuns Wunsch ist mir Befehl. Ich werde den Alten samt seinem Hahn, einem Kamel und zwei Kedshawes heimschicken. In ihnen kann er die heilige Beute heimbringen, die er in den Städten der Urussuten gemacht hat.«

Der Preis des Verrats

In die Jurte trat Fürst Gleb und betrachtete den Dschichangir und seinen Bahadur mit einem forschenden Blick: Batu machte einen zufriedenen Eindruck, und Subudai sah weniger streng aus als sonst. Fürst Gleb warf sich vor dem Blendenden nieder und küßte die Erde vor ihm. Batu sah von ihm weg, aber der Fürst verharrte in seiner knienden Haltung.

»Was willst du, Konas Galib?« fragte der Dschichangir ihn schließlich.

»Blendender! Freigebiger! Erhabener! Hilf deinem treuen Diener...«

»Was willst du, Konas Galib?« wiederholte Batu stirnrunzelnd seine Frage.

»Ich habe dir treu und ergeben gedient, Blendender, während des ganzen Feldzuges. Jetzt, wo dein unbesiegbares Heer in die heimatlichen Steppen zurückkehrt...«

»Worum bittest du?«

»Befiehl mir, auch weiterhin dir ein ergebener Diener zu sein...«

Da Batu-Khan schwieg, fuhr Fürst Gleb mutiger fort:

»Freilich, daheim, in deinen blühenden Steppen, bin ich dir kaum von Nutzen, doch hier, in russischen Landen, könnte ich dir von großem Nutzen sein... Sei gnädig und ernenne mich zu deinem Baskak in Rjasan!«

Unterstützung heischend, blickte Fürst Gleb den Bahadur an, der mit undurchdringlichem Gesicht dasaß, sein eines sehendes Auge auf die Erde geheftet. Juldus-Hatun hatte sich abgewandt.

Nach längerem Schweigen begann Batu:

»Wer zum Verräter an seiner Heimat geworden ist, ist ein unzuverlässiger Mann, dem niemand trauen kann. Er wird auch seinen Herrn verraten.«

»Dir bin ich immer treu gewesen und werde dir immer die Treue wahren!« rief Fürst Gleb verzweifelt aus. »Denke der wichtigen Dienste, die ich dir geleistet habe! Ich entdeckte dir, wo sich das Feldlager des Großfürsten Georgi befand...«

»So ist's...«

»Bedenke! Freiwillig bin ich zu dir gekommen!«

»Wohin hättest du denn sonst auch gehen sollen? Von den Urussuten warst du geächtet, die Kiptschaken hatte ich mir unterworfen...«

»Jedoch...«

Batu wandte sich an den Bahadur:

»Mein weiser Ratgeber, du versprachst mir, uns vom Krieg meines erhabenen Großvaters gegen den tapferen Wan-Khan zu erzählen.«

Gleichsam aus tiefem Sinnen erwachend, hob Subudai den Kopf und blickte den jungen Dschichangir starr an. Dann begann er mit ruhigem Tonfall in gemessenen Worten zu erzählen:

»Der unsterbliche Krieger, dein erhabener Großvater, führte Krieg gegen den Herrscher der Karaiten Wan-Khan. Der mächtige und starke Stamm war bereits unterworfen, nur der tapfere Wan-Khan wollte sich nicht unterwerfen. Er hatte seine letzten Anhänger um sich geschart und verteidigte sich mit diesem kleinen Häuflein wie ein Wolf. Er war ein starker, mutiger Feind! Dein ruhmreicher Großvater achtete seine Tapferkeit...«

»Und was geschah weiter?«

»Dschingis-Khans Krieger waren des Sieges gewohnt, auf die Dauer konnte ihnen niemand Widerstand leisten. Wan-Khan und sein Häuflein wurde von allen Seiten umzingelt. Er verlor die letzten seiner Krieger und floh, begleitet von zwei Dienern...«

Batu-Khan, der aufmerksam zugehört hatte, nickte mit dem Kopf. Juldus-Hatun rückte näher zum Erzähler hin, und I-La-He preßte ihre beiden Hände erregt gegen ihre Brust.

»Gelang es dem tapferen Wan-Khan, sich zu retten?«

Subudai begann zu schnaufen.

»Nein, Blendender! Die beiden Hunde von Dienern verrieten ihn. Sie erschlugen ihren Herrn, während er schlief, und brachten seinen Kopf dem großen Dschichangir.«

Alle schwiegen. Nach einer Pause fuhr der Bahadur fort:

»Die Niederträchtigen glaubten dadurch die Gunst des großen Kriegers zu gewinnen. Aber er ergrimmte und herrschte sie an: ›Als Wan-Khan glücklich und mächtig war, dientet ihr ihm mit Beflissenheit; als er sich im Unglück euch anvertraute, verrietet und mordetet ihr ihn!‹ Und der weise Dschingis Khan befahl, den treulosen Verrätern das Rückgrat zu brechen.«

Langsam wandte Batu-Khan sich an den Fürsten Gleb:

»Hörtest du?«

Der Fürst umklammerte flehend die Beine des Dschichangirs, doch Batu stieß ihn mit einem Fußtritt von sich.

»Du sagst, du hättest mir gedient... Dafür belohnte man dich mit Gold. Dem Verrat aber gebührt Strafe. Wie dürfte ich einem Verräter trauen?«

Batu-Khan warf einen verächtlichen Seitenblick auf das aschfahl gewordene Gesicht des Fürsten.

»Ein Mann fürchtet den Tod nicht...«

»Blendender! Verzeih! Erbarme dich!« stammelte der Fürst.

Ein zitterndes Händchen legte sich auf Batus starke dunkle Hand.

»Gut«, sagte er. »Lebe!«

Fürst Gleb machte Anstalten, dem Dschichangir die roten Stiefel zu küssen.

»Geh!« fuhr dieser ihn heftig an. »Arapscha! Befiehl den Nukern, den Konas Galib aus dem Lager fort und in die Steppe zu führen.«

»Wohin soll ich denn gehen?« rief der Fürst. »Ich habe keine Heimat mehr!«

Batu wandte sich von dem Elenden ab. Zwei Krieger schleppten den widerstrebenden Fürsten hinaus. Mit undurchdringlichem Gesicht ließ Arapscha hinter ihm den Vorhang am Zelteingang herabfallen.[1]

»Rußland wird wieder aufgebaut!«

Im März war es in Perunow Bor totenstill und menschenleer. Die Waldbauern, die seinerzeit dem Aufruf des Fürsten von Rjasan gefolgt waren, hatten – wie man durch Gerüchte erfuhr – bei Susdal, auf dem Berendejew-Moor und an den Ufern der Sit mitgekämpft. Ob sie wohl je wiederkehrten?

Von den niedergebrannten Hütten der von den Tataren zerstörten Siedlung waren allein die Lehmöfen inmitten verkohlter Trümmer übriggeblieben. Nur dicht am See standen noch einige dicht aneinander gedrängte Hüttchen. Dort hausten, betreut von Swjagas Frau, die noch hagerer geworden war, und von zwei obdachlos gewordenen alten Weibern, die Kinder. Jeden Tag leerten die Frauen die im See ausgelegten Reusen, und von den gefangenen Schleien und Karauschen und von Fladen, die man aus Spreu und gemahlener Kiefernrinde buk, nährten sich alle.

Unter den Strahlen der hellen Frühlingssonne waren die Schneemassen geschmolzen. In der Gegend von Perunow Bor war weder zu Fuß noch zu Pferd ein Durchkommen, weil weit und breit alles überschwemmt war. Die Zugvögel kamen in Schwärmen, und in den uralten Wäldern hob ein munteres Zwitschern und Pfeifen an, ein lebhaftes Flattern und Schwirren, das die lastende Stille verscheuchte. Die Buntspechte hämmerten unermüdlich und ließen ihr »Tschok-tschok« erschallen.

Anfang April trafen die ersten Heimkehrer ein. Sie kamen auf Booten über den See gefahren und erzählten den alten Fischerinnen:

»Viele von den Tataren streifen noch in den Wäldern umher.«

Dabei dämpften sie ihre Stimme zum leisesten Flüstern, als fürchteten sie, von den Umherstreifenden gehört zu werden. »Ihr Hauptheer aber ist, wie es scheint, abgezogen ... ins Wilde Feld. Wir aber wollen, wenn ihr erlaubt, hier bei euch bleiben. Uns gefällt es hier. Der Ort liegt abseits, weit weg von den großen Wegen. Man kann Gerste säen, und im See plätschern Fische ... Schlagt uns unsre Bitte nicht ab! Unsere Saat wird aufgehn, und niemand wird uns unser Korn wegnehmen.«

Mit der Zeit kamen noch mehr Heimkehrer und Flüchtlinge. Als die Frühlingswasser sich verlaufen hatten und Wege und Stege getrocknet waren, schleppten sich auch die ersten Pferdchen heran, ausgemergelt und zottig waren sie, doch sie zogen Pflüge und Eggen.

---

1 Laut den Chronisten ist Fürst Gleb noch lange in den Polowezer Steppen umhergewandert. Gegen das Ende seines Lebens verwirrte sich sein Geist. Das Datum seines Todes ist unbekannt. Er blieb verschollen.

Leben und Fröhlichkeit erwachten wieder in Perunow Bor. Die Schläge der Äxte hallten durch den Wald, und das Hämmern der Spechte antwortete und der Ruf der Rotkehlchen, Finken und Meisen, auch das Krächzen der Saatkrähen. In langen Reihen wuchsen Hütten aus weißem Tannenholz aus dem Boden. Von irgendwoher kamen verirrte Hunde herbeigelaufen und kläfften Tag und Nacht.

Von den Tataren kam immer spärlichere Kunde. Die Bauern machten Zukunftspläne und fragten sich, wie es weitergehen würde. Die allgemeine Ansicht war, die Tataren wären ein für allemal abgezogen und würden nicht wiederkommen.

Eine hochgewachsene, fast zum Skelett abgemagerte Frau, die eine ebenso dürre Kuh, bei der alle Knochen durchs Fell spießten, vor sich hertrieb, fand sich eines Tages ein. Die Frauen standen kopfschüttelnd um die Kuh herum, auf deren ausgetrocknetes, wie ein Lappen schlaff hängendes Euter sie bedenklich zeigten. Aber die Besitzerin der Kuh verzagte nicht.

»Sie wird meine Ernährerin sein«, sagte sie. »Ich werde sie auf die Weide treiben, und das frische, saftige Gras wird sie kräftigen. Ich kenne hier alle Stellen, wo das saftigste Gras wächst.«

»Dann bist du wohl gar von hier?«

»Aber gewiß doch! Ich bin hier aufgewachsen ... Dort steht ja noch der Ofen meiner Hütte.«

Swjagas Witwe drängte sich aus der Schar der Weiber hervor.

»Dann bist du wohl die Opalenicha?« rief sie und warf sich der ehemaligen Nachbarin weinend und schluchzend an die Brust. »Wo ist denn deine Schönheit hin, Opalenicha?« jammerte sie.

»Und wo ist dein lieber Mann geblieben?« erkundigte sich die Heimgekehrte. »Er liegt wohl irgendwo tot unter einer Buschweide?«

Und es gab ein Fragen und Gegenfragen nach allen, die je im Peruns Wald gelebt hatten und durch die Ereignisse daraus vertrieben worden waren. Von den Männern, die in den Krieg gezogen waren, hatte man nur spärliche und ungewisse Nachrichten:

»Saweli, sagt man, sei am Flusse Sit gefallen... Waula will man unter den Storonniki bei Susdal gesehen haben... Toropka soll ein tapferer Reitersmann geworden sein, doch auch ihm wird wohl ein Tatarenpfeil die Brust durchbohrt haben...«

Aber das letzte Gerücht sollte bald Lügen gestraft werden. Im Mai erschien Toropka im Dorf, zu Fuß zwar, ausgehungert, aber heil und unversehrt. Er sei sehr gewachsen, stellten die Weiber fest, die er, nachdem er seinen grimmigsten Hunger ein wenig gestillt hatte, zuerst einmal nach dem Verbleib seiner Eltern ausfragte. Ob sie noch am Leben wären? Ob jemand was von ihnen gehört hatte? Wo man nach ihren Spuren suchen könne und so weiter? Dann erzählte er den gespannt Zuhörenden seine Erlebnisse und Abenteuer und wie knapp er dem Tode entronnen sei. Sein prächtiges Roß habe er leider eingebüßt.

Am selben Tage noch kam auf einem Polowezer Roß Lichar-Kudrasch angeritten. Als er von Toropka erfuhr, daß Weschnjanka tot sei, warf er sich auf die Erde und gebärdete sich in seiner Verzweiflung wie toll. »Für wen soll ich jetzt leben? Ohne meine Tochter ist das Leben sinnlos, die Welt mir verleidet!...« wiederholte er immer wieder, in zügellosem Schmerz die Worte herausbrüllend und sich gegen die Brust schlagend. Die Frauen begossen ihn mit Wasser. Dann lag er lange still, als dächte er über irgend etwas angestrengt nach. Schließlich erhob er sich und sprach mit fester Stimme zu Toropka:

»Hör gut zu, Bursche! Ich habe folgendes erfahren: Das Tatarenheer ist abgezogen, in den größeren Städten aber sind kleinere tatarische Truppeneinheiten zurückgeblieben, um auf unsere Bauern achtzugeben, damit es keine Unruhen, keinen Aufruhr gibt. Jaroslaw Wsewolodowitsch, der neue Fürst von Wladimir, ist in Perejaslawl, seinem Stammsitz, eingetroffen, und man sagte mir, er sammele eine Gefolgschaft um sich. Ich versprach, dem Fürsten zuverlässige Männer zuzuführen.«

Rings um die beiden standen die Kinder und bestaunten, den Finger im Munde, Lichars bunte Polowezer Tracht – Pluderhosen und Kappe.

»Die Kinder sind noch klein, sie müssen erst aufgepäppelt werden. Ihre Väter aber sind alle in der Schlacht gefallen, wir müssen für lange Zeit, so gut es geht, mit den Tataren auszukommen versuchen, ihnen gute Worte geben, die uns aufgebürdeten Lasten als Unterworfene tragen... Später aber werden wir für alles Abrechnung halten! In diesem Sinne hat auch Fürst Jaroslaw Wsewolodowitsch zu seinen Gefolgsmannen gesprochen.«

»Ich werde mit dir gehn!« entschied Toropka.

Beide verließen bald Perunow Bor und hörten während ihrer Wanderung durch den grünen Wald, in dem die fast unwirkliche Stille vor einem Gewitter herrschte, noch lange die Schläge der Äxte und die Rufe der Frauen, die die gefällten Stämme zu Gerüsten für neue Hütten zusammenfügten.

Lichar, der stehengeblieben war, wies mit der Hand in die Richtung, wo die Siedlung lag und aus der das Klopfen und Hämmern herüberschallte. »Rußland wird wieder aufgebaut!« sagte er.

In der fernen Heimat

Zusammen mit einer Schar verwundeter Kiptschaken und Uiguren, die in ihre Heimat zurückkehrten, ritt auch der alte Nasar-Kjarisek aus Batu-Khans Orga ostwärts fort, den gleichen Weg, auf dem Batu-Khans Heer westwärts gezogen war. Nach vier Monaten, zu Beginn des Herbstes, langten sie in Sygnak an.

Frauen aus der Stadt und aus den umliegenden Nomadensiedlungen standen, auf die Rückkehr ihrer nächsten Angehörigen wartend, an den Wegen.

Nasars Ehegespons, die alte Kys-Tugmas, stand mit dem kleinen Turgan und ihren vier Schwiegertöchtern vor der Tür ihrer Hütte. Angestrengt forschten sie in den schwarzgebrannten Gesichtern der Vorbeireitenden nach Ähnlichkeiten mit den Zügen ihrer Männer und Söhne.
Der Jurte näherte sich mit würdevoll gemessenem Gang ein Kamel, dem vier gesattelte und mit Teppichen bedeckte Pferde folgten. In der Kedshawe auf dem Kamelrücken thronte mit der Würde eines Khans ein Greis, angetan mit einem Brokatchalat und einer runden Biberpelzmütze auf dem Haupte. Man hätte ihn für den Gesandten eines unbekannten Landes halten können. In der Hand hielt er einen langbeinigen Hahn.
Plötzlich rief der Knabe Turgan:
»Das ist doch unser Tatu! Die Brüder aber sind nicht dabei!«
Kys-Tugmas und ihre vier Schwiegertöchter erhoben daraufhin ein Zetergeschrei, daß das ganze Lager zusammenlief. Alle waren betroffen beim Anblick der vier reiterlosen Rosse, an deren Sätteln die Krummsäbel der Söhne Nasars befestigt waren. Die Schwiegertöchter führten unter bitterem Schluchzen und Weinen die Rosse zur Jurte, und Kys-Tugmas warf sich im Übermaß ihres Schmerzes auf die Erde, zerraufte sich das graue Haar und zerkratzte sich Brust und Gesicht mit den Nägeln.
»Meine Söhne!« rief sie. »Wo sind meine Söhne? Wer gibt sie mir wieder?«
Nasar-Kjarisek stieg vom Kamel und sprach feierlich zu seiner Frau:
»Trotz deiner Silberlocken überlebtest du deine vier kühnen Söhne!«
Und er bedeckte seine Augen mit dem Ärmel seines Chalats aus Brokat.
Plötzlich richtete Kys-Tugmas sich auf und fragte:
»Und wo ist mein Sohn Mussuk? Hast du von ihm gehört?«
Nasar-Kjarisek zog die Brauen zusammen, als koste es ihm Anstrengung, sich an irgend etwas zu erinnern. Nach einer Weile strich er sich den weißen Bart und sprach würdevoll:
»Einen Namen habe ich Mussuk gegeben, ein langes Leben möge Allah ihm schenken!«
Die Nachbarinnen eilten hinzu, mühten sich um Kys-Tugmas und trugen sie in die Jurte. Sie sprachen ihr Trost zu, zerrissen dann ihre Kleider, zerrauften ihr Haar, zerkratzten sich die Gesichter und stimmten die Klagegesänge an um die vier kühnen Kiptschakenbatyre Demir, Buribai, Jantak und Klytsch-Nijas, die auf dem großen Feldzug nach Westen hatten ihr Leben lassen müssen.
»Und wo ist deine ›heilige Beute‹?« fragten die Nachbarn den Alten.
»Meine Beute... Ja... Wo ist sie? Khan Bajander freilich, der hat jetzt viele neue Sklaven, und sie führen eine große Kamelkarawane her, hochbeladen mit seiner ›heiligen Beute‹... Ich aber..., ich bin leider kein Khan!«
Am Abend, nachdem man den Pilaf sich hatte schmecken lassen, zu dessen Bereitung der langbeinige Hahn sein Leben hatte opfern müssen, saß Nasar-Kjarisek auf einer Pferdedecke vor der Tür seiner Jurte,

umdrängt von seinen Dorfgenossen, die begierig seinen Erzählungen lauschten von den seltsamen, jenseits des wasserreichen Itil lebenden Völkern, zu deren Unterwerfung der tapfere junge Feldherr Batu-Khan, Sohn Dschutschis und Enkel des heiligen Kriegers, des großen und erhabenen Dschingis-Khan, ausgezogen war.

Auszug aus den »Reisenotizen« des Hadschi Rachim

»Viel Mongolenblut ist vergossen worden, sowohl auf den Äckern der Urussuten als auch in ihren dichten Wäldern und in den weiten Kiptschakensteppen... Noch mehr Blut friedlicher Völker ist geflossen, jener Völker, die es gewagt hatten, sich den erbarmungslosen Nomadenhorden zu widersetzen. Und alles das geschah, um den mongolischen Namen mit dem Glanz des Ruhmes und des Schreckens zu umgeben...
Mit der Rückkehr in die Kiptschakensteppe fand Batu-Khans erster Feldzug zur Eroberung der Länder der Bulgaren, Urussuten, Burtassen und anderer nördlicher Völker sein Ende.
Aber hierauf allein beschränkten sich die bedrohlichen Absichten des jungen ruhmsüchtigen Dschingis-Enkels nicht. Nachdem er seinen durch den ersten Feldzug erschöpften Mongolen zwei Ruhejahre in den Kiptschakensteppen gegönnt hatte, um wieder zu Kräften zu kommen, unternahm er mit seiner gewaltigen Orda einen neuerlichen, noch verheerenderen Einfall in die Länder des Westens. Der erste Angriff richtete sich gegen Kiwamen, die Urussutenstadt mit den goldenen Kuppeln, und brachte im weiteren Verlauf Schrecken und Verwüstung über alle Abendländer.
Doch darüber habe ich in einem zweiten Buch geschrieben, auf welches ich meine wißbegierigen Leser verweise, denen ich ein friedliches, langes Leben wünsche. Mögen ihnen die Leiden erspart bleiben, die der Brand des tosenden Krieges über die Völker bringt...«